Caro(a) Leitor(a),

Recentemente, o Tribunal Superior do Trabalho (TST) consolidou sua jurisprudência em novos temas sobre os quais não há divergência entre os órgãos julgadores do Tribunal. Os casos foram julgados como incidentes de recursos de revista repetitivos, com fixação de teses jurídicas de caráter vinculante. Embora ainda não tenha sido divulgada a redação final das teses aprovadas, disponibilizamos aos leitores, no *QR Code* abaixo, todos os temas e as definições adotadas pela Corte Superior Trabalhista, com comentários e também com remissões de eventuais alterações em alguns capítulos da obra, visando sempre a entrega de um material para estudo e consulta o mais atualizado possível.

Ressaltando que precedentes vinculantes são decisões judiciais que devem ser obrigatoriamente seguidas por outros tribunais e juízes em casos semelhantes, a adoção dessas teses pelo TST terá impacto direto na admissibilidade de recursos sobre os temas pacificados, além de servir para agilizar a tramitação dos processos e para evitar decisões conflitantes.

Os temas de **Direito Processual do Trabalho** com tese vinculante fixada são de grande relevância, sendo estes os seguintes: rol de testemunhas e cerceamento de defesa; aptidão para a prova e ônus da prova.

Esperamos que o material ora disponibilizado seja de grande valia para todos os leitores!

HISTÓRICO DA OBRA

- ▣ **1.ª edição:** abr./2019
- ▣ **2.ª edição:** fev./2021
- ▣ **3.ª edição:** maio/2022
- ▣ **4.ª edição:** maio/2023
- ▣ **5.ª edição:** mar./2025

Carla Teresa Martins Romar

Doutora e Mestre em Direito do Trabalho pela PUC-SP,
Professora Doutora dos Cursos de Pós-Graduação *stricto sensu*,
de Pós-Graduação *lato sensu* e de Graduação da
Faculdade de Direito da PUC-SP

DIREITO PROCESSUAL DO TRABALHO

5.ª edição
2025

Inclui MATERIAL SUPLEMENTAR
- Teses vinculantes do TST aprovadas em 24/02/2025, com comentários da autora
- Questões de concursos

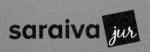

- A autora deste livro e a editora empenharam seus melhores esforços para assegurar que as informações e os procedimentos apresentados no texto estejam em acordo com os padrões aceitos à época da publicação, *e todos os dados foram atualizados pela autora até a data de fechamento do livro.* Entretanto, tendo em conta a evolução das ciências, as atualizações legislativas, as mudanças regulamentares governamentais e o constante fluxo de novas informações sobre os temas que constam do livro, recomendamos enfaticamente que os leitores consultem sempre outras fontes fidedignas, de modo a se certificarem de que as informações contidas no texto estão corretas e de que não houve alterações nas recomendações ou na legislação regulamentadora.

- Data do fechamento do livro: 24/02/2025

- A autora e a editora se empenharam para citar adequadamente e dar o devido crédito a todos os detentores de direitos autorais de qualquer material utilizado neste livro, dispondo-se a possíveis acertos posteriores caso, inadvertida e involuntariamente, a identificação de algum deles tenha sido omitida.

- Direitos exclusivos para a língua portuguesa
  Copyright ©2025 by
  Saraiva Jur, um selo da SRV Editora Ltda.
  Uma editora integrante do GEN | Grupo Editorial Nacional
  Travessa do Ouvidor, 11
  Rio de Janeiro – RJ – 20040-040

- **Atendimento ao cliente: https://www.editoradodireito.com.br/contato**

- Reservados todos os direitos. É proibida a duplicação ou reprodução deste volume, no todo ou em parte, em quaisquer formas ou por quaisquer meios (eletrônico, mecânico, gravação, fotocópia, distribuição pela Internet ou outros), sem permissão, por escrito, da **SRV Editora Ltda.**

- Capa: Lais Soriano
  Diagramação: Mônica Landi

- **DADOS INTERNACIONAIS DE CATALOGAÇÃO NA PUBLICAÇÃO (CIP)
  VAGNER RODOLFO DA SILVA – CRB-8/9410**

R761c   Romar, Carla Teresa Martins
Coleção Esquematizado® – direito processual do trabalho / Carla Teresa Martins Romar ; coordenado por Pedro Lenza. – 5. ed. – São Paulo: Saraiva Jur, 2025.

576 p. – (Coleção Esquematizado®)
ISBN: 978-85-5362-176-7

1. Direito. 2. Direito Processual do Trabalho. I. Título. II. Lenza, Pedro. III. Série.

                     CDD 342.68
2025-669   CDU 347.9

Índices para catálogo sistemático:
1. Direito Processual do Trabalho   342.68
2. Direito Processual do Trabalho   347.9

Aos meus pais, Mércia e Inocêncio (*in memoriam*),
pela formação acadêmica, moral e ética,
pelo incentivo constante e incondicional e pelo exemplo.
Nada seria possível sem o amor e a dedicação de vocês.

AGRADECIMENTOS

Ao amigo Pedro Lenza, que sempre me incentivou a escrever esta obra, que acreditou no meu trabalho e que teve paciência para esperar que ela amadurecesse. Que orgulho e honra poder fazer parte dessa vitoriosa Coleção Esquematizado® com este volume *Direito Processual do Trabalho*, já na sua 5.ª edição, além do volume *Direito do Trabalho*, que está na 10.ª edição.

Obrigada, com muito carinho, à minha família e, em especial ao meu marido, pelo incentivo e auxílio de sempre e por toda paciência.

E o enorme agradecimento, como sempre, aos meus inúmeros e queridos alunos, de perto, de longe, presenciais e a distância, os de hoje e os de todos esses longos e felizes mais de trinta anos de magistério! Sem vocês tudo isso não teria sentido. Se não for para vocês, para que tanto estudo e conhecimento? A alegria de poder compartilhar com vocês os conhecimentos, as reflexões, as inquietações e os questionamentos acumulados, vividos e a viver nessa seara do Direito Processual do Trabalho.

METODOLOGIA ESQUEMATIZADO

Durante o ano de **1999**, portanto, **há 25 anos**, pensando, naquele primeiro momento, nos alunos que prestariam o exame da OAB, resolvemos criar uma metodologia de estudo que tivesse linguagem "fácil" e, ao mesmo tempo, oferecesse o conteúdo necessário à preparação para provas e concursos.

O trabalho, por sugestão de **Ada Pellegrini Grinover**, foi batizado como *Direito constitucional esquematizado*. Em nosso sentir, surgia ali uma **metodologia pioneira**, idealizada com base em nossa experiência no magistério e buscando, sempre, otimizar a preparação dos alunos.

A metodologia se materializou nos seguintes "pilares" iniciais:

- **Esquematizado**: verdadeiro método de ensino, rapidamente conquistou a preferência nacional por sua estrutura revolucionária e por utilizar uma linguagem clara, direta e objetiva.
- **Superatualizado**: doutrina, legislação e jurisprudência, em sintonia com os concursos públicos de todo o País.
- **Linguagem clara**: fácil e direta, proporciona a sensação de que o autor está "conversando" com o leitor.
- **Palavras-chave (*keywords*)**: a utilização do negrito possibilita uma leitura "panorâmica" da página, facilitando a recordação e a fixação dos principais conceitos.
- **Formato**: leitura mais dinâmica e estimulante.
- **Recursos gráficos**: auxiliam o estudo e a memorização dos principais temas.
- **Provas e concursos**: ao final de cada capítulo, os assuntos são ilustrados com a apresentação de questões de provas de concursos ou elaboradas pelo próprio autor, facilitando a percepção das matérias mais cobradas, a fixação dos temas e a autoavaliação do aprendizado.

Depois de muitos anos de **aprimoramento**, o trabalho passou a atingir tanto os candidatos ao **Exame de Ordem** quanto todos aqueles que enfrentam os **concursos em geral**, sejam das **áreas jurídica** ou **não jurídica**, de **nível superior** ou mesmo os de **nível médio**, assim como **alunos de graduação** e demais **operadores do direito, como poderosa ferramenta para o desempenho de suas atividades profissionais cotidianas**.

Ada Pellegrini Grinover, sem dúvida, anteviu, naquele tempo, a evolução do *Esquematizado*. Segundo a Professora escreveu em **1999**, "a obra destina-se, declaradamente, aos candidatos às provas de concursos públicos e aos alunos de graduação, e, por isso mesmo, após cada capítulo, o autor insere questões para aplicação da parte teórica. Mas será útil também aos operadores do direito mais experientes, como fonte de consulta rápida e imediata, por oferecer grande número de informações buscadas em diversos autores, apontando as posições predominantes na doutrina, sem eximir-se de criticar algumas delas e de trazer sua própria contribuição. Da leitura amena surge um livro 'fácil', sem ser reducionista, mas que revela, ao contrário, um grande poder de síntese, difícil de encontrar mesmo em obras de autores mais maduros, sobretudo no campo do direito".

Atendendo ao apelo de "concurseiros" de todo o País, sempre com o apoio incondicional da Saraiva Jur, convidamos professores das principais matérias exigidas nos concursos públicos das *áreas jurídica* e *não jurídica* para compor a **Coleção Esquematizado®**.

Metodologia pioneira, vitoriosa, consagrada, testada e aprovada. **Professores** com larga experiência na área dos concursos públicos e com brilhante carreira profissional. Estrutura, apoio, profissionalismo e *know-how* da Saraiva Jur. Sem dúvida, ingredientes indispensáveis para o sucesso da nossa empreitada!

O resultado foi tão expressivo que a **Coleção Esquematizado®** se tornou **preferência nacional**, extrapolando positivamente os seus objetivos iniciais.

Para o **Direito Processual do Trabalho**, tivemos a honra de contar com a dedicação e a obra de **Carla Teresa Martins Romar**, que soube, com maestria, aplicar a **metodologia "Esquematizado"** à sua vasta e reconhecida experiência profissional.

Carla Romar formou-se na prestigiosa Faculdade de Direito do Largo São Francisco, sendo Mestre e Doutora em Direito do Trabalho pela PUC-SP, além de ser Perita em relações de trabalho — Organização Internacional do Trabalho (OIT).

Professora respeitada e admirada dos cursos de Graduação, Especialização, Mestrado e Doutorado em Direito do Trabalho da PUC-SP.

Além de toda essa bagagem acadêmica, a professora Romar tem vasta experiência prática, atuando como requisitada Advogada trabalhista.

Estamos certos de que este livro será um valioso aliado para "encurtar" o caminho do ilustre e "guerreiro" concurseiro na busca do "sonho dourado", além de ser uma **ferramenta indispensável** para estudantes de Direito e profissionais em suas atividades diárias.

Esperamos que a **Coleção Esquematizado®** cumpra plenamente o seu propósito. Seguimos juntos nessa **parceria contínua** e estamos abertos às suas críticas e sugestões, essenciais para o nosso constante e necessário aprimoramento.

Sucesso a todos!

Pedro Lenza
Mestre e Doutor pela USP
Visiting Scholar pela Boston College Law School
✉ pedrolenza8@gmail.com
http://instagram.com/pedrolenza
https://www.youtube.com/pedrolenza
f https://www.facebook.com/pedrolenza
saraiva *jur* https://www.grupogen.com.br/colecao-esquematizado
(cupom: VALELENZA)

NOTA DA AUTORA À 5.ª EDIÇÃO

Esta é a quinta edição da obra *Direito Processual do Trabalho Esquematizado*, que, fruto de muito estudo e de muitas reflexões, pretende oferecer aos estudantes e aos profissionais do Direito uma análise cuidadosa de uma disciplina que, infelizmente, carece de maiores métodos e que padece da ausência de um regramento legal único e uniforme.

Poucos são os dispositivos de Direito Processual do Trabalho constantes da CLT que, aliás, reconhecendo sua incompletude, prevê expressamente a utilização subsidiária do direito processual comum. Se já era difícil o manejo dessa aplicação subsidiária, os percalços se acentuaram com a entrada em vigor do Código de Processo Civil de 2015, que prevê também a possibilidade de sua aplicação supletiva ao processo do trabalho. Por fim, e completando as inúmeras dificuldades existentes para um estudo sistemático da disciplina, a Lei n. 13.467/2017 (Reforma Trabalhista) alterou diversos dispositivos da CLT, modificando profundamente regras e institutos até então consagrados, como, por exemplo, o amplo acesso à justiça que o processo do trabalho sempre reconheceu e assegurou. A previsão de honorários de sucumbência, a responsabilidade por dano processual, o fim da exigência de que o preposto seja empregado, a previsão da prescrição intercorrente, entre tantas outras alterações, implicaram em uma verdadeira revolução no Direito Processual do Trabalho. De lá para cá ainda permanecem as dificuldades e as dúvidas e a jurisprudência ainda está buscando caminhos seguros em relação a algumas das alterações legislativas.

De toda forma, em relação a alguns temas o STF já trouxe definições e, em relação a outros a mais alta Corte trabalhista vem definindo posições. Sendo estes julgados os que fornecem diretrizes mais seguras, este livro apresenta os julgamentos que o STF e o TST vêm proferindo em relação aos temas de direito processual, especialmente em relação aos institutos contemplados pela Reforma Trabalhista. Restringimo-nos na quase totalidade da obra à citação de julgados do TST e com indicação dos julgados do STF (em relação a estes, destacam-se os Temas de Repercussão Geral adotados e os julgamentos de Ações Diretas de Inconstitucionalidade — ADIs e de Ações Declaratórias de Constitucionalidade — ADCs), quando houver, por ser a fonte jurisprudencial menos instável nesses tempos em que ainda há dúvidas sobre as mudanças legislativas.

Esperando que o livro sirva aos propósitos de aprendizagem de todos aqueles que estudam o Direito Processual do Trabalho, especialmente alunos de graduação e pós-graduação e candidatos aos diversos cargos em concursos públicos e ao Exame da OAB, mas também de consulta segura para os profissionais que atuam na seara trabalhista, externo, desde já, meus sinceros agradecimentos a todos os leitores.

Carla Teresa Martins Romar
Mestre e Doutora pela PUC-SP
✉ carlaromar@uol.com.br
⌾ http://instagram.com/professoracarlaromar
f https://www.facebook.com/professoracarlaromar

SUMÁRIO

Agradecimentos		VII
Metodologia esquematizado		IX
Nota da autora à 5.ª edição		XI

1 DIREITO PROCESSUAL DO TRABALHO **1**

1.1.	Conceito de Direito Processual do Trabalho	1
1.2.	Autonomia do Direito Processual do Trabalho	1
1.3.	Fontes do Direito Processual do Trabalho	3
1.4.	Princípios do Direito Processual do Trabalho	8
1.5.	Formas de Solução dos Conflitos Trabalhistas	12
1.6.	Interpretação do Direito Processual do Trabalho	18
1.7.	Integração do Direito Processual do Trabalho	19
1.8.	Eficácia do Direito Processual do Trabalho	20
1.9.	Questões	*online*

2 JUSTIÇA DO TRABALHO **27**

2.1.	Organização da Justiça do Trabalho		27
	2.1.1.	Varas do Trabalho	28
		2.1.1.1. Os juízos de direito investidos de jurisdição trabalhista	33
	2.1.2.	Tribunais Regionais do Trabalho	33
	2.1.3.	Tribunal Superior do Trabalho	35
	2.1.4.	Órgãos auxiliares da Justiça do Trabalho	38
	2.1.5.	Corregedoria-Geral e Regional do Trabalho	38
2.2.	Jurisdição Trabalhista e seus Sistemas de Acesso		40
	2.2.1.	Jurisdição trabalhista individual	40
	2.2.2.	Jurisdição trabalhista normativa	40
	2.2.3.	Jurisdição trabalhista metaindividual	41
2.3.	Jurisdição Voluntária e Jurisdição Contenciosa		41
2.4.	Substitutivos da Jurisdição		49
2.5.	Ministério Público do Trabalho		54
	2.5.1.	Organização, competência, atribuições e formas de autuação: a Lei Complementar n. 75/93	55
	2.5.2.	Inquérito civil público	58
	2.5.3.	Termo de Ajustamento de Conduta	61
2.6.	Competência da Justiça do Trabalho		64
	2.6.1.	Competência material	65
	2.6.2.	Competência em razão das pessoas	75
	2.6.3.	Competência territorial	80
	2.6.4.	Competência funcional	89
	2.6.5.	Competência absoluta e competência relativa	93

	2.6.6. Conflitos de competência	94
2.7.	Questões	*online*

3 CARACTERÍSTICAS DO PROCESSO DO TRABALHO — 97

3.1.	Informalismo	98
3.2.	Oralidade	98
3.3.	Imediatidade ou imediação	99
3.4.	Concentração de atos	102
3.5.	Conciliação	102
3.6.	Irrecorribilidade Imediata das Decisões Interlocutórias	103
3.7.	Aplicação Subsidiária e Supletiva do Direito Processual Comum	103
3.8.	Questões	*online*

4 ATOS, TERMOS E PRAZOS PROCESSUAIS — 107

4.1.	Atos Processuais		107
	4.1.1.	Conceito	107
	4.1.2.	Classificação	107
	4.1.3.	Características	108
	4.1.4.	Forma dos atos	110
	4.1.5.	Comunicação dos atos	112
	4.1.6.	Efeitos dos avanços tecnológicos na forma e na comunicação dos atos	116
4.2.	Termos		118
4.3.	Prazos Processuais		118
	4.3.1.	Conceito e classificação	118
	4.3.2.	Contagem dos prazos no processo do trabalho	120
	4.3.3.	Principais prazos no processo do trabalho	124
4.4.	Despesas Processuais, Custas e Emolumentos		128
4.5.	Questões		*online*

5 NULIDADES NO PROCESSO DO TRABALHO — 137

5.1.	Conceito de Nulidade	137
5.2.	Sistema de Nulidades	138
5.3.	Espécies de Vícios dos Atos Processuais	139
5.4.	Princípios das Nulidades	140
5.5.	Nulidades no Processo do Trabalho: Extensão, Arguição, Declaração, Efeitos e Preclusão	141
5.6.	Questões	*online*

6 PARTES NO PROCESSO DO TRABALHO — 151

6.1.	Partes no Processo do Trabalho		151
	6.1.1.	Litisconsórcio	152
	6.1.2.	Litigante idoso	156
	6.1.3.	Litigante pessoa com deficiência	157
6.2.	Capacidade Processual		157
	6.2.1.	Representação	158
6.3.	Capacidade Postulatória		161
	6.3.1.	*Jus postulandi*	162

	6.3.2.	Representação por advogado	163
		6.3.2.1. Honorários advocatícios	168
	6.3.3.	Assistência judiciária e justiça gratuita	171
6.4.	Intervenção de Terceiros no Processo do Trabalho		173
6.5.	Substituição Processual		179
6.6.	Sucessão Processual		182
6.7.	Incidente de Desconsideração da Personalidade Jurídica		185
6.8.	Deveres das Partes e dos Seus Procuradores		188
	6.8.1.	Litigância de má-fé	189
6.9.	Questões		*online*

7 AÇÃO TRABALHISTA **193**

7.1.	Conceito de Ação		193
7.2.	Classificação das Ações Trabalhistas		195
	7.2.1.	Dissídios individuais	195
		7.2.1.1. Dissídio individual simples e dissídio individual plúrimo	198
		7.2.1.2. Inquérito para apuração de falta grave	198
	7.2.2.	Dissídios coletivos	199
7.3.	Condições da Ação		200
7.4.	Comissão de Conciliação Prévia		202
7.5.	Pressupostos de Existência e Validade do Processo		205
7.6.	Procedimentos no Processo do Trabalho		206
	7.6.1.	Procedimento ordinário	207
	7.6.2.	Procedimento sumaríssimo	207
	7.6.3.	Procedimento sumário	210
7.7.	Questões		*online*

8 DISSÍDIO INDIVIDUAL **213**

8.1.	Petição Inicial		213
	8.1.1.	Forma	214
	8.1.2.	Requisitos	215
	8.1.3.	Indeferimento da petição inicial	222
	8.1.4.	Inépcia da petição inicial	222
	8.1.5.	Improcedência liminar do pedido	223
	8.1.6.	Aditamento da petição inicial	224
8.2.	Distribuição		225
	8.2.1.	Distribuição por dependência	226
	8.2.2.	Efeitos da distribuição	227
8.3.	Citação no Processo do Trabalho		227
8.4.	Audiência Trabalhista		232
	8.4.1.	Significado no processo do trabalho: oralidade e concentração de atos	232
	8.4.2.	Audiência trabalhista – estática	232
	8.4.3.	Audiência trabalhista – dinâmica	234
8.5.	Resposta do Réu		239
	8.5.1.	Exceções no processo do trabalho	240
	8.5.2.	Contestação	242

8.5.2.1.	Defesa processual – preliminares	243
8.5.2.2.	Defesa de mérito	245
8.5.2.2.1.	Prejudicial de mérito	247

8.5.3. Reconvenção ... 250
8.6. Suspensão do Processo ... 251
8.7. A Conciliação e seus Efeitos: Partes, Terceiros, INSS ... 253
8.8. Julgamento Conforme o Estado do Processo ... 255
    8.8.1. Extinção do processo ... 255
    8.8.2. Julgamento antecipado do mérito ... 256
    8.8.3. Julgamento antecipado parcial de mérito ... 256
8.9. Provas no Processo do Trabalho ... 257
    8.9.1. Conceito e finalidade da prova ... 258
    8.9.2. Objeto da prova ... 260
    8.9.3. Princípios da prova ... 261
    8.9.4. Ônus da prova ... 262
        8.9.4.1. Distribuição dinâmica do ônus da prova ... 264
    8.9.5. Meios de prova ... 267
        8.9.5.1. Depoimento pessoal ... 268
        8.9.5.2. Prova documental ... 273
        8.9.5.2.1. Incidente de falsidade documental ... 276
        8.9.5.3. Prova testemunhal ... 277
        8.9.5.4. Prova pericial ... 283
        8.9.5.5. Inspeção judicial ... 289
        8.9.5.6. Indícios e presunções ... 290
    8.9.6. Produção antecipada de prova ... 291
    8.9.7. Prova emprestada ... 294
    8.9.8. Provas digitais ... 296
8.10. Alegações Finais ... 299
8.11. Sentença no Processo do Trabalho ... 300
    8.11.1. Conceito ... 300
    8.11.2. Natureza jurídica ... 301
    8.11.3. Classificação ... 302
    8.11.4. Requisitos ... 303
    8.11.5. Valor da condenação ... 310
    8.11.6. Custas ... 312
    8.11.7. Honorários periciais e advocatícios ... 314
    8.11.8. Publicação ... 315
    8.11.9. Erros materiais ... 315
    8.11.10. Sentença *extra petita*, *ultra petita* e *citra petita* ... 316
    8.11.11. Cumprimento da sentença ... 317
    8.11.12. Embargos de declaração ... 319
    8.11.13. Coisa julgada ... 320
8.12. Questões ... *online*

9 RECURSOS NO PROCESSO DO TRABALHO ... **323**
9.1. Conceito e Classificação ... 323
9.2. Duplo Grau de Jurisdição ... 324

Sumário

9.3. Princípios dos Recursos	326
9.4. Irrecorribilidade das Decisões Interlocutórias	328
9.5. Pressupostos dos Recursos	329
9.5.1. Pressupostos subjetivos	331
9.5.2. Pressupostos objetivos	332
9.6. Efeitos dos Recursos no Processo do Trabalho	339
9.7. Recursos Trabalhistas em Espécie	344
9.7.1. Recurso ordinário	344
9.7.2. Recurso de revista	348
9.7.3. Embargos no TST	362
9.7.4. Agravo de instrumento	366
9.7.5. Agravo de petição	369
9.7.6. Agravo regimental	369
9.7.7. Embargos de declaração	371
9.8. Recurso Extraordinário	375
9.8.1. Súmula vinculante	379
9.9. Recurso Adesivo	380
9.10. Correição Parcial	382
9.11. Reclamação	383
9.12. Do Processo nos Tribunais Trabalhistas	386
9.12.1. Uniformização da jurisprudência	386
9.12.2. Julgamento de recursos repetitivos e incidente de resolução de demandas repetitivas	388
9.13. Incidente de Assunção de Competência	391
9.14. Questões	*online*
10 EXECUÇÃO NO PROCESSO DO TRABALHO	**393**
10.1. Conceito e Princípios	393
10.2. Execução Provisória e Execução Definitiva	398
10.3. Execução Trabalhista em caso de Falência, Recuperação Judicial e Liquidação Extrajudicial	401
10.4. Liquidação de Sentença	407
10.4.1. Liquidação por cálculos	408
10.4.2. Liquidação pelo procedimento comum (por artigos)	413
10.4.3. Liquidação por arbitramento	415
10.5. Sentença de Liquidação	416
10.6. Execução da Sentença Trabalhista	416
10.6.1. Execução de obrigação de pagar quantia certa	417
10.6.1.1. Citação do devedor	420
10.6.1.2. Penhora	424
10.6.1.2.1. Bens penhoráveis e impenhoráveis	428
10.6.1.2.2. Penhora em dinheiro (penhora *on-line*)	434
10.6.1.2.3. Penhora de créditos	436
10.6.1.2.4. Penhora de estabelecimento	437
10.6.1.2.5. Penhora de percentual de faturamento de empresa	439
10.6.1.2.6. Penhora de quotas ou ações de sociedades empresariais	441

XVIII Direito Processual do Trabalho Esquematizado — Carla Teresa Martins Romar

10.6.1.3. Embargos à execução, impugnação à sentença de liquidação e embargos à penhora 441

10.6.1.4. Execução por prestações sucessivas 444

10.6.2. Execução de obrigação de fazer e de não fazer 446

10.6.3. Execução para entrega de coisa 447

10.6.4. Execução contra a Fazenda Pública 447

10.7. Execução de Título Extrajudicial 451

10.8. Execução das Contribuições Previdenciárias 453

10.9. Exceção de Pré-Executividade 455

10.10. Embargos de Terceiro 456

10.11. Recurso na Fase Executória 460

10.12. Atos de Encerramento da Execução 461

10.13. Suspensão e extinção da execução 467

10.14. Ato Atentatório à Dignidade da Justiça e Fraude à Execução 469

10.15. Custas na Execução 473

10.16. Questões .... *online*

11 PROCEDIMENTOS ESPECIAIS NO PROCESSO DO TRABALHO **475**

11.1. Inquérito para Apuração de Falta Grave 475

11.2. Ação Rescisória 476

11.2.1. Juízo rescindente e juízo rescisório 487

11.3. Mandado de Segurança 489

11.4. Ação de Consignação em Pagamento 498

11.5. Ação de Exigir Contas 501

11.6. Ação Monitória 503

11.7. Ação Civil Pública 505

11.8. Ação Civil Coletiva 511

11.9. Ação Anulatória 513

11.10. Ação de Nulidade de Sentença (*Querela Nullitatis*) 517

11.11. Questões .... *online*

12 TUTELA PROVISÓRIA NO PROCESSO DO TRABALHO **521**

12.1. Tutela provisória 521

12.1.1. Tutela de urgência 524

12.1.1.1. Tutelas de urgência antecipadas 526

12.1.1.2. Tutelas de urgência cautelares 528

12.1.2. Tutela da evidência 530

12.2. Concessão de Tutela *Inaudita Altera Parte* 532

12.3. Questões 533

13 DISSÍDIO COLETIVO **535**

13.1. Conceito de Dissídio Coletivo e Poder Normativo da Justiça do Trabalho 535

13.2. Características do Dissídio Coletivo 540

13.3. Competência 541

13.4. Condições da Ação 541

13.5. Prazo para Instauração do Dissídio Coletivo 543

13.6. Sentença Normativa 545

13.7.	Extensão das Decisões e Revisão	546
13.8.	Ação de Cumprimento	548
13.9.	Recursos no Dissídio Coletivo	549
13.10.	Questões	*online*

Referências 551

1

DIREITO PROCESSUAL DO TRABALHO

1.1. CONCEITO DE DIREITO PROCESSUAL DO TRABALHO

O **Direito Processual do Trabalho** é o ramo do Direito constituído por um conjunto de princípios, regras e instituições próprios, que **tem por objetivo pacificar os conflitos** entre empregados e empregadores, no âmbito individual ou coletivo, e entre trabalhadores e tomadores de serviços em geral, e, ainda, **regular a atividade dos órgãos jurisdicionais competentes** para a solução de tais conflitos.

É um **ramo da ciência jurídica**, constituindo uma das suas formas de investigação, e, por fazer parte de uma das funções soberanas do Estado, que é a jurisdição, **pertence ao grupo das disciplinas que formam o Direito Público**.

Contém princípios e instituições específicos, dos quais derivam suas normas, sendo considerado um ramo autônomo do Direito, com tratamento científico próprio.

Seu objeto é a promoção da pacificação das relações de emprego e das relações de trabalho tuteladas pelo direito material.

Os **conflitos** a serem resolvidos pelo Direito Processual do Trabalho são **tanto individuais como coletivos**, ou seja, as normas processuais trabalhistas regulam não só os conflitos envolvendo interesses individuais entre pessoas determinadas (empregado e empregador, por exemplo), mas também aqueles que são derivados de interesses coletivos dos grupos (categoria profissional e categoria econômica, representadas por seus respectivos sindicatos).

Além disso, as normas do Direito Processual do Trabalho regulam de forma sistemática a **organização, a competência e o funcionamento dos diversos órgãos da Justiça do Trabalho**.

1.2. AUTONOMIA DO DIREITO PROCESSUAL DO TRABALHO

A análise do conceito de **Direito Processual do Trabalho** permite afirmar que este é um dos ramos da ciência do Direito.

No entanto, é importante definir se o Direito Processual do Trabalho é um ramo dotado de autonomia em relação aos demais ramos ou se, ao contrário, é derivado deles.

A discussão doutrinária sobre sua autonomia é bastante grande e tem origem na seguinte constatação: o processo do trabalho, embora marcado por peculiaridades específicas, em muito se aproxima do processo comum, havendo, inclusive, previsão legal de aplicação subsidiária ou supletiva do direito processual comum no processo do trabalho **(art. 769, CLT e art. 15, CPC)**.

Além disso, é evidente que a correlação e a interdependência existentes entre os diversos ramos do Direito tornam mais difícil a afirmação de autonomia destes. Exatamente por isso a doutrina, reconhecendo que o Direito se apresenta como um todo orgânico, afirma que a autonomia dos seus ramos é apenas relativa. No caso do Direito Processual, a identificação da autonomia parece ser mais difícil ainda, tendo em vista a existência, inclusive, de uma teoria geral do processo.

Carlos Henrique Bezerra Leite, considerando o Direito Processual como um todo (*sistema processual*), indica haver três *subsistemas processuais*: civil, penal e trabalhista, afirmando que, embora todos eles tenham **escopos comuns** (quais sejam: *escopo social* – pacificação dos conflitos jurídicos com justiça social e correção das desigualdades; *escopo político* – participação democrática dos cidadãos na administração da Justiça e facilitação do acesso à justiça; e *escopo jurídico* – efetivação dos direitos individuais e metaindividuais), tenham **conceitos comuns** a todos aplicáveis (por exemplo, jurisdição, ação, defesa, processo, procedimento) e estejam **sujeitos a princípios e garantias gerais** (juiz natural, contraditório, ampla defesa, entre outros), "é absolutamente necessário reconhecer as peculiaridades inerentes a cada um desses subsistemas, o que permite um estudo separado para cada espécie de processo"[1].

Segundo Arnaldo Süssekind, "o conceito de autonomia resulta, portanto, dos elementos característicos que permitem distinguir cada um dos ramos do tronco comum, que é o Direito. Pelos princípios e institutos próprios que possui cada um desses setores do Direito ou, pelo menos, pelo desenvolvimento especial que dão a princípios e institutos do Direito em geral, é possível afirmar a respectiva autonomia"[2].

Nesse sentido, é possível falar-se em *ramos do direito processual*, reconhecendo-se "as peculiaridades inerentes a cada um desses subsistemas, o que permite um estudo separado para cada espécie de processo. Essa separação decorre das diferentes origens e evoluções dos diversos tipos de processo, bem como do caráter instrumental de cada processo"[3].

Assim, conclui-se que um ramo do Direito é autônomo se congrega princípios que o distinguem nitidamente dos outros e possui campo bastante vasto para justificar seu estudo em separado.

A maioria dos doutrinadores sustenta que o Direito Processual do Trabalho é autônomo em relação ao Direito Processual Civil, porém essa posição encontra forte resistência em outra parte da doutrina, que apresenta argumentos no sentido de negar a sua autonomia.

Os que defendem que o Direito Processual do Trabalho é simples desdobramento do Direito Processual Civil, não possuindo princípios e institutos próprios, são chamados de *monistas*. Os *dualistas*, por sua vez, propugnam a existência de autonomia do Direito Processual do Trabalho em relação ao Direito Processual Civil.

---

[1] LEITE, Carlos Henrique Bezerra. *Curso de direito processual do trabalho*. 16. ed. São Paulo: Saraiva, 2018. p. 65-66.

[2] SÜSSEKIND, Arnaldo et al. *Instituições de direito do trabalho*. 21. ed. São Paulo: LTr, 2003. v. 1, p. 127.

[3] LEITE, Carlos Henrique Bezerra. *Curso de direito processual do trabalho*, cit., p. 66.

1 ◘ Direito Processual do Trabalho

Com base no reconhecimento de que o **Direito Processual do Trabalho tem, inegavelmente, institutos, princípios e finalidade próprios**, torna-se imperativo o reconhecimento de **sua autonomia**, sendo esta a **posição prevalecente na doutrina**.

Conforme ensina Ísis de Almeida, "o Processo Judiciário do Trabalho apresenta peculiaridades tão significativas que hoje dificilmente se pode encontrar quem lhe negue uma autonomia definida, capaz de gerar um novo ramo de direito processual"[4].

Homero Batista Mateus da Silva menciona que "há razões de sobra, todavia, para compreender o processo do trabalho como um braço autônomo do campo processual, admitindo-se apenas sua desventura de não ter sido afetuosamente tratado pelo legislador"[5-6].

1.3. FONTES DO DIREITO PROCESSUAL DO TRABALHO

As fontes formais do Direito Processual do Trabalho são as mesmas do Direito em geral, isto é, a lei em sentido genérico (atos normativos e atos administrativos) e os costumes como **fontes *imediatas* ou *diretas***, e a doutrina e a jurisprudência como **fontes *mediatas* ou *indiretas***.

Alguns doutrinadores apontam, ainda, a analogia, os princípios gerais do Direito e a equidade como fontes do Direito Processual do Trabalho, identificando-as como **fontes *de explicitação***[7].

Tendo em vista o caráter público do Direito Processual do Trabalho, **a lei é a sua principal fonte**. A Constituição Federal está no topo das fontes imediatas e contém normas e princípios gerais do processo, além de normas específicas do processo do trabalho (**arts. 111 a 116, CF**).

Sobre a correlação entre a Constituição Federal e o Processo, é importante ressaltar o fenômeno da **Constitucionalização do Direito**[8] e a consequente existência de um "**direito processual constitucional**", que diz respeito à própria jurisdição constitucional, e de um "direito constitucional processual", que tem como ponto de partida os

---

[4] ALMEIDA, Ísis de. *Manual de direito processual do trabalho*. 10. ed. São Paulo: LTr, 2002. v. 1, p. 16.

[5] SILVA, Homero Batista Mateus da. *Curso de direito do trabalho aplicado*: processo do trabalho. 2. ed. São Paulo: Revista dos Tribunais, 2015. v. 9, p. 18.

[6] "Parte dos postulados do processo do trabalho influenciou as reformas do Código de Processo Civil de 1973, empreendidas em 1994 e 2006, como a própria facilitação da citação, a concentração de vários atos em audiência e a restrição ao uso indiscriminado do agravo de instrumento para alterar decisões interlocutórias. Aliás, a tão comentada fusão do processo de execução ao processo de conhecimento, passando a ser considerados como etapas de uma mesma relação processual, sempre compôs o alicerce do processo do trabalho. Numerosos estudos apontam influência da CLT também na elaboração do CPC/2015, que elevou o grau de oralidade e da celeridade em diversos procedimentos" (SILVA, Homero Batista Mateus da. *Curso de direito do trabalho aplicado, cit.*, p. 18-19).

[7] LEITE, Carlos Henrique Bezerra. *Curso de direito processual do trabalho*. 15. ed. São Paulo: Saraiva, 2017. p. 71.

[8] Sobre o tema: BARROSO, Luís Roberto. *Neoconstitucionalismo e constitucionalização do direito*. Disponível em: http://www.migalhas.com.br/arquivo_artigo/art04102005.htm.

princípios constitucionais do devido processo legal/justo e do acesso à justiça e se desenvolve por meio de outros princípios constitucionais e infraconstitucionais referentes às partes, ao juiz, à advocacia, à Defensoria Pública e ao Ministério Público[9]. Na realidade, "é o constitucionalismo, por meio do processo constitucional, que coloca freios e racionaliza o poder", visando a proteção das minorias e dos mais frágeis e a reparação das violações à dignidade humana[10].

Segundo Bezerra Leite, "os arts. 1.º e 8.º do NCPC, aplicáveis subsidiária e supletivamente ao processo do trabalho (CLT, art. 769, NCPC, art. 15), reconhecem expressamente a constitucionalização do direito processual (civil, trabalhista, eleitoral e administrativo), o que nos autoriza a dizer que o processo do trabalho também deve ser ordenado, disciplinado e interpretado conforme os valores e as normas fundamentais estabelecidas na Constituição da República Federativa do Brasil"[11-12].

No âmbito infraconstitucional, diversas leis tratam do processo do trabalho, como, por exemplo: (a) a Consolidação das Leis do Trabalho; (b) a **Lei n. 5.584/70**; (c) o Código de Processo Civil **(Lei n. 13.105/2015)**, aplicável supletiva e subsidiariamente ao processo do trabalho, nos termos previstos no art. 769 da Consolidação das Leis do Trabalho e no art. 15 do Código de Processo Civil; (d) a **Lei n. 6.830/80**; (e) a **Lei n. 7.701/88**, entre outras.

No que se refere à aplicação do Código de Processo Civil ao Processo do Trabalho, o Tribunal Superior do Trabalho editou a **Instrução Normativa n. 39/2016**, que dispõe, de forma não exaustiva, sobre as normas do Código de Processo Civil aplicáveis e inaplicáveis ao Processo do Trabalho. Trata-se de ato normativo com função orientativa e, portanto, sem caráter cogente, na qual sua inobservância pelos magistrados não acarreta sanção disciplinar ou correição parcial, conforme decidido pelo Ministro Cristiano Zanin, em decisão monocrática que negou seguimento à **ADI 5.516**, ajuizada em 2016 pela Associação Nacional dos Magistrados da Justiça do Trabalho (Anamatra)[13].

---

[9] LEITE, Carlos Henrique Bezerra. *Curso de direito processual do trabalho, cit.,* 15. ed., p. 65.

[10] ABBOUD, Georges. *Processo constitucional brasileiro.* São Paulo: Revista dos Tribunais, 2016. p. 48.

[11] LEITE, Carlos Henrique Bezerra. *Curso de direito processual do trabalho, cit.,* 15. ed., p. 66.

[12] Em relação à constitucionalização do Direito Processual do Trabalho, Bezerra Leite afirma, porém, que a "Reforma Trabalhista" instituída pela Lei n. 13.467/2017 contém dispositivos que caracterizam um movimento contrário, ou seja, indicam a intenção do legislador de "desconstitucionalização". Segundo o autor, "em direção contrária ao neoconstitucionalismo (ou neopositivismo), que enaltece a força normativa da Constituição e adota a supremacia dos princípios e dos direitos fundamentais, a chamada Reforma Trabalhista, instituída pela Lei n. 13.467/2017, restringe a função interpretativa dos Tribunais e Juízes do Trabalho na aplicação do ordenamento jurídico. É o que se depreende da leitura dos §§ 2.º e 3.º do art. 8.º da CLT, inseridos pela referida lei, os quais revelam a verdadeira intenção do legislador reformador: desconstitucionalizar o Direito do Trabalho e o Direito Processual do Trabalho e introduzir o chamado modelo do negociado sobre o legislado" (LEITE, Carlos Henrique Bezerra. *Curso de direito processual do trabalho*, cit., 16. ed., p. 67-68).

[13] Decisão transitada em julgado em 8-4-2024. Pesquisa realizada em 3 de novembro de 2024 no *site* do STF.

1 ◼ Direito Processual do Trabalho

Integram também as fontes diretas do Direito Processual do Trabalho: (a) a Lei da Ação Civil Pública **(Lei n. 7.347/85)**; (b) a parte processual do Código de Defesa do Consumidor **(Lei n. 8.078/90)**; (c) o Estatuto da Criança e do Adolescente **(Lei n. 8.069/90)**; (d) a Lei de Proteção à Pessoa Portadora de Deficiência **(Lei n. 7.853/89)** e o Estatuto da Pessoa com Deficiência **(Lei n. 13.146/2015)**[14].

Os **costumes**, a **doutrina** e a **jurisprudência** também desempenham um papel importante no Direito Processual do Trabalho, pois "não raros são os problemas que surgem no curso dos processos que não encontram solução direta na lei, mas que o juiz tem que resolver. Daí o recurso obrigatório aos costumes judiciais, à doutrina e à jurisprudência para fixação dos conceitos básicos do direito processual"[15].

Especificamente em relação à jurisprudência, as **Súmulas** e as **Orientações Jurisprudenciais do Tribunal Superior do Trabalho** são de grande relevância na interpretação do Direito Processual do Trabalho.

A **Lei n. 13.467/2017 (Reforma Trabalhista)** previu novas regras para que o Tribunal Superior do Trabalho procedesse à aprovação de novas **Súmulas** e **Orientações Jurisprudenciais** ou à modificação do conteúdo das vigentes. Foi instituído procedimento com exigência de *quórum* especial e de reiteração de julgamentos **(art. 702, I, *f*, da CLT)**, de realização de sessões de julgamento público, divulgadas com, no mínimo, trinta dias de antecedência, e que deverão possibilitar a sustentação oral pelo Procurador-Geral do Trabalho, pelo Conselho Federal da Ordem dos Advogados do Brasil, pelo Advogado-Geral da União e por confederações sindicais ou entidades de classe de âmbito nacional **(art. 702, §§ 3.º e 4.º, da CLT)**.

Tais previsões, no entanto, foram objeto de intensa discussão sobre sua constitucionalidade. O Tribunal Superior do Trabalho, em julgamento da **Arguição de Inconstitucionalidade 696-25.2012.5.05.0463**, declarou, por maioria de votos, a inconstitucionalidade dos referidos dispositivos legais, sob o fundamento de que eles violam a prerrogativa de os tribunais, no exercício de sua autonomia administrativa, elaborarem seus próprios regimentos internos e, por conseguinte, os requisitos de padronização da jurisprudência[16]. No âmbito do STF foram ajuizadas a **ADC 62** e a **ADI 6.188**. Julgada procedente a **ADI 6.188**, para declarar a **inconstitucionalidade** do art. 702, I, *f*, §§ 3.º e 4.º, da CLT, na redação que lhe deu a Lei n. 13.467/2017[17], a **ADC 62** foi julgada prejudicada, com extinção do processo sem julgamento do mérito[18].

---

[14] LEITE, Carlos Henrique Bezerra. *Curso de direito processual do trabalho, cit.,* 15. ed., p. 69.

[15] THEODORO JÚNIOR, Humberto. *Curso de direito processual civil.* 57. ed. Rio de Janeiro: Forense, 2017. v. 1, p. 31.

[16] Aguarda julgamento de embargos declaratórios. Pesquisa realizada no *site* do TST em 3 de novembro de 2024.

[17] "Ementa: AÇÃO DIRETA DE INCONSTITUCIONALIDADE. MEDIDA CAUTELAR. REDAÇÃO DO ART. 702, I, *F* e §§ 3.º e 4.º, DA CONSOLIDAÇÃO DAS LEIS DO TRABALHO (DECRETO-LEI N. 5.452/1943), CONFERIDA PELA LEI N. 13.467/2017. ESTABELECIMENTO DE PARÂMETROS PARA EDIÇÃO, REVISÃO OU CANCELAMENTO DE SÚMULAS DOS TRIBUNAIS REGIONAIS DO TRABALHO E TRIBUNAL SUPERIOR DO TRABALHO. FUNÇÃO ATÍPICA LEGISLATIVA DO PODER JUDICIÁRIO. OFENSA AOS PRINCÍPIOS DA SEPARAÇÃO DOS PODERES E DA AUTONOMIA DOS TRIBUNAIS. PRECEDENTES. PRO-

Com a **EC n. 45/2004** foi introduzida a chamada "súmula vinculante" **(art. 103-A da CF),** que, tratando de matéria processual, é considerada fonte direta do Direito Processual do Trabalho, já que "o Supremo Tribunal Federal poderá, de ofício ou por provocação, mediante decisão de dois terços dos seus membros, após reiteradas decisões sobre matéria constitucional, aprovar súmula que, a partir de sua publicação na imprensa oficial, terá efeito vinculante em relação aos demais órgãos do Poder Judiciário e à administração pública direta e indireta, nas esferas federal, estadual e municipal, bem como proceder à sua revisão ou cancelamento, na forma estabelecida em lei"[19].

A **Lei n. 13.105, de 16 de março de 2015,** que instituiu o novo Código de Processo Civil, implementou um sistema de **precedentes judiciais**[20-20], trazendo uma aproxi-

---

CEDÊNCIA DO PEDIDO. ANÁLISE DA LIMINAR PREJUDICADA. I – A cada Poder é conferida, nos limites definidos pela Constituição, parcela de competência de outro Poder, naquilo que se denomina exercício atípico de atribuições. II – Os arts. 96 e 99 da Carta Política conferem ao Judiciário dois espaços privativos de atuação legislativa: a elaboração de seus regimentos internos (reserva constitucional do regimento) e a iniciativa de leis que disponham sobre sua autonomia orgânico-político-administrativa (reserva constitucional de lei). III – É vedada ao Congresso Nacional a edição de normas que disciplinem matérias que integram a competência normativa dos tribunais. IV – O modelo brasileiro de observância obrigatória aos precedentes judiciais, ou *stare decisis*, foi inaugurado pelo novo Código de Processo Civil (Lei n. 13.105/2015), segundo o qual os tribunais editarão enunciados de súmula correspondentes à sua jurisprudência dominante, nos termos fixados nos respectivos regimentos internos. V – De acordo com jurisprudência pacífica do STF, os regimentos internos dos tribunais são fonte normativa primária, porquanto retiram da Constituição a sua fonte de validade. IV – Os tribunais que integram a Justiça do Trabalho são órgãos do Poder Judiciário, assim como todas as demais cortes do País, a teor do art. 92 da Lei Maior. V – Os dispositivos legais impugnados impõem condicionamentos ao funcionamento dos Tribunais do Trabalho, conflitando com o princípio da separação dos poderes e a autonomia constitucional de que são dotados, de maneira a esvaziar o campo de discricionariedade e as prerrogativas que lhes são próprias, em ofensa aos arts. 2.º, 96 e 99, da Carta Magna. VI – "O ato do julgamento é o momento culminante da ação jurisdicional do Poder Judiciário e há de ser regulado em seu regimento interno, com exclusão de interferência dos demais Poderes" (ADI 1.105- MC/DF, rel. Min. Paulo Brossard). VII – A concepção contemporânea de jurisdição em nada se compara à atividade de um Judiciário do passado no qual o juiz era um mero *bouche de la loi*, ou seja, um simples intérprete mecânico das leis, pois hoje sua principal função é a de dar concreção aos direitos fundamentais, compreendidos em suas várias gerações. IX – Atentos às novas dinâmicas sociais, os magistrados não podem ser engessados por critérios elencados por um Poder exógeno, isto é, o Legislativo, que se arroga o direito 'de fixar um padrão de uniformidade e estabilidade no processo de elaboração e alteração de súmulas, em homenagem ao princípio da segurança jurídica'. X – Ação julgada procedente para declarar a inconstitucionalidade do art. 702, I, *f*, §§ 3.º e 4.º da Consolidação das Leis do Trabalho (Decreto-Lei n. 5.452/1943), na redação que lhe conferiu a Lei n. 13.467/2017. Prejudicada a análise do pedido de liminar." (Decisão transitada em julgado em 31-10-2023. Pesquisa realizada no *site* do STF em 3 de novembro de 2024.)

[18] Decisão transitada em julgado em 7-3-2024. Pesquisa realizada no *site* do STF em 3 de novembro de 2024.

[19] LEITE, Carlos Henrique Bezerra. *Curso de direito processual do trabalho, cit.,* 15. ed., p. 70.

[20] Segundo Nelson Nery Junior e Rosa Maria de Andrade Nery, "o que ocorreu, por meio das últimas alterações de peso impostas ao CPC/1973, reforçadas pelo atual CPC, foi a criação de um 'prece-

mação do direito processual pátrio, embasado no sistema de *civil law*, ao sistema de *common law*.

Nesse diapasão, reza o **art. 926 do Código de Processo Civil** que os tribunais devem uniformizar sua jurisprudência e mantê-la estável, íntegra e coerente, complementando que, na forma estabelecida e segundo os pressupostos fixados no regimento interno, os tribunais editarão enunciados de súmula correspondentes a sua jurisprudência dominante (**§ 1.º**), atendo-se, na edição destas, às circunstâncias fáticas dos precedentes que motivaram sua criação (**§ 2.º**).

Já o **art. 927 do Código de Processo Civil** determina que os juízes e os tribunais devem observar: a) as decisões do Supremo Tribunal Federal em controle concentrado de constitucionalidade; b) os enunciados de súmula vinculante[22]; c) os acórdãos em incidente de assunção de competência ou de resolução de demandas repetitivas e em julgamento de recursos extraordinário e especial repetitivos; d) os enunciados das súmulas do Supremo Tribunal Federal em matéria constitucional e do Superior Tribunal de Justiça em matéria infraconstitucional; f) a orientação do plenário ou do órgão especial aos quais estiverem vinculados.

Na hipótese de alteração de jurisprudência dominante do Supremo Tribunal Federal e dos tribunais superiores ou daquela oriunda de julgamento de casos repetitivos, pode haver modulação dos efeitos da alteração no interesse social e no da segurança jurídica (**§ 3.º**).

A modificação de enunciado de súmula, de jurisprudência pacificada ou de tese adotada em julgamento de casos repetitivos observará a necessidade de fundamentação adequada e específica, considerando os princípios da segurança jurídica, da proteção da confiança e da isonomia (**§ 4.º**).

---

dente à brasileira' – para usar a expressão de Julio Cesar Rossi (O precedente à brasileira: súmula vinculante e o incidente de resolução de demandas repetitivas [RP 208/203]) – consubstanciado na súmula, em primeiro lugar, e, em segundo lugar, nas decisões em ações/recursos repetitivos e de repercussão geral" (*Código de Processo Civil comentado*. 20. ed. rev., atual. e ampl. São Paulo: Revista dos Tribunais, 2021. p. 1839).

[21] Trata-se de interpretação não pacífica. Nelson Nery Junior e Rosa Maria de Andrade Nery, por exemplo, afirmam que: "A CF não autoriza STF, STJ e TST a elaborar teses jurídicas, muito menos vinculantes. STF, STJ, TST, TSE, STM, enquanto resolvem recursos (RE, REsp, RR), não são tribunais de teses, mas de redecisão de casos concretos. [...] Assim, RE e REsp repetitivos estão no ordenamento legal brasileiro apenas como instrumentos de uniformização interna da jurisprudência do STF e do STJ, respectivamente, mas as teses ali afirmadas, jurisdicionalmente só resolvem o caso concreto e não têm aptidão para vincular outros órgãos do Poder Judiciário, mas tão somente o STF, que julgou o RE repetitivo e o STJ, que julgou o REsp repetitivo. Assim também ocorre com o TST que, ao julgar o RR, resolve questão de direito (juízo de cassação) e, provida a revista, redecide o caso concreto (juízo de revisão). O mesmo raciocínio se aplica ao IRDR e ao IAC, cujas teses ali afirmadas somente vinculam os tribunais que as emitiram, vale dizer, em julgamento que uniformiza internamente a jurisprudência desses mesmos tribunais, mas não têm aptidão para vincular outros órgãos do Poder Judiciário hierarquicamente subordinados aos tribunais que decidiram referidos incidentes" (*Código de Processo Civil comentado*, cit., 20. ed., p. 1836/1837).

[22] Estas têm **natureza jurídica de norma geral,** nos termos previstos pelo art. 103-A da CF.

Por fim, o **§ 5.º** é explícito sobre a necessidade de os tribunais darem publicidade de seus precedentes, organizando-os por questão jurídica decidida e divulgando-os, preferencialmente, na rede mundial de computadores.

Quanto às chamadas **fontes de explicitação**, o **art. 140 do Código de Processo Civil** prevê que o juiz não se exime de decidir sob a alegação de lacuna ou obscuridade do ordenamento jurídico, sendo que somente decidirá por **equidade** nos casos previstos em lei **(parágrafo único)**. Tal dispositivo estabelece a regra geral hierárquica para o juiz decidir o caso concreto: primeiramente, deve aplicar as normas legais; não havendo norma legal tratando da matéria, o juiz decidirá a lide aplicando, pela ordem, a analogia, os costumes ou os princípios gerais do direito. A equidade, que, em sentido estrito, é "a justiça no caso concreto", somente pode ser aplicada pelo juiz nas hipóteses autorizadas pelo legislador.

Sobre este tema, Carlos Henrique Bezerra Leite menciona que "o NCPC não estabelece uma gradação das fontes normativas que o juiz poderia utilizar para colmatar lacunas, ou seja, a analogia, os costumes, e por último, os princípios gerais do direito. Isso ocorre porque os arts. 1.º e 8.º do NCPC, em harmonia com o fenômeno da Constitucionalização do direito processual, enaltecem a supremacia dos princípios jurídicos, sobretudo os que residem na Constituição, não apenas na interpretação como também na aplicação do ordenamento jurídico"[23].

O grande cuidado, no entanto, que se deve ter na aplicação concreta das fontes de explicitação é evitar o chamado *ativismo judicial*, que, como conceituam Nelson Nery Junior e Rosa Maria de Andrade Nery, é "o protagonismo do juiz que, a pretexto de interpretar a CF ou a lei, modifica seu texto e/ou espírito e aplica esse entendimento, arbitrário e particular, ao caso que está a julgar"[24].

Georges Abboud afirma que, "em termos qualitativos, toda decisão judicial ativista é ilegal e inconstitucional" e, como consequência, "em aspectos funcionais caracteriza atuação insidiosa do Poder Judiciário em relação aos demais Poderes, especialmente ao Legislativo, uma vez que a decisão ativista suplanta a lei e a própria Constituição". E complementa o autor, afirmando que "em uma democracia, a sujeição dos Tribunais às leis e à Constituição não consiste em perda da independência judicial. De modo contrário, significa sua sujeição às decisões que tenham surgido pelas vias democráticas"[25].

1.4. PRINCÍPIOS DO DIREITO PROCESSUAL DO TRABALHO

Princípio é o alicerce de uma determinada ciência, é a estrutura sobre a qual a ciência é criada e se desenvolve.

"É um ponto de partida. Um fundamento. O princípio de uma estrada é o seu ponto de partida, ensinam os juristas. Encontrar os princípios do direito processual do trabalho corresponde, portanto, à enumeração de ideias básicas nele encontradas"[26].

---

[23] LEITE, Carlos Henrique Bezerra. *Curso de direito processual do trabalho, cit.,* 15. ed., p. 71.

[24] *Código de Processo Civil comentado,* cit., 20. ed., p. 522.

[25] ABBOUD, Georges. *Ativismo judicial – os perigos de se transformar o STF em inimigo ficcional.* São Paulo: Revista dos Tribunais, 2022, p. 111.

[26] NASCIMENTO, Amauri Mascaro. *Curso de direito processual do trabalho.* 20. ed. São Paulo: Saraiva, 2001. p. 99.

1 ▫ Direito Processual do Trabalho

A importância dos princípios é inegável, principalmente diante da constatação de que é neles que os sistemas jurídicos encontram coerência e é sobre eles que se organizam.

"Princípio diz respeito à causa primeira que possibilita um raciocínio e consequente conclusão. Princípio seria, assim, algo que preexiste à determinada conclusão lógica ou científica. Princípio é, pois, o início de tudo quer no campo lógico, científico ou legal"[27].

Os **princípios exercem tríplice função** no ordenamento jurídico: **(a)** *função informativa*, destinada ao legislador, que deve exercer a atividade legislativa em sintonia com os princípios; **(b)** *função interpretativa*, que se destina ao aplicador do Direito e impõe a utilização dos princípios como base para a compreensão dos significados e sentidos das normas jurídicas; e **(c)** *função normativa*, também destinada ao aplicador do Direito e que decorre da constatação de que os princípios podem ser aplicados na solução de casos concretos[28].

Conforme ensina Amauri Mascaro Nascimento, tanto no Direito Processual Comum quanto no do Trabalho há a jurisdição, a ação e o processo, o que implica concluir que há princípios que se aplicam a ambos. São os chamados princípios gerais do Direito Processual, que são aplicáveis ao Direito Processual do Trabalho, salvo se houver incompatibilidade com os fins deste[29]. O Direito Processual do Trabalho, por sua vez, tem princípios próprios e específicos.

Considerando os princípios gerais do Direito Processual e os princípios do Direito Processual do Trabalho, a enumeração dos princípios não é tarefa fácil, pois há bastante divergência em relação a esse tema.

De toda sorte, parece ser assente na doutrina que os princípios do Direito Processual dividem-se em princípios constitucionais e princípios infraconstitucionais comuns, compondo o que pode ser chamado de **"princípios gerais do Direito Processual"**. A eles somam-se os princípios específicos do processo do trabalho.

São **princípios constitucionais do processo**:

- ◼ princípio do devido processo legal **(art. 5.º, LIV, CF)**;
- ◼ princípio do direito de ação, ou da inafastabilidade da jurisdição, ou do acesso à justiça **(art. 5.º, XXXV, CF)**;
- ◼ princípio da igualdade ou isonomia **(art. 5.º, *caput*, CF)**;
- ◼ princípio do contraditório **(art. 5.º, LV, CF)**;
- ◼ princípio da ampla defesa **(art. 5.º, LV, CF)**;
- ◼ princípio da publicidade das decisões **(art. 93, IX, CF)**;
- ◼ princípio da motivação das decisões **(art. 93, IX, CF)**;

---

[27] OLIVEIRA, Francisco Antonio de. *Tratado de direito processual do trabalho*. São Paulo: LTr, 2008. v. I, p. 50.

[28] LEITE, Carlos Henrique Bezerra. *Curso de direito processual do trabalho, cit.*, 15. ed., p. 77.

[29] NASCIMENTO, Amauri Mascaro. *Curso de direito processual do trabalho, cit.*, 20. ed., p. 100.

- principio do juiz e do promotor natural (**art. 5.º, LIII e XXXVII, CF**);
- principio do duplo grau de jurisdição (**art. 5.º, LV, CF**);
- principio da duração razoável do processo (**art. 5.º, LXXVIII, CF**);
- principio da proibição da prova ilícita (**art. 5.º, LVI, CF**).

São **princípios infraconstitucionais comuns**:

- principio da inércia da jurisdição ou dispositivo (**art. 2.º, CPC**);
- principio inquisitivo ou do impulso oficial (**art. 370, CPC e art. 765, CLT**);
- principio da eventualidade ou da preclusão (**art. 336, CPC**);
- principio da economia processual;
- principio da oralidade;
- principio da lealdade processual ou da probidade (**arts. 79 a 81, CPC e arts. 793-A a 793-D, CLT**).

Destacamos que essa enumeração não é pacífica na doutrina, sendo possível encontrar a indicação de diferentes princípios gerais, de acordo com o entendimento de cada autor.

Nesse sentido, por exemplo, Amauri Mascaro Nascimento, que, adotando a classificação dos princípios feita por Devis Echandia, indica os seguintes **princípios**[30]:

- principio dispositivo ou inquisitivo;
- principio da valorização da prova pelo juiz;
- principio do impulso de ofício do processo;
- principio da economia processual;
- principio da concentração do processo;
- principio da eventualidade ou da preclusão;
- principio da imediação;
- principio da oralidade;
- principio do interesse;
- principio da boa-fé e lealdade processual;
- principio do ônus da prova;
- principio da congruência entre as postulações e o que é decidido na sentença.

Carlos Henrique Bezerra Leite afirma que o **Código de Processo Civil de 2015** recebeu influência do neoconstitucionalismo e do neopositivismo jurídico nos **arts. 1.º a 12** ao **positivar princípios insculpidos na Constituição Federal**, como os princípios:

- da dignidade da pessoa humana;
- do efetivo acesso à justiça;
- do devido processo legal/constitucional;

---

[30] NASCIMENTO, Amauri Mascaro. *Curso de direito processual do trabalho, cit.*, 20. ed., p. 100.

- da duração razoável do processo;
- do contraditório;
- da ampla defesa;
- da publicidade;
- do atendimento aos fins sociais do ordenamento jurídico;
- das exigências do bem comum;
- da razoabilidade;
- da proporcionalidade;
- da eficiência;
- da fundamentação das decisões.

Segundo o autor, esses princípios são aplicáveis ao processo do trabalho, não por força do **art. 15 do Código de Processo Civil** e do **art. 769 da Consolidação das Leis do Trabalho**, mas pela própria força normativa da Constituição[31].

Em relação aos princípios do processo do trabalho, não há uniformidade na doutrina a respeito da existência de princípios próprios. Mas, como ressalta Carlos Henrique Bezerra Leite[32], "é de suma importância reconhecer e comprovar a existência ou não de princípios próprios de direito processual do trabalho, pois isso constitui um dos critérios para justificar a própria autonomia da ciência processual". Na leitura do citado autor, seriam, então, **princípios "tradicionalmente peculiares do direito processual do trabalho"**:

- princípio da proteção processual;
- princípio da finalidade (ou efetividade) social do processo;
- princípio da busca da verdade real;
- princípio da indisponibilidade ou irrenunciabilidade;
- princípio da conciliação;
- princípio da normatização coletiva.

Questão de extrema relevância e que é bastante discutida pela doutrina diz respeito à aplicabilidade ou não ao Direito Processual do Trabalho do **princípio protetor** do Direito do Trabalho.

Esse princípio impõe maior proteção ao trabalhador, parte mais fraca da relação de emprego, e dele decorre a regra de que no Direito do Trabalho as normas jurídicas devem ser interpretadas mais favoravelmente ao empregado.

Como salientado anteriormente, Bezerra Leite indica a **proteção processual** como um dos princípios do processo do trabalho. Da mesma forma, Mauro Schiavi fala em "protecionismo temperado ao trabalhador"[33]. Mas **não se trata do princípio protetor**

---

[31] LEITE, Carlos Henrique Bezerra. *Curso de direito processual do trabalho, cit.,* 16. ed., p. 80.

[32] LEITE, Carlos Henrique Bezerra. *Curso de direito processual do trabalho, cit.,* 15. ed., p. 106 e s.

[33] SCHIAVI, Mauro. *Manual de direito processual do trabalho.* 17. ed. rev., atual. e ampl. Salvador: JusPodivm, 2021. p. 128-130.

inerente à relação jurídica de direito material mantida entre empregado e empregador.

No âmbito do Direito Processual do Trabalho, em caso de dúvida, também vale o princípio protecionista, devendo, porém, ser **analisado sob o aspecto do direito instrumental**. Ressalte-se que "há uma aplicação estrutural do princípio da norma mais favorável no processo trabalhista, mas não a ponto de estabelecer um desequilíbrio capaz de afetar o princípio da igualdade das partes, básico no processo"[34].

Como exemplos da aplicação do princípio protetor processual, podem ser citados o **art. 844 da Consolidação das Leis do Trabalho**, que prevê que a ausência do reclamante à audiência implicará apenas o arquivamento da reclamação (na verdade, extinção sem julgamento do mérito)[35], enquanto que a ausência do reclamado implica em revelia[36] e efeitos da confissão, e o **art. 899, § 1.º, da Consolidação das Leis do Trabalho**, que prevê a obrigatoriedade de pagamento de depósito recursal ao reclamado como garantia da execução.

1.5. FORMAS DE SOLUÇÃO DOS CONFLITOS TRABALHISTAS

No âmbito do Direito, fala-se em **conflito** sempre que o interesse de uma das partes da relação jurídica encontrar resistência ou oposição da outra parte. Conflito é pretensão resistida (**lide**).

No Direito Processual do Trabalho, o conflito submetido à apreciação do Poder Judiciário é chamado de **dissídio**, podendo ser **individual ou coletivo**, o primeiro denominado de reclamação trabalhista e o segundo decorrente do poder normativo da Justiça do Trabalho (**art. 114, § 2.º, CF**).

Os conflitos trabalhistas podem ser **classificados**, por exemplo, quanto às partes, quanto ao objeto e quanto aos efeitos da sentença.

Quanto às partes, os conflitos trabalhistas podem ser:

■ **individuais** – neles se discutem interesses concretos, decorrentes de normas já existentes, relativos ao próprio indivíduo;

■ **coletivos** – referem-se a interesses abstratos e indivisíveis, pertinentes à categoria profissional e à categoria econômica.

Em relação ao objeto, os conflitos de natureza trabalhista podem ser:

---

[34] NASCIMENTO, Amauri Mascaro. *Curso de direito processual do trabalho, cit.,* 20. ed., p. 102.

[35] Importante destacar que a **Lei n. 13.467/2017 (Reforma Trabalhista)**, embora mantendo o arquivamento como efeito da ausência do reclamante à audiência, passou a prever a condenação deste ao pagamento das custas processuais, ainda que beneficiário da justiça gratuita, salvo se comprovar, no prazo de 15 dias, que a ausência ocorreu por motivo de força maior, sendo que o pagamento das custas é condição para a propositura de nova demanda (**art. 844, §§ 2.º e 3.º, CLT**).

[36] A **Reforma Trabalhista** também trouxe alteração em relação à revelia, com a inclusão do **§ 4.º ao art. 844 da Consolidação das Leis do Trabalho**, prevendo os casos em que a revelia não produzirá efeitos.

1 ▣ Direito Processual do Trabalho

▣ de direito – referem-se a discussões de natureza jurídica, como interpretação de normas;

▣ econômicos – dizem respeito a pretensões relativas à criação de novas normas ou condições de trabalho mais benéficas do que as previstas em lei.

Por fim, **quanto aos efeitos da sentença**, os conflitos trabalhistas podem ser:

▣ declaratórios – envolvendo discussão sobre a existência ou não da relação jurídica;

▣ constitutivos – criam, extinguem ou modificam direitos;

▣ condenatórios – envolvendo obrigações de dar, fazer ou de não fazer.

As **formas de solução dos conflitos trabalhistas** são a autocomposição, a heterocomposição e a autodefesa.

A **autocomposição** é a forma de **solução do conflito realizada pelas próprias partes, por meio da conciliação**. A forma autocompositiva é **privilegiada pelo legislador** trabalhista, seja em relação aos conflitos individuais, seja em relação aos conflitos coletivos. Nesse sentido, o **art. 764 da Consolidação das Leis do Trabalho**, que dispõe que os dissídios individuais ou coletivos submetidos à apreciação da Justiça do Trabalho serão sempre sujeitos à conciliação. Aliás, o legislador determina que os Juízes e Tribunais do Trabalho sempre empreguem os seus bons ofícios e persuasão no sentido de buscar uma solução conciliatória para os conflitos, permitindo que as partes se conciliem a qualquer tempo, mesmo depois de encerrado o juízo conciliatório **(art. 764, §§ 1.º e 3.º, CLT)**. Verifica-se, portanto, que mesmo no âmbito judicial a conciliação é buscada como forma de solução dos conflitos trabalhistas.

Da mesma forma, **extrajudicialmente, a conciliação também é incentivada** pelo legislador. Em relação aos **conflitos individuais**, a **Lei n. 9.958/2000** instituiu as **Comissões de Conciliação Prévia,** de constituição facultativa pelas empresas ou pelos sindicatos, com composição paritária e atribuição de tentar conciliar os conflitos individuais de trabalho[37]. As regras relativas à constituição e ao funcionamento das

---

[37] A submissão do conflito à Comissão de Conciliação Prévia é faculdade do empregado. "I – AGRAVO DE INSTRUMENTO DA RECLAMADA. RECURSO DE REVISTA SOB A ÉGIDE DA LEI N. 13.467/2017. [...] CARÊNCIA DE AÇÃO. SUBMISSÃO PRÉVIA DA DEMANDA À COMISSÃO DE CONCILIAÇÃO PRÉVIA. TRANSCENDÊNCIA NÃO RECONHECIDA. Trata-se de controvérsia sobre a necessidade de submissão de demanda trabalhista às comissões de conciliação prévia. Aduz a reclamada a falta de interesse de agir da reclamante por não ter submetido seus pedidos à Comissão de Conciliação Prévia – CCP. A questão, embora controvertida, já não suscita mais debate no âmbito desta Corte, notadamente após decisão do Supremo Tribunal Federal, exarada em 13-5-2009, ao deferir medida liminar relativa às ADIs 2.139 e 2.160. Na oportunidade, a Corte Suprema decidiu que as demandas trabalhistas podem ser submetidas ao Poder Judiciário, independentemente de submissão prévia à CCP, mesmo que existente, conferindo interpretação conforme a Constituição da República ao art. 625-D da CLT. O exame prévio dos critérios de transcendência do recurso de revista revela a inexistência de qualquer deles a possibilitar o exame do apelo no TST. A par disso, irrelevante perquirir acerca do acerto ou desacerto da decisão agravada, dada a inviabilidade de processamento, por motivo diverso, do apelo anteriormente obstaculizado. Transcendência não configurada. Agravo de instrumento não provido no tema.

Comissões de Conciliação Prévia estão previstas nos **arts. 625-A a 625-H da Consolidação das Leis do Trabalho**[38]. No âmbito das **relações coletivas de trabalho**, a **negociação coletiva** é privilegiada pela Constituição Federal como forma de solução extrajudicial de conflitos **(art. 114, §§ 1.º e 2.º, CF)**, e o **reconhecimento das convenções e acordos coletivos** de trabalho como instrumentos normativos é direito dos trabalhadores **(art. 7.º, XXVI, CF)**. Também nesse sentido, o **art. 613, V, da Consolidação das Leis do Trabalho** dispõe que os acordos e convenções coletivas deverão conter cláusulas prevendo regras para a conciliação das divergências surgidas entre os convenentes por motivo de aplicação dos seus dispositivos.

A **Reforma Trabalhista**, instituída pela **Lei n. 13.467/2017**, estabeleceu a **prevalência do negociado sobre o legislado** no **art. 611-A**, prevendo que a convenção

---

[...]" (RRAg-289800-91.2009.5.09.0025, 6.ª T., rel. Min. Augusto Cesar Leite de Carvalho, *DEJT* 20-9-2024).

[38] A conciliação realizada pelas Comissões de Conciliação Prévia não leva à quitação total dos direitos trabalhistas.
"AGRAVO INTERNO. AGRAVO DE INSTRUMENTO. RECURSO DE REVISTA. ACÓRDÃO REGIONAL PUBLICADO ANTES DA VIGÊNCIA DA LEI N. 13.015/2014. [...] 2. COMISSÃO DE CONCILIAÇÃO PRÉVIA (CCP). TERMO DE QUITAÇÃO. EFICÁCIA LIBERATÓRIA. ALCANCE DA INTEGRALIDADE DAS PARCELAS EXPRESSAMENTE CONSIGNADAS NO ACORDO. NÃO CONFIGURAÇÃO DE QUITAÇÃO GERAL DO CONTRATO. AUSÊNCIA DE INTERESSE RECURSAL NO AGRAVO INTERNO. I. Esta Corte Superior entende que, se o termo de conciliação firmado perante Comissão de Conciliação Prévia contempla expressamente a quitação somente de determinadas parcelas e valores, a eficácia liberatória fica restrita à respectiva quitação. É o que demonstram, exemplificativamente, os julgados mencionados na decisão agravada, oriundos da SBDI-I e desta 7.ª T. Trata-se, portanto, de jurisprudência assente nesta Corte Superior. II. No caso dos autos, o Tribunal Regional registrou que, *'no caso dos autos, o termo de acordo efetuado perante a Comissão de Conciliação Prévia (documento das fls. 121, 178/179) no valor líquido de R$ 7.000,00 (sete mil reais), refere-se a várias parcelas nele especificadas'* e entendeu que *'há eficácia liberatória somente em relação aos valores acordados, e não quanto às parcelas propriamente ditas. Assim, a celebração de acordo perante a Comissão de Conciliação Prévia não obsta o acesso da parte ao Poder Judiciário, para pleitear as mesmas parcelas'* (fls. 1.673/1.674 – Visualização Todos PDF). Na decisão agravada, observou-se que *'o caso vertente revela peculiaridade, na medida em que houve previsão expressa de eficácia liberatória limitada às parcelas consignadas no termo conciliatório, não sendo hipótese, portanto, de quitação geral do contrato de trabalho. Porém, diferentemente do que entendeu o Tribunal Regional, a quitação não abrange somente os valores descritos no acordo, devendo abranger a integralidade das parcelas expressamente consignadas no termo'* e concluiu que *'o Tribunal Regional, ao entender que a quitação se restringe aos valores acordados, conferiu interpretação restritiva ao termo conciliatório, o que se dissocia da jurisprudência a respeito do tema e viola o art. 625-E, parágrafo único, da CLT'* (fl. 2.056 – Visualização Todos PDF – grifo nosso). III. Logo, a parte agravante, que alega que *'a quitação deve ser restrita às parcelas e aos valores que expressamente constam no acordo'* e requer que seja limitado *'o alcance do acordo apenas em relação as parcelas lá consignadas'* de modo a afastar *'a eficácia liberatória geral do termo pactuado perante a Comissão de Conciliação'* carece de interesse recursal, pois foi exatamente isso que restou determinado na decisão agravada, com a extinção do processo sem resolução do mérito apenas quanto aos pedidos que têm por objeto as parcelas incluídas no termo de conciliação firmado perante a CCP. IV. Agravo interno de que se conhece e a que se nega provimento" (Ag-ARR-10146-69.2012.5.04.0511, 7.ª T., rel. Min. Evandro Pereira Valadão Lopes, *DEJT* 23-8-2024).

coletiva e o acordo coletivo de trabalho têm prevalência sobre a lei quando, entre outros, dispuserem sobre as matérias que indica em seus incisos[39].

Complementando o artigo anterior, o **art. 611-B da Consolidação das Leis do Trabalho** impõe **limites à prevalência dessa negociação sobre a lei**, de modo que, se aplicadas as matérias elencadas, constituirão objeto ilícito de convenção coletiva ou de acordo coletivo de trabalho.

A **heterocomposição**, por sua vez, é a forma de solução dos conflitos trabalhistas por um terceiro, alheio à relação jurídica controvertida. São formas de heterocomposição a arbitragem e a tutela ou jurisdição.

Por meio da **arbitragem** as partes em conflito escolhem um terceiro (árbitro) para solucionar o litígio. O árbitro decide a controvérsia e impõe a decisão (sentença arbitral) às partes, que estão obrigadas a cumpri-la. A arbitragem é forma voluntária de solução de conflitos, que somente será utilizada por consenso das partes (convenção de arbitragem), nos termos previstos na **Lei n. 9.307/96 (Lei de Arbitragem)**. Conforme o **art. 1.º** da citada Lei, a arbitragem só pode resolver conflitos que envolvam direitos patrimoniais disponíveis, portanto, a sua aplicação, em linha de princípio, deveria ser excluída como método para solução dos conflitos individuais trabalhistas[40].

---

[39] Em 2-6-2022 o STF fixou a Tese 1046 de Repercussão Geral: "São constitucionais os acordos e as convenções coletivos que, ao considerarem a adequação setorial negociada, pactuam limitações ou afastamentos de direitos trabalhistas, independentemente da explicitação especificada de vantagens compensatórias, desde que respeitados os direitos absolutamente indisponíveis". O acórdão foi publicado em 28-4-2023, com trânsito em julgado em 9-5-2023. Pesquisa realizada em 3 de novembro de 2024 no *site* do STF.

[40] LEITE, Carlos Henrique Bezerra. *Curso de direito processual do trabalho*, cit., 15. ed., p. 153. "AGRAVO EM AGRAVO DE INSTRUMENTO EM RECURSO DE REVISTA DA RÉ. LEI N. 13.015/2014. CPC/2015. [...] ARBITRAGEM. IMPOSSIBILIDADE DE APLICAÇÃO COMO FORMA DE SOLUÇÃO DOS CONFLITOS INDIVIDUAIS DO TRABALHO. A Lei n. 9.307/96, no seu art. 1.º, prevê a aplicabilidade de seus dispositivos apenas em relação a direitos patrimoniais disponíveis. Essa circunstância afasta a aplicabilidade da arbitragem em relação ao dissídio individual, visto que os direitos trabalhistas são indisponíveis. Precedentes desta Corte. Óbice do art. 896, § 7.º, da CLT e da Súmula 333 do TST. Agravo conhecido e não provido. [...]" (Ag-AIRR-2597-22.2013.5.02.0028, 7.ª T., rel. Min. Claudio Mascarenhas Brandao, *DEJT* 14-5-2021). "I – [...] AGRAVO DE INSTRUMENTO DO MINISTÉRIO PÚBLICO DO TRABALHO. RECURSO DE REVISTA SOB A ÉGIDE DA LEI N. 13.015/2014. ARBITRAGEM. DIREITO INDIVIDUAL DO TRABALHO. CARÁTER TUITIVO. INDISPONIBILIDADE DE DIREITOS. PRÁTICA ILÍCITA. DANO MORAL COLETIVO. Agravo de instrumento provido ante a constatação de divergência jurisprudencial apta a promover a admissibilidade do recurso. II – RECURSO DE REVISTA DO MINISTÉRIO PÚBLICO DO TRABALHO SOB A ÉGIDE DA LEI N. 13.015/2014. REQUISITOS DO ART. 896, § 1.º-A, DA CLT, ATENDIDOS. ARBITRAGEM. DIREITO INDIVIDUAL DO TRABALHO. CARÁTER TUITIVO. INDISPONIBILIDADE DE DIREITOS. PRÁTICA ILÍCITA. DANO MORAL COLETIVO. CONFIGURAÇÃO. O dano moral coletivo configura-se quando o dano atinge a uma coletividade e não apenas a um indivíduo, e decorre do descumprimento de obrigações legais que prejudiquem a uma coletividade de trabalhadores. No caso dos autos, é fato incontroverso a atividade arbitral ilícita da demandada em relação às questões pós-contrato de trabalho como, aliás, reconheceu a própria Corte de Origem ao asseverar que o 'caráter tuitivo do Direito Individual do Trabalho constitui, sem qualquer exceção,

Porém, a **Lei n. 13.467/2017 (Reforma Trabalhista)** incluiu o **art. 507-A na Consolidação das Leis do Trabalho**, que prevê: "Nos contratos individuais de trabalho cuja remuneração seja superior a duas vezes o limite máximo estabelecido para os benefícios do Regime Geral de Previdência Social, poderá ser pactuada cláusula compromissória de arbitragem, desde que por iniciativa do empregado ou mediante a sua concordância expressa, nos termos previstos na Lei n. 9.307, de 23 de setembro de 1996"[41-42].

Os defensores veem na aplicabilidade da cláusula compromissória de arbitragem ao contrato individual de trabalho uma forma de desafogar o Judiciário, enquanto os que rechaçam a aplicação enxergam como a retomada do projeto que buscou implementar as Comissões de Conciliação Prévia da década de 2000 e a sua inviabilidade prática diante

---

intransponível óbice à arbitragem', determinando que a demandada 'se abstenha de dirimir controvérsias relativas ao Direito Individual do Trabalho, sob pena de multa diária'. Ademais, a jurisprudência desta Corte é no sentido de que a prática de empregar arbitragem para a resolução de conflitos relacionados a direito trabalhista indisponível é ilícita e constitui verdadeira fraude aos direitos constitucionais do trabalho, causando prejuízos à coletividade. Assim, cabível a condenação da demandada ao pagamento de indenização por danos morais coletivos. Recurso de revista conhecido e parcialmente provido" (RRAg-1000849-64.2015.5.02.0610, 6.ª T., rel. Min. Augusto Cesar Leite de Carvalho, *DEJT* 10-5-2024).

[41] "AGRAVO INTERNO. AGRAVO DE INSTRUMENTO. RECURSO DE REVISTA. AÇÃO CIVIL PÚBLICA. [...] III. ARBITRAGEM. DISSÍDIO INDIVIDUAL DO TRABALHO. VALIDADE. 1. É firme a jurisprudência do TST no sentido de que há incompatibilidade na aplicação da arbitragem aos dissídios individuais do trabalho, porquanto os direitos que daí decorrem estão sob o manto do princípio da proteção, notadamente se discute relação jurídica anterior à vigência da Lei n. 13.457/2017, como na hipótese. Precedentes. 2. Ressalte-se que, mesmo à luz do novel art. 507-A da CLT, não se afastou por completo a incompatibilidade da arbitragem nos dissídios individuais, que somente será válida por iniciativa ou com a anuência expressa do empregado, mediante cláusula compromissória, e para os contratos de emprego cuja remuneração supere o dobro do valor máximo estabelecido para os benefícios do Regime Geral de Previdência Social. [...] Agravo interno de que se conhece e a que se nega provimento" (Ag-AIRR-504-97.2010.5.02.0317, 7.ª T., rel. Desembargador Convocado Ubirajara Carlos Mendes, *DEJT* 23-11-2018).

[42] Vale ressaltar que o art. 507-A da CLT não possui aplicação retroativa, ou seja, somente tem validade cláusula de contrato de trabalho que preveja a arbitragem como forma de solução de controvérsias, firmado com empregado hipersuficiente a pós a entrada em vigor da Lei n. 13.467/2017.

"AGRAVO DE INSTRUMENTO EM RECURSO DE REVISTA. ACÓRDÃO REGIONAL PUBLICADO SOB A ÉGIDE DAS LEIS N.S 13.015/14 E 13.467/17. EXECUÇÃO. TÍTULO EXECUTIVO EXTRAJUDICIAL. SENTENÇA ARBITRAL PROFERIDA ANTERIORMENTE À VIGÊNCIA DA LEI N. 13.467/17. INCOMPATIBILIDADE COM O DIREITO DO TRABALHO. IMPOSSIBILIDADE DE APLICAÇÃO RETROATIVA DO ART. 507-A DA CLT. O eg. Tribunal Regional, ao concluir que a Justiça do Trabalho não tem competência para execução de acordo firmado perante o Tribunal de Justiça Arbitral, que não teria sido adimplido pelo réu, decidiu em consonância com a jurisprudência firmada no âmbito desta c. Corte, que não admite a utilização de arbitragem como meio de composição de conflitos individuais trabalhistas, ante a sua natureza indisponível. O caso dos autos retrata acordo firmado anteriormente à vigência da Lei n. 13.467/17, não sendo possível a aplicação retroativa do disposto no art. 507-A da CLT. Agravo de instrumento conhecido e desprovido" (AIRR-1000991-94.2018.5.02.0341, 3.ª T., rel. Min. Alexandre de Souza Agra Belmonte, *DEJT* 12-3-2021).

das inúmeras fraudes cometidas, porém com outra roupagem, embora a essência tenha se mantido.

Outro entrave à aplicabilidade da cláusula compromissória de arbitragem ao contrato individual do trabalho consiste no princípio da inafastabilidade da apreciação judicial (**art. 5.º, XXXV, CF**), que já foi utilizado, inclusive, para combater as Comissões de Conciliação Prévia e outros modelos extrajudiciais de solução de conflito[43].

Para Homero Batista, o **art. 507-A** "trata-se de um dos artigos mais polêmicos de toda a reforma de 2017. Já era polêmica a redação do art. 444, parágrafo único, que passou a admitir a livre estipulação de cláusulas entre empregados e empregadores, se aqueles tiverem diploma de ensino superior e salário superior ao dobro do teto previdenciário. Por livre estipulação, o legislador disse que se deve entender tudo aquilo que a entidade sindical poderia e poderá fazer na negociação coletiva, conforme extenso rol do art. 611-A. Logo, pelo próprio contrato individual de trabalho, sem necessidade de mediação ou de arbitragem, o empregado já teria um acervo de cláusulas impensáveis antes da reforma e assim tende a se submeter. Dentre essas cláusulas, o art. 507-A admite que seja lançada também a chamada cláusula compromissória de arbitragem, pela qual as partes se comprometem a se valer de árbitros particulares e não do Poder Judiciário em caso de litígio futuro"[44].

De toda sorte, a despeito das discussões doutrinárias sobre a questão, o texto legal (**art. 507-A, CLT**) é claro ao permitir a arbitragem para solucionar conflito individual de trabalho envolvendo trabalhador "hipersuficiente", sendo reconhecida pela jurisprudência a validade de cláusula compromissória de arbitragem inserida em contrato desse tipo de trabalhador após a entrada em vigor da Lei n. 13.467/2017.

No **âmbito do Direito Coletivo do Trabalho**, a arbitragem é prevista como forma de solução dos conflitos (**art. 114, §§ 1.º e 2.º, CF**). Nesse caso, a **sentença arbitral** não terá a mesma força executiva prevista no Código de Processo Civil. Sendo **criadora de normas coletivas gerais e abstratas para a categoria** à qual se refere, terá exequibilidade equivalente (por analogia) aos demais instrumentos de solução dos conflitos coletivos de trabalho (convenção coletiva, acordo coletivo e sentença normativa). Portanto, a sentença arbitral será executada por meio de ação de cumprimento (como para sentença normativa), não cabendo, nesse caso, ação de execução[45].

A **tutela ou jurisdição** é a forma de solucionar os conflitos trabalhistas, individuais ou coletivos por meio da **intervenção do Estado**. Trata-se da via jurisdicional, por meio da qual as partes levam o conflito ao Poder Judiciário, que irá decidi-lo e impor o cumprimento da sentença, pondo fim à lide. O fundamento da jurisdição trabalhista é encontrado na **Constituição Federal**, que prevê, entre os poderes que integram a República, o Judiciário (**art. 92 e s.**), inclusive tribunais e juízes do trabalho (**art. 111**), e assegura a inafastabilidade da jurisdição (**art. 5.º, XXXV**).

---

[43] SILVA, Homero Batista Mateus da. *Comentários à Reforma Trabalhista*. São Paulo: Revista dos Tribunais, 2017. p. 99 e s.

[44] SILVA, Homero Batista Mateus da. *Comentários à Reforma Trabalhista*, cit., p. 97.

[45] LEITE, Carlos Henrique Bezerra. *Curso de direito processual do trabalho*. 12. ed. São Paulo: LTr, 2014. p. 119.

Por fim, a **autodefesa ou autotutela** é considerada uma forma de solução de conflitos, alcançada através da **atuação das próprias partes**, por meio da utilização da força ou pelo exercício direto das próprias razões.

Por traduzir, inegavelmente, um **modo de exercício direto de coerção pelos particulares**, a autotutela tem sido **restringida pelos ordenamentos** jurídicos modernos, restando poucas hipóteses permitidas para sua utilização. No âmbito do **Direito do Trabalho**, são **exemplos** de autodefesa a **greve** e o *lockout*. A primeira, além de permitida pelo ordenamento jurídico, é prevista na Constituição Federal como direito dos trabalhadores **(art. 9.º, CF)**. O *lockout*, porém, é considerado prática proibida na ordem jurídica do país **(art. 17, Lei n. 7.783/89)**.

Importante notar, porém, que a autotutela admitida no âmbito do ordenamento jurídico brasileiro (greve) é muito mais um instrumento de pressão que é utilizado com o objetivo de levar ao encontro de uma solução favorável para o conflito coletivo por meio de alguma das outras formas (autocomposição ou heterocomposição) do que propriamente um meio de solução dos conflitos.

1.6. INTERPRETAÇÃO DO DIREITO PROCESSUAL DO TRABALHO

Para Délio Maranhão, "interpretar a lei é atribuir-lhe um significado, medindo-lhe a exata extensão e a possibilidade de sua aplicação a um caso concreto. Consiste, portanto, em determinar-lhe o sentido, chamado, também, pensamento, espírito ou vontade da lei"[46].

Interpretar a lei, portanto é apreender o seu sentido e seu alcance (*mens legis*), desvinculando-a das intenções do legislador ao criá-la (*mens legislatoris*).

"A interpretação cuida da determinação do sentido da lei"[47], refletindo uma observação das "intencionalidades objetivadas na norma jurídica que é aplicada aos casos concretos"[48].

Existe um consenso na doutrina sobre os principais **métodos de interpretação**:

- ■ **literal ou gramatical** – busca o sentido exato do texto normativo; procura desvendar o significado da norma, enfrentando dificuldades léxicas e de relações entre as palavras;

- ■ **lógico** – busca encontrar solução para as contradições verificadas entre termos constantes da norma jurídica, chegando-se a um significado coerente;

- ■ **histórico** – busca encontrar o significado das palavras no contexto de criação da norma a partir da análise dos precedentes normativos e dos trabalhos preparatórios, que antecedem a elaboração/aprovação da norma;

- ■ **sistemático** – busca encontrar um significado coerente da norma em relação ao conjunto normativo; parte do pressuposto de que o ordenamento é um todo unitá-

---

[46] SÜSSEKIND, Arnaldo et al. *Instituições de direito do trabalho, cit.,* p. 198.

[47] LEITE, Carlos Henrique Bezerra. *Curso de direito processual do trabalho, cit.,* 12. ed., p. 96.

[48] NASCIMENTO, Amauri Mascaro. *Iniciação ao direito do trabalho.* 31. ed. São Paulo: LTr, 2005. p. 119.

1 ■ Direito Processual do Trabalho

rio, sem incompatibilidades, especialmente com as normas superiores e os princípios gerais do direito;

■ **teleológico** – busca o fim, a finalidade da norma.

Uma parte da doutrina[49] considera também a **interpretação conforme a Constituição**, que "permite uma renúncia ao formalismo jurídico e às interpretações convencionais em nome da justiça material e da segurança jurídica, elementos tão necessários à concretização do Estado Democrático de Direito". Entende Mauro Schiavi que "a interpretação da legislação processual do trabalho deve estar em compasso com os princípios constitucionais do processo (interpretação conforme a Constituição Federal). Desse modo, toda norma que rege o Processo do Trabalho deve ser lida com os olhos da Constituição Federal, buscando sempre a máxima eficiência das normas e princípios constitucionais do processo"[50].

Alguns doutrinadores incluem no elenco dos métodos de interpretação a **interpretação restritiva** (limita o alcance do sentido da norma, para que a regra somente incida nas hipóteses taxativas que disciplina) e a **extensiva** (amplia o alcance do sentido da norma, para disciplinar hipóteses não descritas expressamente na lei).

Assim, o **sentido concreto do direito processual do trabalho** vem sendo definido ao longo do tempo por meio da interpretação realizada pelos juízes e tribunais, em especial pelo Tribunal Superior do Trabalho.

> **SÚM. 83, TST:** "I – Não procede pedido formulado na ação rescisória por violação literal de lei se a decisão rescindenda estiver baseada em texto legal infraconstitucional de interpretação controvertida nos Tribunais. II – O marco divisor quanto a ser, ou não, controvertida, nos Tribunais, a interpretação dos dispositivos legais citados na ação rescisória é a data da inclusão, na Orientação Jurisprudencial do TST, da matéria discutida".

> **SÚM. 296, TST:** "I – A divergência jurisprudencial ensejadora da admissibilidade, do prosseguimento e do conhecimento do recurso há de ser específica, revelando a existência de teses diversas na interpretação de um mesmo dispositivo legal, embora idênticos os fatos que as ensejaram".

> **SÚM. 333, TST:** "Não ensejam recurso de revista decisões superadas por iterativa, notória e atual jurisprudência do Tribunal Superior do Trabalho".

1.7. INTEGRAÇÃO DO DIREITO PROCESSUAL DO TRABALHO

O **art. 4.º da Lei de Introdução às Normas do Direito Brasileiro (LINDB)** preceitua que, quando a lei for omissa, o juiz decidirá o caso de acordo com a analogia, os costumes e os princípios gerais de direito.

Na medida em que o juiz não pode se eximir de sentenciar alegando inexistência de lei ao caso concreto, deve se valer dos **métodos de integração**, que consistem nas

---

[49] LEITE, Carlos Henrique Bezerra. *Curso de direito processual do trabalho, cit.*, 15. ed., p. 128.

[50] SCHIAVI, Mauro. *Manual de direito processual do trabalho*, cit., 17. ed., p. 152.

seguintes técnicas para **suprimento de lacunas jurídicas**: analogia, equidade e os princípios gerais do direito.

Segundo o **art. 140 do Código de Processo Civil**, aplicável subsidiariamente ao processo do trabalho, "o juiz não se exime de decidir sob a alegação de lacuna ou obscuridade do ordenamento jurídico", sendo que o julgamento por equidade somente pode ser realizado nos casos previstos em lei.

No âmbito do processo do trabalho, o **art. 769 da Consolidação das Leis do Trabalho** prevê que, "nos casos omissos, o Direito Processual Comum será fonte subsidiária do Direito Processual do Trabalho", desde que não haja incompatibilidade com as normas e princípios próprios do processo do trabalho.

Complementando, o **art. 15 do Código de Processo Civil** estabelece que, na ausência de normas que regulem o processo trabalhista, sejam as disposições do Código aplicadas supletiva e subsidiariamente.

Subsidiariedade e **supletividade** são, portanto, métodos de integração do direito processual do trabalho. A aplicação subsidiária visa ao preenchimento de lacuna, e a aplicação supletiva, à complementação normativa. Como ensinam Nelson Nery Junior e Rosa Maria de Andrade Nery, a aplicação supletiva do CPC se dará quando houver omissão absoluta (lacuna plena) na CLT acerca de determinado instituto regulado no CPC, o que leva à *"aplicação integral* do regulamento do instituto existente no CPC". Já a aplicação subsidiária se dará quando houver omissão relativa (lacuna parcial) na CLT, o que leva à *"aplicação parcial* do instituto existente no CPC, naquilo que for compatível com o sistema processual lacunoso"[51].

Referidos autores entendem que o art. 769 da CLT "foi tacitamente *revogado* pelo CPC 15, norma posterior que regula *completamente* a matéria de incidência da lei processual no processo do trabalho (LINDB, art. 2.º, § 1.º)"[52]. Em sentido contrário, porém, a posição do TST, na Instrução Normativa n. 39/2016, que dispõe sobre as normas do Código de Processo Civil de 2015 aplicáveis e inaplicáveis ao Processo do Trabalho, indica expressamente que "as normas dos arts. 769 e 889 da CLT não foram revogadas pelo art. 15 do CPC de 2015, em face do que estatui o art. 2.º, § 2.º, da Lei de Introdução às Normas do Direito Brasileiro".

Ressalte-se que os princípios, em especial os **princípios constitucionais do processo**, também poderão ser utilizados pelo juiz na integração do processo do trabalho.

1.8. EFICÁCIA DO DIREITO PROCESSUAL DO TRABALHO

Sobre o tema da **eficácia da norma jurídica**, destacam-se, primeiramente, dois sentidos[53]: o primeiro chamado da eficácia social da norma jurídica, que envolve investigações acerca do cumprimento da norma pelos seus destinatários; e o segundo "concerne ao exame da aptidão de dada norma para produzir efeitos jurídicos", isto é, da chamada **eficácia jurídica** da norma.

---

[51] NERY JUNIOR, Nelson; NERY, Rosa Maria de Andrade. *Código de Processo Civil comentado.* 20. ed. rev., atual. e ampl. São Paulo: Revista dos Tribunais, 2021. p. 88.

[52] Idem.

[53] LEITE, Carlos Henrique Bezerra. *Curso de direito processual do trabalho, cit.,* 15. ed., p. 144.

No estudo do direito processual do trabalho interessa a análise da eficácia jurídica e, portanto, fala-se em eficácia da norma no espaço e em eficácia no tempo.

Ao tratar da **eficácia da lei no espaço,** prevalece o princípio da territorialidade consagrado no **art. 12 da Lei de Introdução às Normas do Direito Brasileiro**, que dispõe que é competente a autoridade judiciária brasileira quando for o réu domiciliado no Brasil ou aqui tiver de ser cumprida a obrigação. Portanto, sendo o conflito da competência da Justiça do Trabalho, o direito processual do trabalho exercerá sua eficácia, sendo aplicado.

Nos termos do **art. 22, I, da Constituição Federal**, compete privativamente à União legislar sobre direito processual, o que leva à conclusão de que a **eficácia das normas processuais se irradia por todo o território nacional**.

Nesse sentido, o art. 763 da Consolidação das Leis do Trabalho e o art. 16 do Código de Processo Civil assim preceituam:

■ **Art. 763, CLT** – "O processo da Justiça do Trabalho, no que concerne aos dissídios individuais e coletivos e à aplicação de penalidades, reger-se-á, em todo o território nacional, pelas normas estabelecidas neste Título".

■ **Art. 16, CPC** – "A jurisdição civil é exercida pelos juízes e pelos tribunais em todo o território nacional, conforme as disposições deste Código".

No que tange à **eficácia no tempo**, a Lei de Introdução às Normas do Direito Brasileiro traz o regramento básico e geral sobre a aplicação da lei no tempo.

Segundo o **art. 6.º da Lei de Introdução às Normas do Direito Brasileiro**, a lei em vigor terá efeito imediato e geral, respeitados o ato jurídico perfeito, o direito adquirido e a coisa julgada.

Em complemento, o **art. 1.º da Lei de Introdução às Normas do Direito Brasileiro** consagra que, salvo disposição contrária, a lei começa a vigorar em todo o país quarenta e cinco dias depois de oficialmente publicada, e, nos Estados estrangeiros, três meses depois de oficialmente publicada.

Não se destinando à vigência temporária, a lei terá vigor até que outra a modifique ou revogue **(art. 2.º, LINDB)**.

A revogação da lei posterior pela anterior ocorre quando expressamente o declare, quando seja com ela incompatível ou quando regule inteiramente a matéria de que tratava a lei anterior **(art. 2.º, § 1.º, LINDB)**.

Ressalta-se que a lei nova, que estabeleça disposições gerais ou especiais a par das já existentes, não revoga nem modifica a lei anterior **(art. 2.º, § 2.º, LINDB)**.

O Direito pátrio não adotou como regra geral a teoria do efeito repristinatório, pois, conforme o § 3.º do **art. 2.º da Lei de Introdução às Normas do Direito Brasileiro**, salvo disposição em contrário, a lei revogada não se restaura por ter a lei revogadora perdido a vigência.

Desse modo, "aplicam-se para a solução do problema da eficácia da lei processual no tempo: o princípio do efeito imediato; o respeito aos atos processuais praticados antes da vigência da lei nova; a remessa imediata dos processos de uma para outra Justiça quando deslocada a competência material"[54].

No âmbito do Direito Processual do Trabalho, o princípio do efeito imediato está insculpido no **art. 912 da Consolidação das Leis do Trabalho**, que preceitua que "os dispositivos de caráter imperativo terão aplicação imediata às relações iniciadas, mas não consumadas, antes da vigência desta Consolidação".

Já na esfera processual civil, o **art. 14 do Código de Processo Civil** aduz que "a norma processual não retroagirá e será aplicável imediatamente aos processos em curso, respeitados os atos processuais praticados e as situações jurídicas consolidadas sob a vigência da norma revogada".

O **art. 1.046 do Código de Processo Civil** dispõe, ainda, que, "ao entrar em vigor este Código, suas disposições se aplicarão desde logo aos processos pendentes".

Observa-se que, ao referir-se a "situações jurídicas consolidadas", o Código de Processo Civil, quando menos, abre uma brecha ou oportunidade para a incidência, consideradas certas circunstâncias, da preservação da lei antiga para as fases processuais ainda em curso[55]. Assim, "na medida em que um determinado ato, já devidamente praticado, componha uma fase processual específica, não será possível, a rigor, a ela aplicar integralmente a molduragem estipulada pelo dispositivo superveniente"[56].

Tal interpretação coaduna-se com a Constituição, decorrendo da garantia ao ato jurídico perfeito, a irretroatividade das normas processuais (**art. 5.º, XXXVI, CF**).

Como ensinam Nelson Nery Junior e Rosa Maria de Andrade Nery, "a lei nova tem de respeitar todos os *efeitos* jurídicos produzidos sob a égide da lei anterior, mas se aplica imediatamente a situações por ela (lei nova) reguladas, a partir de sua entrada em vigor". Os autores fazem uma clara distinção entre atos "dentro do passado" e atos "dentro do presente", esclarecendo que nosso sistema proíbe a aplicação da lei nova para fatos já ocorridos (passado), em que os fatos pendentes são os fatos presentes, regulados pela eficácia imediata da lei nova. "A regra *tempus regit actum* não significa aplicação da lei do *começo* do processo"[57].

A primeira grande discussão sobre a eficácia temporal das normas processuais trabalhistas decorreu da **Emenda Constitucional n. 45/2004**, em especial pela ampliação da competência material da Justiça do Trabalho.

Muito se debateu à época acerca das ações que tramitavam na Justiça Comum e cujo objeto tinha passado para a competência material da Justiça do Trabalho. A questão

---

[54] NASCIMENTO, Amauri Mascaro. *Curso de direito processual do trabalho*. 22. ed. São Paulo: Saraiva, 2007. p. 93.

[55] DIAS, Carlos Eduardo de Oliveira; FELICIANO, Guilherme Guimarães; TOLEDO FILHO, Manoel Carlos. In: SILVA, José Antônio Ribeiro de Oliveira (Coord.). *Comentários ao Novo CPC e sua aplicação ao processo do trabalho*: parte geral: arts 1.º a 317: atualizado conforme a Lei n. 13.256/2016. São Paulo: LTr, 2016. v. 1, p. 47.

[56] DIAS, Carlos Eduardo de Oliveira; FELICIANO, Guilherme Guimarães; TOLEDO FILHO, Manoel Carlos. In: SILVA, José Antônio Ribeiro de Oliveira (Coord.). *Comentários ao Novo CPC e sua aplicação ao processo do trabalho, cit.*, p. 47.

[57] NERY JUNIOR, Nelson; NERY, Rosa Maria de Andrade. *Código de Processo Civil comentado*, cit., 20. ed., p. 83.

1 ▣ Direito Processual do Trabalho 23

que se colocava era a seguinte: aplica-se de imediato a nova regra sobre competência e, portanto, todas essas ações devem ser remetidas para a Justiça do Trabalho, ou a competência da Justiça Especializada somente terá aplicação para as novas demandas ajuizadas?

Como destaca Carlos Henrique Bezerra Leite, no tocante às ações oriundas da relação de trabalho, quatro correntes doutrinárias surgiram naquele momento: a) a primeira, considerando o processo como um todo indivisível, motivo pelo qual o processo deveria continuar tramitando na Justiça Comum, caso a ação tivesse sido proposta antes da vigência da lei nova, ou seja, segundo a "lei velha"; b) a segunda sustentava ser o processo dividido em fases processuais autônomas (postulatória, instrutória, decisória, recursal), com o que a lei nova incidiria sobe a fase processual ainda não iniciada; c) uma terceira corrente defendia o entendimento de que todos os processos em curso que veiculassem demandas cujo objeto tenha sido transferido para a competência da Justiça do Trabalho deveriam ser a esta imediatamente remetidos, independentemente da fase ou dos atos já praticados, salvo naqueles casos em que já tivessem sido proferidas sentenças transitadas em julgado; d) finalmente, a quarta corrente advogou o isolamento dos atos processuais, ou seja, a "lei nova" não atinge os atos processuais já praticados, nem os seus efeitos, mas é aplicável aos atos processuais ainda não iniciados, independentemente da fase processual em que tais atos estejam situados"[58].

"É importante lembrar que o STF, no CC 7.204/MG, do qual foi relator o Ministro Carlos Britto, deixou assentado que, por razões de política judiciária, as ações acidentárias propostas na Justiça Comum antes de 31.12.2004, nas quais já existe sentença, lá permanecerão. Se não houver sentença, o processo deverá ser remitido à Justiça do Trabalho"[59].

Em relação a essas ações de indenização por danos morais e patrimoniais decorrentes de acidente de trabalho propostas por empregado contra empregador, inclusive aquelas que ainda não possuíam sentença de mérito em primeiro grau quando da promulgação da Emenda Constitucional n. 45/2004, o Supremo Tribunal Federal fixou definitivamente o entendimento, por meio da Súmula Vinculante 22, no sentido de ser a Justiça do Trabalho competente para processá-las e julgá-las.

Assim, em caso que envolve competência absoluta (material ou funcional), a lei nova que a alterou é aplicada aos processos em curso, devendo os autos ser remetidos ao juízo que adquiriu a competência para processar e julgar a causa.

A eficácia temporal de normas processuais trabalhistas voltou ao centro dos debates com a entrada em vigor da **Lei n. 13.467/2017 (*Reforma Trabalhista*)** em 11 de novembro de 2017, tendo em vista que esta trouxe importantes modificações no campo do Direito Processual do Trabalho, como as referentes aos efeitos da revelia, à previsão da responsabilidade por dano processual, às questões relativas a honorários de sucumbência, honorários periciais, custas e concessão de justiça gratuita, além de outras também bastante relevantes.

---

[58] LEITE, Carlos Henrique Bezerra. *Curso de direito processual do trabalho, cit.,* 12. ed., p. 113-114.

[59] LEITE, Carlos Henrique Bezerra. *Curso de direito processual do trabalho, cit.,* 12. ed., p. 115.

Assim, novamente surgiu o debate sobre a aplicação da lei processual no tempo. Obviamente, a questão restringe-se aos **processos em curso quando da vigência da nova lei**, pois para os processos novos a serem ajuizados já após o início de sua vigência não há o que se discutir, aplicando-se integralmente as novas regras. E para aqueles processos já transitados em julgado também não há incidência da nova lei (**art. 5.º, XXXVI, CF**).

Destaca-se, porém, que outras mudanças legislativas processuais já foram feitas anteriormente, mormente as modificações referentes aos recursos de revista e ordinário, não tendo havido polêmica a respeito. Entendemos, no entanto, que entre as mudanças trazidas pela *Reforma Trabalhista* estão questões processuais muito sensíveis, que merecem ser analisadas cuidadosamente.

Sobre o assunto, Homero Batista afirma que "os mesmos dilemas de autoaplicabilidade e irretroatividade serão vivenciados pelo processo do trabalho, mas neste caso já existe forte acervo conceitual e doutrinário que nos permite antever algumas soluções. De plano, deve ficar claro que, ao ajuizar uma ação, a parte não recebe o direito adquirido à tramitação de todo o périplo processual tal como ela queria ou tal como ela conhecia quando da redação da petição inicial. O processo é feito por fases e nem todas ocorrerão em todos os processos. Tome-se como exemplo a fase recursal. De um lado, a parte somente tem interesse no recurso se e quando sucumbir; logo, como ninguém entra no processo para perder, não se pode dizer que se soubesse que o recurso seria endurecido não teria aforado a ação. De outro lado, o recurso somente existe no momento em que houve a sucumbência. Neste caso, sim, a parte tem o direito de ver mantidos os trâmites recursais, quando já tomou ciência do julgado desfavorável, ou seja, a lei não pode retroagir para criar obstáculos ou restrições. Isso é bastante conhecido dos tribunais trabalhistas, que vivenciaram grandes mudanças no recurso de revista em 1998 e 2014, bem como no recurso ordinário em 2000, além das mudanças anuais do depósito recursal"[60].

De fato, a lei processual aplicável é a que está em vigor no momento da prática do ato processual, não importando o tempo em que se deu o ato material que deu origem à lide.

A lei processual deve respeitar o ato jurídico perfeito e a coisa julgada (**art. 5.º, XXXVI, CF e art. 6.º, LINDB)**, razão pela qual os atos processuais ocorridos antes de sua entrada em vigor não sofrem seus efeitos, sendo certo que alcança o processo no estado em que se achava no momento do início de sua vigência.

Como ensina Humberto Theodoro Júnior, "as leis processuais são de efeito imediato perante os feitos pendentes, mas não são retroativas, pois só os atos posteriores à sua entrada em vigor é que se regularão por seus preceitos[61]. No entanto, como ressaltado anteriormente, algumas alterações processuais trazidas pela **Lei n. 13.467/2017 (Reforma Trabalhista)** são bastante peculiares e, portanto, sensíveis, não podendo ser analisada a questão de forma tão simplista. Refiro-me especificamente às modificações referentes aos **honorários de sucumbência**, aos **honorários periciais**, às **custas** e ao

---

[60] SILVA, Homero Batista Mateus da. *Comentários à Reforma Trabalhista, cit.,* p. 201.
[61] THEODORO JÚNIOR, Humberto. *Curso de direito processual civil, cit.,* v. 1, p. 69.

benefício da justiça gratuita[62]. São temas que geraram intensa discussão doutrinária e jurisprudencial.

O entendimento, no entanto, pacificou-se no seguinte sentido: trata-se de matérias afetas à garantia de acesso à justiça e, sendo a ação ajuizada anteriormente à entrada em vigor da **Lei n. 13.467/2017**, não há como aplicar a lei nova no curso do processo, tendo em vista que as regras que asseguravam o acesso à justiça naquele momento não previam condenação em honorários de sucumbência, e definiam regras diferentes sobre honorários periciais, custas e benefícios da justiça gratuita. Assim, não pode uma lei nova retroagir ao momento do ajuizamento da ação para fazer aplicar no caso essas novas regras que, como afirmado, são corolários da garantia de acesso à justiça[63].

Considerando a imperativa necessidade de **dar ao jurisdicionado a segurança jurídica** indispensável a possibilitar **estabilidade nas relações processuais**, o Tribunal Superior do Trabalho, afirmando posicionamento que já vinha adotando em relação à aplicação das normas processuais da Consolidação das Leis do Trabalho alteradas pela Lei n. 13.467/2017, editou a **Instrução Normativa n. 41/2018**, que prevê: "Art. 1.º A aplicação das normas processuais previstas na Consolidação das Leis do Trabalho, alteradas pela Lei n. 13.467, de 13 de julho de 2017, com eficácia a partir de 11 de novembro de 2017, é imediata, sem atingir, no entanto, situações pretéritas iniciadas ou consolidadas sob a égide da lei revogada". Os demais dispositivos da Instrução Normativa definem o marco temporal de aplicação de diversos dos dispositivos legais que tratam de matéria processual, alterados pela **Lei n. 13.467/2017**. Especificamente em relação à condenação em honorários advocatícios sucumbenciais, prevista no **art. 791-A da CLT**, o art. 6.º da **IN n. 41/2018** prevê expressamente que "será aplicável apenas às ações propostas após 11 de novembro de 2017 (Lei n. 13.467/2017). Nas ações propostas anteriormente, subsistem as diretrizes do art. 14 da Lei n. 5.584/1970 e das Súmulas nos 219 e 329 do TST".

---

[62] Em 20 de outubro de 2021, o STF, por maioria, julgou parcialmente procedente o pedido formulado na ADI 5.766, para declarar inconstitucionais os arts. 790-B, *caput* e § 4.º, e 791-A, § 4.º, da CLT. Esse tema será tratado de forma detalhada no Capítulo 8, item 8.11.

[63] "[...] HONORÁRIOS ADVOCATÍCIOS DE SUCUMBÊNCIA. AÇÃO AJUIZADA ANTES DA LEI N. 13.467/2017. AUSÊNCIA DE TRANSCENDÊNCIA. O e. TRT consignou que a matéria referente aos honorários advocatícios tem natureza híbrida, razão pela qual a condenação ao pagamento de verba sucumbencial somente pode ser imposta nas demandas distribuídas após a entrada em vigor da Lei n. 13.467/17, em razão do princípio garantidor da não surpresa das decisões. O art. 6.º da Instrução Normativa n. 41 de 2018 desta Corte dispõe que a condenação aos honorários sucumbenciais, na forma do art. 791-A da CLT, estará limitada às ações propostas após 11-11-2017. Tendo a presente ação sido ajuizada em 7-7-2017, subsistem as diretrizes do art. 14 da Lei n. 5.584/70. Nesse contexto, estando a decisão regional em harmonia com a jurisprudência pacífica desta Corte, incide a Súmula 333 do TST como obstáculo à extraordinária intervenção deste Tribunal Superior no feito. A existência de obstáculo processual apto a inviabilizar o exame da matéria de fundo veiculada, como no caso, acaba por evidenciar, em última análise, a própria ausência de transcendência do recurso de revista, em qualquer das suas modalidades, conforme precedentes invocados na decisão agravada. Agravo não provido. [...]" (RRAg-1001214-90.2017.5.02.0435, 5.ª T., rel. Min. Breno Medeiros, *DEJT* 25-11-2022).

1.9. QUESTÕES

QUESTÕES DE CONCURSOS
> uqr.to/1z7qg

2. JUSTIÇA DO TRABALHO

2.1. ORGANIZAÇÃO DA JUSTIÇA DO TRABALHO

A **Justiça do Trabalho** integra o Poder Judiciário **(art. 92, IV, CF)** e é composta pelos seguintes **órgãos:** (a) Tribunal Superior do Trabalho; (b) Tribunais Regionais do Trabalho; e (c) Juízes do Trabalho **(art. 111, CF)**.

Nas comarcas não abrangidas por **jurisdição** de Vara do Trabalho, a lei poderá atribuí-la aos **Juízes de direito (art. 112, CF e art. 668, CLT)**. Embora investido de jurisdição trabalhista, o Juiz de direito não é um órgão da Justiça do Trabalho, mas da Justiça Estadual. No entanto, uma vez investido de tal jurisdição, sua competência é a mesma das Varas do Trabalho e os **recursos interpostos de suas decisões trabalhistas são endereçados ao Tribunal Regional do Trabalho,** e não ao Tribunal de Justiça **(art. 669, CLT e art. 112, CF)**.

A constituição, a investidura, a jurisdição, a competência, as garantias e condições de exercício dos órgãos da Justiça do Trabalho são previstas em lei **(art. 113, CF)**.

Integram, ainda, a Justiça do Trabalho os órgãos auxiliares, previstos nos **arts. 710 a 721 da Consolidação das Leis do Trabalho**.

Até a edição da Emenda Constitucional n. 24, de 9 de dezembro de 1999, uma das características da Justiça do Trabalho era a chamada *representação paritária ou classista*, que significava a presença, nos órgãos judiciais trabalhistas, ao lado de juízes togados, de juízes leigos representantes de empregados e empregadores, que eram indicados pelas organizações sindicais e compunham os quadros de juízes da Justiça do Trabalho.

Em decorrência da representação classista, todos os órgãos da Justiça do Trabalho eram colegiados, inclusive em primeiro grau de jurisdição.

Eram órgãos da Justiça do Trabalho as Juntas de Conciliação e Julgamento (compostas de um juiz togado, chamado de juiz presidente, e de dois juízes classistas temporários, um representante de empregados e um representante de empregadores), os Tribunais Regionais do Trabalho (compostos de juízes togados e vitalícios e de juízes classistas temporários representantes de empregados e de empregadores) e o Tribunal Superior do Trabalho (composto de ministros de carreira e de ministros classistas temporários representantes de empregados e de empregadores).

A Emenda Constitucional n. 24 **extinguiu a representação classista na Justiça do Trabalho**. Os **órgãos de primeiro grau** passaram a ser **monocráticos** (não mais chamados de Juntas de Conciliação e Julgamento, mas sim de Varas do Trabalho) e os **Tribunais** passaram a ser **compostos exclusivamente por juízes togados**.

2.1.1. Varas do Trabalho

As **Varas do Trabalho** (ou Juízes do Trabalho, segundo a denominação utilizada pela Constituição Federal) são os **órgãos de primeiro grau da Justiça do Trabalho** aos quais compete o conhecimento inicial dos litígios de natureza trabalhista.

A **jurisdição de cada Vara do Trabalho** abrange todo o território da comarca em que tem sede, só podendo ser estendida ou restringida por lei federal **(art. 650, CLT)**[1]. Assim, "a modificação da organização judiciária dos Estados, desmembrando comarcas e criando novas, assim como a criação, incorporação ou desmembramentos de Municípios, não afeta a competência territorial das varas"[2]. O art. 28 da Lei n. 10.770/2003 estabelece competir a cada Tribunal Regional do Trabalho, no âmbito de sua Região, mediante ato próprio, dispor sobre a definição, alteração, extinção e transferência de suas unidades jurisdicionais, de acordo com a necessidade de agilização da prestação jurisdicional trabalhista **(art. 96, I, CF** – autonomia administrativa).

O **número de juízes em cada comarca** será proporcional à efetiva demanda judicial e à respectiva população **(art. 93, XIII, CF)**.

Nas Varas do Trabalho a jurisdição é exercida por um Juiz singular **(art. 116, CF)**, que ingressa na magistratura do trabalho como Juiz substituto e é promovido por antiguidade e merecimento, alternadamente **(art. 654, CLT)**.

Os Juízes substitutos são **nomeados após aprovação em concurso** público de provas e títulos realizado perante o Tribunal Regional do Trabalho da região respectiva, com a participação da Ordem dos Advogados do Brasil em todas as fases e com validade por dois anos, prorrogável uma vez por igual período **(art. 93, I, CF e art. 654, § 3.º, CLT)**. Em maio de 2016 foi regulamentado pelo Tribunal Pleno do Tribunal Superior do Trabalho o **concurso unificado, em nível nacional, para ingresso na magistratura trabalhista**. A regulamentação prevê a realização do concurso em seis etapas, ou provas, quais sejam: objetiva, discursiva e prática (sentença), de caráter classificatório e eliminatório; sindicância de vida pregressa, investigação social e exame de sanidade física e mental, eliminatórias; prova oral, classificatória e eliminatória; e avaliação de títulos, classificatória.

Para o **ingresso na carreira**, o candidato deve ser bacharel em Direito com, no mínimo, três anos de atividade jurídica, com idade maior de 25 anos e menor de 45 anos, e com idoneidade para o exercício das funções **(art. 93, I, CF e art. 654, § 4.º, CLT)**. A Resolução n. 75, de 12 de maio de 2009, do Conselho Nacional de Justiça (CNJ), regulamenta o **critério de atividade jurídica** para a inscrição em concurso público de ingresso na carreira da magistratura nacional.

---

[1] A Lei n. 6.947/81 determina os critérios para a criação de novas Varas do Trabalho.

[2] TOSTES MALTA, Christovão Piragibe. *Prática do processo trabalhista*. 32. ed. São Paulo: LTr, 2004. p. 167.

O **Juiz substituto**, sempre que não estiver substituindo Juiz de Vara, poderá ser designado para atuar em Varas do Trabalho de diferentes zonas dentro da região, compreendendo a jurisdição de uma ou mais Varas, a juízo do Tribunal Regional do Trabalho respectivo. A **designação** do Juiz substituto será **determinada pelo Juiz Presidente do Tribunal Regional do Trabalho**, ou, não havendo disposição regimental específica, por quem este indicar **(art. 656, CLT)**.

O **preenchimento dos cargos** de Juiz de Vara, vagos ou criados por lei, será feito primeiro por remoção de Juízes de outras Varas, depois pela promoção de Juízes substitutos, obedecendo-se, alternadamente, a critérios de antiguidade e merecimento **(art. 654, § 5.º, CLT)**.

É **obrigatória a promoção** do Juiz que figure por três vezes consecutivas ou cinco alternadas em lista de merecimento. Para a **promoção por merecimento**, o Juiz deve ter dois anos de exercício da atividade jurisdicional e integrar a primeira quinta parte da lista de antiguidade, salvo se não houver, com tais requisitos, quem aceite o lugar vago. A aferição do merecimento é feita conforme o desempenho e pelos critérios objetivos de produtividade e presteza no exercício da jurisdição e pela frequência e aproveitamento em cursos oficiais ou reconhecidos de aperfeiçoamento. Na **apuração da antiguidade**, o Tribunal somente poderá recusar o Juiz mais antigo pelo voto fundamentado de dois terços de seus membros, conforme procedimento próprio, e assegurada ampla defesa, repetindo-se a votação até fixar-se a indicação **(art. 93, II,** *c* **e** *d*, **CF)**.

Não será promovido o Juiz do trabalho que, injustificadamente, retiver autos em seu poder além do prazo legal, não podendo devolvê-los à secretaria sem o devido despacho ou decisão **(art. 93, II,** *e*, **CLT)**.

Constitui etapa obrigatória do processo de vitaliciamento do Juiz do Trabalho a participação em curso oficial ou reconhecido por escola nacional de formação e aperfeiçoamento de magistrados **(art. 93, IV, CF)**. A Escola Nacional de Formação e Aperfeiçoamento de Magistrados do Trabalho **(ENAMAT)**, prevista no **art. 11-A, § 2.º, I, da Constituição Federal**, foi instituída pelo Tribunal Superior do Trabalho como órgão autônomo, por meio da Resolução Administrativa n. 1.140 do Tribunal Pleno, de 1.º de junho de 2006, para, entre outras atribuições, atender ao disposto no **art. 93, IV, da Constituição Federal**. A ENAMAT tem como **objetivo** promover a seleção, a **formação e o aperfeiçoamento dos magistrados do trabalho**, que necessitam de qualificação profissional específica e atualização contínua, dada a relevância da função estatal que exercem.

O **princípio da identidade física do juiz** estava previsto no art. 132 do Código de Processo Civil de 1973, mas a doutrina majoritária entendia não ser ele aplicável às Varas do Trabalho, havendo, inclusive, entendimento sumulado do **Tribunal Superior do Trabalho** a respeito (**Súmula 136**, que prevalecia, por ser mais recente, à previsão da **Súmula 222 do STF**).

Porém, a **Súmula 136 do Tribunal Superior do Trabalho foi cancelada**, o que levou a se pensar, em um primeiro momento, no reconhecimento da aplicabilidade desse princípio ao processo do trabalho.

Ocorre que o **Tribunal Superior do Trabalho firmou posicionamento** no sentido de que o cancelamento da Súmula 136 não alterou a regra geral de inaplicabilidade.

O Código de Processo Civil de 2015 não reproduziu o conteúdo do art. 132 do Código de Processo Civil revogado, o que levou o TST a adotar entendimento no sentido de não haver mais discussão a respeito da existência do princípio da identidade física do juiz nas Varas do Trabalho, concluindo-se, inclusive, pela extinção deste na primeira instância.

"AGRAVO DE INSTRUMENTO DO RECLAMANTE. RECURSO DE REVISTA SOB A ÉGIDE DA LEI N. 13.467/2017. NULIDADE PROCESSUAL. PRINCÍPIO DA IDENTIDADE FÍSICA DO JUIZ. INEXISTÊNCIA. TRANSCENDÊNCIA JURÍDICA. No caso em tela, o debate acerca da nulidade processual por ausência de aplicação de regras de divisão de competências, em razão de o juiz sentenciante ter sido diverso daquele que participou diretamente da produção de provas em audiência, detém transcendência jurídica, nos termos do art. 896-A, § 1.º, IV, da CLT. Transcendência reconhecida. NULIDADE PROCESSUAL. PRINCÍPIO DA IDENTIDADE FÍSICA DO JUIZ. INEXISTÊNCIA. O cancelamento da Súmula 136 do TST provocou debates na jurisprudência e na doutrina a respeito da aplicabilidade do princípio da identidade física do juiz às Varas do Trabalho, onde, em regra, são produzidas as provas destinadas à instrução processual. Na vigência do CPC de 2015, o cancelamento, ou não, da Súmula 136 do TST não é fundamento autossuficiente à discussão, porque o aludido diploma não tem dispositivo cujo conteúdo coincida com o do art. 132 do CPC de 1973. O fato de o legislador não ter reproduzido tal regra no CPC de 2015 enseja a conclusão de que ele foi extinto com relação à primeira instância, tanto no direito processual comum quanto no direito processual do trabalho. Até mesmo o Superior Tribunal de Justiça tem reconhecido a extinção do princípio da identidade física do juiz a partir da entrada em vigor do CPC de 2015. Logo, não há sequer como confrontar tal princípio com outros próprios do direito processual do trabalho, porquanto não há subsidiariedade a ser cogitada. Em razão de não mais existir regra processual que exija o julgamento por parte do juiz que tenha concluído a audiência, não há fundamento que resguarde o pedido de declaração de nulidade da sentença pelo fato de ter sido proferida por juiz que não participou diretamente da integral produção de provas em audiência. Agravo de instrumento não provido. [...]" (RRAg-10455-42.2018.5.03.0080, 6.ª T., rel. Min. Augusto Cesar Leite de Carvalho, *DEJT* 3-3-2023).

"RECURSO ORDINÁRIO. AÇÃO RESCISÓRIA FUNDADA NO ART. 966, II E V, DO CPC/2015. ALEGAÇÃO DE VIOLAÇÃO MANIFESTA DO ART. 39, II, DA CONSOLIDAÇÃO DOS PROVIMENTOS DA CORREGEDORIA DO TRIBUNAL REGIONAL DO TRABALHO DA 2.ª REGIÃO. AUSÊNCIA DE PRONUNCIAMENTO EXPLÍCITO NA DECISÃO RESCINDENDA. SÚMULA° 298, I, DO TST. ALEGAÇÃO DE MANIFESTA INCOMPETÊNCIA. IDENTIDADE FÍSICA DO JUIZ. SENTENÇA RESCINDENDA PROFERIDA POR MAGISTRADA DIVERSA DA AUTORIDADE QUE PRESIDIU A INSTRUÇÃO PROCESSUAL. AUSÊNCIA DE PREJUÍZO. *PAS DE NULLITÉ SANS GRIEF*. JURISPRUDÊNCIA DO STJ E DO TST. CORTE RESCISÓRIO INVIÁVEL. 1. Trata-se de ação rescisória, calcada no art. 966, II E V, do CPC (juízo incompetente e violação manifesta de norma jurídica), em que se pretende a desconstituição de sentença, ao fundamento de que foi prolatada em desrespeito ao princípio da identidade física do juiz e em ofensa ao art. 39, II, da Consolidação dos Provimentos da Corregedoria do Tribunal Regional do Trabalho da 2.ª Região. 2. No pertinente ao corte rescisório com fundamento em manifesta violação de norma jurídica, afigura-se imprescindível que o julgado rescindendo haja se pronunciado explicitamente acerca da matéria (incompetência), a fim de autorizar a rescisão do julgado, o que não ocorreu na espécie. Logo, a pretensão rescisória, calcada no art. 966, II, do CPC encontra óbice na diretriz da Súmula ° 298, I, do TST. 3. Quanto à pretensão desconstitutiva fundada no inciso II do art. 966 do CPC, que dispensa manifestação expressa na decisão rescindenda acerca da matéria (Orientação Jurisprudencial n. 124 da SDI-2), a incompetência absoluta da autoridade judicante deve revelar-se de modo inequívoco, o que tampouco sucede no presente caso. 4. O princípio da identidade física do juiz, que atrela a prolação de sentença ao magistrado que preside a instrução, consiste em regra de competência funcional afeta ao processo penal, inscrito no § 2.º do art. 399 do CPP. Na seara do processo civil, estava expressamente previsto no art. 132 do Código de Processo Civil de 1973 ("O juiz, titular ou substituto, que concluir a audiência julgará a lide, salvo se estiver convocado, licenciado, afastado por qualquer motivo, promovido ou aposentado, casos em que passará os autos ao seu sucessor"). Contudo, ainda sob a égide do diploma processual anterior, o Superior Tribunal de Justiça firmou entendimento de que a identidade física do juiz não configura regra absoluta, que pode ser afastada quando não detectado prejuízo aos litigantes - postulado *pas de nullité sans grief.* Julgado do STJ. 5. Ao mesmo tempo, a aplicação supletiva do princípio da identidade física do juiz era vedada no processo do trabalho, conforme a Súmula 136 desta Corte Superior, editada nos idos de 1982. Contudo, o referido verbete foi cancelado em 2012, em meio à múltipla revisão jurisprudencial ocorrida no âmbito do TST, de modo que remanesceu questionável a aplicabilidade da regra. Nada obstante, com o advento do Código de Processo Civil de 2015, que não contém dispositivo equivalente ao art. 132 do diploma anterior, a imperiosidade da regra da identidade física do juiz passou a ser ainda mais discutível mesmo na seara processual comum, conforme se extrai da jurisprudência recente do Superior Tribunal de Justiça. 6. Logo, se sob a égide do CPC de 1973 já se revelaria duvidosa a viabilidade de corte rescisório de sentença trabalhista fundado em inequívoca incompetência absoluta da autoridade judicante, por inobservância da regra da identidade física do juiz, o advento da nova legislação processual civil sepultou qualquer possibilidade de desconstituição da coisa julgada, puramente em razão de o magistrado sentenciante diferir do que presidiu a instrução processual, notadamente quando não comprovado prejuízo às partes ou ofensa às garantias constitucionais de ampla defesa e contraditório. Precedentes da SDI-2 e de Turmas. 7. Impõe-se, assim, confirmar o acórdão recorrido, quanto à improcedência da pretensão desconstitutiva. Recurso ordinário a que se nega provimento" (ROT-1002465-22.2019.5.02.0000, Subseção II Especializada em Dissídios Individuais, rel. Min. Alberto Bastos Balazeiro, *DEJT* 12-8-2022).

São **deveres dos Juízes do Trabalho**, além dos que decorrem do exercício de sua função: (a) manter a perfeita conduta pública e privada; (b) abster-se de atender a solicitações ou recomendações em relação aos processos sob sua apreciação, julgando-os segundo sua própria convicção; (c) residir dentro dos limites de sua jurisdição, não podendo ausentar-se sem licença do Presidente do Tribunal Regional do Trabalho; e (d) despachar e praticar todos os atos decorrentes de suas funções dentro dos prazos estabelecidos[3] **(art. 658, CLT e art. 93, VII, CF)**.

Entre as suas **atribuições** indicadas expressamente no **art. 659 da Consolidação das Leis do Trabalho**, o Juiz da Vara deve presidir as audiências, executar as suas decisões e aquelas cuja execução lhes for deprecada, exercer o juízo de admissibilidade prévio nos recursos interpostos pelas partes, conceder medidas liminares, entre outras.

A **remuneração dos Juízes do Trabalho** é paga na forma de subsídio fixado em parcela única, vedado o acréscimo de qualquer gratificação, adicional, abono, prêmio, verba de representação ou outra espécie remuneratória **(art. 39, § 4.º, CF)**.

Os Juízes do Trabalho **gozam das garantias inerentes à magistratura**: vitaliciedade, inamovibilidade e irredutibilidade de subsídios **(art. 95, CF)**.

A **vitaliciedade** é adquirida após dois anos de exercício da magistratura, somente podendo perder o cargo nesse período por deliberação do tribunal a que estiver vinculado ou, nos demais casos, por sentença judicial transitada em julgado **(art. 95, I, CF)**.

O Juiz do Trabalho tem como garantia a **inamovibilidade (art. 95, II, CF)**, somente podendo ser removido por motivo de interesse público, devendo o ato de remoção, disponibilidade e aposentadoria do magistrado, nesse caso, fundar-se em decisão da maioria absoluta do respectivo tribunal ou do Conselho Nacional de Justiça, assegurada ampla defesa **(art. 93, VIII, CF)**.

Os **subsídios** do Juiz do trabalho são **irredutíveis (art. 95, III, CF)**, sendo permitido o desconto de Imposto de Renda na fonte.

É importante ressaltar que ao Conselho Nacional de Justiça **(CNJ)** compete o **controle do cumprimento dos deveres funcionais dos juízes**, cabendo-lhe receber e conhecer de reclamações contra estes, podendo determinar a remoção, a disponibilidade ou a aposentadoria com subsídios proporcionais ao tempo de serviço e aplicar-lhes outras sanções administrativas, sempre assegurada a ampla defesa **(art. 103-B, § 4.º, III, CF)**.

Aos Juízes do Trabalho **é vedado**: (a) exercer, ainda que em disponibilidade, outro cargo ou função, salvo uma de magistério; (b) receber, a qualquer título ou pretexto, custas ou participação em processo; (c) dedicar-se à atividade político-partidária; (d) receber, a qualquer título ou pretexto, auxílios ou contribuições de pessoas físicas, entidades públicas ou privadas, ressalvadas as exceções previstas em lei; e (e) exercer a advocacia no juízo ou tribunal do qual se afastou, antes de decorridos três anos do afastamento do cargo por aposentadoria ou exoneração **(art. 95, parágrafo único, CF)**.

---

[3] A parte final da **alínea *d* do art. 658 da Consolidação das Leis do Trabalho**, que prevê desconto nos vencimentos do magistrado que retarda a prática dos atos processuais, foi revogada pelo **art. 95, III, da Constituição Federal**, que prevê, como garantia dos juízes, a irredutibilidade dos vencimentos.

2.1.1.1. Os juízos de direito investidos de jurisdição trabalhista

Embora existam 24 Tribunais Regionais do Trabalho e diversas Varas do Trabalho espalhados pelo País, é possível que a Justiça do Trabalho não esteja presente em algumas cidades do País.

Desse modo, nas **localidades não compreendidas na jurisdição das Varas do Trabalho**, os **Juízes de Direito** são os órgãos de administração da Justiça do Trabalho, com a jurisdição que lhes for determinada pela lei de organização judiciária local **(art. 668, CLT)**, cabendo a estes decidir as lides trabalhistas, sendo que os **recursos de suas decisões** são **interpostos para o respectivo Tribunal Regional do Trabalho (art. 112, CF)**. Como esclarece Bezerra Leite, "a competência dos Juízes de Direito, quando investidos na administração da Justiça do Trabalho, é a mesma das Varas do Trabalho (CLT, art. 669), sendo certo que nas localidades onde houver mais de um Juízo de Direito a competência é determinada, entre os Juízes do Cível, por distribuição ou pela divisão judiciária local, na conformidade da lei de organização respectiva, como prescreve o § 1.º do art. 669 da CLT. Todavia se o critério de competência da lei de organização judiciária for diverso do previsto no referido parágrafo, será competente o Juiz do cível mais antigo"[4].

Figura 1. Composição e estrutura VT

2.1.2. Tribunais Regionais do Trabalho

Os **Tribunais Regionais do Trabalho (TRTs)** são os órgãos de segundo grau da Justiça do Trabalho, e compõem-se de, no mínimo, sete juízes, recrutados, quando possível, na respectiva região, e nomeados pelo Presidente da República dentre brasileiros com mais de 30 e menos de 65 anos, sendo um quinto dentre advogados com mais de dez anos de efetiva atividade profissional e membros do Ministério Público do Trabalho com mais de dez anos de efetivo exercício e os demais mediante promoção de Juízes do Trabalho por antiguidade e merecimento, alternadamente **(art. 115, CF)**.

---

[4] LEITE, Carlos Henrique Bezerra. *Curso de direito processual do trabalho, cit.*, 15. ed., p. 180.

A indicação dos advogados e dos membros do Ministério Público do Trabalho para compor os Tribunais Regionais do Trabalho será feita em lista sêxtupla pelos órgãos de representação das respectivas classes. Recebidas as indicações, o Tribunal formará lista tríplice, enviando-a ao Poder Executivo que, nos 20 dias subsequentes, escolherá um de seus integrantes para nomeação **(art. 94, CF)**.

A Lei Orgânica da Magistratura **(Lei Complementar n. 35/79)** permite que haja convocação dos Juízes titulares de Varas do Trabalho para funcionarem nos Tribunais Regionais do Trabalho.

Cada Tribunal Regional do Trabalho possui **jurisdição sobre determinada circunscrição, denominada de região**. O **art. 112 da Constituição Federal** previa a existência de um Tribunal Regional em cada Estado e no Distrito Federal. No entanto, a Emenda Constitucional n. 45, de 30 de dezembro de 2004 (*DOU* 31.12.2004), deu nova redação ao referido artigo, que deixou de conter tal previsão. Dessa forma, por disposição de lei, é possível que a jurisdição de algum Tribunal Regional do Trabalho seja definida considerando uma determinada região.

Os Tribunais Regionais, em sua composição plena, somente podem deliberar com a presença, além do **Presidente**, da metade mais um do número de seus juízes **(art. 672, CLT)**.

Os Tribunais Regionais do Trabalho podem funcionar, segundo o número de seus membros, divididos ou não em Turmas.

As **Turmas** somente podem deliberar com o *quorum* legal ou regimental, podendo o presidente da Turma, para obtenção desse *quorum*, convocar juízes de outras Turmas **(art. 672, § 1.º, CLT)**.

Os Tribunais Regionais do Trabalho compostos de quatro ou mais Turmas serão divididos em **Seções**, cada uma com competência específica. Os Regimentos Internos dos Tribunais Regionais devem dispor sobre a composição e o funcionamento das Seções **(Lei n. 7.701/88)**.

Nos Tribunais Regionais com número superior a 25 julgadores, poderá ser constituído **órgão especial**, com o mínimo de 11 e o máximo de 25 membros, para o exercício das atribuições administrativas e jurisdicionais delegadas da competência do tribunal pleno, provendo-se metade das vagas por antiguidade e a outra metade por eleição pelo tribunal pleno **(art. 93, XI, CF)**.

Com exceção das questões sobre a constitucionalidade de leis ou de atos do poder público e das administrativas, em que votará como qualquer outro juiz, o Presidente do Tribunal somente terá voto de desempate **(art. 672, § 3.º, CLT)**.

A Emenda Constitucional n. 45, objetivando permitir maior acesso à Justiça do Trabalho e tornar mais eficiente a sua atuação, determina que os Tribunais Regionais do Trabalho deverão instalar a **justiça itinerante**, com a realização de audiências e demais funções de atividade jurisdicional, nos limites territoriais da respectiva jurisdição, servindo-se de equipamentos públicos e comunitários, e permite que referidos Tribunais funcionem descentralizadamente, constituindo Câmaras regionais, a fim de assegurar o **pleno acesso do jurisdicionado à justiça em todas as fases do processo** **(art. 115, §§ 1.º e 2.º, CF)**.

2.1.3. Tribunal Superior do Trabalho

O **Tribunal Superior do Trabalho (TST)**, com sede na Capital da República e jurisdição em todo o território nacional, é a **instância suprema da Justiça do Trabalho (art. 690, CLT)**, sendo composto de **27 Ministros**, escolhidos dentre brasileiros com mais de 35 e menos de 65 anos, nomeados pelo Presidente da República após aprovação pela maioria absoluta do Senado Federal, sendo um quinto dentre advogados com mais de dez anos de efetiva atividade profissional e membros do Ministério Público do Trabalho com mais de dez anos de efetivo exercício e os demais dentre juízes dos Tribunais Regionais do Trabalho, oriundos da carreira, indicados pelo próprio Tribunal Superior **(art. 111-A, CF)**.

A indicação dos **advogados e** dos **membros do Ministério Público do Trabalho** para **compor o Tribunal Superior do Trabalho** será feita em lista sêxtupla pelos órgãos de representação das respectivas classes. Recebidas as indicações, o Tribunal formará lista tríplice, enviando-a ao Poder Executivo que, nos 20 dias subsequentes, escolherá um de seus integrantes para nomeação **(art. 94, CF)**.

As listas tríplices para o provimento dos cargos destinados aos Juízes da magistratura trabalhista de carreira são elaboradas pelos Ministros do Tribunal Superior do Trabalho, não havendo o sistema de promoção por antiguidade ou merecimento. Além disso, mesmo que o Juiz integre por três vezes seguidas ou por cinco alternadas a lista de promoção, não será promovido obrigatoriamente.

O Tribunal Superior do Trabalho funciona em sua composição plena ou dividido em Órgão Especial, Seções, Subseções Especializadas e Turmas.

A **Lei n. 7.701/88** instituiu no âmbito do Tribunal Superior do Trabalho as seções especializadas em dissídios individuais e em dissídios coletivos.

A organização e o funcionamento do Tribunal Superior do Trabalho são detalhados no Regimento Interno do Tribunal.

Os membros do Tribunal Superior do Trabalho elegerão o Presidente, o Vice-Presidente e o Corregedor.

O Tribunal Superior do Trabalho reunir-se-á em dias previamente fixados pelo Presidente, podendo este, sempre que necessário, convocar sessões extraordinárias com antecedência de, no mínimo, 24 horas **(arts. 700 e 701, § 1.º, CLT)**.

As sessões do Tribunal Superior do Trabalho serão públicas. Os debates poderão, no entanto, ser secretos, desde que haja motivo de interesse público reconhecido pela maioria de seus membros **(art. 701, *caput* e § 2.º, CLT)**.

Funcionarão **junto ao Tribunal Superior do Trabalho**: (a) a Escola Nacional de Formação e Aperfeiçoamento de Magistrados do Trabalho, cabendo-lhe, dentre outras funções, regulamentar os cursos oficiais para o ingresso e promoção na carreira; e (b) o Conselho Superior da Justiça do Trabalho, cabendo-lhe exercer, na forma da lei, a supervisão administrativa, orçamentária, financeira e patrimonial da Justiça do Trabalho de primeiro e segundo graus, como órgão central do sistema, e com poderes disciplinares, cujas decisões terão efeito vinculante **(art. 111-A, § 2.º, CF)**.

A composição, o funcionamento e a competência do **Conselho Superior da Justiça do Trabalho** (CSJT) são definidos pela **Lei n. 14.824/2024**.

Nesse sentido, vale destacar que as atividades desenvolvidas nas áreas de tecnologia da informação, gestão de pessoas, planejamento e orçamento, administração financeira, material e patrimônio, controle interno, planejamento estratégico e gestão documental, bem como as relativas às atividades auxiliares comuns que necessitem de coordenação central e de padronização, no âmbito da Justiça do Trabalho de primeiro e segundo graus, serão organizadas sob a forma de sistema, cujo órgão central é o Conselho Superior da Justiça do Trabalho (**art. 1.º, § 1.º, Lei n. 14.824/2024**).

A **Escola Nacional de Formação e Aperfeiçoamento de Magistrados do Trabalho (Enamat)** tem como objetivo promover a seleção, a formação e o aperfeiçoamento dos magistrados do trabalho, que necessitam de qualificação profissional específica e atualização contínua, dada a relevância da função estatal que exercem.

Para tanto, a Escola promove as seguintes atividades básicas: 1) cursos de formação inicial presencial, em sua sede em Brasília, dirigidos aos juízes do trabalho substitutos recém-empossados; 2) cursos de formação continuada, sob a forma de seminários e colóquios jurídicos, presenciais ou a distância, dirigidos a todos os magistrados trabalhistas em exercício, de qualquer grau de jurisdição; 3) cursos de formação de formadores, dirigidos a juízes-formadores das escolas regionais de magistratura, para a qualificação de instrutores no âmbito regional; 4) outros eventos de estudo e pesquisa, possibilitando a participação de magistrados para o aperfeiçoamento da prestação jurisdicional diretamente ou por meio de convênios com outras instituições nacionais ou estrangeiras; e 5) coordenação nacional das atividades de formação promovidas pelas escolas regionais voltadas à qualificação do magistrado.

Com isso, a Enamat deve alcançar a capacitação judicial e atualização dos magistrados, contribuindo para uma melhor qualidade na prestação jurisdicional.

A competência do Tribunal Superior do Trabalho será fixada em lei (**art. 111-A, § 1.º, CF**).

2 ◼ Justiça do Trabalho

Figura 2. Competência e funcionamento do TST

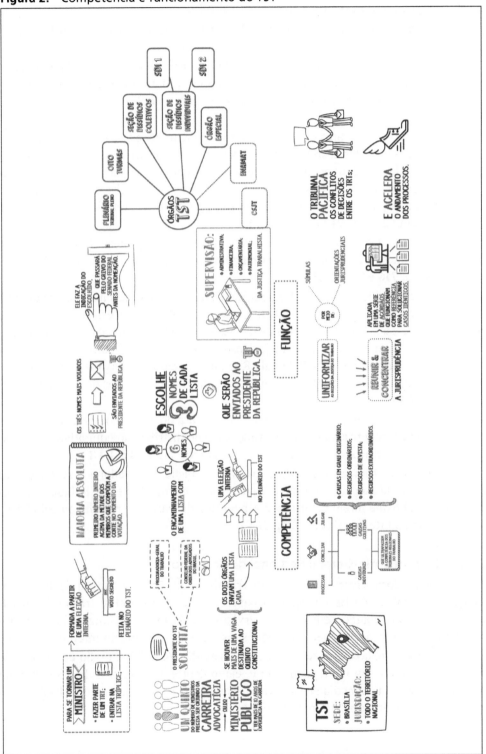

2.1.4. Órgãos auxiliares da Justiça do Trabalho

São **órgãos auxiliares da Justiça do Trabalho** as Secretarias, os Distribuidores e os Oficiais de Justiça e Oficiais de Justiça Avaliadores.

Tanto as Varas do Trabalho como os Tribunais Regionais do Trabalho e o Tribunal Superior do Trabalho contam com os serviços auxiliares de Secretarias, compostas por funcionários organizados em uma estrutura complexa, que varia em cada Tribunal.

As Secretarias das Varas do Trabalho têm por incumbência, entre outras, a guarda e a execução das medidas destinadas a dar andamento aos processos, o fornecimento de informações e de certidões aos interessados, a contagem das custas processuais, a realização de penhoras e de todas as demais diligências e providências que lhes sejam determinadas pelos juízes, e serão dirigidas por um diretor de secretaria, com competência definida em lei **(arts. 710 a 712, CLT)**.

Os Cartórios dos Juízos de Direito, investidos na administração da Justiça do Trabalho, têm as mesmas obrigações e atribuições conferidas à Secretaria das Varas do Trabalho **(arts. 716 e 717, CLT)**.

As Secretarias dos Tribunais Regionais do Trabalho, além das mesmas incumbências das Secretarias das Varas do Trabalho, devem mandar os processos à conclusão do Juiz Presidente e sua remessa, depois de despachados, aos respectivos Relatores e, ainda, organizar e manter um fichário de jurisprudência do Tribunal para consulta dos interessados. As Secretarias dos Tribunais Regionais serão dirigidas por um secretário, que tem as mesmas atribuições dos diretores de Secretaria das Varas do Trabalho **(arts. 718 a 720, CLT)**.

Nas localidades em que existir mais de uma Vara do Trabalho, haverá um Distribuidor, a quem competirá, entre outras funções, a de distribuição equitativa, e pela ordem rigorosa de entrada, dos processos entrados **(arts. 713 a 715, CLT)**.

Incumbe aos Oficiais de Justiça e Oficiais de Justiça Avaliadores a realização de atos decorrentes da execução dos julgados das Varas do Trabalho e dos Tribunais Regionais do Trabalho que forem determinados pelo Juiz da Vara do Trabalho ou pelo Presidente do Tribunal Regional **(art. 721, CLT)**.

2.1.5. Corregedoria-Geral e Regional do Trabalho

A Corregedoria-Geral da Justiça do Trabalho é órgão da estrutura da Justiça do Trabalho incumbido da fiscalização, disciplina e orientação administrativa dos tribunais regionais do trabalho, seus juízes e serviços judiciários. A organização e o funcionamento da Corregedoria regem-se pelo disposto em seu Regimento Interno.

"A **Corregedoria-Geral da Justiça do Trabalho (CGJT)** é órgão de direção do TST. É dirigida por um Corregedor-Geral, eleito dentre os Ministros do TST para um mandato de dois anos, mediante escrutínio secreto e pelo voto da maioria absoluta, em sessão extraordinária do Tribunal Pleno"[5].

---

[5] LEITE, Carlos Henrique Bezerra. *Curso de direito processual do trabalho, cit.*, 15. ed., p. 180.

Compete ao Corregedor-Geral: (a) exercer funções de inspeção e correição permanente ou periódica, ordinária ou extraordinária, geral ou parcial sobre os serviços judiciários de segundo grau da Justiça do Trabalho; (b) decidir pedidos de providência e correições parciais contra atos atentatórios à boa ordem processual praticados por magistrados dos Tribunais Regionais do Trabalho, quando inexistir recurso específico **(art. 709, CLT e art. 6.º, Regimento Interno CCJT)**.

Constituem, ainda, atribuições do Corregedor-Geral da Justiça do Trabalho dirimir dúvidas apresentadas em consultas formuladas pelos Tribunais Regionais do Trabalho, seus órgãos ou seus integrantes; expedir provimentos para disciplinar os procedimentos a serem adotados pelos órgãos da Justiça do Trabalho, consolidando, inclusive, as normas respectivas; empreender vigilância sobre o funcionamento dos serviços judiciários quanto à omissão de deveres e à prática de abusos; e exercer outras atribuições que lhe sejam conferidas em lei ou contidas nas atribuições gerais da Corregedoria-Geral.

Estão sujeitos à ação fiscalizadora da Corregedoria-Geral os Tribunais Regionais do Trabalho, abrangendo todos os seus órgãos, presidentes, juízes titulares e convocados, além das seções e serviços judiciários respectivos.

Nas correições ordinárias, que não têm forma nem figura de juízo, são examinados autos, registros e documentos das secretarias e seções judiciárias e, ainda, se os magistrados apresentam bom comportamento público e são assíduos e diligentes na administração da Justiça, se excedem os prazos legais e regimentais sem razoável justificativa ou cometem erros de ofício que denotem incapacidade ou desídia, além de tudo o mais que seja considerado necessário ou conveniente pelo Corregedor-Geral.

Incumbe, ainda, ao Corregedor-Geral realizar correições extraordinárias, gerais ou parciais, que se fizerem necessárias, de ofício ou por solicitação dos Tribunais Regionais ou dos órgãos do Tribunal Superior do Trabalho.

Integram a Corregedoria-Geral da Justiça do Trabalho:

I – o Gabinete do Corregedor-Geral.

II – a Secretaria da Corregedoria-Geral

Caberá agravo regimental para o Tribunal Pleno das decisões proferidas pelo Corregedor **(art. 709, § 1.º, CLT)**.

O Corregedor não integrará as Turmas do Tribunal, mas participará, com voto, das sessões do Tribunal Pleno, quando não se encontrar em correição ou em férias, embora não relate nem revise processos, cabendo-lhe, outrossim, votar em incidente de inconstitucionalidade, nos processos administrativos e nos feitos em que estiver vinculado por visto anterior à sua posse na Corregedoria **(art. 709, § 2.º, CLT)**.

A Corregedoria Regional não é prevista na Consolidação das Leis do Trabalho e sim no **art. 96, I, *a* e *b*, da Constituição Federal**, que assim dispõe: "Art. 96. Compete privativamente: I – aos tribunais: a) eleger seus órgãos diretivos e elaborar seus regimentos internos, com observância das normas de processo e das garantias processuais das partes, dispondo sobre a competência e o funcionamento dos respectivos órgãos jurisdicionais e administrativos; b) organizar suas secretarias e serviços auxiliares e os dos juízos que lhes forem vinculados, velando pelo exercício da atividade correicional respectiva".

Como ensina Bezerra Leite, "em alguns Tribunais Regionais do Trabalho, há previsão regimental do cargo de Corregedor Regional exercido por Desembargador do Trabalho eleito pelo Tribunal Pleno ou pelo Órgão Especial de forma autônoma em relação ao Presidente do Tribunal, com atribuições delineadas no respectivo regimento interno"[6].

2.2. JURISDIÇÃO TRABALHISTA E SEUS SISTEMAS DE ACESSO

A **jurisdição**, como "uma das funções do Estado, mediante a qual este se substitui aos titulares dos interesses em conflito para, imparcialmente, buscar a pacificação do conflito que os envolve, com justiça"[7], **é una**.

No entanto, por motivos de ordem prática, principalmente pela necessidade da divisão do trabalho e de estudo, ela é dividida em *jurisdição penal* e *jurisdição civil*, sendo esta última composta pelas demais espécies de pretensões de natureza civil, tributária administrativa, trabalhista, comercial etc. A **jurisdição civil** é exercida pela Justiça Federal, pela Justiça Estadual, pela Justiça Trabalhista, pela Justiça Eleitoral, estas últimas duas integrantes da chamada **jurisdição especial**.

A jurisdição trabalhista é exercida pela **Justiça do Trabalho**, e o acesso a ela se dá de formas distintas, conforme o direito a ser tutelado seja individual, coletivo ou metaindividual. Daí falar-se em *jurisdição trabalhista individual, jurisdição trabalhista normativa* e *jurisdição trabalhista metaindividual*.

2.2.1. Jurisdição trabalhista individual

O **sistema de jurisdição trabalhista individual** é destinado aos tradicionais "dissídios individuais" utilizados para a solução das reclamações trabalhistas individuais ou plúrimas, oriundas das relações de trabalho[8].

Os dissídios individuais dizem respeito aos conflitos surgidos entre trabalhadores (neles incluídos os empregados) e tomadores de serviço (neles incluídos os empregadores) e abrangem a quase totalidade das ações trabalhistas.

Pode-se dizer que a jurisdição trabalhista individual **é o mais amplo meio de acesso à Justiça do Trabalho**.

2.2.2. Jurisdição trabalhista normativa

O **sistema de jurisdição trabalhista normativa** é voltado para os "dissídios coletivos de trabalho", nos quais se busca, por intermédio do **poder normativo** exercido originalmente pelos Tribunais do Trabalho **(art. 114, § 2.º, CF)**, a criação (ou a interpretação) de normas trabalhistas aplicáveis às partes do dissídio coletivo e seus representados[9].

---

[6] LEITE, Carlos Henrique Bezerra. *Curso de direito processual do trabalho, cit.*, 15. ed., p. 186.

[7] CINTRA, Antonio Carlos de Araújo; GRINOVER, Ada Pellegrini; DINAMARCO, Cândido Rangel. *Teoria geral do processo*. 25. ed. São Paulo: Malheiros, 2009. p. 147.

[8] LEITE, Carlos Henrique Bezerra. *Curso de direito processual do trabalho, cit.*, 15. ed., p. 201.

[9] LEITE, Carlos Henrique Bezerra. *Curso de direito processual do trabalho, cit.*, 15. ed., p. 201-202.

2 ■ Justiça do Trabalho

A jurisdição normativa é exercida em decorrência da frustração da autocomposição de interesses coletivos em negociação promovida diretamente pelos interessados (**art. 114, §§ 1.º e 2.º, CF**), ou seja, não sendo possível a solução negocial do conflito coletivo, e nem sendo instituída arbitragem para a solução do conflito coletivo, as partes poderão, nos termos e limites estabelecidos constitucionalmente, ajuizar dissídio coletivo por meio do qual a Justiça do Trabalho decidirá o conflito.

2.2.3. Jurisdição trabalhista metaindividual

O **sistema de jurisdição trabalhista metaindividual** é vocacionado, basicamente, à tutela preventiva e reparatória dos direitos ou interesses metaindividuais, que são os **interesses difusos, os interesses coletivos e os interesses individuais homogêneos**[10].

A existência de um verdadeiro sistema processual visando a tutela transindividual de direitos decorre de previsão constitucional (**arts. 129, III e IX, 8.º, III, e 114**) e é composto, entre outros, pela Lei da Ação Civil Pública (**Lei n. 7.347/85**) e pelo Código de Defesa do Consumidor (**Lei n. 8.080/90**), derivando da inegável relevância nos tempos atuais de se solucionar, de maneira uniforme e concentrada, controvérsias envolvendo violações coletivas de direitos. Bezerra Leite, deixando clara a aplicabilidade de todos esses diplomas legais no âmbito do processo do trabalho, fala em "microssistema integrado para a tutela dos interesses ou direitos metaindividuais trabalhistas"[11].

O principal fundamento do sistema de jurisdição metaindividual reside no fato de que a **coletivização do processo** inegavelmente contribui para o princípio do **acesso ao Judiciário** e para a **duração razoável do processo**, sendo certo que "a efetivação do acesso coletivo à justiça exige, sobretudo, um 'pensar coletivo e democrático' consentâneo com a nova ordem jurídica, política, econômica e social implantada e nosso sistema a partir da Constituição de 1988"[12].

JURISDIÇÃO TRABALHISTA		
Individual	→	Tutela de direitos trabalhistas individuais por meio de dissídios individuais.
Normativa	→	Criação (ou interpretação) de normas coletivas por meio de dissídios coletivos (ações coletivas *stricto sensu*).
Metaindividual	→	Tutela de direitos difusos, coletivos ou individuais homogêneos por meio de ações coletivas *lato sensu* (ex.: ação civil pública).

2.3. JURISDIÇÃO VOLUNTÁRIA E JURISDIÇÃO CONTENCIOSA

Considerando que não se excluirá da apreciação do Poder Judiciário lesão ou ameaça a direito (**art. 5.º, XXXV, CF e art. 3.º, *caput*, CPC**), **jurisdição contenciosa** é a jurisdição propriamente dita, decorrente do desempenho pelo Estado de sua função de pacificação ou composição dos litígios. "Assim, na base do processo, por meio do qual atua a jurisdição, nos moldes constitucionais, está sempre 'um conflito de interesses', do

---

[10] LEITE, Carlos Henrique Bezerra. *Curso de direito processual do trabalho, cit.*, 15. ed., p. 202.

[11] LEITE, Carlos Henrique Bezerra. *Curso de direito processual do trabalho, cit.*, 15. ed., p. 205.

[12] LEITE, Carlos Henrique Bezerra. *Curso de direito processual do trabalho, cit.*, 15. ed., p. 206.

qual decorre a pretensão deduzida em juízo, que, por sua vez revelará *litígio* a ser composto pelo provimento jurisdicional"[13].

No entanto, o Poder Judiciário também exerce algumas funções nas quais predominam atividades de cunho administrativo e que "são desempenhadas sem o pressuposto do litígio"[14]. Trata-se da chamada **jurisdição voluntária**, que tem natureza jurisdicional.

Embora não pressuponham um litígio (e, portanto, não haja lide, nem partes), tratando-se apenas de um negócio jurídico processual envolvendo o juiz e os interessados, o fato é que "os casos de jurisdição voluntária são potencialmente conflituosos e por isso mesmo são submetidos à apreciação do Poder Judiciário"[15].

Como ensina Humberto Theodoro Júnior, "não se apresenta como substitutivo da vontade das partes, para fazer atuar impositivamente a vontade concreta da lei (como se dá na jurisdição contenciosa). O caráter predominante é de atividade negocial, em que a interferência do juiz é de natureza constitutiva ou integrativa, com o objetivo de tornar eficaz o negócio desejado pelos interessados"[16].

No âmbito da Justiça do Trabalho, não havia, até antes da **Lei n. 13.467/2017 (Reforma Trabalhista)**, procedimentos de jurisdição voluntária, sendo sua atuação restrita à jurisdição contenciosa. Exatamente por isso sempre se entendeu não ser possível a homologação pela Justiça do Trabalho de acordo extrajudicial celebrado pelas partes.

> "AGRAVO DE INSTRUMENTO. RECURSO DE REVISTA. COMPETÊNCIA MATERIAL. JUSTIÇA DO TRABALHO. HOMOLOGAÇÃO DE ACORDO EXTRAJUDICIAL. 1. Não compete à Justiça do Trabalho homologar acordo extrajudicial firmado entre empregado e empregador, haja vista a ausência de previsão legal. Precedentes do TST. 2. Agravo de instrumento da Reclamada de que se conhece e a que se nega provimento" (TST, AIRR 1542-77.2012.5.04.0234, 4.ª T., rel. Min. João Oreste Dalazen, *DEJT* 7-10-2016).

No entanto, a **Lei n. 13.467/2017** ampliou a competência das Varas do Trabalho, atribuindo a elas a decisão quanto à **homologação de acordo extrajudicial** em matéria de competência da Justiça do Trabalho **(art. 652, *f*, CLT)**. Nesse sentido, foi incluído o Capítulo III-A no Título X da Consolidação das Leis do Trabalho, com previsão do processo de jurisdição voluntária para homologação de acordo extrajudicial **(arts. 855-B a 855-E)**.

Referido processo terá início por petição conjunta, sendo obrigatória a representação das partes por advogados, um para cada parte **(art. 855-B, *caput* e § 1.º, CLT)**, sendo facultado ao trabalhador ser assistido pelo advogado do sindicato de sua categoria **(§ 2.º)**.

---

[13] THEODORO JÚNIOR, Humberto. *Curso de direito processual civil, cit.*, 57. ed., p. 117.

[14] THEODORO JÚNIOR, Humberto. *Curso de direito processual civil, cit.*, 57. ed., p. 117.

[15] DIDIER JR., Fredie. *Curso de direito processual civil.* 18. ed. rev., ampl. e atual. Salvador: JusPodivm, 2016. v. 1, p. 193.

[16] THEODORO JÚNIOR, Humberto. *Curso de direito processual civil, cit.*, 57. ed., p. 118.

2 ◻ Justiça do Trabalho

No prazo de 15 dias, a contar da distribuição da petição, o juiz analisará o acordo, designará audiência, se entender necessário, e proferirá sentença **(art. 855-D, CLT)**. É importante destacar que o juiz não está obrigado a homologar o acordo, devendo analisar seus termos, a ausência de fraude, a concordância válida das partes, entre outros aspectos que darão validade aos termos a ele submetidos.

Assim, a despeito de ainda haver entendimentos em sentido contrário, o TST tem reiteradamente decidido no sentido de que, não havendo no caso concreto registro de descumprimento dos requisitos de validade do negócio jurídico e dos requisitos formais previstos no **art. 855-B da CLT** ou, ainda, indícios de lide simulada ou de desvirtuamento do instituto da transação, não há óbice à homologação integral pela Justiça do Trabalho do acordo firmado entre partes, inclusive com quitação integral do contrato de trabalho extinto[17].

---

[17] "[...] RECURSO DE REVISTA DA RECLAMADA. LEI N. 13.467/2017. HOMOLOGAÇÃO DE ACORDO EXTRAJUDICIAL. TRANSCENDÊNCIA JURÍDICA. O recurso de revista trata de homologação de acordo extrajudicial, regulamentada nos arts. 855-B a 855-E da CLT, introduzidos pela Lei n. 13.467/2017, constituindo questão nova em torno da interpretação da legislação trabalhista a definir o indicador de transcendência jurídica. Transcendência reconhecida. A jurisprudência desta Corte Superior adota o entendimento de que, preenchidos os requisitos gerais do negócio jurídico (art. 104 do Código Civil) e os requisitos específicos do art. 855-B da CLT, cabe ao julgador, em procedimento de jurisdição voluntária, decidir pela homologação ou não do acordo extrajudicial. No caso dos autos, o termo de acordo extrajudicial (em que se traduz a petição inicial) revela uma real transação de títulos e valores, não cabendo recusar sua homologação em razão da cláusula alusiva à quitação geral do contrato. Segundo precedente fixado pela Sexta Turma ao julgar o AIRR-1000979-16.2019.5.02.0060 (*DEJT* 31-3-2023), a cláusula de quitação geral é válida sempre que no caso concreto se verifiquem todos os requisitos de validade do acordo e não haja vício de consentimento que contamine as demais cláusulas avençadas. *In casu*, o Regional homologou parcialmente o acordo extrajudicial firmado entre as partes. No ponto em discussão, houve a rejeição da cláusula de quitação geral contida no acordo, sob argumentos genéricos, distintos dos parâmetros apontados por esta Sexta Turma para aferir sua viabilidade. Recurso de revista conhecido e provido" (ARR-1001053-67.2018.5.02.0040, 6.ª T., rel. Min. Augusto Cesar Leite de Carvalho, *DEJT* 25-10-2024).
"RECURSO DE REVISTA – HOMOLOGAÇÃO DE ACORDO EXTRAJUDICIAL. QUITAÇÃO GERAL. VÍCIOS INEXISTENTES. ART. 855-B DA CLT. TRANSCENDÊNCIA JURÍDICA RECONHECIDA. A Lei n. 13.467/2017 inseriu, através dos arts. 855-B a 855-E da CLT, o procedimento de jurisdição voluntária no âmbito da Justiça do Trabalho. Assim, apesar de não haver obrigatoriedade de homologação do acordo por parte do magistrado, sua atuação se limita à verificação dos requisitos previstos nos referidos dispositivos, como o 'início por petição conjunta, sendo obrigatória a representação das partes por advogado' e que 'As partes não poderão ser representadas por advogado comum'. O magistrado deve observar, ainda, os pressupostos de validade do negócio jurídico, conforme estabelecido no art. 104 do Código Civil. Portanto, a interpretação adequada é respeitar a vontade das partes, a menos que haja vícios nos requisitos mencionados. Julgados. Recurso de revista conhecido e provido" (RR-1001328-91.2023.5.02.0023, 8.ª T., rel. Min. Sergio Pinto Martins, *DEJT* 25-10-2024).
"RECURSO DE REVISTA. HOMOLOGAÇÃO DE ACORDO EXTRAJUDICIAL. PROCEDIMENTO DE JURISDIÇÃO VOLUNTÁRIA. AUSÊNCIA DE VÍCIOS NO PACTO CELEBRADO. TRANSCENDÊNCIA JURÍDICA RECONHECIDA. 1. A Lei n. 13.467/17 instituiu disposições significativas no tocante à possibilidade de homologação de acordo extrajudicial na seara

trabalhista, fixando nos arts. 855-B a 855-D da CLT as normas atinentes a esse procedimento especial de jurisdição voluntária, por meio do qual as partes, devidamente representadas por seus respectivos patronos, mediante petição conjunta, entabulam negócio jurídico e definem suas consequências. 2. Não há imposição legal para que o magistrado ratifique toda e qualquer avença pactuada, estando discriminado no art. 855-D da CLT que, 'no prazo de quinze dias a contar da distribuição da petição, o juiz analisará o acordo, designará audiência se entender necessário e proferirá sentença'. 3. Todavia, por se tratar de procedimento de jurisdição voluntária, não cabe ao juiz adotar a postura que lhe é peculiar em um processo contencioso, na medida em que no procedimento de homologação de acordo extrajudicial não há litígio, tampouco partes adversas, mas apenas interessados na composição de um negócio jurídico. 4. Para evitar fraudes e vícios de vontade, o legislador atribuiu ao juiz do trabalho a competência para chancelar essa avença, podendo ouvir as partes, falar das consequências jurídicas do acordo e tomar todas as medidas cabíveis para evitar a utilização indevida desse importante instituto jurídico. 5. Porém, não detectando fraude ou vício de vontade e observados os requisitos gerais de validade dos negócios jurídicos, bem como os específicos do art. 855-B da CLT, tem-se como caracterizado o negócio jurídico perfeito, não cabendo ao juiz do trabalho recusar a homologação ou fazer juízo de valor quanto ao alcance da quitação no acordo extrajudicial entabulado pelas partes. Recurso de revista conhecido e provido" (RR-1000985-65.2023.5.02.0033, 1.ª T., rel. Min. Amaury Rodrigues Pinto Junior, *DEJT* 17-10-2024).

"[...] RECURSO DE REVISTA – ACORDO EXTRAJUDICIAL – HOMOLOGAÇÃO EM JUÍZO – PROCEDIMENTO DE JURISDIÇÃO VOLUNTÁRIA – TRANSAÇÃO SOBRE PARCELAMENTO DE VERBAS RESCISÓRIAS, PAGAMENTO DE PARCELA DENOMINADA 'SOLIDARIEDADE' E PREVISÃO DE QUITAÇÃO GERAL – TRANSCENDÊNCIA JURÍDICA – VIOLAÇÃO DO ART. 855-B DA CLT – PROVIMENTO. 1. Problema que sempre atormentou o empregador foi o relativo à rescisão do contrato de trabalho e da quitação dos haveres trabalhistas, de modo a não permanecer com a espada de Dâmocles sobre sua cabeça. 2. A ineficácia prática da homologação da rescisão contratual do sindicato, em face do teor da Súmula 330 do TST, dada a não quitação integral do contrato de trabalho, levou a SDI-2 desta Corte a não reputar simulada a lide visando à homologação de acordo pela Justiça do Trabalho, pois só assim se conseguiria colocar fim ao conflito laboral e dar segurança jurídica às partes do distrato (cfr. TST-RO-AR-103900-90.2005.5.04.0000, rel. Min. Ives Gandra Martins Filho, *DEJT* de 12-9-08). 3. Para resolver tal problema, a Lei n. 13.467/17, em vigor desde 11-11-17, instituiu o procedimento de jurisdição voluntária na Justiça do Trabalho atinente à homologação, em juízo, de acordo extrajudicial, nos termos dos arts. 855-B a 855-E da CLT, juntamente com o fito de colocar termo ao contrato de trabalho. 4. Da simples leitura dos novos comandos da Lei, notadamente do art. 855-C da CLT, extrai-se a vocação prioritária dos acordos extrajudiciais para regular a rescisão contratual e, portanto, o fim da relação contratual de trabalho. Não fosse a possibilidade da quitação geral do contrato de trabalho com a chancela do Judiciário e o Capítulo III-A não teria sido acrescido ao Título X da CLT, que trata do Processo Judiciário do Trabalho. 5. Nesse sentido, o art. 855-B, §§ 1.º e 2.º, da CLT, que trata da apresentação do acordo extrajudicial à Justiça, a par dos requisitos gerais de validade dos negócios jurídicos que se aplicam ao Direito do Trabalho, nos termos do art. 8.º, § 1.º, da Lei Consolidada e que perfazem o ato jurídico perfeito (CC, art. 104 – agente capaz, objeto lícito e forma prescrita ou não vedada por lei), traçou as balizas para a apresentação do acordo extrajudicial apto à homologação judicial: petição conjunta dos interessados e advogados distintos, podendo haver assistência sindical para o trabalhador. 6. A petição conjuntamente assinada para a apresentação do requerimento de homologação ao juiz de piso serve à demonstração da anuência mútua dos interessados em por fim ao contratado, e, os advogados distintos, à garantia de que as pretensões estarão sendo individualmente respeitadas. Assim, a atuação do Judiciário Laboral na tarefa de jurisdição voluntária é verificar a inexistência de vício de vontade ou descumprimento dos requisitos legais. 7. No caso concreto, o Regional manteve a sentença de primeiro grau que não homologou o acordo trazido à Justiça do Trabalho, ao fundamento de que há previsão de pagamento parcelado de verbas rescisórias sem referência à multa do art. 477, § 8.º, da CLT – o que afrontaria o art. 855-C da CLT –, de que não existe previsão legal para o pagamento a título de verba 'solidariedade' e de que a estipulação de quitação ampla e definitiva do contrato de trabalho torna o acordo prejudicial ao empregado, tese que esvazia a finalidade da jurisdição voluntária (idealizada pelo legislador para colocar termo ao contrato de trabalho com segurança jurídica) e atenta contra o art. 5.º, XXXVI, da CF, que resguarda o ato jurídico perfeito em face dos arreganhos do legislador e do juiz. 8. Nesse sentido, a conclusão acerca da invalidade do pacto extrajudicial, por ausência de referência à multa do art. 477, § 8.º, da CLT diante do parcelamento das verbas rescisórias, por pactuação de parcela não prevista em lei e por previsão de quitação geral, diz menos com a validação extrínseca do negócio jurídico do que com a razoabilidade intrínseca do acordo, cujo questionamento não cabe ao Judiciário nesse procedimento, pois lhe esvazia o sentido e estabelece limites e discussões não queridas pelos Requerentes ao ajuizar o procedimento. 9. Ora, estando presentes os requisitos gerais do negócio jurídico e os específicos preconizados pela lei trabalhista (CLT, art. 855-B), não há de se questionar a vontade das Partes envolvidas e do mérito do acordado, notadamente quando a lei requer a presença de advogado para o empregado, rechaçando, nesta situação, o uso do *jus postulandi* do art. 791 da CLT, como se depreende do art. 855-B, § 1.º, da CLT. 10. Assim sendo, é válido o termo de transação extrajudicial apresentado pelos Interessados para o pagamento parcelado de verbas rescisórias e da parcela denominada 'solidariedade', com quitação geral, que deve ser homologado. Recurso de revista provido" (RRAg-20206-93.2023.5.04.0001, 4.ª T., rel. Min. Ives Gandra da Silva Martins Filho, *DEJT* 11-10-2024).

"AGRAVO. AGRAVO DE INSTRUMENTO EM RECURSO DE REVISTA. ACÓRDÃO PUBLICADO NA VIGÊNCIA DA LEI N. 13.467/2017. PROCESSO DE JURISDIÇÃO VOLUNTÁRIA PARA HOMOLOGAÇÃO DE ACORDO EXTRAJUDICIAL. NEGÓCIO JURÍDICO. VALIDADE. AUSÊNCIA DE VÍCIO DE CONSENTIMENTO. TRANSCENDÊNCIA JURÍDICA RECONHECIDA. Agravo a que se dá provimento para examinar o agravo de instrumento em recurso de revista. Agravo provido. AGRAVO DE INSTRUMENTO EM RECURSO DE REVISTA. ACÓRDÃO PUBLICADO NA VIGÊNCIA DA LEI N. 13.467/2017. PROCESSO DE JURISDIÇÃO VOLUNTÁRIA PARA HOMOLOGAÇÃO DE ACORDO EXTRAJUDICIAL. NEGÓCIO JURÍDICO. VALIDADE. AUSÊNCIA DE VÍCIO DE CONSENTIMENTO. TRANSCENDÊNCIA JURÍDICA RECONHECIDA. Em razão de provável caracterização de violação dos arts. 855-B da CLT e 840 do Código Civil, dá-se provimento ao agravo de instrumento para determinar o prosseguimento do recurso de revista. Agravo de instrumento provido. RECURSO DE REVISTA. ACÓRDÃO PUBLICADO NA VIGÊNCIA DA LEI N. 13.467/2017. PROCESSO DE JURISDIÇÃO VOLUNTÁRIA PARA HOMOLOGAÇÃO DE ACORDO EXTRAJUDICIAL. NEGÓCIO JURÍDICO. VALIDADE. AUSÊNCIA DE VÍCIO DE CONSENTIMENTO. TRANSCENDÊNCIA JURÍDICA RECONHECIDA. A Lei n. 13.467/2017, ao promover sensível alteração na Consolidação das Leis do Trabalho, inseriu o processo de jurisdição voluntária para a homologação de acordo extrajudicial. O propósito da Lei n. 13.467/17, ao inserir os arts. 855-B a 855-E na CLT é permitir a homologação judicial de transações extrajudiciais (concessões recíprocas) acerca das verbas decorrentes da extinção do contrato de trabalho, as quais poderão prever, inclusive, cláusula de quitação geral e irrestrita do contrato de trabalho. Com o novo procedimento especial é possível que as partes da relação de emprego, diante da ausência de pretensão resistida e de boa-fé, celebrem acordo sem o ajuizamento prévio de reclamação trabalhista, estipulando não apenas quais verbas serão quitadas, mas também as condições do pagamento. A inovação legislativa é um importante passo na eliminação das lides simuladas, procedimento em que alguns empregadores condicionam a quitação das verbas rescisórias ao ajuizamento de uma reclamação trabalhista forjada, culminando na celebração de um acordo com quitação que ultrapassa o objeto da petição inicial e confere quitação ampla e irrestrita. Como um negócio jurídico, a transação realizada pelas

Há, no entanto, posicionamento no âmbito do TST no sentido de que, verificado que o pacto se mostrou excessivamente prejudicial a um dos pactuantes, ou visa fraudar direitos trabalhistas em prejuízo ao trabalhador, pode o magistrado deixar de homologá-lo ou apenas homologar parcialmente o acordo. Os julgados nesse sentido adotam o fundamento de que a homologação de acordo constitui faculdade do juiz (**Súmula 418, TST**)[18].

---

partes da relação de emprego de forma prévia e submetida à Justiça do Trabalho para homologação deve observar os requisitos de validade do art. 104 do Código Civil. No caso em análise, a Corte Regional manteve a sentença que rejeitou a homologação do acordo com base nos seguintes fundamentos: a) a avença, datada de 26-3-2020, está relacionada às parcelas decorrentes do contrato de trabalho mantido entre a empresa FITCH RATINGS BRASIL LTDA. e a reclamante no período de 6-5-2013 a 18-9-2017, já tendo transcorrido o prazo prescricional de 2 (dois) anos previsto no art. 7.º, inciso XXIX, da Constituição Federal; b) a avença ter como um dos motivos a extinção do contrato de trabalho da trabalhadora com a empresa FITCH RATINGS INC., pessoa jurídica integrante do grupo econômico da requerente, porém sediada no exterior, sendo que a 'referida empresa não participa da avença nem está no polo passivo'; e c) a avença ter como escopo prevenir genericamente um conflito que sequer se iniciou, já que lançado nas considerações do acordo a intenção das partes em entabular uma nova relação de emprego. Com a devida vênia da Corte de origem, o fato de o acordo englobar pretensões prescritas não torna o negócio jurídico nulo, pois a prescrição importa na extinção da pretensão e não da dívida, sendo possível a sua renúncia na esteira do art. 191 do Código Civil. Tampouco invalida o negócio jurídico o fato de o acordo ter como uma das motivações o término da relação de emprego com uma empresa do mesmo grupo econômico sediada no exterior, uma vez que os valores transacionados estão relacionados à relação de emprego anterior mantida entre as requerentes do presente procedimento de jurisdição voluntária, inexistindo qualquer obrigação em lei que a avença seja celebrada com a inclusão das demais pessoas jurídicas do grupo econômico. Por derradeiro, a intenção das requerentes em iniciar uma nova relação de emprego não desautoriza a transação sobre as verbas decorrentes de um contrato de trabalho anterior, cabendo ressaltar que, por força do art. 507-B da CLT, acrescido pela Lei n. 13.467/2017, é facultado a empregados e empregadores, na vigência do contrato de emprego, firmar o termo de quitação anual de obrigações trabalhistas, perante o sindicato dos empregados da categoria. Permitido aos empregados e empregadores firmarem termo de quitação anual na vigência do contrato de trabalho, por disposição legal, não se configura ilícita a quitação das obrigações decorrentes de relação de emprego finda antes do início de um novo contrato de trabalho entre os requerentes do presente processo de jurisdição voluntária. Presentes os requisitos de validade do negócio jurídico do art. 104 do Código Civil, não se verifica da moldura fática do acórdão regional qualquer vício de consentimento hábil a impedir a homologação da avença. Constata-se que o acordo engloba o pagamento da importância considerável com possibilidade de uma formalização de um novo contrato de trabalho entre as partes. Assim sendo, o Tribunal Regional, ao não homologar o acordo extrajudicial apresentado, incorreu em violação dos arts. 855-B da CLT e 840 do Código Civil. Recurso de revista conhecido e provido" (RR-1000393-91.2020.5.02.0076, 5.ª T., rel. Min. Breno Medeiros, *DEJT* 12-5-2023).

[18] "AGRAVO INTERNO. RECURSO DE REVISTA. ACÓRDÃO REGIONAL PUBLICADO NA VIGÊNCIA DA LEI 13.467/2017. HOMOLOGAÇÃO DE ACORDO EXTRAJUDICIAL. QUITAÇÃO GERAL DE PARCELAS DO EXTINTO CONTRATO. Cinge-se a controvérsia dos autos em saber se é possível a homologação de acordo extrajudicial que prevê quitação ampla e irrestrita de todos os direitos oriundos do contrato de trabalho. É bem verdade que a chamada 'Reforma Trabalhista' introduziu na CLT a previsão de processo de jurisdição voluntária para homologação de acordos extrajudiciais, nos termos dos arts. 855-B e seguintes da CLT. Assim, uma vez atendidos os requisitos legais do acordo (art. 855-B, da CLT), caberá ao julgador a análise da presença

dos elementos de validade da avença (art. 104, do CC), bem como o exame quanto à existência de concessões recíprocas, nos moldes do art. 840, do CC. No entanto, a homologação de acordo continua sendo uma faculdade do julgador, conforme preconiza a Súmula/TST n. 418, cuja redação prescreve o seguinte: 'MANDADO DE SEGURANÇA VISANDO À HOMOLOGAÇÃO DE ACORDO (nova redação em decorrência do CPC de 2015). A homologação de acordo constitui faculdade do juiz, inexistindo direito líquido e certo tutelável pela via do mandado de segurança. (destaquei)'. Na hipótese dos autos, o TRT de origem não homologou o acordo firmado extrajudicialmente, sob o fundamento de haver vícios na avença, a exemplo da descrição genérica de algumas verbas e da pretensão de conferir quitação geral, abrangendo parcelas que não constam do acordo. Nesse contexto, cabe ressaltar que a previsão legal introduzida pela Lei n. 13.467/2017 não afastou a possibilidade de o julgador rechaçar acordos nos quais resta caracterizada lesão desproporcional a uma das partes, de modo a implementar irrestritamente as quitações amplas e genéricas. Importante destacar a existência de diversos julgados no âmbito desta Corte Superior no sentido de que, verificado que o pacto se mostrou excessivamente prejudicial a um dos pactuantes, pode o magistrado deixar de homologá-la ou proceder a homologar parcial. Precedentes. Agravo interno a que se nega provimento" (Ag-RR-1001496-28.2022.5.02.0056, 2.ª T., rel. Min. Liana Chaib, *DEJT* 8-11-2024).

"AGRAVO. RECURSO DE REVISTA. LEI N. 13.467/2017. HOMOLOGAÇÃO DE ACORDO EXTRAJUDICIAL. FACULDADE DO MAGISTRADO. DIREITO LÍQUIDO E CERTO. INEXISTENTE. RAZÕES QUE NÃO AFASTAM O FUNDAMENTO DA DECISÃO RECORRIDA. INCIDÊNCIA DA SÚMULA 333 DO TST E DO ART. 896, § 7.°, DA CLT. Esta Corte tem firme entendimento no sentido de que 'A homologação de acordo constitui faculdade do juiz, inexistindo direito líquido e certo tutelável pela via do mandado de segurança' (Súmula 418 do TST). Tal entendimento decorre da interpretação do art. 855-D da CLT, de onde se extrai a conclusão de que o juiz não está obrigado a homologar acordo extrajudicial apenas porque há manifestação de vontade das partes, devendo analisar os requisitos gerais e extrínsecos de validade dos negócios jurídicos, além de seu conteúdo, com a finalidade de verificar se a proposta apresentada não está sendo utilizada para fraudar direitos trabalhistas em prejuízo ao trabalhador. No caso em exame, o Regional concluiu pela impossibilidade de homologação do acordo, porquanto o objeto do acordo consistente na declaração de quitação do contrato de trabalho, alcançando, inclusive, empresas que não firmaram o acordo, não se coaduna com o disposto no art. 855-B da CLT, que menciona a existência de petição conjunta e a representação das partes. Como a decisão monocrática do relator foi proferida em consonância com a mencionada jurisprudência pacificada por esta Corte, deve ser confirmada. Precedentes. Agravo interno a que se nega provimento" (Ag-RR-1000568-02.2022.5.02.0081, 6.ª T., rel. Min. Antonio Fabricio de Matos Goncalves, *DEJT* 8-11-2024).

"AGRAVO DE INSTRUMENTO EM RECURSO DE REVISTA. HOMOLOGAÇÃO DE ACORDO EXTRAJUDICIAL. FACULDADE DO JUIZ. AUSÊNCIA DE TRANSCENDÊNCIA. 1. Os arts. 855-B a 855-E da CLT, inseridos pela Lei n. 13.467/17, tiveram como propósito permitir a homologação judicial de transações extrajudiciais acerca das verbas decorrentes da extinção do contrato de trabalho. 2. Ocorre que as normas neles transcritas não criam a obrigação de o juízo homologar todo e qualquer acordo extrajudicial apenas porque há manifestação de vontade das partes nesse sentido (art. 855-D). 3. Ainda que preenchidos os requisitos do art. 855-B da CLT, não há como conferir a quitação geral nos termos em que pretendido, mas somente aos direitos elencados no acordo extrajudicial, em consonância com o entendimento que se extrai dos arts. 855-E e 477, § 2.°, da CLT. 4. Ademais, esta Corte Superior já fixou entendimento de que 'a homologação de acordo constitui faculdade do juiz, inexistindo direito líquido e certo tutelável pela via do mandado de segurança' (Súmula 418 do TST). 5. Portanto, na linha da jurisprudência desta Corte Superior, o magistrado não está obrigado a homologar o acordo extrajudicial celebrado entre as partes, podendo, dentro do seu convencimento, decidir a respeito da homologação ou não do ajuste. Precedentes. Incidência da Súmula 333 do TST e do art. 896, § 7.°, da CLT. Agravo de instrumento

O procedimento de homologação de acordo extrajudicial não prejudica o prazo para pagamento das verbas rescisórias previsto no § 6.º do art. **477 da Consolidação das Leis do Trabalho** e não afasta a multa prevista no § 8.º do mesmo dispositivo legal, incidente em caso de atraso no pagamento das referidas verbas **(art. 855-C, CLT)**.

A petição de homologação de acordo extrajudicial suspende o prazo prescricional da ação quanto aos direitos nele especificados que, porém, voltará a fluir no dia útil seguinte ao trânsito em julgado da decisão que negar a homologação do acordo **(art. 855-E, *caput* e parágrafo único, CLT)**.

Bezerra Leite entende que "o ato que homologa ou rejeita a homologação de acordo extrajudicial tem natureza jurídica de decisão irrecorrível" (salvo para a Previdência Social quanto às contribuições que lhe forem devidas), sendo que, "por interpretação analógica do art. 831, parágrafo único, da CLT e da Súmula 259 do TST, somente por ação rescisória poderá ser desconstituída a decisão" a respeito do acordo submetido à homologação perante a Justiça do Trabalho[19].

No entanto, eventual rescisão da sentença homologatória de acordo extrajudicial, em que presentes os pressupostos legais para a homologação da avença, sujeita-se, obrigatoriamente, à inconteste comprovação no sentido de que houve fraude ou de que o trabalhador teve sua vontade viciada[20].

---

a que se nega provimento" (AIRR-0100197-38.2023.5.01.0281, 3.ª T., rel. Min. Alberto Bastos Balazeiro, *DEJT* 25-10-2024).

[19] LEITE, Carlos Henrique Bezerra. *Curso de direito processual do trabalho, cit.*, 15. ed., p. 209.

[20] "RECURSO ORDINÁRIO EM AÇÃO RESCISÓRIA. TRÂNSITO EM JULGADO DA DECISÃO RESCINDENDA OCORRIDO NA VIGÊNCIA DO CÓDIGO DE PROCESSO CIVIL DE 2015. HOMOLOGAÇÃO DE ACORDO EXTRAJUDICIAL. ARREPENDIMENTO POSTERIOR. AUSÊNCIA DE COMPROVAÇÃO DE VÍCIO DE CONSENTIMENTO. IMPROCEDÊNCIA. 1. Registre-se, inicialmente, que, após a entrada em vigor do art. 855-B da CLT, revela-se válido o acordo extrajudicial encetado entre as partes por petição conjunta e representação por advogados distintos, como estabelece o dispositivo em questão. 2. Eventual rescisão da sentença homologatória de acordo extrajudicial, em que presentes os pressupostos adrede indicados, sujeita-se, obrigatoriamente, à inconteste comprovação no sentido de que o autor teve sua vontade viciada. 3. No caso presente, não há elementos de convicção que permitam reconhecer que o autor teve sua vontade maculada por erro substancial, dolo ou coação (art. 138 e seguintes do Código Civil), sendo oportuno relevar que o autor nem sequer impugna a assinatura aposta à transação extrajudicial celebrada, na qual são especificados, claramente, todos os termos da avença. 4. Corroborando, em depoimento pessoal, asseverou o autor por diversas vezes que 'era contra o acordo', mas revelou que, 'como não tinha outra renda, teve que aceitar', o que infirma a tese de vício de consentimento, já que demonstra inequívoca ciência do obreiro quanto aos termos da avença, bem como quanto à faculdade de aceita-la ou não. 5. Afirmou o autor, também em seu depoimento pessoal, que, embora vários funcionários tivessem celebrado ajuste para homologação extrajudicial, um deles, o sr. José Carlos Carvalho, 'não aceitou fazer o acordo depois da demissão', o que também vai de encontro à tese de que os empregados eram coagidos a entabular acordos. 6. A indicação de advogado pela empresa, ainda que eventualmente demonstrada, também não induz à ocorrência de vício de consentimento, sobretudo no presente caso, no qual asseverou o autor que 'a funcionária Jailma deu o telefone da Dra. Carla para que o depoente entrasse em contato', a demonstrar que a contratação de referida mandatária não foi impingida ao demandante. 7. Por fim, destaca-se que o valor conferido à transação extrajudicial representa mais de cinco vezes o valor

2.4. SUBSTITUTIVOS DA JURISDIÇÃO

Tradicionalmente, ao se falar em jurisdição, pensava-se na atuação do Poder Judiciário na solução dos conflitos de interesses. No entanto, a *jurisdição* "vem hoje exigindo profunda atualização e contextualização em seu significado, dado que sua acepção tradicional, atrelada à singela *aplicação da lei aos fatos da lide*, hoje está defasada e é insuficiente, cedendo espaço à concepção pela qual o Direito há de se ter como realizado, não, *sic et simpliciter*, pelo fato de um texto ser aplicado a uma controvérsia pelo Estado-juiz (*da mihi factum dabo tibi jus*), mas sim quando um conflito resulte efetivamente prevenido ou composto em modo justo, tempestivo, permanente, numa boa equação entre custo e benefício, seja por meio de auto ou heterocomposição, neste último caso pela intercessão de um órgão ou agente qualificado, mesmo não integrante dos quadros da Justiça oficial, e, em alguns casos, até preferencialmente fora dela"[21].

Considerando essa realidade, o Conselho Nacional de Justiça (CNJ), no exercício de suas atribuições de planejamento, execução e disciplina da Justiça estatal, estabeleceu, por meio da Resolução n. 125, de 29 de novembro de 2010[22], a **Política Judiciária Nacional de tratamento adequado dos conflitos de interesse no âmbito do Poder Judiciário**, através da qual deu início a uma "desconstrução do arraigado (e defasado) conceito de *monopólio estatal* na distribuição da Justiça, sob a égide da contemporânea proposta de uma **jurisdição compartilhada**"[23].

Após esse posicionamento adotado pelo CNJ, foi promulgado o Código de Processo Civil de 2015, que prestigiou os chamados **meios alternativos de solução dos conflitos**, como a arbitragem, a conciliação, a mediação, entre outros métodos de solução consensual **(art. 3.º, §§ 1.º a 3.º)**, entrou em vigor a **Lei n. 13.140/2015**, que dispõe sobre a mediação como meio de solução de controvérsias entre particulares, e a **Lei n. 13.129/2015**, que altera a Lei n. 9.307/96 (Lei de Arbitragem), ampliando o âmbito de aplicação da arbitragem.

---

disposto no TRCT, assinado pelo autor, sem ressalvas, e juntado à petição inicial, o que demonstra a ocorrência de concessões recíprocas, embora tenha havido, ao que parece, arrependimento posterior do obreiro quanto à avença, mormente após a ciência de que seu colega de trabalho, Sr. José Carlos, realizou acordo após o ajuizamento de ação trabalhista no importe de R$ 350.000,00 (trezentos e cinquenta mil reais). 8. Isso, no entanto, não justifica o corte rescisório, pois afastada a caracterização de lide simulada ou qualquer outra forma de vício de vontade. 9. Aplica-se ao caso a Orientação Jurisprudencial n. 154 da SDI-2, *verbis*: 'A sentença homologatória de acordo prévio ao ajuizamento de reclamação trabalhista, no qual foi conferida quitação geral do extinto contrato, sujeita-se ao corte rescisório tão somente se verificada a existência de fraude ou vício de consentimento'. Recurso ordinário a que se nega provimento" (ROT-0001167-23.2022.5.05.0000, Subseção II Especializada em Dissídios Individuais, rel. Min. Amaury Rodrigues Pinto Junior, *DEJT* 8-11-2024).

[21] MANCUSO, Rodolfo de Camargo. *Acesso à justiça*. Condicionantes legítimas e ilegítimas. São Paulo: Revista dos Tribunais, 2011. p. 22.

[22] Com as alterações decorrentes da Emenda n. 1/2013, da Emenda n. 2/2016, da Resolução n. 290/2019, da Resolução n. 326/2020 e da Resolução n. 390/2021.

[23] MANCUSO, Rodolfo de Camargo. *Acesso à justiça, cit.*, p. 10.

Como consequência dessas profundas alterações legislativas, em 8 de março de 2016 o CNJ aprovou a Emenda n. 2 à Resolução n. 125/2010, por meio da qual reconhece expressamente que o **direito de acesso à justiça previsto no art. 5.º, XXXV, da Constituição Federal**, além da vertente formal perante os órgãos judiciários, **implica acesso à ordem jurídica justa e a soluções efetivas**, e afirma caber ao Poder Judiciário estabelecer política pública de tratamento adequado aos problemas jurídicos e aos conflitos de interesses, que ocorrem em larga e crescente escala na sociedade, de forma a organizar, em âmbito nacional, não só os serviços prestados nos processos judiciais, mas também incentivar sua solução mediante outros mecanismos, em especial os consensuais, como a mediação e a conciliação. A Resolução n. 326/2020 também alterou a Resolução n. 125/2010, para fazer constar que aos órgãos judiciários incumbe, nos termos do art. 334 do CPC, combinado com o art. 27 da Lei n. 13.140/2015 (Lei de Mediação), oferecer outros mecanismos de soluções de controvérsias, em especial os chamados meios consensuais, como a mediação e a conciliação.

Por serem absolutamente compatíveis com o processo do trabalho, a **conciliação e a mediação**, como meios alternativos de solução dos conflitos, são plenamente **aplicáveis para a solução dos conflitos trabalhistas**.

Assim, após a edição da Resolução CNJ n. 125/2010, foram criados, instalados e estão em funcionamento nos Tribunais Regionais do Trabalho, Núcleos e/ou Centros de Conciliação, que vêm desenvolvendo a cultura conciliatória dentre os membros dos próprios Tribunais, assim como em face dos jurisdicionados, contando o seu funcionamento com o apoio e incentivo da generalidade dos operadores do Direito, além de estatisticamente revelarem-se efetivos instrumentos de auxílio e desafogamento dos Órgãos judiciários.

Além disso, reconhecendo que a conciliação e a mediação são instrumentos efetivos de pacificação social, solução e prevenção de litígios e que a sua apropriada disciplina em programas já implementados no País tem reduzido a excessiva judicialização dos conflitos de interesses, bem como a quantidade de recursos e também de execuções de sentenças, o Conselho Superior da Justiça do Trabalho **(CSJT)** editou a **Resolução n. 174/2016** (republicada em 15-9-2021, com as alterações posteriores), que institui a Política Judiciária Nacional de tratamento das disputas de interesses trabalhistas para assegurar a todos o direito à solução das disputas por meios adequados à sua natureza, peculiaridade e características socioculturais de cada Região.

Nesse contexto, referida Resolução traz as seguintes definições **(art. 1.º)**:

■ **"Conciliação"** – é o meio alternativo de resolução de disputas em que as partes confiam a uma terceira pessoa – magistrado ou servidor público por aquele sempre supervisionado – a função de aproximá-las, empoderá-las e orientá-las na construção de um acordo quando a lide já está instaurada, com a criação ou proposta de opções para composição do litígio.

■ **"Mediação"** – é o meio alternativo de resolução de disputas em que as partes confiam a uma terceira pessoa – magistrado ou servidor público por aquele sempre supervisionado – a função de aproximá-las, empoderá-las e orientá-las na construção de um acordo quando a lide já está instaurada, sem a criação ou proposta de opções para composição do litígio.

Verifica-se, porém, que o CSJT restringe a conciliação e a mediação dos conflitos individuais de trabalho ao âmbito do próprio Poder Judiciário, não fazendo referência à possibilidade de que tais meios alternativos de solução dos conflitos sejam efetivados por órgãos extrajudiciais.

Vale lembrar que no ano 2000 o legislador (**Lei n. 9.958**, que acrescentou os **arts. 625-A a 625-H à CLT**), buscando ferramentas extrajudiciais para composição dos conflitos, instituiu as Comissões de Conciliação Prévia, com a atribuição de promover a conciliação dos conflitos individuais do trabalho.

Contudo, esse instituto não conseguiu atingir seu objetivo, visto que a cultura da judicialização continuou arraigada no Brasil, estimulada, inclusive, pela própria Justiça do Trabalho. A Justiça do Trabalho vinha adotando posicionamento no sentido de não reconhecer a quitação em relação às verbas objeto das conciliações realizadas perante as referidas Comissões, o que estimulava o ajuizamento de reclamações trabalhistas após as partes terem se conciliado. A questão foi levada à apreciação do STF, que através do julgamento, pelo Plenário, das ADIs 2.139/DF, 2.160/DF e 2.237/DF, adotou interpretação ao art. 625-E, parágrafo único, da CLT no sentido de que "a eficácia liberatória geral do termo neles contido está relacionada ao que foi objeto da conciliação. Diz respeito aos valores discutidos e não se transmuta em quitação geral e indiscriminada de verbas trabalhistas" (*DJE* 20-2-2019 – Ata n. 14/2019, *DJE* n. 34, divulgado em 19-2-2019). Assim, embora não validando a quitação geral da conciliação em relação ao extinto contrato de trabalho, fixou-se a validade da quitação em relação às verbas constantes do termo de conciliação, o que vem sendo agora aplicado pelo TST.

"[...] RECURSO DE REVISTA SOB A ÉGIDE DA LEI N. 13.467/2017. COMISSÃO DE CONCILIAÇÃO PRÉVIA. ACORDO. EFEITO DE QUITAÇÃO GERAL. ART. 625-E DA CLT. REQUISITOS DO ART. 896, § 1.º-A, DA CLT, ATENDIDOS. No julgamento conjunto das ADIs 2139, 2160 e 2237, o STF conferiu interpretação conforme a Constituição ao art. 625-E da CLT, adotando o entendimento de que a 'eficácia liberatória geral', prevista na regra do parágrafo único do citado artigo, diz respeito às parcelas e aos respectivos valores discutidos em eventual procedimento conciliatório, não resultando em quitação geral e indiscriminada de verbas trabalhistas. Ante a decisão do STF, a jurisprudência desta Corte foi atualizada, adotando-se o entendimento proferido pela Suprema Corte. Precedentes do TST. *In casu*, o Tribunal Regional manteve a íntegra da sentença que concluiu pela eficácia liberatória geral de todas as verbas trabalhistas, sem considerar a existência de verbas postuladas na presente ação e não abrangidas no mencionado termo de quitação firmado perante a CCP. Desse modo, tal como proferida e à luz do entendimento consolidado desta Corte Superior acerca da matéria, a decisão recorrida incide em má aplicação do art. 625-E da CLT. Recurso de revista conhecido e provido" (RR-1052-73.2013.5.15.0053, 6.ª T., rel. Min. Augusto Cesar Leite de Carvalho, *DEJT* 8-11-2024).

"AGRAVO DO RECLAMANTE. 1. AGRAVO DE INSTRUMENTO EM RECURSO DE REVISTA DO RECLAMANTE. REGIDO PELA LEI N. 13.015/2014. PROMOÇÃO POR MÉRITO. DIVERGÊNCIA JURISPRUDENCIAL. ARESTO ORIUNDO DO MESMO ÓRGÃO PROLATOR DA DECISÃO RECORRIDA. ÓBICE DO ART. 896, *A*, DA CLT. AUSÊNCIA DE IMPUGNAÇÃO ESPECÍFICA AOS FUNDAMENTOS DA DECISÃO MONOCRÁTICA AGRAVADA. RECURSO DESFUNDAMENTADO (Art. 1.021, § 1.º,

DO CPC). NÃO CONHECIMENTO. Em decisão monocrática, foi mantida a decisão de admissibilidade em que denegado seguimento ao recurso de revista interposto pela parte Reclamante, quanto ao tema 'Promoção por merecimento'. Em sua minuta de agravo, a parte não impugna os fundamentos da decisão agravada, quanto ao tema em questão, qual seja, o óbice do art. 896, 'a', da CLT, sob o fundamento de que o aresto colacionado não se presta ao confronto de te-ses, uma vez que oriundo do Tribunal prolator do acórdão recorrido. Contudo, a parte, no agravo, limita-se a reprisar os argumentos ventilados no recurso de revista, a alegar, genericamente, que preencheu os requisitos de admissibilidade e a asseverar que demonstrou afronta à ordem jurídica e divergência jurisprudencial, sem se insurgir, contudo, contra o fundamento adotado na decisão agravada. O princípio da dialeticidade impõe à parte o ônus de se contrapor à decisão recorrida, esclarecendo o seu desacerto e fundamentando as razões de sua reforma. No caso, verifica-se que a parte, no presente agravo, não se insurge, de forma específica, contra a decisão que deveria impugnar, encontrando-se o recurso desfundamentado, no particular (art. 1.021, § 1.º, do CPC). Agravo não conhecido. 2. RECURSO DE REVISTA DO RECLAMADO. COMISSÃO DE CONCILIAÇÃO PRÉVIA. VALIDADE DO ACORDO HOMOLOGADO. EFICÁCIA LIBERATÓRIA GERAL APENAS QUANTO AOS VALORES CONCILIADOS. ADIs 2139/DF, 2160/DF E 2237/DF. Hipótese em que, por meio de decisão monocrática, foi dado provimento ao recurso de revista do Banco Reclamado para reconhecer a eficácia liberatória geral do acordo homologado perante a Comissão de Conciliação Prévia, extinguindo-se o processo em relação ao pedido de condenação ao pagamento das 7.ª e 8.ª horas como extras, tendo em vista que o Tribunal Regional entendeu que o termo conciliatório da CCP não assegura quitação total das verbas consignadas no respectivo documento, mas apenas das expressamente mencionadas e nos limites dos valores consignados. Ressaltou, mais, a possibilidade de o trabalhador, independentemente de haver ou não expressa ressalva, postular em juízo eventuais diferenças, inclusive de parcelas parcialmente adimplidas. Em que pese o entendimento anteriormente consolidado na SbDI-1 do TST, no sentido de reconhecer que o termo de conciliação homologado perante a Comissão de Conciliação Prévia, sem expressão de ressalvas, detém eficácia liberatória geral quanto aos títulos reclamados em juízo, o STF, no julgamento das ADIs 2139/DF, 2160/DF e 2237/DF, entendeu que a eficácia liberatória geral está relacionado apenas às verbas trabalhistas conciliadas. Efetivamente, destacou a Ministra Cármem Lúcia, no julgamento da ADI 2139/DF, que 'A interpretação sistemática das normas controvertidas nesta sede de controle abstrato conduz à compreensão de que a 'eficácia liberatória geral', prevista na regra do parágrafo único do art. 625-E da CLT, diz respeito aos valores discutidos em eventual procedimento conciliatório, não se transmudando em quitação geral e indiscriminada de verbas trabalhistas'. Nesse cenário, a decisão agravada, em que reconhecida a eficácia liberatória geral do acordo homologado perante a CCP, extinguindo o processo em relação ao pedido de condenação ao pagamento das 7.ª e 8.ª horas como extras, verbas trabalhistas conciliadas, constantes do referido termo, encontra-se em conformidade com o entendimento do Supremo Tribunal Federal. Não afastados os fundamentos da decisão agravada, nenhum reparo enseja a decisão. Julgados da SbDI-1. Agravo não provido, com acréscimo de fundamentação" (Ag-RRAg-56-65.2016.5.12.0017, 5.ª T., rel. Min. Douglas Alencar Rodrigues, *DEJT* 28-10-2024).

A conciliação e a mediação no âmbito extrajudicial poderiam ser importantes ferramentas para a efetivação do princípio constitucional previsto, na esfera processual, no

art. 4.º do Código de Processo Civil: "As partes têm o direito de obter em prazo razoável a solução integral da lide, incluída a atividade satisfativa", ou seja, as partes têm o **direito de obter a solução da questão controversa de forma célere**. A celeridade é a grande contribuição das formas extrajudiciais de solução de conflitos.

Em relação à **arbitragem,** a questão é ainda mais complexa.

No âmbito dos conflitos coletivos de trabalho, a Constituição Federal prevê expressamente a negociação e a arbitragem como formas preferenciais de solução dos referidos conflitos **(art. 114, §§ 1.º e 2.º)** e a **Lei n. 10.101/2000 (Lei da PLR)** prevê que, caso a negociação visando à participação nos lucros ou resultados da empresa resulte em impasse, as partes poderão utilizar-se da mediação ou da arbitragem como mecanismos de solução do litígio. Também a **Lei n. 12.815/2013 (Lei dos Portos)** prevê que, no caso de impasse na solução de litígios na comissão paritária constituída no âmbito do Órgão Gestor de Mão de Obra (OGMO), as partes devem recorrer à arbitragem de ofertas finais.

Em relação aos **conflitos individuais**, porém, a jurisprudência do Tribunal Superior do Trabalho se pacificou no sentido de ser a **arbitragem inválida** como forma de solução.

"[...] ACORDO CELEBRADO PERANTE CÂMARA ARBITRAL. INAPLICABILIDADE AO PROCESSO INDIVIDUAL DO TRABALHO. ACÓRDÃO PROLATADO PELO TRIBUNAL REGIONAL EM SINTONIA COM A ATUAL JURISPRUDÊNCIA CONSAGRADA NO ÂMBITO DO C. TST. APLICAÇÃO DO ART. 896, § 7.º, DA CLT E DA SÚMULA 333/TST COMO ÓBICES AO ACOLHIMENTO DA PRETENSÃO RECURSAL. Da decisão do Tribunal Regional se extrai que o noticiado acordo extrajudicial foi celebrado perante uma Câmara Arbitral. A Corte Regional concluiu que a 'sentença arbitral incidiu, basicamente, sobre parcelas rescisórias', de modo que 'o juízo arbitral atuou como mero órgão de homologação de acerto rescisório, não sendo esse o escopo do instituto', bem como pela incompatibilidade do instituto da arbitragem nos dissídios individuais trabalhistas como forma de quitação geral e irrestrita do contrato de trabalho. Dentro desse contexto, é inviável que seja acolhida a tese da empresa no sentido de que o art. 5.º, XXXVI, da CF teria sido violado, pois a matéria não mais comporta discussão no âmbito desta Corte, em face das reiteradas decisões no sentido da inaplicabilidade da arbitragem nos dissídios individuais trabalhistas. Óbices do art. 896, § 7.º, da CLT c/c a Súmula 333/TST ao destrancamento da r. decisão impugnada. Não desconstituídos, portanto, os fundamentos da r. decisão impugnada. Agravo conhecido e desprovido. [...]" (Ag-AIRR-292-26.2015.5.02.0083, 7.ª T., rel. Min. Alexandre de Souza Agra Belmonte, *DEJT* 20-10-2023).

A **Lei n. 13.467/2017 (Reforma Trabalhista)**, no entanto, trouxe previsão expressa sobre a possibilidade de **utilização da arbitragem** como forma de solução dos conflitos decorrentes de contratos de trabalho firmados pelos chamados empregados "hipersuficientes"[24].

---

[24] Assim denominados aqueles que ganham remuneração mensal igual ou superior a duas vezes o teto máximo de benefícios da Previdência Social e têm diploma de curso superior (art. 444, parágrafo único, CLT).

Nesse sentido, dispõe o **art. 507-A da Consolidação das Leis do Trabalho**: "Nos contratos individuais de trabalho cuja remuneração seja superior a duas vezes o limite máximo estabelecido para os benefícios do Regime Geral de Previdência Social, poderá ser pactuada cláusula compromissória de arbitragem, desde que por iniciativa do empregado ou mediante a sua concordância expressa, nos termos previstos na Lei n. 9.307, de 23 de setembro de 1996".

Assim, considerando a expressa previsão legal, em relação aos empregados chamados por parte da doutrina de "hipersuficientes", a arbitragem passou a ser válida para solução de conflitos individuais de trabalho, mas com aplicabilidade restrita. Destaque-se, porém, que o TST tem adotado entendimento no sentido de impossibilidade de aplicação retroativa do art. 507-A da CLT.

> "AGRAVO EM EMBARGOS DE DECLARAÇÃO EM RECURSO DE REVISTA. EXEQUENTE. ACÓRDÃO REGIONAL PUBLICADO NA VIGÊNCIA DA LEI N. 13.467/2017. 1. EXECUÇÃO DE TÍTULO EXECUTIVO EXTRAJUDICIAL. SENTENÇA ARBITRAL PROFERIDA ANTES DA VIGÊNCIA DA LEI N. 13.467/2017. AUSÊNCIA DE PREVISÃO LEGAL. IMPOSSIBILIDADE DE EXECUÇÃO NA JUSTIÇA DO TRABALHO. ÓBICE DA SÚMULA 333 DO TST. CONHECIMENTO E NÃO PROVIMENTO. I. Fundamentos da decisão agravada não desconstituídos. II. Na hipótese dos autos, consta da decisão regional que a sentença arbitral, a qual se pretende executar, fora prolatada em 16-5-2017, ou seja, antes da entrada em vigor da Lei n. 13.467/2017. A jurisprudência desta Corte Superior é no sentido de que nos casos em que o título executivo proveniente de sentença arbitral tenha sido formado antes da entrada em vigor da Lei n. 13.467/2017, não se há falar em competência da Justiça do Trabalho para executá-lo, uma vez que não se admitia, antes da vigência da referida norma, a utilização de arbitragem como meio de composição dos conflitos individuais trabalhistas. Inviável, assim, o conhecimento do apelo, nos termos da Súmula 333 do TST. III. Agravo de que se conhece e a que se nega provimento, com aplicação da multa de 1% sobre o valor da causa atualizado, em favor da parte Agravada ex adversa, com fundamento no art. 1.021, § 4.º, do CPC/2015" (Ag-ED-RR-1000756-10.2019.5.02.0401, 4.ª T., rel. Min. Alexandre Luiz Ramos, *DEJT* 24-11-2023).

Estamos, portanto, em um momento em que a **reformulação de conceitos é imperativa**: de uma valorização excessiva da solução jurisdicional dos conflitos trabalhistas que, útil no passado, já não mais responde às exigências da hora presente, para uma revalorização de formas extrajudiciais dos referidos conflitos, com o incentivo da conciliação e da mediação como formas eficazes de solução dos conflitos trabalhistas e com a aceitação, ainda que apenas para uma parte dos trabalhadores (os denominados "hipersuficientes"), da arbitragem no âmbito dos conflitos individuais.

2.5. MINISTÉRIO PÚBLICO DO TRABALHO

O **Ministério Público** é instituição permanente, essencial à função jurisdicional do Estado, e que tem como incumbência a defesa da ordem jurídica, do regime democrático e dos interesses sociais e individuais indisponíveis. São princípios institucionais do

Ministério Público a unidade, a indivisibilidade e a independência funcional. A ele é assegurada autonomia funcional e administrativa (**art. 127,** *caput* **e §§ 1.º e 2.º, CF**).

O **Ministério Público do Trabalho** integra o Ministério Público da União (**art. 128, CF**), estando, portanto, regido pela **Lei Complementar n. 75, de 20 de maio de 1993**, Capítulo II do Título II (Lei Orgânica do Ministério Público da União – LOMPU).

Os membros do Ministério Público gozam das seguintes **garantias (art. 128, § 5.º, I, CF)**:

- *vitaliciedade*, após dois anos de exercício, não podendo perder o cargo senão por sentença judicial transitada em julgado;
- *inamovibilidade*, salvo por motivo de interesse público, mediante decisão do órgão colegiado competente do Ministério Público, pelo voto da maioria absoluta de seus membros, assegurada ampla defesa; e
- *irredutibilidade de subsídio*.

Aos membros do Ministério Público **é vedado (art. 128, § 5.º, II, CF)**:

- receber, a qualquer título e sob qualquer pretexto, honorários, percentagens ou custas processuais;
- exercer a advocacia;
- participar de sociedade comercial, na forma da lei;
- exercer, ainda que em disponibilidade, qualquer outra função pública, salvo uma de magistério;
- exercer atividade político-partidária; e
- receber, a qualquer título ou pretexto, auxílios ou contribuições de pessoas físicas, entidades públicas ou privadas, ressalvadas as exceções previstas em lei.

Os membros do Ministério Público **não podem exercer a advocacia** no juízo ou tribunal do qual se afastaram, antes de decorridos três anos do afastamento do cargo por aposentadoria ou exoneração (**art. 128, § 6.º, CF**).

2.5.1. Organização, competência, atribuições e formas de autuação: a Lei Complementar n. 75/93

Na defesa da ordem jurídica, do regime democrático e dos interesses sociais e individuais indisponíveis, o Ministério Público do Trabalho tem **atuação judicial** (no âmbito da Justiça do Trabalho, sendo esta subdividida em atuação judicial na qualidade de *custos legis* – fiscal da ordem jurídica, ou de parte) **e extrajudicial** (atuação institucional em processos de natureza administrativa).

Sua atuação judicial está prevista no **art. 83 da Lei Complementar n. 75/93**, enquanto a atuação institucional está expressamente indicada no **art. 84** da referida Lei.

No exercício de sua atuação judicial, **compete ao Ministério Público do Trabalho**, entre outras atribuições (**art. 83, II, VI e XIII, LC n. 75/93**):

- manifestar-se em qualquer fase do processo trabalhista quando entender existente interesse público que justifique a intervenção;
- recorrer das decisões da Justiça do Trabalho, quando entender necessário, tanto nos processos em que for parte, como naqueles em que oficiar como fiscal da lei; e
- intervir obrigatoriamente em todos os feitos no segundo e terceiro graus de jurisdição da Justiça do Trabalho, quando for a parte pessoa jurídica de Direito Público, Estado estrangeiro ou organismo internacional.

Em relação a referidas atribuições, é importante ressaltar que, tratando-se de **matéria de direito patrimonial**, o Ministério Público **não tem legitimidade** para, ao exarar o parecer na remessa de ofício, na qualidade de *custos legis*, arguir a prescrição em favor de entidade de direito público **(OJ SDI-1 130, TST)** nem para recorrer **(OJ SDI-1 237, I, TST)**. No entanto, **há legitimidade** do Ministério Público do Trabalho para recorrer de decisão que declara a existência de vínculo empregatício com sociedade de economia mista ou empresa pública, sem a prévia aprovação em concurso público **(OJ SDI-1 237, II, TST)**. Por fim, a arguição de nulidade do contrato de trabalho em favor de ente público somente será conhecida, quando suscitada pelo Ministério Público do Trabalho mediante parecer, se houver sido suscitada pela parte em defesa **(OJ SDI-1 350, TST)**.

> **OJ SDI-1 130, TST:** "Ao exarar o parecer na remessa de ofício, na qualidade de 'custos legis', o Ministério Público não tem legitimidade para arguir a prescrição em favor de entidade de direito público, em matéria de direito patrimonial".

> **OJ SDI-1 237, TST:** "I – O Ministério Público não tem legitimidade para recorrer na defesa de interesse patrimonial privado, inclusive de empresas públicas e sociedades de economia mista. II – Há legitimidade do Ministério Público do Trabalho para recorrer de decisão que declara a existência de vínculo empregatício com sociedade de economia mista ou empresa pública, após a Constituição Federal de 1988, sem a prévia aprovação em concurso público, pois é matéria de ordem pública".

> **OJ SDI-1 350, TST:** "O Ministério Público do Trabalho pode arguir, em parecer, na primeira vez que tenha de se manifestar no processo, a nulidade do contrato de trabalho em favor de ente público, ainda que a parte não a tenha suscitado, a qual será apreciada, sendo vedada, no entanto, qualquer dilação probatória".

Compete, ainda, ao Ministério Público do Trabalho o exercício das seguintes **atribuições junto aos órgãos da Justiça do Trabalho (art. 83, I, III, IV, V, VII, VIII, IX, X, XI, XII, LC n. 75/93):**

- promover as ações que lhe sejam atribuídas pela Constituição Federal e pelas leis trabalhistas;
- promover a ação civil pública para defesa de interesses coletivos, quando desrespeitados os direitos sociais constitucionalmente garantidos;
- propor as ações cabíveis para declaração de nulidade de cláusula de contrato, acordo coletivo ou convenção coletiva que viole as liberdades individuais ou coletivas ou os direitos individuais indisponíveis dos trabalhadores;

2 ■ Justiça do Trabalho

- propor as ações necessárias à defesa dos direitos e interesses dos menores, incapazes e índios, decorrentes das relações de trabalho;

- funcionar nas sessões dos Tribunais Trabalhistas, manifestando-se verbalmente sobre a matéria em debate, sempre que entender necessário, sendo-lhe assegurado o direito de vista dos processos em julgamento, podendo solicitar as requisições e diligências que julgar convenientes;

- instaurar instância em caso de greve, quando a defesa da ordem jurídica ou o interesse público assim o exigir;

- promover ou participar da instrução e conciliação em dissídios decorrentes da paralisação de serviços de qualquer natureza, oficiando obrigatoriamente nos processos, manifestando sua concordância ou discordância, em eventuais acordos firmados antes da homologação, resguardado o direito de recorrer em caso de violação à lei e à Constituição Federal;

- promover mandado de injunção, quando a competência for da Justiça do Trabalho;

- atuar como árbitro, se assim for solicitado pelas partes, nos dissídios de competência da Justiça do Trabalho;

- requerer as diligências que julgar convenientes para o correto andamento dos processos e para a melhor solução das lides trabalhistas.

> **SÚM. 407, TST:** "A legitimidade 'ad causam' do Ministério Público para propor ação rescisória, ainda que não tenha sido parte no processo que deu origem à decisão rescindenda, não está limitada às alíneas *a*, *b* e *c* do inciso III do art. 967 do CPC de 2015 (art. 487, III, *a* e *b*, do CPC de 1973), uma vez que traduzem hipóteses meramente exemplificativas".

Atuando como fiscal da ordem jurídica, "o Ministério Público do Trabalho tem a independência e discricionariedade para avaliar a pertinência de intervir ou não no feito"[25].

Em relação à atuação judicial do Ministério Público do Trabalho, destaca-se, ainda, a defesa dos interesses difusos e coletivos, realizada por meio do ajuizamento da ação civil pública[26]. Em consonância com a **Tese de Repercussão Geral 471**[27], o TST adota entendimento de que a legitimidade do Ministério Público do Trabalho também deve ser

---

[25] SCHIAVI, Mauro. *Manual de Direito Processual do Trabalho*. 17. ed. rev., atual. e ampl. Salvador: JusPodivm, 2021, p. 213.

[26] Para estudo da ação civil pública, *vide* Capítulo 11, item 11.7.

[27] "Com fundamento no art. 127 da Constituição Federal, o Ministério Público está legitimado a promover a tutela coletiva de direitos individuais homogêneos, mesmo de natureza disponível, quando a lesão a tais direitos, visualizada em seu conjunto, em forma coletiva e impessoal, transcender a esfera de interesses puramente particulares, passando a comprometer relevantes interesses sociais."

reconhecida para o ajuizamento de ação civil pública visando a defesa de direitos individuais homogêneos[28].

São **órgãos do Ministério Público do Trabalho**, com as atribuições conferidas pela Lei Complementar n. 75/93 **(art. 85)**:

- Procurador-Geral do Trabalho;
- Colégio de Procuradores do Trabalho;
- Conselho Superior;
- Câmara de Coordenação e Revisão;
- Corregedoria;
- Subprocuradores-Gerais do Trabalho;
- Procuradores Regionais do Trabalho;
- Procuradores do Trabalho.

A **carreira do Ministério Público do Trabalho** será constituída pelos cargos de Subprocurador-Geral do Trabalho, Procurador Regional do Trabalho e Procurador do Trabalho, sendo o cargo inicial da carreira o de Procurador do Trabalho e o do último nível o de Subprocurador-Geral do Trabalho **(art. 86, LC n. 75/93)**.

O **Procurador-Geral do Trabalho** é o chefe do Ministério Público do Trabalho, sendo nomeado pelo Procurador-Geral da República dentre os integrantes do Ministério Público do Trabalho com mais de 35 anos de idade e mais de cinco anos de carreira que figurem em lista tríplice organizada mediante voto dos membros do Colégio de Procuradores.

Os **Subprocuradores-Gerais do Trabalho** atuam perante o Tribunal Superior do Trabalho. Junto aos Tribunais Regionais do Trabalho atuam os **Procuradores Regionais do Trabalho**. Os **Procuradores do Trabalho** são os órgãos iniciais da carreira do Ministério Público do Trabalho.

---

[28] "RECURSO DE REVISTA INTERPOSTO PELA PARTE RECLAMADA ANTERIORMENTE À VIGÊNCIA DA LEI N. 13.015/2014 – PRELIMINAR DE ILEGITIMIDADE ATIVA AD CAUSAM DO MINISTÉRIO PÚBLICO DO TRABALHO – AÇÃO CIVIL PÚBLICA – DIREITOS INDIVIDUAIS HOMOGÊNEOS 1. O Ministério Público do Trabalho detém legitimidade para o ajuizamento de Ação Civil Pública visando à proteção de interesses difusos e coletivos, tal como preconizado no art. 129, III, da Constituição da República, e que também contempla a defesa de interesses individuais homogêneos, considerados espécies de interesses coletivos em sentido amplo. 2. Na hipótese, cuida-se de Ação Civil Pública ajuizada pelo Ministério Público do Trabalho, em razão do desvio de função e assédio moral praticados contra os nutricionistas da empresa. Diante da origem comum da pretensão, o cenário descrito caracteriza lesão a direitos individuais homogêneos, abrangendo categoria de trabalhadores determinada (os nutricionistas da empresa Reclamada), que compartilham prejuízos divisíveis decorrentes das mesmas circunstâncias fáticas. 3. Diante desse cenário, aludindo a direitos individuais homogêneos, é inequívoca a legitimidade do Ministério Público do Trabalho. [...] Recurso de Revista não conhecido" (RR-104400-16.2010.5.13.0006, 4.ª T., rel. Min. Maria Cristina Irigoyen Peduzzi, *DEJT* 13-9-2024).

2.5.2. Inquérito civil público

O Ministério Público pode instaurar **inquérito civil** e outros procedimentos administrativos, sempre que cabíveis, para **assegurar a observância dos direitos sociais** dos trabalhadores **(art. 84, II, LC n. 75/93).**

"O inquérito civil constitui uma função privativa do Ministério Público, uma vez que a nenhum outro órgão ou entidade foi cometida essa nobre e relevante função institucional, como se infere do **art. 129, III, da CF**, que recepcionou qualitativamente a regra prevista no **§ 1.º do art. 8.º da Lei de Ação Civil Pública**. Assim, o inquérito civil coaduna-se à função promocional do MP na defesa do patrimônio público e social, do meio ambiente e de outros direitos ou interesses metaindividuais"[29].

De forma mais simplificada, pode-se dizer que "o inquérito civil público consiste num **procedimento extrajudicial de natureza inquisitória**, em que o Ministério Público do Trabalho busca provas e dados para propor eventual ação civil pública ou tentar firmar um termo de ajuste de conduta"[30].

A **finalidade** do inquérito civil público é a **busca de provas** sobre determinada situação em que supostamente há desrespeito a direitos trabalhistas indisponíveis, tuteláveis de forma coletiva (caracterizados, portanto, como direitos heterogêneos), visando a **formação da convicção do Procurador** acerca dos fatos que chegaram a seu conhecimento.

A natureza de procedimento administrativo do inquérito civil público é objeto de discussão na doutrina, tendo em vista não estar ele sujeito ao contraditório, tratando-se de apuração de fatos e colheita de provas de forma unilateral pelo Procurador.

Assim, segundo Mauro Schiavi, "autores há que sustentam a necessidade do contraditório, pois se trata de um procedimento administrativo. Outros autores, aos quais nos filiamos, defendem a inaplicabilidade do contraditório no inquérito, pois se trata, em verdade, de sindicância de natureza inquisitiva e não de um procedimento administrativo. Além disso, o inquérito poderá ser integralmente impugnado em juízo quando do ingresso da Ação Civil Pública"[31].

O entendimento prevalecente na jurisprudência do Tribunal Superior do Trabalho, a respeito da questão, é no sentido de que, por se constituir em procedimento administrativo facultativo posto à disposição do Ministério Público do Trabalho para fins de colheita de informações necessárias à formação de seu convencimento acerca da necessidade de eventual propositura da ação civil pública, **possui natureza unilateral, inquisitorial e investigatória**, dispensando a observância do contraditório e da ampla defesa. Exatamente por isso **seu valor probatório em juízo é apenas relativo**, podendo ser confrontado com as demais provas produzidas nos autos.

> "AGRAVO DE INSTRUMENTO EM RECURSO DE REVISTA DO MINISTÉRIO PÚBLICO DO TRABALHO DA 1.ª REGIÃO. LEI N. 13.467/2017. AÇÃO CIVIL PÚBLICA. INQUÉRITO CIVIL PÚBLICO. FORÇA PROBANTE. TRANSCENDÊNCIA POLÍTICA

---

[29] LEITE, Carlos Henrique Bezerra. *Curso de direito processual do trabalho, cit.,* 15. ed., p. 217.

[30] SCHIAVI, Mauro. *Manual de direito processual do trabalho, cit.,* 17. ed., p. 215.

[31] SCHIAVI, Mauro. *Manual de direito processual do trabalho, cit.,* 17. ed., p. 216.

CONSTATADA. Agravo de instrumento conhecido e provido, para determinar o processamento do recurso de revista, em face de haver sido demonstrada possível violação do art. 369 do CPC. RECURSO DE REVISTA DO MINISTÉRIO PÚBLICO DO TRABALHO DA 1.ª REGIÃO. LEI N. 13.467/2017. AÇÃO CIVIL PÚBLICA. OBRIGAÇÃO DE FAZER. IMPOSIÇÃO À EMPRESA PÚBLICA MUNICIPAL E AO ENTE PÚBLICO DO CUMPRIMENTO DE OBRIGAÇÕES RELATIVAS À SAÚDE E SEGURANÇA DO TRABALHO NO HOSPITAL MUNICIPAL ROCHA FARIA. MEIO AMBIENTE DO TRABALHO. INQUÉRITO CIVIL PÚBLICO. FORÇA PROBANTE. DANOS MORAIS COLETIVOS. TRANSCENDÊNCIA ECONÔMICA, POLÍTICA E JURÍDICA CONSTATADAS. No sistema jurídico contemporâneo, uma das mais relevantes normas, dirigida à proteção à saúde do empregado está prevista no art. 7.º, XXII, da Constituição Federal. Trata-se de direito multiforme, de natureza individual simples, individual homogênea e até mesmo difusa, em que se busca estabelecer diretriz a ser observada por tantos quantos a norma se dirija, no sentido de promover ações em concreto para minimizar as consequências que o labor propicia. São os denominados direitos de terceira dimensão, que ultrapassam a individualidade do ser humano, interessando a toda uma coletividade. Dizem respeito a anseios e/ou necessidades de grupos relativamente à qualidade de vida, como o direito à saúde, à qualidade e segurança dos alimentos e utensílios, à correta informação, à preservação do meio ambiente etc. Nesse panorama encontra-se o dever atribuído ao empregador de cumprimento das normas de proteção ao trabalho, delineado no art. 157 da CLT, incisos I e II, que lhe impõe a obrigação genérica de atendimento às normas relativas à segurança e medicina do trabalho. Nesse contexto, são relevantes as ações direcionadas ao cumprimento de normas de medicina do trabalho, ou voltadas à proteção do meio ambiente do trabalho, ou mesmo a propiciarem a redução dos riscos do trabalho. Na espécie, trata-se de ação civil pública ajuizada pelo Ministério Público do Trabalho visando ao atendimento, pela RIOSAÚDE e o Município do Rio de Janeiro, de obrigações de fazer relacionadas à saúde dos empregados, à proteção ao trabalho e ao meio ambiente laboral. A atuação do MPT, no sentido de garantir a concretização de normas relativas à saúde, à segurança e à proteção dos trabalhadores não induz ingerência em questão que envolva o poder discricionário do Poder Executivo, sem quebra do Princípio da Separação de Poderes. Quanto à força probante do inquérito civil público, a jurisprudência do TST preconiza que, não obstante seu caráter unilateral e inquisitório, desfruta de eficácia probatória, tem presunção de legitimidade, motivo pelo qual o seu conteúdo pode ser considerado na formação do convencimento, somente pode ser desconstituído mediante contraprova produzida pela parte adversa, a tanto não bastando a mera impugnação. No caso, o juízo sentenciante foi categórico em afirmar a veracidade de várias denúncias narradas na inicial, confirmar a inspeção judicial feita, e que o inquérito civil apurou cabalmente a ocorrência de violações das normas previstas na NR-10, na NR-24 e na NR-32, do MTE, que tratam: da implementação de medidas de controle e sistemas preventivos, para garantir a segurança e a saúde dos trabalhadores que, direta ou indiretamente, interajam em instalações elétricas e serviços com eletricidade; das condições mínimas de higiene e de conforto a serem observadas pelas organizações, com o dimensionamento de todas as instalações; e da implementação de medidas de proteção à segurança e à saúde dos trabalhadores dos serviços de saúde. Ressaltou que 'exatamente na forma mencionada na presente demanda ficou evidente já do próprio Inquérito Civil'. O Tribunal Regional, entretanto, refutou tal assertiva valendo-se, data venia, de argumentos retóricos, não amparados em contraprova alguma, efetivamente produzida. Por outro lado, da leitura da inicial e das próprias obrigações de fazer fixadas na condenação originária, infere-se não se tratar de condenação genérica, mas, isto sim, lastreada nos limites e especificidades das referidas normas regulamentares, cuja inobservância por si só atrai a responsabilidade solidária, nos termos dos arts. 200, VIII, e 225, *caput*, da CF, e 942, parágrafo único, do CCB. Quanto aos danos morais coletivos, tem-se que o descumprimento reiterado aos direitos trabalhistas não pode ser opção, tampouco pode ser tolerado pelo Poder Judiciário, sobretudo no Estado Democrático de Direito, em que a dignidade da pessoa humana e o valor social do trabalho representam fundamentos da República (art. 1.º, III e IV, CF). No caso, a caracterização do dano moral coletivo dispensa a prova do efetivo prejuízo de todos os empregados, pois a lesão decorre da própria conduta ilícita, ante o descumprimento reiterado de normas trabalhistas de proteção ao meio ambiente, à saúde e à segurança do trabalho. Nesse contexto, merece reforma a decisão regional, a fim de restabelecer a sentença que condenou solidariamente as partes rés às obrigações de fazer nela definidas e ao pagamento da indenização por danos morais coletivos, no importe de R$ 200.000,00. Recurso de revista conhecido e provido" (RR-101355-24.2018.5.01.0049, 7.ª T., rel. Min. Claudio Mascarenhas Brandao, *DEJT* 17-11-2023).

"AGRAVO EM AGRAVO DE INSTRUMENTO EM RECURSO DE REVISTA REGIDO PELA LEI N. 13.467/2017 – AÇÃO CIVIL PÚBLICA [...] INQUÉRITO CIVIL. VALOR PROBANTE. TRANSCENDÊNCIA NÃO RECONHECIDA. 2.1 – O TST firmou posicionamento no sentido de que o inquérito civil, não obstante o seu caráter unilateral e inquisitório, desfruta de eficácia probatória, de maneira que seu conteúdo pode ser considerado pelo Órgão Judicante para a formação de seu convencimento, cabendo ressalvar apenas que sua força probante é relativa, e, portanto, que deve ser confrontado com os demais elementos de prova dos autos. 2.2 – Além disso, não se pode perder de vista que o contraditório e a ampla defesa serão exercidos no curso do processo judicial, momento em que parte poderá apresentar contraprova a fim de desconstituir o registrado no inquérito civil. 2.3 – Nesse passo, incólume o art. 5.º, LIV e LV, da Constituição Federal. Agravo a que se nega provimento. [...] " (Ag-AIRR-125-48.2015.5.20.0005, 3.ª T., rel. Min. Alberto Bastos Balazeiro, *DEJT* 24-6-2022).

2.5.3. Termo de Ajustamento de Conduta

Previsto no § 6.º do art. 7.º a Lei n. 7.347/85 (Lei da Ação Civil Pública), o Termo de Ajustamento de Conduta é instrumento de garantia dos direitos e interesses difusos e coletivos, individuais homogêneos e outros direitos de cuja defesa está incumbido o Ministério Público, com natureza de negócio jurídico que tem por finalidade a adequação da conduta às exigências legais e constitucionais, com eficácia de título executivo extrajudicial a partir da celebração[32].

O Termo de Ajustamento de Conduta é, portanto, um acordo que o Ministério Público do Trabalho celebra com o violador do ordenamento jurídico em uma dimensão coletiva, e que tem por finalidade impedir a continuidade da situação de ilegalidade, reparar o dano e evitar o ajuizamento de ação civil pública.

Não sendo o titular dos direitos concretizados no compromisso de ajustamento de conduta, não pode o Ministério Público do Trabalho fazer concessões que impliquem

---

[32] Resolução n. 179/2017 – Conselho Nacional do Ministério Público (CNMP).

renúncia aos direitos ou interesses difusos, coletivos e individuais homogêneos, cingindo-se a negociação à interpretação do direito para o caso concreto, à especificação das obrigações adequadas e necessárias, em especial o modo, tempo e lugar de cumprimento, bem como à mitigação, à compensação e à indenização dos danos que não possam ser recuperados.

O compromisso de ajustamento de conduta deverá prever multa diária ou outras espécies de cominação para o caso de descumprimento das obrigações nos prazos assumidos, admitindo-se, em casos excepcionais e devidamente fundamentados, a previsão de que esta cominação seja fixada judicialmente, se necessária à execução do compromisso.

As indenizações pecuniárias referentes a danos a direitos ou interesses difusos e coletivos, quando não for possível a reconstituição específica do bem lesado, e as liquidações de multas deverão ser destinadas a fundos federais, estaduais e municipais que tenham o mesmo escopo do fundo previsto no art. 13 da Lei n. 7.347/85.

Prescreve o art. 13 da Lei n. 7.347/85 que, "havendo condenação em dinheiro, a indenização pelo dano causado reverterá a um fundo gerido por um Conselho Federal ou por Conselhos Estaduais de que participarão necessariamente o Ministério Público e representantes da comunidade, sendo seus recursos destinados à reconstituição dos bens lesados", ao passo que o § 1.° vaticina que, "enquanto o fundo não for regulamentado, o dinheiro ficará depositado em estabelecimento oficial de crédito, em conta com correção monetária".

A previsão legal tem por escopo garantir a segurança e a eficiência na destinação dos valores obtidos por meio de condenação judicial. Isso porque um fundo é criado e regulado por lei, conforme previsões dos arts. 165, § 9.°, II, e 167, IX, da Constituição Federal.

Uma vez criado o fundo, com o crivo do Poder Legislativo, sua administração será conduzida pelo Executivo e por um conselho, em uma gestão democrática, eis que feita por representantes eleitos pela população ou identificados com os seus mais diversos segmentos, bem como participativa e passível de fiscalização pelos órgãos e instituições de controle.

Nessa linha, por exemplo, a Lei n. 9.008/95 criou o "Conselho Federal Gestor do Fundo de Defesa de Direitos Difusos (CFDD)" (art. 1.°), com a participação plural de "I – um representante da Secretaria de Direito Econômico do Ministério da Justiça, que o presidirá; II – um representante do Ministério do Meio Ambiente, dos Recursos Hídricos e da Amazônia Legal; III – um representante do Ministério da Cultura; IV – um representante do Ministério da Saúde, vinculado à área de vigilância sanitária; V – um representante do Ministério da Fazenda; VI – um representante do Conselho Administrativo de Defesa Econômica – CADE; VII – um representante do Ministério Público Federal; VIII - três representantes de entidades civis que atendam aos pressupostos dos incisos I e II do art. 5.° da Lei n. 7.347, de 1985" (art. 2.°). O art. 1.°, § 2.°, da Lei n. 9.008/95 também regula, no inciso I, que "constituem recursos do FDD o produto da arrecadação:" justamente "I – das condenações judiciais de que tratam os arts. 11 e 13 da Lei n. 7.347, de 1985".

Há, outrossim, a Lei n. 7.998/90, que instituiu, em seu art. 10, o "Fundo de Amparo ao Trabalhador (FAT), vinculado ao Ministério do Trabalho e Emprego, destinado ao custeio do Programa de Seguro-Desemprego, ao pagamento do abono salarial e ao financiamento de programas de educação profissional e tecnológica e de desenvolvimento econômico", "composto por representação de trabalhadores, empregadores e órgãos e entidades governamentais, na forma estabelecida pelo Poder Executivo" (art. 18)[33].

Assim, embora o § 1.º do art. 5.º da Resolução n. 179/2017 do CNMP preveja a possibilidade de "destinação dos referidos recursos a projetos de prevenção ou reparação de danos de bens jurídicos da mesma natureza, ao apoio a entidades cuja finalidade institucional inclua a proteção aos direitos ou interesses difusos, a depósito em contas judiciais ou, ainda, poderão receber destinação específica que tenha a mesma finalidade dos fundos previstos em lei ou esteja em conformidade com a natureza e a dimensão do dano", não há qualquer previsão legal permitindo a destinação de valores para entidades privadas, instituições filantrópicas, projetos ou iniciativas, que não possuem

---

[33] Em relação à destinação de valores ao FAT, encontra-se a jurisprudência do C. TST: "[...] INDENIZAÇÃO POR DANOS MORAIS COLETIVOS E ASTREINTES. DESTINAÇÃO DA INDENIZAÇÃO POR DANO MORAL COLETIVO E DAS ASTREINTES RESPECTIVAS. ART. 13 DA LEI 7.347/85. O entendimento atual adotado pela jurisprudência desta Corte superior, à luz do art. 13 da Lei n. 7.347/85 e da Lei n. 7.998/90, é no sentido de que os valores decorrentes de indenizações a título de danos morais coletivos devem ser revertidos ao Fundo de Amparo ao Trabalhador – FAT. Certamente, aludida jurisprudência deve também ser estendida aos valores decorrentes das respectivas astreintes fixadas na ação de dano moral coletivo. Contudo, no caso, o Ministério Público do Trabalho pleiteou que a destinação fosse apresentada pelo próprio MPT, em fase de liquidação de sentença, a fundo de direitos difusos ligados à seara laboral ou às instituições ou programas/projetos públicos ou privados, de fins não lucrativos, que tenham objetivos filantrópicos, culturais, educacionais, científicos, de assistência social ou de desenvolvimento e melhoria das condições de trabalho, nos termos do § 6.º do art. 5.º e do art. 13 da Lei n. 7.347/85, a critério do MPT com concordância do juízo. Desse modo, o presente provimento não seguirá os exatos termos da referida jurisprudência atual desta Corte Superior. Recurso de revista conhecido e provido parcialmente, para determinar que a destinação dos valores correspondentes à indenização por dano moral coletivo, assim como os relativos às respectivas astreintes, seja realizada nos termos do art. 13 da Lei n. 7.347/85. [...] Dessa forma, tendo a Corte regional, de ofício, destinado à multa diária cominatória por descumprimento das obrigações de fazer/não fazer aos projetos da jurisdição da 9.ª Vara do Trabalho de Cuiabá, os quais não são geridos por Conselho Federal ou Estadual, e tampouco possuem a participação do Ministério Público da 23.ª Região, vislumbra-se, neste particular, ocorrência de violação do art. 13 da Lei 7.347/85. Conheço, por violação do art. 13 da Lei n. 7.347/85. [...] Ressalte-se ter o autor da presente ação civil pleiteado que a destinação fosse apresentada pelo próprio Ministério Público do Trabalho, em fase de liquidação de sentença, a fundo de direitos difusos ligados à seara laboral ou às instituições ou programas/projetos públicos ou privados, de fins não lucrativos, que tenham objetivos filantrópicos, culturais, educacionais, científicos, de assistência social ou de desenvolvimento e melhoria das condições de trabalho, nos termos do § 6.º do art. 5.º e do art. 13 da Lei n. 7.347/85, a critério do MPT com concordância do juízo. Desse modo, o presente provimento não seguirá os exatos termos da referida jurisprudência atual desta Corte Superior. Dou parcial provimento ao apelo para determinar que a destinação dos valores correspondentes à indenização por dano moral coletivo, assim como os relativos às respectivas astreintes por descumprimento das obrigações de fazer/não fazer, seja realizada nos termos do art. 13 da Lei n. 7.347/85" (RR-363-76.2012.5.23.0009, 6.ª T., rel. Min. Augusto César Leite de Carvalho, j. 2-10-2019, *DEJT* 4-10-2019).

mecanismos de controle interno e externo (como auditoria do Tribunal de Contas, Corregedoria, Ouvidoria, formalidades da Lei n. 8.666/93 na celebração de contratos), que não passam pelo crivo do Legislativo e que destinam recursos de forma alheia às vontades do Executivo constituído por meio de eleições democráticas[34].

2.6. COMPETÊNCIA DA JUSTIÇA DO TRABALHO

A **jurisdição**, que ao lado do poder de legislar e administrar a coisa pública integra a soberania estatal, é, como visto anteriormente, o poder-dever do Estado de prestar a tutela jurisdicional a todo cidadão que tenha uma pretensão resistida por outrem, inclusive por parte de algum agente do próprio Poder Público.

"Jurisdição é monopólio estatal com poderes para substituir as partes com interesses em conflito, com escopo de, imparcialmente, dizer o direito (*jurisdictio*) no caso concreto. A jurisdição age por provocação do interessado (autor)"[35].

Segundo Carlos Henrique Bezerra Leite, "a jurisdição é, a um só tempo: a) **poder**, porquanto decorrente de potestade de Estado exercida de forma definitiva em face das partes em conflito; b) **função**, porque cumpre a finalidade de fazer valer a ordem jurídica colocada em dúvida diante de uma lide; c) **atividade**, na medida em que consiste numa série de atos e manifestações externas e ordenadas que culminam com a declaração do direito e concretização de obrigações consagradas em título"[36].

Como função estatal, é inegável que a **jurisdição é una**. No entanto, o exercício prático da jurisdição é realizado por diversos órgãos do Poder Judiciário. Assim, a **competência** é justamente o critério utilizado para **distribuir as funções relativas ao desempenho da jurisdição** entre os vários órgãos do Poder Judiciário[37].

Exatamente por isso é que tradicionalmente se diz que a *competência* é a medida da *jurisdição* de cada órgão do Poder Judiciário.

---

[34] Nesse sentido decisão do Ministro Alexandre de Moraes na ADPF n. 569 ("ARGUIÇÃO DE DESCUMPRIMENTO DE PRECEITO FUNDAMENTAL. DIREITO FINANCEIRO E ORÇAMENTÁRIO. SISTEMAS NORMATIVOS DE RESPONSABILIZAÇÃO PESSOAL. RECEITAS DERIVADAS PROVENIENTES DE CONDENAÇÃO POR ATOS ILÍCITOS. EM REGRA HÁ A VINCULAÇÃO POR EXPRESSA PREVISÃO LEGAL E SUJEIÇÃO AO ORÇAMENTO PÚBLICO. HIPÓTESES EXCEPCIONAIS SOMENTE COM EXPRESSA PREVISÃO LEGAL. MEDIDA CAUTELAR CONFIRMADA. PROCEDÊNCIA PARCIAL" – trânsito em julgado em 6-6-2024) e do Tribunal de Contas da União (TC 007.597/2018-5 – "REPRESENTAÇÃO. INDÍCIOS DE IRREGULARIDADES NA FORMA DE RECOLHIMENTO E DESTINAÇÃO DOS RECURSOS ORIUNDOS DE MULTAS E INDENIZAÇÕES PECUNIÁRIAS DECORRENTES DE TERMOS DE AJUSTAMENTO DE CONDUTA (TAC), ACORDOS E AÇÕES JUDICIAIS PROMOVIDOS PELO MPU. CONHECIMENTO. PROCEDÊNCIA. DETERMINAÇÕES. RECOMENDAÇÕES. I – Os recursos provenientes das indenizações pecuniárias pactuadas nos acordos e ações com base no art. 5.º, § 6.º, da Lei n. 7.347/1985, bem como das multas aplicadas em razão de seus descumprimentos, devem ser recolhidos ao Fundo de Direitos Difusos (FDD), ressalvadas as hipóteses em que legislação especial lhes prescreva destinação específica, nos termos dos arts. 13 da LACP e 1.º, § 2.º, da Lei n. 9.008/1995").

[35] OLIVEIRA, Francisco Antonio de. *Tratado de direito processual do trabalho, cit.*, p. 354.

[36] LEITE, Carlos Henrique Bezerra. *Curso de direito processual do trabalho, cit.*, 15. ed., p. 192.

[37] THEODORO JÚNIOR, Humberto. *Curso de direito processual civil, cit.*, v. 1, p. 191.

2 ◼ Justiça do Trabalho

Conforme ensina Humberto Theodoro Júnior, "se todos os juízes têm jurisdição, nem todos, porém, se apresentam com competência para conhecer e julgar determinado litígio. Só o juiz competente tem legitimidade para fazê-lo"[38].

A competência é distribuída por meio de normas constitucionais, de leis processuais e de organização judiciária.

Os **critérios legais de distribuição da competência** levam em consideração, por exemplo, a matéria objeto do litígio **(competência material)**, as pessoas envolvidas no litígio **(competência em razão das pessoas)**, o espaço territorial **(competência territorial)** e os órgãos jurisdicionais **(competência funcional)**.

Também no âmbito trabalhista, os critérios indicados são utilizados para o fim de se fixar a competência.

2.6.1. Competência material

A **competência material** (*ratione materiae*) da Justiça do Trabalho decorre do **art. 114 da Constituição Federal**, com as alterações dadas pela Emenda Constitucional n. 45, de 30 de dezembro de 2004 (*DOU* 31.12.2004), *in verbis*:

"Art. 114. **Compete a Justiça do Trabalho** processar e julgar:

I – as ações oriundas da relação de trabalho, abrangidos os entes de direito público externo e da administração pública direta e indireta da União, dos Estados, do Distrito Federal e dos Municípios;

II – as ações que envolvam exercício do direito de greve;

III – as ações sobre representação sindical, entre sindicatos, entre sindicatos e trabalhadores e entre sindicatos e empregadores;

IV – os mandados de segurança, *habeas corpus* e *habeas data*, quando o ato questionado envolver matéria sujeita à sua jurisdição;

V – os conflitos de competência entre órgãos com jurisdição trabalhista, ressalvado o disposto no art. 102, I, *o*;

VI – as ações de indenização por dano moral ou patrimonial, decorrentes da relação de trabalho;

VII – as ações relativas às penalidades administrativas impostas aos empregadores pelos órgãos de fiscalização das relações de trabalho;

VIII – a execução, de ofício, das contribuições sociais previstas no art. 195, I, *a* e II, e seus acréscimos legais, decorrentes das sentenças que proferir;

IX – outras controvérsias decorrentes da relação de trabalho, na forma da lei".

Originalmente, o **art. 114 da Constituição Federal** estabelecia que a competência da Justiça do Trabalho restringia-se às questões derivadas das relações de emprego, somente podendo abranger as relações de trabalho se houvesse expressa autorização do legislador ordinário, ou seja, "na forma da lei". Como exemplo de relações de trabalho que por determinação expressa da lei estavam sob o âmbito da jurisdição trabalhista, podem ser citados "os dissídios resultantes de contratos de empreitadas em que o

---

[38] THEODORO JÚNIOR, Humberto. *Curso de direito processual civil, cit.*, v. 1, p. 192.

empreiteiro seja operário ou artífice" e "as ações entre trabalhadores portuários e os operadores portuários ou o Órgão Gestor de Mão de Obra – OGMO decorrentes da relação de trabalho" **(art. 652, III e V, CLT)**.

No entanto, a **Emenda Constitucional n. 45/2004**, ao alterar a redação do art. 114, **ampliou a competência da Justiça do Trabalho**, passando esse ramo do Poder Judiciário a ser encarregado de dirimir todas as questões e resolver todos os litígios decorrentes das relações de trabalho, bem como os que envolvam matéria laboral em geral. Portanto, sua **competência abrange**:

- ▪ dissídios decorrentes da relação de trabalho, inclusive nos quais se pleiteie indenização por dano moral ou patrimonial;
- ▪ dissídios decorrentes da representação sindical e do exercício do direito de greve;
- ▪ dissídios coletivos;
- ▪ mandados de segurança, *habeas corpus* e *habeas data* envolvendo matéria trabalhista;
- ▪ conflitos de competência entre órgãos com jurisdição trabalhista;
- ▪ ações relativas às penalidades administrativas impostas pelo Ministério do Trabalho; e
- ▪ execução das contribuições previdenciárias decorrentes das sentenças trabalhistas.

Contudo, a despeito da inegável ampliação da competência da Justiça do Trabalho trazida pela EC n. 45/2004, o fato é que desde sua edição vários têm sido os questionamentos sobre o alcance efetivo das previsões e diversas questões foram e continuam sendo levadas ao Supremo Tribunal Federal para apreciação e definição. Como consequência, a despeito das previsões do art. 114 da CF que, no nosso entender, são claras e demonstram a intenção do legislador constituinte de alargamento, o fato é que a "moldura" da competência material da Justiça do Trabalho vem sendo definida pelo STF.

Uma das primeiras discussões versou sobre as **ações relativas a acidentes do trabalho**. Questionava-se se tais ações passaram a ser da competência da Justiça do Trabalho ou se continuavam no âmbito da Justiça Comum.

Em um primeiro momento, o Supremo Tribunal Federal entendeu, em decisão plenária e por maioria de votos, que as ações acidentárias continuavam no âmbito da competência da Justiça dos Estados e do Distrito Federal, estando excluída a competência da Justiça do Trabalho nesta matéria. Tal decisão foi adotada no julgamento do Recurso Extraordinário 438.639, relatado pelo Ministro Carlos Ayres Britto (aliás, voto vencido, juntamente com o Ministro Marco Aurélio) e julgado em 9 de março de 2005.

Porém, tal posicionamento do Supremo Tribunal Federal recebeu inúmeras críticas, tendo em vista que, no caso de acidente do trabalho, podem ser ajuizadas duas ações distintas: uma em face do INSS, pleiteando benefícios previdenciários decorrentes do acidente; outra em face do empregador, pleiteando indenizações por dano material ou moral decorrentes da culpa deste. No primeiro caso, a competência é da Justiça Comum Estadual **(art. 109, I, CF)**. Já na segunda hipótese, a competência só pode ser da Justiça do Trabalho.

Com base em tais argumentos, que eram adotados por grande parte da doutrina e também da jurisprudência, o Tribunal Superior do Trabalho suscitou perante o Supremo

2 ■ Justiça do Trabalho

Tribunal Federal conflito de competência contra o Tribunal de Alçada de Minas Gerais **(Conflito de Competência 7.204)**.

Ao julgar referido conflito de competência, o **Supremo Tribunal Federal modificou o entendimento** que havia sido adotado anteriormente no RE 438.639, que dava por competente a Justiça Comum para julgar as ações de acidentes do trabalho, em qualquer caso, passando a entender que as **ações de reparação de danos morais e patrimoniais decorrentes de acidente do trabalho propostas pelo empregado em face do empregador são da competência da Justiça do Trabalho**, sendo que a competência para julgar as ações ajuizadas em face do INSS permanece com a Justiça Comum Estadual. Tal entendimento foi pacificado de vez pelo Supremo Tribunal Federal por meio da **Súmula Vinculante 22**, que prevê:

> **SÚM. VINCULANTE 22:** "A Justiça do Trabalho é competente para processar e julgar as ações de indenização por danos morais e patrimoniais decorrentes de acidente de trabalho propostas por empregado contra empregador, inclusive aquelas que ainda não possuíam sentença de mérito em primeiro grau quando da promulgação da Emenda Constitucional n. 45/04".

Em 25 de maio de 2011, o Supremo Tribunal Federal adotou a **Tese de Repercussão Geral 242**, com entendimento ampliativo no sentido de que a competência da Justiça do Trabalho para julgar as ações de indenização por danos morais e patrimoniais decorrentes de acidente de trabalho abrange também a ações propostas pelos sucessores do trabalhador falecido, salvo quando a sentença de mérito for anterior à promulgação da Emenda Constitucional n. 45/2004, caso em que, até o trânsito em julgado e a sua execução, a competência continuará a ser da Justiça Comum.

No mesmo sentido o entendimento pacificado da jurisprudência do Tribunal Superior do Trabalho:

> **SÚM. 392, TST:** "Nos termos do art. 114, inc. VI, da Constituição da República, a Justiça do Trabalho é competente para processar e julgar ações de indenização por dano moral e material, decorrentes da relação de trabalho, inclusive as oriundas de acidente de trabalho e doenças a ele equiparadas, ainda que propostas pelos dependentes ou sucessores do trabalhador falecido".

Em julgamento do RE 638.483, em 10 de junho de 2011, o Supremo Tribunal Federal fixou a **Tese de Repercussão Geral 414**, prevendo que "compete à Justiça Comum Estadual julgar as ações acidentárias que, propostas pelo segurado contra o Instituto Nacional do Seguro Social (INSS), visem à prestação de benefícios relativos a acidentes de trabalho".

No que tange às entidades privadas de previdência privada, ao julgar o RE 586.453, em 20 de fevereiro de 2013, o Supremo Tribunal Federal fixou a **Tese de Repercussão Geral 190**, que estabelece que "compete à Justiça comum o processamento de demandas ajuizadas contra entidades privadas de previdência com o propósito de obter complementação de aposentadoria, mantendo-se na Justiça Federal do Trabalho, até o trânsito em julgado e correspondente execução, todas as causas dessa espécie em que houver sido proferida sentença de mérito até 20.02.2013". A **Tese de Repercussão Geral 1166**, entretanto, estabelece que "compete à Justiça do Trabalho processar e julgar causas ajuizadas contra o empregador nas quais se pretenda o reconhecimento de verbas de natureza trabalhista e os reflexos nas respectivas contribuições para a entidade de previdência privada a ele vinculada".

A competência da Justiça do Trabalho para processar e julgar as **ações oriundas da relação de trabalho** abrange os litígios entre trabalhadores autônomos, trabalhadores eventuais e outros trabalhadores e seus respectivos tomadores de serviço.

Especificamente em relação à representação comercial há que se distinguir duas situações distintas: as ações em que não se pleiteia vínculo de emprego, mas simplesmente o cumprimento do contrato de representação comercial, e as ações em que o trabalhador, contratado como representante comercial autônomo, não reconhece essa situação e, alegando estarem presentes as características do vínculo de emprego, pretende o seu reconhecimento.

No primeiro caso, o STF decidiu que a competência para processar e julgar ações que envolvam contratos de representação comercial autônoma é da Justiça Comum, e não da Justiça do Trabalho. A questão foi objeto do **RE 606.003**, julgado em sessão virtual encerrada em 25-9-2020 (redator do acórdão Min. Roberto Barroso).

Para fins de **repercussão geral (Tema 550)**, foi fixada a seguinte tese: "Preenchidos os requisitos dispostos na Lei n. 4.886/65, compete à Justiça Comum o julgamento de processos envolvendo relação jurídica entre representante e representada comerciais, uma vez que não há relação de trabalho entre as partes". O entendimento fundamenta-se no reconhecimento de que a relação é meramente comercial, de natureza mercantil.

No entanto, caso haja pedido de reconhecimento de vínculo de emprego, a competência é da Justiça do Trabalho, sendo que somente esta poderá analisar e decidir sobre o contrato realidade e a presença das características da relação de emprego (pessoalidade, não eventualidade, subordinação e remuneração)[39].

---

[39] Destaque-se, porém, que o voto do Ministro Barroso é bastante importante no que tange à questão do vínculo de emprego, tendo em vista que adota um entendimento amplo em relação à natureza da relação de representação comercial autônoma: "DIREITO CONSTITUCIONAL E DO TRABALHO. REPERCUSSÃO GERAL. CONTRATO DE REPRESENTAÇÃO COMERCIAL AUTÔNOMA, REGIDO PELA LEI N. 4.886/65. NÃO CONFIGURAÇÃO DE RELAÇÃO DE TRABALHO PREVISTA NO ART. 114, CF. 1. Recurso Extraordinário interposto contra decisão proferida pelo Tribunal Superior do Trabalho, em que se alega afronta ao art. 114, incisos I e IX, da Constituição Federal, com redação dada pela EC n. 45/2004. Na origem, cuida-se de ação de cobrança de comissões sobre vendas decorrentes de contrato de representação comercial autônoma, ajuizada pelo representante, pessoa física, em face do representado. 2. As atividades de representação comercial autônoma configuram contrato típico de natureza comercial, disciplinado pela Lei n. 4.886/65, a qual prevê (i) o exercício da representação por pessoa jurídica ou pessoa física, sem relação de emprego, que desempenha, em caráter não eventual por conta de uma ou mais pessoas, a mediação para a realização de negócios mercantis e (ii) a competência da Justiça comum para o julgamento das controvérsias que surgirem entre representante e representado. 3. Na atividade de representação comercial autônoma, inexiste entre as partes vínculo de emprego ou relação de trabalho, mas relação comercial regida por legislação especial (Lei n. 4.886/65). Por conseguinte, a situação não foi afetada pelas alterações introduzidas pela EC n. 45/2004, que versa sobre

2 ◼ Justiça do Trabalho

No julgamento da **Ação Declaratória de Constitucionalidade – ADC 48**, o STF, reconhecendo a constitucionalidade da Lei n. 11.442/2007, decidiu que a Justiça do Trabalho não é competente para julgar relação jurídica entre caminhoneiros autônomos e empresas transportadoras de carga, pois a relação possui natureza jurídica comercial, motivo pelo qual deve ser analisada pela Justiça Comum, ainda que em discussão alegação de fraude à relação trabalhista.

Também foi definida a incompetência da Justiça do Trabalho para o julgamento de ações de cobrança de honorários promovidas por profissionais liberais (**Tese de Repercussão Geral 305**, fixada pelo STF em 25-5-2011).

Tema de bastante relevância e que ainda aguarda uma definição diz respeito às ações movidas por motoristas "parceiros" em face de empresas de aplicativos de transporte (por exemplo, Uber). Sobre a questão, o Superior Tribunal de Justiça já proferiu algumas decisões no sentido de que compete à Justiça Comum o processamento e julgamento de ação entre o motorista e a empresa, fundamentando o entendimento na inexistência de relação hierárquica ou de emprego entre as partes (Conflito de Competência 181.622/RJ). O tema, no entanto, é bastante polêmico e não há posicionamento pacificado a respeito.

No RE 1.446.336 (*leading case*), em que se discute, à luz dos arts. 1.º, IV; 5.º, II, XIII; e 170, IV, da CF, a possibilidade do reconhecimento de vínculo de emprego entre motorista de aplicativo de prestação de serviços de transporte e a empresa criadora e administradora da plataforma digital intermediadora, o STF reconheceu que há repercussão geral, sendo que o Tema 1291 aguarda decisão pela Corte[40]. A partir dessa decisão, e como consequência, será definida a questão da competência para as ações envolvendo estas partes.

Em relação aos **funcionários públicos estatutários**, o Supremo Tribunal Federal julgou parcialmente procedente a **ADI 3.395**, confirmando o entendimento anterior adotado em sede de liminar, no seguinte sentido:

"CONSTITUCIONAL E TRABALHO. COMPETÊNCIA DA JUSTIÇA DO TRABALHO. ART. 114, I, DA CONSTITUIÇÃO FEDERAL. EMENDA CONSTITUCIONAL N. 45/2004. AUSÊNCIA DE INCONSTITUCIONALIDADE FORMAL. EXPRESSÃO 'RELAÇÃO DE TRABALHO'. INTERPRETAÇÃO CONFORME À CONSTITUIÇÃO. EXCLUSÃO DAS AÇÕES ENTRE O PODER PÚBLICO E SEUS SERVIDORES. PRECEDENTES. MEDIDA CAUTELAR CONFIRMADA. AÇÃO DIRETA JULGADA

---

hipótese distinta ao tratar da relação de trabalho no art. 114 da Constituição. 4. A proteção constitucional ao trabalho não impõe que toda e qualquer relação entre o contratante de um serviço e o seu prestador seja protegida por meio da relação de trabalho (CF/1988, art. 7.º). Precedentes. 5. Ademais, os autos tratam de pedido de pagamento de comissões atrasadas. O pedido e a causa de pedir não têm natureza trabalhista, a reforçar a competência do Juízo Comum para o julgamento da demanda. 6. Recurso extraordinário a que se dá provimento, para assentar a competência da Justiça comum, com a fixação da seguinte tese: "Preenchidos os requisitos dispostos na Lei n. 4.886/65, compete à Justiça Comum o julgamento de processos envolvendo relação jurídica entre representante e representada comerciais, uma vez que não há relação de trabalho entre as partes".

[40] Disponível em: https://portal.stf.jus.br/jurisprudenciaRepercussao/pesquisarProcesso.asp#. Acesso em: 10 nov. 2024.

PARCIALMENTE PROCEDENTE. 1. O processo legislativo para edição da Emenda Constitucional n. 45/2004, que deu nova redação ao inciso I do art. 114 da Constituição Federal, é, do ponto de vista formal, constitucionalmente hígido. 2. A interpretação adequadamente constitucional da expressão 'relação do trabalho' deve excluir os vínculos de natureza jurídico-estatutária, em razão do que a competência da Justiça do Trabalho não alcança as ações judiciais entre o Poder Público e seus servidores. 3. Medida Cautelar confirmada e Ação Direta julgada parcialmente procedente" (ADI 3.395, Tribunal Pleno, rel. Min. Alexandre de Moraes, *DJe* 1.º-7-2020).

Compete à Justiça do Trabalho processar e julgar demandas visando a obter prestações de natureza trabalhista, ajuizadas contra órgãos da Administração Pública por servidores que ingressaram em seus quadros, sem concurso público, antes do advento da Constituição Federal, sob regime da Consolidação das Leis do Trabalho (**Tese de Repercussão Geral 853**, fixada pelo STF em 2-10-2015).

Da mesma forma, compete à Justiça do Trabalho processar e julgar ações relativas às verbas trabalhistas referentes ao período em que o servidor mantinha vínculo celetista com a Administração, antes da transposição para o regime estatutário (**Tese de Repercussão Geral 928**, fixada pelo STF em 9-12-2016).

Em relação à discussão sobre o repasse de contribuição sindical de servidores públicos regidos pelo regime estatutário, a competência para processar e julgar as demandas é da Justiça Comum (**Tese de Repercussão Geral 994**, fixada pelo STF em 7-12-2020).

Sobre diversos outros aspectos envolvendo servidores com vínculo celetista (empregados públicos), o STF adotou entendimento no sentido de incompetência da Justiça do Trabalho, como se verifica das seguintes **Teses de Repercussão Geral**:

- "A Justiça Comum, federal ou estadual, é competente para julgar a abusividade de greve de servidores públicos celetistas da Administração Pública direta, autarquias e fundações públicas" (**Tese de Repercussão Geral 544**, fixada pelo STF em 25-5-2017).

- "Compete à Justiça Comum processar e julgar controvérsias relacionadas à fase pré-contratual de seleção e de admissão de pessoal e eventual nulidade do certame em face da Administração Pública, direta e indireta, nas hipóteses em que adotado o regime celetista de contratação de pessoas, salvo quando a sentença de mérito tiver sido proferida antes de 6 de junho de 2018, situação em que, até o trânsito em julgado e a sua execução, a competência continuará a ser da Justiça do Trabalho" (**Tese de Repercussão Geral 992**, fixada pelo STF em 5-3-2020).

- "Compete à Justiça Comum processar e julgar causas sobre complementação de aposentadoria instituída por lei cujo pagamento seja, originalmente ou por sucessão, da responsabilidade da Administração Pública direta ou indireta, por derivar essa responsabilidade de relação jurídico-administrativa" (**Tese de Repercussão Geral 1092**, fixada pelo STF em 5-6-2020).

- "A natureza do ato de demissão de empregado público é constitucional-administrativa e não trabalhista, o que atrai a competência da Justiça Comum para julgar a questão. A concessão de aposentadoria aos empregados públicos inviabiliza a permanência no emprego, nos termos do art. 37, § 14 da CRFB, salvo para as aposentadorias concedidas pelo Regime Geral de Previdência Social até a data de entrada em vigor da Emenda Constitucional n. 103/19, nos termos do que dispõe seu art. 6.º" (**Tese de Repercussão Geral 606,** fixada pelo STF em 15-3-2021).

■ "A Justiça Comum é competente para julgar ação ajuizada por servidor celetista contra o Poder Público, em que se pleiteia parcela de natureza administrativa" (**Tese de Repercussão Geral 1143,** fixada pelo STF em 3-7-2023).

Verifica-se, portanto, que para o STF a simples existência de pedidos fundamentados com base na CLT não afasta a competência da Justiça Comum, sendo que o fator definidor da competência material é a postulação estar relacionada à demanda instaurada entre o Poder Público e servidor a ele vinculado por relação de ordem jurídico-administrativa, sendo esta a questão de fundo.

De acordo com a Emenda Constitucional n. 45/2004, as **ações de cobrança das contribuições devidas aos sindicatos** e as disputas envolvendo eleições sindicais, fixação de base territorial, desmembramento de categoria, e outras **controvérsias relativas à representação sindical** passaram a ser da competência da Justiça do Trabalho. Como visto anteriormente, não se insere na competência da Justiça do Trabalho demanda envolvendo contribuição sindical de servidores públicos regidos pelo regime estatutário, caso em que a competência é da Justiça Comum (**Tese de Repercussão Geral 994**).

Compete ainda à Justiça do Trabalho conciliar e julgar os dissídios que tenham origem no **cumprimento de convenções coletivas de trabalho ou acordos coletivos de trabalho,** mesmo quando ocorram entre sindicatos ou entre sindicato de trabalhadores e empregador (**Lei n. 8.984/95**).

Compete à Justiça do Trabalho processar e julgar as ações que envolvam **exercício do direito de greve,** incluindo-se nessa competência, nos termos da **Súmula Vinculante 23,** as ações possessórias ajuizadas em decorrência do exercício do direito de greve pelos trabalhadores da iniciativa privada. A abusividade de greve de servidores públicos celetistas da Administração Pública direta, autarquias e fundações públicas é, porém, matéria afeta à competência da Justiça Comum (**Tese de Repercussão Geral 544**).

Compete à Justiça do Trabalho o julgamento das ações de interdito proibitório em que se busca garantir o livre acesso de funcionários e de clientes às agências bancárias em decorrência de movimento grevista (**Tese de Repercussão Geral 74**, fixada pelo STF em 10-9-2008). A competência estende-se a outras situações em que o interdito proibitório seja medida necessária em razão de greve, não se restringindo às greves de bancários.

Várias outras questões relativas à competência da Justiça do Trabalho que suscitaram dúvidas foram pacificadas pelo Tribunal Superior do Trabalho:

> **SÚM. 19, TST:** "A Justiça do Trabalho é competente para apreciar reclamação de empregado que tenha por objeto direito fundado em quadro de carreira".

> **SÚM. 189, TST:** "A Justiça do Trabalho é competente para declarar a abusividade, ou não, da greve".

SÚM. 300, TST: "Compete à Justiça do Trabalho processar e julgar ações ajuizadas por empregados em face de empregadores relativas ao cadastramento no Programa de Integração Social (PIS)".

SÚM. 368, TST: "I. A Justiça do Trabalho é competente para determinar o recolhimento das contribuições fiscais. A competência da Justiça do Trabalho, quanto à execução das contribuições previdenciárias, limita-se às sentenças condenatórias em pecúnia que proferir e aos valores, objeto de acordo homologado, que integrem o salário de contribuição. [...]".

SÚM. 389, TST: "I – Inscreve-se na competência material da Justiça do Trabalho a lide entre empregado e empregador tendo por objeto indenização pelo não fornecimento das guias do seguro-desemprego [...]".

SÚM. 454, TST: "Compete à Justiça do Trabalho a execução, de ofício, da contribuição referente ao Seguro de Acidente de Trabalho (SAT), que tem natureza de contribuição para a seguridade social (arts. 114, VIII, e 195, I, *a*, da CF), pois se destina ao financiamento de benefícios relativos à incapacidade do empregado decorrente de infortúnio no trabalho (arts. 11 e 22 da Lei n. 8.212/91)".

OJ SDI-1 26, TST: "A Justiça do Trabalho é competente para apreciar pedido de complementação de pensão postulada por viúva de ex-empregado, por se tratar de pedido que deriva do contrato de trabalho".

OJ SDI-1 138, TST: "Compete à Justiça do Trabalho julgar pedidos de direitos e vantagens previstos na legislação trabalhista referente a período anterior à Lei n. 8.112/90, mesmo que a ação tenha sido ajuizada após a edição da referida lei. A superveniência de regime estatutário em substituição ao celetista, mesmo após a sentença, limita a execução ao período celetista".

OJ SDI-2 129, TST: "Em se tratando de ação anulatória, a competência originária se dá no mesmo juízo em que praticado o ato supostamente eivado de vício".

Súmulas Vinculantes do Supremo Tribunal Federal também tratam de matérias afetas à competência da Justiça do Trabalho:

SÚM. VINCULANTE 23: "A Justiça do Trabalho é competente para processar e julgar ação possessória ajuizada em decorrência do exercício do direito de greve pelos trabalhadores da iniciativa privada".

SÚM. VINCULANTE 53: "A competência da Justiça do Trabalho prevista no art. 114, VIII, da Constituição Federal alcança a execução de ofício das contribuições previdenciárias relativas ao objeto da condenação constante das sentenças que proferir e acordos por ela homologados".

A competência da Justiça do Trabalho não abrange a execução de contribuições previdenciárias atinentes ao vínculo de emprego reconhecido pela Justiça do Trabalho, mas sem condenação ou acordo quanto ao pagamento das verbas salariais que lhe possam servir como base de cálculo (**Tese de Repercussão Geral 36**, fixada pelo STF em 11-9-2008).

Em relação à execução dos créditos trabalhistas quando a empresa está em fase de recuperação judicial, a competência é do juízo comum falimentar (**Tese de Repercussão Geral 90**, fixada pelo STF em 28-5-2009).

A competência da Justiça do Trabalho vai até a liquidação de sentença, sendo que, com a apuração, o crédito deverá ser inscrito no quadro geral de credores junto ao juízo em que se processa a recuperação judicial.

"AGRAVO EM AGRAVO DE INSTRUMENTO EM RECURSO DE REVISTA INTERPOSTO PELO EXEQUENTE NA VIGÊNCIA DA LEI N. 13.467/2017. EXECUÇÃO. RECUPERAÇÃO JUDICIAL. CRÉDITO HABILITADO. COMPETÊNCIA DA JUSTIÇA DO TRABALHO. AUSÊNCIA DE TRANSCENDÊNCIA. A competência da Justiça do Trabalho para executar créditos contra a massa falida ou contra empresa em recuperação judicial estende-se até a sua individualização e quantificação, momento após o qual cabe ao credor habilitá-lo no Juízo Universal. Precedentes. Incide, pois, o óbice da Súmula 333 do TST e do art. 896, § 7.º, da CLT. Agravo conhecido e não provido" (AIRR-0002453-55.2013.5.02.0058, 8.ª T., rel. Min. Delaíde Alves Miranda Arantes, *DEJT* 18-10-2024).

"[...] RECURSO DE REVISTA. LEI N. 13.467/2017. EXECUÇÃO. LIBERAÇÃO DOS DEPÓSITOS JUDICIAIS. EMPRESA EM RECUPERAÇÃO JUDICIAL. COMPETÊNCIA DO JUÍZO UNIVERSAL. TRANSCENDÊNCIA POLÍTICA RECONHECIDA. 1 . A competência da Justiça do Trabalho, em relação aos débitos trabalhistas das empresas em falência ou em recuperação judicial, se limita à definição e quantificação dos direitos dos empregados. Todos os valores arrecadados, inclusive os que se referem a eventuais depósitos recursais, devem ser colocados à disposição do Juízo Universal. 2. Nesse sentido, firmou-se a jurisprudência da SbDI-2 desta Corte, no sentido de que "todos os atos de execução referentes às reclamações trabalhistas cuja executada tenha a recuperação judicial declarada somente podem ser executados perante o Juízo Universal, ainda que o depósito/constrição tenha ocorrido em momento anterior à mencionada declaração, sendo do Juízo Universal a competência para a prática de quaisquer atos de execução referentes a reclamações trabalhistas movidas contra a Empresa Recuperanda" (RO-348-74.2016.5.13.0000, Subseção II Especializada em Dissídios Individuais, Redator Ministro Renato de Lacerda Paiva, *DEJT* 8-6-2018). Precedentes. Recurso de revista conhecido e provido" (RR-100998-38.2018.5.01.0051, 6.ª T., rel. Min. Antonio Fabricio de Matos Goncalves, *DEJT* 11-10-2024).

O Tribunal Superior do Trabalho, no entanto, tem adotado o entendimento de que é possível o redirecionamento da execução ao patrimônio dos sócios ou dos integrantes do mesmo grupo econômico da empresa falida ou em recuperação judicial, caso em que subsistirá a competência da Justiça do Trabalho para processar os atos executórios, à medida que eventual constrição não recairá sobre bens da empresa, o que atrairia a competência do juízo universal.

"I – AGRAVO EM AGRAVO DE INSTRUMENTO EM RECURSO DE REVISTA DE JPTE ENGENHARIA LTDA. (EM RECUPERAÇÃO JUDICIAL). ACÓRDÃO REGIONAL PUBLICADO NA VIGÊNCIA DA LEI N. 13.467/2017. EXECUÇÃO. EMPRESA EM RECUPERAÇÃO JUDICIAL. DESCONSIDERAÇÃO DA PERSONALIDADE JURÍDICA. COMPETÊNCIA DA JUSTIÇA DO TRABALHO. DECISÃO EM CONFORMIDADE COM ENTENDIMENTO PACIFICADO DESTA CORTE SUPERIOR. TRANSCENDÊNCIA NÃO RECONHECIDA. 1. Tendo em vista a finalidade precípua desta instância extraordinária na uniformização de teses jurídicas, a existência de entendimento sumulado ou representativo de iterativa e notória jurisprudência, em consonância com a decisão recorrida, configura impeditivo ao processamento do recurso de revista, por imperativo legal. 2. Na hipótese dos autos, o Tribunal Regional destacou que 'embora a Justiça do Trabalho não tenha a competência para processar a execução da Recuperação Judicial ou da Massa Falida, nos termos do Recurso Extraordinário RE n. 583.955/RJ, nada impede o prosseguimento da execução contra os sócios'. Assim, o acórdão regional, nos moldes em que proferido, encontra-se em conformidade com iterativa, notória e atual jurisprudência desta Corte Superior, no sentido de que a execução em desfavor dos sócios da empresa executada, mesmo após a decretação da sua falência ou recuperação judicial, deve prosseguir nesta Justiça Especializada, uma vez que os bens dos sócios não se confundem com aqueles da pessoa jurídica, abrangidos pelo juízo universal da falência. Precedentes. Mantém-se a decisão recorrida. Agravo conhecido e desprovido. [...]" (Ag-AIRR-1000614-80.2019.5.02.0053, 5.ª T., rel. Min. Morgana de Almeida Richa, *DEJT* 4-10-2024).

A **Instrução Normativa n. 27, de 16 de fevereiro de 2005, do Tribunal Superior do Trabalho**, estabelece as normas procedimentais aplicáveis ao processo do trabalho em decorrência da ampliação da competência da Justiça do Trabalho pela Emenda Constitucional n. 45/2004.

Insta observar, ainda, que o **art. 855-B da Lei n. 13.467/2017 (***Reforma Trabalhista***)** trouxe para a competência da Justiça do Trabalho a **homologação de acordo extrajudicial**, desde que as partes estejam representadas por advogado.

O TST adota entendimento no sentido de que a Justiça do Trabalho é competente para julgar pedidos do Ministério Público do Trabalho para levar municípios brasileiros a implementar políticas públicas de combate e erradicação do trabalho infantil.

"RECURSO DE REVISTA. COMPETÊNCIA MATERIAL DA JUSTIÇA DO TRABALHO. AÇÃO CIVIL PÚBLICA AJUIZADA EM FACE DE MUNICÍPIO. IMPLEMENTAÇÃO DE POLÍTICAS PÚBLICAS. ERRADICAÇÃO DO TRABALHO INFANTIL E PROFISSIONALIZAÇÃO DOS ADOLESCENTES. TRANSCENDÊNCIA POLÍTICA RECONHECIDA. A atuação do Poder Judiciário, em caso de omissão do administrador público para a implementação de políticas públicas previstas na Constituição Federal, no sentido de prevenir e solucionar os casos de trabalho infantil, insere-se na competência material da Justiça do Trabalho, definida em razão da matéria, nas hipóteses disciplinadas no art. 114, I a IX, da Constituição Federal. Nesse sentido, a Subseção de Dissídios Individuais I desta Corte já se manifestou no sentido de reconhecer a competência desta Especializada para apreciar ação civil pública que visa à implementação de políticas públicas para prevenção e erradicação do trabalho infantil. Precedentes. Recurso de revista conhecido e parcialmente provido" (RR-791-86.2022.5.09.0659, 3.ª T., rel. Min. Alberto Bastos Balazeiro, *DEJT* 18-10-2024).

Figura 3. Competência da JT

2.6.2. Competência em razão das pessoas

Anteriormente à Emenda Constitucional n. 45/2004, a Justiça do Trabalho tinha basicamente competência para julgar as controvérsias entre trabalhadores e empregadores, somente podendo conciliar e julgar os litígios entre trabalhadores e tomadores de serviço por expressa autorização legal.

Assim, afirmava-se que a **competência** da Justiça do Trabalho em razão das pessoas (*ratione personae*) era fixada considerando-se, como regra, os sujeitos da relação de emprego (empregado e empregador) e, excepcionalmente, nos termos de lei, as partes de uma relação de trabalho (prestador e tomador de serviços).

Com a alteração do **art. 114 da Constituição Federal** pela referida Emenda Constitucional, a Justiça do Trabalho passou a ser competente para processar e julgar as **ações oriundas da relação de trabalho**, ou seja, as relações entre trabalhadores em geral e seus respectivos tomadores de serviço, abrangendo as ações de indenização por dano moral e patrimonial e outras controvérsias daí decorrentes, nos termos da lei **(art. 114, I, VI e IX, CF)**.

Porém, como visto no item anterior, em razão de diversas decisões e teses de Repercussão Geral adotadas desde a promulgação da Emenda Constitucional n. 45/2004, constata-se que o Supremo Tribunal Federal criou uma espécie de incompetência trabalhista em razão de a Fazenda Pública ser parte no processo, seja em relação aos servidores estatutários, seja em relação aos que mantêm com ela vínculo celetista (incompetência *ex ratione pernsonae*), já que entende pela existência de regime jurídico-administrativo entre as partes.

As **empresas públicas e as sociedades de economia mista que explorem atividade econômica** de produção ou comercialização de bens ou de prestação de serviços estão sujeitas ao regime jurídico próprio das empresas privadas, inclusive quanto aos direitos trabalhistas **(art. 173, § 1.º, II, CF)** e, portanto, a Justiça do Trabalho é competente para processar e julgar as ações entre estas e seus empregados.

A Constituição Federal estabelece que os **serviços notariais e de registro prestados pelos cartórios extrajudiciais** são exercidos em caráter privado, por delegação do Poder Público **(art. 236, CF)**. A **Lei n. 8.935, de 18 de novembro de 1994**, regulamenta as atividades dos cartórios e, completando o disposto no art. 236 da Constituição Federal, estabelece que, a partir da data da sua publicação, os escreventes dos cartórios serão contratados sob o regime da legislação trabalhista, sendo que aos escreventes que já prestassem serviços naquele momento foi assegurado o direito de, no prazo de 30 dias, optar pela legislação trabalhista, deixando, nesse caso, o regime jurídico especial que vigorava para os cartórios até aquela data.

Dessa forma, a Justiça do Trabalho é competente para dirimir as **controvérsias entre os escreventes regidos pela legislação trabalhista e os cartórios extrajudiciais**.

As ações ajuizadas por empregados contra **entes de direito público externo** (Estados estrangeiros, suas missões diplomáticas e agências consulares e organismos internacionais e suas respectivas agências) também são da competência da Justiça do Trabalho, conforme determinação constitucional expressa **(art. 114, I, CF)**.

A **Convenção de Viena**, ratificada pelo Brasil, prevê que os Estados estrangeiros e organismos internacionais gozam de imunidade de jurisdição e, consequentemente, de imunidade de execução, o que implica na impossibilidade de que as reclamações dos empregados dessas entidades possam ser solucionadas pela Justiça do Trabalho, ainda que se tratando de empregados brasileiros.

No entanto, a regra contida na Convenção de Viena foi sendo gradativamente modificada por tratados e protocolos internacionais mais recentes, segundo os quais não se admite que o Estado estrangeiro alegue imunidade quanto a obrigações contratuais que tenham que ser executadas no território de outro país, ou no tocante a contratos de trabalho entre o Estado e o empregado, que tenham que ser executados no território do Estado do foro do contrato (*European Convention on State Immunity and Additional Protocol* – arts. 4.º e 5.º). As pessoas jurídicas de direito público externo não gozam de imunidade em relação a atos de gestão, ou seja, a imunidade de jurisdição passa a ser relativa se o interesse do Estado é no campo privado, como ocorre quando contrata trabalhadores[41].

O Supremo Tribunal Federal, com base nas alterações verificadas na ordem jurídica internacional, tem entendimento no sentido de que não há mais que se falar em imunidade de jurisdição do Estado estrangeiro em causas de natureza trabalhista.

> "AGRAVO REGIMENTAL NO RECURSO EXTRAORDINÁRIO COM AGRAVO. DIREITO INTERNACIONAL. ESTADO ESTRANGEIRO. IMUNIDADE. EXECUÇÃO TRABALHISTA. IMUNIDADE DE EXECUÇÃO E IMUNIDADE DE JURISDIÇÃO. PRECEDENTES. 1. A jurisprudência do Supremo Tribunal Federal tem reiterado o entendimento de que, relativamente aos processos de execução, se impõe a imunidade absoluta dos Estados estrangeiros em relação à jurisdição brasileira, em razão do que dispõem as Convenções de Viena de 1961 e 1963, salvo na hipótese de renúncia

---

[41] MARTINS, Sergio Pinto. *Direito processual do trabalho.* 21. ed. São Paulo: Ed. Atlas, 2004. p. 126.

2 ◻ Justiça do Trabalho

expressa. 2. Não se pode confundir a imunidade de execução com a imunidade de jurisdição, a qual vem sendo relativizada, em algumas situações, pela Corte. 3. Agravo regimental não provido." (ARE 1.292.062, 1.ª T., rel. Min. dias Toffoli, *DJE* 9-8-2021)

"IMUNIDADE DE JURISDIÇÃO – RECLAMAÇÃO TRABALHISTA – LITÍGIO ENTRE ESTADO ESTRANGEIRO E EMPREGADO BRASILEIRO – EVOLUÇÃO DO TEMA NA DOUTRINA, NA LEGISLAÇÃO COMPARADA E NA JURISPRUDÊNCIA DO SUPREMO TRIBUNAL FEDERAL: DA IMUNIDADE JURISDICIONAL ABSOLUTA À IMUNIDADE JURISDICIONAL MERAMENTE RELATIVA – RECURSO EXTRAORDINÁRIO NÃO CONHECIDO. OS ESTADOS ESTRANGEIROS NÃO DISPÕEM DE IMUNIDADE DE JURISDIÇÃO, PERANTE O PODER JUDICIÁRIO BRASILEIRO, NAS CAUSAS DE NATUREZA TRABALHISTA, POIS ESSA PRERROGATIVA DE DIREITO INTERNACIONAL PÚBLICO TEM CARÁTER MERAMENTE RELATIVO. O Estado estrangeiro não dispõe de imunidade de jurisdição, perante órgãos do Poder Judiciário brasileiro, quando se tratar de causa de natureza trabalhista. Doutrina. Precedentes do STF (*RTJ* 133/159 e *RTJ* 161/643-644). – Privilégios diplomáticos não podem ser invocados, em processos trabalhistas, para coonestar o enriquecimento sem causa de Estados estrangeiros, em inaceitável detrimento de trabalhadores residentes em território brasileiro, sob pena de essa prática consagrar censurável desvio ético-jurídico, incompatível com o princípio da boa-fé e inconciliável com os grandes postulados do direito internacional. O PRIVILÉGIO RESULTANTE DA IMUNIDADE DE EXECUÇÃO NÃO INIBE A JUSTIÇA BRASILEIRA DE EXERCER JURISDIÇÃO NOS PROCESSOS DE CONHECIMENTO INSTAURADOS CONTRA ESTADOS ESTRANGEIROS. – A imunidade de jurisdição, de um lado, e a imunidade de execução, de outro, constituem categorias autônomas, juridicamente inconfundíveis, pois – ainda que guardem estreitas relações entre si – traduzem realidades independentes e distintas, assim reconhecidas quer no plano conceitual, quer, ainda, no âmbito de desenvolvimento das próprias relações internacionais. A eventual impossibilidade jurídica de ulterior realização prática do título judicial condenatório, em decorrência da prerrogativa da imunidade de execução, não se revela suficiente para obstar, só por si, a instauração, perante Tribunais brasileiros, de processos de conhecimento contra Estados estrangeiros, notadamente quando se tratar de litígio de natureza trabalhista. Doutrina. Precedentes" (RE 222.368 AgR, 2.ª T., rel. Celso de Mello, j. 30-4-2002, *DJ* 14-2-2003, PP-00086, *Ement*. vol-02098-02, PP-00344).

No entanto, em relação à imunidade de execução, o Supremo Tribunal Federal continua a considerando absoluta, salvo na hipótese de renúncia expressa, o que acaba dificultando ou até impedindo a satisfação dos créditos trabalhistas reconhecidos pela Justiça do Trabalho, pela impossibilidade de atingir o patrimônio do ente de direito público externo para tal fim.

Como consequência, a jurisprudência do Tribunal Superior do Trabalho firmou-se no sentido de que a **imunidade de jurisdição é relativa, restringindo-se aos atos de império**, dentre os quais não se inserem aqueles relativos à legislação do trabalho.

"AGRAVO DE INSTRUMENTO. RECURSO DE REVISTA SOB A ÉGIDE DA LEI N. 13.467/2017. COMPETÊNCIA MATERIAL E PESSOAL DA JUSTIÇA DO TRABALHO. ESTADO ESTRANGEIRO. IMUNIDADE DE JURISDIÇÃO. CONTRATO DE

TRABALHO. PODER DIRETIVO TRABALHISTA. ATO DE GESTÃO. TRANSCEN-DÊNCIA JURÍDICA. No caso em tela, o debate acerca da competência da Justiça do Trabalho para processar e julgar ação ajuizada por trabalhador em face de Estado estrangeiro, para discutir questões oriundas de relação de trabalho executada em embaixada no Brasil, detém transcendência jurídica, nos termos do art. 896-A, § 1.º, IV, da CLT. Transcendência reconhecida. COMPETÊNCIA MATERIAL E PESSOAL DA JUSTIÇA DO TRABALHO. ESTADO ESTRANGEIRO. IMUNIDADE DE JURISDIÇÃO. CONTRATO DE TRABALHO. PODER DIRETIVO TRABALHISTA. ATO DE GESTÃO. No caso concreto, as pretensões são baseadas em relação de trabalho de natureza contratual, a qual foi celebrada para que o reclamante prestasse serviços em embaixada da República Portuguesa (Estado estrangeiro reclamado) no Brasil. Quanto à matéria envolvida na ação, a Justiça do trabalho é constitucionalmente competente, nos termos do art. 114, I, da Constituição Federal. Vale destacar que tal dispositivo é expresso quanto à abrangência dos entes de direito público externo, como o reclamado. Dessa forma, o critério pessoal (*in ratione personae*) torna-se irrelevante à análise do juízo competente, porquanto o critério material é suficiente para tanto. Ainda, a regência da relação jurídica por normas do direito português não a transforma em consequência de ato de império, porque a celebração do contrato e o exercício do poder diretivo trabalhista são os elementos classificadores da matéria sob apreciação. A prática de atos negociais não se confunde, portanto, com a prerrogativa de edição de atos normativos de efeitos internos. Esta Corte, em consonância com o STF, já reconheceu a competência da Justiça do Trabalho para processar e julgar conflitos da mesma natureza, inclusive a ausência da imunidade jurisdicional dos Estados estrangeiros no que toca à certificação de direitos, resultado natural da fase de conhecimento. Precedentes. A pendência do conflito perante órgãos jurisdicionais estrangeiros não é circunstância importante à apreciação da causa (art. 24 do CPC). Agravo de instrumento não provido" (AIRR-1763-65.2015.5.10.0015, 6.ª T., rel. Min. Augusto Cesar Leite de Carvalho, *DEJT* 26-8-2022).

"AGRAVO DE INSTRUMENTO INTERPOSTO PELA EMBAIXADA DA REPÚBLICA DA POLÔNIA. COMPETÊNCIA DA JUSTIÇA DO TRABALHO. EMBAIXADA. ESTADO ESTRANGEIRO. CONTRATAÇÃO TRABALHISTA. ATO DE GESTÃO NEGOCIAL. IMUNIDADE DE JURISDIÇÃO RELATIVA. Discute-se, no caso, a competência da Justiça do Trabalho para processar e julgar demanda trabalhista ajuizada contra embaixada de Estado estrangeiro, ente público externo. Nos termos do art. 114, inciso I, da Constituição da República, compete à Justiça do Trabalho processar e julgar, *in verbis*: 'I – as ações oriundas da relação de trabalho, abrangidos os entes de direito público externo e da administração pública direta e indireta da União, dos Estados, do Distrito Federal e dos Municípios'. Ressalta-se que prevalece na jurisprudência desta Corte que a imunidade de jurisdição assegurada ao Estado estrangeiro é de natureza relativa, distinguindo-se quanto à natureza do ato executado, se de império, relacionado à soberania, ou se de gestão, de substância negocial, nos quais estão inseridas as contratações trabalhistas, em que a embaixada age como particular. Desse modo, tendo em vista que a situação dos autos versa sobre contratação trabalhista pela embaixada reclamada, ato meramente negocial, a competência da Justiça do Trabalho brasileira para o julgamento da demanda está expressamente fundamentada no inciso I do art. 114 da Constituição da República e em consonância com o entendimento jurisprudencial prevalecente no STF e no TST. Precedentes. Por estar o acórdão regional em consonância com a jurisprudência prevalecente nesta Corte, não subsistem as violações de dispositivos constitucionais

2 ◻ Justiça do Trabalho

79

invocados, tampouco a divergência jurisprudencial suscitada, nos termos do § 7.º do art. 896 da CLT e da Súmula 333 desta Corte superior. Agravo de instrumento desprovido. [...]" (AIRR-1353-91.2016.5.10.0008, 2.ª T., rel. Min. José Roberto Freire Pimenta, *DEJT* 3-12-2021).

Ressalte-se, porém, que a relativização da imunidade de jurisdição somente abrange as ações em que se questionam direitos decorrentes de relação de trabalho. Tratando--se de **servidor público com vínculo jurídico-administrativo mantido com Estado estrangeiro**, não oriundo da relação de trabalho, é forçoso reconhecer a **imunidade absoluta** e, por conseguinte, a **incompetência da Justiça do Trabalho**.

Diferentemente dos Estados estrangeiros, os **organismos internacionais** permanecem, em regra, detentores do privilégio da **imunidade absoluta**.

Nesse sentido, o Supremo Tribunal Federal, no julgamento do **RE 1.034.840**, reconhecendo a **repercussão geral** da matéria, fixou em 2 de junho de 2017 a **Tese 947**: "O organismo internacional que tenha garantida a imunidade de jurisdição em tratado firmado pelo Brasil e internalizado na ordem jurídica brasileira não pode ser demandado em juízo, salvo em caso de renúncia expressa a essa imunidade".

Adotou-se entendimento de que os organismos internacionais, ao contrário dos Estados, são associações disciplinadas, em suas relações, por normas escritas, consubstanciadas nos denominados tratados e/ou acordos de sede. Não têm, portanto, a sua imunidade de jurisdição pautada pela regra costumeira internacional, tradicionalmente aplicável aos Estados estrangeiros. Em relação a eles, segue-se a regra de que a imunidade de jurisdição se rege pelo que se encontra efetivamente avençado nos referidos tratados de sede.

Assim, desde que amparada em norma de cunho internacional, não podem os organismos, à guisa do que se verificou em relação aos Estados estrangeiros, ter a sua imunidade de jurisdição relativizada, para o fim de submeterem-se à jurisdição local e responderem, em consequência, pelas obrigações contratuais assumidas, dentre elas as de origem trabalhista. Isso representaria, em última análise, a quebra de pactos internacionais, cuja inviolabilidade encontra-se constitucionalmente assegurada **(art. 5.º, § 2.º, CF)**.

Nesse sentido o entendimento consubstanciado na Orientação Jurisprudencial 146 da SDI-1 do Tribunal Superior do Tribunal:

> **OJ SDI-1 416, TST:** "As organizações ou organismos internacionais gozam de imunidade absoluta de jurisdição quando amparados por norma internacional incorporada ao ordenamento jurídico brasileiro, não se lhes aplicando a regra do Direito Consuetudinário relativa à natureza dos atos praticados. Excepcionalmente, prevalecerá a jurisdição brasileira na hipótese de renúncia expressa à cláusula de imunidade jurisdicional".

"RECURSO DE REVISTA – RETORNO DOS AUTOS À TURMA PARA EXERCÍCIO DO JUÍZO DE RETRATAÇÃO PREVISTO NO ART. 1.030, II, DO CPC – IMUNIDADE DE JURISDIÇÃO – ORGANISMO INTERNACIONAL – ONU/PNUD – TEMA 947 DE REPERCUSSÃO GERAL DO STF – NÃO CONHECIMENTO DO RECURSO DE REVISTA OBREIRO – RETRATAÇÃO EXERCIDA. 1. O Supremo Tribunal Federal, em 30-6-17, ao apreciar e julgar o Tema 947 de Repercussão Geral no RE 1.034.840 (rel. Min. Luiz Fux) firmou a tese, com efeito vinculante para todo o Poder Judiciário, de que o organismo internacional que tenha garantida a imunidade de jurisdição em tratado firmado pelo Brasil e internalizado na ordem jurídica brasileira não pode ser demandado em juízo, salvo em caso de renúncia expressa a essa imunidade. 2. A atual jurisprudência desta Corte também reconhece a imunidade absoluta de jurisdição dos organismos internacionais, nos termos da Orientação Jurisprudencial n. 416 da SBDI-1: 'As organizações ou organismos internacionais gozam de imunidade absoluta de jurisdição quando amparados por norma internacional incorporada ao ordenamento jurídico brasileiro, não se lhes aplicando a regra do Direito Consuetudinário relativa à natureza dos atos praticados. Excepcionalmente, prevalecerá a jurisdição brasileira na hipótese de renúncia expressa à cláusula de imunidade jurisdicional'. 3. *In casu*, esta 4.ª Turma deu provimento ao recurso de revista da Reclamante, reformando, assim, o acórdão regional que reconhecera a imunidade de jurisdição da ONU/PNUD, ao fundamento de que a imunidade de jurisdição absoluta em causas trabalhistas, com relação aos Organismos Internacionais, não mais subsistiria. 4. Verifica-se, assim, que a decisão foi proferida em contrariedade ao entendimento da Suprema Corte firmado no julgamento do Tema 947 de Repercussão Geral, razão pela qual o juízo de retratação merece ser exercido, nos termos do art. 1.030, II, do CPC/15. 5. Assim, reformando a decisão anteriormente proferida por esta 4.ª Turma, com arrimo no Tema 947 de Repercussão Geral do STF, não conheço do recurso de revista interposto pela Reclamante, e, por conseguinte, mantenho o acórdão regional que reconheceu a imunidade de jurisdição ao Organismo Internacional. Juízo de retratação exercido para não conhecer do recurso de revista da Reclamante" (RR-166300-05.2002.5.23.0005, 4.ª T., rel. Min. Ives Gandra da Silva Martins Filho, *DEJT* 23-8-2024).

2.6.3. Competência territorial

A **competência territorial** (*ratione loci*) ou de foro que é atribuída aos diversos órgãos jurisdicionais leva em conta a divisão do território nacional em **circunscrições judiciárias**, ou seja, é aquela fixada para delimitar territorialmente a jurisdição.

Conforme visto anteriormente, a Justiça do Trabalho é competente para dirimir as controvérsias derivadas das relações de trabalho. No entanto, os órgãos da Justiça do Trabalho estão espalhados por todo o País, razão pela qual é necessário definir qual o órgão competente para processar e julgar determinado litígio de natureza trabalhista.

Cada Vara do Trabalho tem competência para examinar as questões que lhe são submetidas dentro de um espaço geográfico definido pela lei federal que a cria.

Tratando-se de relação de emprego, a **regra geral** para se definir a Vara do Trabalho competente e, portanto, aquela perante a qual a ação trabalhista deve ser proposta, está definida no *caput* do art. **651 da Consolidação das Leis do Trabalho**: a competência é determinada pela **localidade onde o empregado prestar serviços ao empregador**, ainda que tenha sido contratado em outro local ou no estrangeiro.

"RECURSO REGIDO PELO CPC/2015, PELA INSTRUÇÃO NORMATIVA N. 40/2016 DO TST E PELA LEI N. 13.467/2017. COMPETÊNCIA TERRITORIAL. DOMICÍLIO DO RECLAMANTE. LOCAL DISTINTO DA CONTRATAÇÃO E DA PRESTAÇÃO DE SERVIÇOS. Cinge-se a controvérsia em definir a competência territorial do local de domicílio do reclamante para julgamento da demanda, considerando-se que, na hipótese, é incontroverso que a contratação se deu em Macaé/RJ e a prestação de serviços se deu em Macaé, Navegantes, Arraial do Cabo e Niterói, ao passo que esta demanda foi ajuizada na Vara do Trabalho de Paranaguá/PR, que possui jurisdição no local de domicílio e residência do autor. A Corte regional entendeu que 'o TST tem flexibilizado o disposto no art. 651 da CLT quando se trata de empresa com atuação nacional, reconhecendo como competente o foro da Vara do Trabalho de domicílio do empregado. Contudo, os julgados daquela Corte evidenciam que também deve haver prova de que a arregimentação ou contratação ocorreu naquele local (domicílio do empregado). Ou seja, os requisitos para o deslocamento da competência territorial, conforme interpretação do TST, são cumulativos'. A Subseção I Especializada em Dissídios Individuais, no julgamento do Processo n. E-RR-73.36.2012.5.20.0012, em 30-3-2017, acórdão publicado no *DEJT* de 12-5-2017, de relatoria do Ministro Cláudio Mascarenhas Brandão, decidiu, por maioria, vencido este Relator, que o foro do domicílio do empregado apenas será considerado competente, por lhe ser mais favorável que a regra do art. 651 da CLT, nas hipóteses em que a empresa possua atuação nacional e, ao menos, a contratação ou arregimentação tenha ocorrido naquela localidade. Na hipótese em comento, é incontroverso que tanto a contratação como a prestação de serviços se deram no município de Macaé/RJ que se insere na Jurisdição da Vara do Trabalho de Macaé/RJ, por outro lado, o reclamante não fez prova de foi arregimentado na cidade de Paranaguá além de ter confessado que nunca embarcou nessa cidade. Assim, ressalvado o entendimento pessoal deste Relator, a decisão regional em que se manteve a competência da Vara do Trabalho de Macaé/RJ, que possui jurisdição sobre o local da prestação de serviços, foi proferida em consonância com a jurisprudência desta Corte. Recurso de revista não conhecido" (RR-121-89.2022.5.09.0322, 3.ª T., rel. Min. Jose Roberto Freire Pimenta, *DEJT* 24-11-2023).

"[...] EXCEÇÃO DE INCOMPETÊNCIA EM RAZÃO DO LUGAR. DEMANDA AJUIZADA NO FORO DO DOMICÍLIO DO RECLAMANTE. CONTRATO DE TRABALHO E PRESTAÇÃO DE SERVIÇOS REALIZADOS EM UNIDADE JUDICIÁRIA DIVERSA. COMPETÊNCIA DO JUÍZO DA VARA DO TRABALHO. FORO DO LOCAL DA CONTRATAÇÃO E DA PRESTAÇÃO DE SERVIÇOS. CRITÉRIO JURÍDICO FIXADO PELO Art. 651 DA CLT (COMPETÊNCIA TERRITORIAL). PRINCÍPIOS CONSTITUCIONAIS CONFLITANTES: AMPLO ACESSO À JURISDIÇÃO (ART. 5.º, XXXV, CF) E GARANTIA DO CONTRADITÓRIO E AMPLA DEFESA (ART. 5.º, LV, CF). NO CONFRONTO DE PRINCÍPIOS CONSTITUCIONAIS, MANTÉM-SE VÁLIDA A SOLUÇÃO LEGAL EXISTENTE (ART. 651, CLT). Esta Corte Superior tem entendido que o empregado somente pode optar pelo ajuizamento da demanda no local de seu domicílio se este coincidir com o local da contratação ou da prestação dos serviços. Excepcionalmente, tem-se admitido o ajuizamento da demanda no local do domicílio do empregado na hipótese de empresa de âmbito nacional e desde que, ao menos, a contratação ou arregimentação tenha acontecido naquela localidade. No caso dos autos, consta, no acórdão recorrido, que a Reclamante prestou serviços na cidade de Rio do Sul/SC, contudo ajuizou a presente ação no foro do seu atual domicílio, na cidade de Belo Horizonte/MG. Nesse contexto, o Tribunal Regional entendeu que o Juízo 45.ª Vara do Trabalho de Belo Horizonte/MG seria competente para processar e julgar a presente demanda, assentando que o fato de a Reclamante ter trabalhado fora do seu local de domicílio 'não tem o condão de, por si só, determinar a competência territorial da lide, fixando-a na cidade em que houve a prestação laboral'. Segundo o TRT: 'Isso se dá porque o legislador, ao estabelecer os critérios para fixar a competência em razão do lugar, teve por escopo facilitar o acesso do empregado à Justiça do Trabalho'. Ressaltou também 'que o trabalhador é o hipossuficiente na relação trabalhista que deu origem à presente ação, na qual se discutem verbas alimentares, e, portanto, deve ser facilitado a ele o acesso ao Poder Judiciário, da forma menos onerosa possível'. Contudo, conforme entendimento deste Tribunal, não há viabilidade de ajuizamento da reclamação trabalhista no foro do atual domicílio da Obreira (Belo Horizonte/MG). Ademais, o princípio de amplo acesso à jurisdição (art. 5.º, XXXV, CF) tem de ser cotejado com o princípio também constitucional da garantia do contraditório e ampla defesa (art. 5.º, LV, CF), de maneira que a afirmação de um não se concretize mediante a falência do outro. Nesse quadro de tensão e dificuldades jurídicas e práticas, sobreleva a validade do critério legal clássico lançado no art. 651, *caput* e parágrafos, da CLT, construído com a preocupação de facilitar o acesso do obreiro à jurisdição (prevalência do local da prestação de serviços), que sofre adequações em conformidade com hipóteses relevantes ressalvadas no mesmo preceito legal. Sendo proporcional e razoável o rol de critérios competenciais fixado na CLT, além de sobrelevar seu inegável intuito protecionista, inerente ao campo jurídico justrabalhista, não há como se aferir sua incompatibilidade com a Constituição da República, de modo a exacerbar um dos princípios magnos em detrimento do outro. Esclareça-se, por outro lado, que não existe referência, no acórdão, à presença, nesta lide, de qualquer das hipóteses excetivas à regra geral lançada no *caput* do art. 651 da CLT, as quais constam nos parágrafos do mesmo preceito legal. Atente-se, ainda, para o fato de que o presente processo não envolve empresa de grande porte e de âmbito nacional, que realiza contratação e presta serviços em localidades distintas do País – fato que poderia alterar a compreensão acerca do assunto, conforme a jurisprudência do TST. Recurso de revista conhecido e provido" (RR-10333-11.2018.5.03.0183, 3.ª T., rel. Min. Mauricio Godinho Delgado, *DEJT* 4-10-2024).

Quando, porém, for parte no dissídio **agente ou viajante comercial**, é competente a Vara do Trabalho da **localidade onde a empresa tenha agência ou filial e a esta o empregado esteja subordinado** e, na falta, será competente a Vara da **localidade em que o empregado tenha domicílio ou a localidade mais próxima (art. 651, § 1.º, CLT)**.

Na hipótese de o **empregador promover realização de atividades fora do lugar do contrato de trabalho**, é assegurado ao empregado apresentar reclamação no **foro da celebração do contrato ou no da prestação dos respectivos serviços (art. 651, § 3.º, CLT)**. Importante ressaltar que, no caso do uso pelo trabalhador da faculdade prevista nesse dispositivo, não cabe declaração de ofício de incompetência territorial, devendo o conflito ser resolvido pelo reconhecimento da competência do juízo do local onde a ação foi proposta **(OJ SDI-2 149, TST)**.

> **OJ SDI-2 149, TST:** "Não cabe declaração de ofício de incompetência territorial no caso do uso, pelo trabalhador, da faculdade prevista no art. 651, § 3.º, da CLT. Nessa hipótese, resolve-se o conflito pelo reconhecimento da competência do juízo do local onde a ação foi proposta".

"RECURSO DE REVISTA. LEI N. 13.467/17. ATLETA PROFISSIONAL. COMPETÊNCIA TERRITORIAL. LOCAL DA CELEBRAÇÃO DO CONTRATO. POSSIBILIDADE. A lide versa sobre a competência territorial para o ajuizamento da reclamação trabalhista de atleta profissional. Extrai-se do v. acórdão regional, soberano na análise das provas, que o trabalhador foi contratado em seu domicílio (Alvorada/RS) para prestar serviços como atleta profissional no município de São Luís/MA. O art. 651, § 3.º, da CLT, em seus termos, possibilita ao empregado apresentar reclamação no foro da celebração do contrato ou no da prestação dos respectivos serviços, quando o empregador promova a realização de atividades fora do lugar do contrato de trabalho. No caso, o empregador – entidade de prática desportiva – realiza atividade fora do lugar da contratação, razão pela qual o atleta pode escolher entre este e o lugar da execução do contrato. Logo, a decisão do regional que manteve a competência territorial da vara do trabalho do local da contratação (Alvorada-RS) está em conformidade com a regra específica fixada no art. 651, § 3.º, da CLT, não se havendo falar em violação da regra geral do art. 651, *caput*, da CLT. Recurso de revista não conhecido" (RR-20965-94.2015.5.04.0241, 3.ª T., rel. Min. Alexandre de Souza Agra Belmonte, *DEJT* 25-2-2022).

A definição da competência territorial com fundamento no *caput* **do art. 651 da Consolidação das Leis do Trabalho** nem sempre é aplicada pela Justiça do Trabalho, que adota, em alguns casos, o livre acesso à justiça e a condição de hipossuficiência do trabalhador como fundamentos para aceitar o ajuizamento de reclamação trabalhista no local do domicílio do empregado e não no da prestação de serviços, adotando como argumento a carência de meios financeiros deste para arcar com os custos de deslocamento.

No entanto, contrariamente a esse posicionamento, o Tribunal Superior do Trabalho firmou entendimento no sentido de que o **foro do domicílio do empregado** somente poderá ser considerado competente, por lhe ser mais favorável do que a regra do *caput* do **art. 651 da Consolidação das Leis do Trabalho**, nas hipóteses em que a **empresa possua atuação nacional** e, ao menos, **a contratação ou arregimentação tenha ocorrido naquela localidade**.

"[...] RECURSO DE REVISTA. LEI N. 13.015/2014. COMPETÊNCIA EM RAZÃO DO LUGAR. ARREGIMENTAÇÃO NO DOMICÍLIO DO EMPREGADO. CONTRATAÇÃO E PRESTAÇÃO DE SERVIÇOS EM LOCALIDADES DIVERSAS. EMPRESA DE ÂMBITO NACIONAL. O Tribunal Regional manteve a competência da Vara do Trabalho da cidade do Rio de Janeiro/RJ sob o fundamento de que contratação do autor não ocorreu no foro de seu domicílio. Em razão dos princípios da proteção ao trabalhador e do acesso à Justiça, bem como para possibilitar a observância da ampla defesa e do contraditório, o entendimento desta Corte Superior evoluiu no sentido de que o foro do domicílio do empregado, nos casos em que a contratação e a prestação de serviços tenham se efetivado em lugares distintos, apenas será considerado competente quando lhe for mais favorável do que a regra do art. 651 da CLT e a empresa possuir atuação nacional. *In casu*, extrai-se do acórdão que a arregimentação se iniciou no domicílio do autor, na Cidade de Xanxerê/SC, foi contratado na Cidade do Rio de Janeiro e prestou serviços em Angola. Notoriamente a Empresa Norberto Odebrecht possui atuação em âmbito nacional, com capacidade financeira suficiente para arcar com os custos do processo em qualquer lugar onde as ações trabalhistas são ajuizadas, sem prejuízo do exercício do contraditório e da ampla defesa. Precedentes. Recurso de revista conhecido e provido." (RR-93-92.2021.5.12.0025, 2.ª T., rel. Min. Maria Helena Mallmann, *DEJT* 2-12-2022).

"RECURSO DE REVISTA DA RÉ. LEI N. 13.467/2017. COMPETÊNCIA TERRITORIAL. AÇÃO TRABALHISTA AJUIZADA NO FORO DO DOMICÍLIO DA AUTORA.

LOCALIDADE DISTINTA DA DE CONTRATAÇÃO E DE PRESTAÇÃO DOS SERVI-ÇOS. TRANSCENDÊNCIA POLÍTICA CONSTATADA. As hipóteses contidas nos parágrafos do art. 651 da CLT emanam do Princípio da Proteção que norteia o Direito do Trabalho e garantem a efetivação do Princípio do Livre Acesso à Justiça. Com essas premissas, não podem ser consideradas *numerus clausus*, mas sim situações meramente exemplificativas. Cabe, no particular, falar-se em interpretação conforme a Constituição, porque a atribuição da competência ao foro da prestação dos serviços ou da contratação inviabilizaria o exercício do direito de ação, garantia nela assegurada. E, nesse sentido, faz-se necessário interpretar a regra não de forma literal, mas sistematicamente, de modo a concretizar os demais direitos e garantias fundamentais ali insculpidos. Esta Corte Superior firmou entendimento no sentido de que o foro do domicílio do empregado apenas será considerado competente por lhe ser mais favorável que a regra do art. 651 da CLT nas hipóteses em que a empresa possua atuação nacional e, ao menos, a contratação ou arregimentação tenha ocorrido naquela localidade. Desse modo, apenas quando preenchidas tais condições será possível a aplicação ampliativa do § 3.º do art. 651 da CLT, o que não é o caso dos autos. Na hipótese, é incontroverso que a reclamante prestou serviços na cidade de Onda Verde-SP. Constou, ainda, que, no momento da contratação, apresentou comprovante de residência do Estado de São Paulo. Ainda, não se trata de empresa que possua atuação nacional. Desse modo, merece reforma o acórdão impugnado, que havia reconhecido a competência do foro do atual domicílio da autora (Vara do Trabalho de Guanambi-BA). Transcendência política constatada. Recurso de revista conhecido e provido" (RR-1253-84.2017.5.05.0641, 7.ª T., rel. Min. Claudio Mascarenhas Brandão, *DEJT* 18-2-2022).

Tratando-se de **empregados brasileiros que estejam prestando serviços no estrangeiro**, determina o **art. 651, § 2.º, da Consolidação das Leis do Trabalho** que "a competência das Varas do Trabalho estabelecida neste artigo, estende-se aos dissídios ocorridos em agência ou filial no estrangeiro, desde que o empregado seja brasileiro e não haja convenção internacional dispondo em contrário".

Ressalte-se que a definição da competência da Justiça do Trabalho não se confunde com a legislação aplicável ao caso. Em relação a essa questão, inicialmente, o Tribunal Superior do Trabalho havia firmado posicionamento por meio da Súmula 207, adotando o princípio da *lex loci executionis* e definindo ser a relação jurídica trabalhista regida pelas leis vigentes no país da prestação de serviço e não por aquelas do local da contratação.

No entanto, com o cancelamento da referida Súmula em 23 de abril de 2012, o entendimento jurisprudencial passou a assegurar ao empregado brasileiro que labora no exterior a **aplicação da legislação brasileira de proteção ao trabalho sempre que ficar evidenciado ser essa mais favorável que a legislação territorial**, nos termos do **art. 3.º, II, da Lei n. 7.064/82**.

"AGRAVO. AGRAVO DE INSTRUMENTO EM RECURSO DE REVISTA. ACÓRDÃO PUBLICADO NA VIGÊNCIA DA LEI N. 13.467/2017. [...] CONTRATO DE TRABALHO. EMPREGADO CONTRATADO NO BRASIL. LABOR NO EXTERIOR. LEGISLAÇÃO APLICÁVEL. AUSÊNCIA DE TRANSCENDÊNCIA. Conforme delineado fático realizado pelo e. TRT, o autor foi contratado no Brasil, por empresa brasileira, vindo a ser transferido, no curso do contrato de trabalho, para empresa estrangeira pertencente ao mesmo grupo econômico, para laborar no exterior. Diante dessa circunstância fática, inamovível nesta fase processual (Súmula 126, TST) tem-se que o regional decidiu em consonância com a Jurisprudência desta Corte. Com efeito, por meio da Resolução n. 181/2012, o TST decidiu cancelar a Súmula 207, que determinava que 'A relação jurídica trabalhista é regida pelas leis vigentes no país da prestação de serviço e não por aquelas do local da contratação'. A partir daí, nas hipóteses de contratação de empregado no Brasil, com prestação de serviço no exterior, a jurisprudência do Tribunal Superior do Trabalho vem se firmando no sentido de aplicar o item II do art. 3.º da Lei n. 7.064/82, que prevê a aplicação da legislação brasileira nesses casos, em atenção ao princípio da norma mais favorável. Precedentes. Nesse contexto, incide a Súmula 333 do TST como obstáculo à extraordinária intervenção deste Tribunal Superior no feito. Agravo não provido. [...]" (Ag-RRAg-10916-86.2017.5.18.0191, 5.ª T., rel. Min. Breno Medeiros, *DEJT* 4-2-2022).

O mesmo entendimento é adotado pelo Tribunal Superior do Trabalho em relação a **empregados brasileiros contratados para trabalhar em navio de cruzeiros** que percorre tanto águas nacionais como internacionais.

"AGRAVO EM AGRAVO DE INSTRUMENTO EM RECURSO DE REVISTA DAS RECLAMADAS. LEI N. 13.467/2017 [...] EMPREGADA CONTRATADA NO BRASIL. TRABALHO EM NAVIO DE CRUZEIRO INTERNACIONAL. COMPETÊNCIA TERRITORIAL BRASILEIRA. LEGISLAÇÃO APLICÁVEL (ART. 651, § 2.º, DA CLT). A jurisprudência desta Corte ajustou-se às previsões da Lei n. 7.064/82, cujo art. 3.º determina a aplicação, aos trabalhadores nacionais contratados ou transferidos para trabalhar no exterior, da lei brasileira de proteção ao trabalho naquilo que não for incompatível com o diploma normativo especial, quando mais favorável do que a legislação territorial estrangeira. No caso vertente, tendo o reclamante, brasileiro, sido contratado no Brasil para trabalhar embarcado em navios, participando de cruzeiros que percorriam tanto águas brasileiras quanto estrangeiras, é inafastável a jurisdição nacional, nos termos do art. 651, § 2.º, da CLT. Aplica-se, outrossim, o Direito do Trabalho Brasileiro, em face do princípio da norma mais favorável, que foi claramente incorporado pela Lei n. 7.064/82. Julgados. Agravo não provido" (Ag-ARR-1000676-38.2016.5.02.0082, 8.ª T., rel. Min. Delaide Alves Miranda Arantes, *DEJT* 18-2-2022).

A competência da Justiça do Trabalho brasileira, no entanto, somente é reconhecida se o trabalhador, **contratado no Brasil, foi transferido para o exterior**. Sendo contratado diretamente no exterior e lá prestando seus serviços, não há como se falar em competência territorial da Justiça do Trabalho do Brasil.

"RECURSO DE REVISTA INTERPOSTO SOB A ÉGIDE DA LEI N. 13.015/2014 – INCOMPETÊNCIA DA JUSTIÇA BRASILEIRA – EMPREGADO CONTRATADO NO EXTERIOR – PRESTAÇÃO DE SERVIÇOS NO ESTRANGEIRO. 1. A partir do quadro fático registrado pela Corte Regional, depreende-se que a contratação do trabalhador, bem como a execução do contrato, deram-se em território estrangeiro. 2. A competência em razão do lugar para o ajuizamento de reclamação trabalhista é o da prestação dos serviços, a teor do art. 651, *caput*, da CLT, sendo possível o ajuizamento da ação, no foro da celebração do contrato de trabalho ou no da prestação dos respectivos serviços, quando se tratar de empregador que realize suas atividades fora do local da contratação, nos termos do § 3.º do mesmo art. da CLT. 3. Por tratar-se de contratação, realizada no exterior, por empresa estrangeira, para prestação de serviços na Venezuela, evidencia-se a incompetência da Justiça Brasileira para processar e julgar a presente Reclamação Trabalhista. Recurso de Revista conhecido e provido" (TST, RR 2091-06.2013.5.03.0097, 8.ª T., rel. Min. Maria Cristina Irigoyen Peduzzi, *DEJT* 1.º-12-2017).

Assim, em relação ao empregado brasileiro que presta serviços no estrangeiro, dois são os **critérios**: um de direito material **(lei aplicável)** e um de direito processual **(competência)**.

No que se refere à **ação civil pública**, cabível no processo do trabalho, questiona-se qual seria a competência territorial no caso, tendo em vista que as regras previstas no **art. 651 da Consolidação das Leis do Trabalho** refere-se **apenas ao processo individual**. Inexistindo no processo do trabalho regra específica de competência para ações civis públicas, deve-se, nos termos do **art. 769 da CLT**, aplicar-se o **art. 93 do Código de Defesa do Consumidor**, que assim dispõe:

"Art. 93. Ressalvada a competência da Justiça Federal, é competente para a causa a justiça local:

I – no foro do lugar onde ocorreu ou deva ocorrer o dano, quando de âmbito local;

II – no foro da Capital do Estado ou no do Distrito Federal, para os danos de âmbito nacional ou regional, aplicando-se as regras do Código de Processo Civil aos casos de competência concorrente".

Nesse sentido o entendimento que o Tribunal Superior do Trabalho vem adotando.

> **OJ SDI-2 130, TST:** "I – A competência para a Ação Civil Pública fixa-se pela extensão do dano. II – Em caso de dano de abrangência regional, que atinja cidades sujeitas à jurisdição de mais de uma Vara do Trabalho, a competência será de qualquer das varas das localidades atingidas, ainda que vinculadas a Tribunais Regionais do Trabalho distintos. III – Em caso de dano de abrangência suprarregional ou nacional, há competência concorrente para a Ação Civil Pública das varas do trabalho das sedes dos Tribunais Regionais do Trabalho. IV – Estará prevento o juízo a que a primeira ação houver sido distribuída".

O STF, quando do julgamento do **Tema 1075 de Repercussão Geral**, fixou tese no sentido de reafirmar a aplicação do art. 93 do CDC para definição da competência nas ações civis públicas:

> "I – É inconstitucional a redação do art. 16 da Lei 7.347/1985, alterada pela Lei 9.494/1997, sendo repristinada sua redação original. **II – Em se tratando de ação civil pública de efeitos nacionais ou regionais, a competência deve observar o art. 93, II, da Lei 8.078/1990** (Código de Defesa do Consumidor). III – Ajuizadas múltiplas ações civis públicas de âmbito nacional ou regional e fixada a competência nos termos do item II,

firma-se a prevenção do juízo que primeiro conheceu de uma delas, para o julgamento de todas as demandas conexas".

Portanto, em se tratando de ação civil pública com abrangência nacional ou regional, sua propositura deve ocorrer no foro, ou na circunscrição judiciária, de capital de Estado ou no Distrito Federal. Em se tratando de alcance geograficamente superior a um Estado, a opção por capital de Estado evidentemente deve contemplar uma que esteja situada na região atingida.

Resumindo, o **Tema 1075 de Repercussão Geral** determinou que:

■ a competência territorial é definida de acordo com a extensão do dano que se pretende ver reparado através da ação civil pública;

■ a redação do art. 93 do CDC é clara ao determinar que, para questões de âmbito local, o foro competente é o do lugar onde ocorreu o dano (inciso I);

■ e, para questões de âmbito nacional ou regional, o foro competente é da cidade capital do estado ou do Distrito Federal.

Considerando a Tese de Repercussão Geral fixada, a OJ SDI-2 130 do TST deve ser interpretada e aplicada de acordo com o quanto decidido pelo STF.

Noutras palavras, apenas respeitando-se a regra de competência acima mencionada é que poderia cogitar-se na abrangência supralocal da coisa julgada coletiva. Atrelou-se, apesar da aparente heterogeneidade dos conceitos, os efeitos da coisa julgada coletiva à observância das regras de competência previstas no vigente art. 93, II, da Lei n. 8.078/90. É correta, pois, a compreensão de que a eficácia territorial da coisa julgada coletiva se condiciona ao foro da distribuição da demanda.

Em razão das regras de competência territorial indicadas, é possível concluir que, no âmbito do Direito do Trabalho, não é facultado às partes da relação de emprego instituir cláusula contratual prevendo **foro de eleição**, não sendo aplicável, portanto, o **art. 63 do Código de Processo Civil**. Nesse sentido a previsão do **art. 2.º, I, da Instrução Normativa n. 39/2016 do Tribunal Superior do Trabalho**, segundo a qual **não se aplica ao processo do trabalho** o referido artigo do Código de Processo Civil.

No entanto, o TST admite a modificação da competência relativa por convenção das partes em exceção de incompetência territorial, considerando como *negócio processual atípico*:

"CONFLITO NEGATIVO DE COMPETÊNCIA. AÇÃO TRABALHISTA. AJUIZAMENTO NO FORO DA PRESTAÇÃO DE SERVIÇOS. EXCEÇÃO DE INCOMPETÊNCIA. FORO DE DOMICÍLIO DO RECLAMANTE E DA RECLAMADA. COMPETÊNCIA RELATIVA. PRORROGAÇÃO. POSSIBILIDADE. 1. Regra geral, as ações trabalhistas devem ser propostas no foro do local da prestação dos serviços ou no foro da contratação (CLT, art. 651, *caput* e § 3.º c/c o art. 5.º, XXXV, da CF). Em face de sua natureza relativa e, portanto, prorrogável, a competência territorial, fixada com a propositura da ação, só poderá ser modificada por se oposta exceção, na forma e prazo legais (CLT, art. 800). Havendo, porém, consenso entre os litigantes, após a apresentação da exceção, acerca da incompetência territorial do juízo perante o qual proposta originariamente a ação, a questão restou integralmente superada. Afinal, sendo relativa a competência territorial, o concurso de vontade dos litigantes quanto ao foro, após oposta a exceção, numa espécie de negócio jurídico processual superveniente e anômalo (CPC, art. 190), tornou desnecessária a análise de ofício do acerto da decisão declinatória por parte do d. Juízo suscitante, a quem compete instruir e julgar a reclamatória. Conflito de competência admitido para declarar a competência do Juízo da 12.ª Vara do Trabalho de São Paulo/SP, suscitante" (CC-7301-46.2018.5.00.0000, Subseção II Especializada em Dissídios Individuais, red. Min. Douglas Alencar Rodrigues, *DEJT* 13-3-2020).

Questão relevante sobre competência territorial decorrente da **Lei n. 13.467/2017 (Reforma Trabalhista)** é a que diz respeito ao **processo de jurisdição voluntária para homologação de acordo extrajudicial**, pois pode gerar divergência de entendimentos e interpretações. A **Lei n. 13.467/2017** não define qual o foro competente para tal homologação e, por óbvio, não há previsão expressa a respeito no **art. 651 da Consolidação das Leis do Trabalho**.

Assim, pode-se entender que o acordo extrajudicial deve, de preferência, ser apresentado perante o juízo competente nos termos da definição legal de competência territorial **(art. 651, CLT)**. Não obstante, considerando ser relativa a competência territorial, sendo necessária provocação da parte para deslocá-la (não é possível o juiz declarar de ofício sua incompetência), sob pena de ser prorrogada, nada impede que as partes elejam o foro trabalhista de modo diverso, apresentando a ele a petição de acordo extrajudicial para homologação. O juiz não está obrigado a homologar o acordo. Mas isso somente pode ocorrer nos casos de ser o acordo ilegal ou inadmissível, não sob a alegação de incompetência.

Ressaltamos que ainda não há decisões de Tribunais e, muito menos, do Tribunal Superior do Trabalho a respeito, sendo que poderá ser adotado entendimento diverso sobre a questão, sob o argumento de que a definição de competência territorial não se insere na esfera da disponibilidade negocial das partes, mormente porque há previsão expressa em lei.

Em relação à previsão do **art. 507-A da Consolidação das Leis do Trabalho** (introduzido pela **Reforma Trabalhista**), que permite a inclusão de **cláusula compromissória de arbitragem** nos contratos individuais de trabalho dos chamados trabalhadores "hipersuficientes" (remuneração igual ou superior a duas vezes o teto máximo dos benefícios previdenciários), por iniciativa do empregado ou mediante sua concordância expressa, não há que se falar em regras de competência territorial, sendo certo que, se as partes elegeram a via arbitral para solução dos seus conflitos, podem livremente escolher o árbitro, sem qualquer vinculação às regras contidas no **art. 651 da Consolidação das Leis do Trabalho**.

2 ◼ Justiça do Trabalho

2.6.4. Competência funcional

Conforme ensina Humberto Theodoro Júnior, a **competência funcional (ou hierárquica)** refere-se à "repartição das atividades jurisdicionais entre os diversos órgãos que devam atuar dentro de um mesmo processo. Uma vez estabelecido o juízo competente para processamento e julgamento de uma determinada causa, surge o problema de fixar quais serão os **órgãos jurisdicionais** que haverão de funcionar nas diversas fases do respectivo procedimento, visto que, nem sempre um só órgão terá condições de esgotar a prestação jurisdicional"[42].

A competência funcional na Justiça do Trabalho é definida pela Constituição Federal, pelas leis de processo e pelos regimentos internos dos tribunais trabalhistas, para as Varas do Trabalho, os Tribunais Regionais do Trabalho e o Tribunal Superior do Trabalho.

A competência funcional das **Varas do Trabalho** é exercida pelo Juiz do Trabalho, de forma monocrática, e está prevista nos **arts. 652, 653 e 659 da Consolidação das Leis do Trabalho**.

Compete às Varas do Trabalho **(art. 652, CLT):**

◼ conciliar e julgar: os dissídios em que se pretenda o reconhecimento da estabilidade do empregado; os dissídios concernentes a remuneração, férias e indenizações por motivo de rescisão do contrato de trabalho; os dissídios resultantes de contratos de empreitadas em que o empreiteiro seja operário ou artífice; os demais dissídios concernentes ao contrato individual de trabalho; as ações entre trabalhadores portuários e os operadores portuários ou o Órgão Gestor de Mão de Obra – OGMO decorrentes da relação de trabalho;

◼ processar e julgar os inquéritos para apuração de falta grave;

◼ julgar os embargos opostos às suas próprias decisões;

◼ impor multas e demais penalidades relativas a atos de sua competência.

Insta observar que a **Lei n. 13.467/2017** inseriu a **alínea f ao art. 652 da Consolidação das Leis do Trabalho**, trazendo como competência das Varas do Trabalho decidir quanto à homologação de acordo extrajudicial em matéria de competência da Justiça do Trabalho.

Compete, ainda, às Varas do Trabalho **(art. 653, CLT):**

◼ requisitar às autoridades competentes a realização das diligências necessárias ao esclarecimento dos feitos sob sua apreciação, representando contra aquelas que não atenderem a tais requisições;

◼ realizar as diligências e praticar os atos processuais ordenados pelos Tribunais Regionais do Trabalho ou pelo Tribunal Superior do Trabalho;

---

[42] THEODORO JÚNIOR, Humberto. *Curso de direito processual civil, cit.*, v. 1, p. 217.

- julgar as suspeições arguidas;

- julgar as exceções de incompetência que lhes forem opostas;

- expedir precatórias e cumprir as que lhes forem deprecadas;

- exercer, em geral, no interesse da Justiça do Trabalho, quaisquer outras atribuições que decorram da sua jurisdição.

Competem privativamente ao Juiz do Trabalho as seguintes atribuições **(art. 659, CLT)**:

- presidir às audiências;

- executar as suas próprias decisões e aquelas cuja execução lhes for deprecada;

- dar posse ao Secretário e aos demais funcionários da Secretaria;

- despachar os recursos interpostos pelas partes, fundamentando a decisão recorrida antes da remessa ao Tribunal Regional;

- assinar as folhas de pagamento dos funcionários da Vara;

- apresentar ao Presidente do Tribunal Regional, até 15 de fevereiro de cada ano, o relatório dos trabalhos do ano anterior;

- conceder medida liminar até decisão final do processo, em reclamações trabalhistas que visem a tornar sem efeito transferência disciplinada pelos parágrafos do art. 469, CLT;

- conceder medida liminar, até decisão final do processo, em reclamações trabalhistas que visem reintegrar no emprego dirigente sindical afastado, suspenso ou dispensado pelo empregador.

Os **Tribunais Regionais do Trabalho** podem ou não funcionar divididos em Turmas. Quando divididos em Turmas, exercem a competência funcional conforme definida no **art. 678 da Consolidação das Leis do Trabalho**. Quando não divididos em Turmas, nos termos do **art. 679 da Consolidação das Leis do Trabalho,** compete aos Tribunais Regionais o julgamento das matérias a que se refere o **art. 678**, exceto a de que trata o item 1 da alínea *c* do inciso I, bem como os conflitos de jurisdição (competência) entre Turmas[43]. A competência funcional dos Presidentes dos Tribunais Regionais do Trabalho está prevista no **art. 682 da Consolidação das Leis do Trabalho**.

---

[43] LEITE, Carlos Henrique Bezerra. *Curso de direito processual do trabalho, cit.,* 15. ed., p. 350.

Figura 4. Composição e estrutura TRT

A competência funcional do **Tribunal Superior do Trabalho** é exercida basicamente com vistas à uniformização da jurisprudência trabalhista e é definida pela **Lei n. 7.701, de 21 de dezembro de 1988,** e pelo **Regimento Interno**, tanto em relação à composição plena quanto à seção administrativa e às duas seções especializadas (de dissídios coletivos e de dissídios individuais, sendo esta última, por sua vez, subdividida em I e II).

Figura 5. Composição e estrutura do Tribunal Superior do Trabalho

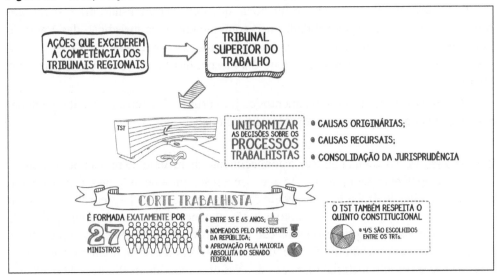

Os Tribunais Regionais do Trabalho e o Tribunal Superior do Trabalho exercem normalmente **competência recursal**, mas também possuem **competência originária** para algumas espécies de causas, como, por exemplo, o dissídio coletivo e a ação rescisória.

A **competência recursal** é própria dos Tribunais e é exercida como complemento lógico e natural do juízo, e dá ao vencido a possibilidade de obter a reforma da decisão.

A **competência originária** diz respeito às ações que devam ser propostas perante os próprios Tribunais, que irão apreciá-las desde logo.

Especificamente em relação aos **dissídios coletivos**, somente os Tribunais Regionais e o Tribunal Superior do Trabalho detêm competência para julgá-los.

Os **Tribunais Regionais do Trabalho serão competentes** para o julgamento dos dissídios coletivos de âmbito regional, ou seja, quando o conflito não extrapole a área de jurisdição de um único Tribunal Regional do Trabalho (ex.: conflito entre categoria econômica e categoria profissional no âmbito de um único município, localizado no estado de Santa Catarina. A competência para julgar o dissídio coletivo será do TRT da 12.ª Região).

Exceção a essa regra diz respeito ao Estado de São Paulo, que, por força de determinação legal contida no **art. 12 da Lei n. 7.520/86**, estabelece: "Compete exclusivamente ao Tribunal Regional do Trabalho da 2.ª Região processar, conciliar e julgar os dissídios coletivos nos quais a decisão a ser proferida deva produzir efeitos em área territorial alcançada, em parte, pela jurisdição desse mesmo Tribunal e, em outra parte, pela jurisdição do Tribunal Regional do Trabalho da 15.ª Região".

O **Tribunal Superior do Trabalho será competente** para o julgamento dos dissídios coletivos que envolvam mais de um Estado da Federação ou dissídios de âmbito nacional.

Outro aspecto da competência funcional que deve ser analisado diz respeito aos Juízos de Direito que, nas localidades não compreendidas na jurisdição das Varas do Trabalho, estarão incumbidos de julgar matéria trabalhista **(art. 668, CLT)**. Nesses casos, a competência dos Juízos de Direito é a mesma das Varas do Trabalho **(art. 669, CLT)**.

Ressaltem-se alguns posicionamentos da jurisprudência pacífica do Tribunal Superior do Trabalho a respeito da competência funcional:

> **SÚM. 192, TST:** "I – Se não houver o conhecimento de recurso de revista ou de embargos, a competência para julgar ação que vise a rescindir a decisão de mérito é do Tribunal Regional do Trabalho, ressalvado o disposto no item II. II – Acórdão rescindendo do Tribunal Superior do Trabalho que não conhece de recurso de embargos ou de revista, analisando arguição de violação de dispositivo de lei material ou decidindo em consonância com súmula de direito material ou com iterativa, notória e atual jurisprudência de direito material da Seção de Dissídios Individuais (Súmula 333), examina o mérito da causa, cabendo ação rescisória da competência do Tribunal Superior do Trabalho. [...]".

> **OJ TP-OE 4, TST:** "Ao Tribunal Superior do Trabalho não compete apreciar, originariamente, mandado de segurança impetrado em face de decisão de TRT".

> **OJ TP-OE 12, TST:** "O Presidente do TRT, em sede de precatório, não tem competência funcional para declarar a inexigibilidade do título judicial exequendo, com fundamento no art. 884, § 5.º, da CLT, ante a natureza meramente administrativa do procedimento".

2.6.5. Competência absoluta e competência relativa

Ao atribuir a competência aos diversos órgãos da Justiça do Trabalho, o legislador tem por base critérios ligados ora ao interesse público (conveniência da função jurisdicional), ora ao interesse privado (comodidade das partes). Em princípio, a competência territorial é definida com base no interesse das partes e a competência material, a competência em razão das pessoas e a competência funcional são estabelecidas com vistas ao interesse público.

Uma vez definida a competência de determinado órgão da Justiça do Trabalho, resta saber se essa competência pode ou não ser modificada, seja por vontade das partes, seja por critérios definidos em lei, como a conexão e a continência de ações, ou seja, cumpre verificar se pode ou não ocorrer a **prorrogação da competência**.

Conforme ensina Humberto Theodoro Júnior, "dá-se a *prorrogação da competência* quando se amplia a esfera da competência de um órgão judiciário para conhecer de certas causas que não estariam, ordinariamente, compreendidas em suas atribuições jurisdicionais"[44].

A prorrogação pode ser **legal ou convencional**. No primeiro caso, decorre de imposição da própria lei, como nos casos de conexão e continência **(arts. 55 e 56, CPC)**.

A competência fundada no interesse público é insuscetível de sofrer modificação, ou seja, não pode ser prorrogada nem pela vontade das partes, nem por critérios legais (conexão ou continência).

A competência determinada segundo o interesse das partes pode ser prorrogada.

Sendo **possível a prorrogação**, a competência será **relativa**. Ao contrário, quando **não puder ser modificada**, a competência será **absoluta**.

Assim, com base nos critérios expostos, é possível concluir que a competência territorial **é relativa** e a competência material, a competência em razão das pessoas e a competência funcional **são absolutas**.

A incompetência relativa depende de **arguição pela parte a quem aproveita**.

A **Lei n. 13.467/2017 (Reforma Trabalhista)** alterou a redação do **art. 800 da Consolidação das Leis do Trabalho**, que passou a prever que a **exceção de incompetência territorial** deve ser apresentada no **prazo de cinco dias** a contar da notificação, antes da audiência e em peça que sinalize a existência dessa exceção.

Protocolada a petição, será suspenso o processo e não se realizará a audiência até que se decida a exceção **(§ 1.º)**. O procedimento da exceção de incompetência territorial está previsto nos **§§ 2.º a 4.º do art. 800 da Consolidação das Leis do Trabalho**.

---

[44] THEODORO JÚNIOR, Humberto. *Curso de direito processual civil, cit.*, v. 1, p. 235.

A incompetência absoluta pode ser alegada em qualquer tempo e grau de jurisdição e deve ser declarada de ofício (**art. 64, § 1.º, CPC e art. 795, § 1.º, CLT**).

A competência relativa será prorrogada se o réu não apresentar a exceção de incompetência na forma prevista no **art. 800 da Consolidação das Leis do Trabalho**.

Após a apresentação da exceção de incompetência, os autos serão imediatamente conclusos ao juiz, que intimará o reclamante e, se existentes, os litisconsortes, para manifestação no prazo comum de cinco dias (**art. 800, § 2.º, CLT**).

Se entender necessária a produção de prova oral, o juízo designará audiência, garantindo o direito de o excipiente e de suas testemunhas serem ouvidos, por carta precatória, no juízo que este houver indicado como competente (**art. 800, § 3.º, CLT**).

Decidida a exceção de incompetência territorial, o processo retomará seu curso, com a designação de audiência, a apresentação de defesa e a instrução processual perante o juízo competente (**art. 800, § 4.º, CLT**).

Destaque-se que, tendo a Consolidação das Leis do Trabalho previsto expressamente a exceção de incompetência territorial, com indicação detalhada de seu procedimento, não há que se falar em aplicação da regra do **art. 64 do Código de Processo Civil** em relação à incompetência relativa. Não sendo apresentada a exceção de incompetência, ocorre a prorrogação da competência, não havendo mais oportunidade para a parte argui-la em contestação.

Importante ressaltar, como visto anteriormente, que **no âmbito do processo do trabalho**, como **regra geral**, **não se admite a eleição de foro** (a exceção refere-se ao processo de jurisdição voluntária para homologação de acordo judicial). Portanto, não ocorre a prorrogação da competência por consenso das partes, mas tão somente pela não alegação da incompetência em contestação, pela parte interessada.

2.6.6. Conflitos de competência

Nos termos do **art. 66 do Código de Processo Civil**, há **conflito de competência** quando: a) dois ou mais juízes se declaram competentes; b) dois ou mais juízes se consideram incompetentes, atribuindo um ao outro a competência; c) entre dois ou mais juízes surge controvérsia acerca da reunião ou separação de processos.

Assim, "conflito de competência, cognominado pela CLT de *conflito de jurisdição*, é um incidente processual que ocorre quando dois órgãos judiciais se proclamam competentes (conflito positivo) ou incompetentes (conflito negativo) para processar e julgar determinado processo"[45].

Ao ser dirimido o conflito de competência apenas um juiz será declarado competente e poderá julgar a causa. Nesse sentido, "o objeto do conflito de competência é uma ação única"[46].

No âmbito da Justiça do Trabalho, os **conflitos de competência podem ocorrer entre**:

---

[45] LEITE, Carlos Henrique Bezerra. *Curso de direito processual do trabalho, cit.*, 15. ed., p. 378.

[46] NERY JUNIOR, Nelson; NERY, Rosa Maria de Andrade. *Código de Processo Civil comentado*. 22. ed. São Paulo: Revista dos Tribunais, 2024, p. 222.

- Varas do Trabalho e Juízes de Direito investidos na administração da Justiça do Trabalho;
- Tribunais Regionais do Trabalho; e
- Juízos e Tribunais do Trabalho e órgãos da Justiça Ordinária **(art. 803, CLT)**.

Não se configura conflito de competência entre Tribunal Regional do Trabalho e Vara do Trabalho a ele vinculada.

> **SÚM. 420, TST:** "Não se configura conflito de competência entre Tribunal Regional do Trabalho e Vara do Trabalho a ele vinculada".

Os conflitos de competência **podem ser suscitados** pelos Juízes e Tribunais do Trabalho, pelo Procurador-Geral e pelos Procuradores Regionais do Trabalho ou pela parte interessada, pessoalmente ou por meio de seu representante **(art. 805, CLT)**, sendo vedado à parte interessada suscitar o conflito quando já houver oposto na causa exceção de incompetência **(art. 806, CLT)**.

A parte que suscitar o conflito de competência deve fazer prova deste **(art. 807, CLT)**.

O juiz que não acolher a competência declinada **deverá suscitar o conflito**, salvo se a atribuir a outro juízo **(art. 66, parágrafo único, CPC)**.

Nos termos do **art. 114, V, da Constituição Federal** (com a redação dada pela EC n. 45/2004), os conflitos de competência entre órgãos com jurisdição trabalhista serão **processados e julgados pela Justiça do Trabalho**, ressalvado o disposto no **art. 102, I, *o*, da Constituição Federal** (os conflitos de competência entre o STJ e quaisquer tribunais, entre Tribunais Superiores, ou entre estes e qualquer outro tribunal serão julgados pelo STF).

Assim, não compete ao STJ dirimir os conflitos de competência entre juízes trabalhistas vinculados a Tribunais Regionais do Trabalho diversos **(Súm. 236, STJ)**.

Especificamente em relação a eventual conflito de competência entre Varas do Trabalho surgido com fundamento nas regras sobre competência territorial definidas no **art. 651, da CLT**, o TST adotou o seguinte posicionamento:

> **OJ SDI-2 149, TST:** "Não cabe declaração de ofício de incompetência territorial no caso do uso, pelo trabalhador, da faculdade prevista no art. 651, § 3.º, da CLT. Nessa hipótese, resolve-se o conflito pelo reconhecimento da competência do juízo do local onde a ação foi proposta".

Ressalte-se que, "quando há ajuizamento de duas ações idênticas em juízos diversos, e ambos os juízos puderem, em tese, ser competentes para o julgamento (CPC 59), não há conflito de competência, mas sim litispendência, cuja consequência é a extinção do processo ajuizado na pendência de outro (CPC 485 V)"[47].

---

[47] NERY JUNIOR, Nelson; NERY, Rosa Maria de Andrade. *Código de Processo Civil comentado*. 22. ed. São Paulo: Revista dos Tribunais, 2024, p. 225.

2.7. QUESTÕES

3

CARACTERÍSTICAS DO PROCESSO DO TRABALHO

Ensina Humberto Theodoro Júnior que, "para exercer a função jurisdicional, o Estado cria órgãos especializados. Mas esses órgãos encarregados da jurisdição não podem atuar discricionária ou livremente, dada a própria natureza da atividade que lhes compete. Subordinam-se, por isso mesmo, a um *método* ou *sistema* de atuação, que vem a ser o *processo*. Entre o pedido da parte e o provimento jurisdicional se impõe a prática de uma série de atos que formam o *procedimento* judicial (isto é, a *forma* de agir em juízo), e cujo conteúdo sistemático é o *processo*"[1].

Em razão da **natureza alimentar da maioria dos direitos** que se pleiteia por meio do processo do trabalho e, ainda, com fundamento no **princípio protetor**, o procedimento nas ações trabalhistas tem peculiaridades que o distinguem dos demais.

Nesse sentido, a doutrina aponta as seguintes **características do processo do trabalho**[2]:

- ■ informalismo;
- ■ oralidade;
- ■ imediatidade ou imediação;
- ■ concentração de atos;
- ■ conciliação;

---

[1] THEODORO JÚNIOR, Humberto. *Curso de direito processual civil, cit.,* v. 1, p. 130.

[2] Destaca-se que alguns autores, como Carlos Henrique Bezerra Leite e Mauro Schiavi, indicam essas características como sendo princípios do processo do trabalho, incluindo-as em uma enumeração extensa de princípios. *Vide:* LEITE, Carlos Henrique Bezerra. *Curso de direito processual do trabalho,* cit., 16. ed., p. 81 e s.; SCHIAVI, Mauro. *Manual de direito processual do trabalho,* cit., p. 128 e s.

No entanto, não concordamos com tal posicionamento, pois diferenciamos princípios de regras. Como ensina Luis Virgílio Afonso da Silva, "princípios seriam as normas mais fundamentais do sistema, enquanto as regras costumam ser definidas como uma concretização desses princípios, e teriam, por isso, caráter mais instrumental e menos fundamental" (Princípios e regras: mitos e equívocos acerca de uma distinção. *Revista Latino-Americana de Estudos Constitucionais,* Belo Horizonte: Del Rey, jan.-jun. 2003, p. 612). O caráter instrumental do informalismo, da celeridade, da oralidade, da concentração de atos, da conciliação e da aplicação subsidiária ou supletiva do direito processual comum é inegável. Tais características, portanto, compõem o conjunto de regras que dão a dinâmica do processo do trabalho.

98 Direito Processual do Trabalho Esquematizado

- irrecorribilidade imediata das decisões interlocutórias;
- aplicação subsidiária e supletiva do Direito Processual Comum.

3.1. INFORMALISMO

O Direito Processual do Trabalho visa assegurar ao trabalhador, por meio da atividade jurisdicional, melhores condições de vida, concretizando, assim, o próprio Direito do Trabalho. Inegável, portanto, que, diferentemente do Direito Processual Civil, que envolve apenas direitos individuais, o Direito Processual do Trabalho tem como objeto o próprio fenômeno social[3].

Exatamente por essa razão o processo do trabalho **não se reveste dos mesmos formalismos do processo comum**, orientando-se por regras menos formais, com o objetivo de atingir maior celeridade e permitir acesso à justiça mais amplo.

Isso não significa, no entanto, que o processo do trabalho é informal, que não tem forma a seguir. O que o diferencia do processo comum é um **número menor de formalismos**.

Assim, o processo do trabalho tem entre suas características o **informalismo ou simplicidade das formas**.

Exemplo claro dessa característica é a previsão legal do *jus postulandi* às partes no processo do trabalho, permitindo que elas compareçam à Justiça do Trabalho e pratiquem atos processuais desacompanhadas de advogado **(art. 791, CLT)**, o que certamente exige que o processo seja revestido de um maior informalismo. Como consequência, a previsão de que a petição inicial poderá ser verbal **(art. 840, CLT)**, a contestação poderá ser apresentada oralmente em audiência **(art. 847, CLT)** e, da mesma forma, as razões finais **(art. 850, CLT)**.

Pode-se citar, ainda o **art. 899 da Consolidação das Leis do Trabalho**, que prevê que os recursos serão interpostos por mera petição, sem que se exijam formalismos extremos.

3.2. ORALIDADE

Em um processo que tenha como característica a oralidade, **prevalece a comunicação verbal** entre as partes e o juiz e seus auxiliares. Entre as **vantagens** do processo oral estão: menor formalidade, maior celeridade e, em consequência, menor custo.

O legislador trabalhista inegavelmente idealizou um **processo eminentemente oral** no qual prevalece a palavra falada, embora haja a previsão da prática de determinados atos por escrito.

Assim, em decorrência da oralidade, o processo do trabalho "se desenvolve principalmente na audiência, assegurando um contato mais estreito das partes com o magistrado, fator fundamental para a imediatidade da decisão"[4].

---

[3] ALMEIDA, Amador Paes de. *Curso prático de processo do trabalho*. 12. ed. São Paulo: Saraiva, 1999. p. 70.

[4] ALMEIDA, Amador Paes de. *Curso prático de processo do trabalho*, cit., p. 71.

3 ■ Características do Processo do Trabalho 99

Assim, em razão da prevalência da oralidade, o legislador trabalhista estabelece que a petição inicial pode ser verbal **(art. 840, CLT)** e que a contestação será aduzida oralmente em audiência, no prazo de 20 minutos **(art. 847, CLT)**, embora na prática se aceite a entrega da defesa por escrito.

Da mesma forma, prevê o legislador razões finais orais, apresentadas em audiência no prazo de dez minutos para cada parte, e, ainda, sentença proferida oralmente em audiência **(art. 850, CLT)**.

Reforça, ainda, a característica da oralidade no processo do trabalho a previsão de que nas ações submetidas ao procedimento sumaríssimo (de valor não excedente a 40 vezes o salário mínimo), serão registrados na ata de audiência, de forma resumida, apenas os atos essenciais, as afirmações fundamentais das partes e as informações úteis à solução da causa trazidas pelas testemunhas **(art. 852-F, CLT)**.

3.3. IMEDIATIDADE OU IMEDIAÇÃO

O juiz do trabalho, na busca da verdade real, deve ter um **contato direto com as partes e com as provas** pelas mesmas apresentadas, em especial a prova testemunhal.

Segundo Bezerra Leite, a imediatidade "significa que o juiz da causa está obrigado ao contato direto com as partes e a sua prova testemunhal, ou pericial, com a própria coisa litigiosa ou com terceiros, para que possa obter os elementos necessários ao esclarecimento da verdade real e dos autos, e, em consequência, decidir fundamentalmente o processo Este princípio encontra-se albergado nos arts. 139 e 481, do NCPC"[5].

Assim, as partes e testemunhas no processo do trabalho devem ser inquiridas pelo juiz, podendo ser reinquiridas, por seu intermédio, a requerimento das partes, seus representantes ou advogados **(art. 820, CLT)**.

Embora a imediatidade seja aplicável com maior relevância no processo do trabalho, em razão da grande incidência e importância que é dada à prova oral, no **Código de Processo Civil** a imediatidade revela-se mais detalhada, com as previsões de que ao juiz incumbe determinar, a qualquer tempo, o comparecimento das partes, para inquiri-las sobre os fatos da causa **(art. 139, VIII)**, e de que o juiz, de ofício ou a requerimento da parte, pode, em qualquer fase do processo, inspecionar pessoas ou coisas, a fim de se esclarecer sobre fato que interesse à decisão da causa **(art. 481)**. Diante da compatibilidade, em especial em decorrência da previsão do **art. 765 da CLT** (os juízes do trabalho podem determinar qualquer diligência necessária ao esclarecimento das causas), tais previsões do Código de Processo Civil são aplicáveis no processo do trabalho.

O princípio da imediatidade privilegia o julgamento da causa pelo juiz que presidiu a produção de prova (mediou os atos da oitiva das partes e testemunhas, por exemplo), possibilitando ao juiz avaliar sua credibilidade, mas **não se confunde com a identidade física do juiz** (o juiz perante o qual as provas foram produzidas é quem deve proferir a sentença).

---

[5] LEITE, Carlos Henrique Bezerra. *Curso de direito processual do trabalho, cit.*, 15. ed., p. 99.

No **processo do trabalho** são realçadas a celeridade, a economia, a efetividade e a rápida duração do processo, razão pela qual **não se adota a identidade física do juiz** como obrigatoriedade.

Ressalte-se que o cancelamento da **Súmula 136 do Tribunal Superior do Trabalho** não modificou esse entendimento, que continua a ser aplicado pelos Tribunais trabalhistas, mormente após o Código de Processo Civil de 2015 ter suprimido tal exigência que era prevista pelo art. 132 do Código de Processo Civil de 1973.

"[...] AGRAVO DE INSTRUMENTO INTERPOSTO PELA PARTE RECLAMADA. RECURSO CONSIDERADO PREJUDICADO NA DECISÃO UNIPESSOAL ANTERIORMENTE REFORMADA. ANÁLISE. 1. NULIDADE DA SENTENÇA. PRINCÍPIO DA IDENTIDADE FÍSICA DO JUIZ. I. Na linha da jurisprudência desta Corte Superior, o só fato de o juiz prolator da sentença não ter presidido à audiência de instrução, ou não estar mais vinculado à Vara onde tramita a demanda, não é causa suficiente para a declaração de nulidade da sentença. Precedentes. II. Verificada a harmonia da decisão regional com a jurisprudência desta Corte Superior, incide o disposto no art. 896, § 7.º, da CLT e o teor da Súmula 333 do TST, como óbices ao processamento do recurso de revista. III. Agravo de instrumento de que se conhece e a que se nega provimento. [...]" (Ag-ARR-1057-12.2013.5.15.0016, 7.ª T., rel. Min. Evandro Pereira Valadão Lopes, *DEJT* 8-3-2024).

"AGRAVO DE INSTRUMENTO DO RECLAMANTE. RECURSO DE REVISTA SOB A ÉGIDE DA LEI N. 13.467/2017. NULIDADE PROCESSUAL. PRINCÍPIO DA IDENTIDADE FÍSICA DO JUIZ. INEXISTÊNCIA. TRANSCENDÊNCIA JURÍDICA. No caso em tela, o debate acerca da nulidade processual por ausência de aplicação de regras de divisão de competências, em razão de o juiz sentenciante ter sido diverso daquele que participou diretamente da produção de provas em audiência, detém transcendência jurídica, nos termos do art. 896-A, § 1.º, IV, da CLT. Transcendência reconhecida. NULIDADE PROCESSUAL. PRINCÍPIO DA IDENTIDADE FÍSICA DO JUIZ. INEXISTÊNCIA. O cancelamento da Súmula 136 do TST provocou debates na jurisprudência e na doutrina a respeito da aplicabilidade do princípio da identidade física do juiz às Varas do Trabalho, onde, em regra, são produzidas as provas destinadas à instrução processual. Na vigência do CPC de 2015, o cancelamento, ou não, da Súmula 136 do TST não é fundamento autossuficiente à discussão, porque o aludido diploma não tem dispositivo cujo conteúdo coincida com o do art. 132 do CPC de 1973. O fato de o legislador não ter reproduzido tal regra no CPC de 2015 enseja a conclusão de que ele foi extinto com relação à primeira instância, tanto no direito processual comum quanto no direito processual do trabalho. Até mesmo o Superior Tribunal de Justiça tem reconhecido a extinção do princípio da identidade física do juiz a partir da entrada em vigor do CPC de 2015. Logo, não há sequer como confrontar tal princípio com outros próprios do direito processual do trabalho, porquanto não há subsidiariedade a ser cogitada. Em razão de não mais existir regra processual que exija o julgamento por parte do juiz que tenha concluído a audiência, não há fundamento que resguarde o pedido de declaração de nulidade da sentença pelo fato de ter sido proferida por juiz que não participou diretamente da integral produção de provas em audiência. Agravo de instrumento não provido. [...]" (RRAg-10455-42.2018.5.03.0080, 6.ª T., rel. Min. Augusto Cesar Leite de Carvalho, *DEJT* 3-3-2023).

3 ◼ Características do Processo do Trabalho

"RECURSO ORDINÁRIO. AÇÃO RESCISÓRIA FUNDADA NO ART. 966, II E V, DO CPC/2015. ALEGAÇÃO DE VIOLAÇÃO MANIFESTA DO ART. 39, II, DA CONSOLIDAÇÃO DOS PROVIMENTOS DA CORREGEDORIA DO TRIBUNAL REGIONAL DO TRABALHO DA 2.ª REGIÃO. AUSÊNCIA DE PRONUNCIAMENTO EXPLÍCITO NA DECISÃO RESCINDENDA. SÚMULA 298, I, DO TST. ALEGAÇÃO DE MANIFESTA INCOMPETÊNCIA. IDENTIDADE FÍSICA DO JUIZ. SENTENÇA RESCINDENDA PROFERIDA POR MAGISTRADA DIVERSA DA AUTORIDADE QUE PRESIDIU A INSTRUÇÃO PROCESSUAL. AUSÊNCIA DE PREJUÍZO. *PAS DE NULLITÉ SANS GRIEF.* JURISPRUDÊNCIA DO STJ E DO TST. CORTE RESCISÓRIO INVIÁVEL. 1. Trata-se de ação rescisória, calcada no art. 966, II e V, do CPC (juízo incompetente e violação manifesta de norma jurídica), em que se pretende a desconstituição de sentença, ao fundamento de que foi prolatada em desrespeito ao princípio da identidade física do juiz e em ofensa ao art. 39, II, da Consolidação dos Provimentos da Corregedoria do Tribunal Regional do Trabalho da 2.ª Região. 2. No pertinente ao corte rescisório com fundamento em manifesta violação de norma jurídica, afigura-se imprescindível que o julgado rescindendo haja se pronunciado explicitamente acerca da matéria (incompetência), a fim de autorizar a rescisão do julgado, o que não ocorreu na espécie. Logo, a pretensão rescisória, calcada no art. 966, II, do CPC encontra óbice na diretriz da Súmula 298, I, do TST. 3. Quanto à pretensão desconstitutiva fundada no inciso II do art. 966 do CPC, que dispensa manifestação expressa na decisão rescindenda acerca da matéria (Orientação Jurisprudencial n. 124 da SDI-2), a incompetência absoluta da autoridade judicante deve revelar-se de modo inequívoco, o que tampouco sucede no presente caso. 4. O princípio da identidade física do juiz, que atrela a prolação de sentença ao magistrado que preside a instrução, consiste em regra de competência funcional afeta ao processo penal, inscrito no § 2.º do art. 399 do CPP. Na seara do processo civil, estava expressamente previsto no art. 132 do Código de Processo Civil de 1973 (" O juiz, titular ou substituto, que concluir a audiência julgará a lide, salvo se estiver convocado, licenciado, afastado por qualquer motivo, promovido ou aposentado, casos em que passará os autos ao seu sucessor"). Contudo, ainda sob a égide do diploma processual anterior, o Superior Tribunal de Justiça firmou entendimento de que a identidade física do juiz não configura regra absoluta, que pode ser afastada quando não detectado prejuízo aos litigantes – postulado *pas de nullité sans grief.* Julgado do STJ. 5. Ao mesmo tempo, a aplicação supletiva do princípio da identidade física do juiz era vedada no processo do trabalho, conforme a Súmula 136 desta Corte Superior, editada nos idos de 1982. Contudo, o referido verbete foi cancelado em 2012, em meio à múltipla revisão jurisprudencial ocorrida no âmbito do TST, de modo que remanesceu questionável a aplicabilidade da regra. Nada obstante, com o advento do Código de Processo Civil de 2015, que não contém dispositivo equivalente ao art. 132 do diploma anterior, a imperiosidade da regra da identidade física do juiz passou a ser ainda mais discutível mesmo na seara processual comum, conforme se extrai da jurisprudência recente do Superior Tribunal de Justiça. 6. Logo, se sob a égide do CPC de 1973 já se revelaria duvidosa a viabilidade de corte rescisório de sentença trabalhista fundado em inequívoca incompetência absoluta da autoridade judicante, por inobservância da regra da identidade física do juiz, o advento da nova legislação processual civil sepultou qualquer possibilidade de desconstituição da coisa julgada, puramente em razão de o magistrado sentenciante diferir do que presidiu a instrução processual, notadamente quando não comprovado prejuízo às partes ou ofensa às garantias constitucionais de ampla defesa e contraditório. Precedentes da SDI-2 e de Turmas. 7. Impõe-se, assim, confirmar o acórdão recorrido, quanto à improcedência da pretensão desconstitutiva. Recurso ordinário a que se nega provimento." (ROT-1002465-22.2019.5.02.0000, Subseção II Especializada em Dissídios Individuais, rel. Min. Alberto Bastos Balazeiro, *DEJT* 12-8-2022).

3.4. CONCENTRAÇÃO DE ATOS

Em decorrência das características da celeridade e da oralidade, no processo do trabalho ocorre a **concentração em audiência** da prática da maioria dos atos processuais.

Na audiência trabalhista, na qual as partes deverão estar presentes, são formuladas, obrigatoriamente, as duas propostas de conciliação, é apresentada a defesa, são tomados os depoimentos pessoais das partes, são ouvidas as testemunhas, são aduzidas as razões finais, é proferida a sentença, da qual as partes tomarão conhecimento na própria audiência. A audiência é, portanto, uma: de conciliação, instrução e julgamento (**arts. 843 a 852, CLT, e art. 852-C, CLT,** em relação ao procedimento sumaríssimo).

3.5. CONCILIAÇÃO

Ao estabelecer que os dissídios individuais e coletivos submetidos à apreciação da Justiça do Trabalho serão **sempre sujeitos à conciliação**, o legislador imprimiu ao processo do trabalho **natureza nitidamente conciliatória (art. 764, CLT)**.

Aliás, o legislador determina que os Juízes e Tribunais deverão envidar esforços no sentido de conseguir que as partes se concilem (**art. 764, § 1.º, CLT**).

Nos dissídios individuais são obrigatórias **duas tentativas de conciliação em audiência**, sob pena de nulidade: a primeira, imediatamente após a abertura da audiência e antes da apresentação da defesa (**art. 846, CLT**); a segunda, após as razões finais e antes de ser proferida a sentença (**art. 850, CLT**). No procedimento sumaríssimo, o legislador prevê que, aberta a audiência, o juiz deverá esclarecer as partes sobre as vantagens da conciliação e deverá usar os meios adequados para a solução conciliatória do litígio, em qualquer fase da audiência (**art. 852-E, CLT**).

Estabelece, ainda, o legislador que é lícito às partes celebrar acordo que ponha fim ao processo em qualquer tempo ou grau de jurisdição (**art. 764, § 3.º, CLT**).

"I – RECURSO ORDINÁRIO INTERPOSTO PELA AUTORA. AÇÃO RESCISÓRIA AJUIZADA SOB A ÉGIDE DO CPC DE 1973. [...] ART. 485, V, DO CPC DE 1973. AUSÊNCIA DE SEGUNDA PROPOSTA CONCILIATÓRIA. VIOLAÇÃO DOS ARTS. 5.º, II E LIV, DA CONSTITUIÇÃO FEDERAL, 764, § 1.º, 831 E 850 DA CLT. 2.1 – Como a sentença rescindenda consignou que as partes, após o encerramento da instrução, permaneceram inconciliadas, não se há falar em nulidade por ausência de proposta conciliatória, a qual restou frustrada pela ausência das partes à audiência, de modo que não se vislumbra a propalada afronta aos arts. 5.º, II e LIV, da Constituição Federal, 764, § 1.º, 831 e 850 da CLT. Ademais, considerando o teor dos arts. 764, § 3.º, e 794 da CLT, ainda que não realizada a segunda proposta conciliatória, não se há falar em nulidade, porquanto ausente o prejuízo, uma vez que, às partes, é dado conciliar a qualquer momento e, no caso, jamais foram impedidas de tal ato. 2.2 – Precedentes. Recurso ordinário conhecido e não provido. [...]" (RO-5699-44.2010.5.02.0000, Subseção II Especializada em Dissídios Individuais, rel. Min. Delaide Alves Miranda Arantes, *DEJT* 5-8-2022).

3 ■ Características do Processo do Trabalho

3.6. IRRECORRIBILIDADE IMEDIATA DAS DECISÕES INTERLOCUTÓRIAS

Com fundamento na celeridade, na efetividade e na duração razoável, no processo do trabalho admite-se a apreciação das decisões interlocutórias somente em recursos da decisão definitiva **(art. 893, § 1.º, CLT)**.

Assim, por força da regra da **irrecorribilidade das decisões interlocutórias**, as impugnações a estas somente poderão ser apresentadas posteriormente, por ocasião do recurso interposto da decisão final (sentença ou acórdão).

3.7. APLICAÇÃO SUBSIDIÁRIA E SUPLETIVA DO DIREITO PROCESSUAL COMUM

Inexiste no Brasil um Código de Processo do Trabalho, estando as normas processuais trabalhistas contidas na Constituição Federal, na Consolidação das Leis do Trabalho e em algumas leis esparsas.

Essa situação faz com que se verifique que há **omissões no sistema processual trabalhista** e seja necessária a aplicação pelo juiz do trabalho de outras normas processuais, em especial do Código de Processo Civil, para a solução dos casos concretos.

No entanto, não se pode perder de vista que, em razão de o processo do trabalho ter como objeto, como regra, a discussão sobre verbas trabalhistas de natureza alimentar, o acesso à Justiça do Trabalho não pode ser dificultado por um processo complexo, caro e demorado.

Por essa razão, o legislador estabelece a possibilidade de **utilização subsidiária do Direito Processual Comum**, nos termos do **art. 769 da Consolidação das Leis do Trabalho**: "Nos casos omissos, o Direito Processual Comum será fonte subsidiária do Direito Processual do Trabalho, exceto naquilo em que for incompatível com as normas deste Título".

Como a subsidiariedade não é só do Direito Processual *Civil*, mas sim do Direito Processual *Comum*, o Código de Defesa do Consumidor pode ser aplicado no processo trabalhista, desde que haja omissão na legislação trabalhista e que não se verifique incompatibilidade com os seus termos e princípios. Assim, o Código de Defesa do Consumidor pode ser aplicado, por exemplo, em relação à ação civil pública, à conceituação de direitos difusos, entre outros[6].

No âmbito da execução, o **art. 889 da Consolidação das Leis do Trabalho** também contém regra de aplicação subsidiária, estabelecendo que "aos trâmites e incidentes do processo de execução são aplicáveis, naquilo que não contrariem o presente Título, os preceitos que regem o processo de executivos fiscais para a cobrança judicial da dívida da Fazendo Pública Federal".

Portanto, para que seja possível a aplicação subsidiária do Código de Processo Civil no processo do trabalho, dois **requisitos** (regras de contenção, segundo Bezerra Leite[7]) devem estar **presentes, concomitantemente**:

---

[6] NASCIMENTO, Amauri Mascaro. *Curso de direito processual do trabalho, cit.*, 22. ed., p. 86.

[7] LEITE, Carlos Henrique Bezerra. *Curso de direito processual do trabalho, cit.*, 16. ed., p. 138.

- deve haver **omissão** na legislação trabalhista; e
- a norma processual civil a ser aplicada deve ser **compatível** com os princípios gerais do processo do trabalho.

Tendo em vista que o legislador trabalhista não especificou quais as normas processuais civis compatíveis ou incompatíveis com os princípios e regras do processo do trabalho, incumbe ao prudente arbítrio do julgador verificar se os requisitos exigidos pelo **art. 769 da Consolidação das Leis do Trabalho** estão presentes, autorizando, então, a aplicação subsidiária do Código de Processo Civil.

O **Código de Processo Civil de 2015**, no entanto, trouxe previsão um pouco distinta da prevista no **art. 769 da Consolidação das Leis do Trabalho** em relação a essa questão: "Na ausência de normas que regulem processos eleitorais, trabalhistas ou administrativas, as disposições deste Código lhes serão aplicadas supletiva e subsidiariamente".

Questionou-se, desde o início da vigência do Código de Processo Civil de 2015, sobre o alcance e a diferença entre aplicação **supletiva** e aplicação **subsidiária** do processo comum e do Código de Processo Civil ao processo do trabalho.

Essa análise passa, de início, pela constatação de que a marca própria e diferenciadora do processo do trabalho em relação ao processo civil não decorre de "objetivos" ou "princípios" próprios, mas sim em razão de um **procedimento próprio**, mais simplificado e mais célere, assentado sobre um conjunto de normas que visa assegura o **equilíbrio entre os litigantes** na solução dos conflitos decorrentes da relação de trabalho.

A partir desse conjunto de princípios e regras de procedimento é que se poderá identificar a compatibilidade que, na forma do **art. 769 da Consolidação das Leis do Trabalho**, permitirá a **aplicação subsidiária** ou, de acordo com o **art. 15 do Código de Processo Civil**, possibilitará a **aplicação supletiva**.

Diferenciando aplicação subsidiária de aplicação supletiva, podemos dizer que a primeira ocorrerá quando for necessária a **integração de uma lacuna**, e a segunda, sempre que o juiz entender conveniente a aplicação do Código de Processo Civil como forma de **aprimorar o processo do trabalho** a partir dos princípios de acesso à justiça e de devido processo legal.

A **aplicação subsidiária** refere-se, portanto, a **integração de lacunas**, enquanto que a **aplicação supletiva** visa o **aprimoramento das normas** já existentes no âmbito do processo do trabalho, mas que podem ser aplicadas de maneira mais eficiente e efetiva tanto no que tange à ampliação do acesso à justiça como a uma mais eficiente concretização do devido processo legal.

- Aplicação subsidiária → integração de lacunas
- Aplicação supletiva → aprimoramento das normas

Os **arts. 769 e 889 da Consolidação das Leis do Trabalho** não foram revogados pelo **art. 15 do Código de Processo Civil**, em face do que estatui o **art. 2.º, § 2.º, da Lei**

3 ◾ Características do Processo do Trabalho

de Introdução às Normas do Direito Brasileiro, sendo plenamente possível a **compatibilização** das referidas normas[8].

Com base nessa premissa, o Tribunal Superior do Trabalho editou a **Instrução Normativa n. 39/2016**, que dispõe, de forma não exaustiva, sobre as normas do Código de Processo Civil de 2015 aplicáveis e inaplicáveis ao Processo do Trabalho. Destaque--se que referida Instrução Normativa prevê expressamente a aplicação do CPC "em caso de omissão e desde que haja compatibilidade com as normas e princípios do Direito Processual do Trabalho".

Trata-se de ato normativo com função orientativa e, portanto, sem caráter cogente, sendo que sua inobservância pelos magistrados não acarreta sanção disciplinar ou correição parcial, conforme decidido pelo Ministro Cristiano Zanin, em decisão monocrática que negou seguimento à ADI 5.516, ajuizada em 2016 pela Associação Nacional dos Magistrados da Justiça do Trabalho (Anamatra)[9].

Considerando a função apenas orientativa da **Instrução Normativa n. 39/2016**, as posições doutrinárias e jurisprudenciais a respeito do tema têm variado enormemente e são, na maior parte das vezes, contraditórias, o que gera uma incerteza quanto ao procedimento a ser seguido no processo do trabalho.

Portanto, até que haja uma definição mais segura pelos Tribunais trabalhistas dos dispositivos do Código de Processo Civil de 2015 que podem ser aplicados no processo do trabalho, é prudente ter cautela e acompanhar a evolução da discussão doutrinária e jurisprudencial sobre o tema, utilizando-se como base, porém, as previsões da **Instrução Normativa n. 39/2016** e os julgamentos proferidos pelo TST a respeito das questões processuais.

Vale ressaltar que a **Lei n. 13.467/2017 (Reforma Trabalhista)** resolveu algumas das questões controvertidas em relação à sua aplicabilidade ao processo do trabalho.

Nesse sentido, dispositivos indicados na **Instrução Normativa n. 39/2016** como não sendo aplicáveis ao processo do trabalho **passaram a ser aplicáveis e previstos na Consolidação das Leis do Trabalho**, por força da **Lei n. 13.467/2017**, como, por exemplo, a contagem de prazos processuais em dias úteis (**art. 775, CLT**) e a prescrição intercorrente (**art. 11-A, CLT**), e, portanto, incluem-se agora entre as regras processuais trabalhistas.

Outros dispositivos do Código de Processo Civil que a **Instrução Normativa n. 39/2016** indicava como sendo aplicáveis ao processo do trabalho foram **inseridos expressamente na Consolidação das Leis do Trabalho** pela **Reforma Trabalhista**: distribuição dinâmica do ônus da prova (**art. 818, §§ 1.º a 3.º, CLT**) e incidente de desconsideração da personalidade jurídica (**art. 855-A, CLT**), entre outros.

Constata-se, portanto, que ainda algum tempo será necessário até que se consolidem entendimentos no sentido da aplicação subsidiária e supletiva do Código de Processo Civil de 2015 no processo do trabalho.

---

[8] Nelson Nery Junior e Rosa Maria de Andrade Nery entendem, porém, que houve revogação do art. 769 da CLT (*Código de Processo Civil comentado*, cit., 22. ed., p. 84).

[9] Decisão transitada em julgado em 8-4-2024. Pesquisa realizada em 3 de novembro de 2024 no *site* do STF.

3.8. QUESTÕES

4

ATOS, TERMOS E PRAZOS PROCESSUAIS

4.1. ATOS PROCESSUAIS

4.1.1. Conceito

No âmbito do processo, **ato** é toda manifestação de vontade que emana das pessoas vinculadas à relação jurídica processual à qual sua prática se destina. São os atos que produzem efeitos diretos e imediatos sobre a relação processual.

Vários são os atos praticados desde o momento em que o processo se inicia até o momento em que termina, com a entrega da prestação jurisdicional. Os atos são praticados ora pelas partes, ora pelo juiz ou por seus auxiliares. Exatamente por isso, e para que seja possível atingir os fins do processo, os atos processuais devem se ligar uns aos outros por meio de um **encadeamento lógico e cronológico**, sendo possível afirmar que o **processo é uma sequência ordenada de atos**.

4.1.2. Classificação

Os atos processuais podem ser **classificados** segundo *critérios objetivos* ou de acordo com *critérios subjetivos.*

Dividindo-se **objetivamente** a prática dos atos do processo em três momentos da relação jurídica processual – o nascimento, o desenvolvimento e a conclusão –, podem ser classificados em[1]:

- **atos de iniciativa** – os que se destinam a instaurar a relação processual (petição inicial e contestação);
- **atos de desenvolvimento** – os que movimentam o processo (manifestações, provas etc.);
- **atos de conclusão** – atos decisórios do juiz ou atos conciliatórios das partes.

Quanto aos **sujeitos que os praticam**, os atos processuais se classificam em:

- **atos do juiz (art. 203, CPC);**
- **atos das partes (art. 200, CPC);**
- **atos de terceiros** (autuação, juntada, perícia, diligência etc.).

---

[1] THEODORO JÚNIOR, Humberto. *Curso de direito processual civil, cit.*, v. 1, p. 478.

4.1.3. Características

Os atos processuais têm como principais **características** a publicidade, a documentação e a certificação.

A **publicidade** dos atos no processo do trabalho está prevista no **art. 770 da Consolidação das Leis do Trabalho**, que estabelece que os atos processuais serão públicos, salvo quando o contrário determinar o interesse social. A regra da publicidade dos atos processuais também é prevista pelo **CPC (art. 189)**, que, no entanto, enumera as situações excepcionais que permitem a tramitação em segredo de justiça, entre as quais: quando o exija o interesse público ou social (**inciso I**) ou quando do processo constem dados protegidos pelo direito constitucional à intimidade (**inciso III**)[2].

A publicidade dos atos processuais é prevista constitucionalmente no **art. 93, IX**, com a redação dada pela Emenda Constitucional n. 45/2004: "todos os julgamentos dos órgãos do Poder Judiciário serão públicos, e fundamentadas todas as decisões, sob pena de nulidade, podendo a lei limitar a presença, de determinados atos, às próprias partes e a seus advogados, ou somente a estes, em casos nos quais a preservação do direito à intimidade do interessado no sigilo não prejudique o interesse público à informação".

Como ensina Homero Batista, "todos os atos devem ser públicos, por ser da essência do processo a transparência e a fiscalização coletiva quanto à imparcialidade e à lisura na condução dos atos"[3].

Os atos processuais **deverão ser realizados** nos dias úteis, das 6 às 20 horas. Destaque-se, no entanto, que o expediente forense é definido pela lei de organização judiciária local, que tem prioridade na matéria e pode complementar e detalhar os dias e horários de funcionamento e de prática de determinados atos[4]. O horário previsto em lei é o limite, mas as leis de organização judiciária local, embora não possam ultrapassá-lo, podem restringi-lo. Por isso a importância de, concretamente, se verificar as previsões específicas de cada Tribunal Regional em relação aos dias e horários e funcionamento e, consequentemente, nos quais serão praticados os atos processuais.

A penhora poderá ser realizada em domingos ou feriados, mediante autorização expressa do juiz **(art. 770, parágrafo único, CLT)**. Caso seja necessário, o juiz pode autorizar a prática de outros atos fora do horário normal. As audiências podem ser realizadas das 8 às 18 horas, não podendo ultrapassar cinco horas seguidas, salvo quando houver matéria urgente **(art. 813, CLT)**.

Quando o ato tiver que ser praticado em determinado prazo, por meio de petição, esta deverá ser apresentada no protocolo, dentro do horário de expediente, nos termos da lei de organização judiciária local **(art. 212, § 3.º, CPC)**.

---

[2] A hipótese prevista no inciso I é inaplicável ao processo do trabalho. A hipótese do inciso IV poderá eventualmente ser aplicável nas hipóteses restritas de cabimento da arbitragem como forma de solução dos conflitos trabalhistas (conflitos coletivos – art. 114, §§ 1.º e 2.º, CF; conflitos individuais – art. 507-A, CLT).

[3] SILVA Homero Batista Mateus da. *Curso de direito do trabalho aplicado*: processo do trabalho. São Paulo: Revista dos Tribunais, 2021. v. 4, p. 277.

[4] SILVA Homero Batista Mateus da. *Curso de direito do trabalho aplicado*, cit., p. 278.

4 ■ Atos, Termos e Prazos Processuais 109

Os autos dos processos da Justiça do Trabalho não poderão sair dos cartórios ou secretarias, salvo se solicitados por advogado regularmente constituído por qualquer das partes, ou quando tiverem de ser remetidos aos órgãos competentes, em caso de recurso ou requisição **(art. 778, CLT)**[5].

As partes, ou seus procuradores, poderão consultar, com ampla liberdade, os processos nos cartórios ou secretarias **(art. 779, CLT)**[6], podendo, ainda, requerer certidões dos processos em curso ou arquivados, sendo que as certidões dos processos que correm em segredo de justiça dependerão de despacho do juiz **(art. 781, CLT)**.

Nos termos do **art. 771 da Consolidação das Leis do Trabalho**, os atos processuais poderão ser escritos a tinta, datilografados ou a carimbo **(documentação)**.

A **Lei n. 9.800, de 26 de maio de 1999**, instituiu o sistema de utilização de **fac-símile ou outro similar** para a prática de atos processuais que dependam de petição escrita[7], sendo que os originais deverão ser protocolados na Justiça do Trabalho, necessariamente, até cinco dias após o término do prazo previsto para a prática do ato. A contagem do quinquídio para apresentação dos originais começa a fluir do dia subsequente ao término do prazo, e não do dia seguinte ao envio da peça processual via fac-símile, se este se deu antes do termo final do prazo. Em relação ao último dia do prazo para apresentação dos originais, não se aplica a regra do **art. 224 do Código de Processo Civil**, podendo este coincidir com sábado, domingo ou feriado, tendo em vista que a parte, ao praticar o ato via fac-símile, já tem ciência do seu ônus processual **(Súm. 387, TST)**.

> **SÚM. 387, TST:** "I – A Lei n. 9.800, de 26.05.1999, é aplicável somente a recursos interpostos após o início de sua vigência. II – A contagem do quinquídio para apresentação dos originais de recurso interposto por intermédio de fac-símile começa a fluir do dia subsequente ao término do prazo recursal, nos termos do art. 2.º da Lei n. 9.800, de 26-5-1999, e não do dia seguinte à interposição do recurso, se esta se deu antes do termo final do prazo. III – Não se tratando a juntada dos originais de ato que dependa de notificação, pois a parte, ao interpor o recurso, já tem ciência de seu ônus processual, não se aplica a regra do art. 224 do CPC de 2015 (art. 184 do CPC de 1973) quanto ao 'dies a quo', podendo coincidir com sábado, domingo ou feriado. IV – A autorização para utilização do fac-símile, constante do art. 1.º da Lei n. 9.800, de 26-5-1999, somente alcança as hipóteses em que o documento é dirigido diretamente ao órgão jurisdicional, não se aplicando à transmissão ocorrida entre particulares".

A peça enviada por fac-símile deve guardar plena concordância com o original a ser entregue no juízo, sob pena de a parte ser considerada litigante de má-fé, respondendo pelas penalidades daí advindas.

---

[5] Regra aplicável apenas aos processos físicos, não fazendo sentido em relação ao processo eletrônico.

[6] Regra aplicável apenas aos processos físicos, não fazendo sentido em relação ao processo eletrônico.

[7] Previsão que não faz mais sentido, considerando o processo eletrônico. No entanto, mantivemos o texto, tendo em vista que a Lei n. 9.800/99 não foi revogada.

110 Direito Processual do Trabalho Esquematizado

A **certificação** se dá com a assinatura dos atos processuais pelas partes interessadas, admitindo-se que, na impossibilidade justificada de que elas assinem, os atos sejam firmados a rogo, na presença de duas testemunhas, sempre que não houver procurador legalmente constituído **(art. 772, CLT)**.

Para os atos praticados eletronicamente, *vide* item 4.1.6 do presente capítulo.

4.1.4. Forma dos atos

Ensina Humberto Theodoro Júnior que "forma é o conjunto de solenidades que se devem observar para que o ato jurídico seja plenamente eficaz. É através da forma que a declaração de vontade adquire realidade e se torna ato jurídico processual"[8].

Os atos processuais **não dependem de forma determinada**, senão quando a lei expressamente a exigir. No entanto, ainda quando houver exigência de determinada solenidade, serão válidos os atos que, realizados de outro modo, lhe preencham a finalidade essencial **(art. 188, CPC)**.

Ao assim dispor o legislador, deixou claro que a **substância e a finalidade** do ato processual **prevalecem sobre a sua forma**.

Em todos os atos processuais é obrigatório o **uso do vernáculo (art. 192, CPC)**, sendo que os documentos redigidos em língua estrangeira somente poderão ser juntados aos autos quando acompanhados de versão para a língua portuguesa tramitada por via diplomática ou pela autoridade central, ou firmada por tradutor juramentado **(parágrafo único)**.

> **SÚM. 259, STF:** "Para produzir efeito em juízo não é necessária a inscrição, no registro público, de documentos de procedência estrangeira, autenticados por via consular".

O art. 162, I, do CPC prevê que o juiz nomeará intérprete ou tradutor quando necessário para traduzir documento em língua estrangeira. Trata-se de previsão que não exime a parte de apresentar a tradução juramentada do documento em língua estrangeira apresentado como prova. O que o legislador previu aqui é que o "intérprete é auxiliar do juiz (CPC 149) que, quanto à análise de documento redigido em língua estrangeira (CPC 162 I), fornece subsídios linguísticos para espancar as dúvidas que, eventualmente, a tradução tenha ensejado (CPC 190 par. ún.)"[9].

> "[...] II – AGRAVO DE INSTRUMENTO EM RECURSO DE REVISTA DO AUTOR. LEI 13.467/17. COMPETÊNCIA. [...] HORAS EXTRAS. DOCUMENTOS EM LÍNGUA ESTRANGEIRA. NECESSIDADE DE TRADUÇÃO JURAMENTADA. TRANSCENDÊNCIA AUSENTE. Não se verifica do v. acórdão recorrido a alegada afronta ao art. 162, I, do CPC, segundo o qual, o juiz nomeará intérprete ou tradutor quando necessário para traduzir documento redigido em língua estrangeira. Extrai-se do preceito legal que, na condução da marcha processual, cabe ao juízo avaliar a imprescindibilidade (ou não)

---

[8] THEODORO JÚNIOR, Humberto. *Curso de direito processual civil, cit.*, v. 1, p. 473-479.

[9] NERY JUNIOR, Nelson; NERY, Rosa Maria de Andrade. *Código de Processo Civil comentado*. 22. ed. São Paulo: Revista dos Tribunais, 2024, p. 505.

4 ◻ Atos, Termos e Prazos Processuais

da tradução dos documentos para a formação de seu convencimento, condição sequer analisada pela Corte Regional (Súmula 297/TST). Tem-se ademais que o art. 192, parágrafo único, do CPC de fato determina que a juntada de documento redigido em inglês deve vir acompanhada de versão para a língua portuguesa tramitada por via diplomática ou pela autoridade central, ou firmada por tradutor juramentado. Em determinadas situações, por ser razoável, tal regra deve ser mitigada. No caso dos autos, entretanto, não há registro no v. acórdão recorrido de nenhuma circunstância significativa que permita a flexibilização da regra estabelecida no art. 192, parágrafo único, do CPC. A Corte Regional apenas rejeitou os documentos em inglês, porque se encontrarem sem tradução juramentada, não deixando consignado, por exemplo, se eram essenciais ou não para o deslinde da controvérsia ou se são de fácil compreensão (Súmula 126/TST). Soma-se a isso que, segundo a Corte Regional, o autor declarou em depoimento pessoal em relação ao período em que busca a condenação ao pagamento de horas extras, a saber, do vínculo empregatício com a 2.ª ré, que tinha horário livre, não sujeito à jornada. Admitido, portanto, verdade sobre fato contrário ao seu próprio interesse e, assim, favorável à parte adversa. A questão debatida no v. acórdão recorrido não se amolda aos termos da Súmula 338, I, II e III, do c. TST. Jurisprudência oriunda de órgão não específico da Justiça do Trabalho não viabiliza o trânsito de recurso de revista, a teor do art. 896, 'a', da CLT. Não demonstrada, no particular, a transcendência do recurso de revista por nenhuma das vias do art. 896-A da CLT. Agravo de instrumento conhecido e desprovido. [...]" (ARR-1001822-97.2014.5.02. 0466, 7.ª T., rel. Min. Alexandre de Souza Agra Belmonte, *DEJT* 11-10-2024).

O Tribunal Superior do Trabalho tem adotado entendimento no sentido de que, sendo o documento em língua estrangeira de fácil entendimento, a juntada da respectiva tradução é dispensável.

"RECURSO DE REVISTA. ACÓRDÃO REGIONAL PROFERIDO ANTES DA VIGÊNCIA DA LEI N. 13.015/14. [...] INDENIZAÇÃO POR DANOS MORAIS – ASSÉDIO MORAL – MATÉRIA FÁTICA – SÚMULA 126. PROVA EM LÍNGUA ESTRANGEIRA APRESENTADA À MÍNGUA DE TRADUÇÃO JURAMEN-TADA – Art. 157 DO CPC DE 1973 E SEU CORRELATO Art. 192, PARÁGRAFO ÚNICO, DO CPC DE 2015 – DOCUMENTOS DE FÁCIL COMPREENSÃO – AUSÊNCIA DE PREJUÍZO – VIABILIDADE – PRECEDENTES. O Colegiado *a quo* consignou que os fatos descritos na inicial acerca da alegada conduta discriminatória não foram demonstrados pelo reclamante, não havendo prova do assédio moral. Consta no julgado que as declarações da testemunha apresentada pela reclamada refutaram os fatos apontados na inicial como caracterizadores do assédio moral e se mostraram mais consentâneas com a realidade do dia a dia do trabalho, conclusão corroborada pelos demais elementos de prova. Diante desse quadro fático, é de se concluir que para acolher a versão defendida pelo recorrente, da ausência de credibilidade das declarações da testemunha trazida pela reclamada, seria necessário promover nova incursão por todo o universo probatório dos autos, o que não é admitido no TST, segundo a Súmula 126 desta Corte. Quanto à ausência de tradução juramentada de parte da prova documental, a jurisprudência desta Corte é no sentido de que as normas do art. 157 do CPC de 1973 e seu correlato art. 192, parágrafo único, do CPC de 2015, possuem natureza instrumental, ou seja, devem ser levadas a efeito nos casos em que a falta de tradução evidencia efetivo prejuízo, o que não foi demonstrado pelo recorrente. Efetivamente, o documento escrito em espanhol é de fácil compreensão e, conforme consignado no acórdão recorrido, apenas espelha e-mail enviado pela chefia com simples relação do rol de empregados escolhidos para atuar na manutenção dos trens na unidade denominada 'Barracão P1'. Assim, erigido o óbice da Súmula 126 do TST e em razão dos fundamentos supra referidos acerca da tradução juramentada, não se divisa afronta aos arts. 5.º, *caput*, incisos XXXV, LIV e LV, da Constituição, e 131, 333, I, 459, 460 e 461 do CPC de 1973, valendo salientar a inespecificidade dos arestos confrontados (Súmula 296, I, do TST), os quais não abrangem as premissas fáticas contidas no acórdão recorrido. Recurso de revista não conhecido. [...]" (RR 1347-75.2011.5.15.0152, 7.ª T., rel. Min. Renato de Lacerda Paiva, j. 12-5-2021, *DEJT* 21-5-2021).

4.1.5. Comunicação dos atos

Um dos aspectos decorrentes da característica da publicidade de que se revestem é que todos os atos praticados no processo devem ser **conhecidos pelas partes**, ou, às vezes, até por terceiros, o que impõe sua divulgação por meio das formas clássicas de **comunicação** dos atos processuais: intimação e citação.

O **legislador trabalhista** utiliza-se do termo **notificação** para toda e qualquer forma por meio da qual é feita a comunicação dos atos processuais, tanto quando se trate de intimação, como quando se refere a citação. Assim, é importante conceituar a citação e a intimação, para que se possa identificar no texto legal em que sentido a palavra **notificação** está sendo empregada.

A **intimação** é o ato pelo qual se dá ciência a alguém dos atos ou termos do processo, para que se faça ou deixe de fazer alguma coisa **(art. 269, CPC)**.

É facultado aos advogados promover a intimação do advogado da outra parte por meio do correio, juntando aos autos, a seguir, cópia do ofício de intimação e do aviso de recebimento **(art. 269, § 1.º, CPC)**.

O ofício de intimação deverá ser instruído com cópia do despacho, da decisão ou da sentença **(art. 269, § 2.º, CPC)**.

A intimação da União, dos Estados, do Distrito Federal, dos Municípios e de suas respectivas autarquias e fundações de direito público será realizada perante o órgão de Advocacia Pública responsável por sua representação judicial **(art. 269, § 3.º, CPC)**.

As intimações **podem ser feitas** pelo correio, por publicação na imprensa ou em audiência, sendo indispensável, sob pena de nulidade, que da publicação constem os nomes das partes e de seus advogados, com o respectivo número de inscrição na Ordem dos Advogados do Brasil, ou, se assim requerido, da sociedade de advogados **(art. 272, § 2.º, CPC)**.

Constando dos autos pedido expresso para que as comunicações dos atos processuais sejam feitas em nome dos advogados indicados, o seu desatendimento implicará nulidade **(art. 272, § 5.º, CPC)**.

SÚM. 427, TST: "Havendo pedido expresso de que as intimações e publicações sejam realizadas exclusivamente em nome de determinado advogado, a comunicação em

4 ◘ Atos, Termos e Prazos Processuais 113

nome de outro profissional constituído nos autos é nula, salvo se constatada a inexistência de prejuízo".

A **Instrução Normativa n. 39/2016 do Tribunal Superior do Trabalho (art. 16)** prevê, no entanto, que, para efeito da aplicação do **§ 5.º do art. 272 do Código de Processo Civil**, não é causa de nulidade processual a intimação realizada na pessoa de advogado regularmente habilitado nos autos, ainda que conste pedido expresso para que as comunicações dos atos processuais sejam feitas em nome de outro advogado, se o profissional indicado não se encontra previamente cadastrado no Sistema de Processo Judicial Eletrônico, impedindo a serventia judicial de atender ao requerimento de envio da intimação direcionada. Nos termos do **art. 276 do Código de Processo Civil**, a decretação da nulidade não pode ser acolhida em favor da parte que lhe deu causa.

Considerando que a parte deverá arguir a nulidade da intimação em capítulo preliminar do próprio ato que lhe caiba praticar, o qual será tido por tempestivo se o vício for reconhecido **(art. 272, § 8.º, CPC)**, a arguição de nulidade da intimação deverá ser arguida como preliminar do recurso, sob pena de preclusão.

"AGRAVO. RECURSO ORDINÁRIO EM MANDADO DE SEGURANÇA DESPROVIDO MONOCRATICAMENTE. ACÓRDÃO DO TRT PROFERIDO EM CONSONÂNCIA COM JURISPRUDÊNCIA DO STF E DO TST. AUSÊNCIA DE FUNDAMENTOS CAPAZES DE INFIRMAR A DECISÃO AGRAVADA. 1. Cuida-se de Mandado de Segurança impetrado com vistas a obter a declaração de nulidade do processo matriz a partir da contestação apresentada naqueles autos, ao argumento de que as publicações e intimações realizadas no feito primitivo teriam sido endereçadas a Advogado distinto daqueles expressamente indicados na defesa para tal finalidade, em ofensa à diretriz sedimentada na Súmula 427 desta Corte Superior, vício processual que somente teria sido detectado com a efetivação de bloqueio judicial sobre suas contas bancárias, ocorrido já em fase de execução por meio do sistema SISBAJUD, no importe de R$ 5.559.615,23. 2. A alegação, em síntese, é de que teria havido, na Reclamação Trabalhista originária, violação de direito líquido e certo assegurado pelo art. 272, § 2.º, do CPC de 2015 e pela Súmula 427 desta Corte Superior. 3. O Recurso Ordinário foi indeferido monocraticamente diante da constatação de que, em se tratando de vício de intimação ocorrido no processo matriz, competia à agravante arguir a nulidade correspondente em capítulo preliminar do próprio ato que lhe cabia praticar, *in casu* o Recurso Ordinário, nos termos expressamente definidos pelo art. 272, § 8.º, do CPC de 2015, o que não ocorreu, de modo a atrair sobre o caso a compreensão depositada em torno da Súmula 33 e da OJ SBDI-2 n. 99 desta Corte Superior, à luz do disposto no art. 5.º, III, da Lei n. 12.016/2009. E como fundamento subsidiário ao desprovimento liminar do Recurso Ordinário, destacou-se que, mesmo que se afastasse a questão do trânsito em julgado, ainda assim a ação mandamental seria incabível em face da existência de meios próprios de impugnação, dotados inclusive de possibilidade de obtenção de efeito suspensivo, o que levaria a pretensão deduzida no mandamus a tropeçar no óbice da OJ SBDI-2 n. 92 desta Corte Superior. 4. Tais fundamentos não foram impugnados de forma robusta pela agravante, que se limitou a alegar que o indeferimento da petição inicial do *writ* acarretaria violação do devido processo legal, o que já se afirmou, na decisão agravada, ser inverídico diante das possibilidades de impugnação específicas para o caso oferecidas pelo ordenamento jurídico e desprezadas pela agravante. 5. Impõe-se, assim, a manutenção da decisão agravada, nos termos em que proferida, com aplicação da multa prevista no art. 1021, § 4.º, do CPC de 2015, no importe de 1% do valor atualizado da causa. 6. Agravo conhecido e não provido" (Ag-ROT-142-73.2021.5.17.0000, Subseção II Especializada em Dissídios Individuais, rel. Min. Luiz Jose Dezena da Silva, *DEJT* 3-3-2023).

Além de propiciar o conhecimento dos atos pelas partes interessadas, a intimação determina o **início da contagem dos prazos** processuais (*dies a quo*) **(art. 774, CLT)**.

O art. 4.º, § 2.º, da Lei n. 11.419/2006 dispõe que "A publicação eletrônica na forma deste artigo substitui qualquer outro meio e publicação oficial, para quaisquer efeitos legais, à exceção dos casos que, por lei, exigem intimação ou vista pessoal". Publicada no Diário Eletrônico a decisão, cabe à parte diligenciar no sentido da correta averiguação do prazo, não devendo se pautar nas informações disponibilizadas no Processo Judicial Eletrônico (PJe), o qual encerra, tão somente, uma funcionalidade do sistema de caráter informativo. Trata-se de disposição legal expressa acerca da prevalência da publicação no Diário Eletrônico como critério de contagem dos prazos processuais.

A **citação** é o ato pelo qual são convocados o réu, o executado ou o interessado para integrar a relação processual **(art. 238, CPC)**. Na verdade, a citação é, em primeiro lugar, a comunicação a alguém de que uma ação foi proposta, dando-lhe a oportunidade, se quiser, de se defender.

A **citação inicial do réu é indispensável** para a validade do processo, ou seja, se a citação não foi feita, ou não foi feita de forma válida, o processo é nulo. O comparecimento espontâneo do réu ou do executado, no entanto, supre a falta ou a nulidade da citação, fluindo a partir dessa data o prazo para apresentação de contestação ou de embargos à execução **(art. 239, § 1.º, CPC)**.

No processo do trabalho a citação independe de requerimento do autor feito na petição inicial ou de qualquer ato do juiz, sendo expedida pela secretaria da Vara do Trabalho dentro de 48 horas após a distribuição da ação **(art. 841, CLT)**.

Oferecida a contestação, ainda que eletronicamente, o reclamante não poderá, sem o consentimento do reclamado, desistir da ação **(art. 841, § 3.º, CLT**, acrescentado pela **Lei n. 13.467/2017 – Reforma Trabalhista)**.

A **citação é feita pelo correio**, não sendo necessário que seja entregue pessoalmente, considerando-se realizada com a simples entrega do registro postal no endereço correto da parte, independentemente da pessoa que a receber. Se o réu criar embaraços ao seu recebimento, ou não for encontrado, a citação será feita por edital **(art. 841, § 1.º, CLT)**.

No caso de **não ser encontrado** o destinatário ou no de **recusa de recebimento**, o correio ficará obrigado, sob pena de responsabilidade do servidor, a devolvê-la, no prazo de 48 horas, ao Tribunal de origem **(art. 774, parágrafo único, CLT)**.

Ressalte-se que a legislação trabalhista **não prevê a citação por hora certa**. Não sendo possível a citação postal, passa-se diretamente para a citação por edital. No **procedimento sumaríssimo** não é admitida a citação por edital, incumbindo ao autor a correta indicação do nome e endereço do reclamado **(art. 852-B, II, CLT)**.

No processo do trabalho, a citação por oficial de justiça somente será determinada na fase de execução, não sendo também necessário que seja pessoal **(art. 880, CLT)**.

4 ◼ Atos, Termos e Prazos Processuais

A citação por carta é feita quando a pessoa que deva ser citada encontrar-se fora da jurisdição territorial da Vara do Trabalho. Será expedida **carta rogatória** quando dirigida à autoridade judiciária estrangeira, e **carta precatória** nos demais casos. Admite-se a prática de atos processuais por meio de videoconferência ou outro recurso tecnológico de transmissão de sons e imagens em tempo real **(arts. 236 e 237, CPC)**[10].

O art. 246 do CPC, alterado pela Lei n. 14.195/2021, prevê que "a citação será feita preferencialmente por meio eletrônico, no prazo de até 2 dias úteis, contado da decisão que a determinar, por meio dos endereços eletrônicos indicados pelo citando no banco de dados do Poder Judiciário, conforme regulamento do Conselho Nacional de Justiça". Somente se não houver confirmação em 3 dias, contados do recebimento da citação eletrônica, a citação deverá ser feita por correio, por oficial de justiça, pelo diretor de secretaria em caso de comparecimento do citando, ou por edital **(§ 1.º-A)**.

As empresas públicas e privadas são obrigadas a manter cadastro nos sistemas de processo em autos eletrônicos, para efeito de recebimento de citações e intimações, as quais serão efetuadas preferencialmente por esse meio **(art. 246, § 1.º, CPC)**.

Na realidade, desde a promulgação da **Lei n. 11.419/2006**, que dispõe sobre a informatização do processo judicial, as comunicações referentes ao processo eletrônico já deveriam ser realizadas em meio eletrônico **(art. 9.º)**. A Lei exige, para validade das citações e intimações por meio eletrônico, inclusive da Fazenda Pública, apenas o prévio cadastramento do interessado **(art. 2.º)**, dispensando-se a publicação no órgão oficial, inclusive Diário Eletrônico. Além disso, tais comunicações serão consideradas pessoais para todos os efeitos legais. No mesmo diapasão, seguem a **Instrução Normativa n. 30/2007 do TST** e a **Resolução n. 185/2017 do CSJT**, as quais ratificam a determinação de que, no sistema PJe, as citações, intimações e notificações serão feitas por meio eletrônico, inclusive para a Fazenda Pública, o que atesta a plena compatibilidade da comunicação eletrônica dos atos processuais com o processo do trabalho. Note-se que o próprio § 2.º do art. 23 da IN n. 30/2007 do TST esclarece que no processo eletrônico prevalece a citação eletrônica e apenas quando, por motivo técnico, for inviável a realização da citação por meio eletrônico é que tal ato poderá ser praticado segundo as regras ordinárias, a exemplo da notificação postal prevista no **art. 841, § 1.º, da CLT**[11].

Visando a efetividade das comunicações eletrônicas dos atos processuais, o **Domicílio Judicial Eletrônico** é uma ferramenta que concentra num único local todas as comunicações de processos emitidas pelos tribunais brasileiros. Desenvolvido pelo Programa Justiça 4.0, é uma solução 100% digital e gratuita que facilita e agiliza as consultas para quem recebe e acompanha citações pessoais e demais comunicações enviadas pelos tribunais. A ferramenta, que substitui o envio de cartas físicas e a atuação de oficiais de justiça nas comunicações processuais, integra os esforços de transformação

---

[10] Através do Ato Conjunto n. 6/CSJT.GP.GVP.CGJT, de 5 de maio de 2020, foi consolidada e uniformizada, no âmbito da Justiça do Trabalho de 1.º e 2.º graus, a regulamentação do trabalho remoto temporário, do funcionamento dos serviços judiciários não presenciais e da realização de sessões de julgamento telepresenciais, com o objetivo de prevenir o contágio pelo novo coronavírus (Covid-19), bem como garantir o acesso à Justiça.

[11] *Vide* Ag-AIRR 10282-32.2017.5.15.0108, 6.ª T., rel. Min. Augusto César Leite de Carvalho, *DEJT* 3-12-2021.

digital do Poder Judiciário. Com isso, colabora para garantir uma prestação de serviços mais célere, eficiente e acessível a todas as pessoas.

O **cadastro** no Domicílio Judicial Eletrônico é **obrigatório** para a União, para os Estados, para o Distrito Federal, para os Municípios, para as entidades da administração indireta e para as empresas públicas e privadas, para efeitos de recebimento de citações e intimações. Para as **pessoas físicas** é **facultativo o cadastro** no Domicílio Judicial Eletrônico para efetuar consultas públicas, bem como para o recebimento de citações e intimações. As microempresas e as empresas de pequeno porte que possuírem endereço eletrônico cadastrado no sistema integrado da Rede Nacional para a Simplificação do Registro e da Legalização de Empresas e Negócios (Redesim) **não necessitam realizar cadastro** no Domicílio Judicial Eletrônico (**arts. 16 e 17, Resolução CNJ n. 455, de 27-4-2022**).

O Domicílio Judicial Eletrônico será utilizado exclusivamente para citação por meio eletrônico e comunicações processuais que exijam vista, ciência ou intimação pessoal da parte ou de terceiros, com exceção da citação por edital, a ser realizada via DJEN (**art. 18, Resolução CNJ n. 455, de 27-4-2022**).

O **art. 240 do Código de Processo Civil** indica como um dos efeitos da citação válida a **interrupção da prescrição**. No âmbito do **Direito do Trabalho**, no entanto, a prescrição é interrompida com a **simples distribuição da ação**, não sendo necessário que se efetive a citação para tal fim.

> **SÚM. 268, TST:** "A ação trabalhista, ainda que arquivada, interrompe a prescrição somente em relação aos pedidos idênticos".

4.1.6. Efeitos dos avanços tecnológicos na forma e na comunicação dos atos

Os avanços tecnológicos, especialmente os relacionados à informática, são uma realidade no mundo de hoje, e não poderia o Poder Judiciário ficar alheio a essas transformações, principalmente quando elas podem ser utilizadas em prol da celeridade processual e como meio de facilitar o trabalho de juízes e serventuários e ampliar o acesso dos jurisdicionados às informações relativas aos trâmites processuais. "Na medida do avanço da técnica, é evidente que devem ser aproveitadas as conquistas da ciência no processo. A cibernética traz verdadeira revolução que não deixa de atingir a atividade jurídica [...]"[12].

A Justiça do Trabalho foi pioneira na utilização da informática de forma bastante ampla, primeiro para o acompanhamento processual, depois para o acesso a atos processuais, como atas, sentenças e despachos, até chegar ao estágio de utilização de meios eletrônicos para a protocolização e fluxo de documentos (os chamados *e-docs*) e, por fim, a tramitação eletrônica do processo (PJe).

Nessa esteira de evolução até chegar ao processo judicial eletrônico (PJe), destaca-se que a **Lei n. 11.280, de 16 de fevereiro de 2006**, incluiu um parágrafo único ao art.

---

[12] NASCIMENTO, Amauri Mascaro. *Curso de direito processual do trabalho, cit.*, 22. ed., p. 439.

154 do Código de Processo Civil de 1973, dispondo que "os tribunais, no âmbito da respectiva jurisdição, poderão disciplinar a prática e a comunicação oficial dos atos processuais por meios eletrônicos, atendidos os requisitos de autenticidade, integridade, validade jurídica e interoperabilidade da Infraestrutura de Chaves Públicas Brasileira – ICP – Brasil".

De forma mais ampla, seguiu-se a **Lei n. 11.419, de 19 de dezembro de 2006**, que dispôs sobre a informatização do processo judicial, a comunicação eletrônica dos atos processuais e o processo eletrônico, sendo que no § 1.º **do art. 1**.º prevê expressamente que o que ela dispõe aplica-se, indistintamente, aos processos civil, penal e trabalhista, bem como aos juizados especiais, em qualquer grau de jurisdição.

O **Código de Processo Civil de 2015** trata da prática eletrônica de atos processuais nos **arts. 193 a 199**.

Os atos processuais podem ser total ou parcialmente digitais, de forma a permitir que sejam produzidos, comunicados, armazenados e validados por meio eletrônico, na forma da lei **(art. 193, *caput*, CPC)**.

Os sistemas de automação processual respeitarão a publicidade dos atos, o acesso e a participação das partes e de seus procuradores, inclusive nas audiências e sessões de julgamento, observadas as garantias da disponibilidade, independência da plataforma computacional, acessibilidade e interoperabilidade dos sistemas, serviços, dados e informações que o Poder Judiciário administre no exercício de suas funções **(art. 194, CPC)**.

Compete ao Conselho Nacional de Justiça (CNJ) e, supletivamente, aos tribunais regulamentar a prática e a comunicação oficial de atos processuais por meio eletrônico e velar pela compatibilidade dos sistemas, disciplinando a incorporação progressiva de novos avanços tecnológicos e editando, para esse fim, os atos que forem necessários **(art. 196, CPC)**. Nesse sentido a **Resolução CNJ n. 455, de 27-4-2022**, que regulamenta o Domicílio Judicial Eletrônico[13].

Os tribunais divulgarão as informações constantes de seu sistema de automação em página própria na rede mundial de computadores, gozando a divulgação de presunção de veracidade e confiabilidade **(art. 197, CPC)**, sendo que as unidades do Poder Judiciário deverão manter gratuitamente, à disposição dos interessados, equipamentos necessários à prática de atos processuais e à consulta e ao acesso ao sistema e aos documentos dele constantes **(art. 198, CPC)**, assegurando às pessoas com deficiência acessibilidade aos seus sítios na rede mundial de computadores, ao meio eletrônico de prática de atos judiciais, à comunicação eletrônica dos atos processuais e à assinatura eletrônica **(art. 199, CPC)**.

A **Instrução Normativa n. 30, de 18 de setembro de 2007, do Tribunal Superior do Trabalho**, regulamenta, no âmbito da Justiça do Trabalho, a **Lei n. 11.419/2006**, sobre a informatização do processo judicial e, entre outros aspectos, dispõe sobre a prática de atos processuais e sobre o sistema de peticionamento por meio eletrônico.

Além disso, a **Resolução CSJT n. 185/2017**, que dispõe sobre a padronização do uso, governança, infraestrutura e gestão do Sistema Processo Judicial Eletrônico (PJe)

---

[13] Sobre o Domicílio Judicial Eletrônico, *vide* o item anterior (4.1.5.).

instalado na Justiça do Trabalho, definindo que a tramitação do processo judicial no âmbito da Justiça do Trabalho e a prática eletrônica de atos processuais, nos termos da **Lei n. 11.419/2006 e dos arts. 193 a 199 do Código de Processo Civil**, serão realizadas exclusivamente por intermédio do PJe instalado na Justiça do Trabalho, sendo que os atos processuais terão sua produção, registro, visualização, tramitação, controle e publicação exclusivamente em meio eletrônico e serão assinados digitalmente, contendo elementos que permitam identificar o usuário responsável pela sua prática.

4.2. TERMOS

Termo é a forma escrita com que o escrivão ou chefe da secretaria procede à documentação de certos atos processuais, como, por exemplo, termo de juntada, termo de conclusão, termo da ata da audiência etc.

Os termos processuais poderão ser escritos a tinta, datilografados ou a carimbo **(art. 771, CLT)**, e aqueles relativos ao movimento dos processos constarão de simples notas, datadas e rubricadas pelos chefes de secretaria ou escrivães **(art. 773, CLT)**[14].

Os termos processuais que devam ser assinados pelas partes, quando estas, por motivo justificado, não possam fazê-lo, serão firmados a rogo na presença de duas testemunhas, exceto se houver procurador legalmente constituído, caso em que este assinará **(art. 772, CLT)**.

4.3. PRAZOS PROCESSUAIS

4.3.1. Conceito e classificação

Prazo é o tempo no qual deve ser praticado um ato processual[15].

Conforme visto anteriormente, o processo é um encadeamento lógico e cronológico de atos que são praticados com o intuito de obter a entrega da prestação jurisdicional.

Assim, os atos processuais devem observar uma **ordem sequencial** que leva em conta o tipo de ato e o momento em que ele deve ser praticado.

No entanto, para que o processo se desenvolva e siga sua marcha procedimental até a solução do conflito, é necessária a fixação de prazos para a prática dos atos processuais, evitando-se a inércia das pessoas que nele figuram e o retardamento da entrega da prestação jurisdicional.

Os prazos são fixados não apenas para as partes **(prazos próprios)**, mas também para os juízes e seus auxiliares **(prazos impróprios)**.

Os prazos podem ser **legais** (quando previstos em lei), **judiciais** (quando fixados pelo juiz) e **convencionais** (quando ajustados, de comum acordo, pelas partes).

Segundo sua natureza, os prazos podem ser *dilatórios* ou *peremptórios*.

Os **dilatórios** são aqueles que, de comum acordo, o juiz e as partes podem fixar calendário para a sua prática, quando for o caso. O calendário vincula as partes e o juiz,

---

[14] Previsões legais que perderam a utilidade prática com o advento do Processo Judicial Eletrônico.

[15] NASCIMENTO, Amauri Mascaro. *Curso de direito processual do trabalho, cit.*, 20. ed., p. 359.

4 ■ Atos, Termos e Prazos Processuais   119

e os prazos nele previstos somente serão modificados em casos excepcionais, devidamente justificados. Dispensa-se a intimação das partes para a prática de ato processual ou a realização de audiência cujas datas tiverem sido designadas no calendário (**art. 191, CPC**).

Os **peremptórios**, por sua vez, são os prazos que não admitem alteração, em regra, nem pelo juiz, nem pelas partes.

No entanto, excepcionalmente, é facultado ao juiz prorrogar os prazos peremptórios, nos estritos termos da lei.

Nesse sentido, no processo do trabalho os prazos podem ser prorrogados, pelo tempo estritamente necessário, nas seguintes hipóteses:

- ▣ quando o juízo entender necessário; e

- ▣ em virtude de força maior, devidamente comprovada (**art. 775, § 1.º, CLT**, com redação dada pela **Lei n. 13.467/2017 – Reforma Trabalhista**).

Ao juízo incumbe dilatar os prazos processuais e alterar a ordem de produção dos meios de prova, adequando-os às necessidades do conflito de modo a conferir maior efetividade à tutela do direito (**art. 775, § 2.º, CLT**, com redação dada pela **Lei n. 13.467/2017 – Reforma Trabalhista**). Em razão das previsões expressas na Consolidação das Leis do Trabalho em relação à prorrogação dos prazos, não se aplica ao processo do trabalho a regra contida nos **arts. 222 e 223, § 1.º, do Código de Processo Civil**.

> **SÚM. 385, TST:** "I – Incumbe à parte o ônus de provar, quando da interposição do recurso, a existência de feriado local que autorize a prorrogação do prazo recursal (art. 1.003, § 6.º, do CPC de 2015). No caso de o recorrente alegar a existência de feriado local e não o comprovar no momento da interposição do recurso, cumpre ao relator conceder o prazo de 5 (cinco) dias para que seja sanado o vício (art. 932, parágrafo único, do CPC de 2015), sob pena de não conhecimento se da comprovação depender a tempestividade recursal; II – Na hipótese de feriado forense, incumbirá à autoridade que proferir a decisão de admissibilidade certificar o expediente nos autos; III – Admite-se a reconsideração da análise da tempestividade do recurso, mediante prova documental superveniente, em agravo de instrumento, agravo interno, agravo regimental, ou embargos de declaração, desde que, em momento anterior, não tenha havido a concessão de prazo para a comprovação da ausência de expediente forense".

Os prazos podem ser, ainda, **particulares**, se concernentes a apenas uma das partes, ou **comuns**, quando fluem para ambas as partes.

Conforme ensina Humberto Theodoro Júnior, os prazos processuais são delimitados por dois termos: o inicial (*dies a quo*) e o final (*dies ad quem*). "Pelo primeiro, nasce a faculdade de a parte promover o ato; pelo segundo, extingue-se a faculdade, tenha ou não sido levado a efeito o ato"[16].

---

[16] THEODORO JÚNIOR, Humberto. *Curso de direito processual civil, cit.*, v. 1, p. 521.

No processo do trabalho, os **prazos começam a fluir** a partir da data em que for feita pessoalmente ou em que for recebida a citação ou intimação (notificação) ou daquela em que for publicado ou afixado o edital **(art. 774, CLT)**.

Distingue-se o início do prazo (o dia em que o interessado toma ciência do ato) do início da contagem, conforme será visto no item 4.3.2.

O vencimento dos prazos será certificado nos processos pelos escrivães ou chefes de secretaria **(art. 776, CLT)**. No entanto, essa certificação não retira das partes a responsabilidade pela correta contagem do prazo. Atualmente, no PJe a certificação é feita pelo sistema, mas, como alerta Homero Batista, "o grau de confiança na contagem de prazo pelo processo eletrônico convém ser moderado e não absoluto. A responsabilidade permanece com partes e procuradores"[17].

4.3.2. Contagem dos prazos no processo do trabalho

Até 11 de novembro de 2017, o art. 775 da Consolidação das Leis do Trabalho preceituava que: "Os prazos no processo do trabalho são contínuos e irreleváveis, podendo, no entanto, haver prorrogação pelo tempo estritamente necessário, pelo juiz ou tribunal, ou em virtude de força maior, devidamente comprovada, e são contados com exclusão do dia do começo e inclusão do dia do vencimento".

Porém, a **Lei n. 13.467/2017 (Reforma Trabalhista)** alterou o **art. 775**, passando a prever que os prazos no processo do trabalho serão **contados em dias úteis**, com exclusão do dia do começo e inclusão do dia do vencimento.

Sobre o tema, Homero Batista afirma que "a reforma trabalhista pegou carona na alteração empreendida pelo art. 219 do NCPC, de 2015, e passa a estipular a contagem dos prazos processuais em dias úteis. Para muitos escritórios, essa alteração representa um bálsamo, para melhor gestão dos prazos e das prioridades, mas o processo do trabalho como um todo se afasta cada vez mais de seus ideais de celeridade e de afirmação dogmática. Aos poucos, sua identidade desaparece. A nova redação do art. 775 faz lembrar, corretamente, que a contagem em dias úteis diz respeito unicamente aos prazos processuais, 'neste título', de modo que continuam a ser contados em dias corridos os prazos do direito material do trabalho, como o gozo das férias (art. 130), o aviso-prévio (art. 487) ou a data limite para pagamento das verbas rescisórias (art. 477)"[18].

Como regra, a **contagem dos prazos** inicia-se a partir da data em que for feita pessoalmente ou recebida a citação ou a intimação, ou da data em que for publicado ou afixado o edital na sede da Vara do Trabalho **(art. 774, CLT)**. Tal regra é complementada pelas disposições do Código de Processo Civil, que estabelecem que se considera como data de publicação o primeiro dia útil seguinte ao da disponibilização da informação no Diário da Justiça eletrônico. A contagem do prazo terá início no primeiro dia útil que seguir ao da publicação **(art. 224, §§ 2.º e 3.º, CPC)**. Os prazos são contados excluindo o dia do começo e incluindo o dia do vencimento **(art. 224, *caput*, CPC)**.

---

[17] SILVA Homero Batista Mateus da. *Curso de direito do trabalho aplicado*, cit., p. 283.

[18] SILVA, Homero Batista Mateus da. *Comentários à Reforma Trabalhista, cit.*, p. 133.

4 ◼ Atos, Termos e Prazos Processuais   121

Tendo em vista que as notificações no processo do trabalho são expedidas, como regra, pelo correio, presume-se que elas foram recebidas 48 horas depois de sua postagem. O seu não recebimento ou a entrega após o decurso desse prazo constitui ônus de prova do destinatário, caso em que o prazo será contado a partir do efetivo recebimento.

> **SÚM. 16, TST:** "Presume-se recebida a notificação 48 (quarenta e oito) horas depois de sua postagem. O seu não recebimento ou a entrega após o decurso desse prazo constitui ônus de prova do destinatário".

Tratando-se de presunção relativa, como alerta Homero Batista, se incumbe à parte notificada a comprovação do recebimento da notificação após as 48 horas, também a parte contrária pode comprovar o recebimento antes das 48 horas previstas. "Ora, se existe presunção meramente relativa de que o ato tenha sido praticado em 48 horas, a variação pode ocorrer tanto para mais (o que é comum) quanto para menos (o que é mais raro, mas não impossível)"[19].

Quando a intimação tiver lugar na sexta-feira, ou a publicação com efeito de intimação for feita nesse dia, o prazo judicial será contado da segunda-feira imediata, inclusive, salvo se não houver expediente, caso em que fluirá no dia útil que se seguir.

> **SÚM. 1, TST:** "Quando a intimação tiver lugar na sexta-feira, ou a publicação com efeito de intimação for feita nesse dia, o prazo judicial será contado da segunda-feira imediata, inclusive, salvo se não houver expediente, caso em que fluirá no dia útil que se seguir".

> **SÚM. 310, STF:** "Quando a intimação tiver lugar na sexta-feira, ou a publicação com efeito de intimação for feita nesse dia, o prazo judicial terá início na segunda-feira imediata, salvo se não houver expediente, caso em que começará no primeiro dia útil que se seguir".

No entanto, se a parte for intimada ou notificada no sábado, o início do prazo dar-se-á no primeiro dia útil imediato e a contagem, no subsequente **(Súm. 262, I, TST)**.

Nos termos do parágrafo único do **art. 3.º da Lei n. 11.419/2006**, quando a petição eletrônica for enviada para atender prazo processual, serão consideradas tempestivas as transmitidas até às 24 horas do seu último dia.

O recesso forense e as férias coletivas dos Ministros do Tribunal Superior do Trabalho suspendem os prazos recursais **(Súm. 262, II, TST)**.

> **SÚM. 262, TST:** "I – Intimada ou notificada a parte no sábado, o início do prazo se dará no primeiro dia útil imediato e a contagem, no subsequente. II – O recesso forense e as férias coletivas dos Ministros do Tribunal Superior do Trabalho suspendem os prazos recursais".

---

[19] SILVA Homero Batista Mateus da. *Curso de direito do trabalho aplicado*, cit., p. 285.

O **parágrafo único do art. 775,** que preceituava que os prazos que vencem em sábado, domingo ou feriado terminam no primeiro dia útil seguinte, **não foi reproduzido pela Lei n. 13.467/2017.**

Dessa forma, aplica-se, subsidiariamente, o **§ 1.º do art. 224 do Código de Processo Civil**, por força do **art. 769 da Consolidação das Leis do Trabalho**, *in verbis*: "Os dias do começo e do vencimento do prazo serão protraídos para o primeiro dia útil seguinte, se coincidirem com dia em que o expediente forense for encerrado antes ou iniciado depois da hora normal ou houver indisponibilidade da comunicação eletrônica".

Considerando-se a previsão de citação eletrônica, aplicável ao processo do trabalho[20], e considerando a possibilidade excepcional de o juiz do trabalho fixar prazo para apresentação da contestação[21], ocorrendo tal situação, considera-se dia do começo do prazo o quinto dia útil seguinte à confirmação na forma prevista na mensagem de citação, do recebimento da citação **(art. 231, IX, CPC)**.

A parte pode renunciar ao prazo estabelecido exclusivamente em seu favor, desde que o faça de maneira expressa **(art. 225, CPC)**.

Nos processos perante a Justiça do Trabalho em que for parte a Fazenda Pública (União, Estados, Distrito Federal, Municípios e as autarquias ou fundações de direito público federais, estaduais ou municipais que não explorem atividade econômica) ou o Ministério Público do Trabalho, será contado em quádruplo o prazo previsto no **art. 841 da Consolidação das Leis do Trabalho** para marcação da audiência em que será entregue a defesa (prazo para contestar) e em dobro o prazo para recorrer **(Decreto-lei n. 779, de 21.08.1969)** e para todas as suas manifestações processuais **(art. 183, CPC)**. O prazo para interposição de embargos declaratórios por pessoa jurídica de direito público é contado em dobro.

> **OJ SDI-1 192, TST:** "É em dobro o prazo para a interposição de embargos declaratórios por pessoa jurídica de direito público".

No entanto, em virtude de sua incompatibilidade com o princípio da celeridade processual, **não se aplica no processo do trabalho** a regra contida no **art. 229 do Código de Processo Civil**, segundo a qual os litisconsortes que tiverem diferentes procuradores, de escritórios de advocacia distintos, terão prazos contados em dobro para todas as suas manifestações, em qualquer juízo ou tribunal, independentemente de requerimento.

---

[20] *Vide* o conteúdo do item 4.1.5, sobre Comunicação dos atos processuais.

[21] A regra no processo do trabalho é que a contestação será apresentada em audiência (art. 847, CLT). No entanto, excepcionalmente, e desde que haja motivo justificado para tanto e não implique em cerceamento de defesa, aceita-se a fixação de prazo para apresentação da defesa. *Vide*: RR-1001550-96.2019.5.02.0056, 7.ª T., rel. Min. Cláudio Mascarenhas Brandão, *DEJT* 16-8-2024; RR-1001558-04.2019.5.02.0467, 3.ª T., rel. Min. José Roberto Freire Pimenta, *DEJT* 19-8-2022.

4 ■ Atos, Termos e Prazos Processuais

OJ SDI-1 310, TST: "Inaplicável ao processo do trabalho a norma contida no art. 229, *caput* e §§ 1.º e 2.º, do CPC de 2015 (art. 191 do CPC de 1973), em razão de incompatibilidade com a celeridade que lhe é inerente".

O prazo para recurso da parte que, intimada, não comparecer à audiência em prosseguimento para a prolação da sentença, conta-se de sua publicação **(Súm. 197, TST)** e quando não juntada a ata ao processo em 48 horas, contadas da audiência de julgamento **(art. 851, § 2.º, CLT)**, o prazo para recurso será contado da data em que a parte receber a intimação da sentença **(Súm. 30, TST)**.

SÚM. 30, TST: "Quando não juntada a ata ao processo em 48 horas, contadas da audiência de julgamento (art. 851, § 2.º, da CLT), o prazo para recurso será contado da data em que a parte receber a intimação da sentença".

SÚM. 197, TST: "O prazo para recurso da parte que, intimada, não comparecer à audiência em prosseguimento para a prolação da sentença conta-se de sua publicação".

Não havendo previsão em lei sobre determinado prazo, nem sendo ele assinalado expressamente pelo juiz, o ato processual deverá ser praticado pela parte no prazo de cinco dias **(art. 208, § 3.º, CPC)**.

Em algumas situações, os prazos processuais podem ter sua contagem paralisada, hipótese em que se fala em *suspensão* ou *interrupção*.

Na **suspensão**, a contagem paralisa-se pelo tempo correspondente ao fato determinante, voltando a fluir do ponto de paralisação, pelo que lhe faltar. Quando, porém, ocorre a **interrupção** do prazo, sua contagem é inutilizada, recomeçando a ser feita integralmente quando cessar a causa determinante da paralisação.

A superveniência de **férias forenses** suspende o curso do prazo, cuja contagem recomeça a partir do primeiro dia útil seguinte ao término das férias **(art. 220, CPC)**.

A Justiça do Trabalho permanece em **recesso** anualmente no período de 20 de dezembro a 6 de janeiro e os **Ministros do Tribunal Superior do Trabalho têm férias coletivas** de 2 a 31 de janeiro e de 2 a 31 de julho **(art. 66, § 1.º, LC n. 35/79)**, períodos em que os prazos ficam suspensos **(art. 775-A, CLT e Súm. 262, II, TST)**.

SÚM. 262, TST: "II – O recesso forense e as férias coletivas dos Ministros do Tribunal Superior do Trabalho suspendem os prazos recursais".

Ressalvadas as férias individuais e os feriados instituídos por lei, os juízes, membros do Ministério Público, da Defensoria Pública e da Advocacia Pública e os auxiliares da Justiça exercerão suas atribuições durante o período de 20 de dezembro a 6 de janeiro **(art. 775-A, § 1.º, CLT)**.

Suspende-se o curso do prazo por obstáculo criado em detrimento da parte ou ocorrendo qualquer das hipóteses do **art. 313 do Código de Processo Civil**[22], devendo

---

[22] "Art. 313. Suspende-se o processo:

o prazo ser restituído por tempo igual ao que faltava para sua complementação (**art. 221, CPC**).

Durante a suspensão do prazo não se realizarão audiências nem sessões de julgamento (**art. 775-A, § 2.º, CLT**).

Tendo em vista que os prazos processuais não são mais contínuos (**art. 775, CLT**), os feriados não são computados em sua contagem (**art. 219, CPC**).

Decorrido o prazo, extingue-se o direito de praticar ou de emendar o ato processual, independentemente de declaração judicial, ficando assegurado, porém, à parte provar que não o realizou por justa causa (**art. 223, CPC**). Opera-se a **preclusão**.

Preclusão é a perda da faculdade ou direito processual, que se extinguiu pelo não exercício em tempo hábil. Trata-se da **preclusão temporal**, que não se confunde com a **preclusão consumativa** (que ocorre em decorrência da prática do ato, que não poderá ser repetido – **art. 507, CPC**) ou com a **preclusão lógica** (que decorre da incompatibilidade entre um ato já praticado e outro que se pretendia praticar).

4.3.3. Principais prazos no processo do trabalho

Os **principais prazos no processo do trabalho** para a prática de atos processuais pelas partes são os seguintes:

■ *contestação* – em audiência; se for apresentada oralmente, o prazo é de 20 minutos (**art. 847, CLT**). A parte poderá apresentar defesa escrita pelo sistema de processo judicial eletrônico até a audiência (**parágrafo único**)[23];

I – pela morte ou pela perda da capacidade processual de qualquer das partes, de seu representante legal ou de seu procurador;

II – pela convenção das partes;

III – pela arguição de impedimento ou de suspeição;

IV – pela admissão de incidente de resolução de demandas repetitivas;

V – quando a sentença de mérito:

a) depender do julgamento de outra causa ou da declaração de existência ou de inexistência de relação jurídica que constitua o objeto principal de outro processo pendente;

b) tiver de ser proferida somente após a verificação de determinado fato ou a produção de certa prova, requisitada a outro juízo;

VI – por motivo de força maior;

VII – quando se discutir em juízo questão decorrente de acidentes e fatos da navegação de competência do Tribunal Marítimo;

VIII – nos demais casos que este Código regula;

IX – pelo parto ou pela concessão de adoção, quando a advogada responsável pelo processo constituir a única patrona da causa;

X – quando o advogado responsável pelo processo constituir o único patrono da causa e tornar-se pai".

23 Embora a previsão seja de apresentação da contestação em audiência, admite-se a fixação de prazo pelo juiz, antes da data designada para a audiência, para que a defesa seja apresentada. Trata-se de situação excepcional e que, de nenhuma forma, pode implicar em cerceamento do direito de defesa da parte. A regra é efetivamente a apresentação de defesa em audiência. A decretação de revelia e confissão quanto à matéria de fato pela não apresentação de defesa no prazo concedido,

4 ◼ Atos, Termos e Prazos Processuais 125

◼ *reconvenção* – na contestação (**art. 343, CPC**, com as peculiaridades do Processo do Trabalho);

◼ *exceção de incompetência territorial* – no prazo de cinco dias a contar da notificação (**art. 800**, *caput*, **CLT**);

◼ *manifestação do excepto e, se existentes, dos litisconsortes, em exceção de incompetência* – prazo comum de cinco dias (**art. 800, § 2.º, CLT**);

---

com a dispensa da audiência inaugural, implica inobservância da regra procedimental prevista na CLT e em respectiva ofensa ao art. 847 da CLT.

"RECURSO DE REVISTA INTERPOSTO PELA RECLAMADA. ACÓRDÃO REGIONAL PUBLICADO NA VIGÊNCIA DAS LEIS N. 13.015/2014 E 13.467/2017. SUMARÍSSIMO. REVELIA DECRETADA SEM A REALIZAÇÃO DE AUDIÊNCIA INICIAL. TRANSCENDÊNCIA POLÍTICA. RECONHECIDA. CONHECIMENTO E PROVIMENTO. I. Nos termos do art. 847 da CLT, 'não havendo acordo, o reclamado terá vinte minutos para aduzir sua defesa, após a leitura da reclamação, quando esta não for dispensada por ambas as partes'. Ainda, a Lei n. 13.467/17 inseriu o parágrafo único no art. 847 da CLT, o qual prevê que 'a parte poderá apresentar defesa escrita pelo sistema de processo judicial eletrônico até a audiência'. Da leitura dos dispositivos, observa-se que o processo do trabalho tem regulação própria para a fase postulatória e a regra geral é a de que 'não havendo acordo, o reclamado terá vinte minutos para aduzir sua defesa'. II. O novel parágrafo único do art. 847 da CLT possibilita à parte, por questões de praticidade, apresentar sua defesa de forma escrita até a audiência, mas não se trata de uma obrigação, e, sim, de uma faculdade, podendo a parte apresentá-la de forma oral na audiência. Caso o legislador, quando da inserção do referido parágrafo no art. 847 da CLT, quisesse que o referido comando fosse obrigatório, teria utilizado outro termo, diferente da palavra 'poderá', a qual nos remete à ideia de uma possibilidade, e, não, de uma obrigação. III. No caso em análise, sobressai dos autos que a Reclamada foi notificada para 'apresentar a defesa e documentos, no prazo de 15 dias, sob pena de revelia'. Como não foi juntada aos autos defesa no prazo assinalado, o Tribunal Regional manteve a revelia da Reclamada, decretada pelo Julgador de origem, ao fundamento de que, 'Em que pese devidamente notificada por meio de oficial de justiça (fl. 73), a reclamada não apresentou defesa no prazo legal, razão pela qual lhe aplico a revelia e a confissão ficta, nos termos do art. 844 da CLT e arts. 344 e 345 do CPC. Esclareço que a juntada a destempo da defesa e documentos pela reclamada, na data de 11-11-2020, não merece conhecimento, razão pela qual os mantenho em sigilo'. IV. Todavia, sabe-se que os costumes não prevalecem quando há norma disciplinando a matéria, ou seja, o nosso ordenamento não admite o costume contra legem. V. Como se percebe, na determinação do Juízo singular foi adotado prazo não previsto na CLT, extraído do Código de Processo Civil, especificamente do art. 335, segundo o qual: 'o réu poderá oferecer contestação, por petição, no prazo de 15 (quinze) dias [...]'. VI. No entanto, de acordo com o art. 769 da CLT, para que seja possível utilizar a legislação comum, como fonte subsidiária, se faz necessária a existência de dois requisitos básicos: omissão da CLT e compatibilidade da norma com a sistemática processual trabalhista. Na hipótese, não se verificam esses requisitos. VII. A bem da verdade, a CLT possui procedimento próprio para a fase postulatória do processo trabalhista, havendo previsão expressa de que a parte Reclamada é notificada para comparecer à audiência, momento processual em que o juiz proporá a conciliação entre as partes (art. 846 da CLT) e, não havendo acordo, o Reclamado terá 20 minutos para aduzir sua defesa (art. 847 da CLT). VIII. Ademais, conforme o disposto no art. 844, *caput* e § 5.º, da CLT, a revelia da Reclamada se dá com o não comparecimento da parte à audiência, o que não é o caso. IX. O procedimento adotado pelo juízo de primeiro grau, referendado pela Corte Regional, subverte o previsto na CLT, e ofende o art. 5.º, LIV e LV, da Constituição Federal. X. Demonstrada a transcendência política da causa. XI. Recurso de revista de que se conhece e a que se dá provimento" (RR-1000488-21.2020.5.02.0271, 4.ª T., rel. Min. Alexandre Luiz Ramos, *DEJT* 9-6-2023).

■ *razões finais* – em audiência, oralmente, no prazo de dez minutos **(art. 850, CLT)**[24];

■ *recursos* – o prazo de todos os recursos trabalhistas é de oito dias **(art. 6.º, Lei n. 5.584/70)**;

■ *contrarrazões de recurso* – oito dias **(art. 6.º, Lei n. 5.584/70)**;

■ *pagamento e comprovação do depósito recursal* – no prazo do recurso **(art. 7.º, Lei n. 5.584/70 e Súm. 245, TST)**;

■ *pagamento e comprovação das custas* – no prazo do recurso **(art. 789, § 1.º, CLT)**;

■ *embargos de declaração* – cinco dias **(art. 897-A, CLT)**;

■ *embargos à execução* – cinco dias após a garantia do juízo **(art. 884, CLT)**;

■ *ação rescisória* – dois anos após o trânsito em julgado da decisão **(art. 975, CPC)**;

■ *inquérito para apuração de falta grave* – 30 dias contados da data da suspensão do empregado **(art. 853, CLT)**.

Além dos prazos anteriormente indicados, merecem ser citados os seguintes:

■ 48 horas para remessa de cópia da petição inicial ao reclamado **(art. 841, CLT)**;

■ 48 horas para juntada da ata de audiência nos autos **(art. 851, CLT)**;

■ 48 horas para a devolução pelo correio da notificação postal no caso de o destinatário não ser encontrado ou recusar-se a recebê-la **(art. 774, parágrafo único, CLT)**;

■ 48 horas para pagamento ou garantia da execução de sentença **(art. 880, CLT)**;

■ 48 horas para instrução e julgamento da exceção de suspeição **(art. 802, CLT)**;

■ 10 dias para designação da audiência em dissídio coletivo **(art. 860, CLT)**;

■ 5 dias para julgamento dos embargos à execução **(art. 885, CLT)**;

■ 9 dias para os oficiais de justiça cumprirem os atos que lhes forem determinados **(art. 721, § 2.º, CLT)**;

■ notificação do reclamado deve ser recebida nos 5 dias anteriores à realização da audiência **(art. 841, CLT)**.

SÚM. 245, TST: "O depósito recursal deve ser feito e comprovado no prazo alusivo ao recurso. A interposição antecipada deste não prejudica a dilação legal".

SÚM. 434, TST: "II – A interrupção do prazo recursal em razão da interposição de embargos de declaração pela parte adversa não acarreta qualquer prejuízo àquele que apresentou seu recurso tempestivamente".

OJ TP-OE 11, TST: "Se não houver norma específica quanto ao prazo para interposição de recurso em matéria administrativa de decisão emanada de órgão Colegiado do Tribunal Regional do Trabalho, aplica-se, por analogia, a regra geral dos prazos adotados na Justiça do Trabalho, ou seja, oito dias, conforme estabelecido no art. 6.º da

---

[24] Ou por escrito, em prazo definido pelo juiz.

4 ◘ Atos, Termos e Prazos Processuais

127

Lei n. 5.584, de 26.06.1970. O prazo de dez dias a que alude o art. 59 da Lei n. 9.784, de 29.01.1999, aplica-se somente à interposição de recursos de decisões prolatadas monocraticamente".

OJ SDI-2 146, TST: "A contestação apresentada em sede de ação rescisória obedece à regra relativa à contagem de prazo constante do art. 774 da CLT, sendo inaplicável o art. 241 do CPC".

Principais prazos no processo do trabalho	Prazo
Contestação (art. 847, CLT)	em audiência, em 20 minutos (se for apresentada oralmente), ou por escrito
Reconvenção (art. 343, CPC)	na contestação
Exceção de incompetência territorial (art. 800, *caput*, CLT)	5 dias a contar da notificação
Manifestação do excepto e, se for o caso, de litisconsortes, em exceção de incompetência (art. 800, § 2.º, CLT)	5 dias
Razões finais (art. 850, CLT)	em audiência, oralmente, 10 minutos
Recursos (art. 6.º, Lei n. 5.584/70)	8 dias
Contrarrazões de recurso (art. 6.º, Lei n. 5.584/70)	8 dias
Pagamento e comprovação do depósito recursal (art. 7.º, Lei n. 5.584/70 e Súm. 245, TST)	no prazo do recurso
Pagamento e comprovação das custas (art. 789, § 1.º, CLT)	no prazo do recurso
Embargos de declaração (art. 897-A, CLT)	5 dias
Embargos à execução (art. 884, CLT)	5 dias após a garantia do juízo
Ação rescisória (art. 975, CPC)	2 anos após o trânsito em julgado da decisão
Inquérito para apuração de falta grave (art. 853, CLT)	30 dias contados da data da suspensão do empregado

Demais prazos do processo do trabalho	Prazo
Remessa de cópia da petição inicial ao reclamado (art. 841, CLT)	48 horas
Juntada da ata de audiência nos autos (art. 851, CLT)	48 horas
Destinatário não encontrado ou se recusar a receber a notificação (art. 774, parágrafo único, CLT)	48 horas para a devolução pelo correio
Pagamento ou garantia da execução de sentença (art. 880, CLT)	48 horas
Instrução e julgamento da exceção de suspeição (art. 802, CLT)	48 horas
Designação da audiência em dissídio coletivo (art. 860, CLT)	10 dias

Julgamento dos embargos à execução (art. 885, CLT)	5 dias
Oficiais de justiça cumprirem os atos que lhes forem determinados (art. 721, § 2.º, CLT)	9 dias
Notificação do reclamado (art. 841, CLT)	até 5 dias anteriores à realização da audiência

4.4. DESPESAS PROCESSUAIS, CUSTAS E EMOLUMENTOS

As **despesas processuais**, assim considerados "os custos econômicos e financeiros do processo suportados pelos que dele participam", compreendem as "custas, os honorários do perito, do assistente técnico e do advogado, os emolumentos, as indenizações de viagens, as diárias de testemunhas, as multas impostas pelo juiz e todos os demais gastos realizados pelos participantes da relação processual"[25].

Nos dissídios individuais e nos dissídios coletivos do trabalho, nas ações e procedimentos de competência da Justiça do Trabalho, bem como nas demandas propostas perante a Justiça Estadual, no exercício da jurisdição trabalhista, as **custas** relativas ao processo de conhecimento incidirão à base de 2%, observado o mínimo de R$ 10,64 e o máximo de quatro vezes o limite máximo dos benefícios do Regime Geral de Previdência Social, e serão calculadas **(art. 789, CLT)**:

- ▣ quando houver acordo ou condenação, sobre o respectivo valor;
- ▣ quando houver extinção do processo, sem julgamento do mérito, ou julgado totalmente improcedente o pedido, sobre o valor da causa;
- ▣ no caso de procedência do pedido formulado em ação declaratória e em ação constitutiva, sobre o valor da causa;
- ▣ quando o valor for indeterminado, sobre o que o juiz determinar.

Não sendo líquida a condenação, o juízo arbitrar-lhe-á o valor e fixará o montante das custas processuais **(art. 789, § 2.º, CLT)**.

SÚM. 36, TST: "Nas ações plúrimas, as custas incidem sobre o respectivo valor global".

OJ SDI-2 88, TST: "Incabível a impetração de mandado de segurança contra ato judicial que, de ofício, arbitrou novo valor à causa, acarretando a majoração das custas processuais, uma vez que cabia à parte, após recolher as custas, calculadas com base no valor dado à causa na inicial, interpor recurso ordinário e, posteriormente, agravo de instrumento no caso de o recurso ser considerado deserto".

As custas serão pagas pelo vencido, após o trânsito em julgado da decisão, sendo que, no caso de recurso, as custas serão pagas e comprovado o recolhimento dentro do prazo recursal **(art. 789, § 1.º, CLT)**.

---

[25] LEITE, Carlos Henrique Bezerra. *Curso de direito processual do trabalho, cit.*, 16. ed., p. 936.

4 ◼ Atos, Termos e Prazos Processuais

SÚM. 53, TST: "O prazo para pagamento das custas, no caso de recurso, é contado da intimação do cálculo".

OJ SDI-1 140, TST: "Em caso de recolhimento insuficiente das custas processuais ou do depósito recursal, somente haverá deserção do recurso se, concedido o prazo de 5 (cinco) dias previsto no § 2.º do art. 1.007 do CPC de 2015, o recorrente não complementar e comprovar o valor devido".

OJ SDI-2 148, TST: "É responsabilidade da parte, para interpor recurso ordinário em mandado de segurança, a comprovação do recolhimento das custas processuais no prazo recursal, sob pena de deserção".

Sempre que houver **acordo**, se de outra forma não for convencionado, o pagamento das custas caberá em **partes iguais aos litigantes (art. 789, § 3.º, CLT)**.

Nos **dissídios coletivos** as partes **vencidas responderão solidariamente** pelo pagamento das custas, calculadas sobre o valor arbitrado na decisão, ou pelo Presidente do Tribunal **(art. 789, § 4.º, CLT)**.

SÚM. 25, TST: "I – A parte vencedora na primeira instância, se vencida na segunda, está obrigada, independentemente de intimação, a pagar as custas fixadas na sentença originária, das quais ficara isenta a parte então vencida; II – No caso de inversão do ônus da sucumbência em segundo grau, sem acréscimo ou atualização do valor das custas e se estas já foram devidamente recolhidas, descabe um novo pagamento pela parte vencida, ao recorrer. Deverá ao final, se sucumbente, reembolsar a quantia; III – Não caracteriza deserção a hipótese em que, acrescido o valor da condenação, não houve fixação ou cálculo do valor devido a título de custas e tampouco intimação da parte para o preparo do recurso, devendo ser as custas pagas ao final; IV – O reembolso das custas à parte vencedora faz-se necessário mesmo na hipótese em que a parte vencida for pessoa isenta do seu pagamento, nos termos do art. 790-A, parágrafo único, da CLT".

No processo de execução são devidas **custas**, sempre de responsabilidade do **executado**, e pagas ao final, de conformidade com a tabela prevista no **art. 789-A da Consolidação das Leis do Trabalho**.

Na hipótese de **ausência do reclamante à audiência**, este será condenado ao pagamento das custas, calculadas na forma do **art. 789 da Consolidação das Leis do Trabalho**, salvo se comprovar, no prazo de 15 dias, que a ausência ocorreu por motivo legalmente justificável **(art. 844, § 2.º, CLT)**, sendo que o pagamento das referidas custas é condição para a propositura de nova demanda **(art. 844, § 3.º, CLT)**[26]. Destaque-se

---

[26] "AGRAVO DE INSTRUMENTO. RECURSO DE REVISTA SOB A ÉGIDE DA LEI N. 13.467/2017. AUSÊNCIA INJUSTIFICADA À AUDIÊNCIA. ARQUIVAMENTO DA RECLAMAÇÃO TRABALHISTA. ÓBICE DA SÚMULA 126. TRANSCENDÊNCIA PREJUDICADA. No caso em tela, o Regional, após análise de conteúdo fático-probatório, concluiu que a ausência do reclamante a audiência inaugural foi injustificada. A aferição das alegações recursais requereria novo exame do quadro factual delineado na decisão Regional, na medida em que se contrapõem frontalmente à assertiva fixada no acórdão, hipótese que atrai a incidência da Súmula 126 do TST.

que a constitucionalidade dessa previsão trazida pela Reforma Trabalhista foi reconhecida pelo STF, por maioria, no julgamento da ADI 5.766.

Os **emolumentos** serão pagos pelo **requerente** em razão de **serviços** prestados pelo Poder Judiciário (autenticação de traslado, fotocópia de peças, certidões etc.), em valores de acordo com a tabela prevista no **art. 789-B da Consolidação das Leis do Trabalho**.

A **forma de pagamento** das custas e emolumentos obedecerá às instruções expedidas pelo Tribunal Superior do Trabalho **(art. 790, CLT)**.

O **não pagamento das custas** ensejará **execução** da respectiva importância **(art. 790, § 3.º, CLT)**.

O **benefício da justiça gratuita**, inclusive quanto a traslados e instrumentos, que pode ser concedido **de ofício ou a requerimento**, será deferido pelo juízo de qualquer instância:

- ▪ àqueles que perceberem salário igual ou inferior a 40% do limite máximo dos benefícios do Regime Geral de Previdência Social **(art. 790, § 3.º, CLT)**;

Apesar de o art. 896-A da CLT estabelecer a necessidade de exame prévio da transcendência do recurso de revista, a jurisprudência da Sexta Turma do TST evoluiu para entender que esta análise fica prejudicada quando o apelo carece de pressupostos processuais extrínsecos ou intrínsecos que impedem o alcance do exame meritório do feito, como no caso em tela. Agravo de instrumento não provido. RECURSO DE REVISTA SOB A ÉGIDE DA LEI N. 13.467/2017. AÇÃO AJUIZADA APÓS A EFICÁCIA DA LEI N. 13.467/2017. BENEFICIÁRIO DA JUSTIÇA GRATUITA. AUSÊNCIA INJUSTIFICADA À AUDIÊNCIA. ARQUIVAMENTO DA RECLAMAÇÃO TRABALHISTA. CONDENAÇÃO AO PAGAMENTO DE CUSTAS. ART. 844, § 2.º, DA CLT, DECLARADO CONSTITUCIONAL PELO STF. ADI 5766. TRANSCENDÊNCIA JURÍDICA. No caso em tela, o debate acerca da condenação do beneficiário da justiça gratuita ao pagamento das custas processuais, na hipótese de ausência injustificada à audiência designada pelo juízo, nos termos do novel art. 844, § 2.º, da CLT, em reclamação trabalhista proposta após a eficácia da Lei n. 13.467/2017, demonstra 'a existência de questão nova em torno da interpretação da legislação trabalhista', o que configura a transcendência jurídica, nos termos do art. 896-A, § 1.º, IV, da CLT. Transcendência reconhecida. O Supremo Tribunal Federal, ao apreciar a Ação Direta de Inconstitucionalidade n. 5766, julgou-a improcedente no tocante ao art. 844, § 2.º, da CLT, declarando-o constitucional. O dispositivo prevê a condenação do beneficiário da justiça gratuita ao pagamento das custas processuais, na hipótese de ausência injustificada à audiência. Com efeito, para as reclamações trabalhistas ajuizadas após a eficácia da Lei n. 13.467/2017, a imposição de condenação ao pagamento das custas processuais, ao beneficiário da justiça gratuita que não apresenta motivo legalmente justificável para sua ausência no prazo conferido em lei, não importa em ofensa aos princípios constitucionais insculpidos no art. 5.º, incisos XXXV, XXXVI e LXXIV, da Constituição Federal. Por outro lado, a jurisprudência tem inclusive pontuado que o aludido dispositivo legal (art. 844, § 2.º, da CLT) confere efetividade ao princípio da razoável duração do processo (art. 5.º, LXXVIII, da CF), na medida em que inspira a litigância responsável, evitando o acionamento do Poder Judiciário por quem, de fato, não tem interesse na resolução do seu suposto conflito. Decisão regional em consonância com a jurisprudência vinculante do STF. Recurso de revista não conhecido" (ARR-10598-19.2019.5.03.0105, 6.ª T., rel. Min. Augusto Cesar Leite de Carvalho, *DEJT* 11-10-2024).

4 ◼ Atos, Termos e Prazos Processuais   131

◼ à parte que comprovar insuficiência de recursos para o pagamento das custas do processo **(art. 790, § 4.º, CLT)**[27].

OJ SDI-1 269, TST: "I – O benefício da justiça gratuita pode ser requerido em qualquer tempo ou grau de jurisdição, desde que, na fase recursal, seja o requerimento formulado no prazo alusivo ao recurso; II – Indeferido o requerimento de justiça gratuita formulado na fase recursal, cumpre ao relator fixar prazo para que o recorrente efetue o preparo (art. 99, § 7.º, do CPC de 2015)".

SÚM. 463, TST: "I – A partir de 26.06.2017, para a concessão da assistência judiciária gratuita à pessoa natural, basta a declaração de hipossuficiência econômica firmada pela parte ou por seu advogado, desde que munido de procuração com poderes específicos para esse fim (art. 105 do CPC de 2015); II – No caso de pessoa jurídica, não basta a mera declaração: é necessária a demonstração cabal de impossibilidade de a parte arcar com as despesas do processo"[28].

São **isentos** do pagamento de **custas (art. 790-A, CLT)**:

◼ a União, os Estados, o Distrito Federal, os Municípios e respectivas autarquias e fundações públicas federais, estaduais e municipais que não explorem atividade econômica (que, porém, não estão eximidas da obrigação de reembolsar as despesas judiciais realizadas pela parte vencedora – **art. 790-A, parágrafo único, CLT**);

◼ o Ministério Público do Trabalho.

---

[27] No julgamento do **IncJulgRREmbRep-277-83.2020.5.09.0084**, ocorrido em 14-10-2024, o Tribunal Pleno do TST, por maioria, firmou o entendimento de que a declaração de hipossuficiência econômica apresentada pela parte Reclamante possui presunção de veracidade e, não havendo prova concreta em sentido contrário, viabiliza a concessão dos benefícios da gratuidade de justiça à parte requerente.

Após essa decisão, os julgados são no sentido de que não é necessária a comprovação de insuficiência de recursos. *Vide*: **RR-0000105-52.2023.5.09.0015**, 3.ª T., rel. Min. Alberto Bastos Balazeiro, *DEJT* 21-11-2024; **RRAg-0000290-56.2022.5.09.0652**, 4.ª T., rel. Min. Alexandre Luiz Ramos, *DEJT* 21-11-2024.

[28] "AGRAVO. AGRAVO DE INSTRUMENTO. RECURSO DE REVISTA. DESERÇÃO. PESSOA JURÍDICA. HIPOSSUFICIÊNCIA FINANCEIRA NÃO DEMONSTRADA. ÓBICES DAS SÚMULAS 463, II, E 333 DO TST. Na hipótese, o Tribunal Regional consignou que o benefício da justiça gratuita não foi concedido por considerar que a insuficiência de recursos não foi comprovada pelos reclamados. A jurisprudência desta Corte Superior, consolidada nos termos da Súmula 463, II, é no sentido de que para a concessão do benefício da gratuidade de justiça para pessoa jurídica, não basta a mera declaração de hipossuficiência econômica, sendo necessária a demonstração cabal de impossibilidade de a parte arcar com as despesas do processo. Diante das circunstâncias fáticas, a decisão do Tribunal Regional está em consonância com a Súmula 463, II, do TST, não fazendo os reclamados jus ao benefício da justiça gratuita. Não merece reparos a decisão. Agravo não provido" (AIRR-0010287-03.2023.5.03.0165, 2.ª T., rel. Min. Maria Helena Mallmann, *DEJT* 21-11-2024).

SÚM. 170, TST: "Os privilégios e isenções no foro da Justiça do Trabalho não abrangem as sociedades de economia mista, ainda que gozassem desses benefícios anteriormente ao Decreto-Lei n. 779, de 21.08.1969 (ex-Prejulgado n. 50)".

A isenção de custas **não alcança** as entidades fiscalizadoras do exercício profissional **(art. 790-A, parágrafo único, CLT)**.

Em relação à **massa falida**, a jurisprudência pacífica entende não caracterizar deserção o não pagamento das custas.

SÚM. 86, TST: "Não ocorre deserção de recurso da massa falida por falta de pagamento de custas ou de depósito do valor da condenação. Esse privilégio, todavia, não se aplica à empresa em liquidação extrajudicial".

O mesmo não ocorre em relação às empresas em recuperação judicial, a quem somente pode ser concedido o benefício da justiça gratuita em caso de demonstração cabal de impossibilidade de a parte arcar com as despesas do processo **(Súm. 463, TST)**.

"AGRAVO. AGRAVO DE INSTRUMENTO EM RECURSO DE REVISTA. EMPRESA EM RECUPERAÇÃO JUDICIAL. BENEFÍCIO DA JUSTIÇA GRATUITA INDEFERIDO PELAS INSTÂNCIAS ORDINÁRIAS. INSUFICIÊNCIA FINANCEIRA NÃO COMPROVADA. DESERÇÃO DO RECURSO ORDINÁRIO. Não merece provimento o agravo que não desconstitui os fundamentos da decisão monocrática pela qual se negou provimento ao agravo de instrumento. Embora esta Corte tenha adotado a tese de que é cabível a concessão dos benefícios da Justiça gratuita à pessoa jurídica, é necessária a comprovação cabal de que se encontra em dificuldade financeira que lhe impossibilite arcar com as despesas processuais. Registra-se que a Lei n. 13.467/2017, já vigente na publicação da decisão recorrida, estabeleceu no art. 899, § 10, da CLT, que: 'são isentos do depósito recursal os beneficiários da justiça gratuita, as entidades filantrópicas e as empresas em recuperação judicial'. O art. 20 da Resolução n. 221 do TST, de 21-6-2018, que editou a Instrução Normativa n. 41, que trata sobre as normas da CLT com as alterações da Lei n. 13.467/2017 e sua aplicação ao processo do trabalho, dispõe que: 'Art. 20. As disposições contidas nos §§ 4.º, 9.º, 10 e 11 do art. 899 da CLT, com a redação dada pela Lei n. 13.467/17, serão observadas para os recursos interpostos contra as decisões proferidas a partir de 11 de novembro de 2017'. Portanto, no processo do trabalho, em relação aos recursos interpostos contra as decisões proferidas a partir de 11 de novembro de 2017, caso dos autos, os beneficiários da Justiça gratuita, as entidades filantrópicas e as empresas em recuperação judicial são isentos do depósito recursal. Todavia, o art. 899, § 10, da CLT trata apenas da isenção do depósito recursal. Quanto às custas processuais, o art. 790, § 4.º, da CLT prevê que 'o benefício da justiça gratuita será concedido à parte que comprovar insuficiência de recursos para o pagamento das custas do processo', e, no caso, a reclamada não comprovou efetivamente a sua condição de insuficiência financeira. Essa também é a dicção da Súmula 463, item II, do TST. Portanto, nos termos do art. 790, § 4.º, da CLT e do item II da Súmula 463 deste Tribunal, não basta a simples afirmação da parte acerca de sua situação econômica, sendo necessária a comprovação cabal da sua fragilidade econômica. Prevalece, portanto, a inteligência das Súmulas 481 do STJ e 463, item II, do TST, que preveem, respectivamente, que 'faz jus ao benefício da justiça gratuita a pessoa jurídica com ou sem fins lucrativos que demonstrar sua impossibilidade de arcar com os encargos processuais' e que 'no caso de pessoa jurídica, não basta a mera declaração: é necessária a demonstração cabal de

4 ▣ Atos, Termos e Prazos Processuais

impossibilidade de a parte arcar com as despesas do processo'. Dessa forma, não se revela possível a concessão dos benefícios da Justiça gratuita à reclamada, uma vez que não houve comprovação cabal da impossibilidade de a parte arcar com as despesas relacionadas às custas processuais. A decisão regional encontra-se em plena consonância com a iterativa, atual e notória jurisprudência desta Corte, o que constitui óbice à pretensão recursal, nos termos da Súmula 333 do TST e do art. 896, § 7.º, da CLT. Agravo desprovido" (AIRR-0000226-03.2023.5.23.0141, 3.ª T., rel. Min. Jose Roberto Freire Pimenta, *DEJT* 14-11-2024).

"AGRAVO EM AGRAVO DE INSTRUMENTO EM RECURSO DE REVISTA. ACÓRDÃO DO TRT PUBLICADO NA VIGÊNCIA DA LEI N. 13.467/2017. EMPRESA EM RECUPERAÇÃO JUDICIAL. AUSÊNCIA DE RECOLHIMENTO DAS CUSTAS PROCESSUAIS. DESERÇÃO DO RECURSO DE REVISTA. 1. Caso em que constatada a ausência de recolhimento das custas processuais quando da interposição do recurso de revista, não obstante a Corte Regional, após indeferir o pedido de gratuidade da justiça, tenha concedido prazo para regularização do preparo. 2. Com o advento da Lei n. 13.467, de 13 de julho de 2017, a CLT passou a disciplinar que *'são isentos do depósito recursal os beneficiários da justiça gratuita, as entidades filantrópicas e as empresas em recuperação judicial'* (art. 899, § 10, da CLT/destaquei). 3. É de se notar que o art. 899, § 10, da CLT isenta as empresas em recuperação judicial de efetuar o depósito recursal, nada dispondo acerca do pagamento de custas processuais. Todavia, estando a empregadora, pessoa jurídica, em recuperação judicial ou não, tem a possibilidade de pleitear a concessão dos benefícios da justiça gratuita, a fim de isentar-se do recolhimento dessa despesa judicial. 4. Ainda que tal benesse possa ser requerida a qualquer tempo, bastando ser realizada dentro do prazo do recurso (Orientação Jurisprudencial 269, I, da SBDI-1 do TST), o fato é que o art. 790, § 4.º, da CLT, bem como a Súmula 463, II, desta Corte, somente autorizam a concessão do benefício à pessoa jurídica que comprovar a insuficiência de recursos para o pagamento das custas do processo. 5. No caso, o recorrente não produziu qualquer prova de insuficiência de recursos, não sendo possível sua presunção meramente com base na existência de crise econômica no país. 6. Acresça-se que prevalece nesta Corte Superior o entendimento de que o mero fato de a empresa se encontrar em processo de recuperação judicial não é suficiente para a concessão do benefício da Justiça Gratuita, sendo indispensável que a parte realize o pedido e comprove a inequívoca insuficiência financeira da pessoa jurídica para demandar em Juízo, o que não ocorreu no caso em apreço. Precedentes. 7. Dessa forma, por constatar que o recurso de revista encontra-se deserto, por falta de recolhimento das custas processuais, mantém-se o despacho denegatório. Agravo conhecido e desprovido" (Ag-AIRR-365-56.2017.5.23.0046, 7.ª T., rel. Min. Alexandre de Souza Agra Belmonte, *DEJT* 4-10-2024).

Os **procedimentos** para o recolhimento das custas e emolumentos devidos à União no âmbito da Justiça do Trabalho estão regulados pela **Instrução Normativa n. 20 do Tribunal Superior do Trabalho.**

OJ SDI-1 33, TST: "O carimbo do banco recebedor na guia de comprovação do recolhimento das custas supre a ausência de autenticação mecânica".

O TST tem adotado entendimento no sentido de que a ausência de alguma formalidade em relação ao recolhimento das custas, caso a finalidade do ato processual tenha sido atingida, não gera deserção.

"RECURSO DE REVISTA INTERPOSTO PELA RECLAMADA ITRON SISTEMAS E TECNOLOGIA LTDA. ACÓRDÃO REGIONAL. PUBLICAÇÃO ANTES DA VIGÊNCIA DA LEI N. 13.015/2014. DESERÇÃO. RECURSO ORDINÁRIO. DEPÓSITO RECURSAL. GUIA GRU INCOMPLETA MAS COM INFORMAÇÕES SUFICIENTES PARA IDENTIFICAR O DEPÓSITO. FINALIDADE DO ATO PROCESSUAL ATINGIDA. PRECEDENTES. I. Esta Corte Superior firmou posicionamento de que a lei somente exige que o pagamento das custas e do depósito recursal se dê dentro prazo legal e no valor estipulado na decisão judicial (art. 789, § 1.º, da CLT), sendo que o preenchimento incorreto da guia GRU, quando presentes outros elementos capazes de vincular tal recolhimento ao respectivo processo, não invalida a comprovação do recolhimento das custas ou do deposito recursal. II. No caso, o Tribunal Regional entendeu por deserto o recurso ordinário da ITRON quanto ao recolhimento do depósito recursal, em razão do preenchimento incompleto da guia GRU. Contudo, na guia GRU (fls. 753/755), constam os nomes das partes, o CNPJ da recorrente, o código de recolhimento, o número parcial do presente processo (01605562012), a partir do qual é possível identificar a Vara do Trabalho, bem como a autenticação do banco no valor correto, o qual foi recolhido em época certa, de forma que é possível individualizar de forma clara o processo em análise. III. Recurso de revista de que se conhece e a que se dá provimento. [...]" (ARR-1605-56.2012.5.06.0102, 7.ª T., rel. Min. Evandro Pereira Valadão Lopes, *DEJT* 10-11-2023).

"RECURSO DE REVISTA DA FUNCEF INTERPOSTO ANTES DA LEI 13.015/2014. DESERÇÃO DO RECURSO ORDINÁRIO. CUSTAS PROCESSUAIS. PREENCHIMENTO DA GRU INCORRETO. AUSÊNCIA DE INFORMAÇÃO DA VARA DO TRABALHO NO CAMPO PRÓPRIO. FINALIDADE DO ATO PROCESSUAL ATINGIDA. DEMONSTRAÇÃO EFETIVA DO RECOLHIMENTO DAS CUSTAS. DESERÇÃO NÃO VERIFICADA. O fato de não ter sido preenchida corretamente a guia GRU, desde que existentes informações necessárias para a distinção do documento do presente feito perante os demais, não invalida a comprovação do recolhimento das custas, pois a lei exige somente que o pagamento se dê dentro do prazo e no valor estipulado na decisão judicial (art. 789, § 1.º da CLT). No caso, o Regional entendeu deserto o recurso ordinário da FUNCEF quanto ao recolhimento das custas em face do preenchimento incorreto da guia GRU por não ter a recorrente informado o número da Vara do Trabalho no campo próprio. Contudo, na guia GRU constam o nome das partes, o CNPJ da recorrente, o código de recolhimento, o número completo do presente processo, do qual é possível identificar a Vara do Trabalho – fato admitido inclusive pelo Regional –, bem como a autenticação do banco no valor estipulado na sentença, o qual foi recolhido em época certa. Portanto, estando as custas à disposição da União, e tendo sido recolhidas mediante guia própria, no valor arbitrado na sentença, bem como no prazo previsto em lei, o preparo recursal está satisfeito, razão pela qual afasta-se a deserção do recurso ordinário. Há precedentes. Recurso de revista conhecido e provido. Fica prejudicada a análise do agravo de instrumento da CEF e do recurso de revista da reclamante" (RRAg 1753-48.2011.5.02.0382, 6.ª T., rel. Min. Augusto César Leite de Carvalho, *DEJT* 25-2-2022).

4 ◼ Atos, Termos e Prazos Processuais

Os **honorários periciais** serão pagos pela parte **sucumbente na pretensão da perícia (art. 790-B, CLT)**, sendo fixados pelo juiz em valor que respeite o limite máximo estabelecido pelo Conselho Superior da Justiça do Trabalho (§ 1.º).

O STF entendeu, por maioria, **inconstitucional** a previsão de pagamento de honorários periciais pelo beneficiário da justiça gratuita (**ADI 5.766**). Portanto, não prevalecem mais as previsões do art. 790-B da CLT nesse sentido (parte do *caput* e § 4.º).

O juízo não pode exigir **adiantamento** de valores para realização de perícias, mas pode deferir, ao final, o **parcelamento** do valor dos honorários periciais (**art. 790-B, §§ 2.º e 3.º, CLT**).

> **SÚM. 341, TST:** "A indicação do perito assistente é faculdade da parte, a qual deve responder pelos respectivos honorários, ainda que vencedora no objeto da perícia".

As **despesas com intérprete judicial** nomeado, quando as partes e testemunhas não souberem falar a língua nacional ou forem surdas-mudas, correrão por conta da parte sucumbente, salvo se beneficiária da justiça gratuita (**art. 819, CLT**).

> **SÚM. 457, TST:** "A União é responsável pelo pagamento dos honorários de perito quando a parte sucumbente no objeto da perícia for beneficiária da assistência judiciária gratuita, observado o procedimento disposto nos arts. 1.º, 2.º e 5.º da Resolução n. 66/2010 do Conselho Superior da Justiça do Trabalho – CSJT".

Até a edição da **Lei n. 13.467/2017 (*Reforma Trabalhista*)**, o deferimento dos honorários advocatícios na Justiça do Trabalho estava condicionado ao preenchimento cumulativo dos requisitos previstos na **Lei n. 5.584/70** e sintetizados na **Súmula 219, I, do Tribunal Superior do Trabalho** (sucumbência do empregador, comprovação do estado de miserabilidade jurídica do empregado e assistência do trabalhador pelo sindicato da categoria).

No entanto, com a inclusão do **art. 791-A à Consolidação das Leis do Trabalho**, passou a ser previsto no processo do trabalho o pagamento pela parte sucumbente de **honorários ao advogado da parte contrária**: "Ao advogado, ainda que atue em causa própria, serão devidos honorários de sucumbência, fixados entre o mínimo de 5% (cinco por cento) e o máximo de 15% (quinze por cento) sobre o valor que resultar da liquidação da sentença, do proveito econômico obtido ou, não sendo possível mensurá-lo, sobre o valor atualizado da causa".

São **devidos** honorários de sucumbência **na reconvenção (art. 791-A, § 5.º, CLT)**.

Segundo o **§ 3.º do art. 791-A da Consolidação das Leis do Trabalho**, na hipótese de **procedência parcial**, o juízo arbitrará **honorários de sucumbência recíproca**, sendo vedada a compensação entre honorários.

Os honorários de sucumbência serão **fixados pelo juiz**, que deverá considerar para tanto **(§ 2.º)**:

- ◼ o grau de zelo do profissional;
- ◼ o lugar da prestação do serviço;

- a natureza e a importância da causa;
- o trabalho realizado pelo advogado e o tempo exigido para o seu serviço.

A previsão do **§ 4.º do art. 791 da CLT**, incluído pela Reforma Trabalhista, no sentido de que os honorários de sucumbência seriam devidos pelo vencido, ainda que beneficiário da justiça gratuita, foi declarada **inconstitucional** pelo STF, por maioria de votos **(ADI 5.766)**.

O tema dos honorários sucumbenciais gerou de início muita polêmica na doutrina e na jurisprudência, em especial no que tange à sua aplicabilidade aos processos já em curso quando do advento da *Reforma Trabalhista*.

No entanto, o Tribunal Superior do Trabalho, por meio da **Instrução Normativa n. 41/2018**, dispôs que na Justiça do Trabalho "a **condenação em honorários advocatícios sucumbenciais**, prevista no art. 791-A, e parágrafos, da CLT, será aplicável **apenas às ações propostas após 11 de novembro de 2017** (Lei n. 13.467/2017). Nas ações propostas anteriormente, subsistem as diretrizes do art. 14 da Lei n. 5.584/1970 e das Súmulas 219 e 329 do TST".

4.5. QUESTÕES

5

NULIDADES NO PROCESSO DO TRABALHO

Os atos processuais devem ser praticados na **forma prevista em lei**, o que é indispensável para que o processo possa se desenvolver validamente e atingir o seu objetivo.

Embora o Direito Processual do Trabalho tenha o *informalismo* como uma de suas características, existem determinadas **formas dos atos processuais** que devem, como regra, ser **respeitadas**, sob pena de **nulidade**. Estando o ato processual em desconformidade com a forma legal, diz-se que ele está viciado, não podendo gerar efeitos, ou seja, o **ato é *nulo***.

O reconhecimento das nulidades no processo do trabalho, no entanto, **evoluiu** ao longo do tempo. Como ensina Bezerra Leite, "durante muito tempo, persistiu a ideia de que a falta de alguma formalidade dos atos processuais implicava a nulificação de todo o processo. Era o chamado sistema legalista ou formalista. Na fase de instrumentalidade do processo, passou-se a mitigar o rigor das formalidades dos atos e termos do processo e, consequentemente, das nulidades processuais. No atual sistema processual, isto é, no paradigma do Estado Democrático de Direito, passou-se a observar os fins sociais do processo, evitando-se, assim, declarar sua nulidade, mormente nos casos em que a ausência de alguma formalidade não provoque prejuízo para os direitos das partes. Daí falar-se num sistema teleológico de nulidades"[1].

De fato, a "instrumentalidade das formas representou elevado salto de qualidade na ciência processual, que conseguiu o discernimento suficiente para aliar, de um lado, a noção de que o processo não haverá de ser um fim em si mesmo, mas uma ferramenta para a obtenção de um provimento judicial, e, de outro lado, a noção de que o processo não é um simples apêndice – ou um adjetivo, como antigamente se dizia –, dentro do mundo jurídico"[2].

5.1. CONCEITO DE NULIDADE

A doutrina considera a **nulidade** como uma *sanção* determinada pela lei: estando a forma do ato processual prevista pela norma jurídica e sendo ela descumprida, o ato é

---

[1] LEITE, Carlos Henrique Bezerra. *Curso de direito processual do trabalho, cit.,* 15. ed., p. 493.

[2] SILVA Homero Batista Mateus da. *Curso de direito do trabalho aplicado*: processo do trabalho. São Paulo: Revista dos Tribunais, 2021. v. 4, p. 371.

privado de seus efeitos normais. Nega-se eficácia jurídica ao ato praticado em desconformidade e, por essa razão, fica comprometida a sua função no processo.

Quando se fala em nulidade, se questiona se o ato está em conformidade ou em desconformidade com determinado modelo legal e, caso se verifique a desconformidade, deve-se analisar a sua **amplitude** para que se possa determinar a sua **consequência**. Quanto maior for a desconformidade com o modelo legal, menores serão as chances de o ato processual gerar efeitos. Exatamente por isso é necessário verificar qual a espécie de vício que o ato apresenta.

5.2. SISTEMA DE NULIDADES

Embora se reconheça a importância das formas dos atos processuais para garantir o bom desenvolvimento do processo até que se alcance a sua finalidade, as legislações processuais dos diversos países adotam tratamentos diferentes em relação às nulidades. São os chamados **sistemas de nulidades**.

Algumas legislações adotam um sistema segundo o qual, verificando a simples desconformidade do ato processual com a forma estabelecida para sua prática, o juiz pode declarar a nulidade deste. Trata-se da chamada **tendência formalística**.

Em outros diplomas processuais, o sistema adotado, segundo uma **tendência instrumentalista**, considera não só a desconformidade do ato processual, mas também se essa desconformidade traz algum prejuízo para a parte e se o ato, mesmo viciado, não atingiu sua finalidade. A nulidade só é admitida se houver prejuízo para a parte que a denunciar e se o ato não puder ser aproveitado.

O **Direito Processual brasileiro, inclusive o do Trabalho**, adotou predominantemente o segundo sistema, prevendo expressamente que a **nulidade não será decretada se não houve prejuízo para a parte (art. 794, CLT e art. 282, §§ 1.º e 2.º, CPC)**. Além disso, o legislador permite que o **ato irregular que tenha alcançado sua finalidade seja aproveitado (art. 796, CLT e arts. 277, 282, *caput*, e 283, CPC)**[3].

Nesse sentido, constata-se que "o sistema das invalidades processuais é construído para que não haja invalidades. A nulidade de um ato processual ou do procedimento é encarada pelo direito processual como algo pernicioso. A invalidação do ato deve ser vista como solução de *ultima ratio*, tomada apenas quando não for possível ignorar o

---

[3] O art. 277 do Código de Processo Civil prevê a fungibilidade dos atos processuais. "O princípio da fungibilidade dos meios processuais é a manifestação doutrinária e jurisprudencial mais clara de aplicação do princípio do aproveitamento dos atos processuais defeituosos. De acordo com tal princípio, é possível aproveitar um ato processual, indevidamente praticado, como outro ato (p. ex.: aproveitamento de um recurso pelo outro). Na verdade, o princípio da fungibilidade é a versão processual da regra da conversão do ato nulo, já consagrada no direito brasileiro (art. 170 do Código Civil). O princípio da fungibilidade diz respeito, inclusive, a qualquer juízo de admissibilidade (juízo e validade do procedimento/ ato postulatório), seja relativo ao recurso, seja relativo ao procedimento principal, como vem pugnando a mais prestigiada doutrina. Entende-se que o direito processual brasileiro consagra o princípio no enunciado do art. 277 do CPC" (DIDIER JR., Fredie. *Curso de direito processual civil*. 18. ed. Salvador: JusPodivm, 2016. v. 4, p. 412).

5 ◻ Nulidades no Processo do Trabalho

defeito, aproveitando o ato praticado, ou aceitar o ato como se fosse outro (fungibilidade) ou, enfim, determinar a sua correção"[4].

5.3. ESPÉCIES DE VÍCIOS DOS ATOS PROCESSUAIS

Os defeitos dos atos processuais são classificados pela doutrina segundo possam ser ignorados, devam ser sancionados extraprocessualmente, corrigidos ou invalidados.

Com base nessa escala e de acordo com sua crescente intensidade, os **vícios dos atos processuais** podem ser: (a) **irregularidades** – que são vícios destituídos de força invalidante, devido à carga muito leve de deformidade que o ato apresenta, podendo ser ignorados (ex.: simples erro material); (b) **inexistência** – quando existe uma circunstância impeditiva do próprio surgimento do ato processual; é o chamado "não ato" (ex.: sentença não assinada pelo juiz); e (c) **nulidades** – que são defeitos que impedem que o ato atinja sua finalidade e, consequentemente, fazem com que seja negada eficácia jurídica a ele (ex.: citação sem observância das prescrições legais).

Carlos Henrique Bezerra Leite utiliza genericamente a expressão **irregularidades dos atos processuais**, dividindo-as, segundo seus efeitos, em: (a) meras irregularidades sem consequências processuais; (b) irregularidades ou sanções extrapatrimoniais, que geram apenas sanções fora do processo, geralmente de ordem disciplinar; (c) irregularidades que acarretam nulidades processuais; (d) irregularidades que acarretam a inexistência do ato processual, como sentença sem assinatura do juiz ou assinada por juiz aposentado cujo ato de aposentadoria já tenha sido pulicado no DOU[5].

Fredie Didier sugere a seguinte tipologia: (a) defeitos processuais que não geram qualquer invalidade, em que os defeitos são mínimos, chamados por muitos doutrinadores de meras irregularidades, tais quais a sustentação oral realizada por advogado sem as vestes talares; (b) defeitos processuais que geram invalidade que não pode ser decretada *ex officio*, são as hipóteses em que a forma do ato processual é estabelecida com o objetivo de resguardar interesse particular, como a não alegação de convenção de arbitragem **(art. 337, § 6.º, CPC)**, de tal sorte que deve ser requerida pela parte prejudicada; (c) invalidades processuais que podem ser decretadas *ex officio*, ou seja, as decorrentes de defeitos de procedimento, ausência de pressupostos processuais **(art. 485, § 3.º, CPC)**, de tal sorte que nessas situações, pendente o processo, não há preclusão do poder de invalidar nem há restrição quanto à legitimidade para suscitá-la; (d) defeitos que levam à invalidade que pode ser decretada *ex officio*, mas, não tendo havido impugnação da parte prejudicada, no primeiro momento em que cabe a ela falar nos autos, há preclusão, como o reconhecimento pelo magistrado *ex officio* de sua incompetência em razão da abusividade de uma cláusula de foro de eleição[6].

Especificamente em relação às **nulidades**, elas podem ser:

◼ **absolutas** – quando decorrem de defeitos insanáveis dos atos processuais, forçando-lhes a eliminação. O ato absolutamente nulo não pode ser corrigido, devendo, em

---

[4] DIDIER JR., Fredie. *Curso de direito processual civil, cit.*, v. 4, p. 407.

[5] LEITE, Carlos Henrique Bezerra. *Curso de direito processual do trabalho, cit.*, 15. ed., p. 495.

[6] DIDIER JR., Fredie. *Curso de direito processual civil, cit.*, v. 4, p. 409-410.

seu lugar, ser praticado novo ato. A nulidade absoluta deve ser decretada de ofício pelo juiz, independentemente de provocação da parte interessada, pois tem por fundamento o interesse público (ex.: sentença proferida por juiz absolutamente incompetente);

■ **relativas (ou anulabilidades)** – quando decorrem de defeitos sanáveis dos atos processuais, podendo estes ser convalidados para que possam exercer sua função processual. A nulidade relativa funda-se no interesse privado e, exatamente por isso, depende de provocação da parte prejudicada (ex.: cerceamento de defesa).

5.4. PRINCÍPIOS DAS NULIDADES

A teoria das nulidades está estruturada sobre alguns princípios em relação aos quais, porém, não há um consenso entre os doutrinadores.

Abrangendo vários dos **princípios das nulidades** citados pela doutrina, a relação indicada por Sergio Pinto Martins[7] é bastante completa:

■ **princípio da legalidade** – as nulidades dependem do que está previsto em lei; violadas as formas, a lei irá determinar a penalidade para a sua não observância;

■ **princípio da instrumentalidade das formas ou da finalidade** – a instrumentalidade é a técnica da prevalência do fim sobre a forma na prática dos atos processuais; o ato processual deve se ater à observância das formas, porém, se de outro modo atingir sua finalidade, será válido;

■ **princípio da economia processual** – com a prática dos atos processuais deve-se buscar obter o máximo de resultado com o mínimo emprego possível de atividades processuais; portanto, a não observância da forma legal anula apenas os atos que não possam ser aproveitados;

■ **princípio do interesse de agir** – a nulidade relativa depende de arguição da parte interessada;

■ **princípio da lealdade processual** – as partes e seus procuradores devem proceder com lealdade e boa-fé nos processos **(art. 5.º, CPC)**, o que implica concluir que as nulidades devem ser alegadas na primeira oportunidade que a parte tiver que falar nos autos, sob pena de preclusão;

■ **princípio da causalidade** – para haver nulidade deve haver uma causa e um efeito; os atos devem ser independentes, de tal sorte que os atos posteriores que não sejam consequência do ato considerado nulo e que dele não dependam poderão ser aproveitados;

■ **princípio da repressão do dolo processual** – decorre da lealdade processual com que as partes devem proceder em juízo e significa que a nulidade não pode ser arguida pela própria parte que lhe deu causa;

---

[7] MARTINS, Sergio Pinto. *Direito processual do trabalho*. 30. ed. São Paulo: Ed. Atlas, 2010. p. 169-171.

- **princípio da conversão** – decorre da economia processual e é a possibilidade de se converter a parte válida do ato processual tido por nulo, por menor que seja;
- **princípio da transcendência ou do prejuízo** – não havendo prejuízo processual à parte, não haverá nulidade;
- **princípio da convalidação** – tem aplicabilidade no campo das nulidades relativas e significa que se a parte não arguir a nulidade oportunamente, o ato se convalida, permanecendo válido (ex.: competência relativa que se prorroga por não ter sido oposta exceção de incompetência);
- **princípio do aproveitamento da parte válida do ato ou da utilidade** – não se anula todo o processado se houver a possibilidade de aproveitar um ato válido praticado no processo; anula-se parte do processo, não o todo.

Adotando enumeração mais concisa, a doutrina majoritária elenca como princípios das nulidades:

- prejuízo ou transcendência;
- instrumentalidade das formas;
- preclusão ou convalidação;
- interesse.

Mauro Schiavi indica, além dos já elencados[8]:

- da renovação dos atos processuais viciados ou saneamento das nulidades;
- aproveitamento dos atos processuais praticados;
- interesse.

Bezerra Leite aponta, ainda[9]:

- economia e celeridade processuais;
- utilidade.

Verifica-se, portanto, que a enumeração dos princípios das nulidades, embora fundada em uma base geral, é bastante diferenciada, dependendo do autor consultado.

5.5. NULIDADES NO PROCESSO DO TRABALHO: EXTENSÃO, ARGUIÇÃO, DECLARAÇÃO, EFEITOS E PRECLUSÃO

Ao tratar das nulidades no processo, o legislador trabalhista enumera regras que dizem respeito às nulidades relativas e regras concernentes às nulidades absolutas.

As regras a seguir apontadas referem-se às **nulidades relativas**.

---

[8] SCHIAVI, Mauro. *Manual de direito processual do trabalho, cit.*, p. 514-516.

[9] LEITE, Carlos Henrique Bezerra. *Curso de direito processual do trabalho, cit.*, 15. ed., p. 496-510.

Nos processos trabalhistas **somente haverá nulidade** quando dos atos praticados resultar **manifesto prejuízo às partes (art. 794, CLT)**[10].

"RECURSO ORDINÁRIO. AÇÃO ANULATÓRIA 1 – PRELIMINAR DE NULIDADE DO ACÓRDÃO RECORRIDO POR NEGATIVA DE PRESTAÇÃO JURISDICIONAL. Mesmo que se vislumbrasse negativa de prestação jurisdicional por parte da Corte de origem, seria inviável a declaração de nulidade do acórdão recorrido, por ausência de prejuízo (art. 794 da CLT), na medida em que o recurso ordinário é dotado do efeito devolutivo em profundidade, o qual transfere à Corte *ad quem* 'todas as questões suscitadas e discutidas no processo, ainda que não tenham sido solucionadas', nos moldes do art. 1.013, § 1.º, do CPC de 2015. Preliminar rejeitada. [...]" (ROT-826-72.2019.5.06.0000, Seção Especializada em Dissídios Coletivos, rel. Min. Delaide Alves Miranda Arantes, *DEJT* 17-12-2021).

"RECURSO DE REVISTA. EMBARGOS DE DECLARAÇÃO OPOSTOS CONTRA SENTENÇA. EFEITO MODIFICATIVO. INTIMAÇÃO PARA MANIFESTAÇÃO. AUSÊNCIA. ORIENTAÇÃO JURISPRUDENCIAL N. 142 DA SBDI-1 DO TST. NULIDADE POR CERCEAMENTO DE DIREITO DE DEFESA. INOCORRÊNCIA. AUSÊNCIA DE PREJUÍZO. ART. 794 DA CLT. O entendimento consagrado na OJ 142, I, da SBDI-1/TST e o disposto no art. 897-A, § 2.º, da CLT, que versam sobre a necessidade de concessão de vista à parte contrária, na hipótese de concessão de efeito modificativo aos embargos de declaração, devem ser sopesados com os princípios da celeridade, da economia processual e da utilidade (arts. 5.º, XXXV, LIV e LV, da Constituição Federal e 794 da CLT). Portanto, não revelado qualquer prejuízo à reclamada (CLT, art. 794), nenhuma utilidade decorreria do provimento do recurso de revista. Recurso de revista não conhecido" (RR-303-37.2019.5.21.0002, 3.ª T., rel. Min. Alberto Luiz Bresciani de Fontan Pereira, *DEJT* 22-10-2021).

"[...] RECURSO DE REVISTA. LEI N. 13.467/2017. NEGATIVA DE PRESTAÇÃO JURISDICIONAL. OMISSÃO NA ANÁLISE DE PEDIDOS CONSTANTES DA INICIAL E DO APELO ORDINÁRIO. TRANSCENDÊNCIA JURÍDICA CONSTATADA. A persistência de omissão, mesmo após a oposição de oportunos embargos declaratórios com o objetivo de ver definida a moldura fático-jurídica de aspectos importantes da lide, constitui vício de procedimento que implica nulidade da decisão proferida pelo Tribunal Regional do Trabalho, quando acarreta prejuízo à parte (art. 794/CLT). No caso, o exame dos autos revela que a Corte a quo se absteve de analisar os pedidos, expressamente indicados na inicial e reiterados no recurso ordinário, alusivos ao pagamento de saldo de salário, multa do art. 477 da CLT, adicional de periculosidade, intervalo intrajornada, adicional noturno, bem como do reembolso das despesas com combustível e uso de veículo próprio. A ausência de enfrentamento, com indispensável manifestação do Tribunal Regional acerca dos elementos fáticos que envolvem as referidas postulações, essenciais ao

---

[10] O art. 282 do Código de Processo Civil também prevê o prejuízo como fundamento da nulidade relativa: "§ 1.º O ato não será repetido nem sua falta será suprida quando não prejudicar a parte". No mesmo sentido o § 2.º do mesmo dispositivo: "Quando puder decidir o mérito a favor da parte a quem aproveite a decretação da nulidade, o juiz não a pronunciará nem mandará repetir o ato ou suprir-lhe a falta".

deslinde das matérias, configura negativa de prestação jurisdicional, a implicar violação do art. 93, IX, da CF. Transcendência jurídica constatada. Recurso de revista conhecido e provido." (RR-100462-24.2019.5.01.0461, 7.ª T., rel. Min. Claudio Mascarenhas Brandao, *DEJT* 1-7-2022).

As nulidades somente serão declaradas mediante provocação das partes, que deverão **argui-las na primeira oportunidade** em que tiverem que falar em audiência ou nos autos **(art. 795, *caput*, CLT)**[11].

Em audiência, sendo ela, tecnicamente, a primeira oportunidade que a parte tem para falar nos autos, deve arguir a nulidade no momento das razões finais orais (10 minutos).

Ocorre que nem sempre a audiência é una e nem sempre é dada oportunidade para as razões finais orais, razão pela qual, na prática processual trabalhista, consagrou-se a prática dos **"protestos nos autos"**, registrados na ata da audiência a pedido do advogado da parte, para se evitar a preclusão.

"I. RECURSO DE REVISTA DA RECLAMANTE. REGIDO PELA LEI N. 13.015/2014. CERCEAMENTO DO DIREITO DE PRODUÇÃO DE PROVAS. DESCONSIDERAÇÃO DO DEPOIMENTO DE TESTEMUNHA. AUSÊNCIA DE DOCUMENTO DE IDENTIFICAÇÃO. DESCUMPRIMENTO DA ORDEM DE JUNTADA. AUSÊNCIA DE PROTESTO APÓS O ENCERRAMENTO DA AUDIÊNCIA. RAZÕES FINAIS SEM DEMONSTRAÇÃO DE INCONFORMISMO. PRECLUSÃO. SÚMULA 333/TST. 1. Hipótese em que o Tribunal Regional manteve a decisão em que desconsiderado o depoimento da única testemunha ouvida nos autos em face da ausência de documento de identificação. Consta do acórdão regional que, em audiência, a testemunha foi compromissada e ouvida, porém, em razão da ausência de documento de identificação, o juízo de origem concedeu à parte Autora o prazo de 24 horas para juntada de cópia do documento, 'sob pena de ser invalidado seu depoimento como prova.' Na ocasião, a Autora não apresentou protesto, tampouco juntou aos autos a cópia do documento no prazo concedido, razão porque o juízo de primeiro grau desconsiderou o depoimento para análise da matéria. 2. Previamente ciente das consequências que resultariam da não confirmação da identidade da testemunha, no prazo concedido em audiência, caberia à parte diligenciar de imediato para atendimento à determinação judicial, o que não ocorreu. Para que haja a declaração de nulidade do julgado, se faz necessário que a parte que se diz vítima da arbitrariedade judicial demonstre, objetivamente e na primeira oportunidade (CLT, art. 795), o erro procedimental que lhe causou o alegado prejuízo na disputa (CLT, art. 794), violando o direito fundamental ao regular exercício das franquias processuais asseguradas pelos postulados essenciais do devido processo legal, do contraditório e da ampla defesa (CF, art. 5.º, LIV e LV). No caso, a desconsideração do depoimento prestado não configurou cerceamento do direito de produção de provas (CF, art. 5.º, LV), porquanto, além de a parte Autora ter deixado de cumprir a ordem de juntada de documento – mesmo advertida da pena aplicável –, não houve qualquer insurgência na própria audiência antes do encerramento da instrução probatória, tampouco em razões finais, descabendo fazê-la em momento posterior, porquanto operada preclusão. Julgados. 3. Ademais, na forma legal, ao

---

[11] O **art. 278 do Código de Processo Civil** também prevê que "a nulidade dos atos deve ser alegada na primeira oportunidade em que couber à parte falar nos autos, sob pena de preclusão".

se apresentar perante a autoridade judiciária na condição de testemunha, deve a pessoa se identificar documentalmente, para fins de qualificação (CLT, art. 828 c/c o art. 457 do CPC). Tal procedimento, embora pareça óbvio, decorre da relevância do ato que será praticado, autêntico 'múnus' público destinado a subsidiar o convencimento motivado do magistrado (CPC, art. 371 c/c o art. 93, IX, da CF) e que pode, por isso, em determinadas situações, produzir impactos criminais (CP, art. 342). Incidência da Súmula 333/TST. Recurso de revista não conhecido. II. RECURSO DE REVISTA DO MINISTÉRIO PÚBLICO DO TRABALHO. REGIDO PELA LEI N. 13.015/14. NULIDADE. TRABALHADORA INDÍGENA. NECESSIDADE DE INTERVENÇÃO DO MPT. ALEGAÇÃO APENAS EM RECURSO ORDINÁRIO. PRECLUSÃO. 'NULIDADE DE ALGIBEIRA'. Cinge-se a controvérsia em definir se há nulidade processual em razão da ausência de intervenção do Ministério Público do Trabalho, por se tratar de demanda que envolve trabalhadora indígena. O Tribunal Regional não acolheu a pretensão arguida, por preclusão, sob os seguintes fundamentos: a) na reclamação trabalhista a Autora não afirmou a condição de indígena e nem requereu a intervenção do MPT; b) informou endereço sem qualquer referência à reserva indígena ou aldeia; c) é maior de 21 anos, alfabetizada e tem histórico de trabalho no setor de agroindústria; d) possui advogada particular constituída; e) compareceu a duas audiências, acompanhada da advogada, e em nenhum momento informou a condição de indígena ou requereu a intervenção do MPT; f) manteve-se silente quanto a eventual condição indígena, mesmo após o indeferimento da testemunha – sua cunhada – que declarou residir na Reserva Indígena Interior; g) não apresentou protesto ou razões finais requerendo a intervenção pretendida; e h) somente no recurso ordinário, interposto contra sentença em que julgados os pedidos totalmente improcedentes, a Autora informou, pela primeira vez, a condição de indígena, residente da Reserva Indígena Xapecó, e suscitou a preliminar de nulidade processual por ausência de intervenção do MPT. 3. No âmbito do processo do trabalho, as nulidades apenas são pronunciadas quando causam danos aos litigantes e quando suscitadas na primeira oportunidade para manifestação em audiência ou nos autos (CLT, arts. 794 e 795). À luz das disposições legais aplicáveis, é evidente a preclusão do debate pretendido, uma vez que a parte manifestou-se várias vezes, inclusive permitindo o encerramento da instrução processual, sem esboçar qualquer insurgência acerca da irregularidade agora apontada. 4. Assim, deixando a parte prejudicada de apontar o gravame na primeira oportunidade que se seguiu à alegada configuração, resta preclusa a oportunidade para o exame do procedimento judicial questionado. A rigor, a arguição da nulidade apenas por ocasião do recurso ordinário traz à memória a figura vetusta da denominada 'nulidade de algibeira', não havendo falar em afronta ao princípio constitucional do contraditório (art. 5.º, LV, da Constituição Federal). Julgados. Recurso de revista não conhecido" (RR-11480-17.2015.5.12.0025, 5.ª T., rel. Min. Douglas Alencar Rodrigues, *DEJT* 18-10-2024).

Consignados na ata de audiência, os protestos não precisam ser renovados posteriormente para que a parte possa arguir a nulidade, caso ela se verifique.

"AGRAVO. RECURSO DE REVISTA. PROCESSO SOB A ÉGIDE DAS LEIS N. 13.015/2014 E 13.467/2017. NULIDADE POR CERCEAMENTO DO DIREITO DE DEFESA. NÃO CONFIGURAÇÃO. Sabe-se que o Processo do Trabalho é regido pelos princípios da informalidade, conciliação, celeridade, simplicidade, oralidade, em absoluto comprometimento com a efetividade. Nesse contexto, vigora a regra da irrecorribilidade imediata das decisões interlocutórias, consagrada no art. art. 893, § 1.º, da CLT (com os temperamentos interpretativos consubstanciados na Súmula 214/TST), que, aliada à previsão do art. 795 da CLT – que impõe às partes a necessidade de arguirem as nulidades na primeira oportunidade que tiverem de se pronunciar nos autos, sob pena de preclusão temporal –, implicou, na prática, o surgimento da figura do protesto antipreclusivo, consubstanciado na insurgência ou manifestação formal e imediata, externada em audiência, em face de determinada decisão interlocutória (art. 203, CPC/2015). Nesse quadro, esta Corte Superior tem entendido que, uma vez apresentado o protesto em momento oportuno, é despicienda sua reiteração ao final da instrução probatória ou em razões finais (que se trata de ato facultativo, consoante o art. 850 da CLT), pois a irresignação já fora externada e registrada, o que é suficiente para autorizar a devida insurgência em sede de recurso ordinário. Na hipótese, como bem salientado na decisão agravada, negligenciada pela Parte a manifestação a tempo e modo para produção da prova, operou-se a preclusão, não se havendo falar em cerceio do direito de defesa. De todo modo, é importante salientar que a norma processual (arts. 765 da CLT; e 130 do CPC/1973 – 370 do CPC/2015) confere ao Juiz amplos poderes na condução e direção do processo, desde que não obste o conhecimento da verdade, cabendo-lhe indeferir pleitos desnecessários ou inúteis ao julgamento do feito, em havendo nos autos elementos probatórios suficientes para que profira a decisão. No caso em exame, o TRT, com alicerce no conjunto fático-probatório produzido nos autos, sobretudo o laudo pericial conclusivo, manteve a condenação da Reclamada no pagamento do adicional de periculosidade, por constatar que 'a recorrente não logrou êxito em apresentar provas aptas a desconstituir as conclusões apostas no laudo pericial, que se mostraram válidas e condizentes com a realidade dos autos e com a legislação de regência'. Extrai-se do acórdão recorrido que as provas constantes nos autos, mormente o laudo pericial, foram suficientes para a elucidação da controvérsia atinente ao pleito de pagamento do adicional de periculosidade. Diante desse contexto e a par da inexistência de outros elementos fáticos no acórdão regional que pudessem corroborar com a alegação patronal de que o perito atuou de forma equivocada, não há como se anular a decisão. Ressalte-se que, se as provas já se encontram nos autos, como na hipótese sob exame, prevalece o princípio do convencimento motivado, insculpido no art. 371 do CPC/2015 (art. 131 do CPC/1973), segundo o qual ao Julgador cabe eleger aquela prova que lhe parecer mais convincente. De fato, entende-se que o direito de defesa deve ser exercido dentro dos estritos limites e ditames da ordem jurídica preestabelecida para o procedimento judicial, conformando, desse modo, uma perfeita harmonia entre os princípios do contraditório e da ampla defesa e os da economia e celeridade processual. No presente caso, tendo o TRT compreendido que a prova pericial produzida especificamente para este caso concreto, que se referiram a fatos singulares e próprios das condições de trabalho do Reclamante, já continha elementos que autorizavam a definição da matéria, não havendo vícios que demandem a realização de nova diligência, tampouco insuficiência de dados que recomendem a prestação de esclarecimentos. Pelo exposto, não se constata qualquer nulidade a ser declarada, mormente o cerceio de defesa, uma vez que respeitados os princípios constitucionais do devido processo legal, do contraditório e da ampla defesa. Ademais, afirmando a Instância Ordinária, quer pela sentença, quer pelo acórdão, que havia nos autos elementos probatórios suficientes para que fosse proferida a decisão, torna-se inviável, em recurso de revista, reexaminar o conjunto probatório constante dos autos, por não se tratar o TST de suposta terceira instância, mas de Juízo rigorosamente extraordinário – limites da Súmula 126/TST. Assim sendo, a decisão agravada foi proferida em estrita observância às normas processuais (art. 557, *caput*, do CPC/1973; arts. 14

e 932, IV, 'a', do CPC/2015), razão pela qual é insuscetível de reforma ou reconsideração. Agravo desprovido" (Ag-RR-538-07.2019.5.21.0001, 3.ª T., rel. Min. Mauricio Godinho Delgado, *DEJT* 27-9-2024).

A nulidade não será declarada quando for possível suprir-se a falta ou repetir o ato, ou se tiver sido arguida por quem lhe tiver dado causa **(art. 796, CLT)**[12].

Ao declarar a nulidade, o juiz especificará os atos a que se estende **(art. 797, CLT)**[13], sendo que a nulidade do ato não prejudicará senão os posteriores que dele dependam ou sejam consequência **(art. 798, CLT)**[14].

Apesar de utilizar-se de uma redação falha, o legislador, nos **§§ 1.º e 2.º do art. 795 da Consolidação das Leis do Trabalho**, refere-se às **nulidades absolutas** e estabelece que a nulidade fundada em incompetência material, pessoal ou funcional (e não de foro, que é incompetência relativa) deve ser declarada de ofício, devendo o juiz que se julgar incompetente determinar a remessa do processo, com urgência, à autoridade competente, fundamentando sua decisão.

De forma mais acertada e concisa, o **Código de Processo Civil** prevê que a nulidade que deva ser decretada de ofício não precisa ser alegada pela parte **(art. 278, parágrafo único)**.

Tendo em vista a previsão legal de que os juízos e Tribunais do Trabalho terão ampla liberdade na direção do processo e velarão pelo andamento rápido das causas, podendo determinar qualquer diligência necessária ao esclarecimento delas **(art. 765, CLT)**, aplicava-se subsidiariamente o § 4.º do art. 515 do Código de Processo Civil de 1973, inserido pela Lei n. 11.276, de 7 de fevereiro de 2006. Referido dispositivo legal previa que, constatando a ocorrência de nulidade sanável, o tribunal poderia determinar a realização ou renovação do ato processual, intimadas as partes; cumprida a diligência, sempre que possível, prosseguiria o julgamento do recurso.

O **art. 932, parágrafo único, do Código de Processo Civil de 2015** aprimorou essa regra ao prever que, antes de considerar inadmissível o recurso, o relator concederá o prazo de cinco dias ao recorrente para que seja sanado vício ou complementada a documentação exigível.

O Tribunal Superior do Trabalho já firmou entendimento no sentido de ser inadmissível recurso firmado por advogado sem procuração juntada aos autos até o

---

[12] Nesse sentido os **arts. 278 e 277 do Código de Processo Civil**: "A nulidade dos atos deve ser alegada na primeira oportunidade em que couber à parte falar nos autos, sob pena de preclusão" e "Quando a lei prescrever determinada forma, o juiz considerará válido o ato se, realizado de outro modo, lhe alcançar a finalidade".

[13] Também assim dispõe o **art. 282 do Código de Processo Civil**: "Ao pronunciar a nulidade, o juiz declarará os atos atingidos e ordenará as providências necessárias para que sejam repetidos ou retificados".

[14] **Art. 281 do CPC**: "Anulado o ato, consideram-se de nenhum efeito todos os subsequentes que dele dependam, todavia, a nulidade de uma parte do ato não prejudicará as outras que dela sejam independentes".

momento da sua interposição, salvo mandato tácito. Em caráter excepcional **(art. 104, CPC)**, admite-se que o advogado, independentemente de intimação, exiba a procuração no prazo de cinco dias após a interposição do recurso, prorrogável por igual período mediante despacho do juiz. Caso não a exiba, considera-se ineficaz o ato praticado e não se conhece do recurso **(Súm. 383, I, TST)**.

Verificada a irregularidade de representação da parte em fase recursal, em procuração ou substabelecimento já constante dos autos, o relator ou o órgão competente para julgamento do recurso designará prazo de cinco dias para que seja sanado o vício. Descumprida a determinação, o relator não conhecerá do recurso, se a providência couber ao recorrente, ou determinará o desentranhamento das contrarrazões, se a providência couber ao recorrido **(art. 76, § 2.º, CPC) – (Súm. 383, II, TST)**.

Verificada a irregularidade de representação da parte na instância originária, o juiz designará prazo de cinco dias para que seja sanado o vício. Descumprida a determinação, extinguirá o processo, sem resolução de mérito, se a providência couber ao reclamante, ou considerará revel o reclamado, se a providência lhe couber **(art. 76, § 1.º, CPC) – (Súm. 456, II, TST)**.

Caso a irregularidade de representação da parte seja constatada em fase recursal, o relator designará prazo de cinco dias para que seja sanado o vício. Descumprida a determinação, o relator não conhecerá do recurso, se a providência couber ao recorrente, ou determinará o desentranhamento das contrarrazões, se a providência couber ao recorrido **(art. 76, § 2.º, CPC) – (Súm. 456, III, TST)**.

Havendo pedido expresso de que as intimações e publicações sejam realizadas exclusivamente em nome de determinado advogado, a comunicação em nome de outro profissional constituído nos autos é nula, salvo se constatada a inexistência de prejuízo **(Súm. 427, TST)**.

Ainda sobre o tema, é inválido o instrumento de mandato firmado em nome de pessoa jurídica que não contenha, pelo menos, o nome do outorgante e do signatário da procuração, pois esses dados constituem elementos que os individualizam **(Súm. 456, I, TST)**.

> **OJ SDI-1 7, TST:** "A despeito da norma então prevista no art. 56, § 2.º, da Lei n. 4.215/63, a falta de comunicação do advogado à OAB para o exercício profissional em seção diversa daquela na qual tem inscrição não importa nulidade dos atos praticados, constituindo apenas infração disciplinar, que cabe àquela instituição analisar".

> **OJ SDI-1 142, TST:** "É passível de nulidade decisão que acolhe embargos de declaração com efeito modificativo sem que seja concedida oportunidade de manifestação prévia à parte contrária".

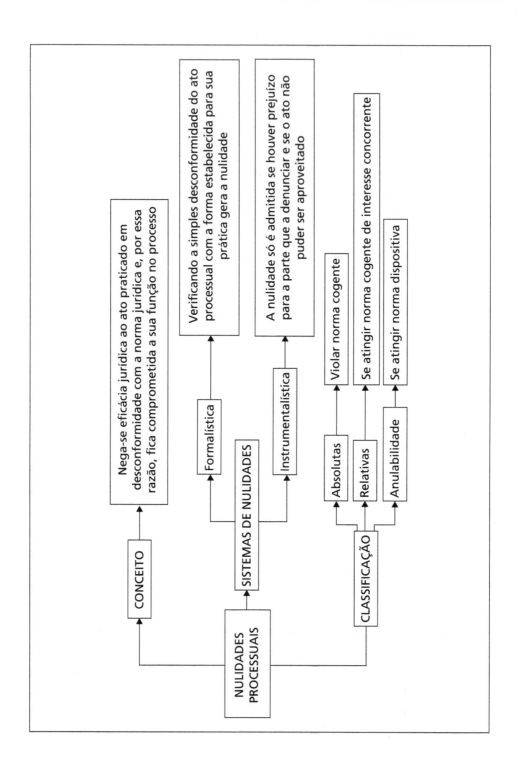

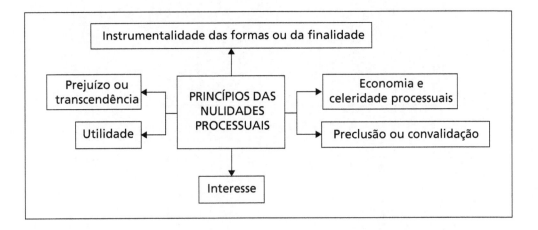

5.6. QUESTÕES

6

PARTES NO PROCESSO DO TRABALHO

6.1. PARTES NO PROCESSO DO TRABALHO

O processo se desenvolve a partir de uma relação entre **três sujeitos principais** – Estado (por meio do órgão jurisdicional), autor e réu (partes) –, que buscam uma solução para o conflito de interesses estabelecido em torno da pretensão de um dos litigantes e da resistência do outro.

A pretensão jurídica é deduzida perante o órgão jurisdicional por autor e réu, em nome próprio ou em seu nome (como, por exemplo, no caso de substituição processual), sendo eles **partes no processo**. O **autor** é a parte que invoca a tutela jurídica do Estado e toma a posição ativa de instaurar a relação processual. O **réu** é a parte que fica na posição passiva e se sujeita à relação processual instaurada pelo autor.

Embora não seja possível o estabelecimento da relação jurídica processual sem a presença do órgão jurisdicional, este, em regra, não pode ser considerado parte, porque está numa posição *suprapartes* e depende da provocação das partes para a instauração do processo **(art. 2.º, CPC)**.

Porém, em demandas incidentais como incidente de arguição de suspeição do juiz, o juiz é parte[1].

A parte pode ser **material ou do litígio**, que é o sujeito da situação jurídica discutida em juízo, que, porém, pode, ou não, ser a **parte processual**, como nas hipóteses de legitimação extraordinária[2].

Questão importante decorrente do conceito de parte é a que distingue *legitimidade de parte* de *ilegitimidade de parte*.

Parte legítima "é o titular ativo e passivo em face do direito de ação" e **parte ilegítima** "é aquela que não se apresenta com a mesma relação de titularidade"[3].

Em outras palavras, **parte legítima** é aquela que tem autorização para estar em juízo discutindo determinada situação jurídica, enquanto a **parte ilegítima**, por exclusão, é aquela que, embora esteja em juízo, não tem autorização para tanto[4].

A legitimidade de parte é um dos pressupostos processuais **(art. 17, CPC)**.

---

[1] DIDIER JR., Fredie. *Curso de direito processual civil, cit.*, v. 1, p. 289.

[2] DIDIER JR., Fredie. *Curso de direito processual civil, cit.*, v. 1, p. 290.

[3] NASCIMENTO, Amauri Mascaro. *Curso de direito processual do trabalho, cit.*, 20. ed., p. 311.

[4] DIDIER JR, Fredie. *Curso de direito processual civil, cit.*, v. 1, p. 290.

No processo do trabalho, por mera praxe, as partes recebem denominação diferenciada, sendo chamadas, no dissídio individual, de reclamante (autor) e reclamado (réu) e, no dissídio coletivo, de suscitante (autor) e suscitado (réu). A denominação tradicional – autor e réu – é utilizada em outras modalidades de ações, como, por exemplo, nas ações civis públicas e nas ações coletivas.

6.1.1. Litisconsórcio

Outro aspecto que merece ser analisado diz respeito ao *litisconsórcio*.

Quando figuram na relação processual apenas reclamante e reclamado, diz-se que são partes singulares. No entanto, é possível que haja pluralidade de pessoas no polo ativo (*reclamação plúrima*), no polo passivo ou em ambos os polos da relação processual. Nessas hipóteses, ocorre o fenômeno do **litisconsórcio**, que é a cumulação de lides que se ligam no plano subjetivo[5].

O litisconsórcio é **autorizado por lei** quando (**art. 113, CPC**):

- ▪ entre as pessoas exista comunhão de direitos ou obrigações relativamente à lide;
- ▪ entre as causas houver conexão pelo objeto ou pela causa de pedir;
- ▪ ocorrer afinidade de questões por um ponto comum de fato ou de direito.

O litisconsórcio pode ser:

- ▪ **ativo** – dois ou mais reclamantes ajuízam reclamação trabalhista em face do mesmo reclamado;
- ▪ **passivo** – um único reclamante ajuíza ação em face de vários reclamados;
- ▪ **misto** – dois ou mais reclamantes ajuízam reclamação trabalhista em face de dois ou mais reclamados.

No processo do trabalho o **litisconsórcio ativo** é autorizado pelo **art. 842 da Consolidação das Leis do Trabalho**, que dispõe: "Sendo várias as reclamações e havendo identidade de matéria, poderão ser acumuladas num só processo, se se tratar de empregados da mesma empresa ou estabelecimento".

Em relação ao **litisconsórcio passivo**, embora não haja previsão expressa a seu respeito, a legislação trabalhista, ao indicar hipóteses de responsabilidade solidária ou subsidiária em relação aos créditos trabalhistas (ex.: **arts. 2.º, § 2.º, e 455, CLT**), autoriza indiretamente sua utilização[6].

É possível, como consequência, também o **litisconsórcio misto**.

O litisconsórcio pode ser ainda **inicial**, quando requerido na petição inicial, ou **ulterior**, quando solicitado após a constituição do processo.

---

[5] LEITE, Carlos Henrique Bezerra. *Curso de direito processual do trabalho, cit.*, 15. ed., p. 513.

[6] A discussão sobre ser facultativo ou necessário o litisconsórcio passivo entre integrantes de grupo econômico, para que possa haver responsabilização na fase de execução, continua aguardando definição pelo STF: Tema 1232 de Repercussão Geral – Possibilidade de inclusão no polo passivo da lide, na fase de execução trabalhista, de empresa integrante de grupo econômico que não participou do processo de conhecimento. Consulta ao *site* do STF em 20-11-2024.

6 ▪ Partes no Processo do Trabalho

O litisconsórcio também pode ser **unitário**, quando a decisão de mérito regular uniformemente a situação jurídica dos litisconsortes, ou **simples**, que não exige uma uniformidade da decisão, podendo ela ser diferente em relação a cada um dos litisconsortes.

Por fim, também se classifica o litisconsórcio a partir da obrigatoriedade ou não de sua formação, falando-se, no primeiro caso, em litisconsórcio **necessário** e, no segundo, em litisconsórcio **facultativo**.

De acordo com o **art. 114 do Código de Processo Civil**, "o litisconsórcio será necessário por disposição de lei ou quando, pela natureza da relação jurídica controvertida, a eficácia da sentença depender da citação de todos que devam ser litisconsortes".

No processo do trabalho, exemplos de litisconsórcio necessário e facultativo estão indicados na **Súmula 406 do Tribunal Superior do Trabalho**.

> **SÚM. 406, TST:** "I – O litisconsórcio, na ação rescisória, é necessário em relação ao polo passivo da demanda, porque supõe uma comunidade de direitos ou de obrigações que não admite solução díspar para os litisconsortes, em face da indivisibilidade do objeto. Já em relação ao polo ativo, o litisconsórcio é facultativo, uma vez que a aglutinação de autores se faz por conveniência e não pela necessidade decorrente da natureza do litígio, pois não se pode condicionar o exercício do direito individual de um dos litigantes no processo originário à anuência dos demais para retomar a lide. II – O Sindicato, substituto processual e autor da reclamação trabalhista, em cujos autos fora proferida a decisão rescindenda, possui legitimidade para figurar como réu na ação rescisória, sendo descabida a exigência de citação de todos os empregados substituídos, porquanto inexistente litisconsórcio passivo necessário".

Situação bastante relevante referente ao litisconsórcio é a decorrente da **terceirização**, em relação à qual o TST, em julgamento de incidente de recurso repetitivo (**IncJulgRREmbRep 1000-71.2012.5.06.0018**), por maioria, definiu tese jurídica no sentido de que o litisconsórcio é **necessário**, ou seja, as duas empresas (tomadora e prestadora) devem fazer parte da ação, e **unitário** – a decisão deve produzir efeitos idênticos para as duas. A tese aprovada foi a seguinte:

"1) Nos casos de lides decorrentes da alegação de fraude, sob o fundamento de ilicitude da terceirização de atividade-fim, o litisconsórcio passivo é necessário e unitário. Necessário, porque é manifesto o interesse jurídico da empresa de terceirização em compor essas lides e defender seus interesses e posições, entre os quais a validade dos contratos de prestação de serviços terceirizados e, por conseguinte, dos próprios contratos de trabalho celebrados; unitário, pois o juiz terá que resolver a lide de maneira uniforme para ambas as empresas, pois incindíveis, para efeito de análise de sua validade jurídica, os vínculos materiais constituídos entre os atores da relação triangular de terceirização.

2) A renúncia à pretensão formulada na ação não depende de anuência da parte contrária e pode ser requerida a qualquer tempo e grau de jurisdição; cumpre apenas ao magistrado averiguar se o advogado signatário da renúncia possui poderes para tanto e se o objeto envolve direitos disponíveis. Assim, é plenamente possível o pedido de homologação, ressalvando-se, porém, ao magistrado o exame da situação concreta, quando necessário preservar, por isonomia e segurança jurídica, os efeitos das decisões vinculantes (CF, art.

102, § 2.º; art. 10, § 3.º, da Lei 9.882/99) e obrigatórias (CPC, art. 927, I a V) proferidas pelos órgãos do Poder Judiciário, afastando-se manobras processuais lesivas ao postulado da boa-fé processual (CPC, art. 80, I, V e VI). 2.1) Depois da homologação, a parte autora não poderá deduzir pretensão contra quaisquer das empresas – prestadora-contratada e tomadora-contratante – com suporte na ilicitude da terceirização da atividade-fim (causa de pedir). 2.2) O ato homologatório, uma vez praticado, acarreta a extinção do processo e, por ficção legal, resolve o mérito da causa (art. 487, III, c, do CPC), produz coisa julgada material, atinge a relação jurídica que deu origem ao processo, somente é passível de desconstituição por ação rescisória (CPC, arts. 525, § 15, 535, § 8.º, e 966) ou ainda pela via da impugnação à execução (CPC, art. 525, § 12) ou dos embargos à execução (CPC, art. 535, § 5.º) e acarretará a perda do interesse jurídico no exame do recurso pendente de julgamento.

3) Em sede de mudança de entendimento desta Corte, por força da unitariedade imposta pela decisão do STF ('superação abrupta'), a ausência de prejuízo decorrente da falta de sucumbência cede espaço para a impossibilidade de reconhecimento da ilicitude da terceirização. Sendo assim, como litisconsorte necessário, a empresa prestadora que, apesar de figurar no polo passivo, não sofreu condenação, possui interesse em recorrer da decisão que reconheceu o vínculo de emprego entre a parte autora e a empresa tomadora dos serviços.

4) Diante da existência de litisconsórcio necessário e unitário, a decisão obrigatoriamente produzirá idênticos efeitos para as empresas prestadora e tomadora dos serviços no plano do direito material. Logo, a decisão em sede de juízo de retratação, mesmo quando apenas uma das rés interpôs o recurso extraordinário, alcançará os litisconsortes de maneira idêntica.

5) Não modular os efeitos desta decisão".

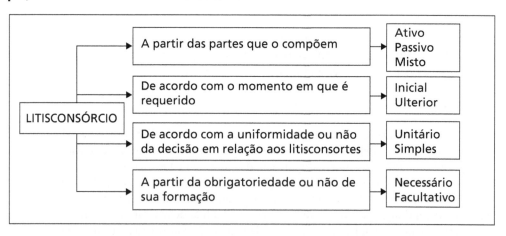

Quando o litisconsórcio puder comprometer a rápida solução do litígio ou dificultar a defesa, o **juiz poderá limitá-lo** quanto ao **número de litigantes**. O requerimento de limitação interrompe o prazo para manifestação ou resposta, que recomeçará da intimação da decisão que o solucionar **(art. 113, §§ 1.º e 2.º, CPC)**. Trata-se de hipótese de **litisconsórcio ativo facultativo multitudinário**.

Sobre o tema, a jurisprudência do C. Tribunal Superior do Trabalho adota entendimento no sentido de restringir a limitação ao litisconsórcio, que somente pode ocorrer se houver efetivo comprometimento para a rápida solução do litígio ou uma dificuldade efetiva para o exercício do direito de defesa:

"AGRAVO. AGRAVO DE INSTRUMENTO EM RECURSO DE REVISTA. NULIDADE POR NEGATIVA DE PRESTAÇÃO JURISDICIONAL. INOCORRÊNCIA. TEMA 339 DA REPERCUSSÃO GERAL DO STF. TRANSCENDÊNCIA NÃO DEMONSTRADA. 1. A ocorrência de nulidade por negativa de prestação jurisdicional estará caracterizada na hipótese de ausência de posicionamento judicial a respeito de fatos relevantes para a controvérsia, de tal forma que inviabilize a devolução da matéria à instância Superior. 2. Não é esse o caso dos autos, em que o Tribunal Regional apresentou fundamentação referente aos fatos que justificaram seu convencimento no sentido da multiplicidade de questões acerca da situação funcional de cada litisconsorte, suficiente para inviabilizar o litisconsórcio ativo no caso e da presença de fundamentos fáticos e jurídicos para a extinção do feito, tendo, pois, fixado de forma expressa e satisfatória todos os pressupostos fático-jurídicos necessários para o deslinde da controvérsia, em completa observância do Tema 339 da Repercussão Geral do STF, não configurando nulidade quando a decisão é contrária aos interesses das partes. Agravo a que se nega provimento. LITISCONSÓRCIO ATIVO MULTITUDINÁRIO. LIMITAÇÃO. TRANSCENDÊNCIA NÃO DEMONSTRADA. 1. Em que pese se tratar de mesmos pedidos (assistência médica e indenização por dano extrapatrimonial pela exposição a 'agentes contaminantes'), fica evidente que os substituídos não se encontram na mesma situação fática. 2. No caso ora examinado, tratando-se de ação civil com 307 trabalhadores, nota-se que há diversos setores da planta industrial das rés, e os autores exercem as mais variadas funções, de modo que existentes elementos diferenciadores suficientes para inviabilizar o litisconsórcio ativo. 3. Tal situação atenta ao disposto no art. 113, § 1.º, do CPC, que regula o litisconsórcio ativo multitudinário, uma vez que compromete a rápida solução do litígio, dificulta a defesa, a realização da necessária prova pericial, e o cumprimento de eventual sentença condenatória. 4. O entendimento adotado no acórdão combatido está assentado no substrato fático-probatório existente nos autos. Para que se pudesse concluir de forma diversa, seria necessário revolver fatos e provas – propósito insuscetível de ser alcançado nesta fase processual, à luz da Súmula 126 do TST. Agravo a que se nega provimento" (Ag-AIRR-10719-39.2017.5.15.0087, 1.ª T., rel. Min. Amaury Rodrigues Pinto Junior, *DEJT* 20-9-2024).

"AGRAVO DE INSTRUMENTO EM RECURSO DE REVISTA DA FUNASA. PROCESSO REGIDO PELA LEI N. 13.467/2017. EXECUÇÃO. LITISCONSÓRCIO ATIVO. LIMITAÇÃO INDEVIDA. O Tribunal Regional do Trabalho rejeitou a limitação ao fundamento de que o litisconsórcio ativo foi instituído e observado pelos litigantes ao longo de toda a instrução processual, sem qualquer oposição pela parte reclamada, ora executada, há mais de vinte e sete (27) anos. Ressaltou-se que a expedição de precatório requisitório contempla valores já liquidados e tidos como incontroversos contidos no título executivo oriundo da coisa julgada. Desse modo, o simples fato de ser necessária a apresentação dos documentos de cada contrato, além da apuração individualizada das várias situações fáticas, não é suficiente para impor a limitação do litisconsórcio facultativo, na medida em que não se evidencia, no caso, o comprometimento da rápida solução do litígio, tampouco prejuízo à defesa. Agravo de instrumento não provido" (AIRR-16500-85.1992.5.11.0101, 8.ª T., rel. Min. Delaide Alves Miranda Arantes, *DEJT* 3-9-2021).

Os litisconsortes, em regra, serão considerados, em suas relações com a parte contrária, como litigantes distintos, sendo que os atos e as omissões de um não prejudicarão nem beneficiarão os outros **(art. 117, CPC)**.

O andamento do processo pode ser promovido por qualquer um dos litisconsortes, sendo necessário, porém, que todos sejam intimados dos respectivos atos **(art. 118, CPC)**.

O **Código de Processo Civil** traz a possibilidade de o recurso interposto por um dos litisconsortes a todos aproveitar, salvo se distintos ou opostos os seus interesses. Além disso, havendo solidariedade passiva, o recurso interposto por um devedor aproveitará aos outros quando as defesas opostas ao credor lhes forem comuns **(art. 1.005)**.

Especificamente em relação ao processo do trabalho, havendo condenação solidária de duas ou mais empresas, o depósito recursal efetuado por uma delas aproveita as demais, quando a empresa que efetuou o depósito não pleiteia sua exclusão da lide **(Súm. 128, III, TST)**.

A **Lei n. 13.467/2017 (Reforma Trabalhista)** inseriu na **Consolidação das Leis do Trabalho** previsão sobre a não ocorrência dos efeitos da revelia se, havendo pluralidade de reclamados, algum deles contestar a ação **(art. 844, § 4.º, I)**.

Destaque-se que, no processo do trabalho, em razão da maior celeridade que é imprimida ao processo, é **inaplicável** a previsão do **art. 229 do Código de Processo Civil** de que os prazos serão contados em dobro quando os litisconsortes têm procuradores diferentes.

> **OJ SDI-1 310, TST:** "Inaplicável ao processo do trabalho a norma contida no art. 229, *caput* e §§ 1.º e 2.º, do CPC de 2015 (art. 191 do CPC de 1973), em razão de incompatibilidade com a celeridade que lhe é inerente".

6.1.2. Litigante idoso

O **art. 71 da Lei n. 10.741/2003 (Estatuto do Idoso)** estabelece o direito dos **litigantes idosos** a uma **prioridade na tramitação dos processos e procedimentos** e na execução dos atos e diligências judiciais em que figure como parte ou interveniente pessoa de **idade igual ou superior a 60 anos**, em qualquer instância.

O pedido de concessão do benefício será feito pelo interessado à autoridade judiciária competente para decidir o feito, mediante comprovação da sua idade e, uma vez concedida a prioridade, esta não cessará com a morte do beneficiário, estendendo-se em favor do cônjuge supérstite, companheiro ou companheira, com união estável, maior de 60 anos **(art. 71, §§ 1.º e 2.º, Lei n. 10.741/2003)**. Dentre os processos de idosos, dar-se-á **prioridade especial** aos maiores de 80 anos **(art. 71, § 5.º)**.

A prioridade no processamento de ações envolvendo litigantes idosos também se aplica no processo do trabalho.

6 ▪ Partes no Processo do Trabalho

6.1.3. Litigante pessoa com deficiência

A **Lei n. 13.146/2015 (Lei Brasileira de Inclusão da Pessoa com Deficiência – Estatuto da Pessoa com Deficiência)** prevê expressamente que passam a ter prioridade os procedimentos judiciais que têm pessoas com deficiência como parte interessada, em todos os atos e diligências **(art. 9.º, VII)**.

Trata-se de uma evolução em relação à legislação anterior (Lei n. 7.853/89), que não continha previsão nesse sentido.

Vale ressaltar que desde 2005 a questão era tratada pelo Tribunal Superior do Trabalho na **Instrução Normativa n. 29**, estabelecendo procedimentos que permitam assegurar a prioridade na tramitação no TST dos processos em que é parte pessoa portadora de deficiência, desde que, porém, a causa discutida em juízo tenha como fundamento a própria deficiência.

Com a previsão expressa da **Lei n. 13.146/2015,** a restrição da Instrução Normativa n. 29/2005 deixa de prevalecer, sendo a **prioridade assegurada a qualquer parte que seja pessoa com deficiência**, independentemente do objeto da ação.

Mantém-se, porém, a previsão do **art. 2.º da Instrução Normativa n. 29/2005**, que trata das formalidades exigidas para o requerimento de prioridade, em especial a necessidade de comprovar a condição de pessoa com deficiência por meio de atestado médico, com indicação da deficiência, de acordo com os critérios constantes do art. 4.º do Decreto n. 3.298/99 e do art. 5.º do Decreto n. 5.296/2004.

6.2. CAPACIDADE PROCESSUAL

Capacidade processual é a aptidão reconhecida pela ordem jurídica para que alguém possa participar da relação processual, em nome próprio ou alheio, praticando atos jurídicos com efeitos processuais.

Cumpre **distinguir** a capacidade processual da **capacidade de direito**. Esta última, também chamada de capacidade jurídica ou de gozo, constitui-se na aptidão da pessoa de gozar de seus direitos. A capacidade processual (capacidade de fato ou de exercício) é aptidão de pleitear a tutela jurisdicional do Estado.

No âmbito do Direito Processual, em geral a capacidade processual coincide com a capacidade exigida para a prática dos atos da vida civil, ou seja, só dispõe de capacidade processual quem tem aptidão para a prática dos atos jurídicos em geral, nos termos previstos nos **arts. 1.º a 5.º e 40 a 46 do Código Civil**. Nesse sentido, o **art. 70 do Código de Processo Civil** prevê: "Toda pessoa que se encontre no exercício de seus direitos tem capacidade para estar em juízo".

A **legislação trabalhista** estabelece a **capacidade processual** a partir do critério da idade e, especificamente, em relação ao **empregado**: "A reclamação trabalhista do menor de 18 anos será feita por seus representantes legais e, na falta destes, pela Procuradoria da Justiça do Trabalho, pelo sindicato, pelo Ministério Público estadual ou curador nomeado em juízo" **(art. 793, CLT)**, ou seja, a ação é proposta pelo menor assistido ou representado por seus representantes legais.

Em relação à capacidade do **empregador**, a Consolidação das Leis do Trabalho não tem nenhum dispositivo específico, aplicando-se as regras dos **arts. 1.º a 5.º do Código**

Civil quanto aos empregadores pessoas físicas, e dos **arts. 40 a 46 do Código Civil**, mais especificamente o **art. 46, III**, quando se trate de empregador pessoa jurídica.

Como não são todas as pessoas que têm capacidade e podem exercitar seus direitos, resta claro que nem todos podem estar em juízo. Nestas hipóteses, o direito atribui a outrem o exercício dos direitos dos titulares que não podem por si exercitá-los. **Supre-se a incapacidade** processual por meio da figura jurídica da **representação**.

6.2.1. Representação

No processo do trabalho, a representação pode ser legal ou convencional e geral ou parcial.

A **representação legal** decorre de expressa autorização legal; a **representação convencional**, por sua vez, é aquela que, baseada em autorização da lei, é facultada às partes segundo ato de disposição da própria vontade, como, por exemplo, a representação do empregador por preposto **(art. 843, § 1.º, CLT)**.

Representação geral abrange o exercício da *legitimatio ad processum* para todos os atos processuais (ex.: representação do incapaz pelo pai, pelo tutor ou pelo curador). Por fim, a **representação parcial** restringe-se a alguns atos ou fases do processo, como, por exemplo, a representação do empregado em audiência nos termos do **art. 843, § 2.º, da Consolidação das Leis do Trabalho**[7].

Os **empregados menores de 18 anos** são representados ou assistidos em juízo por seus responsáveis legais ou, na falta destes, na forma indicada no **art. 793 da Consolidação das Leis do Trabalho**.

Os **incapazes em geral** serão representados ou assistidos por seus pais, tutores ou curadores, na forma da lei civil **(art. 71, CPC e art. 1.690, CC)**.

As pessoas jurídicas públicas e privadas e as pessoas formais (entes sem personalidade jurídica) são representadas em juízo, ativa e passivamente, nos termos do **art. 75 do Código de Processo Civil**:

- a *União* – pela Advocacia-Geral da União, diretamente ou mediante órgão vinculado;
- os *Estados* e o *Distrito Federal* – por seus procuradores;
- o *Município* – por seu prefeito, procurador ou Associação de Representação de Municípios, quando expressamente autorizada;
- a *autarquia* e a *fundação de direito público* – por quem a lei do ente federado designar;
- a *massa falida* – pelo administrador judicial;
- a *herança vacante ou jacente* – por seu curador;
- o *espólio* – pelo inventariante;
- as *pessoas jurídicas* – por quem seus respectivos atos constitutivos designarem, ou, não havendo essa designação, por seus diretores;

---

[7] NASCIMENTO, Amauri Mascaro. *Curso de direito processual do trabalho, cit.*, 20. ed., p. 314-315.

■ a *sociedade* e a *associação irregulares* e *outros entes organizados em personalidade jurídica* – pela pessoa a quem couber a administração dos seus bens;

■ a *pessoa jurídica estrangeira* – pelo gerente, representante ou administrador de sua filial, agência ou sucursal aberta ou instalada no Brasil;

■ o *condomínio* – pelo administrador ou pelo síndico.

OJ SDI-1 255, TST: "O art. 75, inciso VIII, do CPC de 2015 (art. 12, VI, do CPC de 1973) não determina a exibição dos estatutos da empresa em juízo como condição de validade do instrumento de mandato outorgado ao seu procurador, salvo se houver impugnação da parte contrária".

SÚM. 436, TST: "I – A União, Estados, Municípios e Distrito Federal, suas autarquias e fundações públicas, quando representadas em juízo, ativa e passivamente, por seus procuradores, estão dispensadas da juntada de instrumento de mandato e de comprovação do ato de nomeação. II – Para os efeitos do item anterior, é essencial que o signatário ao menos declare-se exercente do cargo de procurador, não bastando a indicação do número de inscrição na Ordem dos Advogados do Brasil".

SÚM. 644, STF: "Ao titular do cargo de procurador de autarquia não se exige a apresentação de instrumento de mandato para representá-la em juízo".

SÚM. 456, TST: "I – É inválido o instrumento de mandato firmado em nome de pessoa jurídica que não contenha, pelo menos, o nome do outorgante e do signatário da procuração, pois estes dados constituem elementos que os individualizam. II – Verificada a irregularidade de representação da parte na instância originária, o juiz designará prazo de 5 (cinco) dias para que seja sanado o vício. Descumprida a determinação, extinguirá o processo, sem resolução de mérito, se a providência couber ao reclamante, ou considerará revel o reclamado, se a providência lhe couber (art. 76, § 1.º, do CPC de 2015). III – Caso a irregularidade de representação da parte seja constatada em fase recursal, o relator designará prazo de 5 (cinco) dias para que seja sanado o vício. Descumprida a determinação, o relator não conhecerá do recurso, se a providência couber ao recorrente, ou determinará o desentranhamento das contrarrazões, se a providência couber ao recorrido (art. 76, § 2.º, do CPC de 2015)".

OJ SDI-1 318, TST: "I – Os Estados e os Municípios não têm legitimidade para recorrer em nome das autarquias e das fundações públicas. II – Os procuradores estaduais e municipais podem representar as respectivas autarquias e fundações públicas em juízo somente se designados pela lei da respectiva unidade da federação (art. 75, IV, do CPC de 2015) ou se investidos de instrumento de mandato válido".

Em relação à massa falida, como supraindicado, há previsão expressa de sua representação em juízo pelo administrador judicial. No entanto, em relação à **empresa em regime de recuperação judicial**, destaque-se que ela não perde a *legitimatio ad causam*, razão pela qual podem atuar diretamente no processo como atuariam caso não estivessem sob esse regime **(Lei n. 11.101/2005)**.

O **empregado**, que por doença ou qualquer outro motivo grave devidamente comprovado não puder comparecer pessoalmente à audiência, poderá ser representado por outro empregado que pertença à mesma profissão, ou pelo sindicato da categoria profissional a que pertence (**art. 843, § 2.º, CLT**). Essa hipótese, no entanto, não se refere a uma efetiva representação, tendo em vista que o "representante" não prestará depoimento no lugar do "representado". O comparecimento no lugar do reclamante tem como único objetivo evitar o arquivamento da reclamação trabalhista e, ainda, a condenação ao pagamento de custas prevista no **§ 2.º do art. 844 da Consolidação das Leis do Trabalho**, incluído pela **Lei n. 13.467/2017 (Reforma Trabalhista)**. Ressalte-se que tal dispositivo legal prevê expressamente que o reclamante pode ser isento do pagamento dessas custas se comprovar, no prazo de 15 dias, que a ausência ocorreu por motivo legalmente justificado.

> **SÚM. 223, STF:** "Concedida isenção de custas ao empregado, por elas não responde o sindicato que o representa em juízo".

O **empregador** pode fazer-se substituir na audiência trabalhista pelo gerente ou qualquer outro preposto que tenha conhecimento dos fatos, e cujas declarações obrigarão o preponente (**art. 843, § 1.º, CLT**). Em relação ao preposto, o Tribunal Superior do Trabalho vinha adotando entendimento restritivo sobre quem poderia exercer essa representação, no sentido de que, exceto em relação à reclamação trabalhista proposta por empregado doméstico, ou contra micro ou pequeno empresário, o preposto deveria necessariamente ser empregado do reclamado (**Súm. 377, TST**).

Porém, a **Lei n. 13.467/2017 (Reforma Trabalhista)** trouxe nova redação ao **art. 843 da Consolidação das Leis do Trabalho**, incluindo o **§ 3.º**, que prevê expressamente: "O preposto a que se refere o § 1.º deste artigo não precisa ser empregado da parte reclamada".

Sobre o tema, a **Instrução Normativa n. 41/2018** do Tribunal Superior do Trabalho prevê que se aplica o disposto no art. 843, § 3.º, da Consolidação das Leis do Trabalho somente às audiências trabalhistas realizadas após 11 de novembro de 2017 (**art. 12, § 1.º**).

"AGRAVO INTERNO EM RECURSO DE REVISTA. INTERPOSIÇÃO NA VIGÊNCIA DA LEI N. 13.467/2017. NULIDADE PROCESSUAL. PREPOSTO QUE NÃO DETÉM CONDIÇÃO DE EMPREGADO. AUDIÊNCIA ANTERIOR À VIGÊNCIA DA LEI N. 13.467/2017. Constatada a viabilidade de trânsito do recurso trancado por meio de decisão monocrática, o Agravo Interno deve ser acolhido. Em observância à jurisprudência desta Corte sobre o debate, imperioso se torna o reconhecimento da transcendência política da causa, em sua acepção política (art. 896-A, § 1.º, II, da CLT). Agravo conhecido e provido. RECURSO DE REVISTA. NULIDADE PROCESSUAL. PREPOSTO QUE NÃO DETÉM CONDIÇÃO DE EMPREGADO. AUDIÊNCIA ANTERIOR À VIGÊNCIA DA LEI N. 13.467/2017. Nos termos do art. 843, § 1.º, da CLT e na diretriz da Súmula 377 do TST, a reclamada deve ser representada em audiência por preposto que detenha a condição de empregado. Não demonstrada nos autos a condição exigida, a decisão recorrida contraria o disposto no referido verbete sumular. No caso, não consta no acórdão recorrido que se trata de preposto sócio ou administrador da Recorrida que tenha conhecimento dos fatos que envolvem a demanda. Não demonstrada, portanto, a distinção capaz de mitigar o entendimento consubstanciado na referida jurisprudência. Recurso de

6 ◻ Partes no Processo do Trabalho   161

Revista conhecido e provido" (RR-189-71.2017.5.05.0016, 1.ª T., rel. Min. Luiz Jose Dezena da Silva, *DEJT* 22-3-2024).

A categoria profissional e a categoria econômica são representadas em juízo por seus respectivos sindicatos **(art. 8.º, III, CF)**.

> **OJ SDC 23, TST:** "A representação sindical abrange toda a categoria, não comportando separação fundada na maior ou menor dimensão de cada ramo ou empresa".

A **regularidade da representação da parte** é pressuposto de constituição e de desenvolvimento válido e regular do processo, devendo o juiz verificar *ex officio* as questões pertinentes a ela, extinguindo o processo sem julgamento em caso de não ter sido sanada a irregularidade **(art. 485, IV e § 3.º, CPC)**.

Nesse sentido, verificando a irregularidade da representação das partes, o juiz suspenderá o processo, dando prazo razoável para a parte sanar o defeito, o qual não poderá ser superior a 30 dias **(arts. 76 e 352, CPC)**.

A irregularidade de representação, portanto, não pode levar à imediata extinção do processo sem julgamento do mérito.

Como no processo do trabalho não há despacho saneador, a irregularidade da representação da parte será verificada em audiência, implicando em seu adiamento, com a concessão de prazo de 5 dias pelo juiz, para que a parte possa sanar a irregularidade. Não sendo sanada a falha, tratando-se do reclamante, a consequência será o arquivamento; irregular a representação do reclamado, será decretada a revelia. Em relação ao terceiro, não sendo sanada a irregularidade de sua representação, ele será excluído do processo **(art. 76, CPC)**.

Nesse sentido, a **Súmula 456, II, do Tribunal Superior do Trabalho**: '*II – Verificada a irregularidade de representação da parte na instância originária, o juiz designará prazo de 5 (cinco) dias para que seja sanado o vício. Descumprida a determinação, extinguirá o processo, sem resolução de mérito, se a providência couber ao reclamante, ou considerará revel o reclamado, se a providência lhe couber (art. 76, § 1.º, do CPC de 2015)*'.

Caso a irregularidade de representação da parte seja constatada em fase recursal, o relator designará prazo de 5 (cinco) dias para que seja sanado o vício. Descumprida a determinação, o relator não conhecerá do recurso, se a providência couber ao recorrente, ou determinará o desentranhamento das contrarrazões, se a providência couber ao recorrido (art. 76, § 2.º, do CPC) **(Súm. 456, III, TST)**.

6.3. CAPACIDADE POSTULATÓRIA

Não se confunde a *capacidade processual* com a **capacidade postulatória**, que vem a ser a aptidão para realizar os atos do processo de maneira eficaz.

Em relação à capacidade postulatória, o processo civil e o processo do trabalho adotam princípios legais antagônicos: o primeiro reserva a capacidade postulatória ao advogado **(art. 103, CPC)**, enquanto o último, embora permita a representação processual por meio de advogado, confere a capacidade postulatória a empregado e empregador, caracterizando o chamado *jus postulandi* (art. 791, CLT).

6.3.1. *Jus postulandi*

Uma das peculiaridades do processo do trabalho é o chamado *jus postulandi*.

Enquanto no processo civil a capacidade postulatória é do advogado regularmente inscrito na OAB **(art. 103, CPC)**, a Consolidação das Leis do Trabalho permite o ingresso em juízo pelo reclamante e a defesa pelo reclamado independentemente da outorga de mandato a advogado, podendo as partes acompanhar o processo até o final.

Não obstante o disposto no **art. 133 da Constituição Federal**, que afirma ser o advogado indispensável à administração da Justiça, bem como na **Lei n. 8.906/94 (Estatuto da OAB)**, que declara ser atividade privativa do advogado a postulação a órgão do Poder Judiciário, permanece o entendimento de que o *jus postulandi* no processo do trabalho continua existindo. Um dos fundamentos de tal posicionamento é de que, antes mesmo da Constituição Federal e da Lei n. 8.906/94, o art. 68 da Lei n. 4.215/63 (antigo Estatuto da OAB) já declarava o advogado indispensável à administração da Justiça e nunca gerou discussão acerca do *jus postulandi* no processo do trabalho.

Além disso, a doutrina apresenta outros fortes argumentos que autorizam a conclusão de que o **art. 791 da Consolidação das Leis do Trabalho** continua vigente[8]:

■ **inafastabilidade do acesso ao Judiciário (art. 5.º, XXXIV, *a*, CF)** – permite a todos o direito de petição aos Poderes Públicos em defesa dos direitos;

■ **direito à jurisdição (art. 5.º, XXXV, CF)** – assegura que a lei não exclui da apreciação do Poder Judiciário lesão ou ameaça de direito;

■ **inexistência de uma defensoria pública aparelhada para prestar assistência judiciária gratuita** – não tendo o trabalhador meios para reclamar em juízo, a extinção do *jus postulandi* significaria que direitos fundamentais estariam sendo afetados.

Em relação ao tema, ao julgar a **ADI 1.127-8** proposta pela Associação dos Magistrados do Brasil (AMB), o Supremo Tribunal Federal decidiu que a capacidade postulatória do advogado não é obrigatória na Justiça do Trabalho (assim como nos Juizados Especiais e na chamada Justiça de Paz), podendo as partes exercer diretamente o *jus postulandi*.

Importante ressaltar que a faculdade atribuída pelo **art. 791 da Consolidação das Leis do Trabalho** é restrita às partes (empregado e empregador), o que equivale a dizer que terceiros que ingressarem no processo não têm capacidade postulatória.

Nos dissídios coletivos também é assegurado o exercício do *jus postulandi* pelas associações sindicais representantes dos interesses coletivos das categorias, inclusive no âmbito judicial **(art. 791, § 2.º, CLT)**.

---

[8] NASCIMENTO, Amauri Mascaro. *Curso de direito processual do trabalho, cit.,* 20. ed., p. 340-341.

6 ■ Partes no Processo do Trabalho 163

Cumpre ressaltar que o *jus postulandi* somente pode ser exercido na Justiça do Trabalho, o que implica concluir que, na hipótese de interposição em processo trabalhista de recurso extraordinário para o Supremo Tribunal Federal, esgota-se a jurisdição trabalhista, razão pela qual a parte deverá estar necessariamente representada por advogado.

Mesmo no âmbito do processo do trabalho, em razão da natureza extraordinária dos recursos de competência do Tribunal Superior do Trabalho, o *jus postulandi* restringe-se às Varas do Trabalho e aos Tribunais Regionais do Trabalho (**Súm. 425, TST**).

> **SÚM. 425, TST:** "O *jus postulandi* das partes, estabelecido no art. 791 da CLT, limita-se às Varas do Trabalho e aos Tribunais Regionais do Trabalho, não alcançando a ação rescisória, a ação cautelar, o mandado de segurança e os recursos de competência do Tribunal Superior do Trabalho".

6.3.2. Representação por advogado

A previsão legal do *jus postulandi* leva à conclusão de que no Processo do Trabalho é faculdade de empregados e de empregadores a constituição de procurador *ad judicia*.

Essa facultatividade é deixada bastante clara pelo legislador tanto nos **dissídios individuais** (**art. 791, § 1.º, CLT** – "empregados e empregadores *poderão* fazer-se representar por advogado") quanto nos **dissídios coletivos** (**art. 791, § 2.º, CLT** – "é *facultada* aos interessados a assistência por advogado").

Uma vez constituído advogado, ele deverá estar legalmente habilitado para a representação da parte em juízo, ou seja, regularmente inscrito na OAB (**art. 103, CPC**).

A **procuração geral para o foro**, outorgada por instrumento público ou particular assinado pela parte, habilita o advogado a praticar **todos os atos** do processo, **exceto** receber citação, confessar, reconhecer a procedência do pedido, transigir, desistir, renunciar ao direito sobre o qual se funda a ação, receber, dar quitação, firmar compromisso e assinar declaração de hipossuficiência econômica, que devem constar de **cláusula específica** (**art. 105, CPC**).

A procuração pode ser assinada digitalmente e deverá conter o nome do advogado, seu número de inscrição na OAB e endereço completo (**art. 105, §§ 1.º e 2.º, CPC**), sendo que, se o outorgado integrar sociedade de advogado, a procuração também deverá conter o nome desta, seu número de registro na OAB e endereço completo (**§ 3.º**).

Salvo disposição expressa em sentido contrário constante do próprio instrumento, a procuração outorgada na fase de conhecimento é eficaz para todas as fases do processo (**art. 105, § 4.º, CPC**).

Sem instrumento de mandato, o advogado não será admitido a procurar em juízo, salvo evitar preclusão, decadência ou prescrição, ou para praticar ato considerado urgente (**art. 104, CPC**).

No processo do trabalho, em consonância com o estatuído pelo **art. 656 do Código Civil**, admite-se o **mandato tácito**, que se verifica quando a parte comparece à audiência acompanhada por advogado, aceitando os atos por ele praticados em seu nome e em sua presença.

O mandato tácito, porém, só alcança os poderes para o foro em geral, dependendo de mandato expresso os poderes especiais referidos pelo **art. 105 do Código de Processo Civil.**

O **§ 3.º do art. 791 da Consolidação das Leis do Trabalho**, ao prever que "a constituição de procurador com poderes para o foro em geral poderá ser efetivada, mediante simples registro em ata de audiência, a requerimento verbal do advogado interessado, com anuência da parte representada", reconhece a **procuração** *apud acta*, com poderes *ad judicia*, no sistema processual trabalhista, prestigiando ao mesmo tempo os princípios da oralidade, da simplicidade e da facilitação do acesso à justiça.

"AGRAVO DE INSTRUMENTO EM RECURSO DE REVISTA. ACÓRDÃO DO REGIONAL PUBLICADO NA VIGÊNCIA DA LEI N. 13.467/2017. EXECUÇÃO. IRREGULARIDADE DE REPRESENTAÇÃO DO RECURSO DE REVISTA. ADVOGADO SEM PROCURAÇÃO NOS AUTOS. AUSÊNCIA DE TRANSCENDÊNCIA. O subscritor do recurso de revista não contava com procuração válida nos autos, tampouco desfruta de mandato tácito. Ora, à luz da Súmula 383 desta Corte, constata-se não ser admissível a interposição de recurso por advogado sem procuração nos autos, ressalvadas as hipóteses de mandato *apud acta*, mandato tácito e em situações excepcionais, para evitar a ocorrência de preclusão, de decadência, de prescrição ou para se praticar ato considerado urgente. E neste último caso, o advogado que pratica o ato deve proceder à juntada do mandato nos autos em cinco dias (art. 104 do CPC/2015). Acrescente-se que, nos casos em que o Relator verifique a irregularidade na procuração ou substabelecimento existente nos autos, deve ser concedido à parte o prazo de 5 dias para sanar o vício. A hipótese dos autos, contudo, não se amolda a nenhuma das situações citadas, uma vez que se trata de advogado que interpôs recurso sem possuir mandato nos autos, não sendo hipótese de determinação de regularização, nos termos da Súmula 383, II, do TST. Nesse esteio, uma vez que o recurso de revista foi subscrito por advogado sem mandato, mostra-se juridicamente inexistente. Não demonstrada, no particular, a transcendência do recurso de revista por nenhuma das vias do art. 896-A da CLT. Agravo de instrumento conhecido e desprovido" (AIRR-114400-89.2009.5.01.0056, 7.ª T., rel. Min. Alexandre de Souza Agra Belmonte, *DEJT* 16-12-2022).

A juntada de nova procuração, sem ressalva de poderes conferidos ao antigo patrono, caso dos autos, implica revogação tácita do mandato anterior (**OJ SDI-1 349, TST**).

"AGRAVO. AGRAVO DE INSTRUMENTO EM RECURSO DE REVISTA. LEI N. 13.467/2017. IRREGULARIDADE DE REPRESENTAÇÃO PROCESSUAL DO SUBSCRITOR DO RECURSO DE REVISTA. JUNTADA DE NOVA PROCURAÇÃO. INCIDÊNCIA DA ORIENTAÇÃO JURISPRUDÊNCIA N. 349 DA SBDI-1. Esta Corte tem firme entendimento no sentido de que a juntada de nova procuração, sem ressalva de poderes conferidos ao antigo patrono, caso dos autos, implica revogação tácita do mandato anterior, nos exatos termos da Orientação Jurisprudencial n. 349 da SBDI-1. Ademais, a concessão de prazo para a parte recorrente sanar o vício de representação, na forma do item II da Súmula 383 do TST, só é possível quando constatada irregularidade no instrumento de procuração ou substabelecimento já existente nos autos, o que não é a hipótese em exame. A interposição de recurso não configura a situação excepcional prevista no art. 104 do CPC, qual seja, prática de ato considerado urgente. Como a decisão monocrática foi proferida em consonância com a mencionada jurisprudência, deve ser confirmada a negativa de seguimento do agravo de instrumento. Agravo interno a que se nega provimento" (Ag-AIRR-1782-39.2016.5.05.0221, 6.ª T., rel. Min. Antonio Fabricio de Matos Goncalves, *DEJT* 18-11-2024).

A ausência de procuração ou de substabelecimento outorgando poderes ao subscritor do recurso, bem como procuração com prazo de validade expirado constituem vícios insanáveis, não havendo, nesses casos, que se falar em concessão de prazo para regularização da representação.

"DIREITO PROCESSUAL DO TRABALHO. AGRAVO. AGRAVO DE INSTRUMENTO. RECURSO DE REVISTA. AUSÊNCIA DE PROCURAÇÃO. IRREGULARIDADE DE REPRESENTAÇÃO. VÍCIO INSANÁVEL. SÚMULA 383 DO TST. TRANSCENDÊNCIA EXAME PREJUDICADO. 1. Agravo interno contra decisão monocrática do Relator que negou seguimento ao agravo de instrumento dos réus. 2. A discussão consiste em saber se há irregularidade de representação processual ante a suposta ausência de procuração. 3. Conforme a Súmula 383 do TST, não se tratando das hipóteses previstas no art. 104 do CPC, tampouco de irregularidade em procuração ou substabelecimento já constante dos autos, mas de ausência de procuração ou substabelecimento outorgando poderes ao subscritor do recurso de revista, inviável cogitar de designação de prazo para saneamento do vício na representação processual. 4. Logo, confirma-se a decisão que negou seguimento ao agravo de instrumento. Agravo a que se nega provimento" (Ag--AIRR-479-05.2014.5.18.0251, 1.ª T., rel. Min. Amaury Rodrigues Pinto Junior, *DEJT* 18-11-2024).

"AGRAVO INTERNO. AGRAVO DE INSTRUMENTO EM RECURSO DE REVISTA. INTERPOSIÇÃO SOB A ÉGIDE DA LEI N. 13.467/2017. IRREGULARIDADE DE REPRESENTAÇÃO EM SEDE DE RECURSO DE REVISTA – PROCURAÇÃO COM PRAZO DE VALIDADE EXPIRADO – AUSÊNCIA DE CLÁUSULA DE PREVALÊNCIA DOS PODERES PARA ATUAR ATÉ O FINAL DA DEMANDA. A jurisprudência desta Corte Superior, analisando situações como a dos presentes autos, tem se consagrado no sentido de que não é admitida a concessão de prazo para regularização de representação processual na hipótese de recurso subscrito por advogado com poderes já expirados, por não se tratar de irregularidade de representação em procuração ou substabelecimento já constante dos autos, mas sim de interposição de recurso por advogado sem procuração nos autos. Inaplicável, portanto, o item V da Súmula 395 e o item II da Súmula 383 do TST. Julgados. Agravo interno a que se nega provimento" (AIRR-0000052-50.2022.5.05.0134, 2.ª T., rel. Min. Liana Chaib, *DEJT* 21-11-2024).

"AGRAVO EM AGRAVO DE INSTRUMENTO EM RECURSO DE REVISTA INTERPOSTO PELA EQUATORIAL GOIAS DISTRIBUIDORA DE ENERGIA S/A NA VIGÊNCIA DA LEI N. 13.467/2017. RITO SUMARÍSSIMO. IRREGULARIDADE DE REPRESENTAÇÃO. SUBSCRITOR DO RECURSO DE REVISTA SEM MANDATO. IMPOSSIBILIDADE DE CONCESSÃO DE PRAZO. SÚMULA 383 DO TST. NÃO CONHECIMENTO. No caso, o advogado que subscreve o recurso de revista da reclamada não detinha poderes para representar processualmente a parte que passou a compor o polo passivo no decorrer da execução. A rigor, a sucessão processual ocorrida na hipótese deveria ter sido acompanhada da respectiva regularização da representação da parte, ainda que mantida a defesa na pessoa do mesmo advogado. Precedentes. Assim, aplica-se ao caso em questão a diretriz da Súmula 383, I, do TST, segundo a qual, a irregularidade de representação ora constatada apenas poderia ser superada acaso ficasse evidenciado mandato tácito ou alguma das circunstâncias excepcionais descritas no art. 104 do CPC de 2015, o que, contudo, não ocorreu. Destaca-se que, nos termos do item II da mencionada súmula, é inviável a intimação da parte para a regularização do instrumento de mandato, uma vez que a previsão contida no art. 76 do CPC de 2015 se dirige especificamente às hipóteses de irregularidade em procuração ou substabelecimento já constante dos autos, não alcançando, assim, os casos em que o recurso é interposto por advogado sem mandato. Agravo conhecido e não provido" (Ag-AIRR-11436-63.2022.5.18.0161, 8.ª T., rel. Desembargadora Convocada Marlene Teresinha Fuverki Suguimatsu, *DEJT* 25-6-2024).

Questão que gera dúvidas diz respeito ao **substabelecimento**. Alguns autores afirmam que ele só é válido se a procuração autorizar essa delegação de mandato. No entanto, a jurisprudência trabalhista se posiciona em sentido contrário, admitindo a validade do substabelecimento mesmo ausentes na procuração poderes para substabelecer (**Súm. 395, III, TST**).

Por fim, cumpre ressaltar que o advogado investido de **mandato tácito** não pode **substabelecer** seus poderes, sendo, nesse caso, inválido o substabelecimento (**OJ SDI-1 200, TST**).

No processo do trabalho, em virtude do *jus postulandi*, a parte pode **revogar o mandato** outorgado ao seu advogado a qualquer tempo, não sendo necessário que no mesmo ato constitua outro advogado para o patrocínio da causa. Inaplicável, portanto, o **art. 111 do Código de Processo Civil**.

Da mesma forma, o advogado poderá, a qualquer tempo, renunciar ao mandato, devendo, no entanto, provar que cientificou o mandante a fim de que este nomeie substituto. Durante os dez dias seguintes o advogado continuará a representar o mandante, desde que necessário para lhe evitar prejuízo (**art. 112**, *caput* e **§ 1.º, CPC**).

Os **estagiários** podem praticar todos os atos que não forem privativos de advogados, com as restrições previstas na **Lei n. 8.906/94**. Os atos privativos somente podem ser praticados por estagiário em conjunto com advogado e sob responsabilidade deste. Os atos praticados por estagiários tornam-se válidos se, entre o substabelecimento e a interposição do recurso, sobreveio habilitação, do então estagiário, para atuar como advogado.

> **OJ SDI-1 319, TST:** "Válidos são os atos praticados por estagiário se, entre o substabelecimento e a interposição do recurso, sobreveio a habilitação, do então estagiário, para atuar como advogado".

Como visto, a jurisprudência pacificada do Tribunal Superior do Trabalho definiu diversas questões a respeito da representação por advogado no processo do trabalho, conforme se verifica da compilação dos seguintes verbetes:

6 ▣ Partes no Processo do Trabalho

SÚM. 383, TST: "I – É inadmissível recurso firmado por advogado sem procuração juntada aos autos até o momento da sua interposição, salvo mandato tácito. Em caráter excepcional (art. 104 do CPC de 2015), admite-se que o advogado, independentemente de intimação, exiba a procuração no prazo de 5 (cinco) dias após a interposição do recurso, prorrogável por igual período mediante despacho do juiz. Caso não a exiba, considera-se ineficaz o ato praticado e não se conhece do recurso. II – Verificada a irregularidade de representação da parte em fase recursal, em procuração ou substabelecimento já constante dos autos, o relator ou o órgão competente para julgamento do recurso designará prazo de 5 (cinco) dias para que seja sanado o vício. Descumprida a determinação, o relator não conhecerá do recurso, se a providência couber ao recorrente, ou determinará o desentranhamento das contrarrazões, se a providência couber ao recorrido (art. 76, § 2.º, do CPC de 2015)".

SÚM. 395, TST: "I – Válido é o instrumento de mandato com prazo determinado que contém cláusula estabelecendo a prevalência dos poderes para atuar até o final da demanda (§ 4.º do art. 105 do CPC de 2015). II – Se há previsão, no instrumento de mandato, de prazo para sua juntada, o mandato só tem validade se anexado ao processo o respectivo instrumento no aludido prazo. III – São válidos os atos praticados pelo substabelecido, ainda que não haja, no mandato, poderes expressos para substabelecer (art. 667, e parágrafos, do Código Civil de 2002). IV – Configura-se a irregularidade de representação se o substabelecimento é anterior à outorga passada ao substabelecente. V – Verificada a irregularidade de representação nas hipóteses dos itens II e IV, deve o juiz suspender o processo e designar prazo razoável para que seja sanado o vício, ainda que em instância recursal (art. 76 do CPC de 2015)".

SÚM. 436, TST: "I – A União, Estados, Municípios e Distrito Federal, suas autarquias e fundações públicas, quando representadas em juízo, ativa e passivamente, por seus procuradores, estão dispensadas da juntada de instrumento de mandato e de comprovação do ato de nomeação. II – Para os efeitos do item anterior, é essencial que o signatário ao menos declare-se exercente do cargo de procurador, não bastando a indicação do número de inscrição na Ordem dos Advogados do Brasil".

SÚM. 456, TST: "I – É inválido o instrumento de mandato firmado em nome de pessoa jurídica que não contenha, pelo menos, o nome do outorgante e do signatário da procuração, pois estes dados constituem elementos que os individualizam. II – Verificada a irregularidade de representação da parte na instância originária, o juiz designará prazo de 5 (cinco) dias para que seja sanado o vício. Descumprida a determinação, extinguirá o processo, sem resolução de mérito, se a providência couber ao reclamante, ou considerará revel o reclamado, se a providência lhe couber (art. 76, § 1.º, do CPC de 2015). III – Caso a irregularidade de representação da parte seja constatada em fase recursal, o relator designará prazo de 5 (cinco) dias para que seja sanado o vício. Descumprida a determinação, o relator não conhecerá do recurso, se a providência couber ao recorrente, ou determinará o desentranhamento das contrarrazões, se a providência couber ao recorrido (art. 76, § 2.º, do CPC de 2015)".

OJ SDI-1 7, TST: "A despeito da norma então prevista no art. 56, § 2.º, da Lei n. 4.215/63, a falta de comunicação do advogado à OAB para o exercício profissional em seção diversa daquela na qual tem inscrição não importa nulidade dos atos praticados, constituindo apenas infração disciplinar, que cabe àquela instituição analisar".

168 Direito Processual do Trabalho Esquematizado — Carla Teresa Martins Romar

OJ SDI-1 200, TST: "É inválido o substabelecimento de advogado investido de mandato tácito".

OJ SDI-1 286, TST: "I – A juntada da ata de audiência, em que consignada a presença do advogado, desde que não estivesse atuando com mandato expresso, torna dispensável a procuração deste, porque demonstrada a existência de mandato tácito. II – Configurada a existência de mandato tácito fica suprida a irregularidade detectada no mandato expresso".

OJ SDI-1 349, TST: "A juntada de nova procuração aos autos, sem ressalva de poderes conferidos ao antigo patrono, implica revogação tácita do mandato anterior".

OJ SDI-1 371, TST: "Não caracteriza a irregularidade de representação a ausência da data da outorga de poderes, pois, no mandato judicial, ao contrário do mandato civil, não é condição de validade do negócio jurídico. Assim, a data a ser considerada é aquela em que o instrumento for juntado aos autos, conforme preceitua o art. 409, IV, do CPC de 2015 (art. 370, IV, do CPC de 1973). Inaplicável o art. 654, § 1.º, do Código Civil".

OJ SDI-1 374, TST: "É regular a representação processual do subscritor do agravo de instrumento ou do recurso de revista que detém mandato com poderes de representação limitados ao âmbito do Tribunal Regional do Trabalho, pois, embora a apreciação desse recurso seja realizada pelo Tribunal Superior do Trabalho, a sua interposição é ato praticado perante o Tribunal Regional do Trabalho, circunstância que legitima a atuação do advogado no feito".

Nos termos dos **arts. 843, § 2.º, e 844, § 5.º, da Consolidação das Leis do Trabalho**, não se admite a cumulação das condições de advogado e preposto **(art. 12, § 3.º, IN n. 41/2018, TST)**.

6.3.2.1. Honorários advocatícios

Até o advento da **Lei n. 13.467/2017 (Reforma Trabalhista)**, em razão da capacidade postulatória atribuída a empregado e a empregador (*jus postulandi*), no processo do trabalho os honorários advocatícios constituíam despesa processual voluntária, não se aplicando o disposto no **art. 86 do Código de Processo Civil**. Assim, no processo do trabalho não havia que se falar em honorários de sucumbência, arcando cada parte com os honorários de seu advogado.

Exceção a essa regra verificava-se nas hipóteses em que a parte estivesse assistida por sindicato da categoria profissional e comprovasse a percepção de salário inferior ao dobro do salário mínimo ou que se encontrava em situação econômica que não lhe permita demandar sem prejuízo do próprio sustento ou da respectiva família, caso em que seriam devidos honorários advocatícios.

A jurisprudência também havia firmado entendimento no sentido de serem devidos honorários advocatícios nas ações rescisórias, nas causas em que o ente sindical figure como substituto processual, nas lides que não derivem da relação de emprego e nas causas em que a Fazenda Pública for parte.

SÚM. 219, TST: "I – Na Justiça do Trabalho, a condenação ao pagamento de honorários advocatícios, nunca superiores a 15% (quinze por cento), não decorre pura e

6 ◾ Partes no Processo do Trabalho

169

simplesmente da sucumbência, devendo a parte estar assistida por sindicato da categoria profissional e comprovar a percepção de salário inferior ao dobro do salário mínimo ou encontrar-se em situação econômica que não lhe permita demandar sem prejuízo do próprio sustento ou da respectiva família. II – É cabível a condenação ao pagamento de honorários advocatícios em ação rescisória no processo trabalhista. III – São devidos os honorários advocatícios nas causas em que o ente sindical figure como substituto processual e nas lides que não derivem da relação de emprego. IV – Na ação rescisória e nas lides que não derivem de relação de emprego, a responsabilidade pelo pagamento dos honorários advocatícios da sucumbência submete-se à disciplina do Código de Processo Civil (arts. 85, 86, 87 e 90). V – Em caso de assistência judiciária sindical ou de substituição processual sindical, excetuados os processos em que a Fazenda Pública for parte, os honorários advocatícios são devidos entre o mínimo de dez e o máximo de vinte por cento sobre o valor da condenação, do proveito econômico obtido ou, não sendo possível mensurá-lo, sobre o valor atualizado da causa (CPC de 2015, art. 85, § 2.º). VI – Nas causas em que a Fazenda Pública for parte, aplicar-se-ão os percentuais específicos de honorários advocatícios contemplados no Código de Processo Civil".

Posteriormente, o Tribunal Superior do Trabalho ampliou as hipóteses de cabimento de condenação em honorários advocatícios, acrescentando as ações de indenização por danos morais e materiais decorrentes de acidente de trabalho ou de doença profissional, desde que se refira a ação remetida à Justiça do Trabalho após ajuizamento na Justiça comum, antes da vigência da Emenda Constitucional n. 45/2004.

> **OJ SDI-1 421, TST:** "A condenação em honorários advocatícios nos autos de ação de indenização por danos morais e materiais decorrentes de acidente de trabalho ou de doença profissional, remetida à Justiça do Trabalho após ajuizamento na Justiça comum, antes da vigência da Emenda Constitucional n. 45/2004, decorre da mera sucumbência, nos termos do art. 85 do CPC de 2015 (art. 20 do CPC de 1973), não se sujeitando aos requisitos da Lei n. 5.584/1970".

Em relação ao mandado de segurança, o Supremo Tribunal Federal tem o seguinte entendimento sumulado:

> **SÚM. 512, STF:** "Não cabe condenação em honorários de advogado na ação de mandado de segurança".

No entanto, a **Lei n. 13.467/2017 (Reforma Trabalhista)** incluiu na **Consolidação das Leis do Trabalho o art. 791-A**, que prevê expressamente que **serão devidos honorários de sucumbência ao advogado**, ainda que atue em causa própria, fixados entre o mínimo de 5% e o máximo de 15% sobre o valor que resultar da liquidação da sentença, do proveito econômico obtido ou, não sendo possível mensurá-lo, sobre o valor atualizado da causa.

A Lei, absorvendo o entendimento que já havia sido consolidado pela jurisprudência, passou a prever expressamente que os honorários são devidos também nas ações contra a **Fazenda Pública** e nas ações em que a **parte** estiver **assistida ou substituída pelo sindicato** de sua categoria **(art. 791-A, § 1.º, CLT)**.

Também são devidos honorários de sucumbência na **reconvenção (art. 791-A, § 5.º, CLT)**.

Na **fixação dos honorários** de sucumbência o juiz deverá observar **(art. 791-A, § 2.º, CLT)**:

- ◼ o grau de zelo do profissional;
- ◼ o lugar de prestação do serviço;
- ◼ a natureza e a importância da causa;
- ◼ o trabalho realizado pelo advogado;
- ◼ o tempo exigido para o seu serviço.

Na hipótese de procedência parcial, o juízo arbitrará honorários de **sucumbência recíproca**, vedada a compensação entre os honorários **(art. 791-A, § 3.º, CLT)**.

A previsão do **§ 4.º do art. 791 da CLT**, incluído pela *Reforma Trabalhista*, no sentido de que os honorários de sucumbência seriam devidos pelo vencido, ainda que beneficiário da justiça gratuita, foi declarada **inconstitucional** pelo STF, por maioria de votos **(ADI 5.766)**.

Ainda que, em razão da decisão do STF, os honorários de sucumbência não sejam devidos pelos beneficiários da justiça gratuita, o fato é que a nova previsão legal de incidência da verba de sucumbência tem gerado muitos debates.

Na doutrina os autores discutem se o **art. 791-A da Consolidação das Leis do Trabalho** não significa um impedimento ao amplo acesso à justiça e uma derrogação do princípio da gratuidade, tão importante no processo do trabalho até como efetivação do próprio acesso à justiça. Nesse sentido, Homero Batista, analisando a questão, afirma que "afastou-se um degrau a mais do princípio da gratuidade e da facilitação do acesso à justiça [...]"[9]. Especificamente em relação à sucumbência recíproca, Mauro Schiavi afirma: "De nossa parte, a sucumbência recíproca (parcial) deverá ser vista com muita sensibilidade pelo Judiciário Trabalhista de modo a não obstar a missão histórica da Justiça Trabalhista que é facilitar o acesso à Justiça ao trabalhador"[10].

Em estudo sobre o tema *Gratuidade e Sucumbência sob a Perspectiva do Acesso à Justiça*, nos posicionamos no seguinte sentido: "Em respeito ao comando constitucional, a lei não pode excluir da apreciação do Judiciário qualquer lesão ou ameaça de direito (art. 5.º, XXXV, CF), e, para isso, entre outras medidas, deve atribuir assistência jurídica gratuita e integral aos necessitados, como forma de assegurar aos mesmos o acesso à justiça na busca da efetivação de seus direitos fundamentais (art. 5.º, LXXIV, CF). Não é isso, porém, o que fez, a nosso ver, o legislador ao aprovar a Lei n. 13.467/2017. Ao contrário do comando constitucional, o legislador dificultou o acesso à justiça, à medida que restringiu o conjunto de 'necessitados' para fins de concessão dos benefícios da justiça gratuita, exigindo comprovação de insuficiência de recursos para tal fim (art. 790, § 4.º, CLT)[11], comprovação esta que poderá ou não ser aceita pelo juiz, e, ainda,

---

[9]   SILVA, Homero Batista Mateus da. *Comentários à Reforma Trabalhista, cit.*, p. 140-141.

[10] SCHIAVI, Mauro. *Manual de direito processual do trabalho, cit.*, p. 405.

[11] Quanto aos honorários periciais, o STF invalidou a regra de imposição destes ao beneficiário da justiça gratuita, reconhecendo sua inconstitucionalidade **(ADI 5766)**.

excluiu do referido benefício os honorários periciais, que serão devidos pela parte sucumbente no objeto da perícia (art. 790-B, *caput*, CLT). Completando a restrição ao acesso à justiça, o legislador criou um grande e, em muitos casos, quase que instransponível obstáculo ao acesso à justiça: a previsão de honorários de sucumbência no processo do trabalho aumentou significativamente os custos do processo. Em relação a esse último aspecto, inegável que a barreira ao acesso à justiça é ampliada nos sistemas que impõem ao vencido o ônus da sucumbência. [...] Considerando que a mais importante despesa individual para os litigantes consiste, naturalmente, nos honorários advocatícios, resta evidente que essa imposição estabelecida pelo legislador, alterando a dinâmica do processo do trabalho em relação à questão, revela a imposição de um grande obstáculo ao acesso à justiça. Assim, em relação ao acesso à justiça, que no Brasil já é tema controvertido pelo distanciamento entre o discurso normativo e a prática na realidade social, no campo do processo do trabalho as restrições impostas pela Lei n. 13.467/2017 contribuem ainda mais para esse distanciamento"[12].

Especificamente em relação à **aplicação temporal do novo regramento sobre honorários de sucumbência** no processo do trabalho, a **Instrução Normativa n. 41/2018** do Tribunal Superior do Trabalho (**art. 6.º**) definiu que a condenação nessa verba será aplicável apenas às ações propostas a partir de 11 de novembro de 2017, sendo que nas ações propostas anteriormente subsistem as diretrizes da Lei n. 5.584/70 e das Súmulas 219 e 329 do Tribunal Superior do Trabalho.

6.3.3. Assistência judiciária e justiça gratuita

A **Lei n. 1.060/50** prevê a prestação pelo Estado de assistência judiciária gratuita aos necessitados, por meio de advogados indicados pela seção estadual ou subseção municipal da Ordem dos Advogados do Brasil ou por advogado para esse fim designado pelo juiz.

A **Lei n. 5.584/70** criou para os **sindicatos** a obrigação de prestar **assistência judiciária gratuita aos trabalhadores** integrantes das categorias que representam, independentemente de serem eles sindicalizados ou não (**arts. 14 e 18**).

Portanto, na **Justiça do Trabalho** a assistência judiciária será prestada nos termos da **Lei n. 5.584/70**, sendo assegurada a todo aquele que perceber **salário igual ou inferior ao dobro do mínimo legal**, ficando assegurado igual benefício ao trabalhador de maior salário, desde que comprovado que a sua **situação econômica não lhe permite demandar sem prejuízo de sustento** próprio ou da família (**art. 14, § 1.º**).

Na hipótese de **prestação de assistência judiciária pelo sindicato**, sendo o empregado vencedor na questão, o juiz condenará o empregador ao pagamento de **honorários de advogado** para o sindicato, nunca superiores a 15% (**art. 16, Lei n. 5.584/70 e Súm. 219, TST**).

---

[12] ROMAR, Carla Teresa Martins. Gratuidade e sucumbência sob a perspectiva do acesso à Justiça. In: MONTAL, Zélia Maria Cardoso; CARVALHO, Luciana Paula Vaz de (Org.). *Reforma trabalhista em perspectiva*: desafios e possibilidades. 2. ed. São Paulo: LTr, 2018. p. 177-183.

SÚM. 450, STF: "São devidos honorários de advogado sempre que vencedor o beneficiário de justiça gratuita".

A **assistência judiciária não se confunde** com o **benefício da gratuidade** que compreende, entre outras coisas, a isenção de custas e de despesas processuais.

No **processo civil**, a gratuidade da justiça caracteriza-se como um direito da pessoa natural ou jurídica, brasileira ou estrangeira, com insuficiência de recursos para pagar as custas, as despesas processuais e os honorários advocatícios **(art. 98, CPC e Lei n. 1.060/50)**. De acordo com o § 1.º do referido dispositivo, a gratuidade da justiça compreende, entre outros, as taxas, as custas judiciais, os honorários de advogado e do perito, a remuneração do intérprete ou tradutor e os depósitos previstos em lei para interposição de recurso.

No **processo do trabalho**, o benefício da justiça gratuita, inclusive quanto a traslados e instrumentos, **pode ser concedido** pelos juízes, órgãos julgadores e presidentes dos tribunais do trabalho de qualquer instância, **a requerimento ou de ofício** àqueles que **perceberem salário igual ou inferior a 40% do limite máximo dos benefícios do Regime Geral de Previdência Social (art. 790, § 3.º, CLT)**, sendo possível também a concessão à **parte que comprovar insuficiência de recursos para pagamento das custas do processo (art. 790, § 4.º, CLT)**.

O benefício da justiça gratuita pode ser **requerido** em **qualquer tempo ou grau de jurisdição**, desde que, na fase recursal, seja o requerimento formulado no prazo alusivo ao recurso **(OJ SDI-1 269, TST)**.

Embora a **Lei n. 5.584/70** estabeleça que a situação econômica do trabalhador deve ser comprovada por meio de atestados emitidos ou pelo Ministério do Trabalho ou pelo Delegado de Polícia da circunscrição onde resida, admite-se no processo do trabalho que o empregado apresente declaração nos termos da **Lei n. 1.060/50**, devidamente firmada e sob pena de responsabilidade por falsa declaração, na qual afirme que não tem condições de arcar com as custas e as despesas processuais sem prejuízo do seu sustento e de sua família. A questão gerou bastante discussão após a Lei n. 13.467/2017 (*Reforma Trabalhista*).

Isso porque, em relação à comprovação da insuficiência de recursos, o Tribunal Superior do Trabalho vinha adotando o seguinte entendimento:

SÚM. 463, TST: "I – A partir de 26-6-2017, para a concessão da assistência judiciária gratuita à pessoa natural, basta a declaração de hipossuficiência econômica firmada pela parte ou por seu advogado, desde que munido de procuração com poderes específicos para esse fim (art. 105 do CPC de 2015). II – No caso de pessoa jurídica, não basta a mera declaração: é necessária a demonstração cabal de impossibilidade de a parte arcar com as despesas do processo".

Porém, o § 4.º do art. **790 da Consolidação das Leis do Trabalho**, incluído pela **Lei n. 13.467/2017 (*Reforma Trabalhista*)**, prevê expressamente que a **insuficiência de recursos** deve ser **comprovada**, não sendo, pois, suficiente apenas a declaração de pobreza, firmada pelo trabalhador, ou por procurador com poderes especiais.

6 ◼ Partes no Processo do Trabalho · 173

Após debate da questão em diversos processos, no julgamento do **IncJulgRREm-bRep – 277-83.2020.5.09.0084**, ocorrido em 14-10-2024, o Tribunal Pleno do TST, por maioria, firmou o entendimento de que a declaração de hipossuficiência econômica apresentada pela parte Reclamante possui presunção de veracidade e, não havendo prova concreta em sentido contrário, viabiliza a concessão dos benefícios da gratuidade de justiça à parte requerente.

Após essa decisão, os julgados são no sentido de que não é necessária a comprovação de insuficiência de recursos[13].

Sobre os referidos temas, a **Instrução Normativa n. 41/2018 do Tribunal Superior do Trabalho (arts. 5.º e 6.º)** prevê que as novas regras sobre honorários advocatícios sucumbenciais **(art. 791-A e parágrafos, CLT)**, somente se aplicam aos processos iniciados após 11 de novembro de 2017.

6.4. INTERVENÇÃO DE TERCEIROS NO PROCESSO DO TRABALHO

Terceiro é aquele que, embora não sendo parte em uma relação jurídica processual, pode ter seu interesse individual afetado pelo resultado da demanda, o que justifica o seu ingresso no processo.

Assim, a **intervenção de terceiros** é um fenômeno processual que se verifica quando alguém ingressa, como parte ou coadjuvante da parte, em processo pendente entre outras partes.

A intervenção de terceiros é **classificada** a partir de dois critérios distintos: (a) conforme se dê com a intenção de ampliar ou modificar subjetivamente a relação processual; ou (b) conforme a iniciativa da medida.

A relação processual é **ampliada** sob o aspecto subjetivo quando, mantidas as partes originais, o terceiro dela participa com a intenção de cooperar com uma das partes para obter um resultado que também lhe seja favorável.

A intervenção de terceiro **modifica** subjetivamente a relação processual quando o ingresso do terceiro tem por objetivo a exclusão de uma ou de ambas as partes primitivas.

A *iniciativa* da intervenção pode ser do próprio terceiro, quando se fala em **intervenção espontânea**. Mas pode também ser promovida pela parte primitiva, sendo, portanto, **provocada**.

A intervenção de terceiros é matéria típica do processo civil, não tendo o legislador trabalhista dela tratado. Exatamente por essa razão há uma grande discussão na doutrina e na jurisprudência sobre o cabimento da intervenção de terceiros no processo do trabalho.

Para que se possa analisar o cabimento desse fenômeno processual nas ações trabalhistas, mister seja analisada cada uma de suas figuras, que são: (a) assistência **(arts. 119**

---

[13] *Vide*: RR-0000105-52.2023.5.09.0015, 3.ª T., rel. Min. Alberto Bastos Balazeiro, *DEJT* 21-11-2024; RRAg-0000290-56.2022.5.09.0652, 4.ª T., rel. Min. Alexandre Luiz Ramos, *DEJT* 21-11-2024.

a 124, CPC); (b) denunciação da lide (arts. 125 a 129, CPC); (c) chamamento ao processo (arts. 130 a 132, CPC); e (d) oposição (arts. 682 a 686, CPC).

A modalidade de intervenção de terceiros denominada **nomeação à autoria**, instituto previsto pelo Código de Processo Civil de 1973 (arts. 62 a 68) para corrigir a legitimidade *ad causam* passiva, **não encontra correspondência no Código de Processo Civil de 2015**.

Porém, os **arts. 338 e 339 do Código de Processo Civil**, que estão no capítulo que trata da contestação, regulam **condutas** de autor e réu **que se assemelham à nomeação à autoria**:

"Art. 338. Alegando o réu, na contestação, ser parte ilegítima ou não ser o responsável pelo prejuízo invocado, o juiz facultará ao autor, em 15 (quinze) dias, a alteração da petição inicial para substituição do réu".

"Art. 339. Quando alegar sua ilegitimidade, incumbe ao réu indicar o sujeito passivo da relação jurídica discutida sempre que tiver conhecimento, sob pena de arcar com as despesas processuais e de indenizar o autor pelos prejuízos decorrentes da falta de indicação".

Entendemos que referidos dispositivos legais são **compatíveis com o processo do trabalho**. Ressalte-se que a **Instrução Normativa n. 39/2016 do Tribunal Superior do Trabalho** não contém qualquer previsão a respeito da aplicabilidade ou não dos arts. 338 e 339 ao processo do trabalho, dependendo a matéria, portanto, de entendimentos adotados em casos concretos.

A **assistência** decorre do interesse jurídico do terceiro em que a sentença seja favorável a uma das partes (**art. 119, CPC**). O terceiro ingressa em juízo para defender o seu legítimo interesse. Ao ingressar na relação processual, o terceiro não defende direito próprio, mas de outrem, embora tenha um interesse próprio que pretende indiretamente proteger.

Segundo o grau de intensidade do interesse do terceiro, a assistência pode ser classificada em **simples ou adesiva** (o interesse do terceiro está no resultado da demanda, que poderá afetar um direito seu) e **qualificada ou litisconsorcial** (o direito que justifica a intervenção é que está sendo discutido no processo).

No **processo do trabalho** o **cabimento** da assistência é **restrito**, sendo admissível apenas na forma simples ou adesiva e, ainda assim, desde que **fundada em interesse jurídico**, não sendo suficiente interesse meramente econômico[14].

> **SÚM. 82, TST:** "A intervenção assistencial, simples ou adesiva, só é admissível se demonstrado o interesse jurídico e não o meramente econômico".

---

[14] "[...] No caso, foi acolhido o ingresso da segunda reclamada na lide, na qualidade de assistente litisconsorcial. E, embora a referida empresa não tenha sido condenada nestes autos, subsiste o interesse e a legitimidade recursal, na medida em que o reconhecimento do vínculo de emprego com o primeiro reclamado decorreu da declaração da ilicitude da terceirização e, assim, envolve a validade do contrato celebrado entre os reclamados, atingindo a esfera jurídica de ambos. [...]" (E-ED-RR-1527-60.2015.5.06.0004, Subseção I Especializada em Dissídios Individuais, rel. Min. Augusto Cesar Leite de Carvalho, *DEJT* 9-9-2022) – trecho constante do corpo do acórdão.

6 ◻ Partes no Processo do Trabalho

Assim, somente pode intervir como assistente o terceiro que tiver **interesse jurídico**, que é o interesse de que uma das partes vença a ação. "Há interesse jurídico do terceiro quando a relação jurídica da qual seja titular possa ser *reflexamente* atingida pela sentença que vier a ser proferida entre assistido e parte contrária. Não há necessidade de que o terceiro tenha, efetivamente, relação jurídica com o assistido, ainda que isso ocorra na maioria dos casos."[15]

Ocorre a **denunciação da lide** quando o réu da ação indica ao juízo o responsável final da obrigação exigida pelo autor, requerendo que ele venha a responder pela ação, resguardando o direito do denunciante **(art. 125, CPC)**.

A denunciação da lide tem como principal objetivo "antecipar uma ação que o denunciante poderia propor após a eventual sucumbência na demanda principal, uma vez que no mesmo processo surgem duas relações jurídicas processuais. Na denunciação da lide, a sentença conterá dois títulos, uma vez que julgará tanto a lide entre as partes originárias quanto a lide que decorre da denunciação"[16].

Quando a denunciação da lide tiver por base o **inciso I do art. 125 do Código de Processo Civil** (que trata de direitos decorrentes da evicção), inegavelmente será **incabível no processo do trabalho**. No entanto, em relação à hipótese prevista no **inciso II** (direito de regresso), há **divergência na doutrina e na jurisprudência**, havendo posicionamento no sentido de ser ela **cabível** no processo trabalhista, como, **por exemplo**, na situação prevista no **art. 455 da Consolidação das Leis do Trabalho** (ação do empreiteiro principal contra o subempreiteiro), que autoriza a denunciação da lide do subempreiteiro pelo empreiteiro principal. De outro lado, com fundamento na incompetência da Justiça do Trabalho para apreciar eventual ação de regresso, sustenta-se a impossibilidade da aplicação da denunciação da lide no processo do trabalho.

Sobre o tema, a jurisprudência assim vem se manifestando:

"AGRAVO DA RECLAMADA. RECURSO DE REVISTA COM AGRAVO DE INSTRUMENTO. LEI N. 13.467/2017. A parte não renovou, nas razões do agravo, a matéria relativa aos temas 'INDENIZAÇÃO POR DANO MORAL. ALEGAÇÃO DOS HERDEIROS DO TRABALHADOR FALECIDO DE QUE NÃO HOUVE ASSISTÊNCIA DA RECLAMADA QUE OBSTACULARIZOU O RECEBIMENTO DOS PRÊMIOS QUE FORAM PAGOS INTEMPESTIVAMENTE. REEXAME DE MATÉRIA FÁTICA NO CASO CONCRETO' e 'INDENIZAÇÃO POR DANO MORAL. VALOR ARBITRADO. NÃO PREENCHIDO REQUISITO DO ART. 896, § 1.º-A, DA CLT', o que configura aceitação tácita da decisão agravada nesses aspectos. TEMA DO AGRAVO DE INSTRUMENTO. DENUNCIAÇÃO À LIDE. EMPRESA SEGURADORA. IMPOSSIBILIDADE. 1 – A decisão monocrática reconheceu a transcendência, porém negou provimento ao agravo de instrumento. 2 – Os argumentos da parte não conseguem desconstituir os fundamentos da decisão agravada. 3 – A parte reclamada busca a o deferimento do seu pedido de denunciação à lide da seguradora Mezzo Serviços e Sistemas Ltda., que realizou o seguro de vida em grupo e auxílio funeral dos empregados da empresa. 4 – Conforme

---

[15] NERY JUNIOR, Nelson; NERY, Rosa Maria de Andrade. *Código de Processo Civil comentado*. 22. ed. São Paulo: Revista dos Tribunais, 2024, p. 396.

[16] LEITE, Carlos Henrique Bezerra. *Curso de direito processual do trabalho, cit.*, 15. ed., p. 580.

relatado na decisão monocrática, a jurisprudência desta Corte entende que há incompetência da Justiça do Trabalho para decidir sobre contrato firmado entre empresas, como no caso. Julgado da SBDI-1. 5 – Agravo a que se nega provimento. [...]" (Ag--RRAg-1000734-10.2020.5.02.0435, 6.ª T., rel. Min. Katia Magalhaes Arruda, *DEJT* 25-10-2024).

"AGRAVO. AGRAVO DE INSTRUMENTO EM RECURSO DE REVISTA. DENUNCIAÇÃO DA LIDE. INCOMPETÊNCIA DA JUSTIÇA DO TRABALHO PARA JULGAR A RELAÇÃO ENTRE A RECLAMADA E A SEGURADORA. No caso, o Regional manteve a sentença em que se negou a denunciação à lide da seguradora indicada pela reclamada, ao fundamento de que a competência da Justiça do Trabalho limita-se a apreciar as relações de trabalho. Com efeito, esta Corte vem sedimentando o entendimento de que a denunciação da lide só pode ser acolhida nas hipóteses atinentes à competência da Justiça do Trabalho, em nome dos princípios norteadores do processo do trabalho, notadamente dos princípios da celeridade, da efetividade e da simplicidade. Portanto, a pretensão da reclamada não merece ser acolhida, pois, no caso de ocorrer a denunciação, haveria uma segunda relação jurídica de natureza civil, hipótese não prevista pela nova competência da Justiça do Trabalho. Agravo desprovido. [...]" (Ag-AIRR-10593-74.2019.5.03.0047, 3.ª T., rel. Min. Jose Roberto Freire Pimenta, *DEJT* 4-10-2024).

"AGRAVO EM AGRAVO DE INSTRUMENTO. RECURSO DE REVISTA SOB A ÉGIDE DA LEI N. 13.467/2017. NULIDADE DA SENTENÇA. INOCORRÊNCIA – ART. 1.013 DO CPC. SÚMULA 393 DO TST. DENUNCIAÇÃO DA LIDE. INVIABILIDADE NO CASO CONCRETO. TRANSCENDÊNCIA NÃO CONFIGURADA. Constata-se parcial equívoco na decisão monocrática ora agravada, porquanto não se trata de caso a considerar prejudicado o exame da transcendência, mas sim de análise expressa de todos os critérios estabelecidos no art. 896-A da CLT para o exame respectivo. Todavia, o exame prévio dos critérios de transcendência do recurso de revista revela a inexistência de qualquer deles a possibilitar o exame do apelo no TST. Vale destacar, sob a ótica do critério político para exame da transcendência que, no tocante à tese de nulidade da sentença por ausência de apreciação do pleito de denunciação da lide que teria constado da contestação, o acórdão regional, quanto à aplicação do art. 1.013 do CPC, está em consonância com a matéria pacificada no âmbito desta Corte, consoante Súmula 393 do TST. E quanto à necessidade de avaliação do instituto de denunciação da lide caso a caso, o acórdão regional está em consonância com julgados iterativos desta Corte de que não cabe o instituto se a Justiça do Trabalho não tem competência para avaliar a validade do teor do contrato firmado entre os denunciantes que irão figurar na lide paralela. Ante a mudança na fundamentação adotada na monocrática, não há incidência da multa do § 4.º do art. 1.021 do CPC. Transcendência não configurada. Agravo não provido" (Ag-AIRR-11072-41. 2021.5.15.0119, 6.ª T., rel. Min. Augusto Cesar Leite de Carvalho, *DEJT* 6-9-2024).

O **chamamento ao processo** é admissível: (a) do devedor, na ação em que o fiador for réu; (b) dos outros fiadores, quando para a ação for citado apenas um deles; e (c) de todos os devedores solidários, quando o credor exigir de um ou de alguns deles, parcial ou totalmente, a dívida comum (**art. 130, CPC**).

6 ◼ Partes no Processo do Trabalho 177

Como ensina Humberto Theodoro Júnior, é evidente que "tanto a denunciação da lide como o chamamento ao processo se prestam ao exercício incidental de direitos regressivos da parte em face de estranho à causa pendente. Mas os direitos de regresso cogitados no art. 130 são bem diferentes daqueles previstos no art. 125, II. Nas hipóteses de denunciação da lide, o terceiro interveniente não tem vínculo ou ligação jurídica com a parte contrária do denunciante na ação principal. A primitiva relação jurídica controvertida no processo principal diz respeito apenas ao denunciante e ao outro litigante originário (autor e réu). E a relação jurídica de regresso é exclusivamente entre o denunciante e o terceiro denunciado. Já no chamamento ao processo, o réu da ação primitiva convoca para a disputa judicial pessoa que, nos termos do art. 130, tem, juntamente com ele, uma obrigação perante o autor da demanda principal, seja como fiador, seja como coobrigado solidário pela dívida aforada"[17].

No **processo do trabalho** somente é **possível** o chamamento ao processo com base no **inciso III do art. 130 do Código de Processo Civil** (chamamento de devedores solidários) podendo ser citada como exemplo a hipótese de **grupo de empresas**, em que há uma responsabilidade solidária entre os integrantes do grupo, nos termos do **§ 2.º do art. 2.º da Consolidação das Leis do Trabalho**.

A jurisprudência tem entendimento no sentido de que o chamamento ao processo, como ocorre com outras figuras de intervenção de terceiros, somente é admissível se o ingresso do terceiro não prejudicar o interesse do trabalhador.

"RECURSO DE REVISTA. CERCEAMENTO DE DEFESA. CHAMAMENTO AO PROCESSO. 1. Esta Corte Superior tem decidido ser admissível a intervenção de terceiros no processo do trabalho, desde que, no caso concreto, o ingresso do terceiro na relação processual não prejudique o interesse do trabalhador, tendo em vista a natureza alimentar do crédito trabalhista. 2. Na hipótese, o indeferimento do pedido de chamamento ao processo da prestadora de serviços não caracterizou cerceamento do direito de defesa, dado que poderia implicar possível demanda entre a tomadora e prestadora de serviços, matéria que foge à competência da Justiça do Trabalho, e, ainda, por não haver evidência no acórdão recorrido de que a ré tenha sido impedida ou prejudicada em sua defesa. Recurso de revista de que não se conhece" (RR-10368-96.2022.5.03.0096, 1.ª T., rel. Min. Amaury Rodrigues Pinto Junior, *DEJT* 18-10-2024).

Por fim, a **oposição** ocorre quando o terceiro pretender, no todo ou em parte, a coisa ou o direito sobre que controvertem as partes **(art. 682, CPC)**. O terceiro oferece oposição no processo com o intuito de defender o que é seu e está sendo disputado em juízo por outrem.

"É medida de livre-iniciativa do terceiro, simples faculdade sua, visto que nenhum prejuízo jurídico pode lhe causar a sentença a ser proferida num processo em que não figura como parte. Mas, sem dúvida, pode o processo alheio acarretar-lhe dano de fato, que exigirá, mais tarde, uma outra ação para obter a respectiva reparação"[18].

---

[17] THEODORO JÚNIOR, Humberto. *Curso de direito processual civil, cit.*, v. 1, p. 396-397.
[18] THEODORO JÚNIOR, Humberto. *Curso de direito processual civil, cit.*, v. 1, p. 351.

Embora haja quem defenda a aplicabilidade da oposição no processo do trabalho, a maior parte da doutrina e da jurisprudência entende haver incompatibilidade do instituto com a competência da Justiça do Trabalho, que não abrangeria a segunda ação (de regresso).

"A oposição faz surgir duas demandas: a primeira em que a Justiça do Trabalho seria competente para apreciar; e a segunda, em que a Justiça do Trabalho já não o seria, pois que consistiria em litígio entre dois empregados, duas pessoas físicas prestadoras de serviço. Assim, existiria incompetência em razão da matéria (ou da pessoa?) quanto a uma das pretensões manifestadas"[19].

Ressalte-se, ainda, a existência de **modalidade interventiva** admissível em todas as formas processuais e tipos de procedimento, denominada de *amicus curiae*, prevista no **art. 138 do Código de Processo Civil e no § 8.º do art. 896-C da Consolidação das Leis do Trabalho**.

"O *amicus curiae*, ou amigo do tribunal, previsto pelo NCPC entre as hipóteses de intervenção de terceiro (art. 138), mostra-se – segundo larga posição doutrinária –, preponderantemente, como um auxiliar do juízo em causas de relevância social, repercussão geral ou cujo objeto seja bastante específico, de modo que o magistrado necessite de apoio técnico. Não é ele propriamente parte no processo – pelo menos no sentido técnico de sujeito da lide objeto do processo –, mas, em razão de seu interesse jurídico (institucional) na solução do feito, ou por possuir conhecimento especial que contribuirá para o julgamento, é convocado a manifestar-se, ou se dispõe a atuar, como colaborador do juízo. Assim, sua participação é, em verdade, meramente opinativa a respeito da matéria objeto da demanda. Sua intervenção, de tal sorte, justifica-se como forma de aprimoramento da tutela jurisdicional"[20].

A **atuação do** *amicus curiae* não se dá em defesa de um indivíduo ou de uma pessoa ou em prol de um direito de alguém. Não necessariamente o interesse é titularizado por alguém, podendo ter uma dimensão difusa ou coletiva, atingindo um grupo de pessoas que pode ser afetado pelo que vier a ser decidido no processo.

Desempenha, nessa ordem de ideias, uma função importantíssima, de "melhorar o debate processual e contribuir a uma decisão mais justa e fundamentada". Além disso, legitima "democraticamente a formação de precedente judicial, de jurisprudência dominante ou de súmula, o que é levado a efeito por meio da pluralização do diálogo processual para com blocos, grupos, classes ou estratos da sociedade ou, ainda, para com órgãos, instituições, potências públicas ou próprio Estado, de cujos interesses momentaneamente se torna adequado representante, em juízo"[21].

Muito embora o **§ 8.º do art. 896-C da Consolidação das Leis do Trabalho** já contenha previsão de atuação de *amicus curiae*, o **art. 3.º, II, da Instrução Normativa n. 39/2016 do Tribunal Superior do Trabalho** deixou explicitada a **aplicação ao processo do trabalho do art. 138 do Código de Processo Civil**.

---

[19] LEITE, Carlos Henrique Bezerra. *Curso de direito processual do trabalho, cit.*, 15. ed., p. 577.

[20] THEODORO JÚNIOR, Humberto. *Curso de direito processual civil*, cit., v. 1, p. 408.

[21] THEODORO JÚNIOR, Humberto. *Curso de direito processual civil, cit.*, v. 1, p. 408.

6.5. SUBSTITUIÇÃO PROCESSUAL

O **art. 18 do Código de Processo Civil** prevê que "ninguém poderá pleitear, em nome próprio, direito alheio, salvo quando autorizado por lei". Conclui-se, portanto, que a titularidade da ação está vinculada à titularidade do direito material pretendido, somente sendo possível que a parte no processo seja distinta do titular do direito material pretendido em casos excepcionais, caso em que ocorre o que se chama de *substituição processual*.

Assim, a **substituição processual** ocorre quando a parte demandar, em nome próprio, a tutela de um direito de outrem.

No processo civil, a substituição processual somente é possível nos casos autorizados por lei, sendo excepcional **(art. 18, CPC)**. Exatamente em razão da excepcionalidade de que se reveste, a substituição processual se caracteriza como uma **legitimação extraordinária** e tem pertinência restrita às hipóteses previstas em lei.

No **processo do trabalho,** a substituição processual é exercida pelo sindicato, a quem cabe "a defesa dos direitos e interesses coletivos ou individuais da categoria, inclusive em questões judiciais ou administrativas" **(art. 8.º, III, CF)**.

As hipóteses de cabimento da substituição processual no processo do trabalho sempre foram objeto de muita discussão tanto na doutrina como na jurisprudência. Os debates, no entanto, tornaram-se mais acirrados após o advento da Constituição Federal de 1988, tendo em vista as divergências acerca do alcance da representação prevista no **art. 8.º, III**.

Antes da Constituição Federal de 1988, o sindicato podia atuar como substituto processual apenas em hipóteses previstas por lei, ou seja, nas seguintes situações: (a) ajuizamento de reclamação trabalhista postulando adicional de periculosidade ou insalubridade em favor de associados **(art. 195, § 2.º, CLT)**; (b) ajuizamento de reclamação trabalhista em favor de todos os integrantes da categoria, objetivando o pagamento das correções automáticas de salários, os chamados "gatilhos salariais" **(Lei n. 6.708/79 e Lei n. 7.238/84)**; (c) ajuizamento de ação de cumprimento, em favor dos associados, visando ao pagamento dos salários fixados em sentença normativa **(art. 872, parágrafo único, CLT)**.

Após a promulgação da Carta de 1988 diversas leis foram editadas com previsão de hipóteses de substituição processual (ex.: **art. 25, Lei n. 8.036/90 e art. 3.º, Lei n. 8.073/90)**, o que levou muitos doutrinadores a defenderem o reconhecimento constitucional amplo da legitimação extraordinária do sindicato, sem os limites estreitos do art. 6.º do Código de Processo Civil de 1973 que, à época, regulava a matéria (atualmente, art. 18 do CPC/2015).

No entanto, à época, o **Tribunal Superior do Trabalho** adotou **posição restritiva** sobre o tema por meio da **Súmula 310**, que previa que "o art. 8.º, inc. III, da Constituição da República não assegura a substituição processual pelo sindicato".

O teor da Súmula 310 do Tribunal Superior do Trabalho não foi suficiente para encerrar as discussões sobre o alcance da norma constitucional em comento. Muito pelo contrário, os debates sobre o tema continuaram e o Tribunal Superior do Trabalho, em 1.º de outubro de 2003, entendeu por bem **cancelar a Súmula 310**, levando a crer que preferiu seguir a tendência da admissão da substituição processual a despeito de lei expressa.

O **Supremo Tribunal Federal**, em processo envolvendo o tema, por maioria, decidiu que, nos termos do art. 8.º, III da Constituição Federal, a **substituição do sindicato é ampla** não só em termos de direito coletivo, mas também de direito individual: "O art. 8.º, III, da Constituição Federal estabelece a legitimidade extraordinária dos sindicatos para defender em juízo os direitos e interesses coletivos ou individuais dos integrantes da categoria que representam. Essa legitimidade extraordinária é ampla, abrangendo a liquidação e a execução dos créditos reconhecidos aos trabalhadores. Por se tratar de típica hipótese de substituição processual, é desnecessária qualquer autorização dos substituídos" (RE 193.503/SP, publicado no *DJ* de 24-8-2007).

A **repercussão geral** do tema foi reconhecida pelo Supremo Tribunal Federal por meio da **Tese 823**, adotada em 19 de junho de 2015, no julgamento do RE 883.642: "Os **sindicatos possuem ampla legitimidade extraordinária** para defender em juízo os direitos e interesses coletivos ou individuais dos integrantes da categoria que representam, inclusive nas liquidações e execuções de sentença, independentemente de autorização dos substituídos".

Portanto, reconhece-se que a substituição processual prevista no **art. 8.º, III, da Constituição Federal** não se restringe às hipóteses contempladas na Consolidação das Leis do Trabalho, abrangendo, também, interesses individuais homogêneos, interesses difusos e os coletivos em sentido estrito.

"RECURSO DE REVISTA DO SINDICATO AUTOR – LEI N. 13.467/17 – SINDICATO. LEGITIMIDADE ATIVA. SUBSTITUIÇÃO PROCESSUAL. HORAS EXTRAS. TRANSCENDÊNCIA POLÍTICA. A jurisprudência atual e reiterada desta Corte Superior é no sentido de que o art. 8.º, III, da Constituição da República confere ampla legitimidade ao sindicato profissional para postular qualquer direito relacionado ao vínculo empregatício, possuindo legitimação extraordinária para agir no interesse de toda a categoria. Ressalva de posicionamento pessoal do Relator. Recurso de revista de que se conhece e se dá provimento" (RRAg-1163-60.2018.5.10.0008, 8.ª T., rel. Min. Sergio Pinto Martins, *DEJT* 19-11-2024).

"AGRAVO DE INSTRUMENTO DA RECLAMADA. NEGATIVA DE PRESTAÇÃO JURISDICIONAL. O acórdão recorrido analisou a matéria debatida nos autos, estando suficientemente fundamentado, uma vez que consignou expressamente as razões de fato e de direito no tocante à Súmula 287 do TST e aos arts. 62, II, e 224, § 2.º, da CLT, não havendo omissão quanto às questões relevantes ao deslinde da controvérsia. Agravo de instrumento a que se nega provimento. LEGITIMIDADE ATIVA DO SINDICATO. SUBSTITUIÇÃO PROCESSUAL. HORAS EXTRAS. DIREITOS INDIVIDUAIS HOMOGÊNEOS. Hipótese em que o TRT manteve a decisão que reconheceu a legitimidade ativa do sindicato autor para atuar como substituto processual da categoria. O Supremo Tribunal Federal, no RE 883.642/AL, reafirmou sua jurisprudência no sentido da 'ampla legitimidade extraordinária dos sindicatos para defender em juízo os direitos e interesses coletivos ou individuais dos integrantes da categoria que representam, inclusive nas liquidações e execuções de sentença, independentemente de autorização dos substituídos'. A legitimidade extraordinária é de tal amplitude que o sindicato pode, inclusive, defender interesse de substituto processual único (E-RR-1477-08.2010.5.03.0064, rel. Min. Augusto César Leite de Carvalho, *DEJT* 16-4-2015; E-RR-990-38.2010.5.03.0064, rel. Min. Lélio Bentes Correa, *DEJT* 31-3-2015). Ainda, a jurisprudência desta Corte é pacífica no sentido de reconhecer a legitimidade do sindicato para atuar na defesa de todos e quaisquer direitos subjetivos individuais e coletivos dos integrantes da categoria. Na hipótese, o pedido atinente ao pagamento das 7.ª e 8.ª horas extras tem origem comum, ou seja, decorre da conduta irregular da reclamada quanto ao pagamento dos direitos trabalhistas dos substituídos, de modo que se revela legítima a atuação do sindicato na qualidade de substituto processual. Nesse sentido, verifica-se que a decisão da Corte Regional está de acordo com a jurisprudência desta Corte Superior, conferindo a correta aplicação do art. 8.º, III, da CF. Precedentes. Óbice da Súmula 333/TST c/c o art. 896, § 7.º, da CLT. Agravo de instrumento a que se nega provimento. [...]" (AIRR-1188-05.2016.5.22.0107, 2.ª T., rel. Min. Maria Helena Mallmann, *DEJT* 18-11-2024).

"I – AGRAVO DE INSTRUMENTO EM RECURSO DE REVISTA DO SINDICATO AUTOR. SUBSTITUIÇÃO PROCESSUAL. LEGITIMIDADE ATIVA DO SINDICATO. DIREITOS INDIVIDUAIS HETEROGÊNEOS. TRANSCENDÊNCIA POLÍTICA RECONHECIDA. A causa oferece transcendência com relação aos reflexos gerais de natureza política, na forma do art. 896-A, § 1.º, II, da CLT. Diante de possível violação do art. 8.º, III, da Constituição Federal, dá-se provimento ao agravo de instrumento para melhor exame do recurso de revista. Agravo de instrumento conhecido e provido. II – RECURSO DE REVISTA DO SINDICATO AUTOR. SUBSTITUIÇÃO PROCESSUAL. LEGITIMIDADE ATIVA DO SINDICATO. DIREITOS INDIVIDUAIS HETEROGÊNEOS. Prevalece no âmbito do Supremo Tribunal Federal o entendimento de que o inciso III do art. 8.º da Constituição Federal confere aos sindicatos legitimidade ativa *ad causam* para atuar de forma ampla na defesa dos direitos e interesses coletivos ou individuais dos integrantes da categoria por ele representada (associados e não associados, grupos grandes, pequenos ou mesmo um único substituído). Além disso, ao julgar o RE 883.642/AL, com repercussão geral reconhecida, o STF reafirmou sua jurisprudência em relação à 'ampla legitimidade extraordinária dos sindicatos para defender em juízo os direitos e interesses coletivos ou individuais dos integrantes da categoria que representam, inclusive nas liquidações e execuções de sentença, independentemente de autorização dos substituídos' (*DJe* 26-6-2015). Nesse passo, a jurisprudência desta Corte é firme no sentido de que o art. 8.º, III, da Constituição Federal autoriza direta e expressamente a atuação ampla dos sindicatos na defesa dos interesses e direitos coletivos, difusos, heterogêneos ou individuais homogêneos, inclusive em favor de um único substituído. Precedentes. Recurso de revista conhecido por violação do art. 8.º, III, da CF e provido" (RR-823-12.2018.5.12.0057, 7.ª T., rel. Min. Alexandre de Souza Agra Belmonte, *DEJT* 14-11-2024).

São **exemplos de substituição processual** o ajuizamento pelo sindicato de ação de cumprimento de sentenças normativas e de convenções e acordos coletivos de trabalho (**Súm. 286, TST**) e de reclamação trabalhista pleiteando diferença de adicional de insalubridade em favor dos substituídos (**OJ SDI-1 121, TST**).

SÚM. 286, TST: "A legitimidade do sindicato para propor ação de cumprimento estende-se também à observância de acordo ou de convenção coletivos".

> **OJ SDI-1 121, TST:** "O sindicato tem legitimidade para atuar na qualidade de substituto processual para pleitear diferença de adicional de insalubridade".

A ação movida por sindicato, na qualidade de substituto processual, **interrompe a prescrição**, ainda que tenha sido considerado parte ilegítima *ad causam*.

> **OJ SDI-1 359, TST:** "A ação movida por sindicato, na qualidade de substituto processual, interrompe a prescrição, ainda que tenha sido considerado parte ilegítima *ad causam*".

"AGRAVO EM RECURSO DE REVISTA INTERPOSTO NA VIGÊNCIA DA LEI 13.467/2017 PELO RECLAMADO. PRESCRIÇÃO TOTAL. AÇÃO COLETIVA AJUIZADA PELO SINDICATO. INTERRUPÇÃO. 1 – O ajuizamento da ação pelo sindicato, na qualidade de substituto processual, interrompe a prescrição, ainda que este tenha sido considerado parte ilegítima 'ad causam'. 2 – A prescrição, nos termos do art. 202, parágrafo único, do Código Civil, somente reinicia seu curso do último ato do processo interruptivo, isto é, com o trânsito em julgado da ação coletiva. Precedentes. 3 – Na hipótese, o trânsito em julgado da ação coletiva ocorreu em 12-11-2019 e a ação individual foi proposta em 10-11-2021. 4 – Nestes termos, deve ser mantida a decisão agravada que deu provimento ao recurso de revista do reclamante para afastar a prescrição nos termos da Orientação Jurisprudencial 359 da SDI-1. Agravo conhecido e não provido" (Ag-RRAg-847-97.2021.5.10.0022, 8.ª T., rel. Min. Delaide Alves Miranda Arantes, *DEJT* 19-11-2024).

Em relação à possibilidade de o sindicato figurar como réu em ação rescisória, o Tribunal Superior do Trabalho adota o seguinte entendimento:

> **SÚM. 406, TST:** "[...] II – O Sindicato, substituto processual e autor da reclamação trabalhista, em cujos autos fora proferida a decisão rescindenda, possui legitimidade para figurar como réu na ação rescisória, sendo descabida a exigência de citação de todos os empregados substituídos, porquanto inexistente litisconsórcio passivo necessário".

6.6. SUCESSÃO PROCESSUAL

Sucessão é uma forma de substituição das partes no processo.

Uma vez aperfeiçoada a relação jurídica processual pela integração de todos os seus sujeitos, só é permitida, no curso do processo, a **substituição voluntária das partes** nos casos expressamente previstos em lei **(art. 108, CPC)**.

No **processo do trabalho**, a sucessão processual é discutida no âmbito do dissídio individual, referindo-se às pessoas do empregado e do empregador como partes no processo.

Em relação ao **empregado**, a sucessão é determinada **pela morte**, sendo assumido o polo da relação processual por seu espólio ou por seus sucessores na forma da lei civil **(art. 110, CPC)**. A habilitação do sucessor deve ser requerida por petição acompanhada da prova do óbito do empregado e da condição dos habilitandos. Em se tratando de habilitação do espólio, o inventariante deve comprovar sua regular nomeação para atuar como representante do espólio.

Em relação à sucessão do **empregador**, ela deve ser analisada de forma diferente conforme diga respeito à pessoa física ou à pessoa jurídica. Em se tratando de **pessoa física**, caso a morte resulte na extinção da empresa, por desinteresse de seus sucessores civis em dar-lhe continuidade, aplicam-se as regras a respeito da habilitação incidente desses sucessores no processo. Prosseguindo a empresa, após a morte do titular individual, atuam as regras da legislação trabalhista, fundadas no princípio legal da **continuidade da empresa (art. 448, CLT)**.

No caso de sucessão entre **pessoas jurídicas**, também deve ser considerado o **princípio da continuidade da empresa**, aplicando-se as regras dos **arts. 10 e 448 da Consolidação das Leis do Trabalho**, segundo os quais as alterações na propriedade ou na estrutura jurídica da empresa não afetam os contratos de trabalho e os direitos adquiridos pelos empregados. Nesse caso, o sucessor assume as relações jurídicas processuais em curso, sem necessidade de procedimento formal de habilitação.

A **Lei n. 13.467/2017 (Reforma Trabalhista)** incluiu o **art. 448-A à Consolidação das Leis do Trabalho**, prevendo que, caracterizada a sucessão empresarial ou de empregadores prevista nos arts. 10 e 448, as obrigações trabalhistas, inclusive as contraídas à época em que os empregados trabalhavam para a empresa sucedida, são de responsabilidade do sucessor, sendo que a empresa sucedida responderá solidariamente com a sucessora quando ficar comprovada fraude na transferência.

"RECURSO DE EMBARGOS EM RECURSO DE REVISTA. ACÓRDÃO EMBARGADO ANTERIOR À VIGÊNCIA DA LEI N. 11.496/2007. SUCESSÃO TRABALHISTA. EXCLUSÃO DA LIDE DO SUCEDIDO. EFICÁCIA DO RECURSO INTERPOSTO PELO SUCEDIDO. A sucessão trabalhista, disciplinada pelos arts. 10 e 448 da CLT, preconiza que o novo empregador passa a responder pelos contratos de trabalho concluídos pelo antigo. Tem como requisitos a transferência da titularidade da unidade produtiva e inexistência de solução na continuidade dos serviços prestados. É expressão, em última análise, da proteção dos créditos oriundos da relação de emprego. Por outro lado, a sucessão processual, instituto do direito instrumental, ocorre quando há a troca de sujeitos no processo, alterando-se a titularidade da relação jurídico processual, a exemplo das hipóteses de aquisição de pessoas jurídicas, em que a adquirente assume a posição processual daquela que foi adquirida. Na espécie, a sucessão trabalhista foi admitida pelos bancos réus no curso do processo, o que acarretou a sucessão processual e, consequentemente, a exclusão da lide dos bancos sucedidos. O Banco Itaú assumiu, portanto, o polo passivo da demanda, recebendo o processo no estado em que se encontrava, em relação aos então litisconsortes. Desse modo, não há falar em prejuízo dos atos praticados pelos sucedidos, que permanecem eficazes, alterada apenas a titularidade dos recursos interpostos anteriormente, sob pena de restrição aos princípios da ampla defesa e do contraditório. Precedente da SDI-I. Recurso de embargos conhecido e provido" (E-ED-RR-790304-68.2001.5.01.0026, Subseção I Especializada em Dissídios Individuais, red. Min. Guilherme Augusto Caputo Bastos, *DEJT* 1.º-4-2016).

A sucessão também pode ocorrer em ações coletivas ajuizadas pelo sindicato representante da categoria, quando há mudança da representação.

"RECURSO ORDINÁRIO EM AÇÃO RESCISÓRIA AJUIZADA SOB A ÉGIDE DO CPC DE 1973. AÇÃO RESCISÓRIA. ART. 485, V, DO CPC DE 1973. VIOLAÇÃO DOS ARTS. 267, VI, E 462 DO CPC DE 1973. ILEGITIMIDADE *AD CAUSAM* SUPERVENIENTE DO SINDICATO OPERÁRIO QUE AJUIZOU A AÇÃO MATRIZ. AUSÊNCIA DE PRECLUSÃO PARA O EXAME DESSE TEMA NO RECURSO ORDINÁRIO INTERPOSTO NO PROCESSO ANTERIOR. DESCONSTITUIÇÃO DO JULGADO. PROCEDÊNCIA DA PRETENSÃO VINCULADA AO JUÍZO RESCINDENTE. NECESSIDADE DE SUSPENSÃO DO PROCESSO NO JUÍZO RESCISÓRIO, FACULTANDO-SE AO NOVO ENTE SINDICAL REPRESENTANTE DA CATEGORIA A ASSUNÇÃO DA TITULARIDADE ATIVA DA AÇÃO. 1. O Sindicato Nacional dos Aeroviários – SNA ajuizou a ação coletiva matriz e obteve a procedência do pedido de pagamento do adicional de periculosidade apenas em relação a cinco dos empregados substituídos. No recurso ordinário interposto na mencionada ação coletiva, a American Airlines, empresa Ré, alegou que o SNA havia perdido a legitimidade, pois outro sindicato, o Sindicato dos Trabalhadores nas Empresas de Transporte Aéreo do Município do Rio de Janeiro – SIMARJ, conseguira, junto ao então Ministério do Trabalho e Emprego – MTE, o direito de representar a categoria. No acórdão rescindendo, o órgão prolator recusou-se a enfrentar essa alegação, ao fundamento de que havia preclusão. Ajuizada a presente ação desconstitutiva, o TRT decidiu que não havia preclusão para o exame da arguição de ilegitimidade ad causam superveniente, concluindo pelo deferimento do pedido de corte rescisório, por violação dos arts. 267, VI, e 462 do CPC de 1973, proferindo nova decisão de extinção do processo anterior sem resolução do mérito. 2. A arguição de ilegitimidade *ad causam* no recurso ordinário aviado na ação coletiva primitiva impunha a apreciação pelo órgão julgador, até mesmo de ofício, não se cogitando da ocorrência de preclusão em instância ordinária, pois a legitimidade para a causa, como uma das condições da ação listadas no CPC de 1973 (art. 267, VI), constitui matéria de ordem pública. Note-se que, embora o documento revelador da obtenção do registro sindical por outra agremiação não tenha sido anexado imediatamente aos autos da ação anterior, o que se justifica pelo fato de não estar a empresa obrigada a acompanhar o processo administrativo e os feitos judiciais nos quais a discussão a respeito da representatividade dos integrantes da categoria profissional era travada, nada impedia a juntada no momento da interposição do recurso ordinário, até porque a hipótese não era, propriamente, de prova documental vinculada à instrução e ao objeto litigioso da ação, concernindo, na verdade, tão somente à legitimidade ad causam da parte recorrida. Irrepreensível, destarte, o acolhimento da pretensão rescisória, no que tange ao juízo rescindente, por afronta às normas dos arts. 267, VI, e 462 do CPC de 1973. 3. No entanto, em novo julgamento da causa originária, a solução não poderá desaguar na extinção do processo sem resolução do mérito por ilegitimidade ativa. O próprio histórico dos fatos narrados na petição inicial da ação rescisória, acerca da disputa entre o SNA e o SIMARJ, traz à tona as idas e vindas que marcaram a representatividade da categoria profissional no município do Rio de Janeiro no passado recente. Não há como concluir, a partir das informações existentes nos autos, que as decisões judiciais - que resultaram na reobtenção do registro sindical - estabeleceram o SIMARJ como representante dos trabalhadores substituídos de modo retroativo, o que faria alcançar o momento em que a ação coletiva originária foi proposta. A par de não ser possível afirmar o eventual efeito *ex tunc* das decisões judiciais em que reconhecida a representatividade sindical do SIMARJ, a própria Autora, na argumentação articulada na petição inicial, alega que o SNA perdeu a legitimidade para representar a categoria "no curso da ação cuja decisão se pretende rescindir". Vale salientar, ainda, que a ação matriz foi ajuizada em abril de 2003, sendo que apenas em 8-7-2005 foi publicada a decisão do MTE de restabelecimento do registro sindical do SIMARJ. Diante de tal quadro, há de se considerar que, por ocasião da propositura da ação coletiva, o SNA era o legítimo representante da categoria profissional na capital fluminense. Logo, a ação coletiva intentada pela entidade sindical que detinha a representação da categoria profissional não pode ser repentinamente extinta, por superveniente ilegitimidade ativa *ad causam*, pela só circunstância de ter sido formado novo sindicato (ou de ter o novo sindicato reobtido o registro sindical). Ora, se o SNA atuava como substituto processual, em face de sua condição de representante legítimo da categoria profissional, e se sua ilegitimidade ativa se dá em instante superveniente, por força de decisões judiciais e administrativa em que reconhecidas a regularidade do desmembramento e a representatividade do SIMARJ, é evidente que não se podem afirmar ilegítimos os atos anteriormente praticados em nome da categoria. Essa autêntica transferência da titularidade da representação dos integrantes da categoria, ocorrida no curso do processo, de permeio, não pode redundar no reconhecimento puro e simples da carência da ação, especialmente porque o que estava em jogo, naquela ação originária, era suposto direito alheio, pertencente aos empregados substituídos. Nesse contexto, como o antigo representante da categoria não pode permanecer substituindo os empregados na ação coletiva matriz, o novo sindicato, declarado legítimo representante desse complexo "universo de interesses coletivos" após o ajuizamento da ação, deverá ser intimado para assumir a causa, caso tenha interesse. Cumpre ter presente que o ordenamento jurídico autoriza a alteração de parte no curso do feito, em virtude de sucessão, podendo as regras legais correspondentes ser aplicadas analogicamente à situação concreta (arts. 110 e 313, I, § 2.º, II, do CPC de 2015). E o art. 5.º, § 3.º, da Lei 7.347/1985 dispõe que "Em caso de desistência infundada ou abandono da ação por associação legitimada, o Ministério Público ou outro legitimado assumirá a titularidade ativa." Além disso, a Lei 8.078/1990, em seu art. 97, confere legitimidade à vítima e aos seus sucessores para a execução individual de sentença coletiva em que reconhecido direito individual homogêneo. Nessa perspectiva, havendo previsão legal no sentido de que o sucessor ou outro legitimado, ou a vítima e seus sucessores, assumam a titularidade da ação, quer na fase de conhecimento, quer na própria execução, impositivo permitir que, em caso de superveniente ilegitimidade ativa do sindicato autor da ação coletiva, a nova entidade sindical, que passou a deter a representatividade da categoria profissional, dê curso ao feito, em respeito à boa-fé e à segurança jurídica, preservada, ainda, a possibilidade última de os próprios interessados habilitarem-se com esse mesmo objetivo, caso verificada a inércia ou o desinteresse do novo ente sindical. Recurso ordinário conhecido e parcialmente provido." (RO-7863-38.2012.5.01.0000, Subseção II Especializada em Dissídios Individuais, rel. Min. Douglas Alencar Rodrigues, *DEJT* 10-6-2022).

6.7. INCIDENTE DE DESCONSIDERAÇÃO DA PERSONALIDADE JURÍDICA

A **desconsideração da personalidade jurídica**, que, "em Teoria Geral do Direito, é *sanção* aplicada a ato ilícito (no caso, a utilização abusiva da personalidade jurídica)"[22], foi consagrada pelo ordenamento jurídico brasileiro, por exemplo, no **art. 28 do Código de Defesa do Consumidor**[23] e no **art. 50 do Código Civil**[24], e efetivada pelo direito processual por meio da previsão do **incidente de desconsideração da personalidade jurídica** previsto nos **arts. 133 a 137 do Código de Processo Civil**.

"A pessoa jurídica é, portanto, um instrumento técnico-jurídico desenvolvido para facilitar a organização da atividade econômica. É técnica criada para o exercício da atividade econômica e, portanto, para o exercício do direito de propriedade. A chamada *função social da pessoa jurídica (função social da empresa)* é corolário da função social da propriedade. Se assim é, o caráter de instrumentalidade implica o condicionamento do instituto ao pressuposto do atingimento do fim jurídico a que se destina. Qualquer desvio ou abuso deve dar margem para a aplicação da sanção contida na desconsideração da personalidade jurídica, segundo a doutrina brasileira"[25].

A finalidade da desconsideração da personalidade jurídica não é eliminar a separação existente entre o patrimônio da sociedade e o patrimônio pessoal de cada um de seus sócios, mas sim evitar que atuações fraudulentas e práticas abusivas por meio da sociedade impeçam a satisfação de créditos.

O incidente de desconsideração da personalidade jurídica é **aplicável ao processo do trabalho (art. 855-A, CLT**, incluído pela **Lei n. 13.467/2017 – Reforma Trabalhista)**.

O incidente de desconsideração é cabível em todas as fases do processo de conhecimento, no cumprimento da sentença e na execução fundada em título executivo extrajudicial **(art. 134, CPC)**, inclusive na execução provisória.

"RECURSO ORDINÁRIO EM MANDADO DE SEGURANÇA. EXECUÇÃO DEFINITIVA. ATO COATOR PRATICADO NA VIGÊNCIA DO CPC/15, CONSUBSTANCIADO NA INCLUSÃO DE EMPRESAS NO POLO PASSIVO DA LIDE, NO RECEBIMENTO DO AGRAVO DE PETIÇÃO COMO EXCEÇÃO DE PRÉ-EXECUTIVIDADE, JULGANDO PREJUDICADA A INSTAURAÇÃO DO INCIDENTE DE DESCONSIDERAÇÃO DA PERSONALIDADE JURÍDICA. FLAGRANTE VIOLAÇÃO DOS ARTS. 133 DO CPC/15 E 855-A DA CLT. DIREITO LÍQUIDO E CERTO A SER TUTELADO PELA VIA MANDAMENTAL. HIPÓTESE EXCEPCIONAL DE MITIGAÇÃO DA ORIENTAÇÃO JURISPRUDENCIAL N. 92 DESTA C. SUBSEÇÃO. 1. Mandado de

---

[22] DIDIER JR., Fredie. *Curso de direito processual civil, cit.*, v. 1, p. 524.

[23] "Art. 28. O juiz poderá desconsiderar a personalidade jurídica da sociedade quando, em detrimento do consumidor, houver abuso de direito, excesso de poder, infração da lei, fato ou ato ilícito ou violação dos estatutos ou contrato social. A desconsideração também será efetivada quando houver falência, estado de insolvência, encerramento ou inatividade da pessoa jurídica provocados por má administração".

[24] "Art. 50. Em caso de abuso da personalidade jurídica, caracterizado pelo desvio de finalidade, ou pela confusão patrimonial, pode o juiz decidir, a requerimento da parte, ou do Ministério Público quando lhe couber intervir no processo, que os efeitos de certas e determinadas relações de obrigações sejam estendidas aos bens particulares dos administradores ou sócios da pessoa jurídica".

[25] DIDIER JR., Fredie. *Curso de direito processual civil, cit.*, v. 1, p. 524.

segurança impetrado contra ato judicial que, em desconsideração inversa da personalidade jurídica da executada, determinou a inclusão das impetrantes no polo passivo da execução, impondo-lhes constrição patrimonial sem prévia instauração do incidente de desconsideração da personalidade jurídica da empresa executada. 2. A jurisprudência desta SBDI-2/TST, cristalizada na OJ n. 92, é no sentido de que 'não cabe mandado de segurança contra decisão judicial passível de reforma mediante recurso próprio, ainda que com efeito diferido', tal como espelha a Súmula 267 do STF. 3. Todavia, esta Subseção vem mitigando a aplicação do entendimento sumular nas demandas em que a decisão impugnada possa resultar em grave lesão à parte impetrante caso prossiga o trâmite do processo pela via ordinária, ou nas hipóteses de teratologia do ato praticado pela autoridade coatora. 4. É a hipótese dos autos, haja vista que a autoridade coatora determinou a inclusão das impetrantes, ora recorrentes, no polo passivo da execução definitiva originária, redirecionando contra elas a execução dos créditos trabalhistas, sem observar o procedimento previsto nos arts. 133 a 137 do CPC e 855-A da CLT, que impõem a prévia instauração do incidente de desconsideração inversa da personalidade jurídica da empresa reclamada. 5. Segurança que deve ser concedida, conforme precedentes desta c. Subseção. Recurso ordinário conhecido e provido" (ROT-7229-08.2019.5.15.0000, Subseção II Especializada em Dissídios Individuais, rel. Min. Alexandre de Souza Agra Belmonte, *DEJT* 25-6-2021).

A desconsideração da personalidade jurídica pode ser requerida na petição inicial, caso em que se dispensa a instauração do incidente, sendo citado o sócio ou a pessoa jurídica para responder aos termos da ação **(art. 134, § 2.º, CPC)**.

O incidente de desconsideração da personalidade jurídica será **instaurado a pedido** da parte ou do Ministério Público, quando lhe couber intervir no processo, não podendo ser determinada *ex officio* pelo órgão julgador **(art. 133, CPC)**.

O requerimento deve demonstrar o preenchimento dos pressupostos legais específicos para desconsideração da personalidade jurídica **(art. 134, § 4.º, CPC)**.

Instaurado o incidente, o sócio ou a pessoa jurídica será citado para manifestar-se e requerer as provas cabíveis no prazo de 15 dias **(art. 135, CPC)**.

Concluída a instrução, se necessária, o incidente será resolvido por decisão interlocutória **(art. 136, CPC)**.

Da decisão interlocutória que acolher ou rejeitar o incidente **(art. 855-A, § 1.º, CLT)**:

■ **na fase de cognição** – não cabe recurso de imediato, na forma do § 1.º do art. 893 da Consolidação das Leis do Trabalho;

■ **na fase de execução** – cabe agravo de petição, independentemente de garantia do juízo;

■ **se proferida pelo relator em incidente instaurado originariamente no tribunal** – cabe agravo interno.

A instauração do incidente **suspenderá o processo**, sem prejuízo de concessão da tutela de urgência de natureza cautelar de que trata o **art. 301 do Código de Processo Civil (art. 855-A, § 2.º, CLT)**.

A instauração do incidente será imediatamente **comunicada ao distribuidor** para as anotações devidas **(art. 134, § 1.º, CPC)**.

Acolhido o pedido de desconsideração, a alienação ou a oneração de bens, havida em fraude à execução, será ineficaz em relação ao requerente **(art. 137, CPC)**.

O CPC de 2015 passou a admitir expressamente a **desconsideração inversa da personalidade jurídica (art. 133, § 2.º)**, por meio da qual se afasta a autonomia patrimonial da pessoa jurídica, para que ela passe a responder pelas obrigações assumidas por seus sócios-administradores, ou seja, permite-se que a sociedade responda por dívidas pessoais de seus sócios-administradores. A desconsideração inversa da personalidade jurídica também exige a prévia instauração do incidente de desconsideração da personalidade jurídica[26].

6.8. DEVERES DAS PARTES E DOS SEUS PROCURADORES

Também no processo do trabalho as partes e seus procuradores estão sujeitos ao dever de lealdade e de boa-fé decorrente de um imperativo de comportamento ético que se exige no âmbito da sociedade.

Assim, por aplicação subsidiária dos **arts. 5.º e 77 do Código de Processo Civil**, aqueles que de qualquer forma participam do processo devem se comportar de acordo com a boa-fé, sendo deveres das **partes, de seus procuradores e de todos os demais que participem do processo**:

- ▪ expor os fatos em juízo conforme a verdade;
- ▪ proceder com lealdade e boa-fé;
- ▪ abster-se de formular pretensões e alegar defesa quando ciente de que são destituídas de fundamento;
- ▪ não produzir provas, nem praticar atos inúteis ou desnecessários à declaração ou defesa do direito;
- ▪ cumprir com exatidão os provimentos mandamentais e não criar embaraços à efetivação de provimentos judiciais, de natureza antecipatória ou final;
- ▪ declinar, no primeiro momento que lhes couber falar nos autos, o endereço residencial ou profissional onde receberão intimações, atualizando essa informação sempre que ocorrer qualquer modificação temporária ou definitiva;
- ▪ não praticar inovação ilegal no estado de fato de bem ou direito litigioso.

Além disso, é defeso às partes, a seus procuradores e a qualquer pessoa que participe do processo empregarem expressões injuriosas nos escritos e nas defesas orais apresentados no processo. No caso de inobservância desse dever, o juiz mandará riscar as expressões ou cassará a palavra da parte ou de seu advogado **(art. 78, CPC)**.

---

[26] *Vide* ROT-6153-46.2019.5.15.0000, Subseção II Especializada em Dissídios Individuais, rel. Min. Luiz Jose Dezena da Silva, *DEJT* 10-12-2021.

6.8.1. Litigância de má-fé

A litigância de má-fé e as penalidades aplicáveis àquele que praticar no processo atos assim caracterizados são previstos **nos arts. 79 a 81 do Código de Processo Civil.**

A partir da **Lei n. 13.467/2017 (Reforma Trabalhista),** a **Consolidação das Leis do Trabalho** passou a ter previsão expressa sobre a litigância de má-fé **(arts. 793-A a 793-D),** sendo a **responsabilidade por dano processual** no processo do trabalho regulada, portanto, por esses dispositivos próprios.

Responde por **perdas e danos** aquele que litigar de má-fé como reclamante, reclamado ou interveniente **(art. 793-A, CLT).**

Nos termos do **art. 793-B da Consolidação das Leis do Trabalho,** é considerado litigante de má-fé aquele que:

- deduzir pretensão ou defesa contra texto expresso de lei ou fato incontroverso[27];
- alterar a verdade dos fatos;
- usar do processo para conseguir objetivo ilegal;
- opuser resistência injustificada ao andamento do processo;
- proceder de modo temerário em qualquer incidente ou ato do processo;
- provocar incidente manifestamente infundado[28];

---

[27] "RECURSO DE REVISTA. [...] MULTA POR LITIGÂNCIA DE MÁ-FÉ. NÃO DEMONSTRAÇÃO DAS CONDUTAS PREVISTAS NO ART. 793-B DA CLT. PROVIMENTO. É de sabença que as partes possuem o dever de atuar com lealdade processual, motivo pelo qual o legislador estabeleceu sanção para aquele que praticar uma das condutas com o fim de prejudicar a parte contrária. Nesse sentido, a Lei n. 13.467/2017 inseriu no art. 793-B, de forma taxativa, as hipóteses em que caracterizada a litigância de má-fé, dentre elas a alteração da verdade dos fatos e a provocação de incidente manifestamente infundado. Para a condenação por litigância de má-fé, ressalte-se, além de a conduta estar enquadrada em uma das hipóteses previstas no aludido dispositivo, deve ser demonstrado o dolo do agente, isto é, a sua intenção de praticar o ato processual temerário, com o fim de prejudicar a parte contrária. No caso, verifica-se que não restou evidenciada a deslealdade processual por parte da reclamada, nos moldes previstos no art. 793-B da CLT, na medida em que apenas formulou tese de defesa, com o propósito de demonstrar que não mantinha relação de emprego com o reclamante, não podendo meros argumentos ser considerados como distorção dos fatos. Ademais, entendendo não manter vínculo de emprego com o autor, nada impediria que postulasse o chamamento ao processo da empresa que considerava ser a verdadeira empregadora, não se caracterizando tal demanda como incidente manifestamente infundado. Desse modo, revela-se flagrante que o Tribunal Regional, ao condenar a reclamada ao pagamento de multa por litigância de má-fé, afrontou os termos do art. 793-B da CLT. Recurso de revista de que se conhece e a que se dá provimento. [...]" (RR-1001345-92.2019.5.02.0371, 4.ª T., rel. Min. Guilherme Augusto Caputo Bastos, *DEJT* 13-1-2023).

[28] "AGRAVO INTERNO - EMBARGOS OPOSTOS CONTRA ACÓRDÃO DE TURMA QUE NÃO RECONHECEU A TRANSCENDÊNCIA DA CAUSA - AUSÊNCIA DE ADEQUADA IMPUGNAÇÃO À DECISÃO AGRAVADA – SÚMULA 422, I, DO TST – MULTA POR LITIGÂNCIA DE MÁ-FÉ As razões do Agravo Interno não impugnam os dois fundamentos autônomos da decisão agravada – óbice do § 4.º do art. 896-A da CLT e Súmula 353 do TST –, restrin-

- interpuser recurso com intuito manifestamente protelatório[29].

Caracterizada qualquer uma das condutas supraindicadas, o juízo, de ofício ou a requerimento, **condenará o litigante de má-fé** a pagar **multa**, que deverá ser **superior a 1%** e **inferior a 10%** do valor corrigido da causa, a **indenizar a parte contrária pelos prejuízos** que esta sofreu e a **arcar com os honorários advocatícios** e com todas as **despesas** que efetuou **(art. 793-C, CLT)**.

Sendo **dois ou mais os litigantes de má-fé**, a condenação de cada um será proporcional ao seu respectivo interesse na causa, ou de forma solidária se eles se coligaram para lesar a parte contrária **(art. 793-C, § 1.º, CLT)**.

Quando o **valor da causa for irrisório** ou **inestimável**, a multa poderá ser fixada em até duas vezes o limite máximo dos benefícios do Regime Geral de Previdência Social **(art. 793-C, § 2.º, CLT)**.

O valor da indenização será fixado pelo juízo ou, caso não seja possível mensurá--lo, liquidado por arbitramento ou pelo procedimento comum, nos próprios autos **(art. 793-C, § 3.º, CLT)**.

A **multa** prevista no **art. 793-C da Consolidação das Leis do Trabalho** é aplicável à **testemunha** que intencionalmente alterar a verdade dos fatos ou omitir fatos essenciais ao julgamento da causa, sendo que a execução da multa se dará nos mesmos autos **(art. 793-D, CLT)**.

---

gindo sua insurgência a um deles. Incidência da Súmula 422, I, do TST. Aplicação de multa por litigância de má-fé, pela interposição de recurso incabível. Precedentes da C. SBDI-I. Agravo Interno não conhecido, com aplicação de multa" (Ag-E-ED-AIRR-690-63.2019.5.12.0047, Subseção I Especializada em Dissídios Individuais, rel. Min. Maria Cristina Irigoyen Peduzzi, *DEJT* 1-2-2023).

[29] "AGRAVO EM EMBARGOS EM AGRAVO EM AGRAVO DE INSTRUMENTO EM RECURSO DE REVISTA. RECURSO DE EMBARGOS INTERPOSTO SOB A ÉGIDE DA LEI N. 13.437/2017. DECISÃO DE MÉRITO. ANÁLISE DE PRESSUPOSTO INTRÍNSECO DO RECURSO DE REVISTA. SÚMULA 353 DO TST. NÃO CABIMENTO DO RECURSO DE EMBARGOS. EXCEÇÃO À REGRA GERAL NÃO VERIFICADA. A Súmula 353 do TST disciplina que em regra não cabe recurso de embargos para a Seção de Dissídios Individuais de decisão de Turma proferida em agravo. Contudo, prevê exceções. Na hipótese dos autos, o recurso de embargos foi interposto em face de acórdão que negou provimento a agravo apresentado contra decisão monocrática do Relator proferido em agravo de instrumento em recurso de revista, no qual foram analisados os pressupostos intrínsecos de admissibilidade de recurso de revista, o que revela o descabimento dos embargos. A exceção prevista na alínea "f" da Súmula 353 do TST não se aplica ao caso porque não se trata de recurso de embargos contra decisão de Turma proferida em agravo em recurso de revista, mas em agravo de instrumento em recurso de revista. A interposição de agravo em face de decisão que inadmite recurso de embargos com fulcro na Súmula 353 do TST, por ser incabível, justifica a condenação da parte ao pagamento de multa por litigância de má-fé, por manifesto intuito protelatório da medida que visa destrancar recurso incabível, na esteira da jurisprudência desta Subseção I Especializada em Dissídios Individuais do Tribunal. Precedentes. Agravo conhecido e desprovido, com aplicação de multa" (Ag-E-Ag--AIRR-848-61.2020.5.10.0105, Subseção I Especializada em Dissídios Individuais, rel. Min. Breno Medeiros, *DEJT* 1-2-2023).

6 ◘ Partes no Processo do Trabalho   191

A aplicação da multa por litigância de má-fé, no entanto, não só decorre do fato de a conduta da parte estar prevista no art. 80 do CPC/2015, mas, igualmente, da existência de dolo, ou seja, do deliberado propósito de desvirtuar-se a finalidade do processo e impor prejuízo a outrem.

"AGRAVO. RECURSO DE REVISTA. DANO EXTRAPATRIMONIAL. ATRASO NO PAGAMENTO DAS VERBAS RESCISÓRIAS. CONSTRANGIMENTO NÃO DE-MONSTRADO. ÓBICE DA SÚMULA 126 DO TST. TRANSCENDÊNCIA NÃO RE-CONHECIDA. [...] MULTA POR LITIGÂNCIA DE MÁ-FÉ. INEXISTÊNCIA DE DOLO DA RÉ. INEXISTÊNCIA DE PREJUÍZO DA AUTORA. IMPOSSIBILIDADE. 1. Quanto à aplicação de sanção por litigância de má-fé, é requisito não só que a conduta da parte esteja prevista no art. 80 do CPC/15, mas, igualmente, a existência de dolo, ou seja, do deliberado propósito de desvirtuar-se a finalidade do processo e impor prejuízo a outrem. 2. No presente caso, não se evidencia dolo ou abuso da ré, tampouco dano suportado pela autora, em razão de ter a demandada afirmado que 'a petição inicial é inepta porque formulou pedido de indenização de horas extras decorrentes da supressão do intervalo intrajornada e adicional de insalubridade sem apresentar fundamento jurídico para tanto'. Agravo a que se nega provimento" (RR-1000365-81.2018.5.02.0048, 1.ª T., rel. Min. Amaury Rodrigues Pinto Junior, *DEJT* 24-9-2024).

Ressaltem-se os seguintes entendimentos adotados pelo Tribunal Superior do Trabalho sobre a litigância de má-fé:

OJ SDI-1 409, TST: "O recolhimento do valor da multa imposta como sanção por litigância de má-fé (art. 81 do CPC de 2015 – art. 18 do CPC de 1973) não é pressuposto objetivo para interposição dos recursos de natureza trabalhista".

OJ SDI-2 158, TST: "A declaração de nulidade de decisão homologatória de acordo, em razão da colusão entre as partes (art. 485, III, do CPC), é sanção suficiente em relação ao procedimento adotado, não havendo que ser aplicada a multa por litigância de má-fé".

Em relação à **aplicação temporal** das novas regras sobre responsabilidade por dano processual estabelecidas pela **Lei n. 13.467/2017 (arts. 793-A a 793-D, CLT)**, o Tribunal Superior do Trabalho posicionou-se, por meio da **Instrução Normativa n. 41/2018 (arts. 7.º a 10)**, no seguinte sentido:

◘ os arts. 793-A, 793-B e 793-C, § 1.º, da CLT têm aplicação autônoma e imediata;

◘ a condenação de que trata o art. 793-C, *caput*, da CLT aplica-se apenas às ações ajuizadas a partir de 11-11-2017;

◘ o art. 793-C, §§ 2.º e 3.º, da CLT tem aplicação apenas nas ações ajuizadas a partir de 11-11-2017;

◘ o disposto no art. 793-D da CLT será aplicado às ações ajuizadas a partir de 11-11-2017;

■ após a colheita da prova oral, a aplicação da multa à testemunha dar-se-á na sentença e será precedida de instauração de incidente mediante o qual o juiz indicará o ponto ou os pontos controvertidos no depoimento, assegurados o contraditório, a defesa, com os meios a ela inerentes, além de possibilitar a retratação.

6.9. QUESTÕES

7

AÇÃO TRABALHISTA

7.1. CONCEITO DE AÇÃO

Desde que o Estado se encarregou da tutela jurídica dos direitos subjetivos privados, assumiu a **jurisdição** e se obrigou a prestá-la sempre que regularmente invocado. Assim, passando a exercer a justiça de forma exclusiva, o Estado assumiu a obrigação de prestar a tutela jurídica aos cidadãos e conferiu a eles o **direito subjetivo de ação ou direito à jurisdição**.

Portanto, **ação** é o **direito público subjetivo** que pode ser exercitado pela parte (autor e réu) para exigir do Estado a obrigação da prestação jurisdicional em relação a direito violado ou ameaçado de lesão. É direito subjetivo, pois confere à parte a **faculdade de agir**, não uma obrigação.

Tendo em vista que a jurisdição é inerte, é por meio da ação que o sujeito titular do direito lesado ou ameaçado provoca o Estado para que este preste a tutela jurisdicional. O processo começa por iniciativa da parte **(art. 2.º, CPC)**, sendo por ela definidos os contornos da lide **(arts. 141, 490 e 492, CPC)**.

O **direito de ação** é garantido constitucionalmente, na medida em que todo titular de direito lesado ou ameaçado de lesão tem acesso à Justiça para obter do Estado a tutela necessária e adequada **(art. 5.º, XXXV, CF)**.

Acerca da natureza jurídica da ação, Carlos Henrique Bezerra Leite, reconhecendo que se trata de um direito, aponta, porém, duas teorias que tentam fundamentá-lo[1]:

◼ **teoria imanentista, também chamada de privatista ou civilista** – a ação está incrustada dentro do direito privado, do direito civil, não havendo uma separação entre *actio* (ação) e *jus* (direito), pois esses termos eram equivalentes, ou seja, a ação seria o próprio direito material em atitude de defesa, quando atacado ou ameaçado. Essa teoria, que, de certa forma, era adotada pelo Código Civil de 1916 (art. 762), não conseguiu explicar, porém, que, nos casos de improcedência ou nas chamadas ações declaratórias negativas, o direito de ação é plenamente exercido por aquele que se diz titular do direito material, no qual tem garantida a faculdade de invocar a prestação jurisdicional do Estado[2];

◼ **teorias publicistas** – sustentam, em síntese, que a ação:

---

[1]   LEITE, Carlos Henrique Bezerra. *Curso de direito processual do trabalho, cit.*, 15. ed., p. 383.

[2]   LEITE, Carlos Henrique Bezerra. *Curso de direito processual do trabalho, cit.*, 15. ed., p. 382-383.

- é um direito autônomo, distinto do direito material ou subjetivo;
- tem uma conexão instrumental com o direito material a ser protegido, mas isso não é condição necessária para o exercício do direito de ação;
- é um direito público, pois é ajuizada contra o Estado em face de outro particular (ou do próprio Estado);
- é um direito abstrato, pois pode ser exercitado independentemente da existência do direito material;
- é um direito à prestação jurisdicional do Estado, vale dizer, a uma sentença que componha o conflito de interesses de que faz parte o autor.

A concepção da **ação como direito autônomo** redundou no seu desdobramento em **três novas teorias** da ação: como direito autônomo e concreto, como direito autônomo e abstrato e, finalmente, a teoria eclética.

Para a **teoria da ação como direito autônomo e concreto**, a ação seria um direito autônomo e concreto à tutela jurisdicional de mérito. O equívoco dessa teoria residiu na sua afirmação de que a ação estava subordinada à preexistência do direito subjetivo material, ou seja, só haveria ação como direito autônomo se o autor obtivesse uma sentença favorável à sua pretensão. Se o autor não fosse titular do Direito material alegado, não teria sequer existido o direito de ação[3].

Já para teoria da **ação como direito autônomo e abstrato**, o direito de ação nada mais era do que o direito à composição do litígio pelo Estado, independentemente da efetiva existência do direito material alegado pela parte que provoca a atividade jurisdicional do Poder Judiciário. De tal sorte que, mesmo no caso de improcedência do pedido deduzido pelo autor, não deixaria de ter havido ação e composição da lide, porquanto bastaria ao autor exercer o direito público de ação, invocando um interesse abstratamente protegido pelo ordenamento jurídico[4].

A **teoria eclética**, por sua vez, considera que o direito de ação seria exercitado quando preenchidos certos requisitos ou condições, como a legitimidade *ad causam* e o interesse de agir. Preenchidas tais condições, o autor teria direito à tutela jurisdicional de mérito, independentemente da procedência ou improcedência do pedido **(arts. 17 e 485, VI, CPC)**[5].

No entanto, como ensina Humberto Theodoro Júnior, "diante da nova concepção advinda da **constitucionalização o processo**, que privilegia a sua **função de tutelar os direitos lesados ou ameaçados**, perdeu relevância a teoria abstrata do direito de ação. Não que inexistam a autonomia e a abstração outrora concebida de ótica puramente formal, mas o centro dos estudos científicos do direito processual se deslocou para natureza e as características que a tutela jurisdicional tem de ostentar, para cumprir a missão do Poder Judiciário diante das ameaças e lesões enfrentadas pelo direito substancial"[6].

---

[3] LEITE, Carlos Henrique Bezerra. *Curso de direito processual do trabalho, cit.*, 15. ed., p. 384.

[4] LEITE, Carlos Henrique Bezerra. *Curso de direito processual do trabalho, cit.*, 15. ed., p. 384.

[5] LEITE, Carlos Henrique Bezerra. *Curso de direito processual do trabalho, cit.*, 15. ed., p. 384-385.

[6] THEODORO JÚNIOR, Humberto. *Curso de direito processual civil, cit.*, 57. ed., p. 154.

7 ■ Ação Trabalhista

Assim, **modernamente**, em decorrência do reconhecimento da ampliação dos interesses a serem tutelados por meio da **ação**, considera-se ela como "um direito público, humano e fundamental, autônomo e abstrato, constitucionalmente assegurado à pessoa, natural ou jurídica, e a alguns entes coletivos, para invocar a prestação jurisdicional da Justiça do Trabalho, objetivando a tutela de direitos materiais individuais ou metaindividuais oriundos da relação de trabalho"[7].

7.2. CLASSIFICAÇÃO DAS AÇÕES TRABALHISTAS

As ações trabalhistas classificam-se em *individuais* e *coletivas*.

As **ações individuais**, também chamadas de dissídios individuais ou reclamações trabalhistas, têm como titulares pessoas singularmente consideradas e destinam-se à obtenção de um pronunciamento jurisdicional sobre interesses concretos e individualizados de natureza trabalhista[8].

As **ações coletivas**, também chamadas de dissídios coletivos, são propostas em consequência de um direito de ação que é reconhecido aos grupos (categorias profissionais e econômicas), representados no processo pelos sindicatos. Ação coletiva é o direito assegurado às categorias de ingressarem com ação perante a Justiça do Trabalho[9].

7.2.1. Dissídios individuais

Os dissídios individuais **classificam-se** em ações de conhecimento e ações de execução.

O **Código de Processo Civil de 2015 aboliu a ação cautelar** como objeto de processo autônomo, sendo que "as tutelas urgentes conservativas (cautelares), satisfativas ou de evidência devem ser requeridas incidentalmente no bojo do processo principal"[10].

As **ações de conhecimento**, por sua vez, classificam-se em ações condenatórias, declaratórias e constitutivas.

São **ações condenatórias** aquelas que buscam, além da declaração do direito subjetivo material do autor, a formulação de um comando que imponha uma prestação a ser cumprida pelo réu (sanção), levando à formação de um título executivo[11].

No âmbito do processo do trabalho, as **ações condenatórias** são as mais comumente encontradas, podendo envolver obrigações de *pagar*, de *fazer* e de *não fazer*.

O empregador pode ser condenado a **pagar** uma quantia em dinheiro ao empregado, correspondente aos seus direitos (férias, 13.º salário, horas extras etc.). Pode também ser condenado a adotar determinada conduta, a **fazer** algo (ex.: anotar a Carteira de Trabalho do empregado, reintegrar empregado estável). Por fim, pode ser condenado o empregador a abster-se de praticar determinada conduta, a **não fazer** algo, como, por

---

[7] THEODORO JÚNIOR, Humberto. *Curso de direito processual civil, cit.*, 57. ed., p. 387.

[8] NASCIMENTO, Amauri Mascaro. *Curso de direito processual do trabalho, cit.*, 20. ed., p. 247.

[9] NASCIMENTO, Amauri Mascaro. *Curso de direito processual do trabalho, cit.*, 20. ed., p. 267.

[10] THEODORO JÚNIOR, Humberto. *Curso de direito processual civil, cit.*, v. 1, p. 174.

[11] THEODORO JÚNIOR, Humberto. *Curso de direito processual civil, cit.*, v. 1, p. 172-173.

exemplo, não transferir o empregado para outra localidade, não descontar determinado valor do salário do empregado.

As **ações declaratórias** destinam-se apenas a declarar a certeza da existência ou da inexistência de uma relação jurídica. Distinguem-se das ações condenatórias porque não são executáveis.

O **art. 20 do Código de Processo Civil** prevê ser admissível a ação meramente declaratória, ainda que tenha ocorrido a violação de direito.

> **OJ SDI-1 276, TST:** "É incabível ação declaratória visando a declarar direito à complementação de aposentadoria, se ainda não atendidos os requisitos necessários à aquisição do direito, seja por via regulamentar, ou por acordo coletivo".

Amauri Mascaro Nascimento ensina que as **ações declaratórias** têm os seguintes **requisitos**[12]:

- ▪ um estado de incerteza sobre a existência ou interpretação de uma relação jurídica;
- ▪ a existência de eventual prejuízo decorrente dessa incerteza, já ocorrido ou passível de ocorrer;
- ▪ a inexistência de outro meio para fazer cessar essa incerteza.

No processo do trabalho é meramente declaratória, por exemplo, a ação proposta com o único intuito de que seja declarada a existência de vínculo empregatício entre as partes.

A ação meramente declaratória é imprescritível.

> "AGRAVO. AGRAVO DE INSTRUMENTO EM RECURSO DE REVISTA. VIGÊNCIA DA LEI N. 13.467/2017. OBRIGAÇÃO DE FAZER. RETIFICAÇÃO DO PERFIL PROFISSIOGRÁFICO PREVIDENCIÁRIO – PPP. AÇÃO DECLARATÓRIA. PRESCRIÇÃO. TRANSCENDÊNCIA NÃO RECONHECIDA. 1. Confirma-se a decisão agravada que denegou seguimento ao agravo de instrumento. 2. A jurisprudência desta Corte Superior é firme no sentido de que a ação que visa à retificação do Perfil Profissiográfico Previdenciário – PPP, para fins de prova perante a Previdência Social, ostenta natureza meramente declaratória, não se submetendo à prescrição, nos termos do art. 11, § 1.º, da CLT. Incidência do art. 896, § 7.º, da CLT e da Súmula 333 do TST. Agravo a que se nega provimento". (TST, Ag-AIRR: 1000434-23.2020.5.02.0411, rel. Min. Amaury Rodrigues Pinto Junior, 1.ª T., *DEJT* 23-2-2024).

Ação constitutiva é aquela que, além de declarar o direito da parte, cria, modifica ou extingue um estado ou relação jurídica material.

Há inúmeras ações constitutivas no processo do trabalho, entre as quais podem ser citadas a ação proposta por gestante para que, durante a gravidez, seja modificada sua função **(arts. 392, § 4.º, e 394-A, CLT)** e a ação pleiteando a fixação de salário quando

---

[12] NASCIMENTO, Amauri Mascaro. *Curso de direito processual do trabalho, cit.,* 20. ed., p. 250.

este não tenha sido estipulado ou quando haja dúvida quanto à sua importância **(art. 460, CLT)**.

Por meio da **ação de execução** se visa obter, coativamente, por meio do órgão jurisdicional, "o resultado prático equivalente àquele que o devedor deveria ter realizado com o adimplemento da obrigação"[13].

As ações executórias pressupõem a existência de um título jurídico em que se fundam, que podem ser *títulos executivos judiciais* ou *títulos executivos extrajudiciais*.

No âmbito trabalhista, de acordo com a previsão do **art. 876 da Consolidação das Leis do Trabalho**, são **títulos executivos judiciais** as decisões passadas em julgado ou das quais não tenha havido recurso com efeito suspensivo e os acordos celebrados em juízo, quando não cumpridos, neles incluídos os créditos previdenciários decorrentes de sentenças proferidas ou dos acordos celebrados **(parágrafo único)**.

São **títulos executivos extrajudiciais** os termos de ajuste de conduta firmados perante o Ministério Público do Trabalho e os termos de conciliação firmados perante as Comissões de Conciliação Prévia.

A **Lei n. 13.467/2017 (Reforma Trabalhista)** incluiu na **Consolidação das Leis do Trabalho** os **arts. 855-B a 855-E**, que preveem o processo de jurisdição voluntária para **homologação de acordo extrajudicial** celebrado entre trabalhador e empregador. O juiz, após analisar os termos do acordo e, se entender necessário, designar audiência, poderá **homologar** o acordo, que, nesse caso, será considerado como **título executivo judicial**, possibilitando que, no caso de eventual inadimplemento, seja executado perante o juízo responsável pela decisão que homologou os seus termos **(art. 515, III, CPC)**.

As sentenças normativas são executadas por meio das chamadas **ações de cumprimento (art. 872, parágrafo único, CLT)**.

Concluindo a análise, vale ressaltar as brilhantes lições de Humberto Theodoro Júnior a respeito das diferenças entre o processo de conhecimento e o processo de execução: "A finalidade do processo de conhecimento é a definição do direito subjetivo das partes. E isso se faz pelo manuseio das provas que são produzidas no curso da relação processual. A prestação jurisdicional consiste na sentença, que dá solução à lide estabelecida entre as partes.

No processo de execução, porém, o direito do credor já está previamente definido pelo título executivo e a função jurisdicional destina-se apenas a realizar, materialmente, esse direito subjetivo, o que será feito através da agressão estatal a bens do devedor em benefício do exequente.

Daí o acerto da afirmação de que o processo de cognição tem, precipuamente, por objeto as provas, e o processo de execução, os bens. Em outras palavras: o ofício jurisdicional, no primeiro, manipula as provas, para obter a definição dos direitos substanciais das partes, e, no segundo, atinge bens necessários à satisfação do crédito do exequente"[14].

---

[13] THEODORO JÚNIOR, Humberto. *Curso de direito processual civil, cit.*, v. 1, p. 173.

[14] THEODORO JÚNIOR, Humberto. *Curso de direito processual civil, cit.*, v. 1, p. 187.

7.2.1.1. Dissídio individual simples e dissídio individual plúrimo

Conforme visto anteriormente, o que caracteriza o dissídio individual no processo do trabalho é o fato de ele ter como titulares pessoas singularmente consideradas que buscam a tutela jurisdicional de interesses concretos e individualizados de natureza trabalhista.

Portanto, não é chamado de **dissídio individual** apenas aquele no qual figura um só indivíduo, um só autor. Ainda que haja mais de um postulante, o dissídio será individual se o **direito que se busca** por meio dele **assegurar for individual**. Caracteriza-se o dissídio individual pela natureza do conflito, **independentemente do número de litigantes**.

Havendo só um reclamante, o dissídio será **individual simples**. Caso a ação envolva mais de um autor (em litisconsórcio), mas por meio dela se pretenda a defesa de interesses pessoais e exclusivos, ela será denominada de **dissídio individual plúrimo**.

7.2.1.2. Inquérito para apuração de falta grave

O **inquérito para apuração de falta grave** é um dissídio individual de natureza especial, **privativo do empregador**, por meio do qual se objetiva a **rescisão do contrato de trabalho de empregado estável (art. 853, CLT)**.

Importante ressaltar que, após a Constituição Federal de 1988, não mais existe em nosso ordenamento jurídico a estabilidade por tempo de serviço (que era chamada de estabilidade decenal), permanecendo apenas as hipóteses de *estabilidade provisória no emprego* (ex.: gestante, dirigente sindical, membro da CIPA, empregado que sofre acidente do trabalho).

Tendo em vista a extinção do sistema da estabilidade por tempo de serviço que era prevista pelo art. 492 da Consolidação das Leis do Trabalho, e a sua substituição pelo regime do *fundo de garantia do tempo de serviço*, passou a ser questionada tanto pela doutrina como pela jurisprudência a vigência do art. 853 da Consolidação das Leis do Trabalho e sua aplicabilidade em relação às hipóteses de estabilidade provisória mantidas pelo ordenamento jurídico.

Em relação ao tema, o Tribunal Superior do Trabalho tem adotado o entendimento de que o **art. 853 da Consolidação das Leis do Trabalho permanece em vigor**, sendo, porém, **aplicável somente** em relação às hipóteses de **dispensa de dirigente sindical (Súm. 379, TST)**.

> **SÚM. 379, TST:** "O dirigente sindical somente poderá ser dispensado por falta grave mediante a apuração em inquérito judicial, inteligência dos arts. 494 e 543, § 3.º, da CLT".

Portanto, em se tratando de dirigente sindical, sua dispensa somente se tornará efetiva após o reconhecimento judicial da prática de justa causa pelo mesmo (**art. 494, CLT**).

O inquérito para apuração de falta grave deve ser ajuizado pelo empregador no prazo de 30 dias a contar da data da suspensão do empregado (**art. 853, CLT**). Trata-se de prazo decadencial (**Súm. 403, STF e Súm. 62, TST**).

SÚM. 403, STF: "É de decadência o prazo de trinta dias para instauração do inquérito judicial, a contar da suspensão, por falta grave, de empregado estável".

Portanto, a suspensão do empregado prevista no art. 494 da CLT é o termo inicial do prazo decadencial para o ajuizamento do inquérito para apuração de falta grave.

"AGRAVO EM AGRAVO DE INSTRUMENTO EM RECURSO DE REVISTA. ACÓRDÃO REGIONAL PUBLICADO NA VIGÊNCIA DA LEI N. 13.467/2017. 1. INQUÉRITO PARA APURAÇÃO DE FALTA GRAVE. PRAZO DECADENCIAL. TERMO INICIAL. AFASTAMENTO. DECISÃO MONOCRÁTICA DO RELATOR QUE DENEGA SEGUIMENTO AO AGRAVO DE INSTRUMENTO. NÃO DEMONSTRAÇÃO DO PREENCHIMENTO DOS PRESSUPOSTOS DE ADMISSIBILIDADE DO RECURSO DE REVISTA. AUSÊNCIA DE TRANSCENDÊNCIA. CONHECIMENTO E NÃO PROVIMENTO. I. Fundamentos da decisão agravada não desconstituídos, mantendo-se a intranscendência, por não atender aos parâmetros legais (político, jurídico, social e econômico). II. Quanto ao termo inicial do prazo para o ajuizamento do inquérito para apuração de falta grave, esta Corte Superior tem jurisprudência firmada no sentido de que o afastamento do empregado de suas atividades laborais já caracteriza a suspensão prevista no art. 494 da CLT, mesmo havendo a permanência do pagamento de salários. Portanto, de acordo com a jurisprudência desta Corte Superior, a suspensão do empregado prevista no art. 494 da CLT é o termo inicial do prazo decadencial para o ajuizamento do inquérito para apuração de falta grave. No caso, como consta do acórdão regional, o empregado foi afastado no dia 22-11-2019 'para cumprir o que determina a Convenção Coletiva da Trabalho (CCT), ou seja, para um procedimento interno visando a apuração exatamente do mesmo fato motivador do presente inquérito judicial', sendo, portanto, este o termo inicial do prazo decadencial para o ajuizamento do inquérito para apuração de falta grave. III. Decisão regional de acordo com a jurisprudência desta Corte Superior, o que inviabiliza o processamento do recurso de revista, conforme o óbice da Súmula 333 do TST. IV. Agravo de que se conhece e a que se nega provimento, com aplicação da multa de 5% sobre o valor da causa atualizado, em favor da parte Agravada, com fundamento no art. 1.021, § 4.º, do CPC/2015" (Ag-AIRR-49-91.2020.5.08.0131, 4.ª T., rel. Min. Alexandre Luiz Ramos, *DEJT* 21-10-2022).

7.2.2. Dissídios coletivos[15]

Os **dissídios coletivos** envolvem interesses abstratos de grupos (categorias profissionais e econômicas).

Têm **legitimidade** para instaurar dissídios coletivos as representações (sindicatos) de empregados e as de empregadores **(art. 857, CLT)**.

Os dissídios coletivos podem ser classificados em econômicos ou de interesse e jurídicos ou de direito.

Os **dissídios coletivos de natureza econômica** têm por objetivo a criação de novas condições de trabalho, ou a modificação das condições já existentes, enquanto os

---

[15] Para estudo mais aprofundado do dissídio coletivo, vide Capítulo 13.

dissídios coletivos de natureza jurídica visam apenas interpretar certa norma, declarando seu conteúdo ou a correta forma de sua aplicação.

Existem ainda os chamados **dissídios coletivos de greve**, por meio dos quais se pretende a declaração da abusividade ou da não abusividade de uma greve. Não têm natureza econômica, visando apenas à interpretação e à declaração da natureza de determinado fato coletivo – a greve[16].

7.3. CONDIÇÕES DA AÇÃO

No Código de Processo Civil de 1973 o exercício do direito de ação dependia do preenchimento de alguns requisitos constitutivos, que eram chamados de **condições da ação**. O exame das condições da ação deveria ser feito em cada caso concreto e a ausência de qualquer uma delas levava à decretação de *carência de ação*.

As **condições da ação** diferiam dos *pressupostos processuais*. Assim, considerava-se como sendo "requisitos a observar, depois de estabelecida regularmente a relação processual, para que o juiz possa solucionar a lide (mérito). **Operam**, portanto, **no plano da eficácia** da relação processual. Em razão disso, não se confundem com os **pressupostos processuais**, que são **requisitos de validade**, sem os quais o processo não se estabelece ou não se desenvolve validamente"[17].

Mas tanto quanto os pressupostos processuais, caracterizavam-se como "exigências ou requisitos preliminares, cuja inobservância impede o juiz de ter acesso ao julgamento do mérito"[18].

Exatamente por isso, o **Código de Processo Civil de 2015** não mais utiliza a denominação "condições da ação", mas prevê expressamente que "para postular em juízo é necessário ter interesse e legitimidade" **(art. 17)**.

Não se trata mais, portanto, de condições de ação, passando a ser estudados no capítulo sobre os pressupostos processuais.

A possibilidade jurídica do pedido, que significava que o pedido formulado pelo autor ou a providência por ele pretendida devia existir, abstratamente, dentro do ordenamento jurídico, ou seja, devia estar amparado por uma norma de direito material que o assegurasse, passou a ser examinada pelo **Código de Processo Civil de 2015** como hipótese de *improcedência liminar do pedido*.

O **interesse de agir** é fundado no seguinte **trinômio**: *necessidade, utilidade* e *adequação*. A intervenção do Poder Judiciário é o único meio de se obter a pretensão (**necessidade**), devendo o processo ser útil para reparar a lesão ou evitar a lesão de direito alegada pelo autor (**utilidade**). Além disso, o provimento concretamente solicitado deve ser adequado ao tipo de conflito material trazido à solução judicial (**adequação**). "O interesse processual se consubstancia na *necessidade* de o autor vir a juízo e na *utilidade* que o provimento jurisdicional poderá lhe proporcionar"[19].

---

[16] NASCIMENTO, Amauri Mascaro. *Curso de direito processual do trabalho, cit.,* 20. ed., p. 270.

[17] THEODORO JÚNIOR, Humberto. *Curso de direito processual civil, cit.,* v. 1, p. 160.

[18] THEODORO JÚNIOR, Humberto. *Curso de direito processual civil, cit.,* v. 1, p. 162.

[19] NERY JUNIOR, Nelson; NERY, Rosa Maria de Andrade. *Código de Processo Civil comentado.*

Não tem interesse processual o empregador que ajuíza inquérito para dispensa de empregado não estável. Tendo em vista que o empregado não é portador de estabilidade, pode ser dispensado sem justa causa, sendo-lhe devida apenas indenização compensatória (art. 7.º, I, CF), não havendo interesse do autor em invocar a máquina judiciária para obter algo que ele poderia conseguir diretamente, sem a necessidade da intervenção do Poder Judiciário[20].

Por fim, é preciso que as partes sejam legítimas (*legitimatio ad causam*). A **legitimidade de parte** é a titularidade ativa e passiva da ação **(bilateralidade)**, que tem como característica básica "a coincidência da titularidade processual com a titularidade hipotética dos direitos e das obrigações em disputa no plano do direito material"[21]. Importante destacar que "tanto o que propõe quanto aquele em face de quem se propõe a ação devem ser partes legítimas para a causa. Somente é parte legítima aquele que é autorizado pela ordem jurídica a postular em juízo. A norma trata tanto da *legitimatio ad processum* quanto da *legitimidade ad causam* ou material"[22].

É parte legítima para propor reclamação trabalhista (tem **legitimidade ativa**, portanto), por exemplo, o empregado, devidamente registrado, que deixou de receber do seu empregador as férias a que tinha direito. No entanto, não é parte legítima o reclamante que diz expressamente na petição inicial que nunca trabalhou para a empresa reclamada, mas que seus irmãos foram empregados da referida empresa e que nunca receberam férias, que agora são reivindicadas por meio da ação. Sob o ângulo da **legitimidade passiva**, não é parte legítima para responder à ação trabalhista, por exemplo, aquele que fez uma proposta de compra de uma determinada empresa, mas a venda não se concretizou. A mera pretensão na compra de uma empresa não leva à sucessão de empregador e, portanto, não há que se falar em responder pelos direitos dos trabalhadores.

A **legitimidade ad causam** pode ser ordinária ou extraordinária. Os **legitimados ordinários** são os próprios titulares do direito material em relação ao qual se busca a tutela jurisdicional, ou seja, atuam em nome próprio na defesa de seus próprios interesses **(art. 18, CPC)**. A **legitimação extraordinária** é dada a pessoas que, em nome próprio, podem ingressar com ação na defesa de direitos alheios. É a chamada substituição processual. No âmbito do processo civil, a legitimação extraordinária depende de expressa previsão legal **(art. 18, CPC)**. No processo do trabalho, porém, reconhece-se uma legitimação extraordinária mais ampla aos sindicatos. O Supremo Tribunal Federal, no exercício do controle de constitucionalidade difuso, reconheceu que a substituição processual prevista no **art. 8.º, III, da Constituição Federal** não se restringe somente às hipóteses previstas no **art. 195, § 2.º, da Consolidação das Leis do Trabalho**. Em observância e respeito às decisões do Supremo Tribunal Federal, o Tribunal Superior do Trabalho procedeu ao cancelamento do antigo Enunciado 310, que restringia a atuação sindical. Em 19 de junho de 2015, o Supremo Tribunal Federal adotou a **Tese de**

---

20. ed. rev., atual. e ampl. São Paulo: Ed. RT, 2021. p. 125.

[20] LEITE, Carlos Henrique Bezerra. *Curso de direito processual do trabalho, cit.,* 16. ed., p. 425.

[21] THEODORO JÚNIOR, Humberto. *Curso de direito processual civil, cit.,* v. 1, p. 166.

[22] NERY JUNIOR, Nelson; NERY, Rosa Maria de Andrade. *Código de Processo Civil comentado,* cit., 20. ed., p. 125.

Repercussão Geral 823, no sentido de que os sindicatos possuem ampla legitimidade extraordinária para defender em juízo os direitos e interesses coletivos ou individuais dos integrantes da categoria que representam, inclusive nas liquidações e execuções de sentença, independentemente de autorização dos substituídos.

Assim, reconhece-se que a substituição processual prevista no **art. 8.º, III, da Constituição Federal** não se restringe às hipóteses contempladas na Consolidação das Leis do Trabalho, abrangendo, também, interesses individuais homogêneos, interesses difusos e os coletivos em sentido estrito[23].

Ausentes a legitimidade ou o interesse, o processo será extinto sem julgamento do mérito **(art. 485, VI, CPC)**.

Destaque-se, no contexto ora estudado, que os **§§ 2.º e 3.º do art. 844 da Consolidação das Leis do Trabalho**, acrescentados pela **Lei n. 13.467/2017 (Reforma Trabalhista)**, impõem o pagamento de custas pelo reclamante ausente à audiência sem justificativa (arquivamento da ação), sendo o pagamento das custas **condição para propositura de nova demanda**[24].

7.4. COMISSÃO DE CONCILIAÇÃO PRÉVIA

A **Lei n. 9.958, de 12 de janeiro de 2000**, instituiu as **Comissões de Conciliação Prévia** como forma alternativa extrajudicial de **solução dos conflitos individuais de trabalho**.

A referida Lei, que inseriu na **Consolidação das Leis do Trabalho** os **arts. 625-A a 625-H**, facultou a criação de comissões paritárias de conciliação no âmbito das empresas, de grupo de empresas, de sindicatos ou de organizações intersindicais.

Assim, a criação das Comissões de Conciliação Prévia não é obrigatória, mas sim facultativa; elas podem ou não ser instituídas **(art. 625-A, CLT)**.

No entanto, uma vez criada a Comissão, o **art. 625-D da Consolidação das Leis do Trabalho** prevê que qualquer demanda de natureza trabalhista será a ela submetida.

A redação do **art. 625-D da Consolidação das Leis do Trabalho** levou a uma grande discussão doutrinária e jurisprudencial sobre ter ou não a lei determinado a obrigatoriedade de as partes submeterem seu conflito à Comissão de Conciliação Prévia e, somente se não fosse possível a conciliação, seria possível o ajuizamento de ação perante a Justiça do Trabalho.

---

[23] Para estudo da substituição processual, vide Capítulo 6, item 6.5.

[24] Destaque-se que a constitucionalidade dessa previsão trazida pela Reforma Trabalhista foi reconhecida pelo STF, por maioria, no julgamento da ADI 5.766, em que se firmou tese no sentido de ser constitucional a previsão contida no mencionado dispositivo, na medida em que *"A ausência injustificada à audiência de julgamento frustra o exercício da jurisdição e acarreta prejuízos materiais para o órgão judiciário e para a parte reclamada, o que não se coaduna com deveres mínimos de boa-fé, cooperação e lealdade processual, mostrando-se proporcional a restrição do benefício de gratuidade de justiça nessa hipótese".*

A previsão "ainda que beneficiário da justiça gratuita", porém, foi considerada inconstitucional pelo STF.

A discussão, no entanto, foi resolvida pelo Supremo Tribunal Federal, ao julgar as ADIs 2.139 e 2.160, sendo decidido que a Comissão de Conciliação Prévia constitui meio não obrigatório de solução de conflitos, permanecendo o acesso à justiça resguardado para todos os que venham a ajuizar demanda diretamente ao órgão judiciário competente. Nas empresas, as Comissões serão compostas de, no mínimo, dois e, no máximo, dez membros, sendo a metade dos membros indicada pelo empregador e a outra metade eleita pelos empregados em escrutínio secreto, fiscalizado pelo sindicato da categoria profissional. Haverá na Comissão tantos suplentes quantos forem os representantes titulares e o mandato dos seus membros, titulares e suplentes, será de um ano, permitida uma recondução (**art. 625-B, CLT**).

É vedada a dispensa dos representantes dos empregados membros da Comissão de Conciliação Prévia, titulares e suplentes, até um ano após o término do mandato, salvo se cometerem justa causa (**art. 625-B, § 1.º, CLT**).

Os representantes dos empregados nas Comissões de Conciliação Prévia continuarão a exercer suas atividades normais na empresa durante o mandato, somente delas se afastando quando convocados para atuarem como conciliadores, sendo computado como tempo de trabalho efetivo o despendido nessa atividade (**art. 625-B, § 2.º, CLT**).

As Comissões instituídas no âmbito dos sindicatos terão sua constituição e normas de funcionamento definidas em convenção ou acordo coletivo de trabalho (**art. 625-C, CLT**).

Caso existam, na mesma localidade e para a mesma categoria, Comissão de empresa e Comissão sindical, o interessado optará por uma delas para submeter a sua demanda, sendo competente a que primeiro conhecer do pedido (**art. 625-D, § 4.º, CLT**).

Tendo o empregado optado por comparecer à Comissão de Conciliação Prévia que tenha sido instituída no âmbito da empresa ou do sindicato, a demanda poderá ser formulada por escrito ou reduzida a termo por qualquer dos membros da Comissão, sendo uma cópia entregue ao empregado e a outra remetida ao empregador, com indicação da data e hora em que será realizada a conciliação e convidando-o a comparecer (**art. 625-D, § 1.º, CLT**).

As Comissões de Conciliação Prévia têm prazo de dez dias para a realização da sessão de tentativa de conciliação, contados a partir da provocação do interessado. Findo esse prazo sem a realização da sessão, será fornecida ao empregado e ao empregador certidão de tentativa de conciliação frustrada (**art. 625-F, CLT**).

Não prosperando a conciliação, será fornecida ao empregado e ao empregador declaração da tentativa de conciliação frustrada com a descrição de seu objeto, firmada pelos membros da Comissão, e que deverá ser juntada à eventual reclamação trabalhista (**art. 625-D, § 2.º, CLT**).

Ocorrendo motivo relevante que impeça seja realizada a tentativa de conciliação perante a Comissão de Conciliação Prévia, essa circunstância será declarada na petição inicial da ação ajuizada perante a Justiça do Trabalho (**art. 625-D, § 3.º, CLT**).

Aceita a conciliação, será lavrado termo assinado pelo empregado, pelo empregador ou seu preposto e pelos membros da Comissão, fornecendo-se cópia às partes. O termo de conciliação é título executivo extrajudicial e terá eficácia liberatória geral, exceto quanto às parcelas expressamente ressalvadas (**art. 625-E, CLT**). Não tendo o empregador cumprido as obrigações assumidas perante a Comissão de Conciliação Prévia, o termo de conciliação será executado na Justiça do Trabalho (**art. 876, CLT**).

Quanto à eficácia liberatória do termo de conciliação firmado perante a Comissão, o TST vinha adotando entendimento no sentido de reconhecer a validade da quitação geral do termo de conciliação lavrado pela CCP. No entanto, em decisão proferida pelo STF no julgamento da ADI 2.237, foi conferida "interpretação conforme a Constituição" ao art. 625-E, parágrafo único, da CLT, no sentido de que "a eficácia liberatória geral do termo neles contido está relacionada ao que foi objeto da conciliação. Diz respeito aos valores discutidos e não se transmuta em quitação geral e indiscriminada de verbas trabalhistas".

"[...] 2. RECURSO DE REVISTA DO RECLAMADO. COMISSÃO DE CONCILIAÇÃO PRÉVIA. VALIDADE DO ACORDO HOMOLOGADO. EFICÁCIA LIBERATÓRIA GERAL APENAS QUANTO AOS VALORES CONCILIADOS. ADIs 2139/DF, 2160/DF E 2237/DF. Hipótese em que, por meio de decisão monocrática, foi dado provimento ao recurso de revista do Banco Reclamado para reconhecer a eficácia liberatória geral do acordo homologado perante a Comissão de Conciliação Prévia, extinguindo-se o processo em relação ao pedido de condenação ao pagamento das 7.ª e 8.ª horas como extras, tendo em vista que o Tribunal Regional entendeu que o termo conciliatório da CCP não assegura quitação total das verbas consignadas no respectivo documento, mas apenas das expressamente mencionadas e nos limites dos valores consignados. Ressaltou, mais, a possibilidade de o trabalhador, independentemente de haver ou não expressa ressalva, postular em juízo eventuais diferenças, inclusive de parcelas parcialmente adimplidas. Em que pese o entendimento anteriormente consolidado na SbDI-1 do TST, no sentido de reconhecer que o termo de conciliação homologado perante a Comissão de Conciliação Prévia, sem expressão de ressalvas, detém eficácia liberatória geral quanto aos títulos reclamados em juízo, o STF, no julgamento das ADIs 2139/DF, 2160/DF e 2237/DF, entendeu que a eficácia liberatória geral está relacionado apenas às verbas trabalhistas conciliadas. Efetivamente, destacou a Ministra Cármem Lúcia, no julgamento da ADI 2139/DF, que 'A interpretação sistemática das normas controvertidas nesta sede de controle abstrato conduz à compreensão de que a 'eficácia liberatória geral', prevista na regra do parágrafo único do art. 625-E da CLT, diz respeito aos valores discutidos em eventual procedimento conciliatório, não se transmudando em quitação geral e indiscriminada de verbas trabalhistas'. Nesse cenário, a decisão agravada, em que reconhecida a eficácia liberatória geral do acordo homologado perante a CCP, extinguindo o processo em relação ao pedido de condenação ao pagamento das 7.ª e 8.ª horas como extras, verbas trabalhistas conciliadas, constantes do referido termo, encontra-se em conformidade com o entendimento do Supremo Tribunal Federal. Não afastados os fundamentos da decisão agravada, nenhum reparo enseja a decisão. Julgados da SbDI-1. Agravo não provido, com acréscimo de fundamentação" (Ag-RRAg-56-65.2016.5.12.0017, 5.ª T., rel. Min. Douglas Alencar Rodrigues, *DEJT* 28-10-2024).

A lei determina a suspensão do prazo prescricional a partir da provocação do interessado perante a Comissão de Conciliação Prévia. O lapso restante voltará a fluir da frustração da conciliação ou da impossibilidade de realização da sessão respectiva (**art. 625-G, CLT**).

A atuação das Comissões de Conciliação Prévia foi bastante questionada e a submissão dos conflitos trabalhistas a elas foi gradativamente sendo deixada de lado, sendo certo que atualmente são muito poucas as Comissões existentes e, consequentemente, poucos são os acordos celebrados.

Acreditamos, no entanto, que se trata de um meio, se bem estruturado e regulado, bastante eficiente de solução extrajudicial dos conflitos que, ao contrário do que ocorreu, deve ser incentivado.

Conforme ressaltado no Capítulo 2, item 2.4, a conciliação no âmbito extrajudicial poderia ser uma importante ferramenta para a efetivação do princípio constitucional previsto, na esfera processual, no **art. 4.º do Código de Processo Civil**: "As partes têm o direito de obter em prazo razoável a solução integral da lide, incluída a atividade satisfativa", ou seja, as partes têm o **direito de obter a solução da questão controversa de forma célere**. A celeridade é a grande contribuição das formas extrajudiciais de solução de conflitos. A solução jurisdicional dos conflitos trabalhistas que, útil no passado, já não mais responde às exigências da hora presente. Deve-se buscar, assim, uma revalorização de formas extrajudiciais dos conflitos, com o incentivo da conciliação como forma eficaz de solução dos conflitos trabalhistas.

7.5. PRESSUPOSTOS DE EXISTÊNCIA E VALIDADE DO PROCESSO

Pressupostos processuais são os requisitos formais e materiais que devem ser preenchidos para o estabelecimento válido da relação processual. A prestação jurisdicional posta à disposição da parte exige a observância dos pressupostos processuais.

Os pressupostos processuais devem ser observados tanto para a constituição válida da relação processual, como para o seu regular desenvolvimento e, nesse sentido, classificam-se em pressupostos processuais de existência e pressupostos processuais de validade da relação jurídica processual.

São **pressupostos processuais de existência**:

■ **partes** – pessoas envolvidas em um conflito de interesses e que pretendem que ele seja resolvido pelo Poder Judiciário;

■ **pedido** – toda ação deve conter um pedido, que é veiculado por meio da petição inicial;

■ **jurisdição** – o órgão ao qual o pedido é dirigido e que vai julgar a lide deve estar investido na jurisdição, ou seja, deve estar investido no poder de dizer o direito no caso concreto que lhe é submetido;

■ **citação** – a relação jurídica processual somente se instala com a citação do réu. Sem citação não há processo.

Os **pressupostos de validade da relação jurídica processual** são:

■ **capacidade das partes** – é a capacidade de estar em juízo. As partes devem ser capazes para a propositura da ação e para a prática dos atos processuais;

■ **capacidade postulatória** – no processo do trabalho, em razão do *jus postulandi*, as partes podem propor ação e acompanhá-la até o final, independentemente de representação por advogado **(art. 791, CLT)**;

■ **regularidade da petição inicial** – a petição inicial deve atender aos requisitos previstos em lei, sob pena de ser considerada inepta;

■ **competência** – para a validade da relação jurídica processual é essencial que sejam observadas rigorosamente as regras de competência absoluta;

■ **citação válida** – a citação do réu deve ser válida, regular, sob pena de nulidade. A necessidade de citação é requisito de existência da relação jurídica processual;

■ **insuspeição do juiz** – o juiz deve ser totalmente imparcial no julgamento da lide que lhe for posta a exame e não pode ser amigo íntimo ou inimigo de qualquer das partes;

■ **inexistência de litispendência** – o conflito de interesses não pode ser submetido mais de uma vez à apreciação do órgão jurisdicional. Havendo ação em curso entre as mesmas partes, com o mesmo pedido e a mesma causa de pedir, haverá litispendência, o que implica não considerar válida a segunda ação proposta;

■ **inexistência de coisa julgada** – não será válida a ação que for reprodução idêntica (partes, pedido e causa de pedir) de ação já decidida de forma definitiva pelo Poder Judiciário.

Quando se verificar a ausência de pressupostos de constituição e de desenvolvimento válido e regular do processo, este será **extinto sem julgamento do mérito (art. 485, IV, CPC)**.

Questão específica do processo do trabalho que diz respeito aos pressupostos de validade da relação jurídica processual é a prevista no **art. 732 da Consolidação das Leis do Trabalho**, segundo a qual se o autor, por duas vezes seguidas, der causa ao **arquivamento da reclamação trabalhista**, perderá, pelo período de seis meses, o direito de propô-la novamente. Trata-se de um **impedimento temporário de ajuizar ação** e caracteriza-se como um "pressuposto processual negativo de validade"[25]-[26].

7.6. PROCEDIMENTOS NO PROCESSO DO TRABALHO

Processo e procedimento são conceitos que não se confundem.

Processo é o conjunto de atos processuais que se sucedem em uma ordem lógica e cronológica até a entrega da prestação jurisdicional. O objetivo do processo é atingir a coisa julgada.

O **procedimento** é a exteriorização do processo, é o modo próprio de se desenvolver o processo conforme as exigências de cada caso concreto, ou seja, é o rito por meio do qual os atos processuais se projetam e se desenvolvem na relação jurídica processual.

No âmbito trabalhista, o processo de conhecimento abarca dois tipos de procedimento:

---

[25] LEITE, Carlos Henrique Bezerra. *Curso de direito processual do trabalho, cit.,* 15. ed., p. 427.

[26] Os §§ 2.º e 3.º do art. 844 da Consolidação das Leis do Trabalho, acrescentados pela Lei n. 13.467/2017 (*Reforma Trabalhista*), impõem o pagamento de custas pelo reclamante ausente sem justificativa, sendo o pagamento das custas condição para propositura de nova demanda.

7 ■ Ação Trabalhista

■ **procedimento comum** – que é dividido em ordinário, sumário e sumaríssimo;

■ **procedimento especial** – que é adotado para as ações especiais previstas pela própria CLT ou para as ações especiais do processo civil que são aplicadas subsidiariamente ao processo do trabalho.

No processo do trabalho, a fixação do rito ordinário, sumário ou sumaríssimo leva em consideração o valor da causa, conforme será visto a seguir.

O procedimento especial será estudado no Capítulo 11.

7.6.1. Procedimento ordinário

O **procedimento ordinário** é o mais comumente utilizado no âmbito do processo do trabalho e está regulado nos **arts. 837 a 852 da Consolidação das Leis do Trabalho**. Esse procedimento é adotado para todas as ações que não se enquadrem nos procedimentos sumário e sumaríssimo.

Em razão de ser o procedimento da grande maioria das ações trabalhistas, será estudado, com todas as suas peculiaridades e regras, nos capítulos seguintes.

7.6.2. Procedimento sumaríssimo

A **Lei n. 9.957, de 12 de janeiro de 2000**, introduziu o **procedimento sumaríssimo**, que veio se juntar ao procedimento ordinário previsto na Consolidação das Leis do Trabalho e ao procedimento sumário da Lei n 5.584/70.

A referida lei incluiu na **Consolidação das Leis do Trabalho** os **arts. 852-A a 852-I**, que passaram a prever as **regras desse procedimento** a ser adotado nos **dissídios individuais** cujo **valor não exceda a 40 vezes o salário mínimo** vigente na data do ajuizamento da reclamação.

Estão excluídas do procedimento sumaríssimo as demandas em que é parte a Administração Pública direta, autárquica e fundacional **(art. 852-A, parágrafo único, CLT)**.

O procedimento sumaríssimo é **menos formal e mais célere**. Exatamente por isso, nas reclamações enquadradas no procedimento sumaríssimo:

■ o reclamante está obrigado a indicar o valor certo de cada um dos pedidos formulados (o pedido deve ser certo ou determinado e indicar o valor correspondente);

■ a citação do reclamado não poderá ser feita por edital, devendo o reclamante indicar corretamente o nome e o endereço do reclamado;

■ o julgamento da reclamação deverá ocorrer no prazo máximo de 15 dias do seu ajuizamento, podendo constar de pauta especial, se necessário **(art. 852-B, CLT)**.

A não indicação pelo reclamante dos **valores dos respectivos pedidos e do nome e endereço correto do reclamado** implicará o **arquivamento da reclamação** e a condenação ao pagamento de custas sobre o valor da causa **(art. 852-B, § 1.º, CLT)**.

Anteriormente à Lei n. 13.467/2017, o TST adotava o entendimento de que o arquivamento só pode ocorrer se, após intimada para suprir a irregularidade em 15 dias, a parte não o fizer, conforme previsto no **art. 321 do Código de Processo Civil**, que se entendia aplicável subsidiariamente ao processo do trabalho.

> **SÚM. 263, TST:** "Salvo nas hipóteses do art. 330 do CPC de 2015 (art. 295 do CPC de 1973), o indeferimento da petição inicial, por encontrar-se desacompanhada de documento indispensável à propositura da ação ou não preencher outro requisito legal, somente é cabível se, após intimada para suprir a irregularidade em 15 (quinze) dias, mediante indicação precisa do que deve ser corrigido ou completado, a parte não o fizer (art. 321 do CPC de 2015)".

No entanto, considerando a nova redação do § 1.º e o § 3.º do art. 840 da CLT, a aplicação da Súmula 263 ao procedimento sumaríssimo passa a ser questionável, tendo em vista que o legislador determina expressamente que, não atendidos os requisitos exigidos para o pedido (certo, determinado e com indicação de seu valor), ele deve ser extinto sem resolução do mérito.

> "AGRAVO. RECURSO DE REVISTA. ACÓRDÃO PUBLICADO NA VIGÊNCIA DA LEI N. 13.467/2017. AUSÊNCIA DE LIQUIDAÇÃO DOS PEDIDOS. EXTINÇÃO DO FEITO SEM RESOLUÇÃO DO MÉRITO. EMENDA À INICIAL. APLICAÇÃO DA LEI N. 13.467/2017. TRANSCENDÊNCIA JURÍDICA RECONHECIDA. A extinção do feito sem resolução do mérito, em razão da ausência de liquidação dos pedidos, decorreu da aplicação da nova redação do § 1.º do art. 840 da CLT, bem como do § 3.º do referido dispositivo, introduzido pela Lei n. 13.467/2017, que estava em vigor quando do ajuizamento da presente ação. Desse modo, diante da existência de norma específica determinando que os pedidos não liquidados sejam julgados extintos sem resolução do mérito, é inaplicável o regramento do CPC, na forma do art. 769 da CLT. Ressalte-se que nem mesmo analogicamente é possível a aplicação da Súmula 263 deste TST, ao presente caso, uma vez que o referido verbete foi editado sob o enfoque do CPC/2015 e antes do novo regramento processual inserido pela Lei n. 13.467/2017. Nesse contexto, uma vez que a decisão recorrida está em consonância com a nova realidade normativa decorrente da vigência da Lei n. 13.467/17, incólumes os dispositivos invocados, bem como a divergência jurisprudencial transcrita. Considerando a improcedência do recurso, aplica-se à parte agravante a multa prevista no art. 1.021, § 4.º, do CPC. Agravo não provido, com aplicação de multa" (Ag-RR-11432-45.2018.5.18.0006, 5.ª T., rel. Min. Breno Medeiros, *DEJT* 27-11-2020).

Em relação às causas sujeitas ao rito sumaríssimo, é requisito essencial da petição inicial a indicação do valor correspondente do pedido, sendo justamente o critério para a definição do rito processual a ser adotado no processo. A ausência de limitação na decisão ao valor indicado correspondente ao pedido em processo que tramita sob o rito sumaríssimo incorre em julgamento *ultra petita*.

> "I – RECURSO ORDINÁRIO EM AÇÃO RESCISÓRIA. ARTIGO 966, V, DO CPC. DECISÃO RESCINDENDA PROFERIDA EM RECLAMAÇÃO TRABALHISTA TRAMITADA SOB O RITO SUMARÍSSIMO. INDICAÇÃO NA PETIÇÃO INICIAL DO VALOR CORRESPONDENTE AO PEDIDO. AUSÊNCIA DE LIMITAÇÃO NA SENTENÇA RESCINDENDA. JULGAMENTO 'ULTRA PETITA'. 1 – Em relação às causas

sujeitas ao rito sumaríssimo, com a redação conferida à CLT pela Lei n. 9.957/2000, por expressa disposição legal, é requisito essencial da petição inicial a indicação do valor correspondente do pedido (art. 852-B, I, da CLT), sendo justamente o critério para a definição do rito processual a ser adotado no processo. 2 – A ausência de limitação na decisão rescindenda ao valor indicado correspondente ao pedido em processo que tramita sob o rito sumaríssimo incorre em julgamento 'ultra petita' e, por conseguinte, em violação manifesta do art. 141 do CPC. Recurso ordinário conhecido e não provido. [...]" (ROT-255-45.2020.5.14.0000, Subseção II Especializada em Dissídios Individuais, rel. Min. Sergio Pinto Martins, *DEJT* 22-11-2024).

As **mudanças de endereço** ocorridas no curso do processo deverão ser comunicadas ao Juízo pelas partes e advogados, reputando-se eficazes as intimações enviadas ao local anteriormente indicado, na ausência de comunicação **(art. 852-B, § 2.º, CLT)**.

A fim de tornar efetivamente mais célere a solução do conflito, no procedimento sumaríssimo a **audiência é una (art. 852-C, CLT)**. Aberta a sessão, o juiz esclarecerá às partes sobre as vantagens da conciliação e em qualquer fase da audiência usará os meios adequados de persuasão para a **solução conciliatória** do litígio **(art. 852-E, CLT)**.

As provas serão produzidas de acordo com o **ônus probatório de cada parte**, mas segundo a determinação do juiz, que terá liberdade na direção do processo e poderá limitar ou excluir as que considerar excessivas, impertinentes ou protelatórias. Na apreciação das provas, o juiz dará especial valor às regras de experiência comum ou técnica **(art. 852-D, CLT)**.

Todas as **provas** serão produzidas **em audiência**, independentemente de requerimento prévio **(art. 852-H, CLT)**.

São admitidas **duas testemunhas para cada parte**, que deverão comparecer à audiência independentemente de intimação. Só será deferida a **intimação de testemunha** que, **comprovadamente convidada**, deixar de comparecer. A testemunha intimada que não comparecer poderá ser conduzida coercitivamente **(art. 852-H, §§ 2.º e 3.º, CLT)**.

Sobre os **documentos** apresentados por uma parte, a outra se manifestará imediatamente, sem interrupção da audiência, salvo se o juiz entender necessário **(art. 852-H, § 1.º, CLT)**.

A **prova pericial** somente será admitida quando a prova do fato o exigir, ou se for legalmente imposta. Nesses casos, o juiz fixará, desde logo, o prazo e o objeto da perícia e nomeará o perito. As partes serão intimadas para se manifestarem sobre o laudo pericial no prazo comum de cinco dias **(art. 852-H, §§ 4.º e 6.º, CLT)**.

Em audiência serão **decididos de plano todos os incidentes e exceções** que possam interferir no prosseguimento da audiência e do processo, sendo as demais questões decididas na sentença **(art. 852-G, CLT)**. A **ata de audiência** será resumida, nela sendo registrados os atos essenciais, as afirmações fundamentais das partes e as informações úteis à solução da causa trazidas pela prova testemunhal **(art. 852-F, CLT)**.

Caso a audiência seja interrompida por algum motivo, o seu prosseguimento e a **solução da lide** deverão ocorrer no **prazo máximo de 30 dias**, salvo motivo relevante justificado nos autos pelo juiz da causa **(art. 852-H, § 7.º, CLT)**.

A **sentença** deverá mencionar os elementos de convicção do juízo, indicando de forma resumida os fatos relevantes ocorridos em audiência, sendo dispensado o relatório. O juiz está autorizado a adotar em cada caso a decisão que entender mais **justa e equânime**, atendendo aos **fins sociais da lei e às exigências do bem comum (art. 852-I, *caput* e § 1.º, CLT).**

As partes serão **intimadas da sentença** na própria **audiência** em que prolatada **(art. 852-I, § 3.º, CLT).**

Das sentenças as partes poderão interpor **recurso ordinário** para o Tribunal Regional do Trabalho. O recurso será imediatamente distribuído após o recebimento no Tribunal, devendo o relator liberá-lo no prazo máximo de dez dias, para que seja colocado imediatamente em pauta de julgamento, sem revisor. O parecer do representante do Ministério Público do Trabalho presente à sessão de julgamento, se este entender necessário, será oral. O acórdão consistirá unicamente na certidão de julgamento, com a indicação suficiente do processo e parte dispositiva, e das razões de decidir do voto prevalente. Se a sentença for confirmada por seus próprios fundamentos, a certidão de julgamento, registrando tal circunstância, servirá de acórdão. Os Tribunais Regionais, divididos em Turmas, poderão designar Turma específica para o julgamento dos recursos ordinários interpostos das sentenças proferidas nas ações sujeitas ao procedimento sumaríssimo **(art. 895, §§ 1.º e 2.º, CLT).**

No procedimento sumaríssimo somente é cabível **recurso de revista** por **contrariedade a Súmula do Tribunal Superior do Trabalho** e por **violação direta da Constituição** da República **(art. 896, § 6.º, CLT).**

> **SÚM. 442, TST:** "Nas causas sujeitas ao procedimento sumaríssimo, a admissibilidade de recurso de revista está limitada à demonstração de violação direta a dispositivo da Constituição Federal ou contrariedade a Súmula do Tribunal Superior do Trabalho, não se admitindo o recurso por contrariedade a Orientação Jurisprudencial deste Tribunal (Livro II, Título II, Capítulo III, do RITST), ante a ausência de previsão no art. 896, § 6.º, da CLT".

7.6.3. Procedimento sumário

O **procedimento sumário** foi introduzido no processo do trabalho por meio da **Lei n. 5.584, de 26 de junho de 1970 (art. 2.º, §§ 3.º e 4.º),** para as ações de **valor até dois salários mínimos**, considerado o valor do salário mínimo da data do ajuizamento da ação.

Referida lei instituiu a chamada **"ação de alçada"**, em relação à qual, salvo se versarem sobre matéria constitucional, **nenhum recurso caberá das sentenças proferidas.**

Nas ações de alçada, da **ata de audiência** constará apenas a conclusão do juiz sobre a matéria de fato, sendo dispensável o resumo dos depoimentos.

> **SÚM. 71, TST:** "A alçada é fixada pelo valor dado à causa na data de seu ajuizamento, desde que não impugnado, sendo inalterável no curso do processo".

SÚM. 356, TST: "O art. 2.º, § 4.º, da Lei n. 5.584, de 26.06.1970, foi recepcionado pela CF/1988, sendo lícita a fixação do valor da alçada com base no salário mínimo".

SÚM. 365, TST: "Não se aplica a alçada em ação rescisória e em mandado de segurança".

7.7. QUESTÕES

8

DISSÍDIO INDIVIDUAL

8.1. PETIÇÃO INICIAL

De acordo com o **art. 2.º do Código de Processo Civil,** "o processo começa por iniciativa da parte e se desenvolve por impulso oficial, salvo as exceções previstas em lei". Portanto, a função jurisdicional do Estado é inerte, somente sendo exercida mediante provocação da parte interessada, cabendo ao juiz o desenvolvimento do processo.

A **petição inicial** é a peça de provocação por meio da qual alguém, exercendo o direito subjetivo de ação, pede ao Estado a prestação jurisdicional. A partir da petição inicial será instaurada a relação jurídica processual, que trará a solução do litígio em que a parte se viu envolvida e que a levou a procurar a tutela jurisdicional.

O processo começa por iniciativa da parte e o ato propulsor é a petição inicial (princípios da iniciativa da parte e da inércia da jurisdição).

A petição inicial, assim, é a materialização do ato (no sentido de manifestação da vontade) de se exercitar o direito de ação e é, ao mesmo tempo, o **ato introdutório do processo**.

Dessa forma, a petição inicial trabalhista contém o pedido de uma providência contra o reclamado e provoca a convocação dele para, se quiser, vir responder aos termos da ação que, ao final, será julgada pela Justiça do Trabalho, pondo fim ao litígio.

Importante ressaltar que a petição inicial é o "edifício" do processo. Nela se expressam e se condensam todas as linhas básicas sobre as quais o processo se desenvolverá, constituindo-se a expressão relatada dos fatos, a que deve se opor a outra parte. Com base nesse contraditório, de lado a lado, é que se proferirá a sentença.

Conforme ensina Carlos Henrique Bezerra Leite, "a petição inicial é o veículo, o meio, o instrumento pelo qual o autor exerce o direito fundamental de acesso à justiça. Trata-se, pois, do ato processual mais importante para o exercício desse direito. Além disso, a petição inicial é pressuposto processual de existência da própria relação jurídica que se formará em juízo. Sem petição inicial, o processo não existe. Se a petição inicial for inválida, o caso é de *pressuposto processual de validade* (ou desenvolvimento) da relação processual"[1].

---

[1] LEITE, Carlos Henrique Bezerra. *Curso de direito processual do trabalho, cit.,* 15. ed., p. 606.

A petição inicial estabelece os **contornos da lide** e, portanto, os **limites da atividade jurisdicional**.

8.1.1. Forma

A petição inicial trabalhista pode ser apresentada **(art. 839, CLT)**:

- [ ] pelos empregados e empregadores, pessoalmente, ou por seus representantes, e pelos sindicatos de classe; e
- [ ] por intermédio das Procuradorias Regionais da Justiça do Trabalho.

O legislador faculta, portanto, ao empregado e ao empregador apresentarem a postulação **pessoalmente**, na qualidade de autor, reforçando o exercício do *jus postulandi* no processo do trabalho.

Quanto à forma, a petição inicial trabalhista, em regra, pode ser escrita ou verbal **(art. 840, CLT)**.

A **petição verbal** é formulada pelo próprio interessado (reclamante) perante o escrivão ou secretário, que deverá deduzi-la a termo, em duas vias datadas e assinadas, devendo observar, no que couber, os requisitos previstos em lei para as petições iniciais escritas **(art. 840, § 2.º, CLT)**.

Distribuída a reclamação verbal, o reclamante deverá, salvo motivo de força maior, apresentar-se no prazo de cinco dias, ao cartório ou secretaria, para reduzi-la a termo, sob pena de não poder ajuizar outra ação no prazo de seis meses **(art. 786, parágrafo único, e art. 731, CLT)**.

Tratando-se de lides sobre representação sindical, mandados de segurança, ações anulatórias, e outras ações especiais, é **incabível a petição inicial verbal**, pois tais demandas envolvem matérias eminentemente técnicas, o que exige a representação por advogado.

A **petição escrita** pode ser subscrita pelo próprio reclamante ou por seu representante, devendo preencher os requisitos previstos em lei **(art. 840, § 1.º, CLT)**, e ser apresentada em, pelo menos, duas vias, sendo desde logo acompanhada dos documentos em que se fundar **(art. 787, CLT)**. Tratando-se de processo eletrônico, não se exige a apresentação em duas vias, mas os documentos necessários para a comprovação dos fatos indicados na petição inicial devem acompanhar a petição inicial.

Apresentada a petição inicial, na forma escrita ou verbal, em duas vias, uma das vias abrirá os *autos do processo* e a outra servirá para a citação do réu. Havendo mais de um réu, a petição inicial terá tantas vias a mais quantas sejam necessárias para a citação de todos eles. Essas regras, como já ressaltado, não se aplicam ao processo eletrônico.

A faculdade de apresentação de petição inicial verbal ou escrita não se aplica à petição inicial do inquérito para apuração de falta grave e à do dissídio coletivo, que devem, necessariamente, ser escritas **(arts. 853 e 856, CLT)**.

8.1.2. Requisitos

Sendo escrita, a petição inicial trabalhista deverá conter **(art. 840, § 1.º, CLT)**:

- a designação do juízo;
- a qualificação das partes;
- a breve exposição dos fatos de que resulte o dissídio;
- o pedido, que deverá ser certo, determinado e com indicação de seu valor;
- a data;
- a assinatura do reclamante ou de se representante.

Com fundamento no **art. 321 do Código de Processo Civil**, de aplicação subsidiária ao processo do trabalho, o juiz, ao verificar que a petição inicial não preenche os requisitos legais ou que apresenta defeitos e irregularidades capazes de dificultar o julgamento de mérito, determinará que o autor, no **prazo de 15 dias**, a **emende ou a complete**, indicando com precisão o que deve ser corrigido ou completado. Antes de proferir decisão sem resolução do mérito, o juiz deverá conceder à parte oportunidade para, se possível, corrigir o vício **(art. 317, CPC)**. Nesse sentido a **Súmula 263 do TST**.

> **SÚM. 263, TST:** "Salvo nas hipóteses do art. 330 do CPC de 2015 (art. 295 do CPC de 1973), o indeferimento da petição inicial, por encontrar-se desacompanhada de documento indispensável à propositura da ação ou não preencher outro requisito legal, somente é cabível se, após intimada para suprir a irregularidade em 15 (quinze) dias, mediante indicação precisa do que deve ser corrigido ou completado, a parte não o fizer (art. 321 do CPC de 2015)".

Especificamente em relação ao pedido certo, determinado e com indicação de seu valor, diante da existência de norma específica determinando que os pedidos não liquidados sejam julgados extintos sem resolução do mérito, é inaplicável o regramento do CPC, na forma do art. 769 da CLT. O TST tem entendido que para essa situação nem mesmo analogicamente é possível a aplicação da Súmula 263, uma vez que o referido verbete foi editado sob o enfoque do CPC/2015 e antes do novo regramento processual inserido pela Lei n. 13.467/2017[2].

A análise do **art. 840 da Consolidação das Leis do Trabalho** permite concluir que a petição inicial apresenta dois aspectos essenciais: (a) **aspecto formal** – requisitos aptos à exteriorização do processo (indicação do órgão jurisdicional ao qual é dirigida, qualificação das partes, data e assinatura); (b) **aspecto substancial** – requisitos indicativos da lide ou do objeto litigioso (causa de pedir e pedido).

Designação do juiz a quem é dirigida significa indicar o órgão jurisdicional perante o qual a demanda será processada. Trata-se de requisito essencial para aferição da autoridade competente para apreciar a causa.

A petição inicial deve conter a **qualificação das partes**. Em relação ao *reclamante*, devem ser indicados o nome completo, a nacionalidade, o estado civil, a profissão e o

---

[2] *Vide* Ag-RR-11432-45.2018.5.18.0006, 5.ª T., rel. Min. Breno Medeiros, *DEJT* 27-11-2020.

endereço completo (inclusive o CEP), sendo recomendável também indicar o número do RG, do CPF, da CTPS e do PIS. Nos casos de representação processual, além da qualificação do autor, é necessária a individualização do representante, indicando na petição inicial essa condição. A qualificação do *reclamado* deve conter o nome ou a razão social, o endereço completo (inclusive o CEP) e o número do CNPJ (ou CPF, em caso de empregador pessoa física).

Por aplicação subsidiária dos **§§ 1.º a 3.º do art. 319 do Código de Processo Civil**, caso **não disponha das informações necessárias à qualificação do reclamado**, o reclamante poderá, na petição inicial, requerer ao juiz diligências necessárias a sua obtenção, sendo que a petição inicial não poderá ser indeferida se, a despeito da falta de informações, for possível a citação do reclamado. A petição inicial não será indeferida pelo não atendimento desse requisito se a obtenção de tais informações tornar impossível ou excessivamente oneroso o acesso à justiça.

A **exposição dos fatos** deve ser breve, clara e precisa. A petição inicial trabalhista, embora deva conter os fundamentos fáticos e jurídicos, dispensa os fundamentos legais do pedido. A fundamentação fática e jurídica é a própria causa de pedir. Distingue-se da fundamentação legal, que é a indicação do dispositivo de lei em que se alicerça a pretensão.

Os fundamentos de fato correspondem à **causa de pedir próxima ou imediata** (fatos que demonstram o descumprimento pelo reclamado das normas legais e do contrato de trabalho). Os fundamentos jurídicos são os que compõem a **causa de pedir remota ou mediata** (indicação pelo autor da razão do seu pedido). Somente devem ser indicados na petição inicial os fatos que possam influir de alguma forma na solução da causa.

Pedido é o objeto do processo. É a pretensão deduzida pela parte no Judiciário. O pedido pode ser **imediato** (provimento que se espera do juiz; o autor pleiteia um provimento jurisdicional que solucione o litígio) ou **mediato** (bem da vida desejado pelo autor).

O pedido deve ser certo e determinado e com indicação de seu valor (pedido líquido), sob pena de serem julgados extintos sem resolução do mérito **(art. 840, § 3.º, CLT)**. Trata-se de exigência incluída pela **Lei n. 13.467/2017 (Reforma Trabalhista)** e que trouxe diversas dúvidas a respeito dos limites do pedido, ou seja, questiona-se se essa indicação é meramente de referência, ou se é necessária efetivamente uma liquidação do pedido e, nesse último caso, se isso estabeleceria o limite máximo da condenação.

Antes da alteração da redação do **§ 1.º do art. 840 da Consolidação das Leis do Trabalho**, promovida pela **Lei n. 13.467/2017 (Reforma Trabalhista)**, o Tribunal Superior do Trabalho, considerando que o juiz deve decidir o mérito nos limites propostos pelas partes **(art. 141, CPC)**, sendo-lhe vedado proferir decisão de natureza diversa da pedida, bem como condenar a parte em quantidade superior ou em objeto diverso do que lhe foi demandado **(art. 492, CPC)**, vinha adotando entendimento no sentido de que o valor indicado na petição inicial para cada pedido é o limite da eventual condenação, ou seja, o pedido líquido baliza o *quantum debeatur*.

"AGRAVO DE INSTRUMENTO EM RECURSO DE REVISTA INTERPOSTO PELO RECLAMANTE. RECURSO SOB A ÉGIDE DA LEI N. 13.015/2014. LIMITAÇÃO DA CONDENAÇÃO AOS VALORES DOS PEDIDOS DA PETIÇÃO INICIAL. Esta Corte Superior vem entendendo que, havendo pedido líquido e certo na petição inicial, a condenação limita-se ao *quantum* especificado, sob pena de violação dos arts. 141 e 492 do CPC/15. Precedentes. Incidência da Súmula 333 e do art. 896, § 7.º, da CLT. Agravo de instrumento a que se nega provimento" (TST, AIRR 10728-34.2014.5.15.0013, 5.ª T., rel. Min. Emmanoel Pereira, *DEJT* 19-10-2018).

"[...] RECURSO DE REVISTA. ACÓRDÃO PROFERIDO APÓS A VIGÊNCIA DA LEI N. 13.015/2014 E DA IN N. 40 E ANTERIOR À LEI N. 13.467/2017. RECLAMADA. JULGAMENTO *ULTRA PETITA*. PEDIDO LÍQUIDO. LIMITAÇÃO DO VALOR PLEITEADO NA INICIAL. 1 – O reclamante atribuiu valores específicos aos pedidos formulados na petição inicial, os quais devem ser observados pelo magistrado, sob pena de julgamento *ultra petita*, nos termos do art. 492 do CPC. Há julgados nesse sentido. 2 – Recurso de revista a que se dá provimento" (TST, ARR 12181-30.2015.5.15.0110, 6.ª T., rel. Min. Kátia Magalhães Arruda, *DEJT* 19-10-2018).

Importante destacar, porém, que **antes da Lei n. 13.467/2017 (Reforma Trabalhista)** a **indicação** na petição inicial **do valor do pedido não era obrigatória,** e se a parte assim o fizesse, por liberalidade, estaria delimitando o valor de eventual condenação. Por essa razão, o Tribunal Superior do Trabalho vinha adotando esse entendimento.

No entanto, com o advento da **Lei n. 13.467/2017,** a **indicação do valor passou a ser obrigatória** e a discussão sobre as implicações dessa exigência em relação aos limites da condenação voltou à discussão.

Considerando a necessidade de dar ao jurisdicionado a **segurança jurídica** indispensável a possibilitar **estabilidade das relações processuais,** o Tribunal Superior do Trabalho editou a **Instrução Normativa n. 41/2018,** definindo, em primeiro lugar, que as alterações promovidas no **art. 840 da Consolidação das Leis do Trabalho** não retroagirão, aplicando-se exclusivamente às ações ajuizadas a partir de 11 de novembro de 2017 e, em seguida, indicando que, para fim do que dispõe o **art. 840, §§ 1.º e 2.º, da Consolidação das Leis do Trabalho,** o valor da causa será estimado, observando-se, no que couber, o disposto nos **arts. 291 a 293 do Código de Processo Civil (art. 12,** *caput* e § 2.º, IN n. 41/2018).

"AGRAVO DE INSTRUMENTO. RECURSO DE REVISTA. VALOR DA CAUSA. LIMITAÇÃO DOS VALORES INDICADOS NA INICIAL. O art. 840, § 1.º, da CLT estabelece que, entre outros requisitos, a reclamação deverá conter pedido certo, determinado e com indicação de seu valor. Ao editar a IN 41/2018, o TST dispôs que, em relação a tal dispositivo, o valor da causa será estimado (art. 12, § 2.º). Nesse contexto, esta Turma adota o entendimento de que os valores indicados na petição inicial são meramente estimativos, não limitando a condenação. Mantém-se, portanto, o afastamento da determinação de limitação da condenação aos valores apontados de forma estimada na inicial. Agravo de instrumento a que se nega provimento. [...]" (AIRR-20226-62.2022.5.04.0731, 2.ª T., rel. Min. Maria Helena Mallmann, *DEJT* 22-11-2024).

"RECURSO DE REVISTA INTERPOSTO NA VIGÊNCIA DA LEI N. 13.467/2017. LIMITAÇÃO DA CONDENAÇÃO AOS VALORES INDICADOS NA PETIÇÃO INICIAL. ESTIMATIVA. APLICAÇÃO DO ART. 840, DA CLT, ALTERADO PELA LEI 13.467/2017. TRANSCENDÊNCIA JURÍDICA. O recurso de revista que se pretende processar está qualificado, no tema, pelo indicador da transcendência jurídica, nos termos do art. 896-A, § 1.º, IV, da CLT, pois a controvérsia há de se analisada à luz do art. 840, §§ 1.º e 2.º, alterados pela Lei n. 13.467/2017. LIMITAÇÃO DA CONDENAÇÃO AOS VALORES INDICADOS NA PETIÇÃO INICIAL. ESTIMATIVA. APLICAÇÃO DO ART. 840, DA CLT, ALTERADO PELA LEI N. 13.467/2017. A controvérsia acerca da limitação da condenação aos valores liquidados apresentados em cada pedido da inicial tem sido analisada, pela jurisprudência dominante, apenas sob a égide dos arts. 141 e 492 do CPC. Os aludidos dispositivos do Código de Processo Civil são aplicados subsidiariamente no Processo Trabalhista. Entretanto, no que se refere à discussão acerca dos efeitos dos pedidos liquidados, apresentados na inicial trabalhista, os dispositivos mencionados do CPC devem ceder lugar à aplicação dos parágrafos 1.º e 2.º do art. 840 da CLT, que foram alterados pela Lei n. 13.467/2017. O TST, ao se posicionar acerca da aplicabilidade de alguns dispositivos do CPC à seara processual trabalhista, aprovou a Instrução Normativa n. 41/2018, que no seu art. 12, § 2.º, preconiza: 'para fim do que dispõe o art. 840, §§ 1.º e 2.º, da CLT, o valor da causa será estimado, observando-se, no que couber, o disposto nos arts. 291 a 293 do Código de Processo Civil.' A discussão quanto à limitação da condenação aos valores constantes nos pedidos apresentados de forma líquida na exordial deve ser considerada apenas como fim estimado, conforme normatiza o parágrafo 2.º do art. 12 da IN 41/2018 desta Corte. Há precedentes neste sentido. Decisão regional em contraria entendimento desta Corte. Recurso de revista conhecido e provido" (RR-100910-78.2021.5.01.0282, 6.ª T., rel. Min. Augusto Cesar Leite de Carvalho, *DEJT* 8-11-2024).

Embora haja a exigência de que seja indicado na petição inicial o valor dos pedidos, o **art. 840 da Consolidação das Leis do Trabalho** não exige que a petição inicial indique expressamente o **valor da causa**, ou seja, aparentemente não se trata, no processo do trabalho, de um requisito da petição inicial.

No entanto, nos parece ser corolário lógico da exigência legal de definição do valor dos pedidos a indicação do valor da causa, o que, aliás, no nosso entender, com o passar do tempo e com as modificações verificadas no processo do trabalho, já tinha se tornado obrigatório.

No mesmo sentido ensina Homero Batista Mateus da Silva, afirmando que "o art. 840 permaneceu 74 anos sem mencionar o valor da causa, mas a situação foi se tornando insustentável porque esse elemento é utilizado como base de cálculo para vários valores, tais como aplicação da litigância de má-fé, depósito prévio em ação rescisória, custas e outras despesas processuais. A partir do ano 2000, a situação ficou ainda mais complexa, com a criação do rito sumaríssimo (arts. 852-A e segs.), cujo critério de distinção no processo do trabalho é justamente o valor da pretensão econômica até o limite de 40 salários mínimos. Ora, como se separar a pretensão maior ou menor de 40 salários mínimos, numa relação processual que desconhece o valor da causa? A solução encontrada foi constrangedora: diz-se que o rito sumaríssimo exige apenas o valor do pedido, expressão que aparece no art. 852-B da CLT, como uma espécie de soma das parcelas líquidas postuladas. Os processos não enquadrados no sumaríssimo, à falta de

8 ▣ Dissídio Individual   219

melhor nome, passaram a ser chamados de processos ordinários ou processos em rito ordinário, os quais, supostamente, não precisavam de valor da causa, mas apenas algum indicativo de que a pretensão econômica superava os 40 salários. Com introdução dos processos digitais e, no segundo momento, do processo judicial eletrônico, nenhuma causa podia ser distribuída sem a indicação do valor da causa, ou seja, a informática se antecipou à lei ordinária. Com a reforma trabalhista, o valor da causa passa a ter assento no art. 840"[3].

O valor da causa corresponde à soma da pretensão material. [4]

> **SÚM. 71, TST:** "A alçada é fixada pelo valor dado à causa na data de seu ajuizamento, desde que não impugnado, sendo inalterável no curso do processo"[4].

O valor da causa pode ser **fixado de ofício** pelo juiz, sendo que, nos termos do **art. 2.º da Lei n. 5.584/70**, omissa a inicial em relação ao valor da causa, caberá ao juiz fixá-lo para efeito de alçada.

> **OJ SDI-2 88, TST:** "Incabível a impetração de mandado de segurança contra ato judicial que, de ofício, arbitrou novo valor à causa, acarretando a majoração das custas processuais, uma vez que cabia à parte, após recolher as custas, calculadas com base no valor dado à causa na inicial, interpor recurso ordinário e, posteriormente, agravo de instrumento no caso de o recurso ser considerado deserto".

O juiz corrigirá, de ofício e por arbitramento, o valor da causa quando verificar que ele não corresponde ao conteúdo patrimonial em discussão ou ao proveito econômico perseguido pelo autor (**art. 292, § 3.º, CPC**, aplicado ao processo do trabalho, conforme previsão do **art. 3.º, V, da IN n. 39/2016, TST**).

As exigências contidas nos **incisos VI e VII do art. 319 do Código de Processo Civil** não se aplicam à petição inicial trabalhista, ou seja, **não é necessário que haja indicação das provas** com que o autor pretende demonstrar a verdade dos fatos alegados (embora seja recomendável, não é exigido) e, por absoluta incompatibilidade com o processo do trabalho, **não se exige a indicação de que o autor deseja ou não a realização de audiência de conciliação ou mediação**. A esse respeito, conforme será mais detalhadamente analisado nos itens a seguir, **no processo do trabalho a tentativa de conciliação é obrigatória** em dois momentos: em audiência, antes de recebida a defesa e após a apresentação das razões finais **(arts. 846 e 850, CLT)**.

No processo do trabalho é comum que a petição inicial contenha uma **cumulação de pedidos**, que pode ser:

> ▣ **subjetiva** – quando, no mesmo processo, duas ou mais pessoas figuram em conjunto, como partes em qualquer dos polos da relação processual (litisconsórcio);

---

[3] SILVA, Homero Batista Mateus da. *Comentários à Reforma Trabalhista, cit.,* p. 154.

[4] Rito sumário é o procedimento previsto na Lei n. 5.584/70, para ações cujo valor da causa não exceda a dois salários mínimos (art. 2.º, §§ 3.º e 4.º). Também é conhecido como rito de alçada.

■ **objetiva** – quando o autor formula dois ou mais pedidos em face do mesmo réu, no mesmo processo, sejam eles **pedidos principais** (ex.: horas extras e diferenças salariais em decorrência de equiparação salarial) ou **pedidos acessórios** (ex.: reflexos das horas extras e das diferenças salariais nos demais direitos trabalhistas).

É lícita a cumulação, em um único processo, contra o mesmo réu, de vários pedidos, ainda que entre eles não haja conexão **(art. 327, CPC)**.

A **cumulação objetiva** pode ser simples, sucessiva, subsidiária ou alternativa. Nos dois primeiros casos, trata-se de cumulação **própria** e, nos dois últimos, de cumulação **imprópria**.

Ocorre a **cumulação simples** quando os pedidos nada têm em comum, salvo os sujeitos. Poderiam ter sido formulados em processos autônomos; só não o foram por razão de economia processual.

A **cumulação sucessiva** é aquela na qual um dos pedidos é condição do outro. O segundo somente será apreciado e eventualmente acolhido após o acolhimento do primeiro, na mesma sentença. Por exemplo, o pedido de descaracterização da justa causa e o pedido de pagamento da indenização de 40% do FGTS. Este último somente será apreciado se o juiz reconhecer que não houve justa causa, descaracterizando-a e considerando a dispensa como tendo sido sem justa causa.

Por fim, a **cumulação subsidiária** e a **cumulação alternativa** ocorrem quando, apesar da formulação de mais de um pedido pelo autor, somente um deles pode ser acolhido. Na eventualidade de um não ser atendido, aguarda o autor, ao menos, o acolhimento do outro. De acordo com o **art. 326 do Código de Processo Civil**, "é lícito formular mais do que um pedido em ordem subsidiária, a fim de que o juiz conheça do posterior quando não acolher o anterior", sendo também "lícito formular mais de um pedido, alternativamente, para que o juiz acolha um deles" **(parágrafo único)**.

Em relação à cumulação subsidiária e à cumulação alternativa, questão importante que se coloca diz respeito à possibilidade ou não de condenação em honorários sucumbenciais recíprocos.

O **art. 791-A, § 3.º, da Consolidação das Leis do Trabalho** prevê que, "na hipótese de procedência parcial, o juízo arbitrará honorários de sucumbência recíproca, vedada a compensação entre os honorários".

Ocorre que, no caso de **pedidos subsidiários** (espera-se a procedência do pedido principal; mas, caso esse não seja acolhido, requer-se que o juiz acolha o pedido subsidiário) ou de **pedidos alternativos** (o juiz poderá acolher qualquer um dos pedidos; acolhido um deles, o outro será necessariamente ignorado pelo magistrado), o fato de o juiz ter acolhido um deles e não o outro **não implica em sucumbência**. Acolhido um ou outro, o autor é vencedor e, portanto, **não poderá ser condenado ao pagamento de honorários sucumbenciais recíprocos**.

Essa conclusão decorre do entendimento adotado no âmbito do TST no sentido de que somente é devida a condenação ao pagamento de honorários advocatícios quanto aos pedidos julgados totalmente improcedentes. No caso de pedidos subsidiários ou alternativos, acolhido um deles, não há que se falar em improcedência.

"AGRAVO. AGRAVO DE INSTRUMENTO EM RECURSO DE REVISTA. ACÓRDÃO PUBLICADO NA VIGÊNCIA DA LEI N. 13.467/2017. HONORÁRIOS ADVOCATÍCIOS. SUCUMBÊNCIA RECÍPROCA. PEDIDO PARCIALMENTE PROCEDENTE. TRANSCENDÊNCIA JURÍDICA RECONHECIDA. Agravo a que se dá provimento para examinar o agravo de instrumento em recurso de revista. Agravo provido. AGRAVO DE INSTRUMENTO EM RECURSO DE REVISTA. ACÓRDÃO PUBLICADO NA VIGÊNCIA DA LEI N. 13.467/2017. HONORÁRIOS ADVOCATÍCIOS. SUCUMBÊNCIA RECÍPROCA. PEDIDO PARCIALMENTE PROCEDENTE. TRANSCENDÊNCIA JURÍDICA RECONHECIDA. Em razão de provável caracterização de ofensa ao art. 86, do CPC, dá-se provimento ao agravo de instrumento para determinar o prosseguimento do recurso de revista. Agravo de instrumento provido. RECURSO DE REVISTA. ACÓRDÃO PUBLICADO NA VIGÊNCIA DA LEI N. 13.467/2017. HONORÁRIOS ADVOCATÍCIOS. SUCUMBÊNCIA RECÍPROCA. PEDIDO PARCIALMENTE PROCEDENTE. TRANSCENDÊNCIA JURÍDICA RECONHECIDA. Os honorários de sucumbência recíproca devem ser arbitrados nos casos em que houver indeferimento total de ao menos um pedido específico. Assim, o acolhimento do pedido, ainda que em valor inferior ao pleiteado na exordial, não tem o condão de caracterizar a sucumbência reciproca prevista no art. 791-A, § 3.º, da CLT, até mesmo em razão de os valores indicados serem mera estimativa para fins de fixação do rito processual. Desse modo, o entendimento desta Corte firma-se no sentido de que é devida a condenação do autor ao pagamento de honorários advocatícios apenas quanto aos pedidos julgados totalmente improcedentes. Precedentes. Recurso de revista conhecido e provido." (TST, RR: 0000794-88.2021.5.09.0008, rel. Min. Breno Medeiros, 5.ª T., *DEJT*: 24-5-2024)

Para que possa haver cumulação de pedidos, é necessário que (**requisitos de admissibilidade da cumulação – art. 327, § 1.º, CPC**):

- os pedidos sejam compatíveis entre si;
- o juiz seja competente para julgar todos os pedidos;
- haja uma adequação procedimental – rito adequado para todos os pedidos.

No processo do trabalho a **diferença de rito** é definida exclusivamente **com base no valor da causa**. Assim, se, ao serem cumulados, os pedidos ultrapassarem o valor teto previsto no **art. 852-A da Consolidação das Leis do Trabalho** para o rito sumaríssimo (40 salários mínimos), o procedimento a ser adotado será necessariamente o ordinário. Não havendo a superação do valor limite, o procedimento será o sumaríssimo.

O último requisito da petição inicial exigido pelo **art. 840, § 1.º, da Consolidação das Leis do Trabalho** é a indicação da **data** e a **assinatura**. Trata-se da data em que a petição inicial foi elaborada e da assinatura do reclamante, quando no exercício do *jus postulandi*, ou do advogado.

Por fim, cumpre ressaltar que a petição inicial deverá ser acompanhada dos documentos necessários à comprovação dos fatos nela alegados (**art. 787, CLT**).

8.1.3. Indeferimento da petição inicial

A petição inicial trabalhista é o instrumento de que se vale o reclamante para invocar a prestação jurisdicional do Estado, é o ato processual com que se inicia a ação trabalhista e que delimita o objeto da lide, especificando os fatos e os fundamentos jurídicos do pedido.

A petição inicial pode ser vista, portanto, como **elemento delimitador da demanda**, devendo o juiz decidir o mérito nos limites propostos pelas partes **(art. 141, CPC)**, sendo-lhe vedado proferir decisão de natureza diversa da pedida, bem como condenar a parte em quantidade superior ou em objeto diverso do que lhe foi demandado **(art. 492, CPC)**.

Em decorrência de sua importância no processo, a petição inicial deve cercar-se de determinados requisitos **(art. 840, § 1.º, CLT)** e deve ser clara, precisa e sucinta.

Verificando o juiz que a petição inicial contém **defeitos ou omissões sanáveis**, deve determinar que a parte a emende ou complete no prazo de 15 dias, conforme dispõe o **art. 321 do Código de Processo Civil**, de inquestionável aplicação subsidiária no processo do trabalho. Não cumprida a diligência, a inicial será indeferida.

Portanto, a **emenda** é a correção pelo reclamante dos defeitos da petição inicial que não permitem o desenvolvimento válido e regular do processo e dificultam o contraditório e a ampla defesa. Concedido o prazo de 15 dias para que emende a petição inicial, se o reclamante não o fizer, o processo será extinto sem julgamento do mérito **(art. 485, I, CPC)**.

A petição inicial também será indeferida quando **(art. 330, CLT)**:

- ☐ for inepta;
- ☐ a parte for manifestamente ilegítima;
- ☐ o autor carecer de interesse processual.

Em relação ao indeferimento da petição inicial, é importante ressaltar o entendimento do Tribunal Superior do Trabalho, consubstanciado na Súmula 263:

> **SÚM. 263, TST:** "Salvo nas hipóteses do art. 330 do CPC de 2015 (art. 295 do CPC de 1973), o indeferimento da petição inicial, por encontrar-se desacompanhada de documento indispensável à propositura da ação ou não preencher outro requisito legal, somente é cabível se, após intimada para suprir a irregularidade em 15 (quinze) dias, mediante indicação precisa do que deve ser corrigido ou completado, a parte não o fizer (art. 321 do CPC de 2015)".

Assim, antes de proferir decisão sem resolução de mérito, o juiz deverá conceder à parte oportunidade para, se possível, corrigir o vício **(art. 317, CPC)**.

8.1.4. Inépcia da petição inicial

A petição inicial é **inepta** quando **(art. 330, § 1.º, CPC)**:

- ☐ lhe faltar pedido ou causa de pedir;
- ☐ o pedido for indeterminado, ressalvadas as hipóteses legais em que se permite o pedido genérico;

8 ▪ Dissídio Individual 223

▪ da narração dos fatos não decorrer logicamente a conclusão;

▪ contiver pedidos incompatíveis entre si.

Falta de pedido ou de causa de pedir – a ausência de pedido torna impraticável a prestação jurisdicional do Estado. Quando o reclamante propõe uma reclamação trabalhista, deve, necessariamente, formular pedido, sem o que faltará o objeto da ação. Outrossim, é preciso que haja uma causa, isto é, o fato constitutivo do direito deve ser indicado pelo reclamante.

Determinação dos pedidos – é a regra **(art. 324, CPC)**, sob pena de inépcia. Porém, a lei processual civil autoriza algumas hipóteses de formulação de **pedido genérico, não aplicáveis à reconvenção**, nas seguintes hipóteses (§§ 1.º e 2.º):

▪ nas ações universais, se o autor não puder individuar os bens demandados;

▪ quando não for possível determinar, desde logo, as consequências do ato ou do fato;

▪ quando a determinação do objeto ou do valor da condenação depender de ato que deva ser praticado pelo réu.

Incompatibilidade lógica ou jurídica entre o pedido e a causa de pedir – ocorre quando o pedido deduzido pelo reclamante não corresponde aos fatos por ele narrados na petição inicial como causa de pedir.

Incompatibilidade dos pedidos – na ocorrência de cumulação de pedidos (o que ocorre com frequência nas ações trabalhistas), é fundamental que haja compatibilidade entre eles.

A inépcia da petição inicial leva ao seu **indeferimento** e, consequentemente, à **extinção do processo sem julgamento do mérito (art. 485, I, CPC)**.

Antes, porém, de reconhecer a inépcia da petição inicial e extinguir o processo sem julgamento do mérito, deve o juiz **conceder prazo** de 15 dias para o reclamante **sanar a irregularidade**, nos termos do **art. 321 do Código de Processo Civil**.

Prevalece na doutrina o entendimento de que o juiz deve conceder ao reclamante o prazo previsto no referido dispositivo legal, apesar da constatação de que no processo do trabalho, em decorrência do princípio da concentração, o juiz só toma conhecimento da petição inicial na audiência (não há despacho saneador).

Constatando na própria audiência as irregularidades ou omissões citadas, o juiz deve adiá-la a fim de que, no interregno, o reclamante supra tais defeitos.

O fundamento apontado pela maior parte da doutrina para a adoção de tal posicionamento é de que, embora a extinção do processo sem julgamento do mérito permita que o reclamante ingresse novamente com a ação, devem ser levadas em conta a economia processual e a celeridade, características importantes do processo do trabalho.

8.1.5. Improcedência liminar do pedido

A aplicação das normas do **art. 332 do Código de Processo Civil** ao processo do trabalho é expressamente reconhecida pela **Instrução Normativa n. 39/2016 do TST (art. 7.º)**, alertando o Tribunal Superior do Trabalho, no entanto, ser necessário que se façam as necessárias adaptações à legislação trabalhista.

Assim, nas **causas que dispensem a fase instrutória**, o juiz, independentemente da citação do réu, **julgará liminarmente improcedente o pedido** que contrariar:

■ enunciado de súmula do STF ou do TST, considerando que, nos termos do **art. 927, V, do CPC**, os juízes e tribunais observarão a orientação do plenário ou do órgão especial a que estiverem vinculados;

■ acórdão proferido pelo STF ou pelo TST em julgamento de recursos repetitivos, conforme previsão do **art. 896-B da CLT** e do **art. 1.046, § 4.º, do CPC**;

■ entendimento firmado em incidente de resolução de demandas repetitivas ou de assunção de competência;

■ enunciado de súmula de TRT sobre direito local, convenção coletiva de trabalho, acordo coletivo de trabalho, sentença normativa ou regulamento empresarial de observância obrigatória em área territorial que não exceda à jurisdição do respectivo Tribunal (**art. 896, *b*, CLT**, a *contrario sensu*).

O juiz também poderá julgar liminarmente improcedente o pedido se verificar, desde logo, a ocorrência de decadência (**art. 7.º, parágrafo único, IN n. 39/2016, TST**).

Como ensina Humberto Theodoro Júnior, "as justificativas para essa medida drástica ligam-se ao princípio da economia processual, bem como a valorização da jurisprudência, principalmente nos casos de demandas ou recursos repetitivos. Prendem-se também à repulsa, *prima facie*, das demandas insustentáveis no plano da evidência, dada a total ilegitimidade da pretensão de direito material veiculada na petição inicial"[5].

Não interpondo o autor recurso ordinário, o réu será intimado do trânsito em julgado da sentença, nos termos do **art. 241 do Código de Processo Civil**. Interposto recurso ordinário, o juiz poderá retratar-se no prazo de cinco dias (**art. 332, §§ 2.º e 3.º, CPC**).

Havendo retratação, o juiz determinará o prosseguimento do processo, com a citação do réu, e, se não houver retratação, determinará a citação do réu para apresentar contrarrazões (**art. 332, § 4.º, CPC**).

8.1.6. Aditamento da petição inicial

Aditar a petição inicial significa acrescentar algo ao pedido.

O **art. 329 do Código de Processo Civil** prescreve que o autor poderá:

■ **até a citação** – aditar ou alterar o pedido ou a causa de pedir, independentemente de consentimento do réu;

■ **até o saneamento do processo** – aditar ou alterar o pedido e a causa de pedir, com consentimento do réu, assegurado o contraditório mediante a possibilidade de manifestação deste no prazo mínimo de 15 dias, facultado o requerimento de prova suplementar.

Aplica-se essa regra também à reconvenção e à respectiva causa de pedir.

---

[5] THEODORO JÚNIOR, Humberto. *Curso de direito processual civil, cit.,* 57. ed., p. 775.

Com exceção da segunda hipótese (saneamento do processo, que inexiste no processo do trabalho), tal dispositivo legal é aplicável subsidiariamente ao processo do trabalho, o que leva à conclusão de que, **antes do recebimento da notificação citatória pelo reclamado**, ao reclamante é facultado aditar a petição inicial.

Se o próprio processo civil, no qual a presença do advogado é indispensável, permite o aditamento, por mais forte razão deve-se admiti-lo no processo do trabalho, no qual as partes são dotadas de capacidade postulatória.

Considerando as peculiaridades do processo do trabalho **como regra**, o aditamento deve ser feito **antes da audiência**. No entanto, caso o reclamante pretenda aditar a inicial em audiência, o juiz pode autorizá-lo, adiando a audiência e reabrindo a oportunidade de defesa. Apresentada a defesa, não mais será possível aditar a petição inicial sem o consentimento do reclamado. Esse é o entendimento prevalecente na doutrina e na jurisprudência.

Com a realização da audiência e a apresentação da defesa, ocorre a estabilização da lide trabalhista, sendo vedada a alteração objetiva da demanda.

> "AGRAVO EM AGRAVO DE INSTRUMENTO EM RECURSO DE REVISTA, INTERPOSTO PELO RECLAMANTE. TRANSCENDÊNCIA ECONÔMICA RECONHECIDA. RECONHECIMENTO DE VÍNCULO DE EMPREGO. ADITAMENTO À INICIAL. MODIFICAÇÃO DO PEDIDO. APRESENTAÇÃO APÓS A AUDIÊNCIA INAUGURAL E A APRESENTAÇÃO DA CONTESTAÇÃO. IMPOSSIBILIDADE. O Tribunal Regional, ao concluir que a alteração do pedido por meio de aditamento à petição inicial mostrou-se incabível por ter ocorrido após a audiência inaugural e a apresentação das defesas, decidiu em conformidade à jurisprudência desta Corte. Com efeito, em atenção aos princípios da celeridade, economia processual, simplicidade e instrumentalidade das formas, entende-se possível o aditamento da inicial até a realização da audiência inaugural, independentemente do momento da notificação, desde que assegurado o direito ao contraditório. Todavia, com a realização da audiência e a apresentação da defesa, ocorre a estabilização da lide trabalhista, sendo vedada a alteração objetiva da demanda, nos termos do art. 329, II, do CPC, e dos arts. 847 e 848 da CLT. Agravo não provido" (Ag-AIRR-102209-81.2017.5.01.0201, 8.ª T., rel. Min. Delaide Alves Miranda Arantes, *DEJT* 9-4-2024).

8.2. DISTRIBUIÇÃO

A **distribuição** é o ato de designação do órgão jurisdicional perante o qual o processo se desenvolve, sendo a forma de fixar a competência.

Nas **localidades** em que houver **apenas uma Vara do Trabalho, ou Juízo Cível**, não há necessidade de distribuição, sendo a reclamação trabalhista apresentada diretamente à secretaria da Vara ou ao cartório do Juízo **(art. 837, CLT)**.

Havendo na **localidade mais de uma Vara do Trabalho, ou mais de um Juízo Cível**, a reclamação trabalhista será distribuída entre uma das Varas ou Juízes de Direito, pela ordem rigorosa de sua apresentação ao distribuidor **(arts. 838 e 783, CLT)**.

A **reclamação verbal** será distribuída antes de ser deduzida a termo. Após a distribuição, o reclamante deverá, salvo motivo de força maior, apresentar-se no prazo de cinco dias, ao cartório ou secretaria, para reduzi-la a termo, sob pena de perder, pelo prazo de seis meses, o direito de reclamar perante a Justiça do Trabalho (**arts. 786 e 731, CLT**).

As reclamações serão registradas em livro próprio, rubricadas em todas as folhas pela autoridade a que estiver subordinado o distribuidor (**art. 784, CLT**)[6].

Ao interessado será fornecido **recibo de distribuição**, do qual constarão o nome das partes, a data da distribuição, o objeto da reclamação e a Vara ou Juízo a que coube a distribuição (**art. 785, CLT**).

8.2.1. Distribuição por dependência

Serão **distribuídas por dependência** as causas de qualquer natureza quando (**art. 286, CPC**):

■ se relacionarem, por conexão ou continência, com outra já ajuizada;

■ tendo sido extinto o processo, sem julgamento de mérito, for reiterado o pedido, ainda que em litisconsórcio com outros autores ou que sejam parcialmente altera-dos os réus da demanda;

■ houver o ajuizamento de ações idênticas ao juízo prevento.

Duas ou mais ações são **conexas** quando tiverem o mesmo objeto ou a mesma causa de pedir (**art. 55, CPC**).

Ocorre a **continência** entre duas ou mais ações quando houver identidade quanto às partes e à causa de pedir, mas o pedido de uma, por ser mais amplo, abrange o da outra (**art. 56, CPC**).

Caso a parte desista da ação já distribuída para distribuir outra idêntica, visando com a desistência impedir que determinado juiz julgue o processo, ou no caso de a ação ter sido extinta sem julgamento do mérito, a segunda ação será distribuída por depen-dência ao mesmo juiz da primeira. Essa regra, que já era amplamente aceita pela doutri-na e jurisprudência trabalhistas, estava prevista pelo inciso III do art. 253 do Código de Processo Civil de 1973, com redação dada pela Lei n. 11.280, de 16 de fevereiro de 2006, e reiterada no **inciso II do art. 286 do Código de Processo Civil de 2015**, que prevê que serão distribuídas por dependência as causas de qualquer natureza quando, tendo sido extinto o processo sem julgamento de mérito, for reiterado o pedido, ainda que em litisconsórcio com outros autores, ou que sejam parcialmente alterados os réus da demanda.

O registro ou a distribuição da petição inicial torna **prevento o juízo**, sendo que, havendo ações propostas em separado, a reunião delas será feita no juízo prevento, onde serão decididas simultaneamente (**arts. 57 e 58, CPC**).

A prevenção tem por principal objetivo evitar decisões conflitantes quando juízes de mesma competência recebem demandas idênticas ou semelhantes fixando a compe-tência para julgamento para um deles e excluindo a competência dos demais.

---

[6] Com o PJe, o registro das petições iniciais distribuídas é feito eletronicamente, em arquivo próprio, não tendo mais sentido falar-se em "livro" e "rubrica de folhas".

Havendo intervenção de terceiro, reconvenção ou outra hipótese de ampliação objetiva do processo, o juiz, de ofício, mandará proceder à respectiva anotação pelo distribuidor **(art. 286, parágrafo único, CPC)**.

8.2.2. Efeitos da distribuição

No âmbito do processo do trabalho, é com a distribuição que se inicia a prestação jurisdicional, sendo os seus efeitos bastante importantes.

Como a citação na Justiça do Trabalho é feita automaticamente pelo escrivão ou chefe da secretaria, independentemente de requerimento da parte ou de determinação do juiz **(art. 841, CLT)**, é a **distribuição** da ação que torna o juízo prevento, que induz litispendência e que interrompe a prescrição.

> **SÚM. 268, TST:** "A ação trabalhista, ainda que arquivada, interrompe a prescrição somente em relação aos pedidos idênticos".

A **atualização** dos débitos trabalhistas pela taxa SELIC é feita a partir do ajuizamento da ação **(Tese fixada pelo STF para fins de repercussão geral – RE 1.269.353)**.

8.3. CITAÇÃO NO PROCESSO DO TRABALHO

Conforme a definição legal, **citação** é o ato pelo qual se chama a juízo o réu ou o interessado para integrar a relação processual **(art. 238, CPC)**.

Com a citação do réu, a relação jurídica processual vai se aperfeiçoar, instaurando-se o contraditório.

Para a **validade do processo**, é indispensável a citação inicial do réu **(art. 239, CPC)**. Portanto, sendo a citação inválida, o processo será nulo.

No processo do trabalho, a **citação é feita automaticamente**, independentemente de requerimento da parte ou de determinação do juiz, devendo o escrivão ou chefe da secretaria, **dentro de 48 horas** do recebimento e protocolo da reclamação trabalhista, enviar a segunda via desta ao reclamado, notificando-o da existência da ação e convocando-o para comparecer à audiência designada e apresentar defesa **(art. 841, CPC)**.

Embora o texto da lei fale em "notificação", trata-se da *citação inicial*.

Além da notificação, também é enviada ao reclamado cópia da petição inicial ou do termo de reclamação verbal, para que ele tome conhecimento dos fatos alegados e possa preparar a sua defesa.

A citação será feita **por via postal**. Caso, porém, o reclamado não seja encontrado ou crie dificuldades ao recebimento da citação, ela será feita por edital, publicado em jornal oficial ou, na falta deste, afixado na sede da Vara ou Juízo **(art. 841, § 1.º, CLT)**.

> **SÚM. 16, TST:** "Presume-se recebida a notificação 48 (quarenta e oito) horas depois de sua postagem. O seu não recebimento ou a entrega após o decurso desse prazo constitui ônus de prova do destinatário".

A citação no processo do trabalho **não precisa ser feita pessoalmente**, bastando a entrega da notificação postal no endereço indicado na petição inicial para que ela seja considerada perfeita e acabada. Eventual vício da citação deve ser provado pelo interessado[7-8].

"AGRAVO INTERNO EM AGRAVO DE INSTRUMENTO EM RECURSO DE REVISTA DO RÉU. LEI N. 13.015/2014. CPC/2015. INSTRUÇÃO NORMATIVA N. 40 DO TST. LEI N. 13.467/2017. TRANSCENDÊNCIA ECONÔMICA RECONHECIDA. Em relação à transcendência econômica, esta Turma estabeleceu como referência, para o recurso da empresa, os valores fixados no art. 496, § 3.º, do CPC, conforme seu âmbito de atuação. No caso, o Tribunal Regional manteve o valor de R$ 235.137,85, arbitrado à condenação pela sentença, e, assim, foi alcançado o patamar da transcendência. Assim, admite-se a transcendência da causa. 1. NEGATIVA DE PRESTAÇÃO JURISDICIONAL. O exame dos autos revela que a Corte *a quo* proferiu decisão completa, válida e devidamente fundamentada, razão pela qual não prospera a alegada negativa de prestação jurisdicional. Agravo interno conhecido e não provido. 2. INTEMPESTIVIDADE DO RECURSO ORDINÁRIO. RECURSO ORDINÁRIO APRESENTADO APÓS O TRÂNSITO EM JULGADO DA SENTENÇA. ALEGAÇÃO DE VÍCIO DE CITAÇÃO POR EDITAL. ESGOTAMENTO DOS MEIOS NECESSÁRIOS À LOCALIZAÇÃO DO RÉU. Primeiramente, é preciso salientar que o art. 841, § 1.º, da CLT somente permite a citação por edital nos casos em que o réu criar embaraços ao recebimento ou não for encontrado. Nesse sentido, o art. 256, § 3.º do CPC prescreve que 'o réu será considerado em local ignorado ou incerto se infrutíferas as tentativas de sua localização, inclusive mediante requisição pelo juízo de informações sobre seu endereço nos cadastros de órgãos públicos ou de concessionárias de serviços públicos'. É o que não se verifica na hipótese dos autos, pois a Corte de origem consignou: 'o exame dos autos revela que a notificação inaugural enviada para a sede do recorrente, dirigida ao endereço constante da carteira profissional do empregado, retornou aos autos com a informação de que o destinatário havia mudado de endereço, e, 'Não obstante, pesquisa realizada junto ao Cadastro Nacional da Pessoa Jurídica evidenciou que o demandado se encontrava ativo e no mesmo endereço para o qual a referida notificação foi dirigida. Como corolário, o juízo de primeiro grau considerou que ele se encontrava em local incerto e não sabido, autorizando, desse modo, a citação editalícia, que se concretizou por meio da notificação de fls. 27/29'. Desse modo, como o réu se encontrava em local incerto e não sabido, correta a citação efetuada via edital. Com isso, o Tribunal Regional, soberano na análise do conjunto fático-probatório, consignou: 'Os registros do sistema do PJ-e indicam, por seu turno, que ele foi intimado da sentença por edital, em 16-10-2019. Assim, o prazo processual respectivo findou-se em 28-10-2019'. Ademais, ressaltou: 'Em 5-11-2019, a secretaria certificou o trânsito em julgado da decisão (folha 134), e o juízo deu início à execução da sentença'; e a 'citação foi realizada na sequência, também por meio de edital (folha 140), e o prazo de 48 horas para pagamento da dívida transcorreu *in albis*, encerrando-se em 2-12-2019'. Assim, concluiu: 'O recurso ordinário interposto pelo reclamado nas fls. 166/178 e ratificado nas fls. 190/198 é manifestamente intempestivo, na medida em que foi apresentado após o

---

[7] NASCIMENTO, Amauri Mascaro. *Curso de direito processual do trabalho, cit.,* 20. ed., p. 389.

[8] Nesse sentido: RO-492-86.2016.5.08.0000, Subseção II Especializada em Dissídios Individuais, rel. Min. Luiz Jose Dezena da Silva, *DEJT* 3-7-2020.

trânsito em julgado da sentença de mérito'. Diante disso, correta a Corte de origem que entendeu que tanto os embargos de declaração como o recurso ordinário foram opostos bem após o trânsito em julgado da sentença. Portanto, não há de se falar em tempestividade do recurso ordinário. Agravo interno conhecido e não provido. [...]" (Ag-AIRR-100861-79.2019.5.01.0032, 7.ª T., rel. Min. Claudio Mascarenhas Brandao, *DEJT* 14-11-2024).

"AGRAVO DE INSTRUMENTO. RECURSO DE REVISTA. NULIDADE DE CITAÇÃO. INEXISTÊNCIA. CONVERSÃO DO RITO PROCESSUAL DE SUMARÍSSIMO PARA ORDINÁRIO. CITAÇÃO POR EDITAL. 1. A partir da interpretação conjunta dos arts. 5.º, LXXVIII, da Constituição Federal; 139, II, do CPC; e 765 e 794 da CLT, e partindo do pressuposto de que o processo representa uma ferramenta para a busca do direito material postulado, a conclusão que se chega é que cumpre ao Magistrado, principalmente o trabalhista, dirigir ativamente o processo de modo a garantir, resguardadas as normas de ordem pública e interesse social, sua duração razoável. 2. Ao converter o rito processual do sumaríssimo para o ordinário, o Juízo de primeiro grau estava, em verdade, apenas utilizando dos poderes de direção que lhe foram legalmente conferidos e agindo em observância dos princípios da celeridade processual e da instrumentalidade das formas. 3. Ainda que se possa cogitar, em tese, nulidade em razão da conversão do rito sumaríssimo para o rito ordinário, para fins de citação por edital da parte ré não encontrada pelos meios disponíveis no rito sumaríssimo, tal nulidade ocorreria apenas em situações excepcionais. 4. É que, no processo do trabalho, incide, até mesmo em razão da dicção do art. 794 da CLT, o princípio consubstanciado no brocardo 'pas de nullitè sans grief' segundo o qual as nulidades só serão pronunciadas se delas resultar manifesto prejuízo às partes. No entanto, por regra, a conversão do rito sumaríssimo para o ordinário em nada prejudica a parte ré. 5. É de conhecimento público o objetivo do legislador quando da edição da Lei n. 9.957/00: criar um procedimento mais simples e ágil para possibilitar aos trabalhadores, parte, em regra, mais interessada na rápida solução da lide, até mesmo em razão da natureza alimentar das verbas postuladas nesta Especializada, um caminho mais abreviado para a solução de litígios com valor reduzido. 6. Já o rito ordinário, embora mais alongado, confere às partes mais oportunidade de defesa, possibilitando, por exemplo, a apresentação mais testemunhas, a desnecessidade de apresentação de carta-convite, e mais hipóteses de conhecimento do recurso de revista. 7. Portanto, eventual efeito negativo da tramitação processual no rito ordinário seria uma solução mais morosa da lide. No entanto, a menor celeridade não gera nulidade, principalmente porque é a parte autora, que busca por meio do processo trabalhista verbas alimentares, e não a empresa, que integra a lide como potencial devedora dos valores postulados em juízo, a mais prejudicada com a tramitação menos célere do feito. 8. Ademais, a solução garante a observância do princípio da inafastabilidade da jurisdição, não sendo possível cogitar que o trabalhador simplesmente estaria impossibilitado de acessar a jurisdição sempre que, nas lides que refletem valor reduzido, for necessária a excepcional utilização da citação por edital. 9. Por outro lado, como se observa do quadro fático delineado no acórdão recorrido, a necessidade de conversão do rito nem mesmo decorreu de conduta imputável à parte autora. Foi a ré que deixou de atualizar seus endereços na Junta Comercial, omissão que foi responsável pelas tentativas infrutíferas de citação, o que indica que certamente o resultado processual seria o mesmo caso fosse possível à parte autora simplesmente ajuizar a ação diretamente no rito ordinário. 10. Nesse diapasão, ao arguir a nulidade de citação a parte ré busca se beneficiar da própria torpeza, situação que demonstra até mesmo inobservância do dever de lealdade processual. Agravo de instrumento a que se nega provimento. CITAÇÃO POR EDITAL. EMPRESA NÃO ENCONTRADA NOS ENDEREÇOS CADASTRAIS. DILIGÊNCIAS INFRUTÍFERAS. OBSERVÂNCIA DOS ARTS. 851, § 1.º, DA CLT E 256, § 3.º, DA CLT. 1. No que se refere à suposta nulidade em razão da utilização da citação por edital após tentativas infrutíferas de citação nos endereços cadastrais da empresa, o que se observa é que o Tribunal Regional decidiu em conformidade com o art. 841, § 1.º, da CLT, que estabelece que 'a notificação será feita em registro postal com franquia. Se o reclamado criar embaraços ao seu recebimento ou não for encontrado, far-se-á a notificação por edital, inserto no jornal oficial ou no que publicar o expediente forense, ou, na falta, afixado na sede da Junta ou Juízo' e com o art. 256, § 3.º, do CPC, que dispõe que 'o réu será considerado em local ignorado ou incerto se infrutíferas as tentativas de sua localização, inclusive mediante requisição pelo juízo de informações sobre seu endereço nos cadastros de órgãos públicos ou de concessionárias de serviços públicos'. 2. Na hipótese, o Tribunal Regional registrou que a empresa ré não observou o dever de atualizar os dados cadastrais junto ao órgão competente (Junta Comercial) e que antes da realização da citação por edital houve tentativas de citação nos endereços indicados no Cadastro Nacional de Pessoa Jurídica tanto na matriz como na filial. 3. Por outro lado, a Corte de origem não consigna qualquer elemento que permita inferir que a citação por edital ocorreu de forma precipitada, antes de esgotadas outras diligências na tentativa de localização do real endereço da ré ou que o autor tinha conhecimento do local em que poderia ser encontrada a empresa ou seus representantes. 4. Diante de tal quadro fático, ao determinar a citação por edital, o Juízo nada mais fez que cumprir o determinado nos arts. 841, § 1.º, da CLT e 856, § 3.º, do CPC, não havendo nesse aspecto nulidade. Precedentes. Agravo de instrumento a que se nega provimento" (AIRR-1001080-78.2022.5.02.0050, 1.ª T., rel. Min. Amaury Rodrigues Pinto Junior, *DEJT* 8-11-2024).

A citação da União, dos Estados, do Distrito Federal, dos Municípios e de suas respectivas autarquias e fundações de direito público será realizada perante o órgão da Advocacia Pública responsável por sua representação judicial (**art. 242, § 3.º, CPC**).

> **SÚM. 406, TST:** "[...] II – O Sindicato, substituto processual e autor da reclamação trabalhista, em cujos autos fora proferida a decisão rescindenda, possui legitimidade para figurar como réu na ação rescisória, sendo descabida a exigência de citação de todos os empregados substituídos, porquanto inexistente litisconsórcio passivo necessário".

A Consolidação das Leis do Trabalho não prevê a citação por oficial de justiça e, consequentemente, não há que se falar em citação por hora certa na forma prevista nos **arts. 252 a 254 do Código de Processo Civil**. Portanto, da citação postal passa-se diretamente para a citação por edital.

Exceção, no entanto, ocorre na fase de execução no processo do trabalho. Considerando que, nos termos do **art. 880 da Consolidação das Leis do Trabalho**, requerida a execução, o juiz mandará expedir mandado de citação, que será cumprido por oficial de justiça (**§ 2.º**), admite-se, excepcionalmente, a citação por hora certa. Não havendo incompatibilidade entre essa forma de citação e o processo do trabalho, o juiz pode, segundo as necessidades de cada caso concreto e de acordo com seu prudente arbítrio, dela utilizar-se de forma subsidiária **(art. 769, CLT)**. Havendo, pois, suspeita de ocultação do executado, poderá ser utilizada a citação por hora certa.

O **art. 246 do CPC**, alterado pela Lei n. 14.195/2021, prevê que "a citação será feita preferencialmente por meio eletrônico, no prazo de até 2 dias úteis, contado da decisão que a determinar, por meio dos endereços eletrônicos indicados pelo citando no banco de dados do Poder Judiciário, conforme regulamento do Conselho Nacional de Justiça". Somente se não houver confirmação em três dias, contados do recebimento da citação eletrônica, a citação deverá ser feita por correio, por oficial de justiça, pelo diretor de secretaria, em caso de comparecimento do citando, ou por edital **(§ 1.º-A)**.

As empresas públicas e privadas são obrigadas a manter cadastro nos sistemas de processo em autos eletrônicos, para efeito de recebimento de citações e intimações, as quais serão efetuadas preferencialmente por esse meio **(art. 246, § 1.º, CPC)**.

Na realidade, desde a promulgação da **Lei n. 11.419/2006**, que dispõe sobre a informatização do processo judicial, as comunicações referentes ao processo eletrônico já deveriam ser realizadas em meio eletrônico **(art. 9.º)**. A Lei exige, para validade das citações e intimações por meio eletrônico, inclusive da Fazenda Pública, apenas o prévio cadastramento do interessado **(art. 2.º)**, dispensando-se a publicação no órgão oficial, inclusive Diário Eletrônico. Além disso, tais comunicações serão consideradas pessoais para todos os efeitos legais. No mesmo diapasão, seguem a **Instrução Normativa n. 30/2007 do TST** e a **Resolução n. 185/2017 do CSJT**, as quais ratificam a determinação de que, no sistema PJe, as citações, intimações e notificações serão feitas por meio eletrônico, inclusive para a Fazenda Pública, o que atesta a plena compatibilidade da comunicação eletrônica dos atos processuais com o processo do trabalho. Note-se que o próprio § 2.º do art. 23 da IN n. 30/2007 do TST esclarece que no processo eletrônico prevalece a citação eletrônica e apenas quando, por motivo técnico, for inviável a realização da citação por meio eletrônico é que tal ato poderá ser praticado segundo as regras ordinárias, a exemplo da notificação postal prevista no **art. 841, § 1.º, da CLT**[9].

Visando a efetividade das comunicações eletrônicas dos atos processuais, o **Domicílio Judicial Eletrônico** é uma ferramenta que concentra num único local todas as comunicações de processos emitidas pelos tribunais brasileiros. Desenvolvido pelo Programa Justiça 4.0, é uma solução 100% digital e gratuita que facilita e agiliza as consultas para quem recebe e acompanha citações pessoais e demais comunicações enviadas pelos tribunais. A ferramenta, que substitui o envio de cartas físicas e a atuação de oficiais de justiça nas comunicações processuais, integra os esforços de transformação digital do Poder Judiciário. Com isso, colabora para garantir uma prestação de serviços mais célere, eficiente e acessível a todas as pessoas.

O **cadastro** no Domicílio Judicial Eletrônico é **obrigatório** para a União, para os Estados, para o Distrito Federal, para os Municípios, para as entidades da administração indireta e para as empresas públicas e privadas, para efeitos de recebimento de citações e intimações. Para as **pessoas físicas** é **facultativo o cadastro** no Domicílio Judicial Eletrônico para efetuar consultas públicas, bem como para o recebimento de citações e

---

[9] *Vide* Ag-AIRR 10282-32.2017.5.15.0108, 6.ª T., rel. Min. Augusto César Leite de Carvalho, *DEJT* 3-12-2021..

intimações. As microempresas e as empresas de pequeno porte que possuírem endereço eletrônico cadastrado no sistema integrado da Rede Nacional para a Simplificação do Registro e da Legalização de Empresas e Negócios (Redesim) **não necessitam realizar cadastro** no Domicílio Judicial Eletrônico (**arts. 16 e 17, Resolução CNJ n. 455, de 27-4-2022**).

O Domicílio Judicial Eletrônico será utilizado exclusivamente para citação por meio eletrônico e comunicações processuais que exijam vista, ciência ou intimação pessoal da parte ou de terceiros, com exceção da citação por edital, a ser realizada via DJEN (**art. 18, Resolução CNJ n. 455, de 27-4-2022**).

8.4. AUDIÊNCIA TRABALHISTA

Audiência é um ato processual solene que se realiza na sede do juízo, por meio do qual o juiz colhe a prova oral e ouve pessoalmente as partes[10].

A audiência é um ato substancial ao processo, revestido de solenidade e de publicidade.

No processo do trabalho, a audiência é realizada sob a presidência do juiz, prestando-se à conciliação, à instrução e julgamento da causa.

8.4.1. Significado no processo do trabalho: oralidade e concentração de atos

Em razão da relevância e importância que os princípios da **oralidade** e da **concentração de atos** têm no **processo do trabalho**, a audiência "é o ato culminante, pois concentra os atos culminantes do processo. Nela o juiz entra em contato direto com as provas, ouve o debate final das partes e profere a sentença que põe termo ao litígio. Por meio dela, põem-se em prática os princípios da oralidade e concentração do processo moderno"[11].

Portanto, os atos mais importantes do procedimento trabalhista são praticados em audiência: as tentativas de conciliação, a apresentação da defesa (como regra, oralmente), o depoimento das partes, a produção de provas, as alegações finais das partes (que, em regra, devem ser orais) e o julgamento.

Dessa forma, praticamente tudo que há de mais relevante para que no processo trabalhista se atinja a entrega da prestação jurisdicional ocorre na audiência.

O estudo da audiência trabalhista pode ser dividido em duas partes, conforme se analisem as formalidades necessárias para que ela possa se realizar (**estática**) ou o seu desenvolvimento (**dinâmica**).

8.4.2. Audiência trabalhista – estática

Sob o aspecto estático (formalidades necessárias para sua realização), as audiências trabalhistas são **públicas** e devem ser **realizadas em dias úteis** previamente

---

[10] THEODORO JÚNIOR, Humberto. *Curso de direito processual civil.* 57. ed. Rio de Janeiro: Forense, 2016. v. 3, p. 853.

[11] THEODORO JÚNIOR, Humberto. *Curso de direito processual civil, cit.,* v. 3, p. 853.

fixados **entre 8 e 18 horas**. A regra geral a ser observada é que, salvo se houver matéria urgente, a audiência não pode ultrapassar cinco horas de duração, considerando eventuais sessões em prosseguimento que poderão ser convocadas sempre que for necessário (**art. 813, *caput* e § 2.º, CLT**).

As audiências trabalhistas são, em regra, **unas**, sendo denominadas de audiências de conciliação, instrução e julgamento. Porém, o legislador permite o fracionamento da audiência em mais de uma sessão caso o juiz entenda necessário.

As audiências deverão ser **realizadas na sede do Juízo ou Tribunal**, sendo, porém, permitido que, em caso de real necessidade, outro local seja designado para tal fim, mediante fixação de edital na sede do Juízo ou Tribunal com antecedência mínima de 24 horas (**art. 813, *caput* e § 1.º, CLT**).

Determina o legislador que à audiência deverão estar presentes, com a devida antecedência, os escrivães ou chefes de secretaria (**art. 814, CLT**).

Na hora marcada, o juiz declarará aberta a audiência e o chefe de secretaria procederá à chamada das partes, testemunhas e demais pessoas que devam a ela comparecer (**art. 815, CLT**).

Passados 15 minutos da hora marcada para o início da primeira audiência sem que o juiz tenha comparecido, os presentes poderão retirar-se, devendo o ocorrido ser registrado no livro de Registro das Audiências (**art. 815, § 1.º, CLT**).

Tendo passado 30 minutos após a hora marcada, se a audiência, injustificadamente, não houver sido iniciada, as partes e os advogados poderão retirar-se, consignando seus nomes, devendo o ocorrido constar do livro de registro das audiências e, nesse caso, a audiência deverá ser remarcada para a data mais próxima possível, sendo vedada a aplicação de qualquer penalidade às partes (**art. 815, §§ 2.º e 3.º, CLT**).

Importante ressaltar que as tolerâncias de atraso previstas neste artigo dizem respeito exclusivamente ao juiz, não se aplicando às partes, que deverão comparecer exatamente à hora designada, sob pena de sofrerem as consequências pelo atraso previstas em lei.

> **OJ SDI-1 245, TST:** "Inexiste previsão legal tolerando atraso no horário de comparecimento da parte na audiência".

O registro das audiências será feito em livro próprio, do qual deverão constar os processos apreciados e a solução de cada um deles, bem como as ocorrências eventuais. Qualquer pessoa pode requerer certidão do registro das audiências (**art. 817, CLT**).

O juiz deverá manter a ordem nas audiências, podendo mandar retirar-se do recinto as pessoas que as estiverem perturbando (**art. 816, CLT**). Essa regra é complementada pelo disposto no **art. 360 do Código de Processo Civil**, aplicável subsidiariamente ao processo do trabalho.

Uma das mais importantes medidas tomadas pelo Conselho Nacional de Justiça (CNJ) para garantir o acesso à Justiça depois de iniciada a pandemia da Covid-19 foi a permissão da utilização das videoconferências no andamento dos processos.

Entre as Resoluções aprovadas à época pelo CNJ, estão: a Resolução n. 337/2020, que diz respeito à adoção de sistemas de videoconferência no Poder Judiciário; as

Resoluções n. 385/2021 e n. 398/2021, relativas aos Núcleos de Justiça 4.0; a Resolução n. 354/2020, que trata do cumprimento digital de ato processual; a Resolução n. 372/2021, que prevê os Balcões Virtuais de atendimento *on-line* para partes e advogados; e as Resoluções n. 345/2020 e n. 378/2021, que tratam do programa Juízo 100% Digital.

A Resolução n. 456, de 22-6-2022, institui diretrizes para a realização de videoconferências no âmbito do Poder Judiciário.

A Resolução Conjunta n. 481, de 22-11-2022, do Conselho Nacional de Justiça (CNJ) revogou as Resoluções vigentes à época da pandemia do Coronavírus e alterou as Resoluções CNJ n. 227/2016, 343/2020, 345/2020, 354/2020 e 465/2022, passando a adotar a decisão de retorno de magistrados e servidores do Poder Judiciário ao trabalho presencial.

No entanto, a determinação não extinguiu ou proibiu a prática de atos processuais por meio de videoconferência ou por outros instrumentos de transmissão audiovisual, mantendo-se, ao contrário, a possibilidade de execução de tais atos, com fundamento no **art. 236, § 3.º, do CPC**.

8.4.3. Audiência trabalhista – dinâmica

Analisando a audiência trabalhista sob o âmbito de sua **dinâmica** (desenvolvimento), é necessário ressaltar que, em razão de suas próprias peculiaridades, o processo do trabalho é um processo de partes e não de advogados, o que leva à exigência de que ambas estejam presentes à audiência, independentemente do comparecimento de seus representantes. Nos casos de reclamatórias plúrimas ou de ações de cumprimento, autoriza a lei que os empregados se façam representar pelo sindicato da sua categoria (**art. 843, *caput*, CLT**).

Faculta o legislador a substituição em audiência do empregador pelo gerente ou qualquer outro preposto que tenha conhecimento do fato, e cujas declarações obrigarão o proponente (**art. 843, § 1.º, CLT**).

Havia discussão na doutrina e na jurisprudência sobre a necessidade de o preposto ser ou não empregado do preponente. O termo *gerente* utilizado pela lei induzia à ideia de empregado; mas ao falar em "qualquer outro preposto", e não "qualquer outro empregado", o texto legal ensejava dúvidas. A discussão restou superada quando o Tribunal Superior do Trabalho editou a Súmula 377, que exigia a condição de empregado do preposto, exceto quando se tratasse de reclamação trabalhista proposta por empregado doméstico, ou contra micro ou pequeno empresário.

Porém, com o advento da **Lei n. 13.467/2017 (*Reforma Trabalhista*)**, que acrescentou o § 3.º ao art. 843 da Consolidação das Leis do Trabalho, o **preposto não precisa mais ser empregado** da parte reclamada.

"AGRAVO. AGRAVO DE INSTRUMENTO EM RECURSO DE REVISTA. ACÓRDÃO PUBLICADO NA VIGÊNCIA DA LEI N. 13.467/2017. [...] PREPOSTO NÃO EMPREGADO. AUDIÊNCIA REALIZADA APÓS A VIGÊNCIA DA LEI N. 13.467/17. INEXISTÊNCIA DE CONFISSÃO. TRANSCENDÊNCIA JURÍDICA RECONHECIDA. Constata-se que a causa ostenta transcendência jurídica por versar sobre questão nova em torno da interpretação da legislação trabalhista. Esta Corte, com amparo na legislação trabalhista vigente à época, editou a Súmula n. 377 que prevê a exigência da condição de empregado para o preposto que representa a empresa reclamada. Ocorre que, a Lei n. 13.467/17 inseriu o § 3.º no art. 843 da CLT, prevendo expressamente que: 'O preposto a que se refere o § 1.º deste artigo não precisa ser empregado da parte reclamada'. Diante disso, para audiências realizadas a partir da vigência da referida lei, deixou-se de exigir que o preposto da empresa seja empregado desta, sendo necessário apenas ter conhecimento dos fatos. Exegese da Instrução Normativa n. 41, deste Tribunal. Precedente. *In casu*, o e. TRT registrou que 'por ocasião da audiência instrutória, na qual foram tomados os depoimentos das partes e testemunhas, já estava vigente a Lei n. 13.467/17' de modo a prevalecer o novo tratamento dado à matéria, não sendo exigido que o preposto da reclamada seja empregado. Nestes termos, incólume o dispositivo consolidado invocado bem como o teor da Súmula 377 do TST, porque não atendidas as exigências do art. 896, 'a' e 'c', da CLT. Em que pese a transcendência da matéria, o recurso não merece provimento. Nesse contexto, não tendo sido apresentados argumentos suficientes à reforma da r. decisão impugnada, deve ser desprovido o agravo. Agravo não provido. [...] (Ag-AIRR-523-93.2017.5.12.0054, 5.ª Turma, Relator Ministro Breno Medeiros, *DEJT* 30-9-2022).

O marco temporal da Lei n. 13.467/2017 em relação ao ajuizamento da reclamação trabalhista é essencial na análise sobre a necessidade ou não de o preposto ser empregado: para as audiências realizadas antes do advento da nova previsão do art. 843, da CLT, aplica-se o entendimento da Súmula 377 do TST, enquanto, para as audiências ocorridas após a entrada em vigor da Lei n. 13.467/2017, o preposto não precisa ser empregado, não havendo que se falar em revelia, portanto.

"AGRAVO INTERNO EM RECURSO DE REVISTA. INTERPOSIÇÃO NA VIGÊNCIA DA LEI N. 13.467/2017. NULIDADE PROCESSUAL. PREPOSTO QUE NÃO DETÉM CONDIÇÃO DE EMPREGADO. AUDIÊNCIA ANTERIOR À VIGÊNCIA DA LEI N. 13.467/2017. Constatada a viabilidade de trânsito do recurso trancado por meio de decisão monocrática, o Agravo Interno deve ser acolhido. Em observância à jurisprudência desta Corte sobre o debate, imperioso se torna o reconhecimento da transcendência política da causa, em sua acepção política (art. 896-A, § 1.º, II, da CLT). Agravo conhecido e provido. RECURSO DE REVISTA. NULIDADE PROCESSUAL. PREPOSTO QUE NÃO DETÉM CONDIÇÃO DE EMPREGADO. AUDIÊNCIA ANTERIOR À VIGÊNCIA DA LEI N. 13.467/2017. Nos termos do art. 843, § 1.º, da CLT e na diretriz da Súmula 377 do TST, a reclamada deve ser representada em audiência por preposto que detenha a condição de empregado. Não demonstrada nos autos a condição exigida, a decisão recorrida contraria o disposto no referido verbete sumular. No caso, não consta no acórdão recorrido que se trata de preposto sócio ou administrador da Recorrida que tenha conhecimento dos fatos que envolvem a demanda. Não demonstrada, portanto, a distinção capaz de mitigar o entendimento consubstanciado na referida jurisprudência. Recurso de Revista conhecido e provido" (RR-189-71.2017.5.05.0016, 1.ª T., rel. Min. Luiz Jose Dezena da Silva, *DEJT* 22-3-2024).

Para a representação, é essencial que o preposto apresente na audiência **carta de preposição** outorgada pelo reclamado, por si ou por seu representante legal. Ademais, é fundamental que conheça os fatos relativos à reclamação trabalhista, porque suas declarações obrigam o preponente, sendo irretratável seu depoimento. O preposto age em nome do reclamado, como se este fosse, e eventual confissão real da ação trará prejuízo irreparável a este **(art. 843, § 1.º, CLT)**.

Dado o caráter pessoal da relação de emprego, quanto ao **reclamante** o legislador não admite sua substituição em audiência por terceiro, devendo **comparecer pessoalmente**. Todavia, em caso de doença ou outro motivo poderoso, devidamente comprovado, o reclamante, apenas para **evitar o arquivamento** da reclamação trabalhista, poderá fazer-se representar por outro empregado que pertença à mesma profissão, ou pelo seu sindicato (**art. 843, § 2.º, CLT**).

O não comparecimento do reclamante à audiência importa o *arquivamento* da reclamação (**art. 844, CLT**). Trata-se, na verdade, de hipótese de **extinção do processo sem julgamento do mérito**, podendo o reclamante propor novamente a reclamação trabalhista. Porém, haverá **condenação ao pagamento das custas** calculadas na forma do art. 789 da Consolidação das Leis do Trabalho, salvo se comprovar, no prazo de 15 dias, que a ausência ocorreu por motivo legalmente justificável, sendo o pagamento das custas condição para a propositura de nova demanda (**art. 844, §§ 2.º e 3.º, CLT**)[12].

No entanto, se der causa a **dois arquivamentos seguidos**, sem motivo relevante, o reclamante ficará impedido de ajuizar qualquer reclamação trabalhista pelo prazo de seis meses (**arts. 731 e 732, CLT**).

O arquivamento somente ocorrerá se o reclamante não comparecer na audiência una ou, em caso de fracionamento, na audiência inaugural. Fracionada a audiência, se o reclamante não comparece à audiência em prosseguimento na qual deveria prestar depoimento, será considerado confesso (Súmulas 9 e 74, TST).

> **SÚM. 9, TST:** "A ausência do reclamante, quando adiada a instrução após contestada a ação em audiência, não importa arquivamento do processo".

> **SÚM. 74, TST:** "I – Aplica-se a confissão à parte que, expressamente intimada com aquela cominação, não comparecer à audiência em prosseguimento, na qual deveria depor. [...]".

Ausente o reclamado à audiência, é considerado **revel**, além de **confesso** quanto à matéria de fato (**art. 844, CLT**).

Considerando que o **§ 1.º do art. 844 da CLT** prevê que, ocorrendo motivo relevante, poderá o juiz suspender a audiência, com sua **redesignação**, o TST adotou entendimento no sentido de que a revelia pode ser ilidida mediante a **apresentação de atestado médico**, que deverá declarar, expressamente, a impossibilidade de locomoção do empregador ou do seu preposto no dia da audiência (**Súmula 122, TST**).

Insta observar que o **§ 4.º do art. 844 da Consolidação das Leis do Trabalho**, incluído pela **Lei n. 13.467/2017 (Reforma Trabalhista)**, preceitua que o **não**

---

[12] A previsão de que haverá incidência de custas nesse caso, mesmo para o beneficiário da justiça gratuita foi declarada constitucional pelo STF: "A ausência injustificada à audiência de julgamento frustra o exercício da jurisdição e acarreta prejuízos materiais para o órgão judiciário e para a parte reclamada, o que não se coaduna com deveres mínimos de boa-fé, cooperação e lealdade processual, mostrando-se proporcional a restrição do benefício de gratuidade de justiça nessa hipótese" (ADI 5.766).

comparecimento do reclamado à audiência não produz o efeito da revelia e da confissão quanto à matéria de fato se:

- havendo pluralidade de reclamados, algum deles contestar a ação;
- o litígio versar sobre direitos indisponíveis;
- a petição inicial não estiver acompanhada de instrumento que a lei considere indispensável à prova do ato;
- as alegações de fato formuladas pelo reclamante forem inverossímeis ou estiverem em contradição com prova constante dos autos.

OJ SDI-1 152, TST: "Pessoa jurídica de direito público sujeita-se à revelia prevista no art. 844 da CLT".

"RECURSO DE REVISTA INTERPOSTO SOB A ÉGIDE DA LEI N. 13.467/2017. EFEITOS DA REVELIA. PRESUNÇÃO RELATIVA ELIDIDA. AUSÊNCIA DE PROVA INDISPENSÁVEL. ARTS. 844, § 4.º, DA CLT E 345, III, DO CPC. 1. A revelia, no processo do trabalho, está disciplinada pelo art. 844 da CLT, segundo o qual, 'o não comparecimento do reclamante à audiência importa o arquivamento da reclamação, e o não comparecimento do reclamado importa em revelia, além da confissão quanto à matéria de fato'. A teor do parágrafo 4.º do referido artigo, a revelia não produzirá seus efeitos quando 'I – havendo pluralidade de reclamados, algum deles contestar a ação; II – o litígio versar sobre direitos indisponíveis; III – a petição inicial não estiver acompanhada de instrumento que a lei considere indispensável à prova do ato; IV – as alegações de fato formuladas pelo reclamante forem inverossímeis ou estiverem em contradição com prova constante dos autos'. 2. No caso, o Tribunal Regional afirma que, não obstante a revelia e confissão, a autora não logrou êxito em comprovar os fatos constitutivos de seu direito, por não colacionar aos autos 'decisão judicial que determinou a reintegração, para verificação de seus efeitos, inclusive acerca do pagamento dos salários do período de afastamento, e se houve, ou não, a inclusão da gratificação de função na base de cálculo'. Acrescenta que a 'juntada de currículo profissional, e de cópia da CTPS, não atende a tal fim, pois tais documentos asseguram o retorno ao trabalho, mas não a percepção da gratificação de função no período de afastamento'. 3. Se o Tribunal Regional, diante da análise do conjunto probatório dos autos, concluiu que a presunção relativa quanto aos fatos na inicial foi elidida, por não ter a autora se desvencilhado do encargo de provar os fatos constitutivos dos seus direitos, a decisão recorrida, de encontro à argumentação recursal, está em consonância com os arts. 844 da CLT, 277, 374, II, e 389 do CPC. Recurso de revista não conhecido." (RR-1000424-18.2017.5.02.0044, 1.ª T., rel. Min. Amaury Rodrigues Pinto Junior, *DEJT* 29-11-2024)

Revelia é um estado processual que consiste em não responder à citação, intencionalmente. Assim, a revelia leva à não oposição à petição inicial e implica sofrer o revel a pena de confissão quanto à matéria de fato. Essa pena gera uma **presunção relativa** de veracidade quanto aos fatos alegados pela parte contrária, pois admite-se que o confesso fictamente produza prova em contrário. Situação diversa é a daquele que confessa expressamente (*confissão real*) que não pode produzir prova em contrário, gerando a confissão expressa presunção absoluta.

SÚM. 398, TST: "Na ação rescisória, o que se ataca é a decisão, ato oficial do Estado, acobertado pelo manto da coisa julgada. Assim, e considerando que a coisa julgada envolve questão de ordem pública, a revelia não produz confissão na ação rescisória".

SÚM. 69, TST: "A partir da Lei n. 10.272, de 05.09.2001, havendo rescisão do contrato de trabalho e sendo revel e confesso quanto à matéria de fato, deve ser o empregador condenado ao pagamento das verbas rescisórias, não quitadas na primeira audiência, com acréscimo de 50% (cinquenta por cento)".

Até a edição da **Lei n. 13.467/2017 (Reforma Trabalhista)**, a única possibilidade aceita para que o reclamado afastasse os efeitos da revelia seria a demonstração efetiva do motivo relevante que implicou o não atendimento à notificação inicial, como, por exemplo, impossibilidade de locomoção do empregador ou do seu preposto no dia da audiência, comprovada por atestado médico que expressamente afirme tal situação. A presença do advogado munido de procuração, se ausente o reclamado ou seu preposto, não ilidia a revelia **(Súm. 122, TST)**.

Porém, o § 5.º do art. 844 da **Consolidação das Leis do Trabalho**, incluído pela **Lei n. 13.467/2017 (Reforma Trabalhista)**, dispõe que, ainda que ausente o reclamado, presente o advogado na audiência, serão aceitos a contestação e os documentos eventualmente apresentados.

As partes devem estar presentes na hora marcada da audiência, **inexistindo previsão legal tolerando atraso**. Assim, em caso de atraso do reclamante, a ação será arquivada; o atraso do reclamado gera a revelia.

OJ SDI-1 245, TST: "Inexiste previsão legal tolerando atraso no horário de comparecimento da parte na audiência".

Tendo em vista ser a audiência trabalhista, em regra, una, o reclamante e o reclamado devem comparecer à audiência acompanhados das suas testemunhas, apresentando, nessa ocasião, as demais provas **(art. 845, CLT)**. Recusando-se a testemunha a comparecer espontaneamente, a parte deverá requerer ao juiz a sua intimação e eventual condução coercitiva, além da multa prevista no art. 730 da Consolidação das Leis do Trabalho **(art. 825, CLT)**.

Presentes ambas as partes, a audiência tem início com a **tentativa inicial de conciliação (art. 846, CLT)**. Havendo acordo, será lavrado termo, assinado pelo juiz e pelas partes, no qual serão consignados o prazo e as demais condições para seu cumprimento, entre as quais pode ficar consignado que a parte que não cumprir o acordo ficará obrigada a satisfazer integralmente o pedido ou a pagar uma indenização convencionada, sem prejuízo do cumprimento do acordo **(art. 846, §§ 1.º e 2.º, CLT)**.

O **acordo homologado judicialmente** vale como sentença transitada em julgado, salvo para a Previdência Social quanto às contribuições que lhe forem devidas **(art. 831, parágrafo único, CLT)**, constituindo-se em título executivo **(art. 876, CLT)**.

SÚM. 100, TST: "[...] V – O acordo homologado judicialmente tem força de decisão irrecorrível, na forma do art. 831 da CLT. Assim sendo, o termo conciliatório transita em julgado na data da sua homologação judicial. [...]".

Não havendo acordo, abre-se a oportunidade para o reclamado defender-se. Prevê a lei que a **defesa** deve ser oral em audiência, em 20 minutos **(art. 847, CLT)**. Não obstante, admite-se a apresentação em audiência de defesa escrita (o que, na prática, é mais comum).

A parte poderá apresentar defesa escrita pelo sistema de processo judicial eletrônico até a audiência **(art. 847, parágrafo único, CLT)**.

Terminada a defesa, terá início a **instrução do processo**, podendo o juiz interrogar os litigantes. Findo o interrogatório, poderá qualquer dos litigantes se retirar. A seguir, se houver, será produzida a prova testemunhal, podendo também o juiz ouvir os peritos e assistentes técnicos **(art. 848, CLT)**.

Após o término da instrução, as partes poderão apresentar oralmente suas **razões finais**, em dez minutos para cada uma. Em seguida, será **renovada a proposta de conciliação (art. 850, CLT)**. A apresentação de razões finais por escrito, em prazo a ser fixado, depende do deferimento pelo juiz.

Não havendo conciliação, será **proferida a sentença**, da qual os litigantes serão notificados pessoalmente, ou por seu representante, na própria audiência. No caso de revelia, a notificação será feita por via postal **(art. 852, CLT)**.

Deve o termo de audiência conter o resumo (não transcrição literal) do ocorrido em audiência, inclusive eventuais incidentes, a fim de possibilitar às partes efetivo direito de discussão sobre o ocorrido, com ampla defesa **(art. 851, CLT)**.

Seguindo a regra de que a **audiência trabalhista** é **una**, o legislador determina que ela deve ser **contínua**. No entanto, se não for possível, por motivo de força maior, concluí-la no mesmo dia, o juiz marcará a sua continuação para a primeira desimpedida, independentemente de nova notificação **(art. 849, CLT)**.

As demandas sujeitas a **rito sumaríssimo** serão instruídas e julgadas em audiência única **(art. 852-C, CLT)**. Aberta a sessão, o juiz fará **tentativa de conciliação** das partes **(art. 852-E, CLT)**. Com exceção da prova pericial, todas as demais **provas** serão **produzidas na audiência (art. 852-H, CLT)**. Serão **decididos, de plano**, todos os **incidentes e exceções** que possam interferir no prosseguimento da audiência e do processo, sendo as **demais questões decididas na sentença (art. 852-G, CLT)**. A **ata de audiência** conterá, de forma resumida, apenas os atos essenciais, as afirmações fundamentais das partes e as informações úteis à solução da causa trazidas pela prova testemunhal **(art. 852-F, CLT)**.

8.5. RESPOSTA DO RÉU

Se procedente o pedido do reclamante, haverá necessariamente a produção de efeitos sobre a esfera jurídica do reclamado. Dizer que um tem razão é dizer também que o outro não tem. Trata-se da bilateralidade da ação, da qual decorre a bilateralidade do processo.

Exatamente por esse motivo a **decisão** deve ser proferida **em contraditório**, ou seja, com a presença do reclamante e do reclamado, aos quais se deve dar oportunidade igual de debater a causa.

O contraditório é garantia constitucional **(art. 5.º, LV, CF)**. O direito de defesa é, portanto, um aspecto do próprio direito de ação, no que concerne ao réu, porque não há ação sem bilateralidade, sem duas partes em contraditório.

De acordo com o Código de Processo Civil, exercendo seu direito de defesa, o reclamado poderá oferecer os seguintes meios de resposta: contestação e reconvenção **(arts. 335 e 343)**. O Código de Processo Civil de 2015 não menciona dentro da resposta do réu a exceção, pois esta, segundo o regramento estabelecido pelo legislador, deverá ser suscitada como preliminar na própria contestação, sendo um incidente processual a ser decidido por decisão interlocutória.

No entanto, no **processo do trabalho** deve-se levar em conta que a Consolidação das Leis do Trabalho faz referência à defesa no sentido de contestação **(art. 847)**, e às exceções de suspeição e de incompetência **(art. 799)**. Em relação à reconvenção, embora o legislador trabalhista não faça qualquer menção a respeito, esta, por aplicação subsidiária do Código de Processo Civil **(art. 769, CLT)**, também pode ser utilizada como modalidade de defesa do réu no processo do trabalho.

Assim, a defesa do réu no processo do trabalho poderá ser exercida por meio de:

- contestação;
- exceção;
- reconvenção.

Tendo em vista que no processo do trabalho vigora o princípio da concentração de atos, o reclamado poderá, na própria audiência, apresentar contestação, reconvenção e exceção de suspeição. A **exceção de incompetência**, no entanto, deverá ser apresentada no prazo de cinco dias a contar da notificação, antes da audiência, seguindo procedimento específico **(art. 800, CLT)**.

8.5.1. Exceções no processo do trabalho

No processo do trabalho são oponíveis, com suspensão do feito, as exceções de suspeição ou incompetência. As demais exceções deverão ser arguidas como matéria de defesa **(art. 799, CLT)**. Portanto, no processo do trabalho **exceção** é o **incidente processual** destinado à arguição de suspeição do juiz e de incompetência do juízo.

A **exceção de suspeição** será apresentada juntamente com a contestação, ou seja, oralmente, em 20 minutos **(art. 847, CLT)**, admitindo-se, porém, sua apresentação por escrito, mas sempre junto com a contestação.

Apresentada a exceção de suspeição, o juiz designará audiência dentro de 48 horas, para instrução e julgamento da exceção **(art. 802, CLT)**.

A **suspeição** do juiz é caracterizada pelos seguintes motivos, **em relação à pessoa dos litigantes**:

- inimizade pessoal;
- amizade íntima;

8 ■ Dissídio Individual

■ parentesco por consanguinidade ou afinidade até o terceiro grau civil;

■ interesse particular na causa.

Verificada qualquer uma dessas hipóteses, o juiz é obrigado a dar-se por suspeito e pode ser recusado por qualquer das partes **(art. 801, CLT)**.

No entanto, se a parte que pretender alegar a suspeição tiver praticado algum ato pelo qual haja consentido na pessoa do juiz, não mais poderá alegar exceção de suspeição, salvo sobrevindo novo motivo.

A exceção não será admitida se a parte **(art. 801, parágrafo único, CLT)**:

■ deixou de alegar a suspeição anteriormente, mesmo dela tendo conhecimento;

■ depois de ter conhecimento da suspeição, aceitou o juiz recusado;

■ procurou de propósito o motivo de que a suspeição se originou.

Julgada **procedente a exceção de suspeição**, outro juiz será convocado para atuar no processo **(art. 802, §§ 1.º e 2.º, CLT)**.

Por meio da **exceção de incompetência** questiona-se a competência territorial do juízo para o julgamento da causa, que é fixada pelo **art. 651 da Consolidação das Leis do Trabalho**. Tratando-se de incompetência relativa, a arguição da parte é essencial, sob pena de se considerar competente o juízo perante o qual a ação foi proposta, por prorrogação da competência.

Assim, a **exceção de incompetência territorial** deve ser apresentada no prazo de cinco dias a contar da notificação, antes da audiência e em peça que sinalize a existência dessa exceção **(art. 800, CLT)**.

Protocolada a petição, o **processo será suspenso** e não será realizada a audiência, até que se decida a exceção **(art. 800, § 1.º, CLT)**.

Os autos serão imediatamente conclusos ao juiz, que intimará o reclamante e, se existentes, os litisconsortes, para manifestação no prazo comum de cinco dias **(art. 800, § 2.º, CLT)**.

Entendendo necessária a produção de prova oral, o juiz designará audiência, garantindo o direito de o excipiente e suas testemunhas serem ouvidos, por carta precatória, no juízo que tiver sido indicado como competente **(art. 800, § 3.º, CLT)**.

Decidida a exceção de incompetência territorial, o processo retomará seu curso, com a designação de audiência, a apresentação de defesa e a instrução processual perante o juízo definido como competente **(art. 800, § 4.º, CLT)**.

Por serem decisões interlocutórias, das decisões sobre exceções de suspeição e incompetência não caberá recurso, podendo, no entanto, as partes alegá-las novamente no recurso que couber da decisão final. Excepcionam-se as decisões das exceções de incompetência, em relação às quais, quando forem terminativas do feito, caberá recurso de imediato **(art. 799, § 2.º, CLT)**.

Nesse sentido, conforme entendimento do Tribunal Superior do Trabalho, considera-se **terminativa do feito** a decisão que acolhe exceção de incompetência territorial, com a remessa dos autos para Tribunal Regional distinto daquele a que se vincula o juízo excepcionado (exemplo: ação ajuizada perante Vara do Trabalho vinculada ao TRT da 2.ª Região; acolhida a exceção de incompetência, reconhece-se como competente juízo vinculado ao TRT da 4.ª Região). Na hipótese de o juízo reconhecido como competente estar vinculado ao mesmo Tribunal Regional do Trabalho a que se vincula o juízo excepcionado, da decisão não caberá recurso (exemplo: ação ajuizada perante Vara do Trabalho de Campinas, vinculada ao TRT da 15.ª Região; acolhida a exceção de incompetência, reconhece-se como competente Vara do Trabalho de Presidente Prudente, também vinculada ao TRT da 15.ª Região).

> **SÚM. 214, TST:** "Na Justiça do Trabalho, nos termos do art. 893, § 1.º, da CLT, as decisões interlocutórias não ensejam recurso imediato, salvo nas hipóteses de decisão: a) de Tribunal Regional do Trabalho contrária à Súmula ou Orientação Jurisprudencial do Tribunal Superior do Trabalho; b) suscetível de impugnação mediante recurso para o mesmo Tribunal; c) que acolhe exceção de incompetência territorial, com a remessa dos autos para Tribunal Regional distinto daquele a que se vincula o juízo excepcionado, consoante o disposto no art. 799, § 2.º, da CLT".

8.5.2. Contestação

Como ensina Humberto Theodoro Júnior, "o direito de ação, como direito subjetivo público, autônomo e abstrato, que visa à tutela jurisdicional do Estado, não cabe apenas ao autor. Assim como este o exercita, por meio da petição inicial, o réu, da mesma forma, também o faz mediante contestação; pois, tanto no ataque do primeiro como na defesa do segundo, o que se busca é uma só coisa: a providência oficial que há de pôr fim à lide, mediante aplicação da vontade concreta da lei à situação controvertida"[13].

"Como o autêntico direito de ação, o direito de defender-se não está vinculado ao direito material. É puramente processual, tanto que, mesmo sem o menor resquício de amparo em direito substancial comprovado, sempre se assegura ao réu o direito formal de formular sua contestação ao pedido do autor.

Há, porém, profunda diferença entre a ação do autor e a contestação do réu. **Na ação**, o autor formula uma pretensão, faz um pedido. Diversamente, **na defesa**, não se contém nenhuma pretensão, mas resistência à pretensão e ao pedido do autor.

O contestante, na realidade, ao usar o direito abstrato de defesa, busca tão somente libertar-se do processo em que o autor o envolveu. Isto pode ser feito de duas maneiras, isto é: (a) por intermédio de ataque à relação processual, apontando-lhe vícios que a invalidem ou tornem inadequada ao fim colimado pelo autor; ou (b) por meio de ataque ao mérito da pretensão do autor.

Contestação, portanto, é o instrumento processual utilizado pelo réu para opor-se, formal ou materialmente, à pretensão deduzida em juízo pelo autor"[14].

A Consolidação das Leis do Trabalho prevê a defesa oral, em 20 minutos em audiência **(art. 847, CLT)**. No entanto, dada a complexidade das questões discutidas nos processos, admite-se a apresentação em audiência de contestação escrita.

---

[13] THEODORO JÚNIOR, Humberto. *Curso de direito processual civil, cit.,* v. 3, p. 805.

[14] THEODORO JÚNIOR, Humberto. *Curso de direito processual civil, cit.,* v. 3, p. 805-806.

8 ◼ Dissídio Individual — 243

A parte poderá apresentar defesa escrita pelo sistema do processo judicial eletrônico até a audiência **(art. 847, parágrafo único, CLT)**.

Silente a legislação trabalhista sobre o conteúdo da defesa, aplica-se ao processo do trabalho o disposto nos **arts. 336 e seguintes do Código de Processo Civil**, adaptando-se às suas peculiaridades.

O reclamado deve alegar na contestação toda a matéria de defesa, expondo as razões de fato e de direito com que impugna o pedido do autor **(art. 336, CPC)**. Trata-se da **regra da eventualidade** ou da concentração da defesa na contestação. Contestação é defesa geral, na qual o réu deve concentrar todos os seus argumentos e alegações. Há uma correspondência, nesse aspecto, entre o **ônus de contestar** e o *ônus de demandar*.

"Toda defesa deve ser formulada de uma só vez como medida de previsão *ad eventum*, sob pena de preclusão. O réu tem o ônus de alegar tudo o quanto puder, pois, caso contrário, perderá a oportunidade de fazê-lo"[15].

Da mesma forma que a inicial deve conter toda a matéria relativa ao pedido, assim também na contestação deve estar contida toda a matéria de defesa. Esse **ônus está submetido à preclusão**: se o réu deixar de apresentar argumentos de defesa na contestação, não mais poderá fazê-lo.

Devem ser contestados todos os pedidos formulados pelo autor. A **contestação por negação geral é ineficaz** e equivale à confissão do reclamado quanto aos fatos alegados na inicial. Cabe ao réu impugnar especificadamente as alegações de fato apresentadas pelo autor, sob pena de a alegação não impugnada ser havida como verdadeira (**ônus da impugnação especificada**).

No processo do trabalho, é desnecessária a especificação na contestação das provas que o reclamado pretende produzir, sendo inaplicável a parte final do **art. 336 do Código de Processo Civil**. No entanto, com a contestação o réu deve apresentar os documentos com que irá fazer prova de suas afirmações.

Antes de discutir o mérito, o reclamado poderá apresentar defesa processual **(art. 337, CPC)**.

A **compensação** e a **retenção** só podem ser arguidas como **matéria de defesa (art. 767, CLT)**.

> **SÚM. 18, TST:** "A compensação, na Justiça do Trabalho, está restrita a dívidas de natureza trabalhista".

> **SÚM. 48, TST:** "A compensação só poderá ser arguida com a contestação".

O conteúdo da contestação inclui a defesa indireta (**defesa processual**) e a defesa direta (**defesa de mérito**).

8.5.2.1. *Defesa processual – preliminares*

Ao reclamado compete, antes de discutir o mérito da ação, apresentar as **defesas de natureza processual**, opondo ao autor "alegações que possam invalidar a relação

---

[15] DIDIER JR., Fredie. *Curso de direito processual civil, cit.*, v. 1, p. 648-649.

processual ou revelar imperfeições formais capazes de prejudicar o julgamento do mérito"[16].

Assim, antes de discutir o mérito, o reclamado poderá apresentar **defesa processual**, alegando **(art. 337, CPC)**:

☐ inexistência ou nulidade da citação – considerando a importância da citação para a formação da relação jurídica processual, se esta não se efetivar, não há como reconhecer a validade do processo. A citação é pressuposto de existência do processo. Haverá nulidade se a citação não for realizada, ou se citada pessoa que não é o reclamado. O comparecimento espontâneo do réu supre a falta ou a nulidade da citação **(art. 239, § 1.º, CPC)**;

☐ incompetência absoluta – reconhecida a incompetência em relação à matéria ou funcional, deverá o juiz encaminhar o processo ao juízo competente;

☐ incorreção do valor da causa – havendo incompatibilidade entre o valor atribuído à causa e os pedidos formulados na petição inicial e o proveito econômico pretendido através destes, o réu pode apresentar a impugnação do valor da causa através de preliminar da contestação. Destaque-se que o juiz tem o poder-dever de determinar, de ofício, que seja regularizado o valor da causa, ainda que não tenha sido apresentada parte preliminar na contestação;

☐ inépcia da petição inicial – as hipóteses de inépcia da petição inicial são disciplinadas pelo **art. 330, § 1.º, do CPC** (falta de pedido ou de causa de pedir; pedido indeterminado; da narração dos fatos não decorre logicamente a conclusão; pedidos incompatíveis entre si), que é aplicável subsidiariamente ao processo do trabalho;

☐ perempção – é a perda do direito de ação. No processo do trabalho, caso o autor dê causa a dois arquivamentos consecutivos (em razão do não comparecimento à audiência), incidirá a penalidade prevista no **art. 732 da CLT**, que é, porém, hipótese de perempção temporária;

"[...] RECURSO DE REVISTA REGIDO PELA LEI N. 13.467/2017. PEREMPÇÃO. ARQUIVAMENTO DE DUAS RECLAMAÇÕES TRABALHISTAS ANTERIORES. AJUIZAMENTO DA PRESENTE RECLAMAÇÃO TRABALHISTA EM PRAZO INFERIOR A SEIS MESES. PERDA PROVISÓRIA DO DIREITO DE RECLAMAR. APLICAÇÃO DO ART. 732 DA CLT. TRANSCENDÊNCIA POLÍTICA CONFIGURADA. Na forma dos arts. 731 e 732 da CLT, se o Reclamante der causa ao arquivamento de duas reclamações trabalhistas consecutivas, incorrerá na perda do direito de reclamar perante a Justiça do Trabalho pelo prazo de seis meses. No caso presente, é incontroverso que a Reclamante deu causa ao arquivamento de duas reclamações trabalhistas (01848-2013-181-18-00-3: arquivada em 25-11-2013; e 0010342-16.2015.5.18.0003: arquivada em 27-2-2015), por ausência injustificada às audiências. Assim, considerando que a atual reclamação trabalhista foi ajuizada em 20-5-2015, dentro do período de seis meses contados do último arquivamento, impõe-se o reconhecimento da perempção. Julgados. Violação do art. 732 da CLT. Recurso de revista conhecido e provido" (ARR-10856-39.2015.5.18.0012, 5.ª T., rel. Min. Douglas Alencar Rodrigues, *DEJT* 18-10-2024).

---

[16] THEODORO JÚNIOR, Humberto. *Curso de direito processual civil, cit.*, v. 1, p. 809.

■ **litispendência** – a citação válida induz litispendência (**art. 240, *caput*, CPC**). Ocorre litispendência com a reprodução de uma demanda anteriormente ajuizada, contendo as mesmas partes, a mesa causa de pedir e o mesmo pedido (**art. 337, § 3.º, CPC**);

■ **coisa julgada** – há coisa julgada quando se repete ação que já foi decidida por decisão transitada em julgado (**art. 447, § 4.º, CPC**). "A coisa julgada firmada na ação anterior, que impede que a nova ação idêntica prossiga, se configura quando na ação anterior houve apreciação do mérito"[17];

■ **conexão** – duas ou mais ações serão conexas quando lhes for comum o pedido ou a causa de pedir (**art. 55, CPC**). "O acolhimento desta preliminar faz com que o juiz remeta os autos ao juízo prevento, ou, se ele for o prevento, que requisite os autos do outro juízo por onde corre a ação conexa. O objetivo da conexão é a reunião das ações para receberem julgamento conjunto, evitando-se decisões conflitantes"[18] (**art. 55, § 3.º, CPC**);

■ **incapacidade da parte, defeito de representação ou falta de autorização** – verificada a incapacidade processual ou a irregularidade de representação, deve o juiz abrir prazo razoável para a sua regularização (**art. 76, *caput*, CPC**), somente sendo permitida a extinção do processo na hipótese de a parte não atender à determinação judicial (**art. 76, § 1.º, I, CPC**);

■ **ausência de legitimidade ou de interesse processual** – trata-se de hipótese de carência de ação. Em relação à ilegitimidade de parte, aplicam-se ao processo do trabalho as previsões dos **arts. 338 e 339 do CPC**.

Tais matérias podem ser conhecidas de ofício pelo juiz (**art. 337, § 5.º, CPC**).

No processo do trabalho a **incompetência relativa** (**art. 337, II, CPC**) não é matéria de defesa, devendo ser arguida em exceção de incompetência, que seguirá o procedimento previsto no **art. 800 da Consolidação das Leis do Trabalho**.

Em relação à **convenção de arbitragem** (**art. 337, X, CPC**), no processo do trabalho somente poderá haver tal arguição quando se tratar de conflito derivado de contrato individual de trabalho cuja remuneração do empregado seja superior a duas vezes o limite máximo estabelecido para os benefícios do Regime Geral de Previdência Social, no qual tenha sido, por iniciativa do empregado ou mediante a sua concordância expressa, pactuada cláusula compromissória de arbitragem (**art. 507-A, CLT**).

Nesse caso, a ausência de alegação da existência de convenção de arbitragem implica aceitação da jurisdição estatal e renúncia ao juízo arbitral (**art. 337, § 6.º, CPC**).

A previsão do **inciso XII do art. 337 do Código de Processo Civil** é **inaplicável ao processo do trabalho**, não sendo a falta de caução ou de outra prestação que a lei exige como preliminar, portanto, matéria arguível na contestação.

---

[17] SCHIAVI, Mauro. *Manual de direito processual do trabalho*. 17. ed. rev., atual. e ampl. Salvador: JusPodivm, 2021. p. 687.

[18] NERY JUNIOR, Nelson; NERY, Rosa Maria de Andrade. *Código de Processo Civil comentado*, cit., 20. ed., p. 897.

As arguições de natureza processual apresentadas pelo reclamado possuem um caráter prejudicial, ou seja, sua análise e solução devem ocorrer preliminarmente, antes da apreciação do mérito da causa.

Aceito um argumento de defesa indireta, a consequência será a extinção do processo sem julgamento do mérito, nos termos do **art. 485 do Código de Processo Civil**.

8.5.2.2. Defesa de mérito

Defesa de mérito é a impugnação específica ao pedido do reclamante, atacando tanto a exposição dos fatos (causa de pedir) quanto o pedido especificamente formulado, além dos valores pretendidos.

A defesa de mérito pode ser *indireta* ou *direta*. **Defesa indireta** consiste em opor fato extintivo, modificativo ou impeditivo do direito invocado pelo reclamante. Na **defesa direta** de mérito o reclamado opõe resistência que ataca a própria pretensão do reclamante, negando-a quanto aos fatos ou quanto ao direito material. O reclamado nega a existência dos fatos jurídicos constitutivos do direito do reclamante ou, embora reconhecendo a existência destes, nega-lhes a eficácia jurídica pretendida pelo autor.

O exame do mérito leva à decisão definitiva, nos termos do **art. 487 do Código de Processo Civil**.

A compensação ou a retenção são matérias de defesa, e só podem ser arguidas em sede de defesa, estando precluso o direito de alegação se for invocado em momento posterior **(art. 767, CLT)**.

SÚM. 48, TST: "A compensação só poderá ser arguida com a contestação".

Como exceção ao princípio da eventualidade, depois da contestação só é lícito ao réu deduzir **novas alegações** quando **(art. 342, CPC)**:

■ **relativas a direito ou a fato superveniente** – direito superveniente é o que surge após a apresentação da defesa; fato superveniente é o que ocorre após a apresentação da defesa. Se, depois da propositura da ação, algum fato constitutivo, modificativo ou extintivo do direito influir no julgamento do mérito, o juiz pode conhecê-lo de ofício ou a requerimento da parte, no momento de proferir a decisão, sendo necessário, porém, que se oportunize o contraditório prévio (art. 493, CPC);

SÚM. 394, TST: "O art. 493 do CPC de 2015 (art. 462 do CPC de 1973), que admite a invocação de fato constitutivo, modificativo ou extintivo do direito, superveniente à propositura da ação, é aplicável de ofício aos processos em curso em qualquer instância trabalhista. Cumpre ao juiz ou tribunal ouvir as partes sobre o fato novo antes de decidir".

■ **competir ao juiz conhecer delas de ofício** – as matérias de ordem pública podem ser conhecidas de ofício pelo juiz, "que podem ser invocadas a qualquer tempo, desde que propicie o contraditório prévio, antes do trânsito em julgado da decisão"[19];

---

[19] SCHIAVI, Mauro. *Manual de direito processual do trabalho*, cit., 17. ed., p. 693.

8 ▢ Dissídio Individual

▢ **por expressa autorização legal, puderem ser formuladas em qualquer tempo e grau de jurisdição** – ainda que a lei autorize alegar-se determinada matéria a qualquer tempo e em qualquer instância, isso não abrange os recursos de natureza extraordinária (como recurso de revista, recurso especial, recurso extraordinário), tendo em vista que a matéria já deve ter sido decidida em última ou única instância, ou seja, deve ter sido prequestionada. Assim, "é imprescindível que o órgão inferior tenha se pronunciado sobre a matéria"[20] para que seja admissível a análise da questão pela instância extraordinária.

8.5.2.2.1. *Prejudicial de mérito*

A **prescrição** é defesa indireta que deve ser arguida como **prejudicial de mérito**, pois é um argumento processual (perda do direito de ação pelo decurso do tempo) que resulta na extinção do processo com exame do mérito **(art. 487, II, CPC)**.

A prescrição é uma questão prejudicial ao exame do pedido (questão principal do processo): uma vez acolhida a prescrição, rejeita-se o pedido. O pedido será examinado, mas não será acolhido.

No **processo do trabalho**, a prescrição **não pode ser pronunciada de ofício** pelo juiz, não sendo aplicável esta previsão contida no **art. 487, II, do Código de Processo Civil**. Tendo em vista a natureza alimentar do crédito trabalhista e o princípio protetor do Direito do Trabalho, a **prescrição deve ser arguida pelo reclamado em defesa**, não podendo o juiz do trabalho decretá-la de ofício.

"AGRAVO. AGRAVO DE INSTRUMENTO EM RECURSO DE REVISTA. ACÓRDÃO PUBLICADO NA VIGÊNCIA DA LEI N. 13.467/2017. PRESCRIÇÃO. DECLARAÇÃO DE OFÍCIO. IMPOSSIBILIDADE TRANSCENDÊNCIA POLÍTICA RECONHECIDA. Agravo a que se dá provimento para examinar o agravo de instrumento em recurso de revista. Agravo provido. AGRAVO DE INSTRUMENTO EM RECURSO DE REVISTA. ACÓRDÃO PUBLICADO NA VIGÊNCIA DA LEI N. 13.467/2017. PRESCRIÇÃO. DE-CLARAÇÃO DE OFÍCIO. IMPOSSIBILIDADE TRANSCENDÊNCIA POLÍTICA RE-CONHECIDA. Em razão de provável caracterização de ofensa ao art. 487, II, CPC, dá-se provimento ao agravo de instrumento para determinar o prosseguimento do recurso de revista. Agravo de instrumento provido. RECURSO DE REVISTA. ACÓRDÃO PUBLI-CADO NA VIGÊNCIA DA LEI N. 13.467/2017. PRESCRIÇÃO. DECLARAÇÃO DE OFÍCIO. IMPOSSIBILIDADE TRANSCENDÊNCIA POLÍTICA RECONHECIDA. Esta Corte firmou o entendimento de que é incabível o pronunciamento da prescrição de ofício pelo juiz, diante da incompatibilidade do art. 487, II, CPC/2015 (219, § 5.º, do CPC/73) com os princípios que regem o direito do trabalho, competindo à parte interessa-da arguir a prescrição no momento oportuno. Nesse contexto, deve ser afastada a prescri-ção declarada de ofício pelo TRT para determinar o retorno dos autos ao TRT para que analise a pretensão do reclamante em relação ao pedido de pagamento de horas extraordi-nárias acima da sexta diária e reflexos correlatos, como entender de direito. Recurso de revista conhecido e provido" (RR-Ag-334-34.2012.5.20.0001, 5.ª T., rel. Min. Breno Medeiros, *DEJT* 14-6-2024).

---

[20] NERY JUNIOR, Nelson; NERY, Rosa Maria de Andrade. *Código de Processo Civil comentado*, cit., 20. ed., p. 915.

O Tribunal Superior do Trabalho admite a **arguição** da prescrição até a **"instância ordinária"**, ou seja, se o reclamado não a alegou na contestação, poderá fazê-lo nas razões do recurso ordinário, ou nas contrarrazões ao recurso ordinário do reclamante. **Não seria possível**, entretanto, a arguição de prescrição **somente em instância extraordinária**, tendo em vista a necessidade de prequestionamento, pressuposto de admissibilidade em apelo de natureza extraordinária.

SÚM. 153, TST: "Não se conhece de prescrição não arguida na instância ordinária".

"A) AGRAVO DA RECLAMADA. RECURSO DE REVISTA COM AGRAVO. PROCESSO SOB A ÉGIDE DA LEI N. 13.015/2014 E ANTERIOR À LEI N. 13.467/2017. 1. NULIDADE DE NOTIFICAÇÃO INICIAL. NOTIFICAÇÃO ENTREGUE NO ENDEREÇO DA RECLAMADA. SÚMULAS 126 E 266/TST. 2. EXCESSO DE EXECUÇÃO. NÃO CONFIGURAÇÃO. SÚMULA 266/TST. 3. PRESCRIÇÃO QUINQUENAL ARGUIDA, DE OFÍCIO, EM FASE DE EXECUÇÃO. A prescrição consiste na perda da pretensão para o titular de um direito, em virtude do esgotamento do prazo para seu exercício. Nesse contexto, não se mostra compatível com o processo do trabalho a regra processual inserida no art. 219, § 5.º, do CPC/1973 (art. 487, II, do CPC/2015), que determina a aplicação da prescrição, de ofício, em face da natureza alimentar dos créditos trabalhistas. É que, ao determinar a atuação judicial em franco desfavor dos direitos sociais laborativos, a regra civilista entraria em choque com vários princípios constitucionais, como da valorização do trabalho e do emprego, da norma mais favorável e da submissão da propriedade à sua função socioambiental, além do próprio princípio da proteção. Por outro lado, esta Corte Superior, em sua Súmula 153, consubstanciou o entendimento de que 'não se conhece de prescrição não arguida em instância ordinária'. Logo, a última oportunidade para a parte alegar a mencionada prejudicial são as razões do recurso ordinário. Não se admite, por conseguinte, qualquer alegação de prescrição não formulada em instância ordinária que não se enquadre em qualquer uma dessas situações, tendo em vista que, invariavelmente, os princípios do devido processo legal, do contraditório e da ampla defesa, previstos no art. 5.º, LIV e LV, da Constituição Federal, restariam violados. No presente caso, observa-se que o TRT, na fase de execução, reformou a sentença para determinar 'o refazimento dos cálculos das verbas objeto de condenação, de forma que se observe o período de cinco anos, contados retroativamente a partir da data da propositura da ação, em consonância com os limites do pedido inicial'. Assim, estando a decisão regional em dissonância com o entendimento desta Corte Superior, deve persistir a decisão agravada, que conheceu e deu provimento ao recurso de revista do Reclamante para afastar a prescrição quinquenal declarada, de ofício, em sede de execução. Assim sendo, a decisão agravada foi proferida em estrita observância às normas processuais (art. 557, *caput*, do CPC/1973; arts. 14 e 932, IV, 'a', do CPC/2015), razão pela qual é insuscetível de reforma ou reconsideração. Agravo desprovido. [...]" (Ag-RRAg-11421-11.2015.5.15.0004, 3.ª T., rel. Min. Mauricio Godinho Delgado, *DEJT* 22-11-2024).

"AGRAVO EM AGRAVO DE INSTRUMENTO EM RECURSO DE REVISTA. ACÓRDÃO REGIONAL PUBLICADO NA VIGÊNCIA DA LEI N. 13.467/2017. PRESCRIÇÃO QUINQUENAL. ARGUIÇÃO EM SEDE DE EMBARGOS DE DECLARAÇÃO AO ACÓRDÃO REGIONAL. PRECLUSÃO. TRANSCENDÊNCIA NÃO RECONHECIDA. Por meio de seu arrazoado, defende a agravante que a prescrição, por se tratar de matéria de ordem pública, pode ser pronunciada de ofício. Aduziu em recurso de revista que 'a prescrição pode ser alegada a qualquer tempo não se cogitando de preclusão temporal nem consumativa'. Esta Corte Superior consolidou o entendimento de que o momento processual oportuno para a arguição da prescrição é na instância ordinária, desde que em sede de recurso ordinário ou contrarrazões. Precedentes. Na hipótese em apreço, a prescrição foi suscitada somente nos embargos de declaração (apelo horizontal de fundamentação vinculada) opostos contra acórdão regional. Mantém-se a decisão recorrida. Agravo conhecido e desprovido" (Ag-AIRR-719-06.2020.5.23.0037, 5.ª T., rel. Min. Morgana de Almeida Richa, *DEJT* 11-12-2023).

Ressalte-se, ainda, que não se pode conhecer de prescrição arguida pela primeira vez em sustentação oral por ocasião do julgamento do recurso ordinário, visto que se trata de matéria vinculada ao mérito.

Importante destacar que, arguida a prescrição em defesa, caso esta não tenha sido reconhecida em sentença (por exemplo, em razão da improcedência da ação), mesmo que a reclamada não a tenha arguido em sede de contrarrazões ao recurso ordinário interposto pelo reclamante, o TRT tem que se manifestar sobre ela, em razão do efeito devolutivo em profundidade do recurso ordinário.

"[...] II – AGRAVO EM RECURSO DE REVISTA. PRESCRIÇÃO ARGUIDA NA INSTÂNCIA ORDINÁRIA. EFEITO DEVOLUTIVO. 1. A matéria versa sobre prescrição arguida em relação à 'nulidade do acordo de prorrogação de jornada' e às 'férias após o período concessivo' e sua não apreciação pelo Tribunal Regional. 2. Trata-se de prejudicial alegada na instância ordinária e cujo recurso ordinário não fora conhecido pelo Tribunal Regional, ao fundamento de que: i) a prescrição total no que tange à nulidade do acordo de prorrogação de jornada pela aplicação da Súmula 294/TST estaria preclusa, porque, embora arguida em defesa, não fora examinada pela r. sentença e não foram opostos embargos de declaração e ii) a prescrição bienal com relação às férias após o período concessivo estaria preclusa, por não ter sido objeto da contestação. 3. Em que pese a decisão ora agravada reconheça que, por força do efeito devolutivo amplo do recurso ordinário consagrado pelo art. 1.013 do CPC, o Tribunal Regional estaria obrigado a analisar a prescrição alegada , 'uma vez que devolvida ao exame da Corte ad quem pela apresentação de recurso ordinário' e não conheceu do recurso de revista, por entender não haver 'qualquer utilidade no provimento do recurso', haja vista a inexistência de 'qualquer correlação com as matérias enfrentadas pelo TRT e devolvidas a esta Corte Superior'. Aplicou-se, assim, a Súmula 284 do Supremo Tribunal Federal, que diz que 'É inadmissível o recurso extraordinário, quando a deficiência na sua fundamentação não permitir a exata compreensão da controvérsia', como óbice ao conhecimento do recurso de revista. 4. Ocorre que, em face do efeito devolutivo do recurso ordinário (art. 1.013 do CPC/15), que compreende tanto a dimensão horizontal (extensão – matéria impugnada), quanto à dimensão vertical (profundidade), não haveria nenhum óbice para que o reclamado se limitasse a arguir a prescrição em tela, sem trazer insurgência quanto às matérias a que se relacionam seja no recurso ordinário, seja no recurso de revista. 5. Afasta-se, assim, o óbice processual imposto na decisão agravada e dá-se provimento ao agravo, para processar o recurso de revista. Agravo conhecido e provido. III – RECURSO DE REVISTA. PRESCRIÇÃO ARGUIDA NA INSTÂNCIA ORDINÁRIA. EFEITO DEVOLUTIVO EM PROFUNDIDADE. 1. O art. 193 do Código Civil dispõe que a prescrição pode ser alegada em qualquer grau de jurisdição pela parte a quem aproveita e a Súmula 153/TST estabelece que 'não se conhece a prescrição não arguida em instância ordinária'. 2. O art. que o art. 1.013, § 1.º, do CPC/15, por sua vez, estabelece que 'serão, porém, objeto de apreciação e julgamento pelo tribunal todas as questões suscitadas e discutidas no processo, ainda que não tenham sido solucionadas, desde que relativas ao capítulo impugnado'. 3. A teor do dispositivo, pode o Tribunal examinar todas as questões suscitadas e discutidas no processo, ainda que não tenham sido solucionadas, desde que relativas ao capítulo impugnado, como também pode, em relação ao capítulo impugnado, conhecer de todas as questões a ele relacionadas, ainda que o recorrente não tenha sobre elas se manifestado, incidindo, aqui, o efeito devolutivo em profundidade. 4. No caso, conforme constou do exame do agravo, 'a prescrição foi arguida nas instâncias ordinárias, inclusive em relação à nulidade do acordo de prorrogação de jornada bem como em relação às férias após o período concessivo', e o fundamento do col. Tribunal Regional de que haveria óbice ao exame da prejudicial, em razão de a sentença ter se silenciado a respeito não encontra guarida, em razão do efeito devolutivo previsto no art. 1.013 do CPC/2015. 5. Evidenciado, pois, o descompasso da decisão regional com a Súmula 153/TST. Recurso de revista conhecido por contrariedade à Súmula 153/TST e provido. CONCLUSÃO: Agravo em agravo de instrumento conhecido e desprovido; agravo em recurso de revista e recurso de revista conhecidos e providos" (Ag-ARR-10665-55.2013.5.12.0036, 7.ª T., rel. Min. Alexandre de Souza Agra Belmonte, *DEJT* 10-3-2023).

8.5.3. Reconvenção

Reconvenção é a ação do réu contra o autor, proposta no mesmo processo em que está sendo demandado. Dela resulta uma cumulação de lides, pois o mesmo processo é aproveitado para a solução de duas demandas (ação e reconvenção), unidas procedimentalmente[21].

A reconvenção será **proposta pelo réu, na contestação**, para manifestar pretensão própria, conexa com a ação principal ou com o fundamento da defesa **(art. 343, CPC)**. A reconvenção pode ser proposta pelo réu em litisconsórcio com terceiro **(art. 343, § 4.º, CPC)**. Pode, ainda, ser proposta contra o autor e terceiro **(art. 343, § 2.º, CPC)**.

A reconvenção, que tem por fundamento o princípio da **economia processual**, é **admitida no processo do trabalho**, aplicando-se subsidiariamente o **art. 343 do Código de Processo Civil**, observadas as peculiaridades a esse setor especializado do Direito Processual.

Como ensina Fredie Didier Jr., "trata-se de um incidente processual que amplia o objeto litigioso do processo. Não se trata de processo incidente: a reconvenção é demanda nova em processo já existente"[22].

Como ação que é, a reconvenção está subordinada aos pressupostos processuais exigidos para o exercício de qualquer ação. Tendo em vista sua natureza especial, a reconvenção exige também alguns requisitos específicos:

- ◼ que haja uma causa pendente (não existe reconvenção autônoma);
- ◼ apresentação no prazo para resposta (no caso do processo do trabalho, na contestação que, como regra, é apresentada em audiência);

---

[21] NASCIMENTO, Amauri Mascaro. *Curso de direito processual do trabalho, cit.*, 20. ed., p. 416.

[22] DIDIER JR., Fredie. *Curso de direito processual civil, cit.*, v. 1, p. 668.

8 ◼ Dissídio Individual 251

◼ competência (o juiz da causa principal deve ser competente também para apreciar o pedido reconvencional);

◼ compatibilidade entre o procedimento da causa principal e o da demanda reconvencional;

◼ conexão entre a ação principal ou algum dos fundamentos da defesa e a reconvenção.

A reconvenção é admitida nas ações em que o sindicato atua como **substituto processual**. De acordo com o **§ 5.º do art. 343 do Código de Processo Civil**, se o autor for substituto processual, o reconvinte deverá afirmar ser titular de direito em face do substituído, e a reconvenção deverá ser proposta em face do autor, também na qualidade de substituto processual.

O réu pode propor reconvenção independentemente de oferecer contestação **(art. 343, § 6.º, CPC)**.

Como ensina Mauro Schiavi, *"nos ritos sumário* (Lei n. 5.584/70) **e sumaríssimo** (Lei n. 9.957/00), a **reconvenção não se mostra cabível** em razão do princípio da celeridade, que envolve os ritos processuais desses procedimentos. Não obstante, por aplicação analógica do art. 31 da Lei n. 9.099/95, admite-se o pedido contraposto, que é articulado no próprio bojo da contestação, desde que se fundamente nos mesmos fatos objeto da controvérsia. O pedido contraposto é, em verdade, uma reconvenção mitigada, pois sua amplitude é menor que a reconvenção, embora o efeito de tal pedido seja o mesmo da reconvenção"[23] (grifos nossos).

8.6. SUSPENSÃO DO PROCESSO

A **suspensão do curso do processo** é a paralisação temporária dos atos processuais em decorrência de um acontecimento, voluntário ou não, previsto em lei. A suspensão do processo "inibe o andamento do feito, mas não elimina o vínculo jurídico emanado da relação processual, que, mesmo inerte, continua a subsistir com toda sua eficácia"[24].

Durante a suspensão, em regra, não é praticado nenhum ato processual, sendo possível ao juiz determinar apenas a realização de atos urgentes a fim de evitar dano irreparável **(art. 314, CPC)**.

São hipóteses de suspensão do processo aplicáveis ao processo do trabalho **(art. 313, CPC)**:

◼ quando ocorrer a morte ou perda da capacidade processual de qualquer das partes, de seu representante legal ou de seu procurador.

Ao tomar conhecimento da morte, e não tendo sido ajuizada ação de habilitação, o juiz determinará a suspensão do processo, observando o seguinte: (a) falecido o réu – ordenará a intimação do autor para que promova a citação do respectivo espólio, de quem for o sucessor ou, se for o caso, dos herdeiros, no prazo que designar (que deve ser de, no mínimo, 2 meses e de, no máximo, 6 meses); (b) falecido o autor –

---

[23] SCHIAVI, Mauro. *Manual de direito processual do trabalho*, cit., 17. ed., p. 707.

[24] THEODORO JÚNIOR, Humberto. *Curso de direito processual civil, cit.*, v. 1, p. 724.

determinará a intimação de seu espólio, de quem for o sucessor ou, se for o caso, dos herdeiros, pelos meios de divulgação que reputar mais adequados para que manifestem interesse na sucessão processual e promovam a respectiva habilitação no prazo designado, sob pena de extinção do processo sem resolução de mérito.

No caso de morte do procurador, considerando que no processo do trabalho vigora o *jus postulandi* das partes, ainda que não sejam adotadas as providências previstas no **§ 3.º do art. 313 do Código de Processo Civil** (constituição de novo mandatário no prazo de 15 dias), não ocorrerá a extinção do processo sem julgamento do mérito;

◼ havendo convenção das partes, típica hipótese de suspensão voluntária que decorre da manifestação de vontade de ambas as partes. Pode ocorrer, por exemplo, quando as partes solicitam ao juiz a suspensão do processo por determinado tempo, durante o qual manterão tratativas de acordo visando à solução do litígio.

Nesse caso, o prazo de suspensão do processo nunca poderá exceder de seis meses **(art. 313, § 4.º, CPC)**;

◼ pela arguição de impedimento ou de suspeição;

◼ pela admissão de incidente de resolução de demandas repetitivas.

Exemplo de aplicação dessa hipótese de suspensão ocorreu nos autos do processo TST-IRR-849-83.2013.5.03.0138, que consagrou a tese de que o divisor aplicável à categoria dos bancários é o de 180 e 220, respectivamente, para as jornadas de 6 e 8 horas, com a consequente alteração da Súmula 124 do Tribunal Superior do Trabalho;

◼ quando a sentença de mérito depender do julgamento de outra causa ou da declaração de existência ou de inexistência de relação jurídica que constitua o objeto principal de outro processo pendente ou tiver de ser proferida somente após a verificação de determinado fato ou a produção de certa prova, requisitada a outro juízo, como na hipótese de alegação de dispensa por justa causa em razão de ato de improbidade que está sendo apurada em processo criminal.

Nesse caso, o prazo de suspensão do processo nunca poderá exceder de um ano **(art. 313, § 4.º, CPC)**;

◼ por motivo de força maior;

◼ pelo parto ou pela concessão de adoção, quando a advogada responsável pelo processo constituir a única patrona da causa.

Nesse caso, o prazo de suspensão do processo será de 30 dias, contado a partir da data do parto ou da concessão da adoção, mediante apresentação de certidão de nascimento ou documento similar que comprove a realização do parto, ou de termo judicial que tenha concedido a adoção, desde que haja notificação ao cliente **(art. 313, § 6.º, CPC)**;

◼ quando o advogado responsável pelo processo constituir o único patrono da causa e tornar-se pai.

Nesse caso, o prazo de suspensão do processo será de oito dias, contado a partir da data do parto ou da concessão da adoção, mediante apresentação de certidão de nascimento ou documento similar que comprove a realização do parto, ou de termo

8 ■ Dissídio Individual

judicial que tenha concedido a adoção, desde que haja notificação ao cliente **(art. 313, § 7.º, CPC)**;

■ nos demais casos regulados pelo Código de Processo Civil, desde que passíveis de aplicação subsidiária no âmbito do processo do trabalho.

Quando o conhecimento do mérito depender de verificação da existência de fato delituoso, o juiz pode determinar a suspensão do processo até que se pronuncie a justiça criminal **(art. 315, CPC)**.

A suspensão depende sempre de uma decisão judicial que a ordene, pois o comando do processo é do juiz.

8.7. A CONCILIAÇÃO E SEUS EFEITOS: PARTES, TERCEIROS, INSS

Uma das peculiaridades do processo do trabalho é a **conciliabilidade**, ou seja, mesmo no curso do processo busca-se a solução do litígio de forma conciliada, o que, aliás, é obrigatório em duas oportunidades **(arts. 846 e 850, CLT)**, como será visto a seguir.

Determina o legislador que os dissídios individuais ou coletivos submetidos à apreciação da Justiça do Trabalho serão sempre sujeitos à conciliação, devendo os Juízes e Tribunais do Trabalho buscar uma solução conciliatória dos conflitos, empregando sempre, para esse fim, seus bons ofícios e persuasão. Somente após constatada pelo juiz a impossibilidade de acordo é que ele dará prosseguimento ao processo. Além disso, a Justiça do Trabalho, em todas as suas instâncias e em qualquer fase do processo, admite a conciliação **(art. 764, CLT)**.

Assim, considerando que a conciliação é objetivada no processo do trabalho, o legislador prevê que é lícito às partes celebrar acordo que ponha termo ao processo, ainda mesmo depois de encerrado o juízo conciliatório, ou seja, mesmo depois da segunda tentativa obrigatória de conciliação **(art. 764, § 3.º, CLT)**.

A conciliação resulta da transação. Por meio dela ambos os litigantes cedem parte do que pretendem, com o objetivo de pôr fim ao processo.

Ressaltando a natureza conciliatória do processo do trabalho, o legislador indica duas **oportunidades** em que **deve obrigatoriamente ser tentada a conciliação** no curso do processo: a **primeira**, após aberta a audiência e antes de apresentada a defesa **(art. 846, CLT)**, e a **segunda**, após as razões finais e antes de ser proferida a sentença **(art. 850, CLT)**.

A omissão em relação às tentativas de conciliação vem sendo considerada pela jurisprudência como simples irregularidade, mesmo em relação à segunda tentativa. O entendimento majoritário do TST é no sentido de que a ausência de renovação da proposta conciliatória, por si só, não resulta em nulidade processual, a menos que a parte demonstre prejuízo, uma vez que a lei autoriza que as partes celebrem acordo em qualquer fase do processo.

"I – RECURSO ORDINÁRIO INTERPOSTO PELA AUTORA. AÇÃO RESCISÓRIA AJUIZADA SOB A ÉGIDE DO CPC DE 1973. [...] 2 – ART. 485, V, DO CPC DE 1973. AUSÊNCIA DE SEGUNDA PROPOSTA CONCILIATÓRIA. VIOLAÇÃO DOS ARTS. 5.º, II E LIV, DA CONSTITUIÇÃO FEDERAL, 764, § 1.º, 831 E 850 DA CLT. 2.1 – Como a sentença rescindenda consignou que as partes, após o encerramento da instrução, permaneceram inconciliadas, não se há falar em nulidade por ausência de proposta conciliatória, a qual restou frustrada pela ausência das partes à audiência, de modo que não se vislumbra a propalada afronta aos arts. 5.º, II e LIV, da Constituição Federal, 764, § 1.º, 831 e 850 da CLT. Ademais, considerando o teor dos arts. 764, § 3.º, e 794 da CLT, ainda que não realizada a segunda proposta conciliatória, não se há falar em nulidade, porquanto ausente o prejuízo, uma vez que, às partes, é dado conciliar a qualquer momento e, no caso, jamais foram impedidas de tal ato. 2.2 – Precedentes. Recurso ordinário conhecido e não provido. [...]" (RO-5699-44.2010.5.02.0000, Subseção II Especializada em Dissídios Individuais, rel. Min. Delaide Alves Miranda Arantes, *DEJT* 5-8-2022)

No caso de conciliação, o termo que for lavrado valerá como decisão irrecorrível, somente podendo ser atacado por meio da ação rescisória **(art. 831, parágrafo único, CLT e Súm. 259, TST)**.

SÚMULA 259, TST: "Só por ação rescisória é impugnável o termo de conciliação previsto no parágrafo único do art. 831 da CLT".

A irrecorribilidade, no entanto, **não se aplica à Previdência Social** que pode recorrer dos acordos judiciais nas hipóteses em que não concorde com a base de incidência das contribuições previdenciárias estabelecidas no acordo homologado pela Justiça do Trabalho.

Nesse sentido, prevê o legislador que a União deverá ser intimada das decisões homologatórias de acordos que contenham parcela indenizatória, facultada a interposição de recurso relativo aos tributos que lhe forem devidos **(art. 832, §§ 4.º e 5.º, CLT)**.

Hipótese de cabimento de ação rescisória através da qual se impugna acordo homologado é a decorrente de comprovação de ter sido ele celebrado com intuito pelas partes de fraudar a lei ou de prejudicar terceiros, caracterizando, portanto, colusão. Assim, a despeito de a conciliação ser buscada na Justiça do Trabalho e ser um meio eficiente de pôr fim ao litígio, ela deve se revestir de validade e não pode ser utilizada para prejudicar terceiros.

"RECURSO ORDINÁRIO EM AÇÃO RESCISÓRIA AJUIZADA SOB A ÉGIDE DO CPC DE 2015. SENTENÇA HOMOLOGATÓRIA DE ACORDO JUDICIAL. INDÍCIOS DE COLUSÃO ENTRE AS PARTES PARA PREJUDICAR TERCEIROS. PROCEDÊNCIA DO PLEITO DESCONSTITUTIVO. 1. Trata-se de ação rescisória na qual o Ministério Público do Trabalho aponta indícios de colusão entre as partes para prejudicar terceiros, pugnando assim pela desconstituição de sentença homologatória de acordo judicial trabalhista. 2. Ante a dificuldade de provar-se cabalmente a prática da colusão, considerada a aparente legalidade de que se revestem os atos, tanto a doutrina quanto a jurisprudência admitem sua prova por meio de consistente conjunto de indícios. 3. No caso, a relação de parentesco entre a parte reclamante e o sócio majoritário e administrador da reclamada; os fatos inverossímeis narrados na petição inicial e os respectivos valores cobrados; o fato incontroverso de que a reclamada não se encontra em atividade muito antes do ajuizamento da reclamação trabalhista; a existência de acordos judiciais em ações envolvendo outros parentes do sócio administrador da reclamada; bem como a existência de diversas ações em face do réu na Justiça Comum Federal e Estadual formam robusto conjunto de indícios a apontar a ocorrência da colusão entre as partes para esvaziar o patrimônio desta última em prejuízo de terceiros. Recurso ordinário conhecido e não provido" (ROT-22-39.2019.5.12.0000, Subseção II Especializada em Dissídios Individuais, rel. Min. Douglas Alencar Rodrigues, *DEJT* 28-6-2024).

8.8. JULGAMENTO CONFORME O ESTADO DO PROCESSO

Com as necessárias e devidas adaptações, aplicam-se ao processo do trabalho as normas do Código de Processo Civil que estabelecem o julgamento conforme o estado do processo.

Destacamos que no processo do trabalho não há providências preliminares a serem adotadas nem saneamento do processo, razão pela qual pode o julgamento conforme o estado do processo consistir em uma das seguintes decisões:

- ☐ extinção do processo **(art. 354, CPC)**;
- ☐ julgamento antecipado do mérito **(art. 355, CPC)**;
- ☐ julgamento antecipado parcial do mérito **(art. 356, CPC)**.

Ocorrendo qualquer uma dessas decisões, que serão analisadas nos itens a seguir, o processo não prosseguirá, não havendo que se falar em produção de provas, ou seja, não haverá a fase instrutória.

8.8.1. Extinção do processo

Observando-se a necessária compatibilidade com as normas do processo do trabalho, o juiz proferirá **sentença**, extinguindo o processo **sem apreciar o mérito da causa**, nas seguintes hipóteses previstas no **art. 485 do Código de Processo Civil**:

- ☐ quando indeferir a petição inicial;
- ☐ quando verificar a ausência de pressupostos de constituição e de desenvolvimento válido do processo;
- ☐ quando reconhecer a existência de perempção, de litispendência ou de coisa julgada;
- ☐ quando verificar ausência de legitimidade ou de interesse processual;
- ☐ quando acolher alegação de convenção de arbitragem (somente no caso de empregado cuja remuneração seja superior a duas vezes o limite máximo estabelecido para os benefícios do Regime Geral de Previdência Social, caso em que no contrato de trabalho poderá ser pactuada cláusula compromissória de arbitragem – **art. 507-A, CLT**);
- ☐ quando homologar a desistência da ação.

O juiz proferirá **sentença**, extinguindo o processo **com resolução do mérito**, nas seguintes hipóteses previstas no **art. 487 do Código de Processo Civil**:

- ☐ quando decidir, de ofício ou a requerimento, sobre a ocorrência de decadência ou prescrição.

Nesse caso, ressalvada a hipótese em que o juiz julgar liminarmente improcedente o pedido quando verificar, desde logo, a ocorrência de decadência ou de prescrição

(art. 332, § 1.º, CPC), a prescrição e a decadência não serão reconhecidas sem que antes seja dada às partes oportunidade de manifestar-se **(art. 487, parágrafo único, CPC)**;

☐ quando homologar:

 ☐ o reconhecimento da procedência do pedido formulado na ação ou na reconvenção;

 ☐ a transação;

 ☐ a renúncia à pretensão formulada na ação ou na reconvenção.

8.8.2. Julgamento antecipado do mérito

Quando do julgamento conforme o estado do processo, o juiz examinará o pedido e julgará antecipadamente o seu mérito, nas hipóteses previstas no **art. 355 do Código de Processo Civil**, ou seja, quando:

☐ não houver necessidade de produção de outras provas (por exemplo, quando o pedido for único e fundar-se exclusivamente em prova documental juntada aos autos com a petição inicial e a defesa não for capaz de infirmar o documento; ou, ainda, em causas em que se discute exclusivamente questão de direito, não havendo necessidade de produção probatória);

☐ o réu for revel, não contestar a ação **(art. 344, CPC)** e, se fazendo representar nos autos a tempo de produzir provas contrapostas às alegações do autor, não fizer tal requerimento **(art. 349, CPC)**.

Embora na **Instrução Normativa n. 39/2016 do Tribunal Superior do Trabalho** não haja menção ao art. 355 do Código de Processo Civil, nem permitindo nem vedando sua aplicação ao processo do trabalho, entendemos haver compatibilidade com as normas desse ramo especializado.

8.8.3. Julgamento antecipado parcial de mérito

O Código de Processo Civil de 2015 "repudia a tese da indivisibilidade do objeto litigioso, que segundo seus defensores exigiria um único julgamento de mérito em cada processo e, consequentemente, atingiria a coisa julgada numa única oportunidade. Prevê, pelo contrário, expressamente, a possibilidade de fracionamento do objeto do processo, regulando no **art. 356** as condições para que um ou mais pedidos, ou uma parcela de pedidos, sejam solucionados separadamente"[25].

O **art. 5.º da Instrução Normativa n. 39/2016 do Tribunal Superior do Trabalho** menciona expressamente a aplicabilidade ao processo do trabalho das normas do **art. 356 do Código de Processo Civil**, que regem o julgamento antecipado parcial do mérito.

Assim, o juiz decidirá parcialmente o mérito quando um ou mais dos pedidos formulados ou parcela deles:

---

[25] THEODORO JÚNIOR, Humberto. *Curso de direito processual civil, cit.*, v. I, p. 842.

- mostrar-se incontroverso;
- estiver em condições de imediato julgamento, nos termos do **art. 355 do CPC**.

Da sentença parcial de mérito cabe recurso ordinário de imediato (**art. 5.º, IN n. 39/2016, TST**).

> "RECURSO ORDINÁRIO EM AÇÃO RESCISÓRIA. INCOMPETÊNCIA DA JUSTIÇA DO TRABALHO E PRESCRIÇÃO DO FGTS. TRÂNSITO EM JULGADO PARCIAL. CONTAGEM DO PRAZO DECADENCIAL. INCIDÊNCIA DA SÚMULA 100, II, DO TST. Nos termos do item II da Súmula 100 desta Corte 'Havendo recurso parcial no processo principal, o trânsito em julgado dá-se em momentos e em tribunais diferentes, contando-se o prazo decadencial para a ação rescisória do trânsito em julgado de cada decisão, salvo se o recurso tratar de preliminar ou prejudicial que possa tornar insubsistente a decisão recorrida, hipótese em que flui a decadência a partir do trânsito em julgado da decisão que julgar o recurso parcial'. A constatação de que houve trânsito em julgado parcial nos autos de origem, diante da ausência de impugnação, pela autora da ação rescisória, da sentença que julgou as matérias concernentes à incompetência da Justiça do Trabalho e prescrição do FGTS ocasiona o reconhecimento da decadência para propositura da ação. A interposição de recurso ordinário nos autos do processo de origem pela parte adversa, pretendendo reforma da sentença em relação a temas totalmente diversos, não se revela suficiente à postergação do início de contagem do prazo decadencial. Proferida a sentença rescindenda em agosto de 2018, deve-se declarar, de ofício, a inobservância do prazo decadencial pelo ajuizamento da ação rescisória em 8-12-2020. Recurso ordinário conhecido. Ação rescisória extinta com resolução do mérito" (ROT-2760-58.2020.5.05.0000, Subseção II Especializada em Dissídios Individuais, rel. Min. Liana Chaib, *DEJT* 15-9-2023).

A decisão que julgar parcialmente o mérito poderá reconhecer a existência de obrigação líquida ou ilíquida (**§ 1.º**), sendo que a parte poderá liquidar ou executar, desde logo, a obrigação reconhecida na decisão que julgar parcialmente o mérito, independentemente de caução, ainda que haja recurso contra esta interposto (**§ 2.º**). Havendo trânsito em julgado da decisão, a execução será definitiva (**§ 3.º**).

A liquidação e o cumprimento da decisão que julgar parcialmente o mérito poderão ser processados em autos suplementares, a requerimento da parte ou a critério do juiz (**§ 4.º**).

8.9. PROVAS NO PROCESSO DO TRABALHO

Para poder declarar a procedência ou improcedência do pedido, o juiz examina a questão sob dois aspectos evidentemente interligados, mas que podem ser lógica e idealmente separados: o direito e o fato.

De nada adianta alguém ter um direito, em tese, favorável se não consegue demonstrar que se encontra em uma situação que permite a incidência da norma.

Aliás, no plano prático é mais importante para as partes a demonstração dos fatos do que a interpretação do direito, porque esta ao juiz compete, ao passo que os fatos a ele devem ser trazidos.

A produção de provas é feita na chamada **fase probatória**, que, na Consolidação das Leis do Trabalho, está regulada basicamente nos **arts. 818 a 830**. A legislação trabalhista não esgota a temática da prova, razão pela qual, diante da omissão, aplica-se subsidiariamente o Código de Processo Civil, devendo, no entanto, ser respeitadas as peculiaridades do processo do trabalho.

Com exceção da prova documental que, como regra, deve ser produzida pelo reclamante na petição inicial e pelo reclamado por ocasião da apresentação da defesa **(art. 434, CPC)**, todas as demais provas são produzidas na fase de instrução processual, que tem início após a defesa **(art. 848, CLT)** e termina no momento em que o juiz declara encerrada a instrução e abre às partes a oportunidade de apresentação das razões finais **(art. 850, CLT)**.

8.9.1. Conceito e finalidade da prova

A prova é todo meio destinado a convencer o juiz a respeito da verdade de uma situação de fato.

A prova é, portanto, destinada ao juiz e tem por **finalidade** convencê-lo sobre a existência ou não de algum fato que seja relevante para o processo. Com a prova não se busca a certeza absoluta, a qual, aliás, é sempre impossível, mas a certeza relativa suficiente para **formar a convicção do magistrado**.

O que as partes apresentam como fatos na petição inicial (autor) e na defesa (réu) são meras suposições. Considerando que o juiz deve julgar com base em certeza, é a prova essencial para que a pretensão se concretize na entrega da prestação jurisdicional esperada. A sentença proferida com base nas provas produzidas é o reflexo da transformação, no âmbito processual, da suposição em certeza que emana das provas existentes nos autos. O juiz é, portanto, o principal destinatário da prova: "ele é quem precisa saber a verdade quanto aos fatos, para que possa decidir"[26].

1.ª etapa	2.ª etapa	3.ª etapa
PRETENDER	PROVAR	OBTER
Ex: petição inicial / contestação	Ex: produção de provas	Ex: sentença
FASE POSTULATÓRIA	FASE INSTRUTÓRIA	FASE DECISÓRIA

SUPOSIÇÃO →→→→→→→→→→→→→→→→→→→→→→→→→→→→→→→→→→→→ CERTEZA

Prova

Assim, "cada uma das partes conta a sua versão sobre o que aconteceu. A versão mais bem provada, aquela que vier a convencer o julgador, tem tudo para ser a vencedora"[27].

A prova insere-se no âmbito do contraditório, garantida pela dimensão substancial do referido princípio. Nesse sentido, a **prova é um direito fundamental** que tem conteúdo complexo e compõe-se do direito[28]:

---

[26] DIDIER JR., Fredie; BRAGA, Paula Sarno; OLIVEIRA, Rafael Alexandria de. *Curso de direito processual civil*. 11. ed. Salvador: JusPodivm, 2016. v. 2, p. 57.

[27] DIDIER JR., Fredie; BRAGA, Paula Sarno; OLIVEIRA, Rafael Alexandria de. *Curso de direito processual civil, cit.*, p. 44.

[28] DIDIER JR., Fredie; BRAGA, Paula Sarno; OLIVEIRA, Rafael Alexandria de. *Curso de direito processual civil, cit.*, p. 46-47.

- à adequada oportunidade de requerer provas;
- de produzir provas;
- de participar da produção da prova;
- de manifestar-se sobre a prova produzida;
- ao exame, pelo órgão julgador, da prova produzida.

As partes têm o direito de empregar todos os meios legais, bem como os moralmente legítimos, ainda que não especificados pelo legislador, para provar a verdade dos fatos em que se funda o pedido ou a defesa e influir eficazmente na convicção do juiz **(art. 369, CPC)**. Sob outro ângulo, ninguém se exime do dever de colaborar com o Poder Judiciário para o descobrimento da verdade **(art. 378, CPC)**.

Assim, as provas devem ser capazes de trazer aos autos os fatos, levando a certeza necessária ao julgador. Visando a formação da convicção e, portanto, a certeza necessária para julgar, o juiz do trabalho tem liberdade na direção do processo, podendo determinar qualquer diligência necessária ao esclarecimento dos fatos **(art. 765, CLT)**.

Nesse sentido, caberá ao juiz, de ofício ou a requerimento da parte, determinar as provas necessárias para o julgamento do mérito, podendo indeferir, em decisão fundamentada, as diligências inúteis ou meramente protelatórias **(art. 370, CPC)**.

Isso não significa, porém, que pode haver excesso de poder ou que possa ser negado às partes o direito à produção de provas e à ampla defesa.

Tais previsões inserem-se no campo da discussão sobre os **poderes instrutórios do juiz** e da necessária análise sobre qual o papel das partes e do juiz na atividade probatória, ou seja, quais os poderes atribuídos, em termos de produção da prova, a cada um dos sujeitos processuais.

Nesse contexto, nos filiamos ao entendimento de que "a melhor interpretação que se pode dar ao art. 370 do CPC, segundo nos parece, é aquela que privilegia o meio-termo: a atividade probatória é atribuída, em linha de princípio, às partes; ao juiz cabe, se for o caso, apenas uma *atividade complementar* – uma vez produzidas as provas requeridas pelas partes, se ainda subsistir *dúvida* quanto a determinada questão de fato relevante para o julgamento, o juiz estaria autorizado a tomar iniciativa probatória para saná-la. Não se pode esquecer que, embora não seja finalidade do processo revelar a *verdade*, constitui imposição ética buscá-la, a fim de que a decisão seja a mais justa possível". A iniciativa oficial poderia deixar de ser apenas complementar, passando a ser "*substitutiva* da atividade das partes em caso de vulnerabilidade (econômica e técnica)"[29].

A prova produzida nos autos será apreciada pelo juiz, independentemente do sujeito que a tiver promovido, devendo ele, no entanto, indicar na decisão as razões da formação de seu convencimento **(art. 371, CPC)**. O convencimento do juiz deve, portanto, ser **racionalmente motivado**, não havendo mais que se falar em "livre" convencimento motivado.

---

[29] DIDIER JR., Fredie; BRAGA, Paula Sarno; OLIVEIRA, Rafael Alexandria de. *Curso de direito processual civil, cit.*, p. 94.

8.9.2. Objeto da prova

Como a finalidade da prova é convencer o juiz a respeito da existência e da verdade dos fatos alegados, conclui-se, em princípio, que o **objeto da prova** é a alegação de fato (*fato probando*).

Embora em princípio qualquer fato possa ser objeto de prova, existe uma delimitação em relação ao que pode ser provado pelas partes, ou seja, o fato precisa ser pertinente ao processo, relevante, controvertido e determinado.

Os **fatos pertinentes ao processo** são os que suscitam o interesse da parte em demonstrá-los; os fatos impertinentes, isto é, os não relacionados com a causa, devem ter sua prova recusada pelo juiz, sob pena de se desenvolver atividade inútil.

Fatos relevantes são os que podem influir, em diferentes graus, na decisão da causa. Se não puder influir na decisão, "sua prova é claramente desnecessária – trata-se de aplicação do princípio da eficiência (economia processual)"[30]. Os fatos irrelevantes são, na realidade, também impertinentes. Há uma correlação, portanto, entre pertinência e relevância do fato em relação ao objeto da prova.

Os **fatos controvertidos** são aqueles em relação aos quais a parte contrária opõe resistência, negando-os quanto à sua existência ou quanto à maneira que ocorreram. O fato se torna incontroverso quando aceito expressa ou tacitamente pela parte contrária, **(art. 374, II e III, CPC)**, não havendo, portanto, interesse em demonstrá-los.

Portanto, não estão sujeitos à prova os fatos notórios, os fatos afirmados por uma parte e confessados pela parte contrária, os admitidos no processo como incontroversos e os que em cujo favor milita presunção legal de existência ou de veracidade **(art. 374, CPC)**.

Fatos notórios são aqueles de conhecimento geral e que, por isso mesmo, não necessitam ser provados. Para a dispensa da prova não é preciso que a notoriedade seja absoluta, isto é, que o conhecimento seja geral e em todos os lugares. Basta a notoriedade relativa, local ou regional e do pessoal do foro, observando-se, porém, neste caso, a circunstância de que a notoriedade deve também atingir o conhecimento do Tribunal que em tese poderá julgar o recurso, sob pena de, futuramente, nascer dúvida sobre a sua existência.

Havendo presunção legal absoluta em relação a determinado fato, a parte está dispensada de prová-lo. Tratando-se de presunção relativa, a parte em favor de quem milita a presunção não precisa prová-lo, incumbindo à outra parte o ônus de produzir, se for o caso, prova em sentido contrário.

Os **fatos determinados** são aqueles que possuam características suficientemente capazes de os distinguir de outros fatos a eles assemelhados, sendo identificável no tempo e no espaço. Fato indefinido, indeterminado não tem sequer como ser provado.

Portanto, pode-se concluir que o **objeto da prova**, referida a determinado processo, são os fatos pertinentes, relevantes, controvertidos, não notórios, não submetidos a presunção legal e, ainda, determinados.

---

[30] DIDIER JR., Fredie; BRAGA, Paula Sarno; OLIVEIRA, Rafael Alexandria de. *Curso de direito processual civil, cit.*, p. 58.

8 ◘ Dissídio Individual

A "prova do Direito" é desnecessária, tendo em vista que o juiz não pode se eximir de julgar sob o fundamento de que desconhece a lei aplicável (*iura novit curia*), ou por ela ser omissa ou obscura (**art. 140, CPC**). Portanto, não há necessidade de se fazer prova de uma lei federal ou da Constituição.

No entanto, fundando a parte suas alegações em contrato individual, em norma coletiva (convenção coletiva de trabalho, acordo coletivo de trabalho ou sentença normativa), em direito municipal, estrangeiro ou consuetudinário, deverá trazer aos autos prova da norma jurídica invocada (**art. 376, CPC**).

Atento às regras relativas à prova, está o juiz obrigado, por força do seu mister, a impedir a produção de prova indevida, porque extemporânea, porque inadequada ou porque não se refere a matéria controversa. De igual modo, está o juiz obrigado a admitir a produção de prova oportuna, adequada e pertinente, sob pena de ocorrer **cerceamento de defesa**, com afronta à garantia da ampla defesa (**art. 5.º, LV, CF**).

8.9.3. Princípios da prova

Diversas são as regras que norteiam a produção probatória. Por serem estruturantes do direito probatório, os processualistas do trabalho costumam indicá-las como **princípios da prova**.

Talvez não seja a denominação mais apropriada, mas a análise é importante para que se compreenda o mecanismo que envolve a produção probatória em nosso ordenamento jurídico.

Segundo as lições de Amauri Mascaro Nascimento[31], a prova no processo do trabalho submete-se aos seguintes princípios fundamentais:

◘ **Princípio da necessidade da prova** – os fatos de interesse das partes devem ser provados no processo, não bastando a simples alegação. A sentença somente pode basear-se em fatos provados, pois aquilo que não consta do processo não existe no universo jurisdicional.

◘ **Princípio da unidade da prova** – embora a prova seja constituída de diversas modalidades, ela é uma só unidade que deve ser apreciada em conjunto, ou seja, o juiz deve apreciar a prova produzida nos autos como um todo, e não cada uma das provas separadamente.

◘ **Princípio da lealdade ou da probidade da prova** – o comportamento das partes no processo deve estar em consonância com o interesse geral de que a realidade dos fatos não seja deformada, razão pela qual elas devem produzir a prova de forma leal e lícita, colaborando para que a decisão judicial não seja calcada em falsas realidades.

◘ **Princípio da contradição** – à parte contra a qual é produzida uma prova deve ser dada a oportunidade de dela tomar conhecimento e sobre ela se manifestar.

---

[31] NASCIMENTO, Amauri Mascaro. *Curso de direito processual do trabalho, cit.,* 20. ed., p. 420-421.

■ **Princípio da igualdade de oportunidade da prova** – às partes devem ser asseguradas idênticas oportunidades de requerer e de produzir uma determinada prova.

■ **Princípio da legalidade** – sempre que na lei existir a previsão de uma forma específica para a produção da prova, ela não poderá ser produzida de outra maneira.

■ **Princípio da imediação** – ao juiz é conferida não só a direção da prova, mas também a possibilidade de intervenção direta na instrução probatória **(art. 765, CLT)**.

■ **Princípio da obrigatoriedade de prova** – tendo em vista que a prova é produzida no processo não só por interesse das partes, mas também por interesse do Estado, que quer o esclarecimento da verdade dos fatos, as partes podem ser compelidas pelo juiz a apresentar no processo determinada prova, sofrendo sanção em caso de omissão.

Bezerra Leite, em acréscimo, aponta ainda os outros princípios que entende nortear a temática probatória no processo do trabalho[32]:

■ **Princípio do contraditório e da ampla defesa** – as partes têm o direito fundamental garantido constitucionalmente de se manifestarem reciprocamente sobre as provas apresentadas nos autos.

■ **Princípio da oralidade** – as provas devem ser realizadas, preferencialmente, na audiência de instrução e julgamento, isto é, oralmente e na presença do juiz.

■ **Princípio da aquisição processual** – a prova produzida, independentemente de quem a produziu, é adquirida pelo processo, ou melhor, pelos autos, dele não podendo mais ser retirada ou desentranhada **(art. 371, CPC)**.

■ **Princípio** *in dubio pro misero* – possibilidade de o juiz, em caso de dúvida razoável, interpretar a prova em benefício do empregado, geralmente autor da ação trabalhista.

8.9.4. Ônus da prova

A prova se encontra ligada à atividade das partes, pois, em princípio, a estas incumbe demonstrar, na medida de seus interesses, a autenticidade dos fatos por elas alegados no processo. Cabe aos litigantes, assim, transportar para os autos, segundo os meios legalmente admitidos **(art. 5.º, LVI, CF)**, a verdade dos fatos com base nos quais formulam pretensões em juízo.

O **ônus da prova** significa, portanto, esse encargo que os diversos sistemas processuais atribuem aos litigantes, de que estes reproduzam nos autos os fatos tais como aconteceram realmente. No entanto, em razão de circunstâncias diversas, é possível que

---

[32] LEITE, Carlos Henrique Bezerra. *Curso de direito processual do trabalho, cit.,* 16. ed., p. 774-796.

8 ◘ Dissídio Individual

a parte não produza a prova ou a produza de forma insuficiente, não se desincumbindo desse ônus, o que gera o risco de que venha a sofrer desvantagens processuais. Como ensina Humberto Theodoro Júnior, "o ônus da prova refere-se à atividade processual de pesquisa da verdade acerca dos fatos que servirão de base ao julgamento da causa. Aquele a quem a lei atribui o encargo de provar certo fato, se não exercitar a atividade que lhe foi atribuída, sofrerá prejuízo de sua alegação não ser acolhida na decisão judicial"[33].

O fato de não ter produzido a prova que lhe incumbia, porém, não significa necessariamente um julgamento desfavorável à parte, tendo em vista que a formação do convencimento do juiz é mais ampla e pode decorrer das provas produzidas pela parte contrária e até mesmo daquelas produzidas de ofício.

Conclui-se, portanto, que "a ideia de ônus da prova não tem o objetivo de ligar a produção da prova a um resultado favorável, mas sim o de relacionar a produção da prova a uma maior chance de convencimento do juiz"[34].

Na realidade, o ônus da prova pode ser resumido a partir da resposta a duas questões:

◘ Quem deve provar?

◘ Qual a consequência para aquele que deveria provar e não o fez ou o fez insuficientemente?

O ônus da prova submete-se aos seguintes princípios:

◘ **da indeclinabilidade da jurisdição** (o juiz não pode esquivar-se de proferir uma decisão de mérito);

◘ **dispositivo** (às partes cabe a iniciativa da ação e das provas, o juiz apenas tem atividade de complementação);

◘ **da persuasão racional** (motivação racional limitada pelo conjunto probatório dos autos).

De acordo com os **arts. 818, I e II, da CLT** e **373, I e II, do CPC**, incumbe ao autor o ônus da prova quanto a fato constitutivo de seu direito e ao réu quanto à existência de fato impeditivo, modificativo ou extintivo do direito do autor. Para a hipótese de **prova dividida**, o Juízo não decide sob o enfoque de melhor prova, uma vez que ambas se equivalem, impondo-lhe julgar contra aquela parte a quem a lei atribui o encargo probatório.

> "RECURSO DE REVISTA. HORAS EXTRAS. CARTÕES DE PONTO. REGISTROS INVARIÁVEIS. INVALIDADE. SÚMULA 338, III, DO TST. DECISÃO REGIONAL EM DESACORDO COM A JURISPRUDÊNCIA PACÍFICA DO TST. TRANSCENDÊNCIA POLÍTICA RECONHECIDA. 1. Na hipótese, a Tribunal Regional entendeu que os registros de frequência uniformes não são inválidos como meio de prova. Na ocasião, a Corte de

---

[33] THEODORO JÚNIOR, Humberto. *Curso de direito processual civil, cit.,* v. 1, p. 893.

[34] MARINONI, Luiz Guilherme; ARENHART, Sérgio Cruz. *Curso de processo civil.* Processo de conhecimento. 11. ed. rev. e atual. São Paulo: Revista dos Tribunais, 2013. v. 2, p. 266.

origem consignou que, 'ainda que, *in casu*, alguns registros de horário contenham anotações invariáveis, o ônus da prova acerca do eventual cumprimento de jornada extraordinária inadimplida permanece a cargo do empregado, já que fato constitutivo de seu direito, a teor do disposto no art. 818 da CLT'. Pontuou que 'ainda que não tenham sido juntados alguns poucos cartões ponto, restou demonstrado nos autos que eventuais horas extras prestadas eram registradas e pagas pela reclamada'. Registrou que 'não houve demonstração cabal da existência controle paralelo de jornada, tendo em vista que a prova oral ficou dividida no aspecto, o que implica decidir em desfavor daquele que detinha o ônus probatório quanto ao tema – no caso, a demandante'. 2. Verifica-se que a solução adotada pela instância de origem está em desacordo com a Súmula 338, III, desta Corte, a qual dispõe que os cartões de ponto que demonstram horários de entrada e saída uniformes são inválidos como meio de prova, invertendo-se o ônus da prova, relativo às horas extras, que passa a ser do empregador, prevalecendo a jornada da inicial se dele não se desincumbir. 3. Ademais, a jurisprudência desta Corte Superior é de que a existência de prova dividida enseja o julgamento em prejuízo de quem detinha o ônus de provar, no caso, a demandada, já que apresentou cartões de ponto com marcação britânica. Nesse sentido, estando a prova oral dividida, prevalece a jornada alegada na inicial. Recurso de revista conhecido e provido" (RR--RR-212-53.2011.5.12.0009, 1.ª T., rel. Min. Amaury Rodrigues Pinto Junior, *DEJT* 29-11-2024).

8.9.4.1. *Distribuição dinâmica do ônus da prova*

A **regra geral**, quanto ao ônus de provar, é a de que incumbe **(art. 818, CLT)**:

- ▪ ao **reclamante**, a prova quanto ao **fato constitutivo** do seu direito;
- ▪ ao **reclamado**, quanto à existência de **fato impeditivo, modificativo ou extintivo** do direito do reclamante.

Fixadas essas premissas, se o reclamado apenas nega os fatos alegados pelo reclamante, a ele incumbe a prova do fato constitutivo do seu direito. No entanto, na hipótese de na contestação se alegar determinado fato que impeça, modifique ou extinga o direito postulado, inverte-se o ônus da prova, incumbindo-o ao reclamado.

Como exemplos podem ser citadas as Súmulas 6, VIII, e 212 do Tribunal Superior do Trabalho, que, respectivamente, estabelecem:

> **SÚM. 6, TST:** "[...] VIII – É do empregador o ônus da prova do fato impeditivo, modificativo ou extintivo da equiparação salarial".

> **SÚM. 212, TST:** "O ônus de provar o término do contrato de trabalho, quando negados a prestação de serviço e o despedimento, é do empregador, pois o princípio da continuidade da relação de emprego constitui presunção favorável ao empregado".

O sistema estático de distribuição do ônus probatório previsto no **art. 818, I e II, da Consolidação das Leis do Trabalho** não é, porém, satisfatório para todos os tipos de causas, sendo certo que "não poucas vezes o acesso à verdade real por parte do juiz fica comprometido ou prejudicado se se mantiver o esquema de apreciação do litígio

8 ◼ Dissídio Individual

rigorosamente imposto no momento de concluir a instrução processual, e de enfrentar o julgamento do mérito"[35] de acordo com a literalidade da regra legal sobre ônus da prova.

Assim, com o escopo de se buscar uma tutela jurisdicional mais efetiva, desenvolveu-se a **teoria da distribuição dinâmica do ônus da prova**, que foi sendo gradativamente inserida no ordenamento jurídico brasileiro (CDC, CPC de 2015 e, no âmbito trabalhista, Lei n. 13.467/2017 – *Reforma Trabalhista*).

Pela **teoria das cargas probatórias dinâmicas**, o ônus da prova recai sobre a parte que possui melhores condições econômicas, técnicas, jurídicas etc. de demonstrar o fato, não importando o lugar que o litigante ocupa no processo – se autor ou réu –, e tampouco o fato que alega – se constitutivo, impeditivo, modificativo ou extintivo.

A distribuição dinâmica do ônus da prova legitima-se quando a distribuição estática levar a uma situação de **prova diabólica**, revelando-se uma vedação oculta de acesso efetivo ao Poder Judiciário, tornando inútil à ação judiciária na tutela dos direitos materiais[36].

Como já nos manifestamos anteriormente em artigo científico sobre o tema[37], considerando que os direitos trabalhistas têm natureza de direito fundamental e que a eficácia horizontal dos direitos fundamentais nas relações trabalhistas não permite que as regras processuais, especialmente as relativas ao ônus da prova, possam servir de entrave à tutela efetiva dos direitos materiais dos trabalhadores, não há dúvida sobre a aplicabilidade da distribuição dinâmica da carga probatória no processo do trabalho.

A desigualdade natural entre empregado e empregador existente no campo material reflete-se inegavelmente no campo processual, sendo necessário (e até imprescindível) que se adotem mecanismos que visem a compensar o desequilíbrio das partes, levando a uma decisão mais justa.

Portanto, o campo do processo do trabalho é bastante permeável para essa dinamização da carga probatória, o que inclusive já vinha sendo feito com a aplicação da inversão do ônus da prova em situações em que há inegável dificuldade para o trabalhador provar suas alegações. A aplicação do **art. 6.º, VIII, do Código de Defesa do Consumidor** no Processo do Trabalho era admitida concretamente em decisões sumuladas do Tribunal Superior do Trabalho que fixavam antes mesmo da Lei n. 13.467/2017 as possibilidades dessa inversão **(Súmulas 212 e 338, TST)**.

Nesse contexto, absorvendo a **teoria das cargas probatórias dinâmicas**, a **Lei n. 13.467/2017 (Reforma Trabalhista)**, ao lado da regra tradicional do ônus da prova, passou a prever: "Art. 818. [...] § 1.º Nos casos previstos em lei ou diante de peculiaridades da causa relacionadas à impossibilidade ou à excessiva dificuldade de cumprir o

---

[35] THEODORO JÚNIOR, Humberto. *Curso de direito processual civil, cit.,* v. 1, p. 902.

[36] CAMBI, Eduardo. Teoria das cargas probatórias dinâmicas (distribuição dinâmica do ônus da prova) – exegese do art. 373, §§ 1.º e 2.º do NCPC. In: JOBIM, Marco Félix; FERREIRA, William Santos (Coord.). *Direito probatório.* 2. ed. rev. e atual. Salvador: JusPodivm, 2016. p. 247-270.

[37] ROMAR, Carla Teresa Martins. Distribuição dinâmica do ônus da prova no processo do trabalho. In: JOBIM, Marco Félix; FERREIRA, William Santos (Coord.). *Direito probatório.* 2. ed. rev. e atual. Salvador: JusPodivm, 2018. p. 1.007-1.022.

encargo nos termos deste artigo ou à maior facilidade de obtenção da prova do fato contrário, poderá o juiz atribuir o ônus da prova de modo diverso, desde que o faça por decisão fundamentada, caso em que deverá dar à parte a oportunidade de se desincumbir do ônus que lhe for atribuído. § 2.º A decisão referida no § 1.º deste artigo deverá ser proferida antes da abertura da instrução e, a requerimento da parte, implicará o adiamento da audiência e possibilitará provar os fatos por qualquer meio em direito admitido. § 3.º A decisão referida no § 1.º deste artigo não pode gerar situação em que a desincumbência do encargo pela parte seja impossível ou excessivamente difícil".

Trata-se de exceção à regra geral adotada pelo sistema probatório brasileiro no **art. 373 do Código de Processo Civil** e, no âmbito do processo do trabalho, no **art. 818 da Consolidação das Leis do Trabalho** (que é a distribuição legal ônus da prova entre o autor – fatos constitutivos – e o réu – fatos impeditivos, modificativos e extintivos).

A distribuição dinâmica do ônus probatório revela-se importante para se atingir uma **maior eficácia** na busca da **justiça das decisões judiciais**, evitando situações em que a decisão favorável a uma das partes seja resultado da impossibilidade de a outra parte produzir a prova de acordo com o modelo legal geral de ônus da prova e, ao contrário, permitindo a vitória de uma parte que dificilmente conseguiria provar suas alegações e, consequentemente, dificilmente teria êxito no processo, se a distribuição do *onus probandi* não tivesse sido alterada. O fundamento da teoria da distribuição dinâmica do ônus da prova é, portanto, o **equilíbrio processual entre as partes**, que é alcançado a partir da eliminação das diferenças de capacidade de produção probatória existente entre elas[38].

"AGRAVO DE INSTRUMENTO EM RECURSO DE REVISTA INTERPOSTO PELO MUNICÍPIO DE PASSO FUNDO, REGIDO PELA LEI N. 13.467/2017 1 – RESPONSABILIDADE SUBSIDIÁRIA. ENTE PÚBLICO. FISCALIZAÇÃO NÃO COMPROVADA. ÔNUS DA PROVA. DECISÃO EM CONFORMIDADE COM A SÚMULA 331, V, DO TST. 1 – No caso, a responsabilidade subsidiária foi mantida em face da ausência de prova da fiscalização do contrato de prestação de serviços pelo ente da Administração Pública, decisão em harmonia com o disposto na Súmula 331, V, do TST. Tal entendimento não destoa das teses jurídicas firmadas pelo Supremo Tribunal Federal na ADC 16/DF e no RE-760.931/DF (Tema 246 de Repercussão Geral), pela qual se vedou a presunção de culpa fundada no mero inadimplemento do contratado, mas não se firmou tese processual sobre a distribuição do ônus da prova. 2 – A fiscalização, pelo ente público, do cumprimento das obrigações trabalhistas a cargo do contratado constitui fato impeditivo do direito do autor, o que atrai a regra do art. 818, II, da CLT, e 373, II, do CPC. Além disso, trata-se de ônus processual que deve recair sobre a parte que possua melhores condições para a sua produção ou informações específicas sobre os fatos. Em caso de terceirização, a Administração Pública possui o dever de licitar e de fiscalizar o contrato. Da mesma forma, à luz do princípio da publicidade e das normas das Leis n. 8.666/93 e 9.784/99, o gestor possui o dever legal de documentação, sendo expressamente incumbido de formalizar e documentar o processo administrativo relativo à licitação e acompanhamento do

---

[38] ROMAR, Carla Teresa Martins. Distribuição dinâmica do ônus da prova no processo do trabalho, cit., p. 1.007-1.022.

contrato. Assim, o ente público é que, inequivocamente, reúne as condições necessárias para demonstrar o cumprimento das obrigações legais. 3 – Assim, tendo o Tribunal Regional registrado que a ré não colacionou documentos aptos a demonstrar a fiscalização realizada, deve ser mantida a responsabilidade subsidiária. Agravo de instrumento conhecido e não provido. [...]" (AIRR-20127-39.2021.5.04.0663, 2.ª T., rel. Min. Delaide Alves Miranda Arantes, *DEJT* 29-11-2024).

No entanto, é essencial notar que o legislador deixa claro que a atribuição do ônus da prova de modo diverso deve ser determinada por **decisão fundamentada** do juiz, dando-se **oportunidade para que a parte** possa se desincumbir do ônus que lhe foi atribuído (**art. 818, § 1.º, CLT**). Assim, sob pena de afronta à segurança jurídica e ao devido processo legal, a parte deve saber previamente que a ela foi atribuída a carga probatória, permitindo-lhe a produção da prova e, consequentemente, que ela tenha a possibilidade de se desincumbir de seu ônus.

Exatamente por isso, a decisão sobre a distribuição dinâmica do ônus da prova deve ser proferida antes da abertura da instrução, sendo que, havendo requerimento da parte, a audiência será adiada a fim de possibilitar a ela a prova dos fatos (**art. 818, § 2.º, CLT**).

Importante destacar que a distribuição dinâmica do ônus probatório não pode ser aplicada simplesmente para compensar a inércia ou a inatividade processual do litigante a quem originalmente incumbia o ônus, não podendo a decisão que a determinar gerar situação em que a desincumbência do encargo pela parte seja impossível ou excessivamente difícil (**art. 818, § 3.º, CLT**). A restrição imposta pelo legislador visa, portanto, evitar que com a dinamização do ônus da prova **não se consagre uma prova diabólica reversa**.

8.9.5. Meios de prova

Na produção da prova as partes devem utilizar-se de meios juridicamente possíveis, dentro dos procedimentos previstos na lei e no momento adequado, o que leva à conclusão de que os meios de prova devem ser **idôneos, adequados e formalmente corretos**. São inadmissíveis no processo as provas obtidas por meios ilícitos (**art. 5.º, LVI, CF**).

De acordo com a **Tese de Repercussão Geral 237 do Supremo Tribunal Federal**, é **lícita** a prova consistente em **gravação ambiental** realizada por um dos interlocutores sem conhecimento do outro.

Sem autorização judicial ou fora das hipóteses legais, é ilícita a prova obtida mediante **abertura de carta, telegrama, pacote ou meio análogo (Tese de Repercussão Geral 1.041 do Supremo Tribunal Federal)**.

Nesse sentido o **art. 369 do Código de Processo Civil**, segundo o qual todos os meios legais, bem como os moralmente legítimos, ainda que não especificados na lei, são hábeis para provar a verdade dos fatos, em que se funda a ação ou a defesa, e influir eficazmente na convicção do juiz.

Os meios de prova mais utilizados no processo do trabalho são: depoimento pessoal, prova documental, prova testemunhal, prova pericial e inspeção judicial. Admite-se, ainda, como meio de prova, a utilização de indícios e presunções.

As provas são produzidas no curso do processo e, como se verá a seguir, em razão da concentração dos atos que caracteriza o processo do trabalho, as provas orais são produzidas em audiência. A produção das provas segue uma ordem básica que tem por fundamento a necessidade de comprovação pelo reclamante dos fatos constitutivos do seu direito. Assim, primeiramente colhe-se o depoimento pessoal do reclamante e depois o do reclamado; primeiro ouvem-se as testemunhas do reclamante e depois as do reclamado. No entanto, pode haver alteração de tal ordem, tendo em vista que ao juízo incumbe alterar a ordem de produção dos meios de prova, adequando-os às necessidades do conflito de modo a conferir maior efetividade à tutela do direito (**art. 775, § 2.º, CLT**, com redação dada pela **Lei n. 13.467/2017 – Reforma Trabalhista**).

8.9.5.1. *Depoimento pessoal*

O **depoimento pessoal** é a declaração prestada pelo autor ou pelo réu perante o juiz sobre os fatos objeto do litígio.

Cabe à parte requerer o depoimento pessoal da outra parte, a fim de que esta seja interrogada na **audiência (art. 385,** *caput***, CPC)**. As partes também poderão ser inquiridas, **de ofício**, pelo juiz. Após o interrogatório feito por intermédio do juiz, uma parte poderá reinquirir a outra (**arts. 820 e 848, CLT**).

No processo do trabalho, como regra, colhe-se primeiro o depoimento do reclamante e depois o da reclamada, sendo vedado a quem ainda não depôs assistir ao interrogatório da outra parte (**art. 385, § 2.º, CPC**). No entanto, pode haver alteração de tal ordem, tendo em vista que ao juízo incumbe alterar a ordem de produção dos meios de prova, adequando-os às necessidades do conflito de modo a conferir maior efetividade à tutela do direito (**art. 775, § 2.º, CLT**, com redação dada pela **Lei n. 13.467/2017 – Reforma Trabalhista**).

Findo o interrogatório, poderá qualquer dos litigantes retirar-se, prosseguindo-se a instrução com o seu representante (**art. 848, § 1.º, CLT**).

O depoimento da parte que não souber a língua nacional é feito por meio de intérprete nomeado pelo juiz (**art. 819,** *caput***, CLT**). Também será designado intérprete quando a parte for surda-muda ou muda que não saiba escrever (**§ 1.º**). As despesas com o intérprete serão arcadas pela parte sucumbente, salvo se beneficiária de justiça gratuita (**§ 2.º**).

O principal objetivo do depoimento das partes é a obtenção da **confissão real**, que, por constituir-se na confirmação pela parte que está depondo das alegações da parte contrária, é a principal prova (**art. 389, CPC**). A confissão judicial pode ser espontânea ou provocada (**art. 390, CPC**).

Questão que se coloca é se o indeferimento pelo juiz do depoimento pessoal requerido pela parte contrária caracteriza **cerceamento do direito de defesa**, uma vez que impede a tentativa de obtenção da confissão real. A jurisprudência do TST sobre o tema é divergente: há entendimento fundamentado no art. 848 da CLT no sentido de que não há que se falar em cerceamento de defesa, pois a oitiva das partes é prerrogativa do juiz; e, por outro lado, há julgados afirmando que o indeferimento do pedido de oitiva da parte contrária inquina de nulidade a sentença, por cerceamento do direito de produzir prova.

"AGRAVO EM RECURSO DE EMBARGOS EM RECURSO DE REVISTA COM AGRAVO. RECURSO DE EMBARGOS INTERPOSTO SOB A ÉGIDE DA LEI N. 13.467/2017. INDEFERIMENTO DO DEPOIMENTO PESSOAL DO RECLAMANTE. CERCEAMENTO DE DEFESA DA RECLAMADA. Demonstrada divergência válida e específica, na forma do art. 894, II, da CLT, dá-se provimento ao agravo para determinar o processamento do recurso de embargos. Agravo conhecido e provido. RECURSO DE EMBARGOS INTERPOSTO SOB A VIGÊNCIA DA LEI N. 13.467/2017. INDEFERI-MENTO DO DEPOIMENTO PESSOAL DO RECLAMANTE. CERCEAMENTO DE DEFESA DA RECLAMADA. INEXISTÊNCIA. ART. 848 DA CLT. Esta Corte tem firmado o entendimento de que o indeferimento do depoimento pessoal da parte adversa não configura cerceamento do direito de defesa, haja vista que no Processo do Trabalho a oitiva pessoal dos litigantes constitui faculdade do juiz, consoante o disposto no art. 848 da CLT, segundo o qual 'terminada a defesa, seguir-se-á a instrução do processo, podendo o presidente, *ex officio* ou a requerimento de qualquer juiz temporário, interrogar os litigantes'. Trata-se de prerrogativa exclusiva do magistrado, a quem o legislador conferiu amplos poderes na direção do processo (art. 765 da CLT), sendo-lhe autorizado indeferir provas que entender inúteis ao deslinde da controvérsia. O art. 385 do CPC/15, ao conferir a uma das partes a prerrogativa de requerer o depoimento pessoal de outra, disciplina questão já tratada no texto consolidado, de maneira que, não havendo vácuo legislativo, é inviável a sua aplicação ao Processo do Trabalho, por força dos arts. 769 da CLT e 15 do CPC. Precedentes. Recurso de embargos conhecido e provido" (E-RRAg-1711-15. 2017.5.06.0014, Subseção I Especializada em Dissídios Individuais, rel. Min. Breno Medeiros, *DEJT* 8-11-2024).

"PROCESSO REGIDO PELA LEI N. 13.015/2014 E PELA LEI N. 13.467/2017. RE-CURSO DE REVISTA INTERPOSTO PELA RECLAMANTE. CERCEAMENTO DE DEFESA. DISPENSA DO DEPOIMENTO DO PREPOSTO DA RECLAMADA. IM-POSSIBILIDADE DE EVENTUAL CONFISSÃO. NULIDADE DO PROCESSO CA-RACTERIZADA. Conforme se infere da decisão recorrida, o Regional manteve a sentença, por entender que 'as perguntas dirigidas ao preposto da reclamada, [...] eram mesmo inúteis, até porque poderiam ser supridas por respostas da testemunha convidada'. Inicialmente, ressalta-se que a reclamante tinha o direito constitucional e legalmente assegurado, de tentar obter a confissão do reclamado no seu depoimento pessoal. Conforme é consabido, o art. 769 da CLT prevê que as normas e os institutos do direito processual comum serão subsidiariamente aplicáveis ao processo do trabalho nos casos omissos e se com este último forem compatíveis. Embora o art. 848 da CLT preveja o interrogatório das partes apenas por iniciativa do juiz do trabalho, isso, por si só, não impede a incidência subsidiária do CPC, que prevê o depoimento pessoal das partes como um dos meios de prova postos à disposição dessas para a defesa de seus interesses em litígio e a formação do livre convencimento do julgador – e que, por isso mesmo, pode ser por elas requerido quando o juiz não o determinar de ofício (art. 343, *caput*, do CPC). Em consequência, qualquer dos litigantes trabalhistas tem o direito de tentar obter a confissão da parte contrária a respeito dos fatos objeto da controvérsia por meio de seu depoimento pessoal, até para que não seja necessária a produção de prova testemunhal a respeito (CPC, arts. 334, II, e 400, I). Tal depoimento, pois, não pode ser indeferido sem fundamentação pelo julgador, sob pena de cerceamento de prova e, consequentemente, nulidade da sentença depois proferida. Se, nos feitos trabalhistas, as partes rotineiramente são intimadas a comparecer ao prosseguimento da audiência para depor sob a expressa cominação de confissão ficta, o entendimento de que não seria direito da parte requerer o depoimento pessoal da parte contrária acarretaria também que a aplicação, ou não, daquela sanção processual à parte injustificadamente ausente ficasse a cada caso a critério exclusivo do julgador, em manifesta contrariedade ao entendimento jurisprudencial consagrado na Súmula 74 do TST. O indeferimento do pedido de oitiva do preposto da reclamada inquina de nulidade a sentença, por cerceamento do direito do reclamante de produzir prova, verificando-se o prejuízo por ele suportado na circunstância de ter sido impedido de produzir essa modalidade de prova oral por meio da qual pretendia demonstrar a veracidade de suas alegações, segundo afirmou, especialmente se, em seguida, as instâncias ordinárias julgaram improcedentes as pretensões iniciais correspondentes por considerarem insuficiente a prova testemunhal por ele a seguir produzida. Nesse contexto, constatados o cerceamento do direito de defesa e, consequentemente, a violação do art. 5.º, inciso LV, da Constituição Federal. Recurso de revista conhecido e provido" (ARR-1001831-77.2017.5.02.0717, 3.ª T., rel. Desembargador Convocado Marcelo Lamego Pertence, *DEJT* 6-6-2024).

"[...] II – AGRAVO DE INSTRUMENTO EM RECURSO DE REVISTA, INTERPOSTO PELA RECLAMADA. 1 – CERCEAMENTO DE DEFESA. INDEFERIMENTO DO DEPOIMENTO PESSOAL DO RECLAMANTE. TRANSCENDÊNCIA JURÍDICA RECONHECIDA. 1.1 – Na hipótese dos autos, o Tribunal Regional confirmou o entendimento do Juízo de Primeiro Grau, que indeferiu o depoimento pessoal das partes, sob a simples premissa de que suas versões já constariam da petição inicial, bem como da contestação e da réplica. 1.2 – No entender desta Relatora, em que pese o art. 848 da CLT disponha sobre a faculdade do juiz em proceder ao interrogatório das partes, o depoimento pessoal é meio de prova, com o intuito de se obter a confissão, real ou ficta, da parte adversa, acerca de fatos relevantes ao deslinde da lide, o que poderia até tornar desnecessária a coleta de outras provas. É cediço que, sendo o juiz o destinatário da prova, compete a ele decidir sobre as provas necessárias à instrução do processo, podendo indeferir as diligências inúteis ou meramente protelatórias, até mesmo dispensando a oitiva das partes, caso, entenda, em decisão fundamentada, que o depoimento se mostre desnecessário diante do contexto probatório produzidos nos autos. Todavia, tal prerrogativa do juiz deve ser conjugada com o princípio do contraditório e da ampla defesa, na medida em que o direito à produção de prova é garantia constitucional que rege nosso ordenamento jurídico, sob pena de se incorrer em nulidade por cerceamento de defesa. 1.3 – O caso dos autos, todavia, é *sui generis*, na medida em que houve o falecimento do autor após o julgamento do recurso ordinário. Esse fato torna impossível a produção do depoimento da parte, não havendo como se obter eventual confissão do reclamante, já falecido; e, por outro lado, é juridicamente inviável a tentativa de se obter a confissão da representante do espólio. Em primeiro lugar, porque o art. 387 do CPC, ao tratar do depoimento pessoal, determina que a parte responderá pessoalmente sobre os fatos articulados. O art. 390, § 1.º, do CPC, por sua vez, estabelece que a confissão espontânea pode ser feita pela própria parte ou por representante com poder especial, hipótese inexistente nos autos. Além disso, o art. 213 do Código Civil dispõe que não tem eficácia a confissão, se provém de quem não é capaz de dispor do direito a que se referem os fatos confessados. O parágrafo único, a seu turno, prevê que a confissão feita por um representante somente é eficaz nos limites em que este pode vincular o representado. Esse último caso versa exclusivamente sobre a representação convencional, inexistente no caso de inventário, em que o inventariante não representa a pessoa natural, mas sim o espólio, e, além disso, a representação ocorre por força de lei (art. 75, *caput*, e VII, do CPC/2015), e não por outorga do mandante (art. 653 do Código Civil). Assim, não há como eventual confissão – muito menos ficta – da inventariante vincular o representado, que nem mesmo seria o reclamante, mas sim, o espólio. 1.4 – Além disso, em que pese o Tribunal Regional tenha rejeitado a preliminar suscitada pela reclamada apenas com fundamento no art. 848 da CLT, e por entender – tal qual o juízo de origem – que as versões dos fatos já constavam da inicial, contestação e réplica, o fato é que há prova nos autos sobre as questões controvertidas, inclusive pericial. 1.5 – Dessa forma, ante a manifesta impossibilidade de produção da prova, não há resultado útil que possa advir com o provimento do recurso de revista, o que enseja o desprovimento do agravo de instrumento. Agravo de instrumento conhecido e não provido. [...]" (RRAg-12589-74.2016.5.03.0092, 8.ª T., rel. Min. Delaide Alves Miranda Arantes, *DEJT* 13-5-2024).

Distingue-se a confissão real da **confissão relativa**, que é configurada quando ausente a parte à audiência na qual deveria depor, desde que expressamente intimada para tal fim **(Súm. 74, TST)**, ou, em audiência, quando a parte se recusar a responder às perguntas formuladas pelo juiz ou afirmar que não tem conhecimento dos fatos relevantes e pertinentes para a solução da lide **(art. 385, § 1.º, CPC)**.

Quando a parte, sem motivo justificado, deixar de responder ao que lhe for perguntado ou empregar evasivas, o juiz, apreciando as demais circunstâncias e os elementos de prova, declarará, na sentença, se houve recusa de depor **(art. 386, CPC)**.

SÚM. 74, TST: "I – Aplica-se a confissão à parte que, expressamente intimada com aquela cominação, não comparecer à audiência em prosseguimento, na qual deveria depor. II – A prova pré-constituída nos autos pode ser levada em conta para confronto com a confissão ficta (arts. 442 e 443, do CPC de 2015 – art. 400, I, do CPC de 1973), não implicando cerceamento de defesa o indeferimento de provas posteriores. III – A vedação à produção de prova posterior pela parte confessa somente a ela se aplica, não afetando o exercício, pelo magistrado, do poder/dever de conduzir o processo".

"[...] CONFISSÃO FICTA. PROGRESSÕES POR ANTIGUIDADE. NÃO PREENCHIMENTO DOS REQUISITOS NECESSÁRIOS PARA CONCESSÃO DO DIREITO. PREMISSA DO EFETIVO PAGAMENTO DA PARCELA ARGUIDA PELA PARTE ADVERSA. Ao aplicar a confissão ficta ao reclamante, pelo não comparecimento à audiência de instrução, e reconhecer como verídicas as alegações formuladas pela parte adversa, o TRT agiu em conformidade com a Súmula 74, I, do TST. Prevalecem, portanto, as premissas indicadas na peça de defesa, segundo as quais: o termo aditivo da norma coletiva, em sua cláusula quinta, previu a quitação total e irrevogável das progressões relativas ao período de janeiro de 2006 a novembro de 2012 e, posteriormente, foi realizada transação do período que precedeu a liquidação da EBDA, autorizada pela Lei Estadual n. 13.204/2014, o que culminou na dispensa de todos os seus empregados. Nessa linha, tendo a parte ré afirmado que o reclamante não preencheu os requisitos mínimos exigidos pela norma interna para a concessão das progressões por antiguidade e que 'foram quitadas todas as verbas devidas, quando da liquidação da EBDA' – fatos que restaram incontroversos – não há como acolher a pretensão formulada pelo demandante. Agravo de instrumento conhecido e não provido. [...]" (RRAg-1056-94.2017.5.05.0006, 7.ª T., rel. Min. Claudio Mascarenhas Brandao, *DEJT* 29-11-2024).

A **confissão real** goza de **presunção absoluta**, retirando da parte a quem aproveita o ônus de produzir prova em relação ao fato confessado pela outra parte. A **confissão ficta**, ao contrário, goza de **presunção apenas relativa**, não prevalecendo diante de outros meios de prova constantes dos autos, capazes de elidi-la.

> **SÚM. 404, TST:** "O art. 485, VIII, do CPC de 1973, ao tratar do fundamento para invalidar a confissão como hipótese de rescindibilidade da decisão judicial, referia-se à confissão real, fruto de erro, dolo ou coação, e não à confissão ficta resultante de revelia".

A parte **não é obrigada a depor** sobre fatos **(art. 388, CPC)**:

- criminosos ou torpes que lhe forem imputados;
- a cujo respeito, por estado ou profissão, deva guardar sigilo;
- acerca dos quais não possa responder sem desonra própria, de seu cônjuge, de seu companheiro ou de parente em grau sucessível;
- que coloquem em perigo a vida do depoente ou de seu cônjuge, de seu companheiro ou de parente em grau sucessível.

A parte responderá pessoalmente sobre os fatos articulados, não podendo se servir de escritos anteriormente preparados, permitindo-lhe o juiz, todavia, a consulta a notas breves, desde que objetivem completar esclarecimentos **(art. 387, CPC)**.

Nos termos do **art. 460 do Código de Processo Civil**, aplicável subsidiariamente ao processo do trabalho, o depoimento poderá ser documentado por meio de gravação. Por ser compatível com o processo do trabalho, aplica-se o disposto no **§ 3.º do art. 385 do Código de Processo Civil**, sendo possível que o depoimento pessoal da parte que residir em comarca, seção ou subseção judiciária diversa daquela onde tramita o processo seja colhido por meio de videoconferência ou outro recurso tecnológico de transmissão de sons e imagens, em tempo real, o que poderá ocorrer, inclusive, durante a realização da audiência[39].

---

[39] As audiências telepresenciais realizadas durante o período de suspensão das atividades presenciais da Justiça do Trabalho em razão da pandemia do coronavírus demonstraram a total viabilidade de utilização da tecnologia para colheita de depoimento de partes ou testemunhas e que estejam em locais distantes. A adoção da tecnologia nesses casos gera efeitos visíveis em termos de celeridade e economia processuais.

8.9.5.2. *Prova documental*

Os documentos devem ser juntados pelo reclamante com a petição inicial **(art. 787, CLT)** e pelo reclamado com a defesa **(art. 434, CPC)**, sendo, no entanto, lícito às partes, em qualquer tempo, juntar documentos novos, quando destinados a fazer prova de fatos ocorridos posteriormente e que são necessários para contrapor a prova já existente nos autos **(art. 435, CPC)**.

A manifestação do reclamado sobre os documentos anexados à inicial deverá ser feita na contestação. O reclamante, por sua vez, manifestar-se-á na réplica sobre os documentos juntados com a contestação **(art. 437, *caput*, CLT)**.

Admite-se também a juntada posterior de documentos formados após a petição inicial ou a contestação, bem como dos que se tornaram conhecidos, acessíveis ou disponíveis após esses atos, cabendo à parte que os produziu comprovar o motivo que a impediu de juntá-los anteriormente e incumbindo ao juiz, em qualquer caso, avaliar a conduta da parte **(art. 435, parágrafo único, CPC)**.

A juntada de documentos **na fase recursal** somente se justifica quando provado o justo impedimento para sua oportuna apresentação ou se referir a fato posterior à sentença **(Súm. 8, TST)**.

> "EMBARGOS DE DECLARAÇÃO EM AGRAVO DE INSTRUMENTO EM RECURSO DE REVISTA DA PARTE AUTORA. [...] 3. BENEFÍCIOS DA JUSTIÇA GRATUITA. PRESUNÇÃO *IURIS TANTUM* DA DECLARAÇÃO DE HIPOSSUFICIÊNCIA AFASTADA POR PROVA EM CONTRÁRIO. JUNTADA DE DOCUMENTOS NOVOS FORA DO MOMENTO OPORTUNO. SÚMULA 8 DO TST. Incabível o exame da documentação juntada pela embargante apenas nesta oportunidade, tendo em vista que se referem a fatos ocorridos em outubro de 2020, quando a parte autora fora dispensada do emprego que detinha e passou a receber benefício de aposentadoria. Isso porque, ao apresentar contrarrazões ao recurso de revista e contraminuta ao agravo de instrumento, em 19-7-2021, nada mencionou a respeito de tais acontecimentos, não obstante, por óbvio, já fossem de seu conhecimento. Com efeito, nos termos da Súmula 8 desta Corte, 'a juntada de documentos na fase recursal só se justifica quando provado o justo impedimento para sua oportuna apresentação ou se referir a fato posterior à sentença'. No caso, a autora não demonstrou o justo impedimento para apresentar a referida documentação no momento oportuno, razão pela qual resulta caracterizada a preclusão. Embargos de declaração rejeitados" (EDCiv-RRAg-1000966-37.2019.5.02.0021, 7.ª T., rel. Min. Claudio Mascarenhas Brandao, *DEJT* 8-11-2024).

Sempre que uma das partes requerer a juntada de documentos aos autos, o juiz deverá abrir oportunidade para a parte contrária manifestar-se sobre eles, no prazo de 15 dias **(art. 437, § 1.º, CPC)**, sob pena de cerceamento de defesa, podendo tal prazo ser dilatado, a requerimento da parte, em razão da quantidade e da complexidade da documentação apresentada **(art. 437, § 2.º, CPC)**.

A parte intimada para falar sobre documento constante dos autos poderá **(art. 436, CPC)**:

- impugnar a admissibilidade da prova documental;
- impugnar sua autenticidade;

274 Direito Processual do Trabalho Esquematizado · *Carla Teresa Martins Romar*

- ◻ suscitar sua falsidade, com ou sem deflagração do incidente de arguição de falsidade;
- ◻ manifestar-se sobre seu conteúdo.

As fotografias digitais e as extraídas da rede mundial de computadores fazem prova das imagens que reproduzem, devendo, se impugnadas, ser apresentada a respectiva autenticação eletrônica ou, não sendo possível, realizada perícia. Tratando-se de fotografia publicada em jornal ou revista, será exigido um exemplar original do periódico, caso impugnada a veracidade pela outra parte **(art. 422, §§ 1.º e 2.º, CPC)**. Essas mesmas regras aplicam-se à forma impressa de mensagem eletrônica – *e-mail* **(art. 422, § 3.º, CPC)**.

A utilização de documentos eletrônicos no processo convencional dependerá de sua conversão à forma impressa e da verificação de sua autenticidade, na forma da lei **(art. 439, CPC)**, sendo que o juiz apreciará o valor probante daquele não convertido, assegurado às partes o acesso a seu teor **(art. 440, CLT)**.

Considera-se **autêntico** o documento particular que **(art. 411, CPC)**:

- ◻ tenha firma reconhecida;
- ◻ tenha autoria identificada por qualquer outro meio legal de certificação, inclusive eletrônico, nos termos da lei;
- ◻ não tenha sido impugnado pela parte contra quem tenha sido produzido.

Conforme determinado pela lei, o documento a ser juntado aos autos, que não seja original, poderá ser **declarado autêntico pelo próprio advogado**, sob sua responsabilidade pessoal. Impugnada a autenticidade da cópia, a parte que a produziu será intimada para apresentar cópias devidamente autenticadas ou o original, cabendo ao serventuário competente proceder à conferência e certificar a conformidade entre esses documentos **(art. 830, CLT)**.

> **OJ SDI-1 134, TST:** "São válidos os documentos apresentados, por pessoa jurídica de direito público, em fotocópia não autenticada, posteriormente à edição da Medida Provisória n. 1.360/96 e suas reedições".

Tratando-se de **documento comum às partes** (convenção coletiva, acordo coletivo de trabalho ou sentença normativa, por exemplo), cujo conteúdo não é impugnado, ele é válido mesmo em cópia não autenticada.

> **OJ SDI-1 36, TST:** "O instrumento normativo em cópia não autenticada possui valor probante, desde que não haja impugnação ao seu conteúdo, eis que se trata de documento comum às partes".

A declaração judicial de falsidade faz cessar a fé do documento, sendo que a falsidade consiste em **(art. 427, CPC)**:

- ◻ formar documento não verdadeiro;
- ◻ alterar documento verdadeiro.

Cessa a fé do documento particular quando for impugnada sua autenticidade e enquanto não se comprovar sua veracidade, ou quando, assinado em branco, for impugnado seu conteúdo, por preenchimento abusivo **(art. 428, CPC)**.

O ônus da prova incumbe **(art. 429, CPC)**:

- à parte que arguir – quando se tratar de falsidade de documento ou de preenchimento abusivo;
- à parte que produziu o documento – quando se tratar de impugnação da autenticidade.

Havendo impugnação de documento, sob o fundamento de falso, respeitando-se as peculiaridades do processo do trabalho, aplicam-se as regras previstas nos **arts. 430 a 433 do Código de Processo Civil** (arguição de falsidade), que serão analisadas no item a seguir.

O juiz pode ordenar que a parte exiba documento ou coisa que se encontre em seu poder **(art. 396, CPC)**, ou, estando o documento ou a coisa em poder de terceiro, o juiz ordenará sua citação para responder no prazo de 15 dias **(art. 401, CPC)**.

A **exibição** promovida **em face da parte** tem o seguinte procedimento **(arts. 396 a 400, CPC)**:

- o requerimento pode ser feito por qualquer das partes em face da outra, ou por terceiro interveniente;
- pode ser determinada de ofício pelo juiz;
- o pedido será formulado:
  - pelo autor, na petição inicial;
  - pelo réu, na contestação;
  - pelo terceiro interveniente, na peça que lhe servir de ingresso no processo;
  - por qualquer das partes/terceiro no curso do processo, por meio de petição autônoma.
- o pedido formulado pela parte conterá:
  - a individuação, tão completa quanto possível, do documento ou da coisa;
  - a finalidade da prova, indicando os fatos que se relacionam com o documento ou com a coisa;
  - as circunstâncias em que se funda o requerente para afirmar que o documento ou a coisa se acha em poder da parte contrária.
- o requerido dará sua resposta nos cinco dias subsequentes à sua intimação, podendo adotar uma das seguintes posturas:
  - **exibir** o documento ou a coisa, caso em que a pretensão exibitória restará satisfeita; ou
  - **afirmar que não possui** o documento ou a coisa, caso em que o juiz permitirá que o requerente prove, por qualquer meio, que a declaração não corresponde à verdade; ou
  - **admitir que tem** o documento ou coisa, **mas recusar-se a exibi-lo** se **(art. 404, CPC)**: *(i)* concernente a negócios da própria vida da família; *(ii)* sua apresentação puder violar dever de honra; *(iii)* sua publicidade redundar em

desonra à parte ou, bem como a seus parentes consanguíneos ou afins até o terceiro grau, ou lhes representar perigo de ação penal; *(iv)* sua exibição acarretar a divulgação de fatos a cujo respeito, por estado ou profissão, devam guardar segredo; *(v)* subsistirem outros motivos graves que, segundo o prudente arbítrio do juiz, justifiquem a recusa da exibição; *(vi)* houver disposição legal que justifique a recusa ou exibição. Se os motivos que justificam a não exibição disserem respeito a apenas uma parcela do documento, a parte exibirá a outra em cartório, para dela ser extraída cópia reprográfica, de tudo sendo lavrado auto circunstanciado.

- o juiz não admitirá a recusa se:
  - o requerido tiver obrigação legal de exibir;
  - o requerido tiver aludido ao documento ou coisa, no processo, com o intuito de constituir prova;
  - o documento, por seu conteúdo, for comum às partes.
- ao decidir o pedido, o **juiz admitirá como verdadeiros os fatos** que, por meio do documento ou da coisa, a parte pretendia provar se:
  - o requerido não efetuar a exibição nem fizer nenhuma declaração no prazo de cinco dias;
  - a recusa for havida por ilegítima.
- sendo necessário, o juiz pode adotar medidas indutivas, coercitivas, mandamentais ou sub-rogatórias para que o documento seja exibido.

> **SÚM. 338, TST:** "I – É ônus do empregador que conta com mais de 10 (dez) empregados[40] o registro da jornada de trabalho na forma do art. 74, § 2.º, da CLT. A **não apresentação injustificada** dos controles de frequência gera presunção relativa de veracidade da jornada de trabalho, a qual pode ser elidida por prova em contrário".

Qualquer pessoa interessada em documentar um determinado fato pode solicitar a um tabelião que a ateste ou a documente, mediante a lavratura de ata (**ata notarial**), sendo que dados representados por imagem ou som gravados em arquivos eletrônicos poderão constar da ata notarial (**art. 384, CPC**).

8.9.5.2.1. *Incidente de falsidade documental*

A falsidade do documento, que consiste na alegação da parte contra quem foi produzido de que determinado documento é falso, deve ser suscitada na contestação, na réplica ou no prazo de 15 dias, contados a partir da intimação da juntada do documento aos autos (**art. 430, CPC**).

O não oferecimento da arguição no prazo legal implicará a presunção de autenticidade do documento (**art. 411, III, CPC**).

---

[40] O § 2.º do art. 74 da CLT teve sua redação alterada pela Lei n. 13.467/2017 (*Reforma Trabalhista*), passando a prever a obrigatoriedade do controle de jornada de trabalho para os estabelecimentos com mais de vinte empregados. Assim, a leitura da Súmula 338 do TST deve ser feita em consonância com a nova previsão legal.

8 ◻ Dissídio Individual

Destaque-se que "a arguição de falsidade tem por objeto uma **questão de fato** (autenticidade ou falsidade de um documento), que é **prejudicial ao julgamento do objeto litigioso**, na medida em que o interesse de agir de quem a suscita está vinculada à relevância do documento reputado falso para o deslinde da causa. Assim, saber se o documento é, ou não, falso, deve ser uma questão que tenha aptidão para influenciar na resolução do próprio mérito da demanda"[41].

Uma vez arguida, a falsidade será resolvida como **questão incidental**, salvo se a parte requerer que o juiz a decida como questão principal, caso em que constará da parte dispositiva da sentença e sobre ela incidirá também a autoridade da coisa julgada **(arts. 430, parágrafo único, e 433, CPC)**.

A parte arguirá a falsidade expondo os motivos em que funda a sua pretensão e os meios com que provará o alegado **(art. 431, CPC)**.

Depois de ouvida a outra parte no prazo de 15 dias, será realizado o exame pericial, salvo se a parte que produziu o documento concordar em retirá-lo **(art. 432, CPC)**.

8.9.5.3. *Prova testemunhal*

A **prova testemunhal** é o meio de prova que se obtém, pelo relato prestado, em juízo, por pessoas que conhecem o fato litigioso[42].

Salvo eventual disposição legal em sentido contrário, a prova testemunhal é **sempre admissível (art. 442, CPC)**.

Embora seja uma prova bastante importante, não se pode desconsiderar que "são evidentes os perigos da prova testemunhal e os riscos decorrentes desse tipo de prova. A possibilidade de erro na decisão fundada em testemunhos de má-fé sempre existe"[43].

Como regra, pode ser testemunha "toda pessoa natural que esteja no pleno exercício da sua capacidade e que, não sendo impedida ou suspeita, tenha conhecimento dos fatos relativos ao conflito de interesses constante do processo no qual irá depor"[44]. Nesse sentido a previsão do **art. 447 do Código de Processo Civil**.

São **incapazes** para depor como testemunha **(art. 447, § 1.º, CPC)**:

◻ o interdito por enfermidade ou deficiência mental;

◻ o que, acometido por enfermidade ou retardamento mental, ao tempo em que ocorreram os fatos, não podia discerni-los, ou, ao tempo em que deve depor, não está habilitado a transmitir percepções;

◻ os menores de 16 anos;

◻ o cego e o surdo, quando a ciência do fato depender dos sentidos que lhes faltam.

---

[41] DIDIER JR., Fredie; BRAGA, Paula Sarno; OLIVEIRA, Rafael Alexandria de. *Curso de direito processual civil, cit.,* p. 241.

[42] THEODORO JÚNIOR, Humberto. *Curso de direito processual civil, cit.,* v. 1, p. 992.

[43] NASCIMENTO, Amauri Mascaro. *Curso de direito processual do trabalho, cit.,* 20. ed., p. 438.

[44] LEITE, Carlos Henrique Bezerra. *Curso de direito processual do trabalho, cit.,* 15. ed., p. 803.

Em relação ao impedimento e à suspeição da testemunha, deve-se analisar conjuntamente os dispositivos da Consolidação das Leis do Trabalho e do Código de Processo Civil a respeito da matéria, eis que complementares.

São **impedidos (art. 447, § 2.º, CPC)**:

■ o cônjuge, o companheiro, o ascendente e o descendente em qualquer grau e o colateral, até o terceiro grau, de alguma das partes, por consanguinidade ou afinidade;

■ o que é parte na causa;

■ o que intervém em nome de uma parte, como o tutor, o representante legal da pessoa jurídica, o juiz, o advogado e outros que assistam ou tenham assistido às partes.

São **suspeitos (art. 447, § 3.º, CLT)**:

■ o inimigo da parte ou o seu amigo íntimo;

■ o que tiver interesse no litígio.

Sendo necessário, o juiz pode admitir o depoimento das testemunhas menores, impedidas ou suspeitas **(art. 447, § 4.º, CPC)**, sendo este prestado independentemente de compromisso, e o juiz lhe atribuirá o valor que possa merecer **(§ 5.º)**.

No âmbito do processo do trabalho, o legislador engloba hipóteses de impedimento e de suspensão em um mesmo dispositivo, prevendo que "a testemunha que for parente até o terceiro grau civil, amigo íntimo ou inimigo de qualquer das partes, não prestará compromisso, e seu depoimento valerá como simples informação" **(art. 829, CLT)**, atribuindo-lhe o juiz o valor que possam merecer **(art. 447, § 5.º, CPC)**.

"[...] II – AGRAVO DE INSTRUMENTO DA RECLAMANTE. RECURSO DE REVISTA INTERPOSTO NA ÉGIDE DA LEI N. 13.015/2014. [...] CONTRADITA À TESTEMUNHA. CARGO DE CONFIANÇA. AUSÊNCIA DE PODERES DE GESTÃO EQUIPARÁVEIS AOS DO EMPREGADOR. Hipótese em que o Tribunal Regional manteve a sentença que indeferiu a contradita sob o fundamento de que a testemunha da reclamada, embora exerça cargo de confiança, não possui amplos poderes de mando. Registrou que a testemunha não assina em nome do banco, não tem procuração em nome do banco, bem como não tem poder de admissão e demissão. Este Tribunal Superior entende que não obstante o exercício do cargo de confiança demonstre a fidúcia depositada pelo empregador no empregado, o seu exercício, por si só, não torna a testemunha suspeita. Tal suspeição atribui-se apenas à testemunha que tem poder de mando análogo ao do empregador, o que não se verifica no caso dos autos. Precedentes. Óbice da Súmula 333/TST. Agravo de instrumento a que se nega provimento. [...]" (AIRR-AIRR-11457-12.2016.5.03.0179, 2.ª T., rel. Min. Maria Helena Mallmann, *DEJT* 2-9-2022).

Não é considerada suspeita e, portanto, pode prestar depoimento a testemunha que esteja litigando ou que já tenha litigado contra o mesmo empregador.

SÚMULA 357, TST: "Não torna suspeita a testemunha o simples fato de estar litigando ou de ter litigado contra o mesmo empregador".

Exige-se, portanto, a presença de um elemento substancial que comprove o conluio ou a intenção das partes em efetuar troca de favores. A troca de favores tem que ser inequívoca, não pode ser presumida. Isso porque a presunção opera-se em favor da boa-fé processual, sendo que o contrário deve restar cabalmente demonstrado. Se assim não fosse, toda prova oral produzida estaria sob suspeita, tornando-se inócua e desnecessária. Por isso, presume-se sempre que a testemunha compromissada declara apenas fatos verdadeiros. Inexistindo confiabilidade, cabe à parte utilizar outros elementos de prova para a contradita e ao Juízo, destinatário da prova, independente de quem a tenha arrolado, avaliar a possibilidade de reconhecer a validade e a importância das declarações prestadas.

"AGRAVO. AGRAVO DE INSTRUMENTO EM RECURSO DE REVISTA. [...] SUSPEIÇÃO DE TESTEMUNHA QUE LITIGA CONTRA O MESMO DEMANDADO EM JUÍZO. NÃO OCORRÊNCIA. SÚMULA 357 DO TST. É entendimento desta Corte de que a troca de favores, apta a tornar suspeita a testemunha, deve ser comprovada; circunstância, no entanto, não divisada nos autos, já que não se depreende da decisão regional prova nesse sentido, não sendo suficiente, para tanto, a simples constatação de o reclamante ter prestado depoimento como testemunha na ação trabalhista ajuizada pela testemunha contra o mesmo empregador. Isso porque se estaria, em última consequência, inviabilizando essa modalidade de prova, já que a realidade revela não só a dificuldade de colegas de trabalho, ainda empregados da empresa, deporem contra a empregadora, mas também que, geralmente, as pessoas chamadas a depor, tiveram ou mantêm alguma relação com os litigantes. Precedentes. Agravo desprovido. [...]" (Ag-AIRR-876-54.2020.5.12.0014, 3.ª T., rel. Min. Jose Roberto Freire Pimenta, *DEJT* 22-11-2024).

"DIREITO CONSTITUCIONAL E DO TRABALHO. RECURSO DE REVISTA DA RÉ INTERPOSTO ANTERIORMENTE À VIGÊNCIA DA LEI N. 13.467/2017. CERCEAMENTO DE DEFESA. CONTRADITA DA TESTEMUNHA. SUSPEIÇÃO. DEMANDA CONTRA O MESMO EMPREGADOR. TROCA DE FAVOR NÃO DEMONSTRADA. SÚMULA 357 DO TST. 1. Recurso de revista interposto em face de acórdão prolatado pelo TRT da 9.ª Região por meio do qual negou provimento ao recurso ordinário da ré. 2. A controvérsia cinge-se em definir a validade do depoimento proferido por testemunha que litiga contra o mesmo empregador. 3. Na hipótese, o Tribunal Regional consignou que 'o simples fato da testemunha também ter ajuizado ação contra o mesmo reclamado, não caracteriza suspeição, a teor do que dispõe o art. 405, parágrafo 3.º, incisos III e IV do CPC, nem se enquadra nas hipóteses do art. 829 da CLT'. 4. A Súmula 357 do TST dispõe que 'Não torna suspeita a testemunha o simples fato de estar litigando ou de ter litigado contra o mesmo empregador'. 5. Nesse contexto, o entendimento desta Corte Superior é no sentido de que a existência de ações movidas pelo autor e pela testemunha por ele indicada contra o mesmo empregador, ainda que tenham os mesmos pedidos e sejam testemunhas recíprocas nos respectivos feitos, não afasta a aplicação da Súmula 357 do TST, devendo ser declarada a suspeição tão somente nas hipóteses em que efetivamente comprovada a troca de favores, o que não ocorreu no caso. Incidência do art. 896, § 7.º, da CLT e da Súmula 333 do TST. Recurso de revista não conhecido. [...]" (RR-608-50.2012.5.09.0018, 1.ª T., rel. Min. Amaury Rodrigues Pinto Junior, *DEJT* 19-11-2024).

A testemunha não é obrigada a depor sobre fatos **(art. 448, CPC)**:

■ que lhe acarretem grave dano, bem como a seu cônjuge ou companheiro e aos seus parentes consanguíneos ou afins, em linha reta ou colateral, até o terceiro grau;

■ a cujo respeito, por estado ou profissão, deva guardar sigilo.

No processo do trabalho admite-se, em regra, que cada parte indique **no máximo** três testemunhas, salvo quando se tratar de inquérito para apuração de falta grave de estável, no qual cada parte pode indicar até seis testemunhas **(art. 821, CLT)**.

No **procedimento sumaríssimo**, cada parte pode indicar apenas duas testemunhas **(art. 852-H, § 2.º, CLT)**.

O juiz **indeferirá a inquirição** de testemunhas sobre fatos **(art. 443, CPC)**:

■ já provados por documentos ou confissão da parte;

■ que só por documento ou por exame pericial puderem ser provados.

Os litigantes devem comparecer à audiência acompanhados de suas testemunhas **(art. 845, CLT)**, independentemente de notificação destas **(art. 825, CLT)**. Assim, no processo do trabalho é **desnecessária** a apresentação de **rol de testemunhas**. Na hipótese de a testemunha recusar o convite da parte, deve esta, em audiência, requerer ao juiz a notificação e eventual condução coercitiva. No **procedimento sumaríssimo**, somente será deferida a intimação de testemunha que, comprovadamente convidada, deixar de comparecer. Não comparecendo a testemunha intimada, o juiz poderá determinar sua imediata condução coercitiva **(art. 852-H, § 3.º, CLT)**.

Importante destacar, porém, que, inobstante a **regra no processo do trabalho** seja o comparecimento das testemunhas à audiência **independentemente de intimação**, o juiz poderá, **excepcionalmente**, fixar prazo para **apresentação do respetivo rol**, sob pena de preclusão. Assim, havendo essa determinação judicial, a parte que não apresentar o rol de testemunhas somente poderá ouvir as que comparecerem espontaneamente, não sendo a audiência adiada em caso de ausência da testemunha. Da mesma forma, em caso de **fracionamento da audiência**, com designação da instrução para outra data, constando da ata de audiência que as partes se comprometem a trazer suas testemunhas à próxima assentada, independentemente de intimação, não caracteriza cerceamento de defesa o indeferimento de adiamento da audiência em razão do não comparecimento de testemunha.

"AGRAVO. AGRAVO DE INSTRUMENTO EM RECURSO DE REVISTA. 1) NULIDADE POR CERCEAMENTO DO DIREITO DE DEFESA. COMPROMISSO ASSUMIDO PELAS PARTES DE LEVAR AS TESTEMUNHAS PARA AUDIÊNCIA INDEPENDENTEMENTE DE INTIMAÇÃO. AUSÊNCIA DA TESTEMUNHA NO MOMENTO EM QUE DEVERIA DEPOR. ENCERRAMENTO DA INSTRUÇÃO. VIOLAÇÃO DO ART. 5.º, INCISO LV, DA CONSTITUIÇÃO FEDERAL NÃO DEMONSTRADA. [...] Não merece provimento o agravo, haja vista que os argumentos apresentados não desconstituem os fundamentos da decisão monocrática pela qual se negou provimento ao agravo de instrumento, sob os seguintes fundamentos: 1) em relação ao alegado cerceamento de defesa, constou na decisão agravada que o TRT registrou que 'é incontroverso que, para a audiência de instrução, as partes comprometeram-se, expressamente, a levar suas testemunhas independentemente de intimação, sob pena de preclusão da produção de provas' e que 'não tendo comparecido a testemunha do réu à audiência, o Juízo sentenciante reputou precluso o direito do reclamado de promover a instrução do processo a partir desse meio de prova'. Nesse passo, conforme consignado, o indeferimento do pedido de adiamento da audiência não importou em cerceamento de defesa, restando incólume o art. 5.º, inciso LV, da CF, até porque o acórdão recorrido é claro ao consignar que a parte 'não comprovou ausência por motivo de viagem e tampouco impossibilidade de acesso à internet'; [...] Agravo desprovido" (Ag-AIRR-486-86.2022.5.14.0005, 3.ª T., rel. Min. Jose Roberto Freire Pimenta, *DEJT* 1.º-3-2024).

"AGRAVO INTERNO EM AGRAVO DE INSTRUMENTO. RECURSO DE REVISTA INTERPOSTO NA VIGÊNCIA DA LEI N. 13.467/2017. ADMISSIBILIDADE. CERCEAMENTO DO DIREITO DE DEFESA. NÃO CONFIGURADO. INDEFERIMENTO DO PEDIDO DE NOVO ADIAMENTO DA AUDIÊNCIA. NÃO COMPARECIMENTO DA TESTEMUNHA. O quadro fático descrito pelo Regional revela que a audiência de 30-11-2016 foi adiada, a fim de permitir que o autor indicasse o endereço das testemunhas que pretendia ouvir, ou que as trouxesse à próxima audiência independente de intimação, sob pena de perda da prova. Todavia, além de não informar o endereço das testemunhas, o autor também não cumpriu a alternativa dada pelo Juízo, de trazê-las à audiência, independente de intimação. Ou seja, a prova oral não foi produzida por inércia do próprio reclamante. Nesse contexto, não restou configurado o cerceamento do direito de defesa. Agravo interno a que se nega provimento. [...]" (Ag-AIRR-10056-17.2015.5.01.0551, 6.ª T., rel. Des. Convocado Jose Pedro de Camargo Rodrigues de Souza, *DEJT* 17-11-2023).

Em razão das peculiaridades do processo do trabalho, a **contradita da testemunha** será apresentada em audiência, devendo o juiz, se requerido pela parte que a arguir, facultar que ela produza prova dos motivos da contradita fora da audiência.

As testemunhas não poderão sofrer qualquer desconto pelas faltas ao serviço, ocasionadas por seu comparecimento para depor, quando devidamente arroladas ou convocadas **(art. 822, CLT)**.

Sendo a testemunha funcionário público civil ou militar, seu depoimento em horário de serviço será requisitado ao chefe da repartição **(art. 823, CLT)**.

Como regra, a testemunha deve ser ouvida na sede do juízo, sendo que, quando por enfermidade ou outro motivo relevante estiver impossibilitada de comparecer, mas não de prestar depoimento, o juiz designará, conforme as circunstâncias, dia, hora e lugar para inquiri-la **(art. 449, CPC)**.

As testemunhas residentes em outro município diverso daquele onde tramita o processo serão inquiridas por meio de **carta precatória (art. 453, II, CPC)**. Por aplicação subsidiária dos **§§ 1.º e 2.º do art. 453 do Código de Processo Civil**, é possível, havendo equipamento para transmissão e recepção de sons e imagem nos juízos, que a testemunha que residir em outro município seja ouvida por meio de videoconferência ou outro recurso tecnológico, o que poderá ocorrer, inclusive, durante a audiência.

As testemunhas poderão ser **inquiridas**, de ofício, pelo juiz e, a seguir, serão inquiridas pelas partes, por intermédio do juiz **(arts. 820 e 848, § 2.º, CLT)**. **Não se aplica,** portanto, **ao processo do trabalho** a norma do **art. 459 do Código de Processo Civil**, no que permite a inquirição direta das testemunhas pela parte **(art. 11, IN n. 39/2016, TST)**.

O depoimento da testemunha que não souber a língua nacional é feito por meio de intérprete, que será nomeado pelo juiz. Também será designado intérprete quando a testemunha for surda-muda ou muda que não saiba escrever. As despesas com o intérprete serão arcadas pela parte a quem interessa o depoimento da testemunha **(art. 819, CLT)**.

A Consolidação das Leis do Trabalho não estabelece uma ordem a ser seguida para oitiva das partes e testemunhas, cabendo ao magistrado, de acordo com a sua livre convicção e forma de condução do processo, estabelecer a melhor maneira de produção da prova, a fim de obter a verdade real **(arts. 820 e 848, CLT)**. Assim, embora seja de praxe ouvir primeiro as testemunhas do reclamante e depois as do reclamado, o juiz pode inverter a ordem da produção da prova testemunhal, caso entenda pertinente, adequando-a às necessidades do conflito de modo a conferir maior efetividade à tutela do direito **(art. 775, § 2.º, CLT**, com redação dada pela **Lei n. 13.467/2017 – *Reforma Trabalhista*)**. Assim, é inaplicável a regra inserta no **art. 456 do Código de Processo Civil**.

O depoimento de uma testemunha não poderá ser ouvido pelas demais que tenham que depor no processo **(art. 824, CLT)**.

A testemunha, antes de prestar o compromisso legal, será qualificada, indicando nome, nacionalidade, profissão, idade, residência, e, quando empregada, o tempo de serviço prestado ao empregador, ficando sujeita, em caso de falsidade, às penas previstas em lei **(art. 828, CLT)**.

Destaque-se que a testemunha se compromete a falar a verdade, sob pena de responder pelo **crime de falso testemunho** previsto no **art. 342 do Código Penal**.

Os depoimentos das testemunhas serão resumidos e constarão da ata de audiência, devendo ela ser assinada pelo juiz e pela testemunha[45] **(art. 828, parágrafo único, CLT)**.

O juiz pode ordenar, de ofício ou a requerimento da parte **(art. 461, CPC)**:

■ a inquirição de testemunhas referidas nas declarações da parte ou das testemunhas;

■ a acareação de duas ou mais testemunhas ou de alguma delas com a parte, quando, sobre fato determinado que possa influir na decisão da causa, divergirem as suas declarações.

Os acareados serão reperguntados para que expliquem os pontos de divergência, reduzindo-se a termo o ato de acareação **(art. 461, § 1.º, CPC)**.

Diante da divergência entre depoimentos, ou entre o depoimento da testemunha e documentos e outras provas constantes dos autos, o juiz pode determinar a **expedição**

---

[45] Com o Processo Judicial Eletrônico (PJe) não há mais que se falar em assinatura da ata de audiência.

8 ▣ Dissídio Individual 283

de ofício ao Ministério Público para a apuração de cometimento do **crime de falso testemunho.**

8.9.5.4. *Prova pericial*

A **prova pericial** é a realizada quando a prova do fato depender de conhecimento técnico ou científico, caso em que o juiz será assistido por perito **(art. 156, CPC).**

A prova pericial consiste em exame, vistoria ou avaliação **(art. 464, CPC)**.

Referida prova só é imprescindível se destinada à comprovação de fatos que por sua natureza e complexidade só podem ser percebidos por meio de perícia. Portanto, não se constitui cerceamento de defesa o indeferimento da perícia quando a prova do fato não depender do conhecimento especial e técnico, quando ela for desnecessária em vista de outras provas produzidas e quando a verificação for impraticável **(art. 464, § 1.º, CPC)**.

No processo do trabalho as perícias serão realizadas por perito único designado pelo juiz, que fixará prazo para a entrega do laudo **(art. 3.º, Lei n. 5.584/70)**, não estando ele obrigado a prestar compromisso **(art. 466, CPC)**.

A perícia pode ser **facultativa**, sempre que sua existência dependa da necessidade do juiz em melhor se instruir sobre problemas técnicos, que somente por meio do laudo possa vir a conhecer.

O juiz poderá, de ofício ou a requerimento das partes, **em substituição à perícia**, determinar a produção de **prova técnica simplificada** quando o ponto controvertido for de menor complexidade, consistindo esta apenas na inquirição pelo juiz de especialista, que tenha formação acadêmica específica na área objeto de seu depoimento e que poderá valer-se de qualquer recurso tecnológico de transmissão de sons e imagem com o fim de esclarecer os pontos controvertidos da causa **(art. 464, §§ 2.º a 4.º, CPC)**.

No entanto, a perícia será **obrigatória**, quando a lei assim o dispuser. Na área trabalhista, embora haja previsão legal no sentido de ser obrigatória perícia em relação aos pedidos de insalubridade e periculosidade **(art. 195, § 2.º, CLT)**, a ser realizada por médico do trabalho ou engenheiro do trabalho **(art. 195 e OJ SDI-1 165, TST)**, a jurisprudência do TST vem admitindo a dispensa da sua realização quando, nos autos, constarem elementos que atestam as condições de periculosidade e/ou de insalubridade.

Havendo nos autos outros elementos de prova que comprovam o trabalho em condições perigosas ou insalubres, como laudo técnico elaborado no Programa de Prevenção de Riscos Ambientais – PPRA, o qual atesta a existência de ambiente de trabalho capaz de causar danos à saúde do trabalhador, este tem alcance probatório análogo à perícia técnica, é desnecessária a prova pericial. Assim também quando haja previsão de pagamento do adicional em norma coletiva de trabalho, o que pressupõe a existência da condição insalubre ou perigosa.

> "AGRAVO. AGRAVO DE INSTRUMENTO EM RECURSO DE REVISTA. [...] ADICIONAL DE INSALUBRIDADE. DESIGNAÇÃO DE NOVA PERÍCIA ESPECÍFICA. DESNECESSIDADE. PRESENÇA DE ELEMENTOS SUFICIENTES A RESPALDAR A CONDENAÇÃO DO RÉU AO PAGAMENTO DA PARCELA. MATÉRIA FÁTICA. SÚMULA 126 DO TST. TRANSCENDÊNCIA NÃO RECONHECIDA. 1. Prevalece nesta Corte Superior o entendimento segundo o qual se há nos autos outros elementos de

prova que atestam a exposição do trabalhador a agentes insalubres, é dispensável a realização da prova pericial referida no art. 195 da CLT. 2. No caso, o Tribunal Regional considerou que os elementos apontados pela perícia médica, designada inicialmente para a aferição de incapacidade da autora, seriam suficientes para a verificação das condições de trabalho, mais precisamente da exposição habitual em razão da atividade de limpeza dos banheiros de uso coletivo. Nesse sentido, o Tribunal Regional, registrou que 'a perícia médica realizada constatou as atividades da autora, quanto à limpeza de banheiros de grande circulação de pessoas'. Destacou que a autora trabalhava num prédio de três andares e 'laborava limpando banheiros em andares nos quais havia 10 salas de aulas'. Assinalou que 'quanto ao fornecimento de EPI's, o empregador não comprovou o seu correto fornecimento'. 3. A aferição das teses recursais contrárias, em especial no sentido de que a decisão seria contrária às provas, implicaria indispensável reexame do acervo fático-probatório, o que não se admite ante os termos da Súmula 126 do TST. 4. Nos termos em que proferido, o acórdão regional encontra-se em sintonia com a Súmula 448, item II, do TST, que consubstancia o entendimento segundo o qual 'a higienização de instalações sanitárias de uso público ou coletivo de grande circulação, e a respectiva coleta de lixo, por não se equiparar à limpeza em residências e escritórios, enseja o pagamento de adicional de insalubridade em grau máximo'. Incidem, no aspecto, os óbices da Súmula 333 do TST e do art. 896, § 7.º, da CLT. Agravo a que se nega provimento, no particular" (Ag-AIRR-476-82.2018.5.17.0010, 1.ª T., rel. Min. Amaury Rodrigues Pinto Junior, *DEJT* 29-11-2024).

"RECURSO DE REVISTA INTERPOSTO SOB A ÉGIDE DA LEI N. 13.467/17. RITO SUMARÍSSIMO. ADICIONAL DE INSALUBRIDADE. CARACTERIZAÇÃO SEM REALIZAÇÃO DE PROVA PERICIAL. POSSIBILIDADE. OUTROS MEIOS DE PROVA. AUSÊNCIA DE TRANSCENDÊNCIA. 1. A Jurisprudência desta Corte vem admitindo a dispensa da realização da perícia quando, nos autos, constarem elementos que atestam as condições de periculosidade e insalubridade. Precedentes. 2. Na hipótese, o Tribunal Regional entendeu desnecessária a realização da prova pericial para comprovação de existência de insalubridade no ambiente de trabalho do reclamante, uma vez que consta dos autos elementos probatórios suficientes para o convencimento do julgador. Recurso de revista de que não se conhece" (RR-642-82.2021.5.08.0003, 3.ª T., rel. Min. Alberto Bastos Balazeiro, *DEJT* 30-8-2024).

"[...] B) RECURSO DE REVISTA INTERPOSTO PELO RECLAMADO. ACÓRDÃO REGIONAL PUBLICADO NA VIGÊNCIA DA LEI N. 13.015/2014. ADICIONAL DE INSALUBRIDADE. DEFERIMENTO SEM REALIZAÇÃO DE PERÍCIA. AUSÊNCIA DE OUTRAS PROVAS QUE COMPROVEM O TRABALHO EM CONDIÇÕES INSALUBRES. VIOLAÇÃO DO Art. 195, § 2.º DA CLT. I. O Tribunal Regional manteve a condenação do Reclamado ao pagamento do adicional de insalubridade, sem a realização de perícia, pelo fato da empresa Ré não ter juntado aos autos os relatórios referentes ao PCMO, PPRA e LTCAT, presumindo como verdadeira as alegações do Autor de trabalho em ambiente insalubre. Nesse contexto, aplicou as penalidades impostas pelo art. 400 do CPC/2015 (presunção de veracidade dos fatos alegados na inicial). II. No entanto, muito embora seja possível a aplicação do art. 400 do CPC/2015 ao Processo do Trabalho (exegese dos arts. 769 e 889 da CLT), sobre o tema específico da prova em sede de pedido de adicional de insalubridade, a CLT tem regramento específico, o art. 195, § 2.º, da CLT. III. Embora o juiz não esteja adstrito ao laudo pericial podendo até mesmo dispensar a produção da prova pericial, terá que fundamentá-lo com outras provas dos autos, o que não se verificou no caso em análise. Logo, o deferimento do adicional de insalubridade sem a realização de prova pericial ofende ao art. 195, § 2.º, da CLT. IV. Recurso de revista de que se conhece e a que se dá provimento" (RR-10641-48.2015.5.08.0107, 4.ª T., rel. Min. Alexandre Luiz Ramos, *DEJT* 31-3-2023).

"AGRAVO EM AGRAVO DE INSTRUMENTO EM RECURSO DE REVISTA INTERPOSTO PELA RECLAMADA. ADICIONAL DE INSALUBRIDADE. AUSÊNCIA DE PROVA PERICIAL. PREVISÃO NA NORMA COLETIVA DE PAGAMENTO DE ADICIONAL DE INSALUBRIDADE. TRANSCENDÊNCIA NÃO RECONHECIDA. Na hipótese, extrai-se do acórdão recorrido que a norma coletiva prevê expressamente o pagamento do adicional de insalubridade em favor dos empregados que exercem atividades 'em setores de isolamento de doenças infectocontagiosas e laboratórios', como as atividades exercidas pela reclamante, independentemente de laudo pericial. O não pagamento do adicional de insalubridade por parte da empregadora configurou o descumprimento da norma coletiva, em desrespeito ao art. 7.º, XXVI, da CF. Além disso, a previsão em norma coletiva do pagamento de adicional de insalubridade torna incontroversa a exposição ao agente insalubre. Julgados. Agravo conhecido e não provido" (Ag-AIRR-69-93.2021.5.09.0010, 8.ª T., rel. Desembargadora Convocada Marlene Teresinha Fuverki Suguimatsu, *DEJT* 8-7-2024).

A não realização de perícia para apuração de insalubridade ou de periculosidade deve ser a exceção. A regra é de que somente não havendo possibilidade de sua realização é que o juiz poderá se utilizar de outros meios de prova para decidir a controvérsia.

"[...] III – RECURSO DE REVISTA – REGÊNCIA PELA LEI N. 13.467/2017 – ADICIONAL DE INSALUBRIDADE. AUSÊNCIA DE PROVA PERICIAL. INEXISTÊNCIA DE OUTROS MEIOS DE PROVA. ÔNUS DO RECLAMANTE. FATO CONSTITUTIVO. TRANSCENDÊNCIA POLÍTICA RECONHECIDA. O *caput* do art. 195 da CLT determina que a caracterização e a classificação da insalubridade observam as normas do Ministério do Trabalho e dependem de 'perícia a cargo de Médico do Trabalho ou Engenheiro do Trabalho, registrados no Ministério do Trabalho'. Já o seu § 2.º estabelece que o juiz designe perito habilitado sempre que houver pedido de adicional de insalubridade. Logo, a prova pericial é obrigatória nas lides em que se pretenda o pagamento do adicional de insalubridade. Nesse sentido, é a jurisprudência iterativa e notória desta Corte Superior, consubstanciada na OJ 278 da SBDI-1, no sentido de que somente em hipóteses de impossibilidade de realização da perícia é que o juiz poderá se utilizar de outros meios de prova para decidir a controvérsia. No presente caso, não há no acórdão regional qualquer informação no sentido de inviabilidade de produção da prova técnica, tampouco notícia de que a reclamada tenha encerrado suas atividades. Na realidade, o Tribunal Regional dispensou a produção de prova pericial, mas não indicou nenhum elemento probatório que apontasse para a existência de insalubridade no ambiente de trabalho do reclamante. Ademais, ao postular o adicional de insalubridade, o reclamante traz para si o ônus de comprovar suas alegações, uma vez que se trata de fato constitutivo de seu direito. Recurso de revista de que se conhece e a que se dá provimento" (RRAg-1222-12.2017.5.08.0114, 8.ª T., rel. Min. Sergio Pinto Martins, *DEJT* 11-10-2023).

"AGRAVO DE INSTRUMENTO. LEI 13.467/2017. ADICIONAL DE INSALUBRIDADE. PROVA PERICIAL. OBRIGATORIEDADE. TRANSCENDÊNCIA POLÍTICA RECONHECIDA. Demonstrada possível violação do art. 192, § 2.º, da CLT, deve ser processado o recurso de revista para melhor exame da matéria. Agravo de instrumento provido. RECURSO DE REVISTA. LEI 13.467/2017. ADICIONAL DE INSALUBRIDADE. PROVA PERICIAL. OBRIGATORIEDADE. Discute-se a necessidade de realização de perícia no local de trabalho do empregado (almoxarife), a fim de constatar a presença de agente insalubre (ruído, poeira, vibrações e produtos químicos), para que seja possível a condenação em adicional de insalubridade, embora a reclamada seja revel e não tenha juntado os documentos PCMSO, PPRA, LTCAT em momento oportuno. O eg. TRT manteve a r. sentença de origem que condenou a reclamada ao pagamento de adicional de insalubridade, diante da revelia e a confissão ficta da reclamada, que não juntou os documentos PCMSO, PPRA, LTCAT em momento oportuno. Segundo o art. 195, *caput* e § 2.º, da CLT a realização de perícia para apuração da insalubridade é uma imposição de lei, razão porque necessária, ainda que não haja solicitação das partes. Nesse sentido, incide a Orientação Jurisprudencial n. 278 da SDI-1. Ressalte-se, ainda, que mesmo que haja revelia da reclamada, a apuração da insalubridade mediante perícia técnica é obrigatória. O fato de não ter sido juntado os documentos PCMSO, PPRA e LTCAT não atrai a presunção de veracidade de que o labor era insalubre, visto que a perícia é obrigatória e os instrumentos como PCMSO, PPRA, LTCAT são de elaboração unilateral do Empregador e, sua apresentação, por si só, não elimina a obrigatoriedade de perícia. Desse modo, deve ser declarara a nulidade de todos os atos praticados a partir do encerramento da instrução processual e determinado o retorno dos autos à MM. Vara para realização da perícia e provas ulteriores. Recurso de revista conhecido e provido" (RR-40-13.2021.5.08.0126, 8.ª T., red. Min. Aloysio Corrêa da Veiga, *DEJT* 24-10-2022).

> **OJ SDI-1 165, TST:** "O art. 195 da CLT não faz qualquer distinção entre o médico e o engenheiro para efeito de caracterização e classificação da insalubridade e periculosidade, bastando para a elaboração do laudo seja o profissional devidamente qualificado".

Destaque-se, no entanto, que, não havendo controvérsia a respeito da condição de periculosidade ou de insalubridade, é desnecessária a produção da prova pericial. Nesse sentido o entendimento do Tribunal Superior do Trabalho.

> **SÚM. 453, TST:** "O pagamento de adicional de periculosidade efetuado por mera liberalidade da empresa, ainda que de forma proporcional ao tempo de exposição ao risco ou em percentual inferior ao máximo legalmente previsto, dispensa a realização da prova técnica exigida pelo art. 195 da CLT, pois torna incontroversa a existência do trabalho em condições perigosas".

Da mesma forma, não será realizada a perícia quando não houver mais o ambiente de trabalho, em razão de fechamento da empresa, caso em que o juiz poderá utilizar-se de outros meios de prova.

> **OJ SDI-1 278, TST:** "A realização de perícia é obrigatória para a verificação de insalubridade. Quando não for possível sua realização, como em caso de fechamento da empresa, poderá o julgador utilizar-se de outros meios de prova".

Tratando-se de ação trabalhista submetida ao **procedimento sumaríssimo**, a perícia somente será deferida quando a prova do fato o exigir, ou quando for legalmente imposta, incumbindo ao juiz, desde logo, nomear o perito, fixando o prazo e o objeto da perícia **(art. 852-H, § 4.º, CLT)**.

O perito tem o dever de cumprir o ofício que lhe foi conferido no prazo designado pelo juiz. Pode, todavia, escusar-se do encargo alegando motivo legítimo, ou pode ser recusado pelas partes por impedimento ou suspeição, hipóteses em que o juiz nomeará novo perito **(art. 467, CPC)**. A substituição do perito ocorrerá quando lhe faltar conhecimentos técnicos ou científicos ou quando deixar de cumprir o encargo no prazo que lhe foi fixado **(art. 468, CPC)**.

Em caso de perícia médica, a jurisprudência adota o entendimento de que o perito não precisa ter a especialidade referente à doença alegada, bastando ser médico, o que lhe dá plenas condições de realizar a análise técnica.

> "RECURSO ORDINÁRIO EM AÇÃO RESCISÓRIA. [...] PRELIMINAR DE NULIDADE POR CERCEAMENTO DE DEFESA. 1. A Corte de origem rejeitou a preliminar de nulidade da sentença, por considerar que o laudo pericial que a subsidiou, tal como apresentado, apesar da ausência de vistoria no local de trabalho, é plenamente válido e regular, sendo impertinente e desnecessária a realização da prova requerida. Consignou que 'não se verifica qualquer razão para indicação de perito médico com especialização na área de ortopedia, pois, na condição de médica do trabalho, a perita possui totais condições de avaliar o estado de saúde do reclamante e o possível nexo causal entre sua alegada patologia e o trabalho realizado em favor da reclamada'. 2. Adotando os fundamentos da sentença, o TRT registrou ainda que, 'ao contrário do sustentando pelo reclamante, o perito médico não está obrigado vistoriar o local de trabalho'. 3. A conclusão do acórdão rescindendo está em harmonia com a jurisprudência desta Corte, segundo a qual não configura cerceamento do direito de defesa o indeferimento de produção de provas, tendo em vista os amplos poderes conferidos ao juízo na direção do processo (art. 765 da CLT, c/c os arts. 370 e 371 do CPC/2015), bem assim o fato de as questões estarem suficientemente esclarecidas por outros meios. Precedentes. [...]" (ROT-24574-30.2022.5.24.0000, Subseção II Especializada em Dissídios Individuais, rel. Min. Amaury Rodrigues Pinto Junior, *DEJT* 11-10-2024).

O perito que por dolo ou culpa presta informações inverídicas responde pelos prejuízos que causar à parte, fica inabilitado por dois anos a funcionar em outras perícias e incorrerá na sanção que a lei penal fixar. O juiz deve ainda comunicar o fato ao respectivo órgão de classe para adoção das medidas necessárias **(art. 158, CPC)**.

Cada parte poderá indicar um **assistente técnico**, cujo laudo terá que ser apresentado no mesmo prazo assinado para o perito, sob pena de ser desentranhado dos autos **(art. 3.º, parágrafo único, Lei n. 5.584/70)**.

O trabalho pericial, por ser prova que é produzida fora de audiência, não enseja, em regra, a oitiva do perito. No entanto, é facultado ao juiz ouvir o perito quando entenda necessário **(art. 827, CLT)**.

O juiz **não está adstrito ao laudo pericial**, podendo formar sua convicção a partir de outras provas produzidas nos autos, devendo, no entanto, fundamentar sua decisão **(arts. 371 e 479, CPC)**.

Poderá ainda o juiz determinar, de ofício ou a requerimento da parte, a **realização de uma segunda perícia**, desde que a matéria não lhe pareça suficientemente esclarecida **(art. 480, CPC)**.

"AGRAVO INTERNO EM AGRAVO DE INSTRUMENTO EM RECURSO DE REVISTA INTERPOSTO PELA PARTE AUTORA. LEI N. 13.467/2017. [...] CERCEAMENTO DE DEFESA. AUSÊNCIA DE VISTORIA NO LOCAL DE TRABALHO. NÃO OCORRÊNCIA. A jurisprudência desta Corte Superior reiteradamente tem se manifestado no sentido de que a ausência de vistoria do local de trabalho, por si só, não invalida o laudo técnico. Precedentes. Agravo conhecido e não provido. CERCEAMENTO DE DEFESA. INDEFERIMENTO DE NOVA PERÍCIA. NÃO OCORRÊNCIA. O Princípio do Convencimento Motivado (art. 371 do CPC), integrante dos Princípios gerais do Direito Processual, permite ao magistrado a liberdade para apreciar as provas que lhe são apresentadas, desde que fundamente sua decisão. E essa faculdade atinge tanto a valoração quanto a produção das provas, uma vez que o juiz deve conduzir o processo de forma efetiva e célere e pode indeferir a prova que entender desnecessária, conforme previsto nos arts. 765 da CLT e 370, parágrafo único, do CPC. Na presente hipótese, registrou expressamente a Corte Regional que: 'não há nos autos qualquer contraprova apta a desconstituir a credibilidade e incolumidade da prova técnica. Diferentemente do aduzido pelo Obreiro, verifica-se que o documento apresentou elementos suficientes para o esclarecimento da controvérsia de natureza técnica e para o convencimento do Juízo'. Consignou, ainda, que o perito: 'respondeu com clareza a todos os quesitos apresentados pelas partes, elucidando todas as questões postas em discussão, formando-se um conjunto fático-probatório considerável, que o Juízo de Origem entendeu ser suficiente para embasar o seu convencimento'. Assim, não há falar em cerceamento de defesa pelo indeferimento do pedido de nova perícia. Agravo conhecido e não provido. [...]" (Ag-AIRR-1397-63.2017.5.17.0014, 7.ª T., rel. Min. Claudio Mascarenhas Brandao, *DEJT* 4-4-2023).

A **Lei n. 13.467/2017** passou a prever que a **responsabilidade pelo pagamento dos honorários periciais** é da parte sucumbente na pretensão objeto da perícia, mesmo se beneficiária da justiça gratuita **(art. 790-B, CLT)**. No entanto, a previsão de pagamento de honorários periciais pela parte beneficiária da justiça gratuita foi considerada inconstitucional pelo STF no julgamento da ADI 5.766.

"[...] HONORÁRIOS PERICIAIS SUCUMBENCIAIS. RECLAMAÇÃO TRABALHISTA AJUIZADA EM PERÍODO POSTERIOR À VIGÊNCIA DA LEI N. 13.467/2017. PARTE AUTORA BENEFICIÁRIA DA JUSTIÇA GRATUITA. ART. 791-B, *CAPUT*, DA CLT. AÇÃO DIRETA DE INCONSTITUCIONALIDADE N. 5.766 DO STF.

TRANSCENDÊNCIA POLÍTICA E JURÍDICA RECONHECIDAS. Cinge-se a controvérsia acerca da possibilidade de condenação da reclamante, beneficiária da justiça gratuita, ao pagamento de honorários periciais, com amparo no art. 790-B, *caput*, da CLT, com a redação dada pela Lei n. 13.467/17. Nesse sentido, o STF, por meio de seu Tribunal Pleno, e em sessão realizada em 20-10-2021, por maioria, julgou parcialmente procedente o pedido formulado na ADI 5.766 para declarar inconstitucional o art. 790-B, *caput*, da CLT, sob pena de afronta do art. 5.º, LXXIV, da Constituição Federal. Portanto, remanesce plenamente aplicável à hipótese dos autos a diretriz inserta na Súmula 457 do TST ('A União é responsável pelo pagamento dos honorários de perito quando a parte sucumbente no objeto da perícia for beneficiária da assistência judiciária gratuita, observado o procedimento disposto nos arts. 1.º, 2.º e 5.º da Resolução n. 66/2010 do Conselho Superior da Justiça do Trabalho – CSJT'), sendo incabível, no caso, a condenação da litigante beneficiária da justiça gratuita ao pagamento de honorários periciais sucumbenciais. Recurso de Revista conhecido e provido, no tema" (RRAg-11045-69.2019.5.03.0052, 1.ª T., rel. Min. Luiz Jose Dezena da Silva, *DEJT* 29-11-2024).

Na fixação do valor dos honorários periciais deverá ser respeitado o limite máximo estabelecido pelo Conselho Superior da Justiça do Trabalho e este poderá ser parcelado (**art. 790-B, § 4.º, CLT**).

SÚMULA 457, TST: "A União é responsável pelo pagamento dos honorários de perito quando a parte sucumbente no objeto da perícia for beneficiária da assistência judiciária gratuita, observado o procedimento disposto nos arts. 1.º, 2.º e 5.º da Resolução n. 66/2010 do Conselho Superior da Justiça do Trabalho – CSJT".

Não poderá ser exigido o adiantamento de valores para realização de perícias (**art. 790-B, § 3.º, CLT**)[46].

Os **honorários do assistente técnico** serão suportados pela **parte que o indicou**, ainda que vencedora no objeto da perícia.

SÚMULA 341, TST: "A indicação do perito assistente é faculdade da parte, a qual deve responder pelos respectivos honorários, ainda que vencedora no objeto da perícia".

8.9.5.5. *Inspeção judicial*

A **inspeção judicial** é uma diligência processual realizada pelo juiz em qualquer fase do processo, de ofício ou a requerimento da parte, com o intuito de esclarecer fatos que interessem à solução do litígio, mediante uma verificação direta em pessoas ou coisas (**art. 481, CPC**).

---

[46] Antes do advento da Lei n. 13.467/2017 o Tribunal Superior do Trabalho já havia fixado entendimento no sentido de ser "ilegal a exigência de depósito prévio para custeio dos honorários periciais, dada a incompatibilidade com o processo do trabalho, sendo cabível o mandado de segurança visando à realização da perícia, independentemente do depósito" (OJ SDI-2 98, TST).

A inspeção judicial é cabível quando **(art. 483, CPC)**:

- o juiz julgar necessário para a melhor verificação ou interpretação dos fatos que deva observar;
- a coisa não puder ser apresentada em juízo, sem consideráveis despesas ou graves dificuldades;
- seja necessária à reconstituição dos fatos.

Ao realizar a inspeção direta, o juiz poderá ser acompanhado e assistido por um ou mais peritos **(art. 482, CPC)**.

As partes **têm sempre direito** a assistir à inspeção, prestando esclarecimentos e fazendo observações que reputem de interesse para a causa **(art. 483, parágrafo único, CPC)**.

Concluída a diligência, o juiz mandará lavrar auto circunstanciado, no qual será mencionado tudo o que seja útil ao julgamento da causa, podendo ser instruído com desenho, gráfico ou fotografia **(art. 484, CPC)**.

8.9.5.6. Indícios e presunções

Além da prova produzida diretamente pelos depoimentos pessoais e testemunhais e pelo exame dos documentos e perícias, é aceita a prova realizada indiretamente, por meio de indícios e presunções[47].

O **indício** decorre de uma circunstância previamente conhecida que leva, mediante um processo indutivo, à existência de outras situações. De um fato existente, o juiz induz a existência de outro fato.

Presunção é a conclusão que o juiz tira de fatos acessórios ou conhecidos para sustentar a existência ou verdade do fato principal que deseja provar.

Como regra, o juiz forma sua convicção com fundamento na prova dos fatos. Quando, porém, ele parte de um fato conhecido para chegar a um outro ignorado, temos a presunção. O legislador não considera as **presunções** como meios de prova, mas um **método de raciocínio**.

As presunções podem ser:

- **legal absoluta** (*jure et de jure*) – quando a lei declara verdadeiro um fato e não admite prova em contrário **(art. 374, IV, CPC)**;
- **relativa** (*juris tantum*) – a que, embora aceita como verdadeira pela lei, pode ser elidida por provas que a eliminem **(art. 341, CPC)**.

A presunção legal absoluta não permite prova em contrário; a relativa prevalece, se os fatos trazidos aos autos não a destruírem.

As presunções auxiliam a solução da lide. O juiz aplicará as regras de experiência comum subministradas pela observação do que ordinariamente acontece **(art. 375,**

---

[47] MARTINS, Sergio Pinto. *Direito processual do trabalho, cit.*, 21. ed., p. 353.

8 ◻ Dissídio Individual

CPC), o que está muito próximo da presunção humana, muitas vezes adotada pela jurisprudência, quando não há presunção legal.

Tais suposições são numerosas no processo trabalhista, justamente porque se presume o que ordinariamente acontece, podendo ser citados os seguintes exemplos:

- ◻ supõe-se ter havido contrato por tempo indeterminado e não por prazo determinado;
- ◻ presume-se que o empregado trabalhou ininterruptamente até a rescisão contratual e não se presumem suas faltas;
- ◻ presume-se o trabalho em jornada normal e não o trabalho em horário extraordinário ou aos domingos;
- ◻ não se presume o despedimento, mas também não se presume o abandono pela simples ausência ao serviço, senão a partir de 30 dias.

> **SÚM. 12, TST:** "As anotações apostas pelo empregador na carteira profissional do empregado não geram **presunção** *juris et de jure*, mas apenas *juris tantum*".

> **SÚM. 96, TST:** "A permanência do tripulante a bordo do navio, no período de repouso, além da jornada, não importa **presunção** de que esteja à disposição do empregador ou em regime de prorrogação de horário, circunstâncias que devem resultar provadas, dada a natureza do serviço".

> **SÚM. 212, TST:** "O ônus de provar o término do contrato de trabalho, quando negados a prestação de serviço e o despedimento, é do empregador, pois o princípio da continuidade da relação de emprego constitui **presunção** favorável ao empregado".

> **SÚM. 338, TST:** "I – É ônus do empregador que conta com mais de 10 (dez) empregados o registro da jornada de trabalho na forma do art. 74, § 2.º, da CLT. A não apresentação injustificada dos controles de frequência gera **presunção** relativa de veracidade da jornada de trabalho, a qual pode ser elidida por prova em contrário. II – A **presunção** de veracidade da jornada de trabalho, ainda que prevista em instrumento normativo, pode ser elidida por prova em contrário".

> **SÚM. 443, TST:** "**Presume-se** discriminatória a despedida de empregado portador do vírus HIV ou de outra doença grave que suscite estigma ou preconceito. Inválido o ato, o empregado tem direito à reintegração no emprego".

> **OJ SDI-1 160, TST:** "É inválida a **presunção** de vício de consentimento resultante do fato de ter o empregado anuído expressamente com descontos salariais na oportunidade da admissão. É de se exigir demonstração concreta do vício de vontade".

8.9.6. Produção antecipada de prova

O Código de Processo Civil de 2015 revogou as ações cautelares autônomas, mas manteve as medidas cautelares incidentais, e previu o procedimento específico de produção antecipada de prova **(arts. 381 a 383)** com finalidades específicas.

Assim, a "*ação de produção antecipada de prova* é a demanda pela qual se afirma o direito à produção de uma determinada prova e se pede que essa prova seja produzida antes da fase instrutória do processo para o qual ela servirá. É, pois, ação que busca o reconhecimento do direito autônomo à prova, *direito este que se realiza com a coleta da prova em típico* **procedimento de jurisdição voluntária**[48].

Embora o Tribunal Superior do Trabalho não tenha manifestado posicionamento expresso na **Instrução Normativa n. 39/2016** a respeito da aplicabilidade de tais dispositivos legais ao processo do trabalho, já há jurisprudência no sentido de que o **procedimento de jurisdição voluntária** de produção antecipada de prova contido no Código de Processo Civil é **aplicável no processo trabalhista**.

"I – AGRAVO DE INSTRUMENTO. RECURSO DE REVISTA SOB A ÉGIDE DA LEI 13.467/2017. PRODUÇÃO ANTECIPADA DE PROVAS. EXIBIÇÃO DE DOCUMENTOS. INTERESSE PROCESSUAL. NECESSIDADE. REQUISITOS. HIPÓTESES DE CABIMENTO. DESNECESSIDADE DE PRÉVIO REQUERIMENTO ADMINISTRATIVO. TRANSCENDÊNCIA JURÍDICA. No caso em tela, o debate acerca do interesse processual e das hipóteses de cabimento da ação do rito da produção antecipada de provas, por ser recente na Justiça do Trabalho, detém transcendência jurídica, nos termos do art. 896-A, § 1.º, IV, da CLT. Transcendência reconhecida. Agravo de instrumento provido ante a possível violação ao art. 381 do CPC. II – RECURSO DE REVISTA SOB A ÉGIDE DA LEI N. 13.467/2017. PRODUÇÃO ANTECIPADA DE PROVAS. EXIBIÇÃO DE DOCUMENTOS. INTERESSE PROCESSUAL. NECESSIDADE. REQUISITOS. HIPÓTESES DE CABIMENTO. DESNECESSIDADE DE PRÉVIO REQUERIMENTO ADMINISTRATIVO. TRANSCENDÊNCIA JURÍDICA. O procedimento de produção antecipada de provas (arts. 381 a 383 do CPC) não consiste em medida de natureza cautelar ou instrumento equiparado a quaisquer das subespécies de tutela provisória. Afinal, o manejo desse procedimento não é condicionado aos pressupostos da tutela provisória de urgência, previstos no art. 300 do CPC. Em realidade, os requisitos específicos para a utilização da produção antecipada de provas são os arrolados no art. 381 do CPC, os quais devem ser atendidos de modo alternativo, isto é, basta ao requerente demonstrar a presença de um deles para que a medida seja considerada cabível. Hodiernamente, o procedimento de produção antecipada de provas é instrumento de provocação de jurisdição híbrida, a qual ora pode ter caráter contencioso, ora voluntário. Se o interesse envolvido na produção das provas for suscetível de provocar o ajuizamento de ação contra outrem ou fortalecimento de uma pretensão já formulada em processo pendente, o caráter será contencioso. Por outro lado, se tal prova não tiver a destinação de provocar o ajuizamento de ação ou fortalecimento de ação já existente, o caráter será voluntário. Já foi adotado pela Sexta Turma do TST o entendimento de que a produção antecipada de provas é instrumento de livre utilização pelo trabalhador, como forma de prevenção ao surgimento de despesas processuais cujos valores comprometam sua subsistência, especialmente, em caso de ausência de concessão do benefício da justiça gratuita. O Regional, ao condicionar o cabimento da produção antecipada de provas à demonstração de recusa administrativa ou extrajudicial prévia, atuou em violação do art. 381 do CPC, que enumera as hipóteses de cabimento da medida. Recurso de revista conhecido e provido" (RR-539-18.2023.5.12.0028, 6.ª T., rel. Min. Augusto Cesar Leite de Carvalho, *DEJT* 29-11-2024).

---

[48] DIDIER JR., Fredie; BRAGA, Paula Sarno; OLIVEIRA, Rafael Alexandria de. *Curso de direito processual civil,* cit., p. 141.

8 ■ Dissídio Individual

O Código de Processo Civil não define expressamente quais provas poderão ter sua produção antecipada, mas, ao tratar da participação dos interessados, dispõe que eles poderão requerer a produção antecipada de qualquer prova.

A produção antecipada da prova será admitida nos casos em que **(art. 381, CPC)**:

■ haja fundado receio de que venha a tornar-se impossível ou muito difícil a verificação de certos fatos na pendência da ação;

■ a prova a ser produzida seja suscetível de viabilizar a autocomposição ou outro meio adequado de solução de conflito;

■ o prévio conhecimento dos fatos possa justificar ou evitar o ajuizamento da ação.

Na petição, o requerente apresentará as razões que justificam a necessidade de antecipação da prova e mencionará com precisão os fatos sobre os quais a prova há de recair **(art. 382, CPC)**.

Existindo caráter contencioso na pretensão, o juiz determinará, de ofício ou a requerimento da parte, a citação de interessados na produção da prova ou no fato a ser provado **(art. 382, § 1.º, CPC)**. Os interessados poderão requerer a produção de qualquer prova no mesmo procedimento, desde que relacionada ao mesmo fato, salvo se sua produção conjunta acarretar excessiva demora **(§ 3.º)**.

Ainda que haja a citação de interessados, no procedimento de produção antecipada de prova não se admite a apresentação de defesa ou de recursos, salvo contra decisão que indeferir totalmente a produção da prova pleiteada pelo requerente originário **(art. 382, § 4.º, CPC)**.

O juiz não se pronunciará sobre a ocorrência ou a inocorrência do fato, nem sobre as respectivas consequências jurídicas **(art. 382, § 2.º, CPC)**.

Após a produção da prova requerida, os autos permanecerão em cartório para extração de cópias e certidões pelos interessados durante um mês, após o que serão entregues ao promovente da medida **(art. 383, CPC)**.

Considerando a finalidade do procedimento, a **competência** para a produção antecipada de prova é do **juízo onde esta deva ser produzida** (por exemplo, oitiva de testemunha enferma – onde esta se encontre; realização de perícia em estabelecimento empresarial que será desativado, a fim de se verificar se as condições de trabalho eram ou não perigosas – no local do estabelecimento), ou, **excepcionalmente**, no foro do **domicílio do réu (art. 381, § 2.º, CPC)**. O foro do domicílio do réu "deve ser encarado, no caso, como *foro excepcional*, cabível, por exemplo, no caso de produção antecipada de depoimento da parte, hipótese em que o domicílio do réu é realmente o mais adequado"[49].

A produção antecipada de prova **não previne a competência do juízo** para a ação que venha a ser proposta, sendo que esta deverá seguir as regras gerais sobre competência **(art. 381, § 3.º, CPC)**.

---

[49] DIDIER JR., Fredie; BRAGA, Paula Sarno; OLIVEIRA, Rafael Alexandria de. *Curso de direito processual civil*, cit., p. 147.

A ação de produção antecipada de provas, como medida preparatória de outra ação, interrompe o prazo prescricional. Aplicando o entendimento adotado na OJ SDI-1 392 do TST, este tem adotado precedentes nesse sentido.

"[...] II – RECURSO DE REVISTA. LEIS N. 13.015/2014 E 13.467/2017. AÇÃO DE PRODUÇÃO ANTECIPADA DE PROVAS COMO ATO QUE INTERROMPE A PRESCRIÇÃO. POSSIBILIDADE. TRANSCENDÊNCIA RECONHECIDA O Tribunal Regional, em que pese tenha registrado que a reclamante pleiteou a apresentação de documentos que possibilitassem o cálculo de diferenças salarias, horas extras e reflexos, rejeitou a utilização da ação de produção antecipada de provas como meio apto para interromper a prescrição de pedidos, sob o fundamento de que a reclamante 'não deduziu de maneira clara e expressa a pretensão de reconhecimento da interrupção da prescrição'. Nada obstante, a jurisprudência atual desta Corte se consolidou no sentido de que a ação de produção antecipada de provas (art. 381 e seguintes do CPC), por tratar-se de medida acautelatória que visa o acesso a documentos com o objetivo de ajuizar ação posterior – medida preparatória de outra ação –, tem o condão de interromper a fruição do prazo prescricional (Orientação Jurisprudencial 392 da SDI-1 do TST). Trata-se de entendimento que atende aos princípios da economia, da celeridade processual e ao direito fundamental à razoável duração do processo (art. 5.º, LXXVIII, da Constituição da República), bem como ausente prejuízo para as partes. Precedentes. Recurso de revista de que se conhece e a que se dá provimento" (RR-0000003-93.2022.5.09.0749, 3.ª T., rel. Min. Alberto Bastos Balazeiro, *DEJT* 29-11-2024).

"RECURSO DE REVISTA DO RECLAMANTE INTERPOSTO SOB A ÉGIDE DA LEI N. 13.467/2017 – AÇÃO DE PRODUÇÃO ANTECIPADA DE PROVAS – INTERRUPÇÃO DA PRESCRIÇÃO – TRANSCENDÊNCIA POLÍTICA RECONHECIDA. A atual jurisprudência do TST reconhece que a ação de produção antecipada de provas é instrumento adequado para a interrupção da prescrição na Justiça do Trabalho. Julgados. Recurso de Revista conhecido e provido" (RR-1337-22.2019.5.12.0059, 4.ª T., rel. Min. Maria Cristina Irigoyen Peduzzi, *DEJT* 7-6-2024).

8.9.7. Prova emprestada

Prova emprestada é a prova produzida em um processo submetido ao Judiciário e que é utilizada para fazer prova em outro processo.

Muito se discutia na doutrina e na jurisprudência acerca da prova emprestada, principalmente em relação à possibilidade de sua utilização e à sua credibilidade.

Em relação ao seu cabimento, porém, o Código de Processo Civil de 2015 passou a prever expressamente sobre a sua admissibilidade, prevendo que o juiz poderá admitir a utilização de prova produzida em outro processo, atribuindo-lhe o valor que considerar adequado, devendo, porém, ser observado o contraditório **(art. 372, CPC)**.

A prova emprestada **será admitida** quando houver **identidade entre os fatos** a serem provados e a **participação da parte adversa** na produção probatória, preservando-se, assim, os princípios da **ampla defesa e do contraditório**.

"AGRAVO EM AGRAVO DE INSTRUMENTO. RECURSO DE REVISTA SOB A ÉGI-
DE DA LEI 13.467/2017. ADICIONAL DE PERICULOSIDADE. TRANSCENDÊNCIA
JURÍDICA. A discussão refere-se à conclusão do Regional, soberano no exame do conjunto fático-probatórios dos autos, em utilizar prova pericial emprestada em detrimento
do laudo elaborado nos autos. A controvérsia assim trazida detém transcendência jurídica.
A jurisprudência desta Corte tem convalidado a utilização da prova emprestada nos casos
em que constatada identidade entre os fatos a serem demonstrados e a participação da
parte contrária na produção probatória, resguardando, pois, os princípios da ampla defesa
e do contraditório. Com efeito, que a prova, seja laudo pericial elaborado nos autos ou
laudo emprestado, não tem valor probante absoluto, pois se faz necessário ser examinada
pelo julgador diante de todo conjunto probatório existente. O acórdão regional, ao se utilizar da prova emprestada contrária à reclamada, que também participou do processo anterior e pode contraditá-la, encontra-se em linha de sintonia com a jurisprudência desta
Corte. Não ficou demonstrado o desacerto da decisão monocrática por meio da qual se
negou provimento ao agravo de instrumento. Agravo não provido" (Ag-AIRR-1000164-
38.2016.5.02.0411, 6.ª T., rel. Min. Augusto Cesar Leite de Carvalho, *DEJT* 22-11-2024).

Não há necessidade de que a **parte contrária concorde** com a prova emprestada,
bastando que lhe tenha sido garantido o direito ao contraditório em relação à prova trazida aos autos.

"DIREITO DO TRABALHO E PROCESSUAL DO TRABALHO. AGRAVO. AGRAVO
DE INSTRUMENTO EM RECURSO DE REVISTA. VIGÊNCIA DA LEI N. 13.467/2017.
NULIDADE PROCESSUAL POR CERCEAMENTO DO DIREITO DE DEFESA. UTI-
LIZAÇÃO DE PROVA EMPRESTADA. PRESCINDIBILIDADE DA ANUÊNCIA DAS
PARTES. NÃO CARACTERIZAÇÃO. TRANSCENDÊNCIA NÃO RECONHECIDA. 1.
O Tribunal Regional registrou que, 'Tendo em vista que a prova emprestada diz respeito
ao mesmo fato, envolvendo as mesmas partes, tendo sido observado o contraditório, além
de ter sido permitida a oitiva das testemunhas que o Sindicato e o MPT pretendiam ouvir
– posterior desistência, como visto acima –, não há nulidade a ser declarada. Ademais,
tendo a parte desistido da oitiva de sua testemunha, o retorno dos autos à origem para nova
produção probatória configura comportamento contraditório, o que não se pode admitir.'
2. As premissas consignadas revelam que o acórdão regional está em consonância com o
entendimento firmado no âmbito desta Corte Superior, no sentido da admissão do uso da
prova emprestada, independentemente da anuência das partes, se verificada a semelhança
da situação fática e observado o contraditório, que se dá pela oportunidade de vista e
pronunciamento sobre os documentos trazidos aos autos. Incidência do art. 896, § 7.º, da
CLT e da Súmula 333 do TST. 3. Além disso, ao Magistrado é autorizado indeferir, em
decisão fundamentada – o que ocorreu na hipótese –, as diligências inúteis ou meramente
protelatórias. A isso, some-se que incumbe ao Juiz a direção do processo e, principalmente, das provas a serem produzidas pelas partes, nos termos dos arts. 371 do CPC e 765 da
CLT. 4. Nesse contexto, o indeferimento do pedido de retorno dos autos à origem para
nova produção probatória, em razão de a parte recorrente ter desistido da oitiva de sua
testemunha, conferiu apenas efetividade aos comandos previstos nos mencionados preceitos normativos, não configurando o cerceamento de defesa alegado pela parte. Agravo a
que se nega provimento. [...]" (Ag-AIRR-81300-59.2009.5.09.0594, 1.ª T., rel. Min. Amaury
Rodrigues Pinto Junior, *DEJT* 6-11-2024).

No processo do trabalho podem ser citados como **exemplos de prova emprestada** a utilização de cópia de um depoimento prestado em outro processo por uma testemunha já falecida ou de um laudo pericial de insalubridade ou periculosidade realizado em outro processo, pois a empresa fechou seu estabelecimento, não havendo possibilidade de realização de nova perícia.

> **OJ SDI-1 278, TST:** "A realização de perícia é obrigatória para a verificação de insalubridade. Quando não for possível sua realização, como em caso de fechamento da empresa, poderá o julgador utilizar-se de outros meios de prova".

8.9.8. Provas digitais

A **utilização de provas digitais no processo** faz parte de um novo contexto que surge na sociedade da informação, principalmente em razão do fato de que há constante produção de dados por parte dos dispositivos informáticos utilizados. Como consequência, torna-se necessário aceitar a **produção probatória digital**, adequando-se a instrução processual às novas ferramentas e informações disponíveis.

As provas digitais podem ser produzidas em registros nos sistemas de dados de empresas, ferramentas de geoprocessamento, dados publicados em redes sociais e até encontradas por meio de biometria. Qualquer tipo de informação eletrônica, armazenada em bancos de dados, que comprove a efetiva realização de horas extras ou confirme a concessão fraudulenta de afastamento médico pode ser usada como prova digital.

Os dados produzidos podem ser encontrados em fontes abertas (de livre acesso, como pesquisas no Google, sites de transparência, redes sociais) ou fontes fechadas (de acesso restrito, por meio de solicitação judicial), em titularidade de empresas públicas e privadas. Por meio deles, é possível averiguar fatos controvertidos no curso da instrução processual, ou seja, utiliza-se uma prova digital para chegar mais próximo ao que realmente aconteceu.

O uso das provas digitais possui fundamentos nos **arts. 369 e 370 do CPC**. O primeiro autoriza as partes a empregarem todos os meios legais, bem como os moralmente legítimos, para provar a verdade dos fatos em que se funda o pedido ou a defesa e influir eficazmente na convicção do juiz. O segundo, por sua vez, dispõe que "caberá ao juiz, de ofício ou a requerimento da parte, determinar as provas necessárias ao julgamento do mérito". Além disso, o **art. 765 da CLT** também estabelece que "os Juízos e Tribunais do Trabalho terão ampla liberdade na direção do processo e velarão pelo andamento rápido das causas, podendo determinar qualquer diligência necessária ao esclarecimento delas".

Outros diplomas legais são relevantes para o tema:

■ **Lei n. 12.965/2014 (Marco Civil da Internet)** – define a obrigatoriedade de guarda dos registros de conexão, por no mínimo um ano, e dos registros de acesso a aplicações de internet, por no mínimo seis meses **(arts. 13 e 15)**, e prevê, ainda, que é imperativa a disponibilização dos registros e dados pessoais armazenados nos provedores de conexão e de acesso a aplicações de internet por ordem judicial **(art. 10)**, bem como a possibilidade de requisição judicial dos registros e dados

8 ◼ Dissídio Individual

pessoais armazenados nas operadoras de telefonia, nos provedores de conexão e de aplicações de internet, para formar o conjunto probatório em processo cível ou penal **(art. 22)**.

◼ **Lei n. 13.709/2018 (Lei Geral de Proteção de Dados)** – possibilita o tratamento de dados pessoais na hipótese de exercício de direitos em processo judicial **(art. 7.º, VI, e 11, II, *a*)**, garantindo o sigilo das informações e dos dados recebidos, visando preservar a intimidade da vida provada, da honra e da imagem do seu titular **(art. 2.º, I e III)**[50].

Além das postagens em redes sociais, que já vêm sendo utilizadas há algum tempo nos processos na Justiça do Trabalho, os dados utilizados como provas digitais podem se originar de diversas outras fontes de dados fechadas, como geolocalização, biometria, metadados de fotos, rastreamento de IP.

> "RECURSO ORDINÁRIO EM MANDADO DE SEGURANÇA. PRODUÇÃO DE PROVA DIGITAL. GEOLOCALIZAÇÃO DO TRABALHADOR. JORNADA DE TRABALHO. COLISÃO DE PRINCÍPIOS. PROTEÇÃO DOS DADOS PESSOAIS. (CF, ART. 5.º, LXXIX). DIREITO AO CONTRADITÓRIO E À AMPLA DEFESA. PONDERAÇÃO DE INTERESSES. MEDIDA ADEQUADA, NECESSÁRIA E PROPORCIONAL PARA OBTENÇÃO DA VERDADE PROCESSUAL. 1. De acordo com o Supremo Tribunal Federal, 'no sistema constitucional brasileiro, direitos ou garantias que se revistam de caráter absoluto, [...], pois nenhum direito ou garantia pode ser exercido em detrimento da ordem pública ou com desrespeito aos direitos e garantias de terceiros' (STF, MS 23.452, rel. Min. Celso de Mello, Tribunal Pleno, 12-5-2020). Havendo colisão de princípios, um deles deve ceder, realizando-se a concordância prática entre eles, mediante redução proporcional do alcance de cada um, a fim de que a norma atinja sua finalidade precípua. 2. Os tribunais internacionais aceitam provas digitais, desde que haja previsão legal (CEDH, Ben Faiza c. France), os objetivos sejam legítimos e necessários em uma sociedade democrática (CEDH, Uzun c. Allemagne) e atendidos determinados critérios de validade (U. S. Supreme Corte, Daubert v. Merrell). 3. Tanto a Lei Geral de Proteção de Dados Pessoais (Lei n. 13.709/2018, 7.º, VI), quanto a Lei de Acesso à Informação (Lei n. 12.527/2011, 21 c/c 31, § 4.º) e o Marco Civil da Internet (Lei n. 12.965/2014, 22) possibilitam o acesso a dados pessoais e informação para defesa de interesses em Juízo. 4. O escrutínio da validade das provas digitais exige que elas sejam adequadas (aptas ao fim colimado); necessárias (produzidas com o menor nível de intrusão possível) e proporcionais (o grau de afetação de um princípio deve ser diretamente proporcional à importância da satisfação do outro). 5. O princípio da 'primazia da realidade', segundo o qual o conteúdo prevalece sobre a forma, não deriva do princípio da proteção, de modo que constitui 'via de mão dupla', podendo ser utilizado tanto por empregados como por empregadores. 6. Violaria o princípio da 'paridade de armas', que assegura oportunidades iguais e meios processuais equivalentes para apoiar reivindicações, o deferimento de geolocalização somente quando requerida pelo empregado – pois ele consentiria com o tratamento de seus dados – e não pelo empregador – pois isso supostamente afrontaria o direito à intimidade/privacidade. 7. A admissibilidade de provas deve ser concebida a partir de um regime de

---

[50] Há previsão de sigilo também na Lei n. 12.965/2014, art. 23.

inclusão, com incremento das possibilidades de obtenção da verdade real, conforme tendência apontada pela Corte Interamericana de Direitos Humanos (Comunidad Mayagna (Sumo) Awas Tingni v. Nicaragua). 8. A diligência de geolocalização do trabalhador, nos períodos e horários por ele indicados como de trabalho efetivo, só invade a intimidade no caso de ele descumprir o dever de cooperação (CPC, 6.º), que exige a exposição dos fatos em Juízo conforme a verdade (CPC, 77, I). 9. Não há violação ao sigilo telemático e de comunicações (CF, 5.º, XII) na prova por meio de geolocalização, haja vista que a proteção assegurada pela constituição é o de comunicação dos dados e não dos dados em si' (STF, HC 91.867, rel. Min. Gilmar Mendes, 2.ª T., *DJe*-185 de 20-9-2012), o que tornaria qualquer investigação impossível' (STF, RE 418.416, rel. Min. Sepúlveda Pertence, Pleno, *DJ* 19-12-2006). 10. A ponderação de interesses em conflito demonstra que a quebra do sigilo de dados (geolocalização) revela-se adequada, necessária e proporcional, conforme precedente do Superior Tribunal de Justiça (STJ, AgRg no RMS 68.487, 5.ª T., 15-9-2022). 11. A Justiça do Trabalho acompanha o avanço tecnológico que permite maior segurança na utilização da prova por geolocalização. O programa VERITAS, criado e aperfeiçoado pelo TRT da 12.ª Região, possui filtros que permitem reduzir os dados ao específico espaço de interesse judicial, como por exemplo, o local da execução dos serviços do trabalhador (o que afasta completamente a ideia de violação de sigilo, afinal servirá apenas para demonstrar que o trabalhador estava, ou não, no local da prestação de serviços, sendo apenas mais preciso e confiável do que o depoimento de uma testemunha). 12. Desenvolver sistemas e treinar magistrados no uso de tecnologias essenciais para a edificação de uma sociedade que cumpra a promessa constitucional de ser mais justa (CF, 3.º, I), para depois censurar a produção dessas mesmas provas, seria uma enorme incoerência. 13. É tempo de admitir a ampla produção de diligências úteis e necessárias, resguardando, porém, o quanto possível, o direito à intimidade e à privacidade do trabalhador. 14. Neste sentido, é preciso limitar a prova de geolocalização aos dias e horários apontados na petição inicial como sendo de trabalho realizado, além de determinar que o processo seja mantido em segredo de justiça, a fim de restringir essas informações às partes e ao juiz da causa. 15. Como essas limitações não foram estabelecidas pela autoridade coatora, o provimento do recurso deve ser apenas parcial, de modo a conceder parcialmente a segurança para restringir à produção da prova, conforme acima especificado, bem como determinar que o processo seja mantido em segredo de justiça" (ROT-23218-21.2023.5.04.0000, Subseção II Especializada em Dissídios Individuais, rel. Min. Amaury Rodrigues Pinto Junior, *DEJT* 14-6-2024).

A Justiça do Trabalho começou, em 2020, uma ação institucional de formação e especialização de magistrados e servidores na produção de provas por meios digitais. A iniciativa, chamada de **Programa Provas Digitais**, visa fazer uso de informações tecnológicas para auxiliar magistrados na instrução processual, especialmente na produção de provas para aspectos controvertidos. Como resultado, busca-se maior celeridade à tramitação processual e facilidade para a busca da verdade dos fatos. São ferramentas usadas para a produção de provas digitais, por exemplo: geolocalização, postagens em redes sociais, palavras-chave ou *tags*, biometria, raspagem de dados (*data scraping*), conversas em aplicativos de mensagens e e-mails, varredura em grandes bancos de dados.

8 ◼ Dissídio Individual

8.10. ALEGAÇÕES FINAIS

As **alegações finais**, também chamadas de razões finais, constituem uma **faculdade** conferida às partes de se manifestarem nos autos após o encerramento da instrução processual e antes de proferida a sentença (**art. 850, CLT**).

No processo do trabalho, em razão dos princípios da oralidade e da concentração de atos, as alegações finais são apresentadas, como **regra, oralmente em audiência**, no prazo de **dez minutos**. O juiz pode deferir a apresentação de razões finais escritas, fixando prazo para tal fim, com fundamento no § 2.º do art. **364 do Código de Processo Civil**. Assim, quando a causa apresentar questões complexas de fato ou de direito, o debate oral **poderá ser substituído por razões finais escritas**, que serão apresentadas pelo autor e pelo réu. Inaplicável o prazo previsto em tal dispositivo legal, sendo que no processo do trabalho o **prazo** para as alegações finais será o **fixado pelo juiz** (prazo judicial).

Embora a Consolidação das Leis do Trabalho não contenha previsão expressa a respeito, também no **procedimento sumaríssimo** as partes podem aduzir razões finais que, no entanto, em consonância com a celeridade do procedimento, **somente** poderão ser **orais**.

Em seguida às alegações finais o juiz **renovará a proposta de conciliação** e, não se realizando esta, será proferida a decisão.

Como ensina Carlos Henrique Bezerra Leite, "tendo em vista que, *de lege lata*, o processo do trabalho adota a audiência una (ou única), as razões finais, embora facultativas, assumem um papel importantíssimo não apenas para a arguição de nulidades (CLT, art. 795), como também para facilitação do convencimento do juiz"[51].

No entanto, destaque-se que, se a parte já consignou seus *protestos* em ata durante a realização da audiência, não há que se falar em preclusão da arguição de nulidade se os protestos não forem renovados em razões finais, orais ou escritas.

> "RECURSO DE REVISTA – NULIDADE PROCESSUAL – CERCEAMENTO DE DE-FESA – INDEFERIMENTO DE PRODUÇÃO DE PROVA PERICIAL – PROTESTO EM AUDIÊNCIA – DESNECESSIDADE DE RENOVAÇÃO DO REQUERIMENTO ESPE-CÍFICO EM RAZÕES FINAIS – NÃO OCORRÊNCIA DA PRECLUSÃO. 1. O Tribunal Regional, em sede de embargos de declaração, não considerou o requerimento de produção de prova pericial feito pelas reclamantes sob protestos em audiência instrutória, pois não foi renovado nas razões finais, e, por isso, aplicou os efeitos da preclusão. 2. A Consolidação das Leis do Trabalho tem previsão expressa no sentido de que as nulidades deverão ser arguidas no primeiro momento em que a parte tiver oportunidade de se manifestar em audiência ou nos autos (art. 795, *caput*, da CLT), sob pena de preclusão. O referido dispositivo não estabelece requisitos, tais como a necessidade de que a arguição de nulidade seja renovada em razões finais, no encerramento da instrução. Tampouco exige que a arguição de nulidade seja invocada mediante requerimento específico, conforme consignado no acórdão regional. Apenas dispõe que as nulidades serão declaradas mediante provocação das partes, desde que suscitadas na primeira oportunidade que elas tiverem para se insurgir nos autos. 3. Na hipótese dos autos, percebe-se que as autoras se

---

[51] LEITE, Carlos Henrique Bezerra. *Curso de direito processual do trabalho, cit.*, 16. ed., p. 866.

insurgiram contra a decisão no momento oportuno, visto que realizaram protesto em audiência. 4. Logo, a alegação de cerceamento de defesa – inconformismo contra o indeferimento do pleito de realização de perícia por engenheiro de segurança do trabalho – não está preclusa. Houve afronta ao art. 5.º, LV, da Constituição Federal. Recurso de revista conhecido e provido" (RRAg-606-85.2020.5.12.0028, 2.ª T., rel. Des. Convocada Margareth Rodrigues Costa, *DEJT* 21-6-2024).

8.11. SENTENÇA NO PROCESSO DO TRABALHO

8.11.1. Conceito

Sentença é o pronunciamento por meio do qual o juiz, com fundamento nos **arts. 485 e 487**, põe fim à fase cognitiva do procedimento comum, bem como extingue a execução **(art. 203, § 1.º, CPC)**. O **art. 316 do Código de Processo Civil** dispõe que a extinção do processo dar-se-á por sentença. Assim, embora o legislador faça menção a "procedimento comum", a sentença também é ato do juiz praticado em procedimentos especiais. "Sentença, no procedimento comum ou nos procedimentos especiais, é o pronunciamento do juízo singular que encerra uma fase do processo, seja ela cognitiva ou executiva. Haverá tantas sentenças quantas sejam as fases do procedimento que se encerram"[52].

Para Humberto Theodoro Júnior, "a nova lei foi bastante clara e objetiva na conceituação, o que não ocorria no Código anterior, que se limitava a conceituar a sentença de acordo com a matéria decidida pelo juiz (CPC/1973, art. 162, § 1.º). Assim, se o ato decisório é proferido durante a marcha processual, sem colocar fim à fase cognitiva ou à execução, trata-se de decisão interlocutória [...]. Se, contudo, a decisão finaliza a atividade jurisdicional da primeira instância, é sentença [...]"[53].

A sentença **difere** das **decisões interlocutórias** (todo pronunciamento judicial de natureza decisória que não se enquadre como sentença – **art. 203, § 2.º, CPC**) e dos **despachos** (todos os demais pronunciamentos do juiz praticados no processo, de ofício ou a requerimento da parte – **art. 203, § 3.º, CPC**).

Com essa definição, o Código de Processo Civil optou por conceituar sentença não pelo seu conteúdo, mas pelos efeitos que produz no processo. A sentença é a prestação jurisdicional, é o ato pelo qual o juiz soluciona a controvérsia que lhe é submetida. Ela de fato expressa a soberania do Estado; evidencia a função jurisdicional atendendo ao que é objeto do processo, à composição, que se presume justa, da lide.

Humberto Theodoro Júnior conceitua sentença como "o ato judicial que não configura decisão interlocutória, por versar não sobre simples incidente, mas sobre o destino final da solução a ser dada ao pedido de tutela formulado na propositura da causa. Assim, não é por versar sobre questão ligada ao mérito da causa que uma decisão

---

[52] DIDIER JR., Fredie; BRAGA, Paula Sarno; OLIVEIRA, Rafael Alexandria de. *Curso de direito processual civil, cit.,* p. 313-314.

[53] THEODORO JÚNIOR, Humberto. *Curso de direito processual civil, cit.,* v. 1, p. 500.

configurará sentença. Nem é por tratar de matéria apenas processual que o ato do juiz será decisão interlocutória"[54].

A sentença é o acontecimento mais importante do processo, pois materializa a resposta do Judiciário àquilo que as partes vieram buscar: a solução do litígio, a entrega da prestação jurisdicional.

Para Bezerra Leite, o Código de Processo Civil de 2015 trouxe dois conceitos de sentença, embasados em seu conteúdo. São eles: (a) **sentença terminativa**, que consiste no provimento judicial que, sem apreciar o mérito, resolve o procedimento no primeiro grau de jurisdição ou a execução. É o que se dá com todas as hipóteses previstas nos incisos do **art. 485 do Código de Processo Civil**, tendo por escopo resolver a relação jurídica processual sem se pronunciar sobre a lide (pedido). Há, porém, situações, como as previstas nos **arts. 331 e 494 do Código de Processo Civil** e no **art. 897-A da Consolidação das Leis do Trabalho**, em que a sentença, mesmo terminativa, não implica automática extinção do procedimento em primeiro grau, pois, se houver interposição de apelação (ou recurso ordinário trabalhista) ou de embargos de declaração (com efeitos infringentes), a sentença pode, em tese, ser modificada pelo próprio juiz que a proferiu e em seu lugar surgir uma sentença definitiva. É o que ocorreria, por exemplo, com uma sentença que declara o autor carecedor de ação por ausência de interesse (sentença terminativa – **art. 485, VI, CPC**), mas é omissa a respeito da prescrição arguida em contestação. Interpostos embargos de declaração para sanar a omissão, o juiz, conhecendo e dando provimento aos declaratórios, pronuncia a prescrição (sentença definitiva – **art. 487, II, CPC**)[55]; (b) **sentença definitiva**, que consiste no provimento judicial que, apreciando e resolvendo o mérito da demanda, pode implicar a extinção do procedimento em primeiro grau de jurisdição. É o que ocorre com as hipóteses do **art. 487 do Código de Processo Civil**[56].

A partir da previsão do **art. 490 do Código de Processo Civil**, que prevê que "o juiz resolverá o mérito acolhendo ou rejeitando, no todo ou em parte, os pedidos formulados pelas partes", pode-se afirmar que "sentença definitiva, ou sentença em sentido estrito, é a que no processo de conhecimento exaure a instância ou o primeiro grau de jurisdição por intermédio da definição do juízo, isto é que dá solução ao litígio posto *sub iudice*, fazendo-o mediante acolhimento ou rejeição (total ou parcial) do pedido formulado pelo autor"[57].

8.11.2. Natureza jurídica

Tendo em vista que o juiz, ao proferir a sentença, aplica ao caso concreto a vontade da lei, é possível afirmar que "a natureza jurídica da sentença é a de afirmação da vontade da lei, declarada pelo juiz, como órgão do Estado, aplicada a um caso concreto a ela submetido"[58].

---

[54] THEODORO JÚNIOR, Humberto. *Curso de direito processual civil, cit.*, v. 1, p. 506-507.

[55] LEITE, Carlos Henrique Bezerra. *Curso de direito processual do trabalho, cit.*, 15. ed., p. 859.

[56] LEITE, Carlos Henrique Bezerra. *Curso de direito processual do trabalho, cit.*, 15. ed., p. 860.

[57] THEODORO JÚNIOR, Humberto. *Curso de direito processual civil, cit.*, v. 1, p. 1.055.

[58] MARTINS, Sergio Pinto. *Direito processual do trabalho, cit.*, 21. ed., p. 364.

A sentença tem natureza de **ato lógico**, que abrange dois aspectos: é um **ato de inteligência do juiz** e um **ato de vontade da lei**. O juiz, analisando as provas constantes dos autos, faz a subsunção da lei no caso concreto, decidindo o conflito de interesses. A sentença nada mais é do que a **força obrigatória da lei**.

Em outras palavras, o juiz funciona "como o porta-voz da vontade concreta do ordenamento jurídico (direito objetivo *lato sensu*) perante o conflito de interesses retratado no processo. Proferindo a sentença, o Estado-juiz emite uma ordem, que Carnelutti chama de 'comando', e impregna a decisão de caráter de ato de vontade; vontade manifestada pelo julgador como órgão do Estado diante daquilo que a lei exprime"[59].

Portanto, a função da sentença é a de **declarar o direito aplicável** à espécie.

8.11.3. Classificação

Quanto à sua relevância para a solução da lide, as sentenças proferidas pelas Varas do Trabalho podem ser classificadas em terminativas e definitivas.

Sentenças terminativas são aquelas por meio das quais a Vara do Trabalho decide o processo, sem, no entanto, apreciar o seu mérito, como, por exemplo, quando é acolhida a preliminar de incompetência da Justiça do Trabalho. O pronunciamento do juiz, nesse caso, é terminativo do feito.

As **sentenças** são **definitivas** quando apreciam e resolvem o mérito da causa, acolhendo ou rejeitando o pedido do autor. É definitiva, por exemplo, a sentença que aprecia as provas produzidas nos autos e julga procedente o pedido de horas extras formulado pelo reclamante. A sentença definitiva dá a solução ao litígio e equivale às situações elencadas no **art. 487 do Código de Processo Civil**.

Quanto à sua eficácia, as sentenças podem ser *declaratórias, condenatórias* e *constitutivas*.

Sentença declaratória é a que declara a existência, a inexistência ou o modo de ser de uma relação jurídica **(art. 19, I, CPC)**, ou a autenticidade ou falsidade de um documento **(art. 19, II, CPC)**.

As sentenças declaratórias podem ser **positivas** (ex.: a que declara que o reclamante é empregado da empresa-ré) ou **negativas** (ex.: a que julga improcedente o pedido de reintegração, declarando implicitamente que o empregado não é detentor de estabilidade no emprego). Todas as sentenças que julgam reclamações improcedentes são declaratórias negativas.

Sentença condenatória é a que, além de declarar o direito aplicável ao caso concreto, impõe uma ação ou omissão (ex.: a sentença que condena o reclamado a pagar ao reclamante horas extras; a sentença que proíbe o reclamado de suprimir determinada utilidade que vem pagando ao reclamante).

Sentença constitutiva é a que, além de reconhecer a existência de uma relação jurídica, a modifica ou extingue (ex.: a sentença que julga procedente inquérito para apuração de falta grave, extinguindo a relação de emprego de dirigente sindical).

---

[59] THEODORO JÚNIOR, Humberto. *Curso de direito processual civil, cit.*, v. 1, p. 1.056.

Nas hipóteses em que há resolução do mérito em razão da homologação do reconhecimento da procedência do pedido, da transação ou da renúncia (**art. 487, III, *a, b* e *c*, CLT**), a **sentença é homologatória**.

Assim, nos casos em que a definição do direito subjetivo não parte do juiz, mas sim dos próprios litigantes, por meio da autocomposição da lide, apenas homologada pelo juiz, a sentença é meramente homologatória. Nada acrescentando, em termos substanciais, ao que foi acordado pelas partes, a sentença "exerce um papel assemelhado ao declaratório: torna certo que as próprias partes puseram fim à lide, nos termos do acordo homologado"[60].

No âmbito do processo do trabalho, a homologação da **conciliação** prevista no parágrafo único do **art. 831 da Consolidação das Leis do Trabalho** vale como decisão irrecorrível, salvo para a Previdência Social quanto às contribuições que lhe forem devidas.

> **SÚMULA 259, TST:** "Só por ação rescisória é impugnável o termo de conciliação previsto no parágrafo único do art. 831 da CLT".

Com as alterações trazidas pela **Lei n. 13.467/2017 (Reforma Trabalhista)**, em especial no que tange aos honorários de sucumbência **(art. 791-A, CLT)**, é importante destacar que não é mais possível se falar em sentenças puramente declaratórias ou constitutivas.

Como ensina Humberto Theodoro Júnior, "a classificação da sentença se faz pelo efeito principal do julgado, conforme contenha uma condenação, uma declaração ou uma constituição de relação jurídica. No entanto, na prática, as sentenças nunca se limitam a tais provimentos", em razão da condenação em honorários advocatícios. Assim, "as sentenças de ações declaratórias e constitutivas devem ser havidas como sentenças condenatórias na parte que condenam os vencidos às despesas do processo"[61].

8.11.4. Requisitos

A sentença de mérito deve conter os seguintes **elementos essenciais**, previstos no **art. 832 da Consolidação das Leis do Trabalho** e no **art. 489 do Código de Processo Civil**:

■ **Relatório** – é a narrativa dos fatos que se discutem e dos elementos constantes dos autos. É a parte vestibular da sentença.

O relatório deve mencionar o nome das partes, a identificação do caso, o resumo do pedido e da defesa, bem como o registro das principais ocorrências havidas no andamento do processo, entre as quais as duas tentativas de conciliação previstas nos **arts. 846 e 850 da Consolidação das Leis do Trabalho (art. 832, CLT e art. 489, I, CPC)**.

O relatório, que é um resumo do processo, garante que o juiz o examine, descrevendo-o em seus termos essenciais.

---

[60] THEODORO JÚNIOR, Humberto. *Curso de direito processual civil, cit.*, v. I, p. 1.089.

[61] THEODORO JÚNIOR, Humberto. *Curso de direito processual civil, cit.*, v. I, p. 1.094.

■ **Fundamentação** – é a parte da sentença em que o juiz aponta suas razões de decidir, analisando as questões de fato e de direito.

Dela deverão constar a apreciação das provas e os fundamentos da decisão (**art. 832, CLT e art. 489, II, CPC**).

A fundamentação deve conter a argumentação seguida pelo juiz para, com base nas provas produzidas nos autos, chegar à conclusão e, exatamente por isso, permite a aferição do convencimento e da lógica da decisão.

Na fundamentação o juiz resolve as questões preliminares e prejudiciais, bem como as questões de fato e de direito trazidas ao processo pelas partes.

Não será considerada fundamentada qualquer decisão judicial, seja ela interlocutória, sentença ou acórdão, que (**art. 489, § 1.º, CPC**):

■ se limitar à indicação, à reprodução ou à paráfrase de ato normativo, sem explicar sua relação com a causa ou a questão decidida (**I**);

■ empregar conceitos jurídicos indeterminados, sem explicar o motivo concreto de sua incidência no caso (**II**);

■ invocar motivos que se prestariam a justificar qualquer outra decisão (**III**);

■ não enfrentar todos os argumentos deduzidos no processo capazes de, em tese, infirmar a conclusão adotada pelo julgador (**IV**);

■ se limitar a invocar precedente ou enunciado de súmula, sem identificar seus fundamentos determinantes nem demonstrar que o caso sob julgamento se ajusta àqueles fundamentos (**V**);

■ deixar de seguir enunciado de súmula, jurisprudência ou precedente invocado pela parte, sem demonstrar a existência de distinção no caso em julgamento ou a superação do entendimento (**VI**).

O atendimento à exigência legal de fundamentação das decisões judiciais no processo do trabalho observará o seguinte (**art. 15, IN n. 39/2016, TST**):

(i) por força dos **arts. 332 e 927 do Código de Processo Civil**, adaptados ao processo do trabalho, considera-se **"precedente"** apenas:

■ acórdão proferido pelo STF ou pelo TST em julgamento de recursos repetitivos (**art. 896-B, CLT; art. 1.046, § 4.º, CPC**);

■ entendimento firmado em incidente de resolução de demandas repetitivas ou de assunção de competência;

■ decisão do STF em controle concentrado de constitucionalidade;

■ tese jurídica prevalecente em TRT e não conflitante com súmula ou orientação jurisprudencial do TST (**art. 896, § 6.º, CLT**);

■ decisão do plenário, do órgão especial ou de seção especializada competente para uniformizar a jurisprudência do tribunal a que o juiz estiver vinculado ou do TST.

(ii) serão considerados unicamente os precedentes suprarreferidos, súmula do STF, orientação jurisprudencial e súmula do TST, súmula de TRT não conflitante com

súmula ou orientação jurisprudencial do TST, que contenham explícita referência aos fundamentos determinantes da decisão (*ratio decidendi*);

(iii) não ofende o **§ 1.º, IV, do art. 489 do Código de Processo Civil** a decisão que deixar de apreciar questões cujo exame haja ficado prejudicado em razão da análise anterior de questão subordinante;

(iv) o **art. 489, § 1.º, IV, do Código de Processo Civil** não obriga o juiz ou o Tribunal a enfrentar os fundamentos jurídicos invocados pela parte, quando tenham sido examinados na formação dos precedentes obrigatórios ou nos fundamentos determinantes de enunciado de súmula;

(v) decisão que aplica a tese jurídica firmada em precedente não precisa enfrentar os fundamentos já analisados na decisão paradigma, sendo suficiente, para fins de atendimento das exigências constantes no **art. 489, § 1.º, do Código de Processo Civil**, a correlação fática e jurídica entre o caso concreto e aquele apreciado no incidente de solução concentrada;

(vi) é ônus da parte, para os fins do disposto no **art. 489, § 1.º, V e VI, do Código de Processo Civil**, identificar os fundamentos determinantes ou demonstrar a existência de distinção no caso em julgamento ou a superação do entendimento, sempre que invocar precedente ou enunciado de súmula.

No caso de colisão entre normas, o juiz deve justificar o objeto e os critérios gerais da ponderação efetuada, enunciando as razões que autorizam a interferência na norma afastada e as premissas fáticas que fundamentam a conclusão **(art. 489, § 2.º, CPC)**.

A decisão judicial deve ser interpretada a partir da conjugação de todos os seus elementos e em conformidade com o princípio da boa-fé **(art. 489, § 3.º, CPC)**.

A ausência de fundamentação implica a invalidade da decisão, por negativa de prestação jurisdicional **(art. 93, IX, CF)**.

Importante destacar, porém, que "a decisão não é inválida apenas quando lhe falta motivação – aliás, é bem difícil que uma decisão esteja completamente desprovida de fundamentação. A fundamentação inútil ou deficiente, assim entendida aquela que, embora existente, não é capaz de justificar racionalmente a decisão, também vicia o ato decisório.

A inutilidade ou deficiência da fundamentação equivale à ausência de fundamentação. Justamente aí está a relevância do § 1.º do art. 489: ele relaciona alguns exemplos de situações em que a decisão, porque deficientemente justificada, considera-se *não fundamentada*"[62].

Portanto, a negativa de prestação jurisdicional decorre da violação do **art. 832 da Consolidação das Leis do Trabalho**, do **art. 489 do Código de Processo Civil** e do **art. 93, IX, da Constituição Federal (Súm. 459, TST)**. O art. 93, IX, da Constituição Federal exige que o acórdão ou decisão sejam fundamentados, ainda que sucintamente, sem determinar, contudo, o exame pormenorizado de cada uma das alegações ou provas **(STF – Tema 339 de Repercussão Geral)**.

---

[62] DIDIER JR., Fredie; BRAGA, Paula Sarno; OLIVEIRA, Rafael Alexandria de. *Curso de direito processual civil, cit.*, p. 333-334.

"DIREITO PROCESSUAL DO TRABALHO. AGRAVO. AGRAVO DE INSTRUMEN-TO. RECURSO DE REVISTA. NULIDADE POR NEGATIVA DE PRESTAÇÃO JURISDICIONAL. TEMA 339 DA TABELA DE REPERCUSSÃO GERAL. Por se vislumbrar a ocorrência de possível omissão relevante ao julgamento do mérito da causa, dá-se provimento ao agravo para afastar o óbice que motivou a negativa de seguimento do agravo de instrumento. Agravo conhecido e provido. AGRAVO DE INSTRUMENTO. PROVIMENTO. NULIDADE POR NEGATIVA DE PRESTAÇÃO JURISDICIONAL. TEMA 339 DA TABELA DE REPERCUSSÃO GERAL. Ante a potencial ofensa ao art. 93, IX, da Constituição Federal, dá-se provimento ao agravo de instrumento para determinar o processamento do recurso de revista. Agravo de instrumento conhecido e provido. RECURSO DE REVISTA. NULIDADE POR NEGATIVA DE PRESTAÇÃO JURISDICIONAL. TEMA 339 DA TABELA DE REPERCUSSÃO GERAL. CIRCUNSTÂNCIA FÁTICA RELEVANTE QUANTO À PREVISÃO EM NORMA COLETIVA DA (IMPOSSIBILIDADE DE CONTROLE DE JORNADA PARA CARGO DE CONFIANÇA E TRABALHO EXTERNO. ABORDAGEM NECESSÁRIA. TRANSCENDÊNCIA POLÍTICA RECONHECIDA. 1. Argui a ré a nulidade do julgado por negativa de prestação jurisdicional ao fundamento de que, ainda que instado por meio de embargos de declaração, o Tribunal manteve-se omisso na medida em que trata o autor como sendo exercente apenas de cargo de confiança, quando em verdade o acordo coletivo de trabalho prevê o enquadramento como cargo de confiança e trabalhador externo sem possibilidade de controle de jornada. 2. A ocorrência de nulidade por negativa de prestação jurisdicional estará caracterizada na hipótese de ausência de posicionamento judicial a respeito de fatos relevantes para a controvérsia, de tal forma que inviabilize a devolução da matéria à instância Superior. 3. Na hipótese, o Tribunal Regional limitou-se a asseverar genericamente que, 'Em que pese as normas coletivas da categoria enquadrarem a função do reclamante como sendo de confiança, a reclamada não conseguiu se desincumbir do ônus de demonstrar que o reclamante trabalhava sem controle de jornada'. Não há no acórdão recorrido a transcrição do teor da norma coletiva para se averiguar qual a situação nela descrita. Portanto, não é possível aferir se a norma coletiva efetivamente determina impossibilidade de controle de jornada para os cargos de confiança e para trabalho externo, o que impede, inclusive, a análise do enquadramento do caso ao Tema 1.046 do STF. No entanto, no acórdão proferido nos embargos de declaração, o Tribunal Regional manteve-se omisso quanto ao ponto suscitado. 4. É verdade que no Tema 339 de Repercussão Geral o Supremo Tribunal Federal não exige exame pormenorizado de cada uma das alegações ou provas, contudo, quando a circunstância fática é relevante, a prestação jurisdicional deverá abordá-la, sob pena de ser incompleta, em ofensa ao art. 93, IX, da Constituição Federal. Recurso de revista conhecido e provido. Prejudicado o exame do tópico recursal remanescente" (RR-330-68.2021.5.05.0463, 1.ª T., rel. Min. Amaury Rodrigues Pinto Junior, *DEJT* 29-11-2024).

No entanto, fixados na sentença, de forma expressa e satisfatória, os pressupostos fático-jurídicos necessários para o deslinde da controvérsia, em completa observância do Tema 339 da Repercussão Geral do STF, não configura nulidade quando a decisão é contrária aos interesses da parte[63].

---

[63] Nesse sentido Ag-AIRR-505-45.2017.5.06.0020; Ag-AIRR-75-48.2022.5.08.0122.

◼ **Dispositivo ou conclusão** – é a decisão propriamente dita; é a própria prestação jurisdicional, a solução da demanda.

Na conclusão, o juiz, aplicando a lei ao caso concreto segundo a fundamentação, resolve o mérito, acolhendo ou rejeitando, no todo ou em parte, o pedido formulado pelas partes **(art. 490, CLT)**.

Segundo o disposto no **art. 832 da Consolidação das Leis do Trabalho**, da decisão deverá constar a respectiva conclusão.

O dispositivo "é a parte da decisão em que o órgão jurisdicional estabelece um preceito normativo, concluindo a análise acerca de um (ou de mais de um) pedido que lhe fora dirigido. Constitui um dos elementos nucleares que compõem o suporte fático do ato 'decisão judicial'. Sem esse comando, a decisão é inexistente"[64].

Como conclusão da decisão que é, o normal é que o dispositivo contenha todos os limites e contornos do que foi decidido pelo juiz. No entanto, "o preceito, a conclusão judicial, não é só aquilo que está contido, formalmente, na parte dispositiva da decisão. Ainda que sua conclusão seja lançada na fundamentação do julgado, ou em qualquer outra parte, ela comporá o dispositivo da decisão. Deve-se levar em conta o *conteúdo* para que se possa estabelecer o que compõe o dispositivo da decisão, e não a *forma* como ela está redigida"[65].

Ainda que o **art. 504 do Código de Processo Civil** faça referência à **coisa julgada** formal como qualidade inerente à parte dispositiva da sentença ou do acórdão, a interpretação da parte dispositiva não pode ser feita isoladamente, mas em conjunto com toda fundamentação lançada no julgado. Assim, embora a regra seja a de que a coisa julgada recai sobre o preceito contido no dispositivo da sentença, nela também se incluem os trechos do julgado presentes na fundamentação que tenham evidente carga decisória (coisa julgada substancial).

> "[...] IV – RECURSO DE REVISTA DO EXEQUENTE. ACÓRDÃO REGIONAL PUBLICADO NA VIGÊNCIA DA LEI N. 13.467/2017. EXECUÇÃO. HONORÁRIOS ADVOCATÍCIOS. DIREITO RECONHECIDO NA FUNDAMENTAÇÃO DO ACÓRDÃO TRANSITADO EM JULGADO. OMISSÃO NA PARTE DISPOSITIVA. COISA JULGADA SUBSTANCIAL. TRANSCENDÊNCIA POLÍTICA RECONHECIDA. Extrai-se do acórdão regional proferido no processo de execução que, embora não tenha constado da parte dispositiva do acórdão proferido no processo de conhecimento, a Corte Regional condenou as rés, ora executadas, ao pagamento dos honorários advocatícios. Nos termos do art. 503 do CPC, 'a decisão que julgar total ou parcialmente o mérito tem força de lei nos limites da questão principal expressamente decidida.' Assim, a jurisprudência desta Corte Superior segue no sentido de que deve prevalecer a coisa julgada substancial, tendo em vista que o trânsito em julgado não se restringe apenas à parte dispositiva, mas também à conclusão constante da fundamentação da decisão exequenda. Recurso de revista

---

[64] DIDIER JR., Fredie; BRAGA, Paula Sarno; OLIVEIRA, Rafael Alexandria de. *Curso de direito processual civil, cit.,* p. 358.

[65] DIDIER JR., Fredie; BRAGA, Paula Sarno; OLIVEIRA, Rafael Alexandria de. *Curso de direito processual civil, cit.,* p. 360.

conhecido e provido" (RRAg-467-17.2018.5.07.0005, 5.ª T., rel. Min. Morgana de Almeida Richa, *DEJT* 18-10-2024).

"AGRAVO INTERNO EM AGRAVO DE INSTRUMENTO EM RECURSO DE REVISTA DA RECLAMADA. [...] ADICIONAL NOTURNO – DISPOSITIVO REMISSIVO AOS FUNDAMENTOS DA SENTENÇA. Conforme destacado no acórdão regional, constou do dispositivo da sentença expressa remissão aos termos da fundamentação, na qual se condenou a reclamada ao pagamento do adicional noturno. Resulta nítido, portanto, que tal parcela salarial encontra-se abrangida no conteúdo decisório da sentença, não se vislumbrando ofensa ao art. 504, I, do CPC/2015. Precedentes do TST. Agravo interno desprovido" (Ag-AIRR-11599-90.2017.5.15.0132, 2.ª T., rel. Des. Convocada Margareth Rodrigues Costa, *DEJT* 8-3-2024).

"[...] RECURSO DE REVISTA REGIDO PELA LEI N. 13.467/2017. DETERMINAÇÃO DE REINTEGRAÇÃO DO AUTOR AO PLANO DE SAÚDE. DIREITO RECONHECIDO NA FUNDAMENTAÇÃO DA SENTENÇA TRANSITADA EM JULGADO. OMISSÃO NA PARTE DISPOSITIVA. PREVALÊNCIA DA COISA JULGADA SUBSTANCIAL. No caso dos autos, o Regional deu provimento ao agravo de petição da executada para excluir a obrigação de reintegração do exequente no plano de saúde, diante da ausência de previsão expressa na parte dispositiva do título executivo judicial. Todavia, estabelece o art. 503 do CPC/2015 que 'a decisão que julgar total ou parcialmente o mérito tem força de lei nos limites da questão principal expressamente decidida'. Dessa forma, quanto aos limites da coisa julgada, a jurisprudência deste Tribunal Superior firmou-se no sentido de que deve prevalecer a coisa julgada substancial, motivo pelo qual transita em julgado não apenas a parte dispositiva, mas também a conclusão constante da fundamentação da decisão exequenda, que não se confunde necessariamente com as razões de decidir. Portanto, a coisa julgada abrange todo o conteúdo decisório relacionado ao enfrentamento das questões de mérito consignadas na fundamentação. Nesse contexto, em virtude da prevalência da coisa julgada substancial, não há como afastar a obrigação de reintegração ao plano de saúde imposta ao devedor na fundamentação da decisão transitada em julgado, a despeito da ausência de previsão expressa na parte dispositiva. O eventual erro material na parte dispositiva (aspecto formal) não pode prevalecer sobre o que foi efetivamente decidido (aspecto material). Precedentes do TST. Recurso de revista conhecido e provido" (RR-1002041-84.2017.5.02.0473, 3.ª T., rel. Min. Jose Roberto Freire Pimenta, *DEJT* 9-6-2023).

Embora formalmente uma, quando analisada sob o aspecto material, pode-se perceber que a decisão judicial contém mais de um fragmento decisório, sendo possível uma decomposição ideológica da decisão judicial. Trata-se da chamada **teoria dos capítulos da sentença**, que está ligada à estrutura da sentença, mais especificamente a um de seus elementos, o **dispositivo**.

Segundo essa teoria, que foi expressamente incorporada ao ordenamento jurídico brasileiro no **§ 3.º do art. 966**, no **§ 1.º do art. 1.013** e no **parágrafo único do art. 1.034**, todos do **Código de Processo Civil**, o dispositivo da sentença é passível de divisão em capítulos, ou seja, unidades de um todo formalmente único. Cada capítulo corresponde a uma unidade autônoma de conteúdo decisório e que está contida no dispositivo da decisão judicial.

"A percepção de que o dispositivo de uma decisão judicial pode ser dividido em capítulos é de extrema utilidade: isso repercute nos mais variados temas do direito processual, tal como na atribuição do custo financeiro do processo, na teoria dos recursos, na liquidação e efetivação das decisões que certificam direito a uma prestação e na própria teoria da decisão judicial"[66].

"RECURSO ORDINÁRIO. AÇÃO RESCISÓRIA AJUIZADA SOB A ÉGIDE DO CPC DE 2015. [...] PEDIDO DESCONSTITUTIVO FUNDADO NO ART. 966, V, DO CPC/2015. DECADÊNCIA. CAPÍTULO DE SENTENÇA NÃO IMPUGNADO PELA AUTORA NO PROCESSO MATRIZ. TRÂNSITO EM JULGADO PARCIAL. *DIES A QUO* DISTINTO. INCIDÊNCIA DA SÚMULA 100, II, DO TST. 1. Cuida-se de ação rescisória ajuizada para desconstituir a coisa julgada aderida à sentença proferida pelo Juízo da Vara do Trabalho de Bom Jesus da Lapa que, declarando inválida a transmudação de regime jurídico prevista no art. 243 da Lei n. 8.112/1990, condenou a autora ao recolhimento do FGTS devido aos réus a partir de dezembro de 1990. 2. Cumpre destacar, a princípio, que os réus não contestaram a presente ação. Nada obstante, a decadência, por se tratar de matéria de ordem pública, cognoscível de ofício, pode ser alegada em qualquer tempo e grau de jurisdição, conforme estabelece o art. 342, II, do CPC de 2015. 3. Constata-se dos autos que a sentença rescindenda foi publicada no *DJe* em 20-1-2017; contra ela foram opostos Embargos de Declaração pelos réus, rejeitados em decisão datada de 2-3-2017, cuja publicação se deu em 21-3-2017. O prazo recursal, portanto, perdurou até 31-3-2017. Contudo, somente os réus interpuseram Recurso Ordinário no feito primitivo, para impugnar os capítulos sentenciais alusivos à base de cálculo do FGTS e aos parâmetros de atualização monetária. O capítulo da sentença referente à obrigação de recolhimento do FGTS decorrente da transmutação de regime jurídico, que constitui o objeto da pretensão desconstitutiva, transitou em julgado em 1.°-4-2017. E como a presente ação rescisória foi proposta em 24-5-2019, outra conclusão não há senão a da consumação da decadência, ante a inobservância do prazo bienal. 4. Nesse cenário, consigna-se que a interpretação da disposição contida no *caput* do art. 975 do CPC de 2015, no sentido de que 'O direito à rescisão se extingue em 2 (dois) anos contados do trânsito em julgado da última decisão proferida no processo', somente poderia favorecer a autora caso se constatasse que o atual diploma processual teria renunciado à teoria dos capítulos autônomos da sentença, assim definidos como unidades autônomas do decisório da sentença, o que não ocorreu; ao revés, a adoção da teoria dos capítulos de sentença se manifesta explicitamente em importantes dispositivos do novo digesto, como, por exemplo, nos art. 356, que disciplina o julgamento parcial do mérito, e 1.008, que trata do efeito substitutivo do recurso naquilo que tiver sido objeto de impugnação. 5. Sob essa perspectiva, portanto, a interpretação do art. 975 do CPC de 2015 que melhor se harmoniza com os demais dispositivos vinculados à teoria dos capítulos de sentença é a que estabelece o *dies a quo* do prazo decadencial da ação rescisória a partir da última decisão proferida no processo referentemente a determinada parcela autônoma do pedido. E no caso em tela, revela-se inquestionável que, após a data de 31-3-2017, quando escoado o prazo do Recurso Ordinário para a autora no processo matriz, encerraram-se as possibilidades de recorrer da sentença de primeiro grau

---

[66] DIDIER JR., Fredie; BRAGA, Paula Sarno; OLIVEIRA, Rafael Alexandria de. *Curso de direito processual civil,* cit., p. 363.

naquele feito, de modo que a sentença rescindenda se tornou a última decisão proferida no processo matriz sobre a questão autônoma (*rectius*, capítulo autônomo) da conversão de regime jurídico e obrigação de recolhimento do FGTS. 6. Inafastável, pois, a diretriz consubstanciada no item II da Súmula 100 desta Corte Superior, impondo-se, por conseguinte, a pronúncia da decadência da ação de corte. 7. Recurso Ordinário conhecido e provido" (ROT-696-12.2019.5.05.0000, Subseção II Especializada em Dissídios Individuais, rel. Min. Luiz Jose Dezena da Silva, *DEJT* 8-11-2024).

Deve-se julgar **na mesma sentença** a ação, a reconvenção, a oposição e a declaratória incidental, se houver.

No **procedimento sumaríssimo** a sentença deverá mencionar os elementos de convicção do juízo, com resumo dos fatos relevantes ocorridos em audiência, dispensando o relatório **(art. 852-I, CLT)**.

Além dos elementos essenciais, a sentença também deverá conter alguns **requisitos complementares (art. 832, CLT)**:

■ determinação do prazo e as condições para o cumprimento da sentença que tenha concluído pela procedência da ação **(§ 1.º)**;

■ as custas que devam ser pagas pela parte vencida **(§ 2.º)**;

■ indicação da natureza jurídica das parcelas constantes da condenação ou do acordo homologado e o limite de responsabilidade de cada parte pelo recolhimento da contribuição previdenciária, se for o caso **(§ 3.º)**.

Da sentença também deve constar o valor da condenação, que será analisado no item seguinte.

Nos termos do **art. 832, § 3.º, da CLT**, as decisões cognitivas ou homologatórias deverão sempre indicar a natureza jurídica das parcelas constantes da condenação ou do acordo homologado (natureza salarial ou indenizatória), inclusive o limite de responsabilidade de cada parte pelo recolhimento das contribuições previdenciárias, se for o caso, sendo que, salvo na hipótese de o pedido da ação limitar-se expressamente ao reconhecimento de verbas de natureza exclusivamente indenizatória, a parcela referente às verbas remuneratórias não poderá ter como base de cálculo valor inferior **(§ 3.º-A)**:

■ ao salário mínimo, para as competências que integram o vínculo empregatício reconhecido na decisão cognitiva ou homologatória;

■ à diferença entre a remuneração reconhecida como devida na decisão cognitiva ou homologatória e a efetivamente paga pelo empregador, cujo valor total referente a cada competência não será inferior ao salário mínimo.

Caso haja piso salarial da categoria definido por acordo ou convenção coletiva de trabalho, o seu valor deverá ser utilizado como base de cálculo para os fins previstos no § 3.º-A **(§ 3.º-B)**.

8.11.5. Valor da condenação

Conforme visto anteriormente, da sentença deve constar o **valor da condenação**.

8 ◘ Dissídio Individual 311

Não sendo líquida a condenação, o juízo arbitrar-lhe-á o valor (**art. 789, § 2.º, CLT**). Portanto, ainda que formulado pedido genérico, a decisão definirá desde logo a extensão da obrigação, além de definir o índice de atualização monetária[67], o termo inicial da atualização, salvo quando não for possível determinar, de modo definitivo, o montante devido, ou quando a apuração do valor devido depender da produção de prova de realização demorada ou excessivamente dispendiosa, assim reconhecida na sentença, casos em que a apuração do *quantum* devido será feita por liquidação (**art. 491, CPC**).

SÚM. 211, TST[123]: "Os juros de mora e a correção monetária incluem-se na liquidação, ainda que omisso o pedido inicial ou a condenação".

SÚM. 200, TST[124]: "Os juros de mora incidem sobre a importância da condenação já corrigida monetariamente".

Havendo **pedido líquido e certo** na petição inicial, a **condenação limita-se** ao *quantum* especificado, sob pena de violação dos **arts. 141 e 492 do Código de Processo Civil**, salvo se for feita pela parte ressalva indicando que se trata de meras estimativas ou critério para rito processual.

---

[67] *Vide* Tema 1191 de Repercussão Geral, que fixou o seguinte entendimento: I – É inconstitucional a utilização da Taxa Referencial – TR como índice de atualização dos débitos trabalhistas, devendo ser aplicados, até que sobrevenha solução legislativa, os mesmos índices de correção monetária e de juros vigentes para as condenações cíveis em geral, quais sejam a incidência do IPCA-E na fase pré-judicial e, a partir do ajuizamento da ação, a incidência da taxa SELIC (art. 406 do Código Civil), à exceção das dívidas da Fazenda Pública, que possuem regramento específico. A incidência de juros moratórios com base na variação da taxa SELIC não pode ser cumulada com a aplicação de outros índices de atualização monetária, cumulação que representaria *bis in idem*. II – A fim de garantir segurança jurídica e isonomia na aplicação desta tese, devem ser observados os marcos para modulação dos efeitos da decisão fixados no julgamento conjunto da ADI 5.867, ADI 6.021, ADC 58 e ADC 59, como segue: (i) são reputados válidos e não ensejarão qualquer rediscussão, em ação em curso ou em nova demanda, incluindo ação rescisória, todos os pagamentos realizados utilizando a TR (IPCA-E ou qualquer outro índice), no tempo e modo oportunos (de forma extrajudicial ou judicial, inclusive depósitos judiciais) e os juros de mora de 1% ao mês, assim como devem ser mantidas e executadas as sentenças transitadas em julgado que expressamente adotaram, na sua fundamentação ou no dispositivo, a TR (ou o IPCA-E) e os juros de mora de 1% ao mês; (ii) os processos em curso que estejam sobrestados na fase de conhecimento, independentemente de estarem com ou sem sentença, inclusive na fase recursal, devem ter aplicação, de forma retroativa, da taxa Selic (juros e correção monetária), sob pena de alegação futura de inexigibilidade de título judicial fundado em interpretação contrária ao posicionamento do STF (art. 525, §§ 12 e 14, ou art. 535, §§ 5.º e 7.º, do CPC e (iii) os parâmetros fixados neste julgamento aplicam-se aos processos, ainda que transitados em julgado, em que a sentença não tenha consignado manifestação expressa quanto aos índices de correção monetária e taxa de juros (omissão expressa ou simples consideração de seguir os critérios legais).

[68] *Vide* Tema 1191 de Repercussão Geral.

[69] *Vide* Tema 1191 de Repercussão Geral.

"[...] 6. VALOR ATRIBUÍDO AO PEDIDO. ESTIMATIVA PARA LIMITAÇÃO DA CONDENAÇÃO. RESSALVA EXPRESSA NA INICIAL. NÃO CONHECIMENTO. 1. Considerando a existência de questão nova em torno da interpretação da legislação trabalhista, quanto à aplicabilidade do § 1.º do art. 840 da CLT, com a redação dada pela Lei n. 13.467/2017, verifica-se a transcendência jurídica, nos termos do art. 896-A, § 1.º, IV, da CLT. 2. Discute-se a respeito da limitação da condenação aos valores indicados pelo reclamante na reclamação trabalhista. 3. Nos termos da jurisprudência deste Tribunal Superior, quando há pedido certo e líquido na petição inicial, a condenação deve limitar-se aos valores indicados para cada pedido, sob pena de afronta aos limites da lide, exceto quando a parte autora afirma expressamente que os valores indicados são meramente estimativos. Precedentes. 4. Na hipótese, o reclamante fez ressalva expressa quanto aos valores indicados na inicial, de modo que o Tribunal Regional, ao entender que os valores atribuídos aos pedidos devem ser considerados como mera estimativa decidiu de acordo com a jurisprudência dessa Corte Superior. 5. Óbice da Súmula 333 a afastar a transcendência da causa. Recurso de revista de que não se conhece. [...]" (RRAg-0010309-71.2019.5.03.0013, 8.ª T., rel. Des. Convocado Jose Pedro de Camargo Rodrigues de Souza, *DEJT* 21-11-2024).

"[...] INDICAÇÃO DE VALORES DOS PEDIDOS DEDUZIDOS NA RECLAMAÇÃO TRABALHISTA. RESSALVA DE QUE O *QUANTUM* É MERA ESTIMATIVA. INTERPRETAÇÃO EM CONFORMIDADE COM OS PRINCÍPIOS QUE REGEM O PROCESSO DO TRABALHO. AUSÊNCIA DE TRANSCENDÊNCIA. DECISÃO EM CONFORMIDADE COM A JURISPRUDÊNCIA PACÍFICA DO TST. Esta Corte Superior, interpretando a nova redação do art. 840, § 1.º, da CLT à luz do art. 492 do CPC e dos princípios que regem o Processo do Trabalho – notadamente o da informalidade e simplicidade –, firmou entendimento no sentido de que, havendo a delimitação dos valores dos pedidos deduzidos na Reclamação Trabalhista, acompanhada da ressalva de que o *quantum* é mera estimativa, não há falar-se na limitação da condenação ao montante indicado na inicial, cuja apuração deverá ocorrer na liquidação da sentença. *In casu*, verifica-se que o Regional proferiu decisão em sintonia com a Jurisprudência desta Corte, razão pela qual seguimento da Revista encontra óbice no art. 896, § 7.º, da CLT e na Súmula 333 do TST. Precedentes. Agravo de Instrumento conhecido e não provido" (AIRR-0010205-13.2023.5.18.0081, 1.ª T., rel. Min. Luiz Jose Dezena da Silva, *DEJT* 10-9-2024).

No entanto, caso o valor dado aos pedidos seja meramente estimativo, o juiz deve corrigi-lo de ofício e por arbitramento, quando verificar que não corresponde ao conteúdo patrimonial em discussão ou ao proveito econômico perseguido pelo autor[70].

8.11.6. Custas

As custas processuais constituem as despesas judiciais que a parte paga em razão dos serviços prestados pelo Estado, relativos ao ajuizamento e andamento do processo.

---

[70] Ag-RR-501-39.2020.5.12.0051, 2.ª T., rel. Min. Sergio Pinto Martins, *DEJT* 19-12-2022; Ag-AIRR-11334-86.2021.5.15.0055, 8.ª T., rel. Des. Convocado Jose Pedro de Camargo Rodrigues de Souza, *DEJT* 25-11-2024.

8 ▢ Dissídio Individual 313

Conforme já estudado no Capítulo 4 (item 4.4), nos dissídios individuais e nos dissídios coletivos do trabalho, nas ações e procedimentos de competência da Justiça do Trabalho, bem como nas demandas propostas perante a Justiça Estadual, no exercício da jurisdição trabalhista, as **custas** relativas ao processo de conhecimento incidirão à base de 2%, observado o mínimo de R$ 10,64 e o máximo de quatro vezes o limite máximo dos benefícios do Regime Geral de Previdência Social, e serão calculadas **(art. 789, CLT)**:

- ▢ quando houver acordo ou condenação, sobre o respectivo valor;
- ▢ quando houver extinção do processo, sem julgamento do mérito, ou julgado totalmente improcedente o pedido, sobre o valor da causa;
- ▢ no caso de procedência do pedido formulado em ação declaratória e em ação constitutiva, sobre o valor da causa;
- ▢ quando o valor for indeterminado, sobre o que o juiz determinar.

Não sendo líquida a condenação, o juízo arbitrar-lhe-á o valor e fixará o montante das custas processuais **(art. 789, § 2.º, CLT)**.

> **SÚM. 36, TST:** "Nas ações plúrimas, as custas incidem sobre o respectivo valor global".

A sentença analisará a concessão ou não do **benefício da justiça gratuita**, inclusive quanto a traslados e instrumentos, que pode ser concedido **de ofício ou a requerimento**:

- ▢ àqueles que perceberem salário igual ou inferior a 40% do limite máximo dos benefícios do Regime Geral de Previdência Social **(art. 790, § 3.º, CLT)**;
- ▢ à parte que comprovar insuficiência de recursos para o pagamento das custas do processo **(art. 790, § 4.º, CLT)**.

Também são **isentos** do pagamento de **custas (art. 790-A, CLT)**:

- ▢ a União, os Estados, o Distrito Federal, os Municípios e respectivas autarquias e fundações públicas federais, estaduais e municipais que não explorem atividade econômica (que, porém, não estão eximidas da obrigação de reembolsar as despesas judiciais realizadas pela parte vencedora – **art. 790-A, parágrafo único, CLT**);
- ▢ o Ministério Público do Trabalho.

> **SÚM. 170, TST:** "Os privilégios e isenções no foro da Justiça do Trabalho não abrangem as sociedades de economia mista, ainda que gozassem desses benefícios anteriormente ao Decreto-Lei n. 779, de 21.08.1969 (ex-Prejulgado n. 50)".

A isenção de custas **não alcança** as entidades fiscalizadoras do exercício profissional **(art. 790-A, parágrafo único, CLT)**.

Em relação à **massa falida**, a jurisprudência pacífica entende não caracterizar deserção o não pagamento das custas.

> **SÚM. 86, TST:** "Não ocorre deserção de recurso da massa falida por falta de pagamento de custas ou de depósito do valor da condenação. Esse privilégio, todavia, não se aplica à empresa em liquidação extrajudicial".

O mesmo não ocorre em relação às empresas em recuperação judicial, a quem somente pode ser concedido o benefício da justiça gratuita em caso de demonstração cabal de impossibilidade de a parte arcar com as despesas do processo **(Súm. 463, TST)**. Portanto, tais empresas não são isentas do pagamento de custas.

8.11.7. Honorários periciais e advocatícios[71]

A sentença também decidirá sobre a condenação em honorários periciais, se for o caso, e em honorários advocatícios.

Conforme amplamente estudado no Capítulo 4 (item 4.4), os **honorários periciais** serão pagos pela parte **sucumbente na pretensão da perícia (art. 790-B, CLT)**, sendo fixados pelo juiz em valor que respeite o limite máximo estabelecido pelo Conselho Superior da Justiça do Trabalho **(§ 1.º)**.

O juízo pode deferir na sentença o **parcelamento** do valor dos honorários periciais **(art. 790-B, §§ 2.º e 3.º, CLT)**.

A sentença também definirá a responsabilidade pelas **despesas com intérprete judicial** nomeado quando as partes e testemunhas não souberem falar a língua nacional ou forem surdas-mudas, que recaem sobre a parte sucumbente, salvo se beneficiária da justiça gratuita **(art. 819, CLT)**.

A sentença fixará a condenação em honorários advocatícios nos termos do **art. 791-A da Consolidação das Leis do Trabalho**: "Ao advogado, ainda que atue em causa própria, serão devidos honorários de sucumbência, fixados entre o mínimo de 5% (cinco por cento) e o máximo de 15% (quinze por cento) sobre o valor que resultar da liquidação da sentença, do proveito econômico obtido ou, não sendo possível mensurá-lo, sobre o valor atualizado da causa".

São **devidos** honorários de sucumbência **na reconvenção (art. 791-A, § 5.º, CLT)**.

Segundo o **§ 3.º do art. 791-A da Consolidação das Leis do Trabalho**, na hipótese de **procedência parcial**, o juízo arbitrará **honorários de sucumbência recíproca**, sendo vedada a compensação entre honorários.

Os honorários de sucumbência serão **fixados pelo juiz**, que deverá considerar para tanto **(§ 2.º)**:

◼ o grau de zelo do profissional;

---

[71] *Vide* julgamento da ADI 5.766, que declarou inconstitucionais os arts. 790-B, *caput* e § 4.º, e 791-A, § 4.º, da CLT, o que excluiu do pagamento de honorários periciais e de honorários de sucumbência o beneficiário da justiça gratuita.

8 ■ Dissídio Individual

■ o lugar da prestação do serviço;

■ a natureza e a importância da causa;

■ o trabalho realizado pelo advogado e o tempo exigido para o seu serviço.

8.11.8. Publicação

A sentença só pode ter eficácia, produzir seus efeitos, se prolatada, publicada e se dela forem as partes intimadas com as formalidades da lei.

■ **Prolação** é o próprio ato de sentenciar.

■ **Publicação** é tornar a sentença de conhecimento de todos.

■ **Intimação** é dar ciência às partes de que a sentença foi proferida.

A prolação, a publicação e a intimação na prática são muitas vezes simultâneas, como se dá quando a sentença é proferida na presença das partes. Assim, a publicação da sentença e sua notificação aos litigantes, ou seus patronos, consideram-se realizadas na própria audiência em que for proferida (**arts. 834 e 852, CLT e Súm. 197, TST**).

> **SÚM. 197, TST:** "O prazo para recurso da parte que, intimada, não comparecer à audiência em prosseguimento para a prolação da sentença conta-se de sua publicação".

A sentença será juntada ao processo no prazo improrrogável de 48 horas, contado da audiência de julgamento (**art. 851, § 2.º, CLT**).

Não sendo a sentença proferida em audiência ou não tendo ela sido juntada ao processo no prazo de 48 horas, contadas da audiência do julgamento, o prazo para recurso será contado da data em que a parte receber a intimação da sentença.

> **SÚM. 30, TST:** "Quando não juntada a ata ao processo em 48 horas, contadas da audiência de julgamento (art. 851, § 2.º, da CLT), o prazo para recurso será contado da data em que a parte receber a intimação da sentença".

Sendo **revel** o reclamado, ele deverá ser intimado da sentença (**art. 852, CLT**).

Ao publicar a sentença de mérito, o juiz cumpre e acaba o ofício jurisdicional. Com a sentença se esgota a atividade do juiz, o qual não mais poderá modificar a prestação jurisdicional dada. Somente por meio de recurso pode a parte obter o reexame da causa. Excepcionalmente, em casos de contradição e omissão no julgado, opostos embargos de declaração, admite-se efeito modificativo a ser imprimido pelo juiz prolator da sentença (**art. 897-A, CLT**).

É vedado aos órgãos da Justiça do Trabalho conhecer de questões já decididas, excetuados os casos expressamente previstos e a ação rescisória (**art. 836, CLT**).

8.11.9. Erros materiais

Caso a sentença contenha evidentes erros ou enganos de escrita, de digitação ou de cálculo, ou seja, contenha **erros materiais**, eles poderão ser corrigidos de ofício ou a requerimento dos interessados ou da Procuradoria da Justiça do Trabalho, desde que ainda não iniciada a execução (**art. 833, CLT**).

No mesmo sentido o parágrafo único do **art. 897-A da Consolidação das Leis do Trabalho**, que estabelece que "os erros materiais poderão ser corrigidos de ofício ou a requerimento de qualquer das partes".

O erro material pode ser conceituado como o equívoco ou inexatidão relacionado a aspectos objetivos, como, por exemplo, um cálculo errado, ausência de palavras, erros de digitação, troca de nome. A fundamentação adequada, ainda que contrarie a posição doutrinária majoritária, não representa qualquer tipo de vício e não pode ser considerada erro material.

Nos termos do **art. 494, I, do Código de Processo Civil**, é possível, após a publicação da respectiva sentença, a correção, de ofício ou a requerimento da parte, de inexatidões materiais ou meras retificações de cálculo. Trata-se de situação excepcional expressamente autorizada por lei.

8.11.10. Sentença *extra petita*, *ultra petita* e *citra petita*

O juiz deve decidir o mérito nos limites propostos pelas partes, sendo-lhe defeso conhecer de questões não suscitadas a cujo respeito a lei exige iniciativa da parte (**art. 141, CPC). O limite da sentença** é, portanto, **o pedido**.

Em razão dos limites da sentença, é vedado ao juiz proferir decisão de natureza diversa da pedida, bem como condenar a parte em quantidade superior ou em objeto diverso do que lhe foi demandado. A decisão deve ser certa, ainda que resolva relação jurídica condicional (**art. 492, CPC**).

São defesos, assim, os julgamentos *extra petita* (que contenham matéria estranha à lide, fora do pedido), *ultra petita* (que contenham mais do que o pedido) e *infra petita* (que não apreciem todos os pedidos).

Deve, portanto, haver uma correspondência fiel entre o pedido do autor e o dispositivo da sentença, *sob pena de nulidade*.

"Há julgamento fora do pedido tanto quando o juiz defere uma prestação diferente da que lhe foi postulada como quando defere a prestação pedida, mas com base em fundamento jurídico não invocado como causa do pedido na propositura da ação", não sendo lícito ao juiz "alterar o *pedido*, tampouco a *causa petendi*"[72]. A sentença *extra petita* incide em **nulidade**.

Na sentença *ultra petita* "o juiz decide o pedido, mas vai além dele, dando ao autor mais do que fora pleiteado"[73]. A **nulidade**, nesse caso, é **parcial**, não indo além do excesso praticado, mantendo-se o comando decisório íntegro em relação aos demais pontos da decisão.

Por fim, na sentença *citra petita* (denominada também de *infra petita*) deixa-se de se examinar todas as questões propostas pelas partes. "No entanto, o exame imperfeito

---

[72] THEODORO JÚNIOR, Humberto. *Curso de direito processual civil, cit.,* v. I, p. 1.081-1.082.

[73] THEODORO JÚNIOR, Humberto. *Curso de direito processual civil, cit.,* v. I, p. 1.081-1.082.

8 ■ Dissídio Individual

ou incompleto de uma questão **não induz**, necessariamente, **nulidade da sentença**"[74], porque, ao julgar o recurso, o tribunal pode completar tal exame, em face do efeito devolutivo assegurado pelo **art. 1.013, § 1.º, do Código de Processo Civil**.

Revelando-se a sentença *citra petita*, o vício processual vulnera os **arts. 141 e 492 do Código de Processo Civil**, tornando-a passível de desconstituição, ainda que não interpostos embargos de declaração **(OJ SDI-2 41, TST)**.

A proibição de que o julgamento seja *ultra* ou *extra petita* não exclui a possibilidade de que o juiz leve em consideração fato superveniente à propositura da ação, desde que ele tenha influência no julgamento da lide **(art. 493, CPC)**.

O **art. 493 do Código de Processo Civil**, que admite a invocação de fato constitutivo, modificativo ou extintivo do direito, superveniente à propositura da ação, é aplicável de ofício aos processos em curso em qualquer instância trabalhista. Cumpre ao juiz ou tribunal ouvir as partes sobre o fato novo antes de decidir **(Súm. 394, TST)**.

8.11.11. Cumprimento da sentença

Embora no processo do trabalho sempre tenha sido desnecessário o ajuizamento pelo credor de nova ação para satisfação do crédito reconhecido na fase de conhecimento, sendo a execução da sentença realizada nos próprios autos, o fato é que o **art. 880 da Consolidação das Leis do Trabalho** prevê que a execução terá início com a expedição de mandado de citação do executado, a fim de que cumpra a decisão ou o acordo no prazo, pelo modo e sob as cominações estabelecidas.

Nesse sentido, considerando que o **Código de Processo Civil** contém dispositivos relativos especificamente ao cumprimento da sentença **(arts. 513 a 538)** que visam imprimir uma maior efetividade e uma menor duração ao processo, questiona-se sobre a compatibilidade destes com o processo do trabalho.

Alguns dos referidos dispositivos são inaplicáveis ao processo do trabalho, por preverem medidas incompatíveis (por exemplo, o **art. 535, § 5.º**, que prevê que os embargos do executado não terão, como regra, efeito suspensivo; o **art. 886, § 2.º, da CLT**, ao contrário, prevê o efeito suspensivo para os embargos). Outros podem ser aplicados parcialmente no âmbito trabalhista (como, por exemplo, o **art. 520**). O **art. 517**, que prevê que a decisão judicial transitada em julgado poderá ser levada a protesto depois de transcorrido o prazo para pagamento voluntário, e os **arts. 536 a 538**, sobre cumprimento da sentença que reconheça a exigibilidade de obrigação de fazer, de não fazer ou de entregar coisa, são reconhecidamente **aplicáveis** ao processo do trabalho **(arts. 17 e 3.º, XII, IN n. 39/2016, TST)**.

Alguns desses artigos do **Código de Processo Civil** geram muita discussão na doutrina e na jurisprudência. Cumpre aqui salientar os dois dispositivos que têm trazido maiores dúvidas: o **art. 523** e o **art. 533**.

Especificamente em relação ao **art. 523** (antigo art. 475-J do CPC/73), que prevê um ônus adicional de 10%, caso o devedor não cumpra espontaneamente a sentença no

---

[74] THEODORO JÚNIOR, Humberto. *Curso de direito processual civil, cit.,* v. I, p. 1.081-1.082.

prazo que a lei estipula (15 dias), a questão foi pacificada pelo Pleno do Tribunal Superior do Trabalho que, em julgamento de incidente de recurso repetitivo (**Tema 4 – IRR 1786-24.2015.5.04.0000 – 30-11-2017**), decidiu, por maioria, que o referido dispositivo do Código de Processo Civil **não é aplicável ao processo do trabalho**.

> "INCIDENTE DE RECURSO DE REVISTA REPETITIVO. TEMA N. 0004. MULTA. ART. 523, § 1.º, CPC/2015 (ART. 475-J, CPC/1973). INCOMPATIBILIDADE. PROCESSO DO TRABALHO.
>
> A multa coercitiva do art. 523, § 1.º, do CPC de 2015 (art. 475-J do CPC de 1973) não é compatível com as normas vigentes da CLT por que se rege o Processo do Trabalho, ao qual não se aplica".

O **art. 533 do Código de Processo Civil**, por sua vez, trata da possibilidade de que o juiz determine que, em caso de ser devida indenização por ato ilícito que inclua prestação de alimentos, o devedor constitua capital para assegurar o valor mensal da pensão, podendo a constituição do capital ser feita mediante inclusão do beneficiário da prestação em folha de pagamento do devedor.

Como referido artigo fala em *alimentos*, pode parecer, em um primeiro momento, que há uma incompatibilidade com o processo do trabalho. No entanto, considerando que a condenação em prestação mensal no processo do trabalho ocorre em casos como de empregado vitimado por acidente do trabalho, com perda ou redução da capacidade de trabalho, e considerando, ainda, que o salário tem natureza alimentar, alguns autores têm defendido a compatibilidade deste artigo do Código de Processo Civil com o processo do trabalho, o que autoriza sua aplicação subsidiária[75], posicionamento esse que vem sendo também adotado pelo Tribunal Superior do Trabalho. No entanto, não é cabível a aplicação concomitante da constituição de capital e da inclusão em folha de pagamento da pensão mensal: ou uma ou outra, mas não as duas cumulativamente.

> "[...] III – RECURSO DE REVISTA INTERPOSTO PELO BANCO RECLAMADO SOB A ÉGIDE DA LEI N. 13.015/14 [...] CONSTITUIÇÃO DE CAPITAL E INCLUSÃO EM FOLHA DE PAGAMENTO. CUMULAÇÃO. IMPOSSIBILIDADE. A jurisprudência do TST é no sentido de que não é possível a cumulação das garantias de execução de constituição de capital e inclusão em folha de pagamento. Julgados. Recurso de revista de que se conhece e a que se dá provimento. [...]" (RRAg-1676-42.2012.5.09.0242, 8.ª T., rel. Min. Sergio Pinto Martins, *DEJT* 22-4-2024).

No Capítulo 10, sobre execução, será feita uma análise mais detalhada a respeito dos dispositivos do Código de Processo Civil sobre cumprimento da sentença aplicáveis ao processo do trabalho.

---

[75] NASCIMENTO, Amauri Mascaro. *Curso de direito processual do trabalho, cit.,* 22. ed., p. 573; MALLET, Estevão. *O processo do trabalho e as recentes modificações do Código de Processo Civil.* Novas reformas do Código de Processo Civil. São Paulo: AASP, 2006. p. 200.

8.11.12. Embargos de declaração

A sentença deve ser clara e precisa, evitando-se ambiguidades e incertezas, fazendo com que ela cumpra sua função de instrumento pacificador na composição dos litígios.

Os **embargos de declaração** destinam-se a reparar erros no julgado por obscuridade, contradição ou omissão, mas não objetivam o reexame da sentença.

A sentença é **obscura** quando não for clara o suficiente e contenha pontos ininteligíveis, ou seja, a sentença é de difícil entendimento.

Contraditória é a sentença que, na fundamentação, faz afirmações que não são conciliáveis entre si, ou faz afirmações na fundamentação que não guardam relação com o dispositivo (ex.: o juiz afirma na fundamentação que o reclamante não se desincumbiu de seu ônus de provar o trabalho em horas extras, mas no dispositivo condena o reclamado ao pagamento de horas extras).

Há **omissão** quando a sentença deixa de apreciar algum pedido formulado pelas partes ou quando o juiz deixa de se pronunciar sobre certo ponto sobre o qual deveria pronunciar-se, inclusive de ofício.

Também cabem embargos quando houver contradição, omissão ou obscuridade em acórdão.

Conforme previsão do **art. 9.º da Instrução Normativa n. 39/2016 do Tribunal Superior do Trabalho,** o cabimento dos embargos de declaração no processo do trabalho, para impugnação de qualquer decisão judicial, rege-se pelo **art. 897-A da Consolidação das Leis do Trabalho** e, supletivamente, pelo **Código de Processo Civil (arts. 1.022 a 1.025 e 1.026, §§ 2.º, 3.º e 4.º)**, excetuada a garantia de prazo em dobro para litisconsortes **(art. 1.023, § 1.º)**, que não se aplica ao processo do trabalho.

O **prazo** para interposição dos embargos de declaração é de **cinco dias**, contados da publicação da sentença ou do acórdão. O julgamento dos embargos deverá ocorrer na primeira audiência ou sessão subsequente à sua apresentação **(art. 897-A, CLT)**.

As pessoas jurídicas de direito público têm prazo em dobro para interposição de embargos de declaração **(OJ SDI-1 192, TST)**.

Os embargos de declaração **interrompem**, para qualquer das partes, o **prazo para a interposição de outros recursos**, salvo quando intempestivos, quando irregular a representação da parte ou ausente a sua assinatura **(art. 897-A, § 3.º, CLT)**. Isso significa que o prazo recomeça a correr por inteiro, a partir da intimação da sentença ou do acórdão que decidiu os embargos.

A interposição de **embargos meramente protelatórios** implica a condenação do embargante ao pagamento, ao embargado, de multa não excedente de 2% sobre o valor atualizado da causa. Na reiteração de embargos protelatórios, a multa será elevada a até 10%, ficando condicionada à interposição de qualquer outro recurso ao depósito do valor respectivo **(art. 1.026, § 2.º, CPC)**.

No processo do trabalho admite-se que os embargos de declaração, nos casos de omissão e contradição no julgado, e manifesto equívoco no exame dos pressupostos extrínsecos do recurso, possam ter um *efeito modificativo* na decisão **(art. 897-A, CLT e Súm. 278, TST)**.

SÚM. 278, TST: "A natureza da omissão suprida pelo julgamento de embargos declaratórios pode ocasionar efeito modificativo no julgado".

No caso de interposição de embargos declaratórios em relação aos quais o juiz vislumbre a possibilidade de ocorrer modificação no julgado, deve ser dada oportunidade para a parte contrária se manifestar sobre os embargos, sob pena de nulidade **(OJ SDI-1 142, TST)**.

Os embargos de declaração também se prestam ao prequestionamento da matéria, requisito obrigatório para viabilidade de processamento dos recursos de natureza extraordinária no processo do trabalho (recurso de revista e embargos no TST).

SÚM. 297, TST: "I. Diz-se prequestionada a matéria ou questão quando na decisão impugnada haja sido adotada, explicitamente, tese a respeito. II. Incumbe à parte interessada, desde que a matéria haja sido invocada no recurso principal, opor embargos declaratórios objetivando o pronunciamento sobre o tema, sob pena de preclusão. III. Considera-se prequestionada a questão jurídica invocada no recurso principal sobre a qual se omite o Tribunal de pronunciar tese, não obstante opostos embargos de declaração".

A omissão para fins do prequestionamento ficto a que alude o **art. 1.025 do Código de Processo Civil** dá-se no caso de o Tribunal Regional do Trabalho, mesmo instado mediante embargos de declaração, recusar-se a emitir tese sobre a questão jurídica pertinente **(art. 9.º, parágrafo único, IN n. 39/2016, TST)**.

Para estudo de outros aspectos dos embargos de declaração, vide Capítulo 9, item 9.7.7.

8.11.13. Coisa julgada

A **coisa julgada** é a qualidade da sentença, assumida em determinado momento processual, representada pela imutabilidade do julgado e de seus efeitos[76].

A imutabilidade decorrente da coisa julgada é uma garantia constitucional, a ninguém sendo possível violá-la **(art. 5.º, XXXVI, CF)**.

A coisa julgada pode ser formal ou material.

A sentença, uma vez proferida, torna-se irretratável, ou seja, o juiz não pode modificar a prestação jurisdicional, mas a parte pode pedir o seu reexame utilizando-se do recurso adequado. Quando estiverem esgotados todos os recursos previstos na lei processual, ou porque foram todos utilizados e decididos, ou porque decorreu o prazo de interposição, ocorre a **coisa julgada formal**.

A coisa julgada formal **tem natureza processual**, ou seja, a decisão se torna imutável dentro do processo, esgotando-se a função jurisdicional.

No entanto, a imutabilidade que impede que o juiz profira novo julgamento no processo também projeta **efeitos para fora do processo**. Assim, quando ocorre a coisa julgada formal (esgotamento dos recursos), ocorre também (salvo algumas exceções) a

---

[76] THEODORO JÚNIOR, Humberto. *Curso de direito processual civil,* cit., v. I, p. 1.080.

8 ◘ Dissídio Individual   321

coisa julgada material, impedindo que nova demanda seja proposta sobre a mesma lide. Denomina-se coisa julgada material a autoridade que torna imutável e indiscutível a decisão de mérito não mais sujeita a recurso **(art. 502, CPC)**. É vedado aos órgãos da Justiça do Trabalho conhecer de questões já decididas **(art. 836, CLT)**, salvo se, tratando-se de relação jurídica de trato continuado, sobreveio modificação no estado de fato ou de direito, caso em que poderá a parte pedir a revisão do que foi estatuído na sentença **(art. 505, CPC)**, como, por exemplo, no caso de condenação em indenização por dano material (pensão mensal vitalícia) em decorrência de acidente do trabalho sofrido pelo empregado – o empregador tem a possibilidade de ajuizar **ação revisional** para adequar o valor do pensionamento à eventual alteração do estado de fato.

A coisa julgada material tem por fundamento a necessidade de estabilidade nas relações jurídicas, razão pela qual a sentença que julgar a lide tem força de lei nos limites da questão principal expressamente decidida **(art. 503, CPC)**.

Essa previsão aplica-se à resolução de questão prejudicial, decidida expressa e incidentalmente no processo, se **(art. 503, § 1.º, CPC)**:

◼ dessa resolução depender o julgamento do mérito;

◼ a seu respeito tiver havido contraditório prévio e efetivo, não se aplicando no caso de revelia;

◼ o juízo tiver competência em razão da matéria e da pessoa para resolvê-la como questão principal.

Tal hipótese não se aplica se no processo houver restrições probatórias ou limitações à cognição que impeçam o aprofundamento da análise da questão prejudicial **(§ 2.º)**.

Após o trânsito em julgado da sentença e ocorrendo a coisa julgada material, só se pode desfazê-la por meio de ação rescisória **(art. 966, CPC e art. 836, CLT)**.

A coisa julgada, porém, deve obedecer a certos limites, que podem ser identificados a partir da resposta às seguintes indagações:

◼ o que, na sentença, efetivamente adquire autoridade de coisa julgada? (limites objetivos da sentença);

◼ quem, na sentença, é atingido pela autoridade da coisa julgada? (limites subjetivos da sentença).

Como ressaltado anteriormente, a sentença, que julgar total ou parcialmente a lide, tem força de lei nos limites da lide e das questões expressamente decididas **(art. 503, CPC)**. Somente faz coisa julgada o dispositivo da sentença. Não fazem coisa julgada **(art. 504, CPC)**:

◼ os motivos, ainda que importantes para determinar o alcance da parte dispositiva da sentença;

◼ a verdade dos fatos, estabelecida como fundamento da sentença.

Transitada em julgado a decisão de mérito, serão consideradas deduzidas e repelidas todas as alegações e as defesas que a parte poderia opor tanto ao acolhimento quanto à rejeição do pedido **(art. 508, CPC)**.

Esses são os **limites objetivos da coisa julgada**.

Os **limites subjetivos da coisa julgada** são definidos considerando-se as pessoas por ela atingidas. Como regra, somente as partes são atingidas pela autoridade da coisa julgada. Nesse sentido, a sentença faz coisa julgada às partes entre as quais é dada, não prejudicando terceiros (**art. 506, CPC**). No âmbito das ações coletivas (ações civis públicas, dissídios coletivos etc.), porém, a regra é de que as sentenças nelas proferidas fazem coisa julgada *erga omnes* ou *ultra partes*, nos termos previstos no **art. 103 do Código de Defesa do Consumidor**[77].

No processo do trabalho, em algumas hipóteses os efeitos da coisa julgada são ampliados, atingindo terceiros juridicamente interessados, como, por exemplo, nas hipóteses de responsabilidade solidária (**art. 2.º, § 2.º, CLT**) ou de responsabilidade subsidiária da empresa contratante no caso de terceirização de serviços (**art. 5.º-A, § 5.º, Lei n. 6.019/74**).

Não fazem coisa julgada material as sentenças que extinguem o processo sem resolução do mérito (**art. 485, CPC**).

Não ofende a coisa julgada a limitação à data-base da categoria, na fase executória, da condenação ao pagamento de diferenças salariais decorrentes de planos econômicos, quando a decisão exequenda silenciar sobre a limitação, uma vez que a limitação decorre de norma cogente. Apenas quando a sentença exequenda houver expressamente afastado a limitação à data-base é que poderá ocorrer ofensa à coisa julgada (**OJ SDI-1 262, TST**).

A coisa julgada produzida na ação de cumprimento é atípica, pois dependente de condição resolutiva, ou seja, da não modificação da decisão normativa por eventual recurso. Assim, modificada a sentença normativa pelo Tribunal Superior do Trabalho, com a consequente extinção do processo, sem julgamento do mérito, deve-se extinguir a execução em andamento, uma vez que a norma sobre a qual se apoiava o título exequendo deixou de existir no mundo jurídico (**OJ SDI-1 277, TST**).

Acordo celebrado – homologado judicialmente – em que o empregado dá plena e ampla quitação, sem qualquer ressalva, alcança não só o objeto da inicial, mas também todas as demais parcelas referentes ao extinto contrato de trabalho, violando a coisa julgada, a propositura de nova reclamação trabalhista (**OJ SDI-2 132, TST**).

Para um estudo mais aprofundado sobre coisa julgada e ação rescisória, vide Capítulo 11, item 11.2.

8.12. QUESTÕES

---

[77] Em relação à eficácia territorial da decisão proferida em ação civil pública, *vide* Tese de Repercussão Geral 1.075 do STF.

9

RECURSOS NO PROCESSO DO TRABALHO

9.1. CONCEITO E CLASSIFICAÇÃO

Recurso é um direito público subjetivo implícito ao direito de ação, conferido à parte vencida ou ao terceiro prejudicado, para que possam **submeter a decisão ao reexame** pelo mesmo órgão prolator da decisão ou outro órgão de grau superior, com o objetivo de anular ou reformar total ou parcialmente a sentença. É um remédio cabível quando a decisão for desfavorável, total ou parcialmente.

Os **fundamentos do direito de recorrer** são de várias ordens, como, por exemplo, a motivação de ordem psicológica que decorre da insatisfação do litigante com a sentença que lhe foi desfavorável e o reconhecimento de que possa haver erro ou má-fé por parte de quem proferiu a decisão.

Contudo, o recurso, além de ser um **direito da parte vencida**, é também um **ônus processual**, porque, para obter a reforma da decisão, salvo nos casos de reexame necessário, é essencial a provocação da parte (a jurisdição é inerte, necessitando da iniciativa da parte – **art. 2.º, CPC**).

Embora o legislador preveja que os recursos serão interpostos por simples petição (**art. 899, CLT**), o fato é que também no processo do trabalho devem ser preenchidos os pressupostos recursais, sob pena de não conhecimento destes. Sobre os pressupostos dos recursos, *vide* item 9.5 do presente Capítulo.

Os recursos poderão ser **interpostos via *fac-símile***, nos termos da **Lei n. 9.800, de 26 de maio de 1999**, devendo a parte, no entanto, entregar os originais em juízo até cinco dias após a data do término do prazo (**art. 2.º**). Podem também ser **interpostos por meios eletrônicos (art. 196, CPC, Lei n. 11.419/2006 e IN TST n. 30/2007)**[1].

Os recursos podem ser **classificados** da seguinte forma[2]:

▢ **Quanto à autoridade à qual se dirigem:**

   ▢ **próprios** – quando julgados por órgão de jurisdição superior;

---

[1] Sobre o tema, remetemos à leitura do Capítulo 4, que trata da Resolução CSJT n. 136/2014, que instituiu o Sistema Processo Judicial Eletrônico da Justiça do Trabalho – PJe-JT como sistema de processamento de informações e prática de atos processuais e estabelece os parâmetros para sua implementação e funcionamento.

[2] LEITE, Carlos Henrique Bezerra. *Curso de direito processual do trabalho, cit.*, 15. ed., p. 943-945.

- **impróprios** – quando dirigidos e julgados ao mesmo órgão prolator da decisão impugnada.
- **Quanto à matéria:**
  - **originários** – quando têm por escopo a tutela do direito subjetivo das partes por buscarem a revisão da matéria fática e/ou jurídica;
  - **extraordinários** – quando têm por escopo a tutela do direito objetivo e, por isso, não permitem a rediscussão de matéria fática ou reexame de provas, pois não se destinam a corrigir a injustiça da decisão recorrida.
- **Quanto à extensão da matéria:**
  - **total** – quando atacar todo o conteúdo impugnável da decisão;
  - **parcial** – quando atacar apenas parte da decisão.
- **Quanto à forma de recorrer (quanto à autonomia):**
  - **principal** – quando interposto por uma parte, independentemente da conduta da outra parte;
  - **adesivo** – dependente de conduta da outra parte para que seja interposto.

A doutrina[3] ainda traz algumas classificações quanto ao recurso que ataca o *error in procedendo* (erro formal) ou *error in judicando* (erro do juiz ao julgar a lide), quanto ao fim colimado pelo recorrente (reforma, invalidação, esclarecimento ou integração) e quanto à marcha do processo a caminho da execução.

9.2. DUPLO GRAU DE JURISDIÇÃO

O **duplo grau de jurisdição** é decorrência da garantia constitucional da ampla defesa, que é assegurada aos litigantes, em processo judicial ou administrativo, com os meios e recursos a ela inerentes **(art. 5.º, LV, CF)**.

Consiste na possibilidade de submeter a lide a exames sucessivos, perante órgãos judiciais distintos, e tem por fundamento a necessidade de se garantir uma boa solução à lide.

A garantia do duplo grau de jurisdição não é ilimitada, podendo a lei infraconstitucional restringir o cabimento dos recursos e suas hipóteses de incidência, como, por exemplo, dispõe o § 4.º do art. 2.º **da Lei n. 5.584/70**, que restringe o cabimento de recurso nas ações trabalhistas processadas pelo rito sumário às hipóteses envolvendo matéria constitucional.

Tratando-se de **ação rescisória**, na hipótese de ter sido reconhecida a decadência no julgamento originário pelo Tribunal Regional do Trabalho, o Tribunal Superior do Trabalho pode, afastando a decadência, julgar desde logo a lide, se a causa versar questão exclusivamente de direito e estiver em condições de imediato julgamento, sem que reste caracterizada ofensa ao duplo grau de jurisdição.

---

[3] LEITE, Carlos Henrique Bezerra. *Curso de direito processual do trabalho, cit.*, 15. ed., p. 944.

9 ◻ Recursos no Processo do Trabalho   325

> **SÚM. 100, TST:** "VII – Não ofende o princípio do duplo grau de jurisdição a decisão do TST que, após afastar a decadência em sede de recurso ordinário, aprecia desde logo a lide, se a causa versar questão exclusivamente de direito e estiver em condições de imediato julgamento".

Algumas sentenças não produzem efeitos antes de serem confirmadas pelo tribunal. São as sentenças sujeitas ao **reexame necessário**, sendo os processos nos quais são proferidas remetidos de ofício ao tribunal para apreciação. Tais sentenças não produzem efeitos senão depois de confirmadas pelo tribunal. Estão sujeitas à remessa necessária as sentenças: **(i)** proferidas contra a União, os Estados, o Distrito Federal, os Municípios e suas respectivas autarquias e fundações de direito público; **(ii)** que julgarem procedentes, no todo ou em parte, os embargos à execução fiscal **(art. 496, CPC)**.

No **processo do trabalho**, também está sujeita ao **reexame necessário**, mesmo na vigência da Constituição Federal, **decisão contrária à Fazenda Pública, salvo** quando a condenação não ultrapassar o valor correspondente a **(Súm. 303, I, TST)**:

- ◻ 1.000 (mil) salários mínimos para a União e as respectivas autarquias e fundações de direito público;
- ◻ 500 (quinhentos) salários mínimos para os Estados, o Distrito Federal, as respectivas autarquias e fundações de direito público e os Municípios que constituam capitais dos Estados;
- ◻ 100 (cem) salários mínimos para todos os demais Municípios e respectivas autarquias e fundações de direito público.

Trata-se, portanto, de um limite quantitativo, de dimensão econômica.

Também **não se sujeita ao duplo grau de jurisdição** a decisão fundada em **(Súm. 303, II, TST)**:

- ◻ súmula ou orientação jurisprudencial do Tribunal Superior do Trabalho;
- ◻ acórdão proferido pelo Supremo Tribunal Federal ou pelo Tribunal Superior do Trabalho em julgamento de recursos repetitivos;
- ◻ entendimento firmado em incidente de resolução de demandas repetitivas ou de assunção de competência;
- ◻ entendimento coincidente com orientação vinculante firmada no âmbito administrativo do próprio ente público, consolidada em manifestação, parecer ou súmula administrativa.

Nessas hipóteses os limites são qualitativos, e referem-se à consonância da sentença com orientação jurisprudencial ou administrativa assente.

A **Súmula 303, III, do Tribunal Superior do Trabalho** também prevê que, em **ação rescisória**, a decisão proferida pelo Tribunal Regional do Trabalho está sujeita ao **duplo grau de jurisdição obrigatório** quando desfavorável ao ente público, exceto nas hipóteses previstas nos itens I e II da Súmula.

Existem ainda outras hipóteses de cabimento da remessa necessária que estão previstas em legislação extravagante. É o que se dá, por exemplo, com as sentenças concessivas de **mandado de segurança (art. 14, § 1.º, da Lei n. 12.016/2009)**, sendo que, em relação a essa situação, o Tribunal Superior do Trabalho definiu entendimento no sentido de que somente cabe reexame necessário se, na relação processual, figurar pessoa jurídica de direito público como parte prejudicada pela concessão da ordem. Tal situação não ocorre na hipótese de figurar no feito como impetrante e terceiro interessado pessoa de direito privado, ressalvada a hipótese de matéria administrativa **(Súm. 303, IV, TST)**.

9.3. PRINCÍPIOS DOS RECURSOS

Todo e qualquer recurso interposto deve obedecer aos **princípios fundamentais** que informam a teoria geral dos recursos:

- **Princípio do duplo grau de jurisdição** – é postulado constitucional, derivado do devido processo legal, e consiste na possibilidade de reexame da decisão judicial por quem a proferiu ou por outro órgão da jurisdição.
- **Princípio da taxatividade** – decorre da indicação expressa do legislador de que os recursos colocados à disposição das partes são unicamente os previstos em lei, de forma taxativa. Nesse sentido, o **art. 994 do Código de Processo Civil**, que se utiliza da seguinte expressão: "são cabíveis os *seguintes* recursos", e o **art. 893 da Consolidação das Leis do Trabalho**, que estabelece: "das decisões são cabíveis os *seguintes* recursos".
- **Princípio da singularidade (ou unirrecorribilidade)** – de cada decisão judicial recorrível é cabível um único tipo de recurso, sendo vedado à parte ou ao interessado interpor mais de um tipo de recurso contra a mesma decisão.

    Importante ressaltar que a singularidade não impede que, vencidos recíproca e parcialmente reclamante e reclamado, cada qual interponha recurso contra a decisão. Nesse caso não se está interpondo mais de um tipo de recurso da mesma decisão, mas dois recursos da mesma espécie, em razão da sucumbência recíproca.
- **Princípio da fungibilidade** – aquele pelo qual se permite a troca de um recurso por outro, ou seja, adotando-se a fungibilidade, o tribunal pode conhecer do recurso erroneamente interposto, como se fosse o correto.

    Embora **não haja uma previsão específica em lei** a respeito da fungibilidade, este princípio tem **fundamento** no **art. 277 do Código de Processo Civil**, que dispõe: "Quando a lei prescrever determinada forma, sem cominação de nulidade, o juiz considerará válido o ato se, realizado de outro modo, lhe alcançar a finalidade".

    A fungibilidade dos recursos **somente é admitida** se **houver dúvida objetiva** sobre qual o recurso cabível contra determinado pronunciamento judicial e se **inexistir erro grosseiro** da parte que interpôs o recurso errado.

"AGRAVO EM AGRAVO EM AGRAVO DE INSTRUMENTO EM RECURSO DE REVISTA. RECURSO MANIFESTAMENTE INCABÍVEL. INTERPOSIÇÃO EM FACE DE DECISÃO COLEGIADA. NÃO CABIMENTO. ERRO GROSSEIRO. INAPLICABILIDADE DO PRINCÍPIO DA FUNGIBILIDADE RECURSAL. ORIENTAÇÃO JURISPRUDENCIAL N. 412 DA SBDI-1 DO TST. 1. Nos termos da Orientação Jurisprudencial n. 412 da SBDI-1 do TST, é incabível a interposição de agravo interno contra decisão proferida por ente Colegiado, sendo inaplicável à hipótese o princípio da fungibilidade

9 ◼ Recursos no Processo do Trabalho

recursal, ante a configuração de erro grosseiro. 2. Considerando a manifesta inadmissibilidade do agravo, aplica-se a multa prevista no art. 1.021, § 4.º, do CPC. Agravo de que não se conhece, com multa" (Ag-Ag-AIRR-46500-77.2008.5.04.0012, 1.ª T., rel. Min. Amaury Rodrigues Pinto Junior, *DEJT* 29-11-2024).

"AGRAVO DO RECLAMANTE. AGRAVO DE INSTRUMENTO EM RECURSO DE REVISTA. INTERPOSIÇÃO DE AGRAVO CONTRA DECISÃO DE ÓRGÃO COLEGIADO. RECURSO INCABÍVEL. ERRO GROSSEIRO. INAPLICABILIDADE DO PRINCÍPIO DA FUNGIBILIDADE RECURSAL. ORIENTAÇÃO JURISPRUDENCIAL N. 412 DA SBDI-1 DO TST. O agravo interno (arts. 1.021 do CPC e 265 do Regimento Interno do TST) visa a apenas impugnar decisão monocrática nas hipóteses expressamente previstas, sendo incabível, portanto, contra decisão proferida por órgão colegiado. No caso concreto, a parte interpõe agravo contra acórdão proferido por esta Sexta Turma, o qual não é cabível, nos termos da lei processual civil e do Regimento Interno do TST. É inegável a natureza definitiva e colegiada da decisão agravada. Assim, não há como se reconhecer a possibilidade de dúvida razoável quanto ao meio processual idôneo para impugná-la, estando configurado, pois, o erro grosseiro que descredencia a aplicação do princípio da fungibilidade recursal. Inteligência da Orientação Jurisprudencial n. 412 da SBDI-1 do TST. Agravo de que não se conhece" (Ag-AIRR-101394-66.2017.5.01.0013, 6.ª T., rel. Min. Katia Magalhaes Arruda, *DEJT* 29-11-2024).

A jurisprudência do Tribunal Superior do Trabalho define algumas situações sobre o tema:

SÚM. 421, TST: "II – Se a parte postular a revisão no mérito da decisão monocrática, cumpre ao relator converter os embargos de declaração em agravo, em face dos princípios da fungibilidade e celeridade processual, submetendo-o ao pronunciamento do Colegiado, após a intimação do recorrente para, no prazo de 5 (cinco) dias, complementar as razões recursais, de modo a ajustá-las às exigências do art. 1.021, § 1.º, do CPC de 2015".

OJ SDI-1 412, TST: "É incabível agravo interno (art. 1.021 do CPC de 2015, art. 557, § 1.º, do CPC de 1973) ou agravo regimental (art. 235 do RITST) contra decisão proferida por Órgão colegiado. Tais recursos destinam-se, exclusivamente, a impugnar decisão monocrática nas hipóteses previstas. Inaplicável, no caso, o princípio da fungibilidade ante a configuração de erro grosseiro".

OJ SDI-2 69, TST: "Recurso ordinário interposto contra despacho monocrático indeferitório da petição inicial de ação rescisória ou de mandado de segurança pode, pelo princípio de fungibilidade recursal, ser recebido como agravo regimental. Hipótese de não conhecimento do recurso pelo TST e devolução dos autos ao TRT, para que aprecie o apelo como agravo regimental".

OJ SDI-2 152, TST: "A interposição de recurso de revista de decisão definitiva de Tribunal Regional do Trabalho em ação rescisória ou em mandado de segurança, com fundamento em violação legal e divergência jurisprudencial e remissão expressa ao art. 896 da CLT, configura erro grosseiro, insuscetível de autorizar o seu recebimento como recurso ordinário, em face do disposto no art. 895, *b*, da CLT".

328 Direito Processual do Trabalho Esquematizado   *Carla Teresa Martins Romar*

■ **Princípio da proibição da** *reformatio in pejus* – como o recurso devolve ao órgão *ad quem* o conhecimento apenas da matéria impugnada, não poderá o tribunal decidir mais do que lhe foi pedido pelo recorrente, reformando, de forma desfavorável a ele, a decisão impugnada na parte não discutida no recurso. O recurso devolverá ao tribunal o conhecimento da matéria impugnada **(art. 1.013, CPC)**[4].

A doutrina[5] traz como **princípios recursais no processo do trabalho**: (a) irrecorribilidade imediata das decisões interlocutórias (que será detalhada no item seguinte); (b) instrumentalidade das formas; (c) preclusão; (d) transcendência ou prejuízo; (e) da proteção ou do interesse; (f) da convalidação; (g) da causalidade, utilidade ou aproveitamento; (h) manutenção dos efeitos da sentença; (i) dialeticidade ou discursividade; e (j) voluntariedade.

9.4. IRRECORRIBILIDADE DAS DECISÕES INTERLOCUTÓRIAS

A interposição de recurso exige a terminação do feito, com a apreciação ou não do mérito. Assim, os recursos são cabíveis das sentenças e dos acórdãos. No **processo do trabalho**, as **decisões interlocutórias são irrecorríveis de imediato**. Só poderão ser apreciadas no recurso que vier depois, como preliminar **(irrecorribilidade das decisões interlocutórias) – (art. 893, § 1.º, CLT)**.

Trata-se de uma **peculiaridade do processo do trabalho**, que tem por fundamento a celeridade processual e que deve sempre ser observada **(art. 1.º, § 1.º, IN TST n. 39/2016)**.

Nesse sentido, é importante ressaltar que no processo do trabalho as **decisões sobre exceção de suspeição ou de incompetência**, salvo se terminativas do feito, são irrecorríveis de imediato, somente podendo as partes discuti-las no recurso que couber da decisão final **(art. 799, § 2.º, CLT)**.

Em relação ao tema, o Tribunal Superior do Trabalho adota o seguinte posicionamento:

> **SUM. 214, TST:** "Na Justiça do Trabalho, nos termos do art. 893, § 1.º, da CLT, as decisões interlocutórias não ensejam recurso imediato, salvo nas hipóteses de decisão: a) de Tribunal Regional do Trabalho contrária à Súmula ou Orientação Jurisprudencial do Tribunal Superior do Trabalho; b) suscetível de impugnação mediante recurso para o mesmo Tribunal; c) que acolhe exceção de incompetência territorial, com a remessa dos autos para Tribunal Regional distinto daquele a que se vincula o juízo excepcionado, consoante o disposto no art. 799, § 2.º, da CLT".

> "AGRAVO DE INSTRUMENTO EM RECURSOS DE REVISTA. ACÓRDÃO PUBLICADO NA VIGÊNCIA DA LEI N. 13.467/2017. PROSSEGUIMENTO DO INCIDENTE DE DESCONSIDERAÇÃO DA PERSONALIDADE JURÍDICA. DECISÃO

---

[4] Sobre efeito devolutivo em profundidade (art. 1013, §§ 1.º e 2.º, CPC), *vide* item 9.6 do presente capítulo.

[5] LEITE, Carlos Henrique Bezerra. *Curso de direito processual do trabalho, cit.,* 15. ed., p. 946-983.

INTERLOCUTÓRIA NÃO TERMINATIVA DO FEITO. IRRECORRIBILIDADE IMEDIATA. ART. 893, § 1.º, DA CLT E SÚMULA 214 DO TST. AUSÊNCIA DE TRANSCENDÊNCIA. Conforme entendimento contido na Súmula 214 desta Corte, somente são suscetíveis de recurso imediato as seguintes decisões interlocutórias: a) as proferidas por TRT em confronto com Súmula ou Orientação Jurisprudencial desta Corte; b) passíveis de recurso para o mesmo Tribunal, e c) as que acolhem exceção de incompetência territorial, com a remessa dos autos para Tribunal Regional distinto daquele a que se vincula o juízo excepcionado, consoante o disposto no art. 799, § 2.º, da CLT. Esta Turma também tem jurisprudência firmada no sentido de que, ainda que não tratada em verbete de súmula ou orientação jurisprudencial, a existência de jurisprudência pacífica das Turmas ou da SDI-1 do TST também autoriza a exceção contida no item 'a' do referido verbete. Precedente. No caso, porém, não se verifica caracterizada nenhuma dessas hipóteses, o que inviabiliza a extraordinária intervenção desta Corte no feito. A existência de obstáculo processual apto a inviabilizar o exame da matéria de fundo veiculada, como no caso, acaba por evidenciar, em última análise, a própria ausência de transcendência do recurso de revista, em qualquer das suas modalidades. Precedentes. Agravo de instrumento não provido" (AIRR-Ag-AIRR-10767-19.2017.5.15.0080, 5.ª T., rel. Min. Breno Medeiros, *DEJT* 29-11-2024).

9.5. PRESSUPOSTOS DOS RECURSOS

O **processamento dos recursos** está condicionado à observância de determinados **requisitos ou pressupostos** que autorizam o trâmite.

Os **pressupostos recursais** são de ordem subjetiva e de ordem objetiva, e a admissibilidade dos recursos está sujeita à verificação do seu cumprimento (**juízo de admissibilidade**), que será feita tanto pelo próprio juiz que proferiu a decisão recorrida a quem o recurso é dirigido para processamento (**juízo de admissibilidade prévio**), como pelo juiz relator do tribunal que irá julgá-lo (**juízo de admissibilidade definitivo**).

Nos termos do **art. 2.º, XI, da Instrução Normativa n. 39/2016** do Tribunal Superior do Trabalho, **não se aplica ao processo do trabalho** o **art. 1.010, § 3.º, do Código de Processo Civil**, que dispõe sobre a desnecessidade de o juízo *a quo* exercer controle de admissibilidade na apelação, tendo em vista a existência de previsões expressas na legislação trabalhista em sentido oposto, como, por exemplo, o **art. 659, VI, da Consolidação das Leis do Trabalho** (impõe ao juiz da vara do trabalho "despachar os recursos interpostos pelas partes, fundamentando a decisão recorrida antes da remessa ao Tribunal Regional..."), o **art. 896, § 1.º, da Consolidação das Leis do Trabalho** (prevê, expressamente, que o juízo de admissibilidade no recurso de revista será realizado, inicialmente, pelo Presidente do Tribunal Regional do Trabalho) e o **art. 897, § 2.º, da Consolidação das Leis do Trabalho** (admite a interposição de agravo de instrumento na hipótese de não processamento do agravo de petição, sugerindo, portanto, o duplo juízo de admissibilidade).

Conforme ensina Amauri Mascaro Nascimento, "ainda que o juiz de primeiro grau ou instância originária conclua que foram cumpridos os pressupostos, nada impede que em segundo grau o entendimento seja diverso, caso em que prevalece, evidentemente, esta segunda verificação; eis porque a admissibilidade de primeiro grau é sempre provisória"[6].

Destacam-se, a respeito, as lições de Carlos Henrique Bezerra Leite: "Tradicionalmente, o juízo de admissibilidade sempre se limitou ao exame dos pressupostos objetivos e subjetivos dos recursos, razão pela qual ao juízo *a quo* não era lícito apreciar aspectos referentes ao mérito do recurso.

Além disso, quando o recurso era admitido pelo juízo *a quo* e remetidos os autos ao tribunal, o segundo juízo de admissibilidade era exercido pelo correspondente órgão colegiado. Vale dizer, o relator do processo, na sessão de julgamento, simplesmente submetia o seu voto à apreciação do órgão colegiado, cabendo a este, com exclusividade, decidir sobre o conhecimento ou não do recurso.

Essa sistemática começou a sofrer alterações a partir da Lei n. 9.139, de 30 de novembro de 1995, com vigência a partir de 30 de janeiro de 1996, que deu nova redação ao art. 557 do Código de Processo Civil de 1973, que passou a prever a possibilidade de o relator 'negar seguimento a recurso manifestamente inadmissível, improcedente, prejudicado ou contrário à súmula do respectivo tribunal ou tribunal superior'"[7].

Nesse sentido, o **art. 932 do Código de Processo Civil de 2015**, que ampliou consideravelmente a competência do relator, prevê, no inciso III, que lhe incumbe, dentre outras atribuições: "[...] III – não conhecer de recurso inadmissível, prejudicado ou que não tenha impugnado especificamente os fundamentos da decisão recorrida; [...]. Parágrafo único. Antes de considerar inadmissível o recurso, o relator concederá o prazo de 5 (cinco) dias ao recorrente para que seja sanado vício ou complementada a documentação exigível".

Sobre a **aplicabilidade do art. 932 do Código de Processo Civil ao processo do trabalho**, dispõe a **Súmula 435 do Tribunal Superior do Trabalho**:

> **SÚM. 435, TST:** "Aplica-se subsidiariamente ao processo do trabalho o art. 932 do CPC de 2015 (art. 557 do CPC de 1973)".

O fundamento da aplicabilidade reside no fato de que tal medida confere efetividade ao princípio da duração razoável, como determina o **art. 5.º, LXXVIII, da Constituição Federal**.

Contra decisão proferida pelo relator caberá **agravo interno** para o respectivo órgão colegiado (**art. 3.º, XXIX, IN TST n. 39/2016** – aplicação subsidiária do **art. 1.021 do CPC**, salvo quanto ao prazo).

A observância ou não dos pressupostos subjetivos e objetivos irá, portanto, definir a admissibilidade ou a inadmissibilidade do recurso interposto, ou seja, vai determinar se o recurso possui ou não regularidade processual para ser processado.

Subjetivamente, esses requisitos dizem respeito à legitimidade e à capacidade de quem recorre, e ao interesse em recorrer. **Objetivamente**, os pressupostos dos recursos

---

[6] NASCIMENTO, Amauri Mascaro. *Curso de direito processual do trabalho*, cit., 20. ed., p. 491.

[7] LEITE, Carlos Henrique Bezerra. *Curso de direito processual do trabalho*, cit., 16. ed., 2018, p. 1.081.

9 ▣ Recursos no Processo do Trabalho

são os pertinentes à situação processual (recorribilidade da decisão, previsão legal, adequação, tempestividade, preparo e regularidade de representação).

No entanto, além desses pressupostos processuais genéricos, os **recursos de natureza extraordinária** (recurso de revista, embargos no TST e recurso extraordinário) também devem observar **pressupostos específicos**, tais como prequestionamento, divergência jurisprudencial, delimitação da matéria, transcendência etc., que serão analisados nos itens seguintes, quando do estudo de cada um desses recursos.

9.5.1. Pressupostos subjetivos

São **pressupostos subjetivos:**

- ▣ a legitimidade;
- ▣ a capacidade;
- ▣ o interesse.

Legitimidade recursal é a habilitação outorgada por lei para que se possa recorrer. Nesse sentido, podem recorrer **(art. 996, CPC)**:

- ▣ a parte vencida, total ou parcialmente;
- ▣ o terceiro prejudicado ou interessado;
- ▣ o Ministério Público, como parte ou como fiscal da ordem jurídica.

Como **partes** que são, **reclamante e reclamado** têm legitimidade para interpor recurso. O preposto não pode interpor recurso, mas o representante legal da empresa reclamada pode firmar recurso, no exercício do *jus postulandi*.

Para poder recorrer, o **terceiro** tem que demonstrar a possibilidade de a decisão sobre a relação jurídica submetida à apreciação judicial atingir direito de que se afirme titular ou que possa discutir em juízo como substituto processual **(art. 996, parágrafo único, CPC)**.

Nesse sentido, no **processo do trabalho** têm legitimidade para recorrer, na qualidade de **terceiro juridicamente prejudicado ou interessado**, entre outros: (a) o sucessor ou herdeiro **(art. 10 e 448, CLT)**; (b) o responsável solidário **(art. 2.º, § 2.º, CLT)**; (c) o responsável subsidiário **(art. 5.º-A, § 5.º, Lei n. 6.019/74)**; (d) o subempreiteiro, o empreiteiro principal e o dono da obra **(art. 455 e OJ SDI-1 191, TST)**.

A doutrina[8] indica ainda como legitimados: (a) os sócios de fato nas sociedades não juridicamente constituídas, além das pessoas físicas e jurídicas por força de normas de direito civil, que se vinculem à parte que figurou na demanda **(art. 265, CC)**; (b) os litisconsortes **(art. 118, CPC)** e assistentes (simples ou litisconsorciais – **arts. 121 e 124, CPC)**; e (c) o substituto processual **(art. 8.º, III, CF; art. 18, CPC; art. 52, Lei n. 7.347/85; arts. 81, 82, 91 e 92, CDC)**.

O sindicato pode recorrer nas ações por ele ajuizadas **(art. 839, *a*, CLT)**, inclusive nas hipóteses em que atua como substituto processual **(art. 8.º, III, CF)**.

---

[8] LEITE, Carlos Henrique Bezerra. *Curso de direito processual do trabalho, cit.*, 15. ed., p. 984.

O **INSS**, em relação às **contribuições que lhe forem devidas nos processos trabalhistas**, também tem legitimidade para recorrer (**arts. 831, parágrafo único, e 832, § 4.º, CLT**).

Os **Estados e os Municípios não têm legitimidade** para recorrer em nome das autarquias e das fundações públicas (**OJ SDI-1 318, I, TST**).

O **Ministério Público do Trabalho**, nos termos do **art. 83, VI, da Lei Complementar n. 75/93** e do **art. 996 do Código de Processo Civil**, tem legitimidade para recorrer tanto nos processos em que atua como parte, como nos processos em que oficia como fiscal da lei.

Especificamente em relação à **legitimidade do Ministério Público do Trabalho** para recorrer, o Tribunal Superior do Trabalho adota os seguintes posicionamentos:

> **OJ SDI-1 237, TST:** "I – O Ministério Público do Trabalho não tem legitimidade para recorrer na defesa de interesse patrimonial privado, ainda que de empresas públicas e sociedades de economia mista. II – Há legitimidade do Ministério Público do Trabalho para recorrer de decisão que declara a existência de vínculo empregatício com sociedade de economia mista ou empresa pública, após a Constituição Federal de 1988, sem a prévia aprovação em concurso público, pois é matéria de ordem pública".

Além da legitimidade, também deve o recorrente ter **capacidade** no momento da interposição do recurso. Tem capacidade para recorrer quem é capaz, nos termos do **art. 7.º, XXXIII, da Constituição Federal** e dos **arts. 3.º a 5.º do Código Civil**. Os incapazes serão representados por seus pais, tutores ou curadores (**art. 71, CPC**).

Interesse recursal é a situação desfavorável em que a parte foi colocada em razão da decisão.

O interesse repousa na necessidade que tem o recorrente de obter a anulação ou a reforma da decisão que lhe foi desfavorável. É preciso, portanto, que tenha sucumbido, entendida a **sucumbência** como a não obtenção, pelo recorrente, de tudo o que poderia ter obtido no processo. Assim, ainda que tenha se saído vencedor na demanda, pode ter sucumbido e, consequentemente, ter interesse em recorrer.

9.5.2. Pressupostos objetivos

São **pressupostos objetivos** dos recursos:

- recorribilidade da decisão ou cabimento;
- previsão legal;
- adequação;
- tempestividade;
- preparo;
- regularidade de representação.

O ato judicial impugnado **deve ser recorrível**, pois o recurso somente poderá ser processado e apreciado se não existir no ordenamento jurídico óbice ao exercício do

9 ■ Recursos no Processo do Trabalho

direito de recorrer. Verificando ser irrecorrível o ato judicial atacado, o órgão julgador não deve conhecer do recurso.

São **irrecorríveis no processo do trabalho** os despachos de mero expediente **(art. 1.001, CPC)**, as decisões interlocutórias **(art. 893, § 1.º, CLT** – salvo nas hipóteses previstas na **Súm. 214, TST)** e as sentenças proferidas no procedimento sumário que não versem sobre matéria constitucional **(art. 2.º, § 4.º, Lei n. 5.584/70)**.

Os **termos de conciliação** lavrados na Justiça do Trabalho são **irrecorríveis**, somente podendo ser atacados por meio de ação rescisória. A **irrecorribilidade não atinge a Previdência Social** quanto às contribuições que lhe forem devidas **(art. 831, parágrafo único, CLT e Súm. 259, TST)**.

> **SÚM. 259, TST:** "Só por ação rescisória é impugnável o termo de conciliação previsto no parágrafo único do art. 831 da CLT".

No entanto, não basta que o ato judicial impugnado seja recorrível. É necessário que o **recurso utilizado seja adequado**, ou seja, deve estar em conformidade com a decisão por ele impugnada. Para cada ato judicial recorrível existe um recurso adequado[9].

As partes somente podem interpor os recursos previstos em lei (exigência de **previsão legal**).

No **processo do trabalho**, os recursos cabíveis são os previstos no **art. 893 da Consolidação das Leis do Trabalho**, além do recurso extraordinário, previsto no **art. 102, III, da Constituição Federal**.

Os recursos devem ser **tempestivos**, ou seja, devem ser interpostos no prazo previsto em lei.

No processo do trabalho, os **prazos dos recursos** previstos no art. 893 da Consolidação das Leis do Trabalho **foram unificados**, sendo todos de oito dias **(art. 6.º, Lei n. 5.584/70)**, contados da intimação da decisão em audiência, por via postal ou por publicação no jornal oficial (*DEJT*). Os **embargos declaratórios** serão opostos no prazo de cinco dias **(art. 897-A, CLT)**. O **recurso extraordinário**, cabível no processo do trabalho, deverá ser interposto no prazo de 15 dias. O prazo para interposição de **recurso em matéria administrativa** de decisão emanada de órgão Colegiado do Tribunal Regional do Trabalho é de oito dias, salvo se houver norma específica dispondo de forma contrária. Quando a decisão for prolatada monocraticamente, o recurso em matéria administrativa tem prazo de dez dias **(OJ TP 11, TST)**.

Vale lembrar que a **contagem do prazo se dará em dias úteis**, nos termos do **art. 775 da Consolidação das Leis do Trabalho**, com redação dada pela **Lei n. 13.467/2017 (Reforma Trabalhista)**.

Os entes públicos e o Ministério Público têm **prazo em dobro para recorrer**, ou seja, 16 dias **(Decreto-lei n. 779/69 e art. 188, CPC)**.

---

[9] LEITE, Carlos Henrique Bezerra. *Curso de direito processual do trabalho, cit.*, 15. ed., p. 986.

Os **prazos recursais** são **peremptórios**, sobre eles não podendo as partes convencionar.

> **SÚM. 385, TST:** "I – Incumbe à parte o ônus de provar, quando da interposição do recurso, a existência de feriado local que autorize a prorrogação do prazo recursal (art. 1.003, § 6.º, do CPC de 2015). No caso de o recorrente alegar a existência de feriado local e não o comprovar no momento da interposição do recurso, cumpre ao relator conceder o prazo de 5 (cinco) dias para que seja sanado o vício (art. 932, parágrafo único, do CPC de 2015), sob pena de não conhecimento se da comprovação depender a tempestividade recursal. II – Na hipótese de feriado forense, incumbirá à autoridade que proferir a decisão de admissibilidade certificar o expediente nos autos. III – Admite-se a reconsideração da análise da tempestividade do recurso, mediante prova documental superveniente, em agravo de instrumento, agravo interno, agravo regimental, ou embargos de declaração, desde que, em momento anterior, não tenha havido a concessão de prazo para a comprovação da ausência de expediente forense".

Também o **preparo** é pressuposto recursal objetivo. O preparo no processo do trabalho é o pagamento das custas processuais e do depósito recursal.

No processo do trabalho, as **custas** relativas ao **processo de conhecimento** são indicadas na sentença **(art. 832, § 2.º, CLT)** e incidirão a 2%, observado o mínimo de R$ 10,64 e o máximo de quatro vezes o limite máximo dos benefícios do Regime Geral de Previdência Social, sendo calculadas na forma prevista no **art. 789 da Consolidação das Leis do Trabalho**.

Havendo recurso, as custas deverão ser **pagas dentro do prazo recursal**, com **comprovação** do seu recolhimento **no mesmo prazo (art. 789, § 1.º, CLT)**, sob pena de **deserção**.

O carimbo do banco recebedor na guia de comprovação do recolhimento das custas supre a ausência de autenticação mecânica **(OJ SDI-1 33, TST)**.

Não caracteriza deserção a hipótese em que, acrescido o valor da condenação, não houve fixação ou cálculo do valor devido a título de custas e tampouco intimação da parte para o preparo do recurso, devendo, pois, as custas ser pagas ao final **(Súm. 25, III, TST)**.

> **SÚM. 25, TST:** "I – A parte vencedora na primeira instância, se vencida na segunda, está obrigada, independentemente de intimação, a pagar as custas fixadas na sentença originária, das quais ficara isenta a parte então vencida. II – No caso de inversão do ônus da sucumbência em segundo grau, sem acréscimo ou atualização do valor das custas e se estas já foram devidamente recolhidas, descabe um novo pagamento pela parte vencida, ao recorrer. Deverá ao final, se sucumbente, reembolsar a quantia. III – Não caracteriza deserção a hipótese em que, acrescido o valor da condenação, não houve fixação ou cálculo do valor devido a título de custas e tampouco intimação da parte para o preparo do recurso, devendo ser as custas pagas ao final. IV – O reembolso das custas à parte vencedora faz-se necessário mesmo na hipótese em que a parte vencida for pessoa isenta do seu pagamento, nos termos do art. 790-A, parágrafo único, da CLT".

Nas ações plúrimas, as custas incidem sobre o respectivo valor global (**Súm. 36, TST**).

O prazo para pagamento das custas, no caso de recurso, é contado da intimação do cálculo (**Súm. 53, TST**).

São isentos do pagamento de custas, além dos beneficiários da justiça gratuita: (i) a União, os Estados, os Municípios, o Distrito Federal e respectivas autarquias e fundações públicas que não explorem atividade econômica; (ii) o Ministério Público. Não estão isentos do pagamento de custas os órgãos de fiscalização da atividade profissional (**art. 790-A, CLT**).

Não ocorre deserção de recurso da massa falida por falta de pagamento de custas ou de depósito. No entanto, as empresas em liquidação extrajudicial devem pagar as custas processuais, sob pena de deserção dos recursos que interpuserem (**Súm. 86, TST**).

> **SÚM. 86, TST:** "Não ocorre deserção de recurso da massa falida por falta de pagamento de custas ou de depósito do valor da condenação. Esse privilégio, todavia, não se aplica à empresa em liquidação extrajudicial".

> **OJ SDI-1 269, TST:** "I – O benefício da justiça gratuita pode ser requerido em qualquer tempo ou grau de jurisdição, desde que, na fase recursal, seja o requerimento formulado no prazo alusivo ao recurso. II – Indeferido o requerimento de justiça gratuita formulado na fase recursal, cumpre ao relator fixar prazo para que o recorrente efetue o preparo (art. 99, § 7.º, do CPC de 2015)".

As empresas em recuperação judicial não são isentas do pagamento de custas.

O **depósito recursal** é previsto **no art. 899, § 1.º, da Consolidação das Leis do Trabalho**[10] e tem natureza de garantia do juízo para futura execução, razão pela qual é exigido **quando houver condenação em pecúnia** e **apenas em relação ao reclamado**, quando este interpuser recurso ordinário, recurso de revista, embargos no Tribunal Superior do Trabalho, recurso extraordinário, agravo de instrumento e recurso ordinário em ação rescisória. Não é exigível o depósito na interposição de agravo de petição nem de recurso ordinário em dissídio coletivo.

É exigido depósito recursal para o **recurso adesivo**, observados os mesmos critérios e procedimentos do recurso principal.

> **SÚM. 128, II, TST:** "[...] II – Garantido o juízo, na fase executória, a exigência de depósito para recorrer de qualquer decisão viola os incisos II e LV do art. 5.º da CF/1988. Havendo, porém, elevação do valor do débito, exige-se a complementação da garantia do juízo".

> **SÚM. 161, TST:** "Se não há condenação a pagamento em pecúnia, descabe o depósito de que tratam os §§ 1.º e 2.º do art. 899 da CLT".

---

[10] *Vide* também IN n. 3 do TST.

336 Direito Processual do Trabalho Esquematizado   *Carla Teresa Martins Romar*

O **depósito recursal** não tem natureza jurídica de taxa de recurso, mas de **garantia do juízo recursal**, que pressupõe decisão condenatória ou executória de obrigação de pagamento em pecúnia, com valor líquido ou arbitrado.

O **valor do depósito recursal** equivale ao valor da condenação arbitrado na sentença, limitado ao teto máximo fixado pelo Tribunal Superior do Trabalho. O valor do teto máximo será reajustado periodicamente pelo TST, nos termos do **art. 40 da Lei n. 8.177/91**, com a redação dada pelo art. 8.º da Lei n. 8.542/92.

Havendo recurso ordinário em sede de rescisória, o depósito recursal só é exigível quando for julgado procedente o pedido e imposta condenação em pecúnia, devendo este ser efetuado no prazo recursal, no limite e nos termos da legislação vigente, sob pena de deserção **(Súm. 99, TST)**.

> **OJ SDI-1 264, TST:** "Não é essencial para a validade da comprovação do depósito recursal a indicação do número do PIS/PASEP na guia respectiva".

O depósito recursal será **feito em conta vinculada ao juízo** e **corrigido com os mesmos índices da poupança**. O depósito recursal **poderá ser substituído** por fiança bancária ou seguro garantia judicial **(art. 899, §§ 4.º e 11, CLT)**.

O valor do depósito recursal será **reduzido pela metade** para entidades sem fins lucrativos, empregadores domésticos, microempreendedores individuais, microempresas e empresas de pequeno porte **(art. 899, § 9.º, CLT)**.

São **isentos do depósito recursal** os beneficiários da justiça gratuita, as entidades filantrópicas e as empresas em recuperação judicial **(art. 899, § 10, CLT)**.

As disposições contidas nos **§§ 4.º, 9.º, 10 e 11 do art. 899 da Consolidação das Leis do Trabalho**, que contemplam as novas regras sobre depósito recursal instituídas pela **Lei n. 13.467/2017 (Reforma Trabalhista)**, serão observadas para os recursos interpostos contra as decisões proferidas a partir de 11 de novembro de 2017 **(art. 20, IN n. 41/2018, TST)**.

> "RECURSO DE REVISTA INTERPOSTO NA VIGÊNCIA DA LEI N. 13.467/2017. RECURSO ORDINÁRIO NÃO CONHECIDO POR DESERÇÃO. AUSÊNCIA DE RECOLHIMENTO DE DEPÓSITO RECURSAL. EMPRESA EM RECUPERAÇÃO JUDICIAL. FASE DE CONHECIMENTO. APLICABILIDADE DO ART. 899, § 10, DA CLT. TRANSCENDÊNCIA POLÍTICA. No caso em tela, o debate acerca da exigibilidade do depósito recursal, no caso de empresa em recuperação judicial, detém transcendência política, nos termos do art. 896-A, § 1.º, II, da CLT. Transcendência reconhecida. Trata-se de debate acerca da exigibilidade de depósito recursal, tratando-se de empresa que se encontra em processo de recuperação judicial. Ressalta-se que o presente feito se encontra em fase de conhecimento. No caso em tela, não obstante a reclamada ter deixado de efetuar o depósito recursal sob a afirmação de que se encontrava em processo de recuperação judicial, o TRT considerou o recurso ordinário deserto. Acerca da aplicabilidade do art. 899, § 10, da CLT, consignou o Regional que 'não há qualquer previsão legal para o deferimento do benefício de isenção do depósito recursal' . No entanto, em sentido contrário ao decidido pelo Regional, nota-se que o parágrafo 10 do art. 899 da CLT, acrescentado pela Lei n. 13.467/17, determina que 'são isentos do depósito recursal os beneficiários da

9 ◼ Recursos no Processo do Trabalho 337

justiça gratuita, as entidades filantrópicas e as empresas em recuperação judicial'. Destaca-se que a reclamada recorreu de decisão publicada em 28-11-2022, sendo certo que os atos processuais devem ser analisados à luz da disciplina vigente à época em que praticados. Sendo assim, é aplicável, ao caso, as alterações previstas na Lei n. 13.467/2017. Precedentes. Recurso de revista conhecido e provido" (RR-0020339-81.2020.5.04.0732, 6.ª T., rel. Min. Augusto Cesar Leite de Carvalho, *DEJT* 18-11-2024).

Não é exigido depósito recursal, em qualquer fase do processo ou grau de jurisdição, dos entes de direito público externo e das pessoas de direito público contempladas no Decreto-lei n. 779, de 21 de agosto de 1969, bem assim da massa falida **(Súm. 86, TST)** e da herança jacente.

A parte recorrente está obrigada a efetuar o depósito recursal, integralmente, em relação a cada novo recurso interposto, sob pena de deserção. Atingido o valor da condenação, nenhum outro depósito é exigido para qualquer recurso **(Súm. 128, I, TST)**.

Havendo condenação solidária de duas ou mais empresas, o depósito recursal efetuado por uma delas aproveita as demais, quando a empresa que efetuou o depósito não pleiteia sua exclusão da lide **(Súm. 128, III, TST)**.

A **Instrução Normativa n. 3/1993 do Tribunal Superior do Trabalho** interpreta o art. 8.º da Lei n. 8.542/92, fixando os parâmetros para a efetivação do depósito nos recursos interpostos perante a Justiça do Trabalho.

> **SÚM. 245, TST:** "O depósito recursal deve ser feito e comprovado no prazo alusivo ao recurso. A interposição antecipada deste não prejudica a dilação legal".

Ressalte-se que, **em caso de recolhimento insuficiente** das custas processuais ou do depósito recursal, somente haverá deserção do recurso se, concedido o prazo de cinco dias previsto no § 2.º do art. 1.007 do **Código de Processo Civil**, o recorrente não complementar e comprovar o valor devido **(OJ SDI-1 140, TST)**.

Por fim, também deve ser observada a **regularidade de representação**, para o fim de admissibilidade do recurso.

Embora no processo do trabalho seja admitido o *jus postulandi* das partes, a estas é dada a faculdade de constituir advogados. Assim, caso a parte interponha o recurso por meio do seu advogado, este deve ter procuração para tal fim, salvo em se tratando de mandato tácito.

O *jus postulandi* das partes, previsto no **art. 791 da Consolidação das Leis do Trabalho**, limita-se às Varas do Trabalho e aos Tribunais Regionais do Trabalho, não alcançando a ação rescisória, a ação cautelar, o mandado de segurança e os recursos de competência do Tribunal Superior do Trabalho **(Súm. 425, TST)**.

Excepcionalmente, por força do que dispõe o **art. 104 do Código de Processo Civil**, admite-se que o advogado, independentemente de intimação, exiba a procuração no prazo de cinco dias após a interposição do recurso, prorrogável por igual período mediante despacho do juiz. Caso não a exiba, considera-se ineficaz o ato praticado e não se conhece do recurso.

Em razão da aplicação de tal dispositivo legal ao processo do trabalho, o Tribunal Superior do Trabalho cancelou a Súmula 164, que previa que, exceto no caso de mandato tácito, a não apresentação do instrumento de mandato implicaria no não conhecimento do recurso, por inexistente, e alterou a redação da **Súmula 383**, que passou a prever:

> **SÚM. 383, TST:** "I – É inadmissível recurso firmado por advogado sem procuração juntada aos autos até o momento da sua interposição, salvo mandato tácito. Em caráter excepcional (art. 104 do CPC de 2015), admite-se que o advogado, independentemente de intimação, exiba a procuração no prazo de 5 (cinco) dias após a interposição do recurso, prorrogável por igual período mediante despacho do juiz. Caso não a exiba, considera-se ineficaz o ato praticado e não se conhece do recurso. II – Verificada a irregularidade de representação da parte em fase recursal, em procuração ou substabelecimento já constante dos autos, o relator ou o órgão competente para julgamento do recurso designará prazo de 5 (cinco) dias para que seja sanado o vício. Descumprida a determinação, o relator não conhecerá do recurso, se a providência couber ao recorrente, ou determinará o desentranhamento das contrarrazões, se a providência couber ao recorrido (art. 76, § 2.º, do CPC de 2015)".

> **OJ SDI-1 120, TST:** "I – Verificada a total ausência de assinatura no recurso, o juiz ou o relator concederá prazo de 5 (cinco) dias para que seja sanado o vício. Descumprida a determinação, o recurso será reputado inadmissível (art. 932, parágrafo único, do CPC de 2015). II – É válido o recurso assinado, ao menos, na petição de apresentação ou nas razões recursais".

Não caracteriza a irregularidade de representação a ausência da data da outorga de poderes, pois, no mandato judicial, ao contrário do mandato civil, não é condição de validade do negócio jurídico. Assim, a data a ser considerada é aquela em que o instrumento for juntado aos autos, conforme preceitua o art. 409, IV, do Código de Processo Civil. Inaplicável o art. 654, § 1.º, do Código Civil **(OJ-SDI-1 371, TST)**.

A ata de audiência, em que consignada a presença do advogado, desde que não estivesse atuando com mandato expresso, torna dispensável a procuração deste, porque demonstrada a existência de mandato tácito. Configurada a existência de mandato tácito, fica suprida a irregularidade detectada no mandato expresso **(OJ-SDI-1 286, TST)**.

É inválido o substabelecimento de advogado investido de mandato tácito **(OJ-SDI-1 200, TST)**.

A União, Estados, Municípios e Distrito Federal, suas autarquias e fundações públicas, quando representadas em juízo, ativa e passivamente, por seus procuradores, estão dispensadas da juntada de instrumento de mandato e de comprovação do ato de nomeação, sendo essencial que o signatário ao menos se declare exercente do cargo de procurador, não bastando a indicação do número de inscrição na Ordem dos Advogados do Brasil **(Súm. 436, TST)**.

É regular a representação processual do subscritor do agravo de instrumento ou do recurso de revista que detém mandato com poderes de representação limitados ao âmbito do Tribunal Regional do Trabalho, pois, embora a apreciação desse recurso seja realizada pelo Tribunal Superior do Trabalho, a sua interposição é ato praticado perante o Tribunal Regional do Trabalho, circunstância que legitima a atuação do advogado no feito **(OJ-SDI-1 374, TST)**.

9 ▪ Recursos no Processo do Trabalho — 339

> **SÚM. 456, TST:** "I – É inválido o instrumento de mandato firmado em nome de pessoa jurídica que não contenha, pelo menos, o nome do outorgante e do signatário da procuração, pois estes dados constituem elementos que os individualizam. II – Verificada a irregularidade de representação da parte na instância originária, o juiz designará prazo de 5 (cinco) dias para que seja sanado o vício. Descumprida a determinação, extinguirá o processo, sem resolução de mérito, se a providência couber ao reclamante, ou considerará revel o reclamado, se a providência lhe couber (art. 76, § 1.º, do CPC de 2015)".

Parte da doutrina[11] aponta, ainda, como pressuposto objetivo, a **inexistência de fato extintivo ou impeditivo do direito de recorrer**. Os fatos extintivos consistem na renúncia **(art. 999, CPC)** e na aquiescência **(art. 1.000, CPC)**, enquanto o fato extintivo consiste na desistência do recurso **(art. 998, CPC)**.

Cabem **embargos de declaração** em caso de manifesto equívoco no exame dos pressupostos extrínsecos do recurso, sendo, nesse caso, admitido efeito modificativo da decisão **(art. 897-A, CLT)**.

9.6. EFEITOS DOS RECURSOS NO PROCESSO DO TRABALHO

Os recursos trabalhistas têm **efeito meramente devolutivo (art. 899, CLT)**.

O efeito devolutivo é inerente a todo e qualquer recurso e dele decorre a **devolução ao órgão *ad quem* do reexame da matéria** contida no recurso. O órgão *ad quem* só poderá julgar as questões debatidas no processo e que constem das razões do recurso mediante pedido de novo julgamento. Consiste, portanto, na delimitação de conhecimento imposta pelo recurso ao órgão recursal.

A quantidade da devolução está na medida do tanto que se impugnou (*tantum devolutum quantum appellatum*).

"O efeito devolutivo dos recursos, portanto, impede que o juízo *ad quem* profira julgamento além, aquém ou fora do contido nas razões recursais. É o que também ocorre na primeira instância, uma vez que os arts. 141 e 492 do Código de Processo Civil vedam a sentença *ultra, extra* ou *citra petita*"[12].

O efeito devolutivo pode ser:

▪ **gradual** – sempre que a investidura do poder de processar e julgar o recurso ao órgão recursal estiver na dependência da prática de certos atos no juízo recorrido. Como regra, no processo do trabalho o efeito devolutivo opera de forma gradual (interposição perante o juízo recorrido e juízo de admissibilidade prévio);

▪ **imediato** – sempre que houver pronta investidura do órgão recursal do poder de processar e julgar. Nesse caso, a investidura do poder não depende da prática de atos no juízo recorrido. É no próprio órgão recursal que se processa o primeiro

---

[11] LEITE, Carlos Henrique Bezerra. *Curso de direito processual do trabalho, cit.,* 15. ed., p. 986-1.025. Parcela da doutrina, porém, não inclui a inexistência de um fato extintivo, impeditivo ou modificativo do direito de recorrer como pressuposto recursal, afirmando que isso atingiria, na verdade, o interesse recursal.

[12] LEITE, Carlos Henrique Bezerra. *Curso de direito processual do trabalho,* cit., 15. ed., p. 955.

juízo de admissibilidade e é nele, também, que o recorrido é chamado a oferecer resposta (ex.: embargos de declaração, agravo regimental).

Como corolário, o efeito devolutivo pode ser, ainda:

- **próprio** – quando a matéria for remetida (devolvida) ao conhecimento de órgão jurisdicional hierarquicamente superior ao que tiver prolatado a decisão impugnada (duplo grau);
- **impróprio** – quando a matéria for remetida (devolvida) ao conhecimento do mesmo órgão jurisdicional que tiver prolatado a decisão impugnada (duplo exame). Alguns autores entendem ser este um efeito específico dos recursos, que é chamado de efeito regressivo (ex.: embargos de declaração, agravo de instrumento, no qual pode ser exercido o juízo de retratação).

Em face da compatibilidade, aplicam-se ao processo do trabalho os **arts. 1.013 e 1.014 do Código de Processo Civil**[13].

Assim, embora a regra seja de que o recurso devolve ao tribunal o conhecimento da matéria impugnada, serão objeto de apreciação e julgamento pelo tribunal todas as questões suscitadas e discutidas no processo, ainda que não tenham sido solucionadas, desde que relativas ao capítulo impugnado. Quando o pedido ou a defesa tiver mais de um fundamento e o juiz acolher apenas um deles, o recurso devolverá ao tribunal o conhecimento dos demais. Portanto, o recurso devolve ao tribunal o conhecimento de todas as questões suscitadas, ainda que não apreciadas totalmente pelo juízo *a quo* (**efeito devolutivo em profundidade, ou efeito translativo)**. Destaque-se, ainda, que, à luz do efeito translativo, ao órgão julgador cumpre examinar de ofício as matérias de ordem pública[14].

No entanto, deixando o juízo *a quo* de apreciar determinado pedido, não poderá o tribunal julgá-lo, sob pena de ficar caracterizada a supressão de instância, o que implica **nulidade absoluta** do julgado (por denegação de justiça).

Assim, o efeito devolutivo em profundidade consiste na identificação de matérias que, embora não tenham sido devolvidas mediante impugnação pelo recorrente (ou suscitadas nas contrarrazões do recorrido), são **transferidas ao órgão recursal com o recurso para conhecimento**. Trata-se de benefício comum fundado nos princípios da duração razoável do processo e da economia, voltado para a economia de tempo e de atos e da eficiência da administração da justiça.

Conforme elucidam Fredie Didier Jr. e Leonardo José Carneiro da Cunha, o **efeito devolutivo** determina os **limites horizontais do recurso**; o **efeito translativo**, os **verticais**. O efeito devolutivo delimita o que se pode decidir; o efeito translativo, o material com o qual o órgão *ad quem* trabalhará para decidir a questão que lhe foi submetida. O efeito devolutivo (**extensão**) relaciona-se ao objeto litigioso do recurso (a questão principal do recurso); o efeito translativo (**profundidade** do efeito devolutivo) relaciona-se

---

[13] IN n. 39/2016 do TST.

[14] *Vide*, exemplificativamente, RO-224-61.2018.5.08.0000, Subseção II Especializada em Dissídios Individuais, rel. Min. Douglas Alencar Rodrigues, *DEJT* 26-4-2019.

9 ◼ Recursos no Processo do Trabalho

ao objeto de conhecimento do recurso, às questões que devem ser examinadas pelo órgão *ad quem* como fundamentos para a solução do objeto litigioso recursal. É preciso, porém, fazer uma advertência: o efeito devolutivo limita o efeito translativo, que é o seu aspecto vertical: o tribunal poderá apreciar todas as questões que se relacionarem àquilo que foi impugnado – e somente àquilo. O recorrente estabelece a extensão do recurso, mas não pode estabelecer a sua profundidade[15].

> "[...] JULGAMENTO *ULTRA PETITA* NÃO CARACTERIZADO – REFORMA DA SENTENÇA DE IMPROCEDÊNCIA DO PEDIDO PRINCIPAL – RESPONSABILIDADE SUBSIDIÁRIA DA SEGUNDA RECLAMADA – PEDIDO ACESSÓRIO – EFEITO DEVOLUTIVO EM PROFUNDIDADE DO RECURSO ORDINÁRIO. Cinge-se a controvérsia dos autos sobre a possibilidade, ou não, de, uma vez reformada a sentença de improcedência total da reclamação trabalhista em relação ao pedido principal de reversão da dispensa por justa causa, poder a Corte Regional proceder à análise do pedido acessório de responsabilidade subsidiária, embora ausente irresignação expressa no recurso ordinário. A jurisprudência desta Corte Superior, com fundamento no efeito devolutivo em profundidade que se extrai do § 1.º do art. 1.013 do CPC de 2015, tem se consagrado no sentido de que o recurso ordinário devolve à apreciação do Tribunal Regional todas as questões relativas à matéria impugnada, inclusive os pedidos acessórios, como é o caso da responsabilidade subsidiária, não havendo que se falar, portanto, em preclusão do pedido ou em julgamento *ultra petita*. Julgados. Nesse passo, o acórdão regional, ao analisar o pedido acessório de responsabilidade subsidiária decorrente da reforma do pedido principal de reversão da dispensa por justa causa, decidiu em conformidade com a jurisprudência desta Corte Superior, impondo-se, assim, o teor restritivo do art. 896, § 7.º, da CLT e da Súmula 333 do TST como óbice ao conhecimento do apelo. Agravo interno não provido" (AIRR-1000062-73.2023.5.02.0442, 2.ª T., rel. Min. Liana Chaib, *DEJT* 21-11-2024).

Estando o **processo em condições de imediato julgamento**, o tribunal deve decidir desde logo o mérito, nos termos do **art. 1.013, § 3.º, do Código de Processo Civil**, e quando reformar sentença que reconheça a **decadência** ou a **prescrição**, o tribunal, se possível, julgará o mérito, examinando as demais questões, sem determinar o retorno do processo ao juízo de primeiro grau (**art. 1.013, § 4.º, CPC**). O **art. 1.013, § 3.º, do Código de Processo Civil** consagra a teoria da causa madura, que possibilita o julgamento do mérito pelo colegiado *ad quem* sempre que a questão for somente de direito ou, quando de direito e de fato, a causa estiver preparada para esse fim, ainda que o juízo *a quo* não tenha se pronunciado sobre o mérito.

> **SÚM. 393, TST:** "I – O efeito devolutivo em profundidade do recurso ordinário, que se extrai do § 1.º do art. 1.013 do CPC de 2015 (art. 515, § 1.º, do CPC de 1973), transfere ao Tribunal a apreciação dos fundamentos da inicial ou da defesa, não examinados pela sentença, ainda que não renovados em contrarrazões, desde que relativos ao capítulo impugnado. II – Se o processo estiver em condições, o tribunal, ao julgar o recurso ordinário, deverá decidir desde logo o mérito da causa, nos termos do § 3.º do

---

[15] DIDIER JR., Fredie; CUNHA, Leonardo Carneiro da. *Curso de direito processual civil*. 13. ed. Salvador: JusPodivm, 2016. v. 3, p. 143.

art. 1.013 do CPC de 2015, inclusive quando constatar a omissão da sentença no exame de um dos pedidos".

Nesse sentido:

"AGRAVO. AGRAVO DE INSTRUMENTO EM RECURSO DE REVISTA. [...] EXTIN-ÇÃO DO FEITO SEM RESOLUÇÃO DE MÉRITO PELO JUÍZO DE ORIGEM. CAUSA EM CONDIÇÃO DE JULGAMENTO IMEDIATO PELO TRIBUNAL REGIONAL. SUPRESSÃO DE INSTÂNCIA NÃO CARACTERIZADA. Não merece provimento o agravo fundado na alegação de nulidade por supressão de instância, na medida em que não infirma os fundamentos da decisão agravada pela qual se destacou que toda matéria fática essencial ao exame da demanda envolvendo a equiparação salarial já se encontrava expressamente consignada nos autos, o que se revelou suficiente para o julgamento imediato da demanda, na forma do art. 1.013, § 3.º, inciso III, do CPC/2015 e da Súmula 393, item II, do TST. Agravo desprovido. [...]" (Ag-AIRR-1001959-54.2017.5.02.0020, 3.ª T., rel. Min. Jose Roberto Freire Pimenta, *DEJT* 22-11-2024).

"[...] III – RECURSO DE REVISTA. RECLAMANTE. LEI N. 13.467/2017. PRELIMI-NAR DE INCOMPETÊNCIA DA JUSTIÇA DO TRABALHO. REFLEXOS DE VER-BAS TRABALHISTAS EM JUÍZO PARA O FIM DE RECOLHIMENTO PARA PRE-VIDÊNCIA PRIVADA. A competência da Justiça do Trabalho para determinar o recolhimento das contribuições previdenciárias abrange não apenas aquelas devidas ao INSS, mas, também, aquelas devidas a fundo de previdência privada. Tal matéria não é abrangida pelas decisões do STF (RE 586.453 e RE 583.050). Julgado da SBDI-1 do TST. No caso dos autos não se discute a complementação de aposentadoria em si mesma. Consoante se depreende da petição inicial, postula-se a condenação da empregadora (CEF) ao recolhimento de contribuições previdenciárias à FUNCEF, em razão do reconhecimento do direito a verbas trabalhistas com natureza salarial. Emerge, portanto, a competência material da Justiça do Trabalho para processar e julgar o pedido adstrito ao recolhimento das contribuições sociais devidas ao regime de previdência complementar privada (art. 114, IX, da CF/88 e 876, parágrafo único, da CLT). Assim, afastada a declaração de incompetência material da Justiça do Trabalho e com fulcro nos arts. 485, IV, e 1.013, § 3.º, I, do CPC/2015, não se determina a remessa dos autos ao Tribunal Regional, pois aplicável ao caso a teoria da causa madura, por tratar-se de questão exclusivamente de direito. Nesse contexto, condena-se a reclamada (CEF) a recolher à FUNCEF as contribuições previdenciárias incidentes sobre as verbas trabalhistas de natureza salarial e reflexos, postulados e reconhecidos em juízo. Recurso de revista a que se dá provimento" (RR-2323-31.2015.5.09.0016, 6.ª T., rel. Min. Katia Magalhaes Arruda, *DEJT* 18-11-2024).

O **efeito suspensivo** do recurso consiste na qualidade que prolonga o veto à execução imediata da decisão impugnada.

Somente por exceção os recursos trabalhistas terão **efeito suspensivo**, o que implica a permissão da execução provisória do julgado até a penhora **(art. 899, CLT)**. O efeito suspensivo depende de autorização legal para que o juiz possa ordená-lo.

É **admissível a obtenção de efeito suspensivo** ao recurso ordinário mediante requerimento dirigido ao tribunal, ao relator ou ao presidente ou ao vice-presidente do

9 ◻ Recursos no Processo do Trabalho 343

tribunal recorrido, por aplicação subsidiária ao processo do trabalho do **art. 1.029, § 5.º, do Código de Processo Civil (Súm. 414, I, TST)**.

Assim, o pedido de efeito suspensivo poderá ser formulado por requerimento dirigido:

- ◼ ao tribunal respectivo, no período compreendido entre a publicação de admissão do recurso e sua distribuição, ficando o relator designado para seu exame prevento para julgá-lo;
- ◼ ao relator, se já distribuído o recurso;
- ◼ ao presidente ou vice-presidente do tribunal recorrido, no período compreendido entre a interposição do recurso e a publicação da decisão de admissão do recurso, assim como no caso de o recurso ter sido sobrestado.

> **SÚM. 279, TST:** "A cassação de efeito suspensivo concedido a recurso interposto de sentença normativa retroage à data do despacho que o deferiu".

Os recursos também podem ter **efeito expansivo**, por meio do qual os efeitos da decisão recursal são irradiados para atingir matérias ou atos não impugnados, ou outras pessoas além dos recorrentes.

No primeiro caso fala-se em **efeito expansivo objetivo** (ex.: juiz não acolhe arguição de coisa julgada em relação ao pedido de horas extras e reflexos. No recurso ordinário o recorrente se insurge contra a rejeição da coisa julgada e da condenação no pagamento das horas extras, mas não apresenta impugnação em relação aos reflexos. Reconhecida pelo Tribunal a existência de coisa julgada em relação às horas extras, esta decisão produz efeitos também sobre os reflexos das horas extras, ainda que não expressamente impugnados).

Quando os efeitos da decisão do recurso atingem outras pessoas, distintas dos recorrentes, o recurso gera **efeito expansivo subjetivo** (ex.: litisconsortes – reconhecimento do vínculo de emprego com um deles – condenação solidária ou subsidiária do outro – só o primeiro recorre – tribunal reforma a sentença em relação ao vínculo, julgando a ação improcedente – efeito atinge o outro litisconsorte). Exatamente em razão do efeito expansivo subjetivo é que o Tribunal Superior do Trabalho adotou o entendimento no sentido de que, havendo condenação solidária de duas ou mais empresas, o depósito recursal efetuado por uma delas aproveita as demais, quando a empresa que efetuou o depósito não pleiteia sua exclusão da lide **(Súm. 128, III, TST)**.

O **efeito substitutivo** dos recursos consiste na substituição dos capítulos da sentença objeto de impugnação, pela decisão de mérito do órgão recursal a respeito deles **(art. 1.008, CPC)**. A decisão de mérito proferida pelo órgão recursal substitui a decisão impugnada no que tiver sido objeto do recurso, uma vez que dentro do processo deve haver apenas um procedimento final sobre cada ponto debatido.

Somente haverá substituição da decisão originária se o órgão recursal emitir pronunciamento sobre o mérito do recurso, ainda que tenha sido de mera confirmação, não se cogitando de efeito substitutivo do acórdão que não conhece do recurso.

O **efeito modificativo**, típico dos embargos de declaração, consiste na integração da lacuna da sentença pela análise de ponto sobre a qual esta havia sido omissa ou na definição da certeza de que as sentenças devem se revestir pela correção de contradição nela havida. Também se admite no caso de exame dos pressupostos extrínsecos do recurso **(art. 897-A, CLT)**.

> **SÚM. 278, TST:** "A natureza da omissão suprida pelo julgamento de embargos declaratórios pode ocasionar efeito modificativo no julgado".
>
> **OJ SDI-1 142, TST:** "É passível de nulidade decisão que acolhe embargos de declaração com efeito modificativo sem que seja concedida oportunidade de manifestação prévia à parte contrária".

9.7. RECURSOS TRABALHISTAS EM ESPÉCIE

Das decisões proferidas pelos órgãos da Justiça do Trabalho são **admissíveis os seguintes recursos**: embargos no Tribunal Superior do Trabalho, recurso ordinário, recurso de revista, agravo de instrumento e agravo de petição **(art. 893, CLT)**. Os embargos de declaração são cabíveis quando na decisão houver obscuridade, contradição ou omissão, ou quando haja manifesto equívoco no exame dos pressupostos extrínsecos do recurso **(art. 897-A, CLT)**.

Os incidentes do processo serão resolvidos pelo próprio Juízo ou Tribunal. As decisões interlocutórias, no entanto, são irrecorríveis, somente cabendo discussão sobre elas em recurso da decisão definitiva **(art. 893, § 1.º, CLT)**, salvo nas hipóteses previstas na **Súmula 214 do Tribunal Superior do Trabalho**.

9.7.1. Recurso ordinário

O **recurso ordinário** é o meio de impugnar as decisões definitivas ou terminativas proferidas pelas Varas do Trabalho e as decisões definitivas ou terminativas dos Tribunais Regionais em processos de sua competência originária, quer nos dissídios individuais, quer nos dissídios coletivos **(art. 895, CLT)**, cumprindo, portanto, a função de **assegurar o duplo grau de jurisdição**.

Em relação às decisões definitivas ou terminativas dos Tribunais Regionais do Trabalho em processos de sua competência originária, o Regimento Interno do Tribunal Superior do Trabalho preceitua que:

"**Art. 245.** Cabe recurso ordinário para o Tribunal das decisões definitivas proferidas pelos Tribunais Regionais do Trabalho em processos de sua competência originária, no prazo legal, contado da publicação do acórdão ou de sua conclusão no órgão oficial.

Parágrafo único. O recurso é cabível em:

I – ação anulatória;

II – ação para obtenção de tutela provisória em caráter antecedente;

III – ação declaratória;

IV – agravo interno;

V – ação rescisória;

9 ◼ Recursos no Processo do Trabalho

VI – dissídio coletivo;

VII – *habeas corpus*;

VIII – *habeas data*;

IX – mandado de segurança;

X – reclamação".

Não cabe recurso ordinário das decisões proferidas em processos sujeitos ao rito sumário **(Lei n. 5.584/70)**.

> **OJ TP-OE 5, TST:** "Não cabe recurso ordinário contra decisão em agravo regimental interposto em reclamação correcional ou em pedido de providência".

> **SÚM. 201, TST:** "Da decisão de Tribunal Regional do Trabalho em mandado de segurança cabe recurso ordinário, no prazo de 8 (oito) dias, para o Tribunal Superior do Trabalho, e igual dilação para o recorrido e interessados apresentarem razões de contrariedade".

Da decisão de Tribunal Regional do Trabalho, em ação rescisória, é cabível recurso ordinário para o Tribunal Superior do Trabalho, em face da organização judiciária trabalhista **(Súm. 158, TST)**.

Não cabe recurso ordinário para o Tribunal Superior do Trabalho de decisão proferida pelo Tribunal Regional do Trabalho em agravo regimental interposto contra despacho que concede ou não liminar em ação cautelar ou em mandado de segurança, uma vez que o processo ainda pende de decisão definitiva do Tribunal *a quo* **(OJ SDI-2 100, TST)**.

Nas ações trabalhistas sujeitas ao **procedimento sumaríssimo** cabe recurso ordinário que deverá ser imediatamente distribuído, uma vez recebido no Tribunal, devendo o relator liberá-lo no prazo máximo de dez dias, sendo colocado imediatamente em pauta de julgamento, sem revisor. O parecer do representante do Ministério Público presente à sessão de julgamento, se este entender necessário, será oral, com registro na certidão de julgamento. O acórdão consistirá unicamente na certidão de julgamento, com a indicação suficiente do processo e parte dispositiva, e das razões de decidir do voto prevalente. Se a sentença for confirmada pelos próprios fundamentos, a certidão de julgamento, registrando tal circunstância, servirá de acórdão **(art. 895, § 1.º, CLT)**. Os Tribunais Regionais, divididos em Turmas, poderão designar Turma para julgamento dos recursos ordinários interpostos nas demandas sujeitas ao procedimento sumaríssimo **(art. 895, § 2.º, CLT)**.

O recurso ordinário possui apenas **efeito devolutivo**, permitindo, pois, a execução provisória do julgado, que vai até a penhora **(art. 899, CLT)**.

É admissível a **obtenção de efeito suspensivo ao recurso ordinário** mediante requerimento dirigido ao tribunal, ao relator ou ao presidente ou ao vice-presidente do tribunal recorrido, por aplicação subsidiária ao processo do trabalho do **art. 1.029, § 5.º, do Código de Processo Civil (Súm. 414, I, TST)**.

No recurso ordinário toda a matéria impugnada é devolvida ao Tribunal para apreciação, não sendo admissível a arguição de questões novas, salvo se comprovado que a parte deixou de fazê-lo por motivo de força maior **(art. 1.014, CPC)**.

Como regra, o Tribunal não pode decidir sobre matéria não submetida à apreciação da Vara sem descumprimento do princípio do duplo grau de jurisdição.

No entanto, embora a regra seja de que o recurso devolve ao tribunal o conhecimento da matéria impugnada, serão objeto de apreciação e julgamento pelo tribunal todas as questões suscitadas e discutidas no processo, ainda que não tenham sido solucionadas, desde que relativas ao capítulo impugnado. Quando o pedido ou a defesa tiver mais de um fundamento e o juiz acolher apenas um deles, o recurso devolverá ao tribunal o conhecimento dos demais. Portanto, o recurso devolve ao tribunal o conhecimento de todas as questões suscitadas, ainda que não apreciadas totalmente pelo juízo *a quo* **(efeito devolutivo em profundidade, ou efeito translativo)**. Destaque-se, ainda, que, à luz do efeito translativo, ao órgão julgador cumpre examinar de ofício as matérias de ordem pública[16].

Com o recurso ordinário, não podem ser juntados documentos, salvo se provado o justo impedimento para sua oportuna apresentação ou se eles se referirem a fato posterior à sentença **(Súm. 8, TST)**.

"AGRAVO DE INSTRUMENTO. RECURSO DE REVISTA INTERPOSTO NA ÉGIDE DA LEI N. 13.015/2014. VALE-ALIMENTAÇÃO. PREVISÃO EM NORMA COLETIVA. JUNTADA DE DOCUMENTO NA FASE RECURSAL. Hipótese em que o Tribunal Regional manteve o indeferimento de juntada da ACT que prevê o pagamento de vale-alimentação na fase recursal sob o fundamento de que não se trata de documento novo. Conforme a Súmula 8 desta Corte Superior, 'a juntada de documentos na fase recursal só se justifica quando provado o justo impedimento para sua oportuna apresentação ou se referir a fato posterior à sentença'. No caso dos autos, não há qualquer comprovação da Reclamada no sentido de que foi justamente impedida de juntar o documento no momento oportuno, tampouco o fato que se refere a evento ocorrido posteriormente à sentença. Precedentes. Óbice da Súmula 333/TST. Agravo de instrumento a que se nega provimento. VALE – ALIMENTAÇÃO. PREVALÊNCIA DO ACT SOBRE A CCT. IMPOSSIBILIDADE DE ANÁLISE. Mantida a decisão que indeferiu a juntada da ACT na fase recursal, inviável a análise da tese acerca da prevalência da ACT sobre a CCT. Agravo de instrumento a que se nega provimento." (AIRR: 0000435-59.2016.5.09.0673, rel. Min. Maria Helena Mallmann, 2.ª T., *DEJT* 17-2-2023)

"[...] III – RECURSO DE REVISTA. [...]. JUNTADA DE DOCUMENTOS NOVOS NA FASE RECURSAL. APRESENTAÇÃO TARDIA. REVELIA DA RECLAMADA. SÚMULA .8 DO TST. Nos termos da Súmula 8 do TST, 'a juntada de documentos na fase recursal só se justifica quando provado o justo impedimento para sua oportuna apresentação ou se referir a fato posterior à sentença'. Ora, constitui dever processual das partes trazer aos autos, tempestivamente, todos os documentos que pretendam utilizar a fim de provar ou de convalidar as alegações realizadas. Acrescente-se que para exercer plenamente a faculdade de manifestação processual e defender os seus direitos, é imprescindível que a parte atue no momento próprio para evitar a preclusão do direito pleiteado. No

---

[16] Para maior aprofundamento sobre o efeito devolutivo em profundidade, *vide* item 9.6 deste Capítulo.

caso dos autos, os documentos apresentados não se qualificam como novos, visto que já existentes quando do ajuizamento da ação. Ademais, não houve demonstração de justo impedimento para a sua juntada somente quando da interposição do recurso ordinário. Nesse contexto, faz-se necessário o retorno dos autos ao eg. Tribunal Regional de origem, a fim de que prossiga no exame do recurso ordinário da empresa, desconsiderando os documentos juntados tardiamente, como entender de direito. Recurso de revista conhecido por contrariedade à Súmula 8 do TST e provido" (RR-0001528-08.2010.5.02.0012, rel. Min. Ale-xandre De Souza Agra Belmonte, 7.ª T., *DEJT* 15-3-2024).

A parte recorrente pode **desistir do recurso ordinário interposto**, a qualquer tempo e sem necessidade de anuência da parte contrária ou dos litisconsortes **(art. 998, CPC)**.

A desistência do recurso não impede a análise de questão cuja repercussão geral já tenha sido reconhecida e daquela objeto de julgamento de recursos extraordinários ou especiais repetitivos **(art. 998, parágrafo único, CPC)**.

A **renúncia ao direito de recorrer** independe da aceitação da outra parte **(art. 999, CPC)**.

A parte que **aceitar expressa ou tacitamente a decisão** não poderá recorrer. Considera-se aceitação tácita a prática, sem nenhuma reserva, de ato incompatível com a vontade de recorrer **(art. 1.000, CPC)**.

O recurso ordinário deve ser interposto por petição no **prazo de oito dias úteis (art. 895, I e II, e art. 775, CLT)** contados da intimação da sentença recorrida, e está **sujeito a preparo**, devendo ser pagas as custas e o depósito recursal segundo as seguintes regras:

■ se o reclamado recorrer da sentença em que foi vencido total ou parcialmente, deverá pagar as custas fixadas na sentença e o depósito recursal equivalente ao valor da condenação, até o limite do teto fixado pelo TST para recurso ordinário;

■ se o reclamante recorrer da sentença de improcedência da ação, deverá pagar as custas fixadas na sentença, salvo se beneficiário da justiça gratuita.

Será em **dobro o prazo** do recurso ordinário interposto por entes públicos e pelo Ministério Público, ou seja, 16 dias **(Decreto-lei n. 779/69 e art. 188, CPC)**.

A petição de interposição do recurso ordinário é dirigida ao juiz que proferiu a sentença, podendo este **admitir ou não o recurso**, segundo estejam ou não presentes os pressupostos recursais[17].

Admitido o recurso, a parte contrária será intimada para **apresentar contrarrazões**, também no prazo de oito dias úteis **(art. 900 e art. 775, CLT)**.

Após a apresentação das contrarrazões, os autos serão remetidos ao Tribunal para julgamento do recurso ordinário.

Não admitido o recurso, o recorrente poderá interpor agravo de instrumento no prazo de oito dias úteis **(art. 897, *b*, CLT)**, com o objetivo de que seja destrancado o processamento do apelo, permitindo a apreciação pelo Tribunal.

---

[17] Juízo de admissibilidade prévio – *vide* item 9.5 deste Capítulo.

Cabem embargos de declaração em caso de manifesto equívoco no exame dos pressupostos extrínsecos do recurso (**art. 897-A, CLT**).

A decisão que admite o recurso é irrecorrível, mas **não vincula o juízo** *ad quem*, que, ao fazer novo exame dos pressupostos recursais, pode entender não estarem eles presentes, o que impede o exame do recurso.

Remetidos os autos ao Tribunal, a distribuição do recurso será imediata (**art. 93, XV, CF**), com designação de relator e de revisor. Os autos serão remetidos ao Ministério Público do Trabalho, que terá o prazo de oito dias para exarar seu parecer (**art. 5.º, Lei n. 5.584/70**).

Antes de considerar inadmissível o recurso, o relator concederá o prazo de cinco dias ao recorrente para que seja sanado vício ou complementada a documentação exigível (**art. 932, parágrafo único, CPC**). Nesse sentido a Súmula 383 do Tribunal Superior do Trabalho:

> **SÚM. 383, TST:** "I – É inadmissível recurso firmado por advogado sem procuração juntada aos autos até o momento da sua interposição, salvo mandato tácito. Em caráter excepcional (art. 104 do CPC de 2015), admite-se que o advogado, independentemente de intimação, exiba a procuração no prazo de 5 (cinco) dias após a interposição do recurso, prorrogável por igual período mediante despacho do juiz. Caso não a exiba, considera-se ineficaz o ato praticado e não se conhece do recurso. II – Verificada a irregularidade de representação da parte em fase recursal, em procuração ou substabelecimento já constante dos autos, o relator ou o órgão competente para julgamento do recurso designará prazo de 5 (cinco) dias para que seja sanado o vício. Descumprida a determinação, o relator não conhecerá do recurso, se a providência couber ao recorrente, ou determinará o desentranhamento das contrarrazões, se a providência couber ao recorrido (art. 76, § 2.º, do CPC de 2015)".

9.7.2. Recurso de revista

O **recurso de revista** é um recurso de âmbito restrito, pois para sua interposição, além da sucumbência, faz-se necessário que a decisão recorrida contenha certo e determinado vício ou particularidade, e a discussão nele trazida ofereça transcendência com relação aos reflexos gerais de natureza econômica, política, social ou jurídica, sem o que desaparece a recorribilidade. Exatamente por isso o recurso de revista insere-se na categoria dos recursos de natureza extraordinária. É, portanto, um recurso de âmbito restrito, que tem por finalidade uniformizar a jurisprudência e a interpretação e a aplicação das leis e da Constituição Federal.

> **SÚM. 457, STF:** "O Tribunal Superior do Trabalho, conhecendo da revista, julgará a causa, aplicando o direito à espécie".

Com o objetivo de uniformizar o processamento do recurso de revista, o Tribunal Superior do Trabalho editou as **Instruções Normativas n. 17/99 e n. 23/2003**.

9 ◼ Recursos no Processo do Trabalho

O recurso de revista **não tem por finalidade** o reexame dos fatos e das provas constantes dos autos, sendo um **recurso eminentemente técnico**, por meio do qual se analisam questões unicamente de direito.

> **SÚM. 126, TST:** "Incabível o recurso de revista ou de embargos (arts. 896 e 894, *b*, da CLT) para reexame de fatos e provas".

Somente é cabível o recurso de revista quando a decisão proferida pelo Tribunal Regional do Trabalho enquadrar-se em uma das hipóteses do **art. 896 da Consolidação das Leis do Trabalho**.

Assim, cabe recurso de revista para Turma do Tribunal Superior do Trabalho das decisões proferidas em grau de recurso ordinário, em dissídio individual, pelos Tribunais Regionais do Trabalho, em caso de:

◼ **interpretações divergentes (art. 896, *a* e *b*, CLT).**

O recorrente tem que provar que a interpretação dada no acórdão a lei, norma coletiva ou regulamento de empresa diverge da que tenha sido adotada, sobre o mesmo dispositivo legal ou normativo:

◼ por outro TRT (por Turma ou pelo Pleno);

> **OJ SDI-1, 111, TST:** "Não é servível ao conhecimento de recurso de revista aresto oriundo de mesmo Tribunal Regional do Trabalho, salvo se o recurso houver sido interposto anteriormente à vigência da Lei n. 9.756/98".

◼ pela SDI do TST;
◼ por Súmula de Jurisprudência do TST ou Súmula vinculante do STF.

◼ **Infringência de lei federal ou afronta direta e literal à Constituição Federal (art. 896, *c*, CLT).**

O que é preciso provar é que a decisão adotou, como razão de decidir, critério que entra em choque com aquilo que está na lei ou na Constituição Federal.

O dispositivo tem, na verdade, o sentido maior de salientar que, no recurso de revista, não se rediscute matéria de fato, nem se visa corrigir injustiças. O que está por trás dele é o interesse de fazer cumprir as leis e a Constituição Federal como nelas se dispõe. O recurso de revista não reexamina a injustiça da decisão, mas sim ilegalidades. O que lastreia a pretensão é a prova de que houve violação à lei ou afronta à Constituição Federal.

Das decisões proferidas pelos Tribunais Regionais do Trabalho ou por suas Turmas, em **execução de sentença**, inclusive em processo incidente de embargos de terceiro, **não caberá recurso de revista**, **salvo** na hipótese de ofensa direta e literal de norma da Constituição Federal **(art. 896, § 2.º, CLT)**.

> **SÚM. 266, TST:** "A admissibilidade do recurso de revista interposto de acórdão proferido em agravo de petição, na liquidação de sentença ou em processo incidente na

execução, inclusive os embargos de terceiro, depende de demonstração inequívoca de violência direta à Constituição Federal".

Cabe recurso de revista por violação a lei federal, por divergência jurisprudencial e por ofensa à Constituição Federal nas **execuções fiscais** e nas **controvérsias** da fase de execução **que envolvam a Certidão Negativa de Débitos Trabalhistas** – CNDT **(art. 896, § 10, CLT)**.

Incabível recurso de revista de ente público que não interpôs recurso ordinário voluntário da decisão de primeira instância, ressalvada a hipótese de ter sido agravada, na segunda instância, a condenação imposta **(OJ SDI-1 334, TST)**.

Nas causas sujeitas ao **procedimento sumaríssimo**, somente será admitido recurso de revista por contrariedade a súmula de jurisprudência uniforme do Tribunal Superior do Trabalho ou a súmula vinculante do Supremo Tribunal Federal e por violação direta da Constituição Federal **(art. 896, § 9.º, CLT)**.

> **SÚM. 442, TST:** "Nas causas sujeitas ao procedimento sumaríssimo, a admissibilidade de recurso de revista está limitada à demonstração de violação direta a dispositivo da Constituição Federal ou contrariedade a Súmula do Tribunal Superior do Trabalho, não se admitindo o recurso por contrariedade a Orientação Jurisprudencial deste Tribunal (Livro II, Título II, Capítulo III, do RITST), ante a ausência de previsão no art. 896, § 6.º, da CLT".

O recurso de revista é **dotado de efeito apenas devolutivo** e é interposto, no prazo de oito dias úteis, perante o Presidente do Tribunal Regional do Trabalho recorrido, que deverá examinar se está comprovada a hipótese de cabimento, podendo recebê-lo ou denegá-lo, fundamentando, em qualquer caso, a decisão **(art. 896, § 1.º, CLT)**. Recebido o recurso, a parte contrária será intimada a apresentar contrarrazões, também no prazo de oito dias úteis **(art. 900, CLT)**.

É admissível a **obtenção de efeito suspensivo ao recurso de revista** mediante requerimento dirigido ao tribunal, ao relator ou ao presidente ou ao vice-presidente do tribunal recorrido, por aplicação subsidiária ao processo do trabalho do **art. 1.029, § 5.º, do Código de Processo Civil (Súm. 414, I, TST)**.

Da decisão do Presidente do Tribunal Regional do Trabalho que denegar seguimento ao recurso de revista cabe **agravo de instrumento** no prazo de oito dias úteis **(art. 897, b, CLT)**.

> **SÚM. 218, TST:** "É incabível recurso de revista interposto de acórdão regional prolatado em agravo de instrumento".

Recebido o recurso de revista, os autos serão remetidos ao Tribunal Superior do Trabalho, que, no entanto, não está vinculado ao juízo de admissibilidade prévio, fazendo novo exame dos pressupostos recursais.

9 ▪ Recursos no Processo do Trabalho

OJ SDI-1 282, TST: "No julgamento de Agravo de Instrumento, ao afastar o óbice apontado pelo TRT para o processamento do recurso de revista, pode o juízo *ad quem* prosseguir no exame dos demais pressupostos extrínsecos e intrínsecos do recurso de revista, mesmo que não apreciados pelo TRT".

O **relator do recurso de revista** poderá denegar-lhe seguimento em **decisão monocrática**, nas hipóteses de intempestividade, deserção, irregularidade de representação ou de ausência de qualquer outro pressuposto extrínseco ou intrínseco de admissibilidade **(art. 896, § 14, CLT)**.

A **Turma**, ao julgar o recurso de revista, poderá não conhecer deste por ausência de qualquer outro pressuposto extrínseco ou intrínseco de admissibilidade. Conhecido, porém, o recurso, aí sim a Turma julgará o mérito.

Da decisão denegatória **caberá agravo**, no prazo de oito dias úteis **(art. 896, § 12, CLT)**.

Quando o recurso tempestivo contiver **defeito formal que não se repute grave**, o Tribunal Superior do Trabalho poderá desconsiderar o vício ou mandar saná-lo, julgando o mérito **(art. 896, § 11, CLT)**.

O recurso de revista exige, para sua admissibilidade e conhecimento, além do preenchimento dos **pressupostos recursais genéricos** (subjetivos – legitimidade, capacidade e interesse; objetivos – recorribilidade do ato, adequação, tempestividade, preparo, regularidade de representação), o preenchimento de **pressupostos recusais específicos** (também chamados de pressupostos recursais especiais): divergência jurisprudencial, violação literal de lei federal ou afronta direta e literal à Constituição Federal, prequestionamento, transcendência.

Sob pena de não conhecimento, é ônus da parte **(art. 896, § 1.º-A, CLT)**:

▪ indicar o trecho da decisão recorrida que consubstancia o prequestionamento da controvérsia objeto do recurso de revista;

▪ indicar, de forma explícita e fundamentada, contrariedade a dispositivo de lei, súmula ou orientação jurisprudencial do Tribunal Superior do Trabalho que conflite com a decisão regional;

▪ expor as razões do pedido de reforma, impugnando todos os fundamentos jurídicos da decisão recorrida, inclusive mediante demonstração analítica de cada dispositivo de lei, da Constituição Federal, de súmula ou orientação jurisprudencial cuja contrariedade aponte;

▪ transcrever na peça recursal, no caso de suscitar preliminar de nulidade de julgado por negativa de prestação jurisdicional, o trecho dos embargos declaratórios em que foi pedido o pronunciamento do tribunal sobre questão veiculada no recurso ordinário e o trecho da decisão regional que rejeitou os embargos quanto ao pedido, para cotejo e verificação, de plano, da ocorrência da omissão.

Para estudo dos pressupostos recursais genéricos, veja-se o item 9.5 do presente Capítulo.

De toda forma, em relação ao **preparo**, ressalte-se que para recorrer de revista o reclamado deve efetuar o depósito recursal, correspondente ao valor da condenação, até o limite do teto máximo fixado pelo Tribunal Superior do Trabalho (**art. 40, Lei n. 8.177/91**). Caso do julgamento do recurso ordinário resulte acréscimo da condenação, o recorrente deverá também recolher o valor correspondente à complementação das custas, sob pena de deserção.

Cabem embargos de declaração em caso de manifesto equívoco no exame dos pressupostos extrínsecos do recurso no prazo de cinco dias úteis (**art. 897-A, CLT**).

Admitido o recurso de revista por um fundamento, **devolve-se ao Tribunal Superior do Trabalho** o conhecimento dos demais fundamentos para a solução apenas do capítulo impugnado (aplicação ao processo do trabalho do **parágrafo único do art. 1.034 do CPC**, conforme previsão do **art. 12, IN n. 39/2016, TST**).

Passaremos a analisar os pressupostos recursais específicos do recurso de revista.

▣ Divergência jurisprudencial

A divergência jurisprudencial apta a ensejar a interposição do recurso de revista deve ser oriunda dos órgãos específicos da Justiça do Trabalho indicados na **alínea *a* do art. 896 da Consolidação das Leis do Trabalho**, ou deve contrariar súmula de jurisprudência uniforme do Tribunal Superior do Trabalho ou súmula vinculante do Supremo Tribunal Federal.

Importante destacar que não é cabível recurso de revista se a divergência decorrer de decisão proferida pelo mesmo Tribunal Regional do Trabalho, por Turma do Tribunal Superior do Trabalho ou pelo Supremo Tribunal Federal (somente súmula vinculante gera divergência).

A **divergência** apta a ensejar o recurso de revista **deve ser atual**, não se considerando como tal a ultrapassada por súmula do Tribunal Superior do Trabalho ou do Supremo Tribunal Federal, ou superada por iterativa e notória jurisprudência do Tribunal Superior do Trabalho, fixada pelas orientações jurisprudenciais (**art. 896, § 7.º, TST**).

> **SÚM. 333, TST:** "Não ensejam recurso de revista decisões superadas por iterativa, notória e atual jurisprudência do Tribunal Superior do Trabalho".

> **SÚM. 296, TST:** "I – A divergência jurisprudencial ensejadora da admissibilidade, do prosseguimento e do conhecimento do recurso há de ser específica, revelando a existência de teses diversas na interpretação de um mesmo dispositivo legal, embora idênticos os fatos que as ensejaram. II – Não ofende o art. 896 da CLT decisão de Turma que, examinando premissas concretas de especificidade da divergência colacionada no apelo revisional, conclui pelo conhecimento ou desconhecimento do recurso".

"I – AGRAVO DE INSTRUMENTO EM RECURSO DE REVISTA. ACÓRDÃO PUBLICADO NA VIGÊNCIA DA LEI N. 13.467/2017. 1. CESTA BÁSICA. NATUREZA JURÍDICA. DECISÃO EM CONFORMIDADE COM ENTENDIMENTO PACIFICADO DESTA CORTE SUPERIOR. TRANSCENDÊNCIA NÃO RECONHECIDA. 1.1. Tendo em vista a finalidade precípua desta instância extraordinária na uniformização de teses jurídicas, a existência de entendimento sumulado ou representativo de iterativa e notória jurisprudência, em consonância com a decisão recorrida, configura impeditivo ao processamento do recurso de revista, por imperativo legal. 1.2. Na hipótese dos autos, o Tribunal

9 ◼ Recursos no Processo do Trabalho
353

Regional destacou que o autor recebia cestas básicas, sem comprovação de adesão da empresa ao PAT ou previsão de natureza indenizatória em norma coletiva. Incidência da Súmula 126 do TST. Assim, o acórdão regional, nos moldes em que proferido, está em conformidade com a Súmula 241 do TST. Aplicam-se, portanto, os óbices do art. 896, § 7.º, da CLT e da Súmula 333 do TST. [...]" (RRAg-1124-33.2016.5.09.0567, 5.ª T., rel. Min. Morgana de Almeida Richa, *DEJT* 13-12-2024).

Quando o recurso se fundar em dissenso de julgados, incumbe ao recorrente o ônus de **provar a divergência jurisprudencial**, mediante:

◼ certidão;

◼ cópia ou citação do repositório de jurisprudência, oficial ou credenciado, inclusive em mídia eletrônica, em que houver sido publicada a decisão divergente;

◼ reprodução de julgado disponível na internet, com indicação da respectiva fonte.

Qualquer que seja o caso, devem ser mencionadas nas razões recursais as circunstâncias que identifiquem ou assemelhem os casos confrontados **(art. 896, § 8.º, CLT)**.

Assim, nas hipóteses previstas nas **alíneas *a* e *b* do art. 896 da Consolidação das Leis do Trabalho**, o recorrente tem que provar que a interpretação dada no acórdão a lei federal, a lei estadual, a convenção coletiva de trabalho, a acordo coletivo, a sentença normativa ou a regulamento empresarial de observância obrigatória em área territorial que exceda a jurisdição do Tribunal Regional prolator da decisão recorrida diverge da que tenha sido adotada sobre o mesmo dispositivo por outro TRT (por Turma ou pelo Pleno), pela Sessão de Dissídios Individuais do TST, ou por súmula de jurisprudência uniforme do TST ou súmula vinculante do TST.

Portanto, **a divergência jurisprudencial deve ser comprovada**, considerando-se para tanto os parâmetros definidos na Súmula 337 do Tribunal Superior do Trabalho:

> **SÚM. 337, TST:** "I – Para comprovação da divergência justificadora do recurso, é necessário que o recorrente: a) Junte certidão ou cópia autenticada do acórdão paradigma ou cite a fonte oficial ou o repositório autorizado em que foi publicado; e b) Transcreva, nas razões recursais, as ementas e/ou trechos dos acórdãos trazidos à configuração do dissídio, demonstrando o conflito de teses que justifique o conhecimento do recurso, ainda que os acórdãos já se encontrem nos autos ou venham a ser juntados com o recurso. II – A concessão de registro de publicação como repositório autorizado de jurisprudência do TST torna válidas todas as suas edições anteriores. III – A mera indicação da data de publicação, em fonte oficial, de aresto paradigma é inválida para comprovação de divergência jurisprudencial, nos termos do item I, *a*, desta súmula, quando a parte pretende demonstrar o conflito de teses mediante a transcrição de trechos que integram a fundamentação do acórdão divergente, uma vez que só se publicam o dispositivo e a ementa dos acórdãos. IV – É válida para a comprovação da divergência jurisprudencial justificadora do recurso a indicação de aresto extraído de repositório oficial na internet, desde que o recorrente: a) transcreva o trecho divergente; b) aponte o sítio de onde foi extraído; e c) decline o número do processo, o órgão prolator do acórdão e a data da respectiva publicação no Diário Eletrônico da Justiça

do Trabalho. V – A existência do código de autenticidade na cópia, em formato *pdf*, do inteiro teor do aresto paradigma, juntada aos autos, torna-a equivalente ao documento original e também supre a ausência de indicação da fonte oficial de publicação".

A divergência jurisprudencial pode ser apontada em relação a Orientação Jurisprudencial:

OJ SDI-1 219, TST: "É válida, para efeito de conhecimento do recurso de revista ou de embargos, a invocação de Orientação Jurisprudencial do Tribunal Superior do Trabalho, desde que, das razões recursais, conste o seu número ou conteúdo".

Somente haverá divergência jurisprudencial para fins de conhecimento do recurso de revista se a decisão paradigma (levada à colação da divergência) abranger todos os fundamentos da decisão recorrida.

SÚM. 23, TST: "Não se conhece de recurso de revista ou de embargos, se a decisão recorrida resolver determinado item do pedido por diversos fundamentos e a jurisprudência transcrita não abranger a todos".

Em relação à divergência jurisprudencial fundada em lei estadual, convenção coletiva de trabalho, acordo coletivo de trabalho, sentença normativa ou regulamento empresarial de observância obrigatória em área territorial que exceda a jurisdição do Tribunal Regional do Trabalho prolator da decisão recorrida **(art. 896, *b*, CLT)**, o Tribunal Superior do Trabalho adota o seguinte entendimento:

OJ SDI-1 147, TST: "I – É inadmissível o recurso de revista fundado tão somente em divergência jurisprudencial, se a parte não comprovar que a lei estadual, a norma coletiva ou o regulamento da empresa extrapolam o âmbito do TRT prolator da decisão recorrida. II – É imprescindível a arguição de afronta ao art. 896 da CLT para o conhecimento de embargos interpostos em face de acórdão de Turma que conhece indevidamente de recurso de revista, por divergência jurisprudencial, quanto a tema regulado por lei estadual, norma coletiva ou norma regulamentar de âmbito restrito ao Regional prolator da decisão".

Violação literal de lei federal ou afronta direta e literal à Constituição Federal

Fundando-se o recurso de revista na **alínea *c* do art. 896 da Consolidação das Leis do Trabalho**, o que é preciso provar é que a decisão adotou, como razão de decidir, critério que entra em choque com aquilo que está previsto em lei federal ou na Constituição Federal. A decisão recorrida deve ter sido proferida com **violação literal de disposição de lei federal** ou com **afronta direta e literal à Constituição Federal**.

Tal dispositivo tem, na verdade, o sentido maior de salientar que no recurso de revista não se rediscute matéria de fato, nem se visa a corrigir injustiças **(Súm. 126, TST)**, tendo por objetivo uma análise de direito da decisão recorrida, especificamente em relação à sua adequação ao ordenamento jurídico.

9 ◘ Recursos no Processo do Trabalho   355

O recurso de revista visa preservar o interesse de fazer cumprir as leis e a Constituição Federal como nelas se dispõe; não visa corrigir injustiças, mas ilegalidades. O que lastreia a pretensão é a prova de que houve violação à lei ou afronta à Constituição Federal.

A despeito de a expressão "lei federal" contida no dispositivo em estudo comportar interpretação ampliativa, abarcando não apenas a lei federal em sentido estrito, mas também os Decretos-leis e as Medidas Provisórias, que são atos normativos com força de lei, o fato é que **não enseja a admissibilidade da revista** a alegação de violação de portaria ministerial, de instrução normativa ou de decreto regulamentador, tendo em vista que se trata de hipóteses não contempladas no **art. 896, c, da Consolidação das Leis do Trabalho**[18].

A admissibilidade do recurso de revista por violação tem como pressuposto a indicação expressa do dispositivo de lei ou da Constituição tido como violado **(Súm. 221, TST)**.

No entanto, a invocação expressa no recurso de revista dos preceitos legais ou constitucionais tidos como violados não significa exigir da parte a utilização das expressões "contrariar", "ferir", "violar" etc. **(OJ SDI-1 257, TST)**.

Demonstrando a necessidade de indicação expressa do dispositivo legal violado, os seguintes posicionamentos consolidados pelo Tribunal Superior do Trabalho:

> **SÚM. 459, TST:** "O conhecimento do recurso de revista, quanto à preliminar de nulidade, por negativa de prestação jurisdicional, supõe indicação de violação do art. 832 da CLT, do art. 489 do CPC de 2015 (art. 458 do CPC de 1973) ou do art. 93, IX, da CF/88".

> **OJ SDI-1 335, TST:** "A nulidade da contratação sem concurso público, após a CF/1988, bem como a limitação de seus efeitos, somente poderá ser declarada por ofensa ao art. 37, II, se invocado concomitantemente o seu § 2.º, todos da CF/88".

◘ Prequestionamento

O recurso de revista, em qualquer uma das hipóteses de cabimento, pressupõe **prequestionamento** na instância de origem da matéria nele discutida, sob pena de não conhecimento.

Diz-se prequestionada a matéria ou questão quando na decisão impugnada houver sido adotada, explicitamente, tese a respeito **(Súm. 297, I, TST)**.

Incumbe à parte interessada, desde que a matéria haja sido invocada no recurso principal, opor **embargos declaratórios** objetivando o pronunciamento sobre o tema, sob **pena de preclusão**, sendo que se considera prequestionada a questão jurídica invocada no recurso principal sobre a qual se omite o Tribunal de pronunciar tese, não obstante opostos embargos de declaração **(Súm. 297, II e III, TST)**.

Nos termos do art. 896, § 1.º-A, I, da CLT, sob pena de não conhecimento do recurso de revista, é ônus da parte indicar o trecho da decisão recorrida que consubstancia o

---

[18] LEITE, Carlos Henrique Bezerra. *Curso de direito processual do trabalho, cit.,* 16. ed., p. 1.148.

prequestionamento da controvérsia objeto do recurso. A parte deve, obrigatoriamente, transcrever, ou destacar (sublinhar/negritar), o fragmento da decisão recorrida que revele a resposta do tribunal de origem sobre a matéria objeto do apelo; ou seja, o ponto específico da discussão, com as principais premissas fáticas e jurídicas contidas no acórdão regional acerca do tema invocado no recurso.

"AGRAVO. AGRAVO DE INSTRUMENTO EM RECURSO DE REVISTA. VALOR ARBITRADO À INDENIZAÇÃO POR DANOS EXTRAPATRIMONIAIS. INOBSERVÂNCIA DOS PRESSUPOSTOS RECURSAIS PREVISTOS NO ART. 896, § 1.º-A, I E III, DA CLT. 1. Agravo interno interposto contra decisão monocrática que negou seguimento ao recurso de revista da ré. 2. No caso, a parte transcreveu quase a integralidade do capítulo impugnado, sem nenhum destaque, não observando, assim, os pressupostos de admissibilidade recursal previstos nos incisos I e III do § 1.º-A do art. 896 da CLT, quais sejam a transcrição precisa do trecho no qual haveria o prequestionamento da matéria controvertida objeto do recurso de revista e a demonstração analítica entre a argumentação jurídica indicada e os fundamentos adotados pela Corte Regional. Agravo a que se nega provimento" (AIRR-0000639-14.2023.5.08.0018, 1.ª T., rel. Min. Amaury Rodrigues Pinto Junior, *DEJT* 16-12-2024).

"RECURSO DE REVISTA. LEI N. 13.467/2017. SENTENÇA PROFERIDA EM AÇÃO COLETIVA. AÇÃO DE CUMPRIMENTO DE SENTENÇA. PRESCRIÇÃO. TRANSCRIÇÃO INCOMPLETA. PREJUDICADO EXAME DA TRANSCENDÊNCIA. NÃO CONHECIMENTO. 1. Esta Corte Superior tem entendido que é necessário que a parte recorrente transcreva os trechos da decisão regional que consubstanciam o prequestionamento das matérias objeto do recurso de revista, promovendo o cotejo analítico entre os dispositivos legais e constitucionais invocados ou a divergência jurisprudencial noticiada e os fundamentos adotados pela Corte de Origem, não sendo suficiente a mera transcrição da ementa da decisão recorrida nas razões do recurso de revista. Inteligência do art. 896, §1.º-A, I, da CLT. Precedentes. 2. No caso, verifica-se que o trecho transcrito pela parte não atende à exigência contida no art. 896, § 1.º-A, I, da CLT, na medida em que não contém os fundamentos jurídicos adotados pela egrégia Corte de origem que não acolheu a prejudicial de mérito suscitada pela reclamada. 3. Ante a incidência do aludido óbice processual, julga-se prejudicado o exame da transcendência, Recurso de revista de que não se conhece" (RR-0000653-13.2023.5.09.0004, 8.ª T., rel. Des. Convocado Jose Pedro de Camargo Rodrigues de Souza, *DEJT* 16-12-2024).

Em relação aos embargos de declaração opostos para fins de prequestionamento, aplica-se supletivamente o disposto no **art. 1.025 do Código de Processo Civil**[19], que prevê que "consideram-se incluídos no acórdão os elementos que o embargante suscitou, para fins de prequestionamento, ainda que os embargos de declaração sejam inadmitidos ou rejeitados, caso o tribunal superior considere existentes erro, omissão, contradição ou obscuridade".

---

[19] Art. 9.º da IN n. 39/2016 do TST.

É inexigível o prequestionamento quando a **violação** indicada houver **nascido na própria decisão recorrida**, sendo inaplicáveis, nesse caso, as exigências contidas na Súmula 297 do Tribunal Superior do Trabalho **(OJ SDI-1 119, TST)**.

Quando na decisão recorrida há **tese explícita sobre a matéria**, é desnecessário que nela contenha referência expressa do dispositivo legal para que se considere este como prequestionado **(OJ SDI-1 118, TST)**.

Nesse sentido, para fins do requisito do prequestionamento, há necessidade de que haja, no acórdão, de maneira clara, elementos que levem à conclusão de que o **Regional adotou uma tese contrária** à lei ou à súmula **(OJ SDI-1 256, TST)**.

Decisão regional que simplesmente adota os fundamentos da decisão de primeiro grau não preenche a exigência do prequestionamento **(OJ SDI-1 151, TST)**.

É necessário o **prequestionamento como pressuposto de admissibilidade** em recurso de natureza extraordinária, ainda que se trate de incompetência absoluta **(OJ SDI-1 62, TST)**.

◼ Transcendência

A admissibilidade do recurso de revista requer, também, **transcendência** com relação aos reflexos gerais de natureza econômica, política, social ou jurídica. Trata-se de **pressuposto especial de admissibilidade** que deve ser examinado pelo Tribunal Superior do Trabalho **(art. 896-A, CLT)**.

A **Lei n. 13.467/2017 (Reforma Trabalhista)**, regulamentando a transcendência, fixou, de forma exemplificativa ("entre outros"), indicadores desse pressuposto **(art. 896-A, § 1.º, CLT)**.

Assim, são **indicadores de transcendência**, entre outros:

◼ **econômica** – o elevado valor da causa;

◼ **política** – o desrespeito da instância recorrida à jurisprudência sumulada do TST ou do STF;

◼ **social** – a postulação, por reclamante-recorrente, de direito social constitucionalmente assegurado;

◼ **jurídica** – a existência de questão nova em torno da interpretação da legislação trabalhista.

"AGRAVO DE INSTRUMENTO EM RECURSO DE REVISTA. INTERVALO INTRA-JORNADA. HORAS EXTRAS. ÓBICE DA SÚMULA 126 DO TST. TRANSCENDÊNCIA NÃO RECONHECIDA. Não se constatando desrespeito à jurisprudência sumulada ou reiterada do TST, tampouco à do Supremo Tribunal Federal; não se tratando de questão nova em torno de interpretação da legislação trabalhista, de direito material ou processual; não se identificando ofensa às garantias constitucionalmente asseguradas; e não se divisando que o valor atribuído à causa na exordial nem o *quantum* arbitrado à condenação possuem elevada expressão econômica, conclui-se pela inexistência de transcendência política, jurídica, social ou econômica, à luz do art. 896-A da CLT. Agravo de instrumento conhecido e não provido" (AIRR-0011074-45.2022.5.15.0064, 8.ª T., rel. Min. Dora Maria da Costa, *DEJT* 16-12-2024).

"AGRAVO DE INSTRUMENTO. RECURSO DE REVISTA INTERPOSTO A ACÓR-DÃO PUBLICADO NA VIGÊNCIA DA LEI N. 13.467/2017. AUXÍLIO-ALIMENTA-ÇÃO. ADESÃO DA EMPRESA AO PROGRAMA DE ALIMENTAÇÃO DO TRABA-LHADOR (PAT) ANTES DA ADMISSÃO DO TRABALHADOR. NATUREZA JURÍDICA. TRANSCENDÊNCIA DA CAUSA NÃO RECONHECIDA. 1. Cuida-se de controvérsia acerca da natureza jurídica do auxílio-alimentação pago ao obreiro por empresa filiada ao Programa de Alimentação do Trabalhador (PAT). Na hipótese dos autos, o Tribunal Regional, soberano no exame do conjunto fático-probatório, consignou expressamente que a filiação da empresa ao PAT ocorreu antes da admissão do reclamante. 2. Constatado o preenchimento dos demais requisitos processuais de admissibilidade, o exame do Recurso de Revista sob o prisma do pressuposto de transcendência revelou que: a) não há falar em transcendência política da causa, na medida em que o acórdão recorrido revela estrita consonância com a Orientação Jurisprudencial n. 133 da SBDI-I desta Corte superior, no sentido de que o auxílio-alimentação fornecido por empresa filiada ao PAT não tem natureza salarial; b) não se verifica a transcendência jurídica , visto que ausentes indícios da existência de questão nova acerca da controvérsia ora submetida a exame, mormente diante da plena vigência da Orientação Jurisprudencial n. 133 da SBDI-I desta Corte uniformizadora a obstaculizar a pretensão recursal; c) não identificada a transcendência social da causa, visto que não se cuida de pretensão recursal formulada em face de suposta supressão ou limitação de direitos sociais assegurados na legislação pátria; e d) não se constata a existência de transcendência econômica, visto que a expressão econômica da pretensão recursal não destoa de outros recursos de mesma natureza. 3. Configurado o óbice relativo ao não reconhecimento da transcendência da causa quanto ao tema sob exame, resulta inviável o processamento do Recurso de Revista, no particular. 4. Agravo de Instrumento não provido" (AIRR-11577-90.2022.5.15.0153, 3.ª T., rel. Des. Convocado Marcelo Lamego Pertence, *DEJT* 13-12-2024).

"RECURSO DE REVISTA DO EXEQUENTE INTERPOSTO NA VIGÊNCIA DA LEI N. 13.467/2017. EXECUÇÃO. PRETENSÃO DO EXEQUENTE DE PENHORA INCIDENTE SOBRE SALÁRIOS RECEBIDOS PELOS DEVEDORES. POSSIBILIDADE. PENHORABILIDADE NA VIGÊNCIA DO CPC/2015. TRANSCENDÊNCIA. RECONHECIDA. Considerando a possibilidade de a decisão recorrida contrariar entendimento consubstanciado na jurisprudência desta Corte Superior, verifica-se a **transcendência política**, nos termos do art. 896-A, § 1.º, II, da CLT. EXECUÇÃO. PRETENSÃO DO EXEQUENTE DE PENHORA INCIDENTE SOBRE SALÁRIOS RECEBIDOS PELOS DEVEDORES. POSSIBILIDADE. PENHORABILIDADE NA VIGÊNCIA DO CPC/2015. PROVIMENTO. Trata-se de debate acerca da possibilidade de haver penhora de salários para pagamento de débitos trabalhistas de natureza alimentar, sendo a penhora realizada já na vigência do CPC de 2015. A respeito do tema, é sabido que a questão relativa à impenhorabilidade de salários e proventos de aposentadoria sofreu alteração com o advento do Código de Processo Civil de 2015, passando a constar no seu art. 833, § 2.º, como exceção, a possibilidade de penhora de salários e proventos de aposentadoria quando destinadas ao pagamento de prestações alimentícias, independentemente de sua origem. A jurisprudência desta Corte Superior sobre a matéria, consubstanciada na Orientação Jurisprudencial n. 153 da SBDI-2, foi atualizada em setembro de 2017 pelo Tribunal Pleno desta Corte, passando a limitar a aplicação da tese nela sedimentada aos atos praticados na vigência do CPC de 1973. Dessa forma, com a vigência do CPC/2015, a exceção trazida no supracitado § 2.º do art. 833, referente a penhoras realizadas para pagamento de prestações alimentícias, 'independentemente de sua origem', passou a abranger também os créditos trabalhistas típicos, em razão de sua natureza alimentar. Precedentes. Na hipótese a Corte Regional concluiu que a exceção trazida no art. 833, IV, § 2.º, do CPC não engloba o crédito trabalhista. Dessa forma, entendeu pela impenhorabilidade dos salários eventualmente recebidos pelos executados. Ao assim decidir, violou o disposto no art. 5.º, II, da Constituição Federal. Recurso de revista de que se conhece e ao qual se dá provimento" (RR-1001040-73.2019.5.02.0027, 8.ª T., rel. Des. Convocado Jose Pedro de Camargo Rodrigues de Souza, *DEJT* 16-12-2024).

AGRAVO EM AGRAVO DE INSTRUMENTO INTRANSCENDENTE – CRITÉRIOS PARA A TRANSCENDÊNCIA ECONÔMICA – DESPROVIMENTO – RECURSO MANIFESTAMENTE INADMISSÍVEL E PROTELATÓRIO – MULTA. 1. O agravo de instrumento patronal, que versava sobre negativa de prestação jurisdicional, julgamento *ultra petita*, nulidade da sentença e dedução dos valores pagos, foi julgado intranscendente, por não atender a nenhum dos parâmetros do § 1.º do art. 896-A da CLT, a par de o óbice da Súmula 214 do TST contaminar a transcendência da causa, cujo valor de R$ 104.398,69 não alcança o patamar mínimo de **transcendência econômica** reconhecido por esta Turma. 2. Relativamente à transcendência econômica, esta 4.ª Turma tem como patamar valor superior a meio milhão de reais, na medida em que, nessa hipótese, a causa transcenderá o interesse meramente individual das partes, podendo comprometer o próprio empreendimento produtivo e os empregos que gera, circunstância que não se coaduna com a dos presentes autos. Ressalte-se que a filosofia do critério de transcendência é o julgamento de teses e não casos. A transcendência econômica é a exceção, na medida em que abre a cognição de casos, pelo elevado valor da causa ou da condenação. Se o patamar adotado for baixo, o filtro perde seu sentido, voltando o Tribunal a julgar casos e não teses. 3. Não tendo a Agravante demovido o óbice erigido pela decisão agravada nem suas razões de decidir, esta merece ser mantida, com aplicação de multa, por ser o agravo manifestamente inadmissível e protelatório (CPC, art. 1.021, § 4.º). Agravo desprovido, com multa." (Ag-AIRR-1000631-22.2020.5.02.0461, 4.ª T., rel. Min. Ives Gandra Da Silva Martins Filho, *DEJT* 5-4-2024)

"AGRAVO INTERNO EM EMBARGOS DE DECLARAÇÃO EM AGRAVO DE INSTRUMENTO EM RECURSO DE REVISTA DA PARTE AUTORA. LEI N. 13.467/2017. DANOS MATERIAIS. PERCENTUAL DA PENSÃO. PERDA DA CAPACIDADE PARA O EXERCÍCIO DA FUNÇÃO DE MECÂNICO DE VAGÕES. Constatado equívoco na decisão agravada, dá-se provimento ao agravo interno para determinar o processamento do agravo de instrumento da parte autora. AGRAVO DE INSTRUMENTO EM RECURSO DE REVISTA DA PARTE AUTORA. LEI N. 13.467/2017. DANOS MATERIAIS. PERCENTUAL DA PENSÃO. PERDA DA CAPACIDADE PARA O EXERCÍCIO DA FUNÇÃO DE MECÂNICO DE VAGÕES. TRANSCENDÊNCIA ECONÔMICA DA CAUSA RECONHECIDA. Em relação à **transcendência econômica**, esta Turma estabeleceu como referência, para o recurso do empregado, o valor fixado no art. 852-A da CLT. Uma vez que o pedido devolvido à apreciação desta Corte ultrapassa o valor de 40 salários mínimos, constata-se a transcendência econômica. Agravo de instrumento a que se dá provimento para determinar o processamento do recurso de revista, em face de haver sido demonstrada possível afronta ao artigo 950 do Código Civil. [...]" (RR- 0001941-88.2016.5.17.0013, 7.ª T., rel. Min. Claudio Mascarenhas Brandao, *DEJT* 23-8-2024)

"[...] II – RECURSO DE REVISTA. TURNO ININTERRUPTO DE REVEZAMENTO. ELASTECIMENTO AUTORIZADO EM NORMA COLETIVA. AUSÊNCIA DE AUTORIZAÇÃO MINISTERIAL. TEMA 1.046 DA TABELA DE REPERCUSSÃO GERAL DO STF. **TRANSCENDÊNCIA JURÍDICA RECONHECIDA**. Ao julgar o ARE 1.121.633/GO, no qual se discutia a validade da norma coletiva de trabalho que restringe direito trabalhista não previsto na Constituição da República, o Supremo Tribunal Federal reconheceu a repercussão geral da matéria e fixou a tese de que 'são constitucionais os acordos e as convenções coletivos que, ao considerarem a adequação setorial negociada, pactuam limitações ou afastamentos de direitos trabalhistas, independentemente da explicitação especificada de vantagens compensatórias, desde que respeitados os direitos absolutamente indisponíveis' (Tema 1.046 da Tabela de Repercussão Geral do Supremo Tribunal Federal). A Suprema Corte reconheceu, portanto, como regra geral, a prevalência do negociado sobre o legislado, em prestígio ao princípio da autonomia coletiva, consagrado no inciso XXVI do art. 7.º da Constituição da República. Assim, afasta-se a validade da norma coletiva apenas e tão somente nas situações em que a negociação vilipendie direito indisponível do trabalhador. No caso dos autos, não se discute o direito às horas extraordinárias em si, tampouco está em questão o direito ao adicional de insalubridade propriamente dito (direitos indisponíveis). Trata-se exclusivamente de saber sobre a validade da norma coletiva que estabelece a prorrogação da jornada de trabalho em atividades insalubres, sem a licença prévia da autoridade ministerial. A controvérsia dos autos não afeta direitos de indisponibilidade absoluta (inciso XIII do art. 7.º da Constituição da República e incisos I e XIII do art. 611-A, da CLT). Julgados. Recurso de revista de que se conhece e a que se dá provimento" (RRAg-0020008-44.2020.5.04.0233, 8.ª T., rel. Min. Sergio Pinto Martins, *DEJT* 16-12-2024).

"I – AGRAVO DE INSTRUMENTO EM RECURSO DE REVISTA DO RECLAMANTE INTERPOSTO NA VIGÊNCIA DA LEI 13.467/2017. **TRANSCENDÊNCIA SOCIAL RECONHECIDA**. ACIDENTE DO TRABALHO. INDENIZAÇÃO POR DANO MORAL. VALOR ARBITRADO. MAJORAÇÃO. Demonstrada possível violação do art. 5.º, V, da CF, impõe-se o provimento do agravo de instrumento para determinar o processamento do recurso de revista. Agravo de instrumento provido. II – RECURSO DE REVISTA DO RECLAMANTE INTERPOSTO NA VIGÊNCIA DA LEI 13.467/2017. TRANSCENDÊNCIA SOCIAL RECONHECIDA. ACIDENTE DO TRABALHO. INDENIZAÇÃO POR DANO MORAL. VALOR ARBITRADO. MAJORAÇÃO. 1. Na hipótese, o reclamante sofreu dois acidentes de trabalho que resultaram em ofensa à sua integridade física. No primeiro evento, que ocorreu em 2016, o autor se acidentou ao realizar a limpeza do trado, permanecendo afastado pelo INSS durante dois meses. No segundo acidente, ocorrido em 2017, foi emitida CAT pela empresa, mas o reclamante teve apenas lesão superficial, sem afastamento do trabalho. Diante deste quadro, o Tribunal Regional concluiu pela culpa da empresa pelos eventos danosos, pois não propiciou as medidas necessárias à exclusão dos riscos que o labor do autor apresentava. Assim, deferiu indenização por dano moral no valor de R$ 2.000,00 (dois mil reais). 2. À míngua de critérios objetivos para fixação do dano moral, cabe ao julgador, diante das peculiaridades de cada caso, arbitrar o montante da indenização atendendo aos postulados da razoabilidade e proporcionalidade, de modo a permitir, ao mesmo tempo, que o valor da reparação não gere enriquecimento ilícito do reclamante (caráter reparatório) e que seja suficiente para reprimir a conduta ilícita do empregador (caráter punitivo). Nos termos do art. 944 do Código Civil, a indenização mede-se pela extensão do dano. Verifico que, no presente caso, não foram observados os critérios de proporcionalidade e razoabilidade condizentes com os recomendados pela jurisprudência desta Corte para hipóteses similares, razão pela qual se justifica a excepcional intervenção a fim de revisar o quantum indenizatório e majorar a condenação em danos morais para R$ 10.000,00 (dez mil reais). Recurso de revista conhecido e provido" (RR-1419-95.2019.5.12.0045, 8.ª T., rel. Min. Delaide Alves Miranda Arantes, *DEJT* 13-2-2023).

Quando o recurso de revista **não demonstrar transcendência**, o relator poderá, monocraticamente, denegar-lhe seguimento. Dessa decisão cabe agravo para o colegiado **(art. 896-A, § 2.º, CLT)**.

Em relação ao recurso que o relator considerou não ter transcendência, o recorrente poderá realizar **sustentação oral** sobre a questão da transcendência, durante cinco minutos em sessão **(art. 896-A, § 3.º, CLT)**.

Mantido o voto do relator quanto à não transcendência do recurso, será lavrado acórdão com fundamentação sucinta, que constituirá **decisão irrecorrível** no âmbito do tribunal **(art. 896-A, § 4.º, CLT)**.

O TST acolheu incidente de arguição de inconstitucionalidade do **art. 896-A, § 5.º, CLT, que prevê:** "É **irrecorrível** a decisão monocrática do relator que, em agravo de instrumento em recurso de revista, considerar ausente a transcendência da matéria". Prevaleceu, por maioria, o extenso e bem fundamentado voto do Ministro Cláudio Brandão que, declarando a inconstitucionalidade do referido dispositivo, privilegiou o princípio da colegialidade[20]. Assim, com a declaração de inconstitucionalidade do § 5.º do art. 896-A da CLT, da decisão monocrática que denegar seguimento ao recurso de revista que não demonstrar transcendência, mesmo que em agravo de instrumento, caberá agravo interno, para o colegiado.

Mantido o voto do relator quanto ao não conhecimento da transcendência, será lavrado acórdão com fundamentação sucinta, que constituirá **decisão irrecorrível (art. 247, § 4.º, do Regimento Interno do TST)**.

O juízo de admissibilidade do recurso de revista exercido pela Presidência dos Tribunais Regionais do Trabalho limita-se à análise dos pressupostos intrínsecos e extrínsecos do apelo, **não abrangendo o critério da transcendência** das questões nele veiculadas **(art. 896-A, § 6.º, CLT)**.

O exame da transcendência deve seguir a regra estabelecida no **art. 246 do Regimento Interno do Tribunal Superior do Trabalho**, incidindo apenas sobre os

---

[20] **ArgInc – 1000845-52.2016.5.02.0461**, julgamento 6-11-2020 (consulta no site do TST em 3-12-2020).

acórdãos proferidos pelos Tribunais Regionais do Trabalho publicados a partir de 11 de novembro de 2017 (**art. 19, IN n. 40/2018, TST**).

9.7.3. Embargos no TST

Os **embargos no TST** são interpostos com a finalidade de unificação da interpretação jurisprudencial de suas Turmas, ou de decisões não unânimes de julgamento em dissídio coletivo de competência originária do Tribunal Superior do Trabalho (**art. 894, CLT e Lei n. 7.701/88**).

Assim, **cabem embargos**, no prazo de oito dias úteis:

☐ de decisão não unânime de julgamento que conciliar, julgar ou homologar conciliação em dissídios coletivos que excedam a competência territorial dos Tribunais Regionais do Trabalho e estender ou rever as sentenças normativas do Tribunal Superior do Trabalho, nos casos previstos em lei (**embargos infringentes**).
São interpostos, em última instância, para a Seção de Dissídios Coletivos (SDC);

☐ das decisões das Turmas que divergirem entre si ou divergirem das decisões proferidas pela SDI, ou forem contrárias a súmula ou orientação jurisprudencial do TST ou súmula vinculante do STF (**embargos de divergência**).

A **divergência** apta a ensejar os embargos **deve ser atual**, não se considerando como tal a ultrapassada por súmula do Tribunal Superior do Trabalho ou do Supremo Tribunal Federal, ou superada por iterativa e notória jurisprudência do Tribunal Superior do Trabalho (**art. 894, § 2.º, CLT**).

O Tribunal Superior do Trabalho definiu entendimento no sentido de que **não se admitem** embargos em relação a divergência da **mesma Turma**.

> **OJ SDI-1 95, TST:** "Em 19-5-1997, a SDI-Plena, por maioria, decidiu que acórdãos oriundos da mesma Turma, embora divergentes, não fundamentam divergência jurisprudencial de que trata a alínea *b*, do art. 894 da Consolidação das Leis do Trabalho para embargos à Seção Especializada em Dissídios Individuais, Subseção I".

A admissibilidade e o conhecimento dos embargos dependem da **comprovação da divergência** justificadora do recurso, conforme previsão da Súmula 337 do Tribunal Superior do Trabalho.

> **SÚM. 337, TST:** "I – Para comprovação da divergência justificadora do recurso, é necessário que o recorrente: a) Junte certidão ou cópia autenticada do acórdão paradigma ou cite a fonte oficial ou o repositório autorizado em que foi publicado; e b) Transcreva, nas razões recursais, as ementas e/ou trechos dos acórdãos trazidos à configuração do dissídio, demonstrando o conflito de teses que justifique o conhecimento do recurso, ainda que os acórdãos já se encontrem nos autos ou venham a ser juntados com o recurso. II – A concessão de registro de publicação como repositório autorizado de jurisprudência do TST torna válidas todas as suas edições anteriores. III – A mera indicação da data de

9 ▪ Recursos no Processo do Trabalho

publicação, em fonte oficial, de aresto paradigma é inválida para comprovação de divergência jurisprudencial, nos termos do item I, *a*, desta súmula, quando a parte pretende demonstrar o conflito de teses mediante a transcrição de trechos que integram a fundamentação do acórdão divergente, uma vez que só se publicam o dispositivo e a ementa dos acórdãos. IV – É válida para a comprovação da divergência jurisprudencial justificadora do recurso a indicação de aresto extraído de repositório oficial na internet, desde que o recorrente: a) transcreva o trecho divergente; b) aponte o sítio de onde foi extraído; e c) decline o número do processo, o órgão prolator do acórdão e a data da respectiva publicação no Diário Eletrônico da Justiça do Trabalho. V – A existência do código de autenticidade na cópia, em formato *pdf*, do inteiro teor do aresto paradigma, juntada aos autos, torna-a equivalente ao documento original e também supre a ausência de indicação da fonte oficial de publicação".

A divergência jurisprudencial pode ser apontada em relação a Orientação Jurisprudencial:

> **OJ SDI-1 219, TST:** "É válida, para efeito de conhecimento do recurso de revista ou de embargos, a invocação de Orientação Jurisprudencial do Tribunal Superior do Trabalho, desde que, das razões recursais, conste o seu número ou conteúdo".

Somente haverá divergência jurisprudencial para fins de conhecimento dos embargos se a decisão paradigma (levada à colação da divergência) abranger todos os fundamentos da decisão recorrida.

> **SÚM. 23, TST:** "Não se conhece de recurso de revista ou de embargos, se a decisão recorrida resolver determinado item do pedido por diversos fundamentos e a jurisprudência transcrita não abranger a todos".

O Ministro Relator **denegará seguimento** aos embargos (**art. 894, § 3.º, CLT**):

▪ se a decisão recorrida estiver em consonância com súmula da jurisprudência do Tribunal Superior do Trabalho ou do Supremo Tribunal Federal, ou com iterativa, notória e atual jurisprudência do Tribunal Superior do Trabalho, cumprindo-lhe indicá-la;

▪ nas hipóteses de intempestividade, deserção, irregularidade de representação ou de ausência de qualquer outro pressuposto extrínseco de admissibilidade.

Nas causas sujeitas ao **procedimento sumaríssimo**, em que pese a limitação imposta no art. 896, § 6.º, da CLT à interposição de recurso de revista, admitem-se os embargos quando demonstrada a divergência jurisprudencial entre Turmas do Tribunal Superior do Trabalho, fundada em interpretações diversas acerca da aplicação de mesmo dispositivo constitucional ou de matéria sumulada (**Súm. 458, TST**).

Contra acórdão proferido por turma do Tribunal Superior do Trabalho no julgamento de recurso de revista interposto na **fase de execução**, o cabimento de embargos condiciona-se à demonstração de divergência na forma prevista na Súmula 433 do TST:

SÚM. 433, TST: "A admissibilidade do recurso de embargos contra acórdão de Turma em Recurso de Revista em fase de execução, publicado na vigência da Lei n. 11.496, de 26-6-2007, condiciona-se à demonstração de divergência jurisprudencial entre Turmas ou destas e a Seção Especializada em Dissídios Individuais do Tribunal Superior do Trabalho em relação à interpretação de dispositivo constitucional".

Como regra, não cabem embargos para a SDI de decisão proferida em agravo, salvo nas hipóteses indicadas na **Súmula 353 do TST**:

SÚM. 353, TST: "Não cabem embargos para a Seção de Dissídios Individuais de decisão de Turma proferida em agravo, salvo: a) da decisão que não conhece de agravo de instrumento ou de agravo pela ausência de pressupostos extrínsecos; b) da decisão que nega provimento a agravo contra decisão monocrática do Relator, em que se proclamou a ausência de pressupostos extrínsecos de agravo de instrumento; c) para revisão dos pressupostos extrínsecos de admissibilidade do recurso de revista, cuja ausência haja sido declarada originariamente pela Turma no julgamento do agravo; d) para impugnar o conhecimento de agravo de instrumento; e) para impugnar a imposição de multas previstas nos arts. 1.021, § 4.º, do CPC de 2015 ou 1.026, § 2.º, do CPC de 2015 (art. 538, parágrafo único, do CPC de 1973, ou art. 557, § 2.º, do CPC de 1973); f) contra decisão de Turma proferida em agravo em recurso de revista, nos termos do art. 894, II, da CLT."

"AGRAVO. EMBARGOS. EMBARGOS DE DECLARAÇÃO. AGRAVO INTERNO. AGRAVO DE INSTRUMENTO. RECURSO DE REVISTA. DECISÃO AGRAVADA. PUBLICAÇÃO NA VIGÊNCIA DA LEI N. 13.467/2017. RECURSO DE EMBARGOS. CABIMENTO. ACÓRDÃO TURMÁRIO PROFERIDO EM AGRAVO EM AGRAVO DE INSTRUMENTO. ANÁLISE DOS PRESSUPOSTOS INTRÍNSECOS DE ADMISSIBILIDADE DO RECURSO DE REVISTA NÃO ADMITIDO. SITUAÇÃO NÃO EXCEPCIONADA PELA SÚMULA 353 DO TST. I. O sistema processual trabalhista, em sua essência, adota diretriz restritiva em relação à recorribilidade das decisões proferidas em agravo de instrumento e em agravo. Tal diretriz foi positivada na Lei n. 7.701/1998, que estabeleceu a competência das Turmas desta Corte Superior para, em última instância, apreciar os agravos de instrumento interpostos a decisões denegatórias de recurso de revista proferidas pelos Presidentes dos Tribunais Regionais. A Súmula 353, editada originariamente em 1997, mitigou essa norma de irrecorribilidade, de forma a autorizar o reexame, pela Seção de Dissídios Individuais, dos pressupostos extrínsecos dos Agravos ou da Revista respectiva. Nos anos de 2003, 2005, 2010 e 2013, esse rol de exceções ampliou-se da alínea 'a' até a alínea 'f'. Por fim, a alteração promovida em 2016 trouxe ao bojo da Súmula 353 as normas do CPC de 2015. II. No presente caso, a 1.ª Turma desta Corte Superior negou provimento ao agravo interno interposto pela parte reclamada, ao fundamento de que o Tribunal Regional registrou a causa de pedir do reclamante, bem como o pedido direcionado à reclamada, de forma a afastar a alegação de julgamento extra petita. Em face disso, afastou as apontadas ofensas aos arts. 141 e 492 do CPC/2015. Seguiu-se a interposição de recurso de embargos, não admitidos pelo Presidente da 1.ª Turma, ante a verificação de que o recurso se mostrou manifestamente incabível, à luz da diretriz consagrada na Súmula 353 do TST. III. Nesse contexto, a situação dos autos não

9 ◼ Recursos no Processo do Trabalho   365

se enquadra na exceção prevista na alínea 'f' da Súmula 353 do TST, que expressamente admite o cabimento dos embargos contra acórdão turmário proferido em agravo, quando manejado contra decisão monocrática do Relator proferida em recurso de revista. Isso porque, de um lado, não se trata de recurso de embargos contra decisão de Turma proferida em agravo em recurso de revista, mas sim em agravo de instrumento em recurso de revista; e, de outro lado, a pretensão da parte embargante remete à análise dos pressupostos intrínsecos de admissibilidade do recurso de revista, cujo seguimento foi denegado pelo Tribunal Regional, e, posteriormente, ratificado pela egrégia Turma do TST, quando do julgamento do agravo em agravo de instrumento. Irreprochável, nesse contexto, a decisão proferida pelo Presidente da 1.ª Turma. IV. Agravo de que se conhece e a que se nega provimento" (Ag-E-ED-Ag-AIRR-464-56.2015.5.23.0091, Subseção I Especializada em Dissídios Individuais, rel. Min. Evandro Pereira Valadão Lopes, *DEJT* 9-6-2023).

Em qualquer das hipóteses de cabimento, da **decisão denegatória** dos embargos **caberá agravo**, no prazo de oito dias úteis **(art. 894, § 4.º, CLT)**.

Os embargos no TST são incabíveis para reexame de fatos e provas **(Súm. 126, TST)**.

Também nos embargos no TST é necessário o **prequestionamento** da matéria, aplicando-se, no caso, a Súmula 297 do Tribunal Superior do Trabalho.

SÚM. 297, TST: "I. Diz-se prequestionada a matéria ou questão quando na decisão impugnada haja sido adotada, explicitamente, tese a respeito. II. Incumbe à parte interessada, desde que a matéria haja sido invocada no recurso principal, opor embargos declaratórios objetivando o pronunciamento sobre o tema, sob pena de preclusão. III. Considera-se prequestionada a questão jurídica invocada no recurso principal sobre a qual se omite o Tribunal de pronunciar tese, não obstante opostos embargos de declaração".

Os embargos no TST devem preencher os **pressupostos de admissibilidade** subjetivos e objetivos, exigidos para a interposição de qualquer recurso, inclusive o preparo, devendo o reclamado efetuar depósito recursal no valor do teto estabelecido pelo Tribunal Superior do Trabalho para o recurso de revista, caso não tenha sido atingido o limite total da condenação com os depósitos anteriores efetuados no processo, sendo **válida sua substituição** por fiança bancária ou seguro garantia judicial **(art. 899, § 11, CLT)**.

Admitidos os embargos, estes serão processados e julgados na forma do Regimento Interno do Tribunal, sendo aberta vista ao embargado para, em oito dias úteis, apresentar sua impugnação.

Não é cabível o recurso de embargos **contra decisão monocrática** exarada nos moldes do art. 932 do Código de Processo Civil de 2015 (art. 557 do CPC de 1973) e do art. 896, § 5.º, da Consolidação das Leis do Trabalho, pois o comando legal (art. 894, CLT) restringe seu cabimento à pretensão de reforma de decisão colegiada proferida por Turma do Tribunal Superior do Trabalho **(OJ SDI-1 378, TST)**.

"AGRAVO EM RECURSO DE EMBARGOS INTERPOSTO CONTRA DECISÃO MONOCRÁTICA. NÃO CABIMENTO DOS EMBARGOS. INAPLICABILIDADE DO

PRINCÍPIO DA FUNGIBILIDADE RECURSAL. ORIENTAÇÃO JURISPRUDENCIAL 378 DA SBDI-1 DO TST. Embargos não admitidos porquanto interpostos contra decisão monocrática da relatora no TST, por meio da qual foi dado provimento ao recurso de revista. Nos termos do atual art. 1.021, § 2.º, do CPC, de aplicação subsidiária ao processo do trabalho, o agravo é a via própria para impugnar decisão unipessoal que julga recurso. Havendo regra expressa no ordenamento jurídico identificando o meio processual próprio para impugnar a decisão, não se há cogitar de aplicação do princípio da fungibilidade recursal. Incidência da diretriz firmada na Orientação Jurisprudencial 378 desta Subseção. Mantém-se, pois, a decisão que não admitiu os embargos, porquanto incabíveis. Agravo conhecido e desprovido, com aplicação de multa" (Ag-Emb-ED-RR-12019-89.2016. 5.09.0652, Subseção I Especializada em Dissídios Individuais, rel. Min. Augusto Cesar Leite de Carvalho, *DEJT* 5-4-2024).

9.7.4. Agravo de instrumento

No processo do trabalho, as decisões interlocutórias são irrecorríveis de imediato (**art. 893, § 1.º, CLT**), o que leva à conclusão de que **agravo de instrumento** no âmbito trabalhista tem uma **finalidade menos ampla** do que o agravo de instrumento no processo civil: enquanto neste último o agravo de instrumento é utilizado para impugnar decisões interlocutórias (**art. 1.015, CPC**), no processo do trabalho ele se destina a **atacar despacho que não haja admitido recurso (art. 897, *b*, CLT)**, tendo um **escopo unicamente liberativo**.

Portanto, o agravo de instrumento, no âmbito da Justiça do Trabalho, é o recurso cabível contra decisão monocrática (despacho) que nega processamento a recursos, ou seja, por meio do agravo de instrumento a parte volta-se contra decisão monocrática do chamado juízo de admissibilidade *a quo*.

A **Lei n. 9.756/98** alterou a sistemática de processamento do agravo de instrumento. A **Instrução Normativa n. 16/99 do Tribunal Superior do Trabalho** uniformiza a interpretação da referida Lei.

Ciente da denegação de seguimento de seu recurso, o recorrente tem **prazo de oito dias úteis** para interpor agravo de instrumento para a autoridade que seria competente para conhecer do recurso que teve denegado seu processamento (**art. 897, § 4.º, CLT**).

Admite-se a reconsideração em agravo de instrumento da análise da tempestividade do recurso, mediante prova documental superveniente, desde que, em momento anterior, não tenha havido a concessão de prazo para a comprovação da ausência de expediente forense (**Súm. 385, III, TST**).

Admitido apenas parcialmente o recurso de revista, constitui ônus da parte impugnar, mediante agravo de instrumento, o capítulo denegatório da decisão, sob pena de preclusão (**art. 1.º, IN n. 40/2016, TST**).

Sob pena de não conhecimento, as partes promoverão a **formação do instrumento do agravo**, de modo a possibilitar, caso provido, o imediato julgamento do recurso denegado, devendo a petição do agravo ser instruída com cópias de peças necessárias para

9 ◼ Recursos no Processo do Trabalho 367

tal fim (**art. 897, § 5.º, CLT**)[21]. Além das peças obrigatórias indicadas no **inciso I** (decisão agravada, certidão da respectiva intimação, procurações outorgadas aos advogados do agravante e do agravado, petição inicial, contestação, decisão originária, comprovação do depósito recursal e do recolhimento das custas), o agravante poderá juntar outras peças que repute úteis para o deslinde da matéria de mérito controvertida (**inciso II**).

O documento em cópia oferecido para prova poderá ser declarado autêntico pelo próprio advogado, sob sua responsabilidade pessoal (**art. 830, CLT**). A **Instrução Normativa n. 16/99 do Tribunal Superior do Trabalho** também possibilita a formação do instrumento com cópias não autenticadas (**item IX**), sob responsabilidade do advogado subscritor do agravo de instrumento.

É válido o traslado de peças essenciais efetuado pelo agravado, pois a regular formação do agravo incumbe às partes e não somente ao agravante (**OJ SDI-1 283, TST**).

Para a formação do agravo de instrumento, não é necessária a juntada de comprovantes de recolhimento de custas e de depósito recursal relativamente ao recurso ordinário, desde que não seja objeto de controvérsia no recurso de revista a validade daqueles recolhimentos (**OJ SDI-1 217, TST**).

> **OJ SDI-1 286, TST:** "I – A juntada da ata de audiência, em que consignada a presença do advogado, desde que não estivesse atuando com mandato expresso, torna dispensável a procuração deste, porque demonstrada a existência de mandato tácito. II – Configurada a existência de mandato tácito fica suprida a irregularidade detectada no mandato expresso".

Considerando-se que se aplica subsidiariamente ao processo do trabalho o **art. 932 do Código de Processo Civil (Súm. 435, TST)**, deixando o agravante de juntar a cópia de qualquer uma das peças obrigatórias, ou no caso de algum outro vício que comprometa a admissibilidade do agravo de instrumento, deve o relator conceder o prazo de cinco dias ao agravante para que seja sanado o vício ou juntadas as cópias faltantes.

Também considerando a aplicação subsidiária do Código de Processo Civil ao processo do trabalho, destaque-se que, **sendo eletrônicos os autos do processo**, dispensa-se a juntada das peças indicadas no **art. 897, § 5.º, da Consolidação das Leis do Trabalho**, facultando-se ao agravante anexar outros documentos que entender úteis para a compreensão da controvérsia (**art. 1.017, § 5.º, CPC**).

Para a interposição de agravo de instrumento não há exigência de pagamento de custas, mas, quando interposto pelo reclamado e quando houver condenação em pecúnia, deve ser recolhido **depósito recursal** no valor equivalente a 50% do valor do depósito do recurso o qual se pretende destrancar (**art. 899, § 7.º, CLT**), sendo **válida sua substituição** por fiança bancária ou seguro garantia judicial (**art. 899, § 11, CLT**).

---

[21] As previsões referentes à formação do instrumento perderam sentido com o processo eletrônico.

SÚM. 128, TST: "[...] II – Garantido o juízo, na fase executória, a exigência de depósito para recorrer de qualquer decisão viola os incisos II e LV do art. 5.º da CF/1988. Havendo, porém, elevação do valor do débito, exige-se a complementação da garantia do juízo".

Quando o agravo de instrumento tem a finalidade de destrancar recurso de revista que se insurge contra decisão que contraria a jurisprudência uniforme do Tribunal Superior do Trabalho, consubstanciada em suas súmulas ou em orientação jurisprudencial, **não haverá obrigatoriedade** de se efetuar o depósito recursal **(art. 899, § 8.º, CLT)**.

O agravo de instrumento é interposto perante o juiz prolator da decisão denegatória, que poderá exercer o **juízo de retratação**, caso em que determinará o processamento do recurso trancado, enviando-o ao Tribunal competente.

Mantida a decisão que negou seguimento ao recurso, o agravado será intimado para, no prazo de oito dias úteis, apresentar respostas ao agravo e ao recurso principal, juntando as peças que entender necessárias para o julgamento de ambos **(art. 897, § 6.º, CLT)**. Em seguida, os autos serão remetidos ao Tribunal competente para julgamento do agravo. Provido o agravo, a Turma deliberará sobre o julgamento do recurso principal, observando-se, se for o caso, daí em diante, o procedimento relativo a este recurso **(art. 897, § 7.º, CLT)**.

SÚM. 218, TST: "É incabível recurso de revista interposto de acórdão regional prolatado em agravo de instrumento".

No julgamento de agravo de instrumento, ao afastar o óbice apontado pelo Tribunal Regional do Trabalho para o processamento do recurso de revista, pode o juízo *ad quem* prosseguir no exame dos demais pressupostos extrínsecos e intrínsecos do recurso de revista, mesmo que não apreciados pelo TRT **(OJ SDI-1 282, TST)**.

Especificamente em relação ao agravo de instrumento de despacho denegatório de recurso de revista, das decisões proferidas no âmbito do Tribunal Superior do Trabalho são cabíveis os seguintes recursos:

■ da decisão de Turma que não conhece do agravo de instrumento pela ausência de pressupostos extrínsecos → cabem embargos para a SDI **(Súm. 353, *a*, TST)**;

■ da decisão monocrática do Relator que não conhece do agravo de instrumento por ausência de pressupostos extrínsecos → cabe agravo interno **(Súm. 353, *b*, TST)**;

■ da decisão que conhece do agravo de instrumento → cabem embargos para a SDI **(Súm. 353, *d*, TST)**.

O agravo de instrumento, inclusive o interposto contra despacho que não receber agravo de petição, tem efeito meramente devolutivo, não suspendendo, portanto, a execução da sentença **(art. 897, § 2.º, CLT)**.

9 ■ Recursos no Processo do Trabalho

9.7.5. Agravo de petição

O **agravo de petição** é o recurso **cabível** das decisões do Juiz proferidas **nas execuções (art. 897, *a*, CLT)**, como, por exemplo, para manifestar inconformidade contra sentença dos embargos à execução e/ou da impugnação à sentença de liquidação, após estar segurado o juízo com o depósito do valor da condenação ou terem sido penhorados bens.

O agravo de petição será interposto no prazo de **oito dias úteis**, perante o Juiz prolator da decisão agravada, e **somente será recebido** quando o agravante **delimitar, justificadamente, as matérias e os valores impugnados**, permitida a execução imediata da parte remanescente até o final, nos próprios autos ou por carta de sentença **(art. 897, § 1.º, CLT)**. Tal recurso possui, pois, **efeito meramente devolutivo** em relação à matéria e aos valores não impugnados pelo agravante.

O agravo de petição **não exige preparo**. Não há que se falar em recolhimento das custas quando da interposição de agravo de petição, pois na fase de execução esse pagamento deve acontecer somente no final do processo **(art. 789-A, IV, CLT)**. No que tange ao depósito recursal, este também não é exigível, tendo em vista que antes da sua interposição já houve completa garantia do juízo.

> **SÚM. 128, II, TST:** "[...] II – Garantido o juízo, na fase executória, a exigência de depósito para recorrer de qualquer decisão viola os incisos II e LV do art. 5.º da CF/1988. Havendo, porém, elevação do valor do débito, exige-se a complementação da garantia do juízo".

Admitido o agravo de petição, o agravado será intimado a apresentar contraminuta no prazo de oito dias úteis, após o que os autos serão remetidos ao órgão competente para julgamento do recurso.

O agravo será julgado pelo próprio Tribunal, presidido pela autoridade recorrida, salvo se se tratar de decisão de juiz de 1.ª instância, quando o julgamento competirá a uma das Turmas do Tribunal Regional do Trabalho a que estiver subordinado o prolator da sentença, a quem serão remetidas as peças necessárias para o exame da matéria controvertida, em autos apartados, ou nos próprios autos, se tiver sido determinada a extração de carta de sentença **(art. 897, § 3.º, CLT)**.

Quando o agravo de petição versar apenas sobre as contribuições previdenciárias, o juiz da execução determinará a extração de cópias das peças necessárias, que serão autuadas em apartado e remetidas à instância superior para apreciação, após contraminuta **(art. 897, § 8.º, CLT)**.

9.7.6. Agravo regimental

O **agravo regimental**[22] não é um recurso previsto no **art. 893 da Consolidação das Leis do Trabalho**, mas nos Regimentos Internos dos Tribunais do Trabalho, embora a **Consolidação das Leis do Trabalho** a ele se refira no **art. 709, § 1.º**: "Das decisões

---

[22] Também chamado de *agravo interno*.

proferidas pelo corregedor, nos casos do artigo, caberá o agravo regimental, para o Tribunal Pleno".

Também é previsto no **art. 9.º, parágrafo único, da Lei n. 5.584/70** como o remédio cabível no Tribunal Superior do Trabalho contra o "despacho" do relator que negar seguimento a recurso, baseando-se em Súmula do TST.

O **art. 3.º, II, *a*, da Lei n. 7.701/88** prevê o agravo regimental contra decisão que indeferir recurso em ações coletivas e o **art. 3.º, III, *c*,** da mesma Lei prevê o cabimento de tal recurso contra os despachos denegatórios em matéria de embargos de divergência em dissídios individuais.

Na realidade, o agravo regimental assemelha-se ao agravo de instrumento, pois também é recurso **cabível contra decisões que denegam seguimento a recursos**.

Admite-se a reconsideração da análise da tempestividade do recurso, mediante prova documental superveniente, em agravo regimental, desde que, em momento anterior, não tenha havido a concessão de prazo para a comprovação da ausência de expediente forense **(Súm. 385, III, TST)**.

> **OJ SDI-1 412, TST:** "É incabível agravo interno (art. 1.021 do CPC de 2015, art. 557, § 1.º, do CPC de 1973) ou agravo regimental (art. 235 do RITST) contra decisão proferida por Órgão colegiado. Tais recursos destinam-se, exclusivamente, a impugnar decisão monocrática nas hipóteses previstas. Inaplicável, no caso, o princípio da fungibilidade ante a configuração de erro grosseiro".

> **OJ SDI-2 100, TST:** "Não cabe recurso ordinário para o TST de decisão proferida pelo Tribunal Regional do Trabalho em agravo regimental interposto contra despacho que concede ou não liminar em ação cautelar ou em mandado de segurança, uma vez que o processo ainda pende de decisão definitiva do Tribunal *a quo*".

> **OJ SDI-2 69, TST:** "Recurso ordinário interposto contra despacho monocrático indeferitório da petição inicial de ação rescisória ou de mandado de segurança pode, pelo princípio de fungibilidade recursal, ser recebido como agravo regimental. Hipótese de não conhecimento do recurso pelo TST e devolução dos autos ao TRT, para que aprecie o apelo como agravo regimental".

O **procedimento do agravo regimental** não é uniforme, tendo em vista que cada Tribunal estabelece as regras de tramitação, inclusive o prazo para interposição, no âmbito de seus Regimentos Internos.

No Tribunal Superior do Trabalho, o prazo para interposição do agravo regimental é de oito dias úteis, contados da intimação da decisão agravada.

O julgamento dos agravos regimentais no Tribunal Superior do Trabalho, em última instância, é da competência das Turmas **(art. 5.º, *c*, Lei n. 7.701/88)**.

Trata-se de recurso que **independe de preparo** e não há previsão de intimação da parte contrária para apresentação de contraminuta.

Inexistindo lei que exija a tramitação do agravo regimental em autos apartados, tampouco previsão no Regimento Interno do Regional, não pode o agravante ver-se apenado por não haver colacionado cópia de peças dos autos principais, quando o agravo regimental deveria fazer parte dele **(OJ SDI-1 132, TST)**.

Cabe agravo interno da decisão que negar seguimento ao recurso de revista interposto contra acórdão que esteja em conformidade com entendimento do TST, exarado nos regimes de julgamento de recursos repetitivos, de resolução de demandas repetitivas e de assunção de competência (**art. 1.º-A, Instrução Normativa n. 40, TST**).

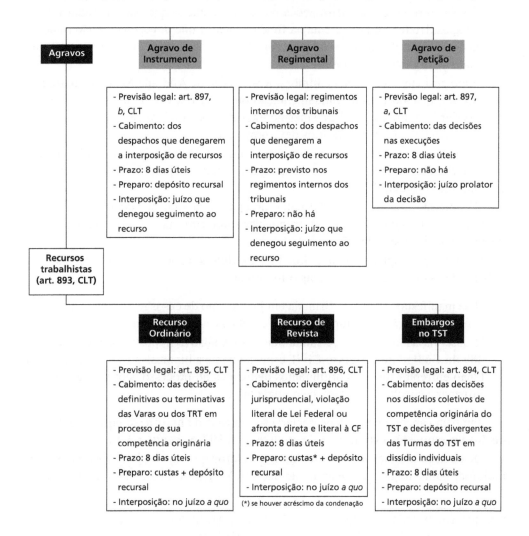

9.7.7. Embargos de declaração

Os **embargos de declaração** destinam-se a reparar erros no julgado por obscuridade, contradição ou omissão, mas não objetivam o reexame da decisão (**art. 897-A, *caput*, CLT**).

A decisão é **obscura** quando não for clara o suficiente e contenha pontos ininteligíveis, ou seja, é de difícil entendimento. "É obscura a decisão quando dela não se puder extrair o conteúdo ou o comando que dela emerge. A linguagem hermética, cifrada ou rebuscada utilizada na decisão, que enseja ou pode ensejar interpretação dúbia deve ser corrigida pelos EDcl fundados na obscuridade. A obscuridade da decisão deve ser aferida *objetivamente*. O entendimento equivocado ou a impressão *subjetiva* da parte sobre o conteúdo são insuficientes para a admissibilidade dos EDcl."[23]

Contraditória é a decisão que, na fundamentação, faz afirmações que não são conciliáveis entre si, ou faz afirmações na fundamentação que não guardam relação com o dispositivo (ex.: o juiz afirma na fundamentação que o reclamante não se desincumbiu de seu ônus de provar o trabalho em horas extras, mas no dispositivo condena o reclamado no pagamento de horas extras).

Como ensinam Nelson Nery Junior e Rosa Maria de Andrade Nery, "é contraditória a decisão quando constar fundamentação ou solução x e y na mesma decisão, de modo a criar insegurança jurídica e mesmo interpretação duvidosa a respeito do quê, de qual comando entre os contraditórios deve prevalecer"[24].

Os autores acima citados apontam que a contradição a ensejar a oposição dos embargos declaratórios deve ser *interna*, "ou seja, constante da própria decisão embargada em si mesma considerada"[25].

Há **omissão** quando a decisão deixa de apreciar algum pedido formulado pelas partes ou quando o juiz deixa de se pronunciar sobre certo ponto sobre o qual deveria pronunciar-se, inclusive de ofício.

Por aplicação supletiva do **art. 1.022 do Código de Processo Civil**[26], considera-se omissa a decisão que deixe de (**parágrafo único**):

▪ se manifestar sobre tese firmada em julgamento de casos repetitivos ou em incidente de assunção de competência aplicável ao caso sob julgamento;

▪ observar as exigências de fundamentação exaustiva impostas pelo **§ 1.º do art. 489 do Código de Processo Civil**, especialmente a hipótese prevista no **inciso IV** ("não enfrentar todos os argumentos deduzidos no processo capazes de, em tese, infirmar a conclusão adotada pelo julgador").

Também cabem embargos de declaração em caso de **manifesto equívoco no exame dos pressupostos extrínsecos** do recurso (**art. 897-A**, *caput*, **CLT**).

De **decisão monocrática proferida por relator** que seja omissa, obscura ou contraditória, também cabem embargos de declaração. Estes, no entanto, não podem ser

---

[23] NERY JUNIOR, Nelson; NERY, Rosa Maria de Andrade. *Código de Processo Civil comentado.* 22. ed., São Paulo: Revista dos Tribunais, 2024, p. 1923-1924.

[24] NERY JUNIOR, Nelson; NERY, Rosa Maria de Andrade. *Código de Processo Civil comentado. cit.*, 22. ed., p. 1924.

[25] NERY JUNIOR, Nelson; NERY, Rosa Maria de Andrade. *Código de Processo Civil comentado. cit.*, 22. ed., p. 1924. Os autores afirmam que, havendo contradição entre o decidido e a prova dos autos, ou o decidido e texto da lei ou de dispositivo normativo, poderá ter havido *error in iudicando*, sendo incabíveis os embargos de declaração por contradição. Essas hipóteses, porém, podem ensejar o cabimento dos embargos de declaração por outra causa de admissibilidade, que não a contradição.

[26] Dispositivo do Código de Processo Civil aplicado supletivamente ao processo do trabalho – art. 9.º da IN n. 39/2016 do TST.

9 ▣ Recursos no Processo do Trabalho   373

opostos com finalidade de modificação do julgado. Nesse sentido o entendimento do Tribunal Superior do Trabalho:

> **SÚM. 421, TST:** "I – Cabem embargos de declaração da decisão monocrática do relator prevista no art. 932 do CPC de 2015 (art. 557 do CPC de 1973), se a parte pretende tão somente juízo integrativo retificador da decisão e, não, modificação do julgado. II – Se a parte postular a revisão no mérito da decisão monocrática, cumpre ao relator converter os embargos de declaração em agravo, em face dos princípios da fungibilidade e celeridade processual, submetendo-o ao pronunciamento do Colegiado, após a intimação do recorrente para, no prazo de 5 (cinco) dias, complementar as razões recursais, de modo a ajustá-las às exigências do art. 1.021, § 1.º, do CPC de 2015".

A interposição de recursos de natureza extraordinária (recurso de revista, embargos no TST e recurso extraordinário) depende de **prequestionamento** da matéria ou questão, o que deve ser feito **mediante oposição de embargos declaratórios** objetivando o pronunciamento sobre o tema, sob pena de preclusão.

> **SÚM. 297, TST:** "I – Diz-se prequestionada a matéria ou questão quando na decisão impugnada haja sido adotada, explicitamente, tese a respeito. II – Incumbe à parte interessada, desde que a matéria haja sido invocada no recurso principal, opor embargos declaratórios objetivando o pronunciamento sobre o tema, sob pena de preclusão. III – Considera-se prequestionada a questão jurídica invocada no recurso principal sobre a qual se omite o Tribunal de pronunciar tese, não obstante opostos embargos de declaração".

Os **erros materiais** poderão ser corrigidos de ofício ou a requerimento de qualquer das partes **(art. 897-A, § 1.º, CLT)**.

Admite-se **efeito modificativo** da decisão nos casos de omissão e contradição no julgado e de manifesto equívoco no exame dos pressupostos extrínsecos do recurso, o que, no entanto, somente poderá ocorrer em virtude da correção de vício na decisão embargada e desde que **ouvida a parte contrária** no prazo de cinco dias **(art. 897-A, *caput* e § 2.º, CLT)**.

> **SÚM. 278, TST:** "A natureza da omissão suprida pelo julgamento de embargos declaratórios pode ocasionar efeito modificativo no julgado".

É **passível de nulidade** decisão que acolhe embargos de declaração com efeito modificativo sem que seja concedida oportunidade de manifestação prévia à parte contrária **(OJ SDI-1 142, TST)**.

O prazo para interposição dos embargos de declaração é de **cinco dias úteis**, contados da publicação da sentença ou do acórdão, ou da decisão embargada. O julgamento dos embargos deverá ocorrer na primeira audiência ou sessão subsequente à sua apresentação **(art. 897-A, *caput*, CLT)**.

As pessoas jurídicas de direito público têm **prazo em dobro** para interposição de embargos de declaração **(OJ SDI-1 192, TST)**. Não se aplica a previsão do Código de

Processo Civil de prazo em dobro para litisconsortes que tiverem procuradores diferentes, por absoluta incompatibilidade com o processo do trabalho (**art. 9.º, IN n. 39/2016, TST**).

Os embargos de declaração **interrompem**, para qualquer das partes, **o prazo** para a interposição de outros recursos, **salvo** quando intempestivos, irregular a representação da parte ou ausente sua assinatura (**art. 897-A, § 3.º, CLT**). Isso significa que o **prazo recomeça a correr por inteiro** a partir da intimação da sentença ou do acórdão que decidiu os embargos.

Não havendo, no acórdão embargado, nenhum dos vícios previstos nos **arts. 897-A da Consolidação das Leis do Trabalho** e **1.022 do Código de Processo Civil**, devem ser **rejeitados os embargos de declaração**, reconhecendo-se a **interrupção do prazo recursal**.

Hipótese distinta é a de **não conhecimento dos embargos**, que decorre da intempestividade, da irregularidade da representação da parte ou da ausência de sua assinatura. Nesse caso, **não** se reconhecerá a **interrupção do prazo recursal**.

"AGRAVO EM RECURSO DE EMBARGOS EM EMBARGOS DE DECLARAÇÃO EM EMBARGOS DE DECLARAÇÃO EM RECURSO DE REVISTA – PRIMEIROS EMBARGOS DE DECLARAÇÃO CONSIDERADOS INTEMPESTIVOS. NÃO INTERRUPÇÃO DO PRAZO RECURSAL PARA DISCUSSÃO DA MATÉRIA DE FUNDO. INTEMPESTIVIDADE DO RECURSO DE EMBARGOS. Da decisão proferida em sede de recurso de revista, ambas as partes opuseram embargos de declaração na seguinte ordem cronológica: o sindicato-reclamante primeiro, a reclamada, depois, tendo o sindicato-reclamante, em seguida, manifestado sua desistência dos seus. Os embargos de declaração da ora agravante (reclamada) não foram conhecidos, dada a sua intempestividade; os da parte autora, não obstante sua desistência, foram, por equívoco, examinados e desprovidos. Neste ponto, poder-se-ia discutir que o julgamento dos embargos de declaração do sindicato-reclamante teria resultado em preclusão *pro judicato* (art. 836 da CLT), beneficiando-se a reclamada da interrupção do prazo recursal para interposição do recurso de embargos. Porém, na sequência, a própria reclamada opôs novos embargos de declaração apontando erro material relativo ao exame dos embargos declaratórios opostos pelo Sindicato-reclamante, que deles havia desistido. A decisão correspondente acolheu os embargos, tornando sem efeito o julgado quanto aos embargos de declaração da parte autora. Logo, por iniciativa da reclamada, deixou de existir a condição que lhe beneficiava, operando-se, agora, a preclusão consumativa quanto à não interrupção do prazo recursal decorrente do não conhecimento de seus primeiros embargos de declaração. Nem se argumente que o provimento dos segundos embargos de declaração da reclamada tenha o condão de interromper o prazo recursal que já se havia esgotado justamente em função deste provimento, sob pena de se consolidar um paradoxo: o recurso seria tempestivo porque contado a partir de uma decisão cujo provimento resultara na sua intempestividade. Uma vez que a parte autora desistiu dos seus embargos de declaração anteriormente opostos e aqueles opostos pela reclamada foram tidos por intempestivos, sendo, pois, inexistentes, tem-se que o cabimento do recurso de embargos se limitava à discussão da intempestividade dos embargos de declaração, o que não ocorreu, de modo que, quanto à matéria de fundo, o prazo para a interposição do recurso de embargos não foi

9 ▣ Recursos no Processo do Trabalho

interrompido, do que resulta, nesse contexto, intempestiva a sua interposição. Julgados. Agravo conhecido e desprovido" (Ag-E-ED-ED-RR-663-63.2015.5.12.0001, Subseção I Especializada em Dissídios Individuais, rel. Min. Breno Medeiros, *DEJT* 27-11-2020).

A interposição de **embargos meramente protelatórios** implica a condenação do embargante ao pagamento, ao embargado, de **multa** não excedente de 2% sobre o valor atualizado da causa **(art. 1.026, § 2.º, CPC)**.

Na **reiteração de embargos protelatórios**, a multa será elevada a até 10% sobre o valor atualizado da causa, ficando condicionada a interposição de qualquer outro recurso ao depósito prévio do valor respectivo, à exceção da Fazenda Pública e do beneficiário da justiça gratuita, que a recolherão ao final **(art. 1.026, § 3.º, CPC)**. Não serão admitidos novos embargos de declaração se os dois anteriores tiverem sido considerados protelatórios **(art. 1.026, § 4.º, CPC)**[27].

9.8. RECURSO EXTRAORDINÁRIO

O **recurso extraordinário**, que tem por finalidade manter a autoridade e a unidade da Constituição Federal, insere-se na **competência do Supremo Tribunal Federal**.

Seu **cabimento** é definido pelo **art. 102, III, da Constituição Federal**, para as causas decididas em única ou última instância, quando a decisão recorrida:

- ▣ contrariar dispositivo da Constituição;
- ▣ declarar a inconstitucionalidade de tratado ou lei federal;
- ▣ julgar válida lei ou ato de governo local contestado em face da Constituição;
- ▣ julgar válida lei local contestada em face de lei federal.

Assim, é inegável o **cabimento** de recurso extraordinário para o Supremo Tribunal Federal **contra decisões da Justiça do Trabalho** que se encaixem em uma das hipóteses indicadas. O Tribunal Superior do Trabalho é a última instância trabalhista. Entretanto, da decisão proferida por ele cabe recurso extraordinário ao Supremo Tribunal Federal, se houver no julgamento **contrariedade a preceito constitucional**. O objetivo é, portanto, garantir a observância da Constituição e fixar sua interpretação final.

O recurso extraordinário para o Supremo Tribunal Federal, contra decisões da Justiça do Trabalho, é um meio de **controle indireto (difuso) da constitucionalidade** e tem fundamento na Constituição Federal.

Deve ser interposto no prazo de **15 dias úteis** e tem **efeito meramente devolutivo**. O prazo para contrarrazões também é de 15 dias úteis.

A interposição de recurso extraordinário não está sujeita à **efetivação de depósito recursal**. O STF adotou posicionamento sobre a questão na **Tese de Repercussão Geral 679**, que assim prevê: "Surge incompatível com a Constituição Federal exigência de depósito prévio como condição de admissibilidade do recurso extraordinário, no que não recepcionada a previsão constante do § 1.º do art. 899 da Consolidação das Leis do

---

[27] Dispositivos do Código de Processo Civil aplicados supletivamente ao processo do trabalho – art. 9.º da IN n. 39/2016 do TST.

Trabalho, sendo inconstitucional a contida na cabeça do art. 40 da Lei n. 8.177 e, por arrastamento, no inciso II da Instrução Normativa n. 3/1993 do Tribunal Superior do Trabalho".

O recurso extraordinário também deve preencher determinados **pressupostos recursais** e submete-se a um **duplo exame de admissibilidade**, o primeiro pelo juízo *a quo* e o segundo no Supremo Tribunal Federal (juízo *ad quem*).

Além dos pressupostos subjetivos e objetivos genéricos exigidos para a interposição de todo e qualquer recurso, o recurso extraordinário exige ainda alguns **pressupostos específicos**:

- ▣ existência de uma causa, ou seja, de qualquer questão submetida a decisão judicial;
- ▣ que a decisão tenha sido proferida em única ou última instância;

> **SÚM. 281, TST** "É inadmissível o recurso extraordinário, quando couber na Justiça de origem, recurso ordinário da decisão impugnada".

- ▣ que haja questão constitucional a ser resolvida;
- ▣ que a matéria tenha sido prequestionada.

> **SÚM. 356, STF** "O ponto omisso da decisão, sobre o qual não foram opostos embargos declaratórios, não pode ser objeto de recurso extraordinário, por faltar o requisito do prequestionamento".

Recebida a petição do recurso extraordinário pela secretaria do tribunal, o recorrido será intimado para apresentar contrarrazões no **prazo de 15 dias úteis**, findo o qual os autos serão conclusos ao Vice-Presidente do TST (**art. 1.030, CPC**).

Examinando a matéria ventilada no recurso extraordinário, o Vice-Presidente negará seguimento ao recurso:

- ▣ que discuta questão constitucional à qual o STF não tenha reconhecido a existência de repercussão geral ou interposto contra acórdão que esteja em conformidade com entendimento do STF exarado no regime de repercussão geral (**art. 1.030, I, *a*, CPC**);
- ▣ interposto contra acórdão que esteja em conformidade com entendimento do STF, exarado em regime de julgamento de recursos repetitivos (**art. 1.030, I, *b*, CPC**).

Da decisão proferida com base nesses fundamentos caberá **agravo interno** para o Órgão Especial do TST, através do qual deverão ser impugnados especificadamente todos os motivos da inadmissão do recurso extraordinário (**art. 932, III, CPC e Súm. 422, TST), no prazo de 8 dias úteis (art. 265, Regimento Interno do TST**).

O Vice-Presidente do TST, caso a matéria do recurso extraordinário não tenha sido submetida ao regime de repercussão geral, negará seguimento ao recurso em **juízo de**

9 ▣ Recursos no Processo do Trabalho

clássico ou tradicional de admissibilidade, quando a decisão recorrida não se enquadrar nas hipóteses do **art. 102, III, da CF**.

Do despacho que denegar seguimento ao recurso extraordinário sob esse fundamento cabe **agravo de instrumento em recurso extraordinário (ARE)**, no **prazo de 15 dias úteis (art. 1.030, § 5.º, CPC)**, uma espécie do gênero agravo de instrumento. Esse recurso é dirigido ao STF, devendo ser impugnados todos os motivos da inadmissão do recurso extraordinário **(arts. 1.30, § 2.º, e 1.021, CPC e Súm. 283, STF)**.

Sendo **cabível o agravo em recurso extraordinário** (ARE), **não se admite a interposição de agravo interno**. Caso a interposição seja equivocada, não se conhece do agravo interno, por **manifestamente incabível, não incidindo o princípio da fungibilidade**, razão pela qual **a lide transita em julgado imediatamente**[28].

A interposição de recurso para o Supremo Tribunal Federal não prejudicará a execução do julgado **(art. 893, § 2.º, CLT)**.

O **procedimento** do recurso extraordinário segue as regras previstas pela lei processual comum **(arts. 1.029 a 1.035, CPC)**.

No recurso extraordinário o recorrente deverá demonstrar a **repercussão geral** das questões constitucionais discutidas no caso, nos termos da lei, a fim de que o Tribunal examine a admissibilidade do recurso, somente podendo recusá-lo pela manifestação de dois terços de seus membros **(art. 102, § 3.º, CF)**.

Para efeito da repercussão geral, será considerada a existência ou não de **questões relevantes** do ponto de vista econômico, político, social ou jurídico, que **ultrapassem os interesses subjetivos da causa**. Haverá, ainda, repercussão geral sempre que o recurso impugnar decisão contrária a súmula ou jurisprudência dominante do Supremo Tribunal Federal. A existência de repercussão geral deverá ser **demonstrada pelo recorrente** em preliminar do recurso extraordinário **(art. 1.035, CPC)**.

> AGRAVO INTERNO. RECURSO EXTRAORDINÁRIO. FUNDAMENTAÇÃO A RESPEITO DA REPERCUSSÃO GERAL. INSUFICIÊNCIA. 1. Os recursos extraordinários somente serão conhecidos e julgados, quando essenciais e relevantes as questões constitucionais a serem analisadas, sendo imprescindível ao recorrente, em sua petição de interposição de recurso, a apresentação formal e motivada da repercussão geral, que demonstre, perante o Supremo Tribunal Federal, a existência de acentuado interesse geral na solução das questões constitucionais discutidas no processo, que transcenda a defesa puramente de interesses subjetivos e particulares. 2. A obrigação do recorrente em apresentar formal e motivadamente a preliminar de repercussão geral, que demonstre sob o ponto de vista econômico, político, social ou jurídico, a relevância da questão constitucional debatida que ultrapasse os interesses subjetivos da causa, conforme exigência constitucional e legal (art. 102, § 3.º, da CF/88, c/c art. 1.035, § 2.º, do CPC/2015), não se confunde com meras invocações desacompanhadas de sólidos fundamentos no sentido de que o tema controvertido é portador de ampla repercussão e de suma importância para o cenário econômico, político, social ou jurídico, ou que não interessa única e simplesmente às

---

[28] "[...] descabe, pois, a remessa dos autos a este Supremo Tribunal Federal ou mesmo a sua conversão no agravo de que trata o art. 1.042 do CPC/2015, considerado o evidente erro grosseiro" (STF, ARE 1.381.989, rel. Min. Luiz Fux, *DJe* 13-5-2022).

partes envolvidas na lide, muito menos ainda divagações de que a jurisprudência do Supremo Tribunal Federal é incontroversa no tocante à causa debatida, entre outras de igual patamar argumentativo. 3. Agravo interno a que se nega provimento" (STF, RE 641421 AgR-segundo, 1.ª T., rel. Min. Alexandre de Moraes, *DJe* 13-6-2018).

É inadmissível o recurso extraordinário quando a deficiência na sua fundamentação não permitir a exata compreensão da controvérsia **(Súm. 284, STF)**.

Não se conhece do recurso extraordinário fundado em divergência jurisprudencial quando a orientação do plenário do Supremo Tribunal Federal já se firmou no mesmo sentido da decisão recorrida **(Súm. 286, STF)**.

Nega-se provimento a agravo para subida de recurso extraordinário quando faltar no traslado o despacho agravado, a decisão recorrida, a petição de recurso extraordinário ou qualquer peça essencial à compreensão da controvérsia **(Súm. 288, STF)**.

Não cabe recurso extraordinário:

- por contrariedade ao princípio constitucional da legalidade, quando a sua verificação pressuponha rever a interpretação dada a normas infraconstitucionais pela decisão recorrida **(Súm. 636, STF)**;
- contra decisão proferida no processamento de precatórios **(Súm. 733, STF)**;
- contra acórdão que defere medida liminar **(Súm. 735, STF)**.

O recurso extraordinário também **não se presta ao reexame de fatos e provas**.

"Direito administrativo. Agravo interno em recurso extraordinário com agravo. Contrato de trabalho. Nulidade. Relação jurídica. Verbas trabalhistas. Fatos e provas. Súmula 279/STF. I. Caso em exame 1. Agravo interno contra decisão que negou seguimento a recurso extraordinário com agravo, o qual tem por objeto acórdão que manteve sentença de improcedência. II. Questão em discussão 2. Preenchimento dos pressupostos de admissibilidade do recurso extraordinário com agravo. III. Razão de decidir. 3. A petição de agravo não trouxe novos argumentos aptos a desconstituir a decisão agravada, a qual deve ser mantida pelos seus próprios fundamentos. 4. Para ultrapassar o entendimento do Tribunal de origem, seria necessário reexaminar os fatos e as provas dos autos, o que não é cabível em sede de recurso extraordinário, nos termos da Súmula 279/STF. Precedente. IV. Dispositivo 5. Nos termos do art. 85, § 11, do CPC/2015, fica majorado em 10% o valor da verba honorária fixada anteriormente, observados os limites legais do art. 85, §§ 2.º e 3.º, do CPC/2015 e a eventual concessão de justiça gratuita. 6. Agravo interno a que se nega provimento, com a aplicação da multa de 1% (um por cento) sobre o valor atualizado da causa, nos termos do art. 1.021, § 4.º, do CPC/2015." (ARE 1489482 AgR, rel. Min. Luís Roberto Barroso (Presidente), Tribunal Pleno, *DJe* 1-7-2024)

"AGRAVO INTERNO NO RECURSO EXTRAORDINÁRIO COM AGRAVO. DIREITO DO TRABALHO. EMPREGADO. EQUIPARAÇÃO SALARIAL. PLANO DE CARGOS E SALÁRIOS REFERENDADO POR NORMA COLETIVA. PROMOÇÃO. AUSÊNCIA DE ALTERNÂNCIA DOS CRITÉRIOS DE ANTIGUIDADE E MERECIMENTO. LEGISLAÇÃO INFRACONSTITUCIONAL. OFENSA REFLEXA. CLÁUSULAS DE ACORDO COLETIVO TRABALHISTA. FATOS E PROVAS. REEXAME. IMPOSSIBILIDADE. PRECEDENTES. AGRAVO INTERNO DESPROVIDO. 1. O recurso extraordinário é instrumento de impugnação de decisão judicial inadequado para a análise de matéria infraconstitucional, bem como para a valoração e exame minucioso de cláusulas de acordo coletivo trabalhista e do acervo fático-probatório engendrado nos autos (Súmulas 279 e 454 do STF). 2. Agravo interno desprovido, com imposição de multa de 5% (cinco por cento) do valor atualizado da causa (art. 1.021, § 4.º, do CPC), caso seja unânime a votação. 3. Honorários advocatícios majorados ao máximo legal em desfavor da parte recorrente, caso as instâncias de origem os tenham fixado, nos termos do art. 85, § 11, do Código de Processo Civil, observados os limites dos §§ 2.º e 3.º e a eventual concessão de justiça gratuita." (ARE 1365137 AgR, rel. Min. Luiz Fux (Presidente), Tribunal Pleno, *DJe* 11-4-2022)

O Supremo Tribunal Federal adota entendimento no sentido de que é essencial o **prequestionamento da matéria constitucional** a ser debatida em sede de recurso extraordinário, o que deve ter sido feito até o recurso de revista, sendo impróprio fazê-lo pela primeira vez nos embargos ao Tribunal Superior do Trabalho.

"AGRAVO REGIMENTAL NO RECURSO EXTRAORDINÁRIO COM AGRAVO. AUSÊNCIA DE PREQUESTIONAMENTO. INCIDÊNCIA DAS SÚMULAS 282 E 356 DO SUPREMO TRIBUNAL FEDERAL. AGRAVO IMPROVIDO. I – Ausência de prequestionamento da questão constitucional suscitada. Incidência da Súmula 282/STF. Ademais, se os embargos declaratórios não foram opostos com a finalidade de suprir essa omissão, é inviável o recurso, nos termos da Súmula 356/STF. II – Agravo ao qual se nega provimento." (ARE 1480413 AgR, rel. Min. Cristiano Zanin, Primeira Turma, *DJe* 6-5-2024).

9.8.1. Súmula vinculante

Regulamentando o **art. 103-A da Constituição Federal**, a **Lei n. 11.417, de 19 de dezembro de 2006**, disciplina a edição, a revisão e o cancelamento de enunciado de súmula vinculante pelo Supremo Tribunal Federal.

As súmulas vinculantes são modalidade de súmulas, com eficácia vinculante pela própria Constituição. Introduzidas a partir da Emenda Constitucional n. 45/2004, que incluiu na Constituição Federal o art. 103-A, para que o STF possa, *"após reiteradas decisões sobre matéria constitucional, aprovar súmula que, [...] terá efeito vinculante em relação aos demais órgãos do Poder Judiciário e à administração pública direta e indireta, nas esferas federal, estadual e municipal"*.

Assim, as súmulas vinculantes terão origem em reiteradas decisões do Supremo Tribunal Federal em matéria constitucional e, a partir de sua publicação na imprensa oficial, terão efeito vinculante em relação aos demais órgãos do Poder Judiciário e à administração pública direta e indireta, nas esferas federal, estadual e municipal (**art. 2.º, Lei n. 11.417/2006**). O enunciado da súmula terá por objeto a validade, a interpretação e a eficácia de normas determinadas, acerca das quais haja, entre órgãos judiciários ou entre estes e a administração pública, controvérsia atual que acarrete grave insegurança jurídica e relevante multiplicação de processos sobre idêntica questão (**§ 1.º**).

Desta forma, os **Tribunais trabalhistas** estarão **sujeitos às súmulas vinculantes** em matéria constitucional trabalhista que venham a ser editadas pelo Supremo Tribunal Federal.

Como ensina Humberto Theodoro Jr., "o novo CPC prestigia a jurisprudência em dimensão ampla, criando um sistema hierárquico entre os tribunais e juízes no tocante à interpretação consolidada nas cortes superiores, e, ainda, instituindo mecanismos processuais destinados a julgamentos por amostragem capazes de gerar força assemelhada à das súmulas vinculantes. É o caso do incidente de demandas repetitivas, do julgamento dos recursos extraordinário e especial repetitivos e do incidente de assunção de competência. No geral, a jurisprudência dos tribunais se impõe aos juízes que lhes são subordinados, não havendo, porém, cabimento da reclamação para cassação direta dos julgados discordantes. A correção dependerá das vias recursais ordinárias. Em se tratando, porém, de súmula vinculante e de precedente proferido em julgamento de casos repetitivos, ou em incidente de assunção de competência, a obrigatoriedade da observância da jurisprudência para todos os juízes e tribunais é garantida pelo mecanismo da reclamação (art. 988, IV, do CPC). Na estrutura do NCPC, portanto, a autoridade da jurisprudência como fonte normativa complementar vai além das súmulas vinculantes do STF"[29].

Em análise sobre a força que o Código de Processo Civil de 2015 confere à jurisprudência, referido autor afirma que ela "manifesta-se em dois planos: (i) o horizontal, de que decorre a sujeição do tribunal à sua própria jurisprudência, de modo que os órgãos fracionários fiquem comprometidos com a observância dos precedentes estabelecidos pelo plenário ou órgão especial (art. 927, V); (ii) o vertical, que vincula todos os juízes ou tribunais inferiores às decisões do STF em matéria de controle concentrado de constitucionalidade e de súmulas vinculantes; aos julgamentos do STF e do STJ em recursos extraordinário e especial repetitivos; aos enunciados de súmulas do STF e do STJ; e, finalmente, à orientação jurisprudencial relevante de todo tribunal revisor das respectivas decisões, a exemplo das decisões nas resoluções de demandas repetitivas, nos incidentes de assunção de competência (art. 927, I a IV)"[30].

Como visto nos itens 9.7.2. e 9.7.3 *supra*, a **divergência** da decisão **em relação a súmula vinculante** desafia a interposição de **recurso de revista (art. 896, *a* e *b*, CLT)** e de **embargos no TST (art. 894, II, CLT)**, o que corrobora a sujeição dos Tribunais trabalhistas às súmulas vinculantes.

As Súmulas Vinculantes que tratam de **matéria tipicamente trabalhista** são as seguintes: 4, 22, 23, 40 e 53.

São Súmulas Vinculantes que **guardam relação com questões trabalhistas**, embora não tratem de matéria específica as de n. 21, 25, 38 e 47.

9.9. RECURSO ADESIVO

O **recurso adesivo** não é propriamente um tipo de recurso, mas uma **forma de interposição dos recursos**: os recursos podem ser interpostos pela via principal ou pela via adesiva.

---

[29] THEODORO JÚNIOR, Humberto. *Curso de direito processual civil*. 49. ed. Rio de Janeiro: Forense, 2016. v. 3, p. 1.176.

[30] THEODORO JÚNIOR, Humberto. *Curso de direito processual civil, cit.,* 49. ed., v. 3, p. 796-797.

9 ▪ Recursos no Processo do Trabalho

381

Não há previsão expressa na legislação trabalhista acerca do recurso adesivo. No entanto, não há incompatibilidade entre essa forma de interposição de recurso com as regras e princípios do processo do trabalho, o que permite a sua utilização de forma subsidiária **(art. 769, CLT)**.

Nesse sentido a Súmula 283 do Tribunal Superior do Trabalho:

> **SÚM. 283, TST:** "O recurso adesivo é compatível com o processo do trabalho e cabe, no prazo de 8 (oito) dias, nas hipóteses de interposição de recurso ordinário, de agravo de petição, de revista e de embargos, sendo desnecessário que a matéria nele veiculada esteja relacionada com a do recurso interposto pela parte contrária".

Como regra, os recursos são interpostos por cada uma das partes, de forma independente. Sendo, porém, vencidos autor e réu (sucumbência recíproca), ao recurso interposto por qualquer delas **poderá aderir a outra parte (art. 997, § 1.º, CPC)**.

O recurso adesivo fica **subordinado ao recurso independente**, sendo-lhe aplicáveis as mesmas **regras** deste quanto aos requisitos de admissibilidade e julgamento no tribunal, salvo disposição legal diversa, observado, ainda, o seguinte **(art. 997, § 2.º, CPC + Súm. 283, TST)**:

- ▪ será dirigido ao órgão perante o qual o recurso independente fora interposto, no prazo de que a parte dispõe para responder;
- ▪ será admissível no recurso ordinário, no agravo de petição, no recurso de revista, nos embargos ao TST e no recurso extraordinário;
- ▪ não será conhecido, se houver desistência do recurso principal ou se for ele considerado inadmissível.

Portanto, estando atrelado ao recurso principal ou independente, em caso de não conhecimento deste ou de desistência **(art. 998, CPC)**, o recurso adesivo não será conhecido.

A interposição do recurso adesivo depende do preenchimento dos **pressupostos recursais genéricos**, inerentes a todo e qualquer recurso: interesse, legitimidade, preparo, tempestividade, adequação, regularidade de representação.

São **pressupostos específicos** de admissibilidade do recurso adesivo[31]:

- ▪ sucumbência recíproca;
- ▪ possibilidade de ter havido interposição independente de recurso pela parte;
- ▪ existência de recurso principal;
- ▪ demais pressupostos específicos exigíveis para os recursos principais (por exemplo, no recurso de revista – divergência jurisprudencial ou violação direta e literal de lei federal ou afronta direta à CF, prequestionamento etc.).

---

[31] LEITE, Carlos Henrique Bezerra. *Curso de direito processual do trabalho*, cit., 16. ed., p. 1.269-1.270.

382 Direito Processual do Trabalho Esquematizado   *Carla Teresa Martins Romar*

Como o recurso adesivo segue as mesmas regras do recurso principal, no processo do trabalho ele tem apenas efeito devolutivo, **não impedindo a execução provisória** do julgado.

9.10. CORREIÇÃO PARCIAL

No âmbito do Poder Judiciário, prevê o **art. 96 da Constituição Federal** que compete privativamente aos tribunais exercer atividade correicional respectiva.

Na Justiça do Trabalho, a atividade correicional é exercida tanto pelos Tribunais Regionais **(art. 682, XI, CLT)**, como pelo Tribunal Superior do Trabalho **(art. 709, CLT)**, e abrange funções de inspeção em relação aos atos e às atividades dos órgãos judiciais **(função administrativa)** e também atribuições de decisão das reclamações contra os atos atentatórios da boa ordem processual praticados pelos magistrados **(natureza processual)**.

As reclamações contra os atos atentatórios da boa ordem processual são efetuadas por meio de um instrumento próprio, que é chamado de **correição parcial**.

A correição parcial **não tem natureza jurídica de recurso**, pois não visa corrigir erro de julgamento e não pode ser utilizada quando existe, para a hipótese, recurso previsto em lei.

Trata-se de um **incidente processual** que diz respeito a ato do juiz, destinando-se a "provocar a intervenção de uma autoridade judiciária superior em face de atos tumultuários do procedimento praticados no processo por autoridade judiciária inferior"[32].

Assim, para que a correição parcial **seja admitida**, é necessário que:

- ▣ o Juiz pratique um ato atentatório à boa ordem processual;
- ▣ não haja recurso específico contra esse ato;
- ▣ haja prejuízo para a parte decorrente do referido ato.

A correição parcial relativa a **atos praticados pelos Juízes das Varas do Trabalho** será decidida pelo Corregedor do respectivo Tribunal Regional do Trabalho. A decisão sobre correição interposta contra **atos praticados pelos Desembargadores** dos Tribunais Regionais do Trabalho, inclusive seu Presidente, é atribuição do Ministro Corregedor-Geral **(art. 709, II, CLT)**.

O **art. 13 do Regimento Interno da Corregedoria Geral da Justiça do Trabalho** prevê que a correição parcial é cabível para corrigir erros, abusos e atos contrários à boa ordem processual e que importem em atentado a fórmulas legais de processo, quando para o caso não haja recurso ou outro meio processual específico, sendo que, em situação extrema ou excepcional, poderá o Corregedor-Geral adotar as medidas necessárias a impedir lesão de difícil reparação, assegurando, dessa forma, eventual resultado útil do processo, até que ocorra o exame da matéria pelo órgão jurisdicional competente.

O **prazo** para a interposição da correição parcial e as regras quanto aos requisitos e pressupostos a serem preenchidos para sua admissibilidade são **fixados nos Regimentos Internos** dos Tribunais Regionais. Para a correição parcial contra atos praticados

---

[32] MARTINS, Sergio Pinto. *Direito processual do trabalho*, cit., 21. ed., p. 471.

pelos Desembargadores dos Tribunais Regionais do Trabalho, o prazo para interposição é de 5 dias úteis, contados da publicação do ato ou despacho no órgão oficial, ou da ciência inequívoca pela parte dos fatos relativos à impugnação (**art. 17, Regimento Interno da Corregedoria Geral da Justiça do Trabalho**).

9.11. RECLAMAÇÃO

A **reclamação** foi prevista originalmente pela **Constituição Federal** apenas para o Supremo Tribunal Federal (**art. 102, I, *l***) e para o Superior Tribunal de Justiça (**art. 105, I, *f***), com a finalidade de **preservação de sua competência e garantia da autoridade de suas decisões**.

A partir da Emenda Constitucional n. 45/2004, do ato administrativo ou decisão judicial que contrariar a súmula vinculante aplicável ou que indevidamente a aplicar, passou a caber reclamação ao Supremo Tribunal Federal que, julgando-a procedente, anulará o ato administrativo ou cassará a decisão judicial reclamada, e determinará que outra seja proferida com ou sem a aplicação da súmula vinculante, conforme o caso (**art. 103-A, § 3.º, CF**).

> **SÚM. 734, STF:** "Não cabe reclamação quando já houver transitado em julgado o ato judicial que se alega tenha desrespeitado decisão do Supremo Tribunal Federal".

O **Código de Processo Civil de 2015** regulamentou o instituto nos arts. 988 a 993, definindo que cabe reclamação da parte interessada ou do Ministério Público para (**art. 988**):

- ☐ preservar a competência do tribunal;
- ☐ garantir a autoridade das decisões do tribunal;
- ☐ garantir a observância de enunciado de súmula vinculante e de decisão do STF em controle concentrado de constitucionalidade;
- ☐ garantir a observância de acórdão proferido em incidente de resolução de demandas repetitivas ou de incidentes de assunção de competência.

A reclamação passou a ser cabível **no âmbito da Justiça do Trabalho** a partir da Emenda Constitucional n. 92/2016. Assim, **compete ao Tribunal Superior do Trabalho** processar e julgar, originariamente, a reclamação para a preservação de sua competência e garantia da autoridade de suas decisões (**art. 111-A, § 3.º, CF**).

É importante destacar que a reclamação não se confunde com a correição parcial. "A correição parcial constitui medida administrativa tendente a apurar uma atividade tumultuária do juiz, não passível de recurso. Há, na correição, nítida feição disciplinar. [...] Já a reclamação ostenta natureza jurisdicional"[33].

---

[33] DIDIER JR., Fredie; CUNHA, Leonardo Carneiro da. *Curso de direito processual civil*, cit., p. 532.

A reclamação é uma ação de **competência originária de tribunal**. Seu julgamento compete ao órgão jurisdicional cuja competência se busca preservar ou cuja autoridade se pretende garantir **(art. 988, § 1.º, CPC)**.

Na **Justiça do Trabalho,** a reclamação deve seguir o trâmite previsto nos **arts. 210 a 217 do Regimento Interno do Tribunal Superior do Trabalho**, sendo cabível para:

- ☐ preservar a competência do Tribunal;
- ☐ garantir a autoridade das decisões do Tribunal;
- ☐ garantir a observância de acórdão proferido em incidentes de assunção de competência, de resolução de demandas repetitivas e de julgamento de recursos repetitivos.

Estão **legitimados para a reclamação** a parte interessada ou o Ministério Público do Trabalho (MPT).

A reclamação será **processada e julgada pelo órgão colegiado** cuja competência se busca preservar ou cuja autoridade se pretende garantir **(de TRT ou do TST, conforme o caso)**.

O MPT oficiará no feito, como *custos legis*, salvo se figurar como reclamante.

A reclamação, **dirigida ao Presidente do Tribunal** e instruída com **prova documental**, será autuada e distribuída, sempre que possível, ao relator da causa principal.

É **inadmissível a reclamação** proposta após o trânsito em julgado da decisão reclamada ou proposta em face de decisão monocrática de Ministro ou colegiada do Tribunal, pelo seu Pleno ou órgão fracionário.

Ao despachar a inicial, **incumbe ao relator**:

- ☐ requisitar informações da autoridade a quem for atribuída a prática do ato impugnado, para que as apresente no prazo de dez dias úteis;
- ☐ ordenar liminarmente, se houver risco de dano irreparável, a suspensão do processo ou do ato impugnado;
- ☐ determinar a citação do beneficiário da decisão impugnada, que terá prazo de 15 dias úteis para apresentar contestação.

É obrigatória a intimação da parte interessada da decisão de indeferimento liminar da reclamação.

Decorridos os prazos para informações e oferecimento de contestação pelo beneficiário do ato impugnado, o MPT terá vista dos autos por cinco dias, salvo se figurar como reclamante.

À reclamação poderá opor-se, fundamentadamente, qualquer interessado.

O relator arbitrará o **valor das custas**, bem como os **ônus da sucumbência**, sendo que os valores decorrentes da sucumbência serão processados nos autos da reclamação.

Julgada procedente a reclamação, o Tribunal cassará a decisão exorbitante de seu julgado ou determinará medida adequada à preservação da sua competência.

9 ◩ Recursos no Processo do Trabalho 385

O Presidente do órgão julgador competente determinará o **cumprimento imediato da decisão**, lavrando-se o acórdão posteriormente, cabendo ao relator determinar a adoção das medidas indutivas, coercitivas, mandamentais ou sub-rogatórias necessárias para assegurar o cumprimento da decisão.

Dos acórdãos proferidos pelos Tribunais Regionais do Trabalho, em reclamação, caberá recurso ordinário, a ser distribuído no âmbito do órgão fracionário competente para o julgamento do recurso cabível para o Tribunal Superior do Trabalho no processo principal.

A reclamação constitucional é ação direcionada para a tutela específica da competência e autoridade das decisões proferidas por este Supremo Tribunal Federal, pelo que não se consubstancia como sucedâneo recursal ou de ação rescisória. Nesse sentido, a parte final do **art. 988, § 5.º, II, do CPC** revela que a admissibilidade da reclamação está condicionada ao esgotamento prévio das instâncias ordinárias.

> "RECLAMAÇÃO. RECURSO EXTRAORDINÁRIO. INADMISSIBILIDADE. AUSÊNCIA DE INTERPOSIÇÃO DE RECURSO. NÃO ESGOTAMENTO DAS INSTÂNCIAS ORDINÁRIAS. ART. 988, § 5.º, II, DO CPC. EMBARGOS DE DECLARAÇÃO. CONVERSÃO EM AGRAVO REGIMENTAL. RECURSO MANIFESTAMENTE IMPROCEDENTE. AGRAVO REGIMENTAL A QUE SE NEGA PROVIMENTO. 1. O esgotamento das instâncias ordinárias, previsto no art. 988, § 5.º, II, do CPC, exige a impossibilidade de reforma da decisão reclamada por nenhum tribunal, inclusive por tribunal superior. Logo, não há como entender esgotadas as instâncias ordinárias a hipótese em que, por ocasião do ajuizamento da reclamação, não foram interpostos todos os recursos cabíveis, sob pena de converter a reclamação constitucional em substitutivo de ação ou recurso próprio. 2. Embargos de declaração convertidos em agravo regimental, ao qual se nega provimento com imposição de multa." (STF, Rcl 55.688 RS, 2.ª T., rel. Min. Edson Fachin, *DJe* 9-2-2024)

> "EMENTA AGRAVO INTERNO EM RECLAMAÇÃO. RE 958.252 (TEMA N. 725). RE 611.503 (TEMA N. 360/RG). ACÓRDÃOS. NÃO ESGOTAMENTO DAS INSTÂNCIAS ORDINÁRIAS. ADPF 324. AUSÊNCIA DE IDENTIDADE MATERIAL. RECLAMAÇÃO UTILIZADA COMO SUCEDÂNEO RECURSAL. INADEQUAÇÃO. 1. É imprescindível o esgotamento das instâncias ordinárias quando, em reclamação constitucional, se alega descumprimento de tese firmada no julgamento de recurso extraordinário paradigma de repercussão geral (CPC, art. 988, § 5.º, II). 2. Não tendo o Tribunal de origem avançado na análise da questão atinente à inexigibilidade do título judicial, considerado o decidido na ADPF 324, não há falar em identidade material entre o ato reclamado e o paradigma de controle. 3. É inviável a utilização da reclamação como sucedâneo recursal. 4. Agravo interno desprovido." (STF, Rcl 57.914 MG, 2.ª T., rel. Min. Nunes Marques, *DJe* 23-5-2024)

9.12. DO PROCESSO NOS TRIBUNAIS TRABALHISTAS[34]

Visando a efetividade dos princípios da segurança jurídica e da razoável duração do processo, a nova sistemática processual adotou um regramento bastante amplo e complexo que abrange, entre outros, a obrigatoriedade de que os tribunais uniformizem sua jurisprudência e o julgamento conjunto de demandas repetitivas.

Em relação ao primeiro aspecto, considera-se que a jurisprudência do Supremo Tribunal Federal e dos Tribunais Superiores deve nortear as decisões de todos os Tribunais e Juízos singulares do país, visando à concretização plena dos princípios da legalidade e da isonomia. No entanto, para a eficácia desse objetivo, é necessário que esses Tribunais mantenham jurisprudência razoavelmente estável.

A segurança jurídica fica comprometida com a brusca e integral alteração do entendimento dos tribunais sobre questões de direito, razão pela qual no moderno processo encampou-se princípio no sentido de que, uma vez firmada jurisprudência em certo sentido, esta deve, como norma, ser mantida, salvo se houver relevantes razões recomendando sua alteração.

No julgamento conjunto de demandas repetitivas, por sua vez, é oportuno ressaltar que levam a um processo mais célere as medidas cujo objetivo seja o julgamento conjunto de demandas que gravitam em torno da mesma questão de direito, por dois ângulos: a) o relativo àqueles processos, em si mesmos considerados, que serão decididos conjuntamente; b) no que concerne à atenuação do excesso de carga de trabalho do Judiciário, já que o tempo usado para decidir aqueles processos poderá ser mais eficazmente aproveitado em todos os outros, reduzindo-se o tempo de tramitação em geral.

De toda forma, esses dois aspectos analisados fundamentam-se no fato de que haver nos Tribunais, indefinidamente, posicionamentos diferentes e incompatíveis a respeito da mesma norma jurídica leva a que os jurisdicionados que estejam em situações idênticas tenham de submeter-se a regras de conduta diferentes, ditadas por decisões judiciais distintas e incoerentes entre si.

Assim, a partir dessas constatações, analisaremos, no âmbito da Justiça do Trabalho, a uniformização da jurisprudência e o incidente de resolução de demandas repetitivas.

9.12.1. Uniformização da jurisprudência

Os tribunais devem uniformizar sua jurisprudência e mantê-la estável, íntegra e coerente **(art. 926, CPC)**.

Considerando que a função e a razão de ser dos tribunais superiores é proferir decisões que moldem o ordenamento jurídico, objetivamente considerado, dando segurança jurídica aos jurisdicionados, o legislador prestigia a uniformização da jurisprudência, o que também deve ser observado pelos tribunais trabalhistas.

---

[34] Com o objetivo de demonstrar a importância do tema e a nova sistemática processual em torno dele, reproduzimos *ipsis litteris* neste item partes da Exposição de Motivos do Código de Processo Civil de 2015.

9 ▣ Recursos no Processo do Trabalho

Na forma estabelecida e segundo os pressupostos fixados no regimento interno, os tribunais editarão enunciados de súmula correspondentes a sua jurisprudência dominante, sendo que, ao assim fazer, deverão ater-se às circunstâncias fáticas dos precedentes que motivaram sua criação (**art. 926, §§ 1.º e 2.º, CPC**).

A importância dessa uniformização é inegável, tendo em vista que a alteração do entendimento a respeito de uma tese jurídica ou do sentido de um texto de lei pode levar ao legítimo desejo de que as situações anteriormente decididas, com base no entendimento esperado, sejam redecididas à luz da nova compreensão. Isso porque a alteração da jurisprudência, diferentemente da alteração da lei, tem efeito *ex tunc*, salvo se houver regra em sentido contrário[35].

No âmbito da **Justiça do Trabalho,** a uniformização da jurisprudência é regida pelo **art. 702, I, *f*, da Consolidação das Leis do Trabalho,** pelo **Regimento Interno do Tribunal Superior do Trabalho (arts. 169 a 171),** regendo-se pelos **arts. 896-B a 896-C da CLT e pelos arts. 926 a 928 do Código de Processo Civil.**

Compete ao Tribunal Pleno do Tribunal Superior do Trabalho o estabelecimento ou a alteração de súmulas e outros enunciados de jurisprudência uniforme, o que somente poderá ser feito pelo voto de pelo menos dois terços de seus membros, caso a mesma matéria já tenha sido decidida de forma idêntica por unanimidade em, no mínimo, dois terços das turmas em pelo menos dez sessões diferentes em cada uma delas, podendo, ainda, por maioria de dois terços de seus membros, restringir os efeitos daquela declaração ou decidir que ela só tenha eficácia a partir de sua publicação no *Diário Oficial* (**art. 702, I, *f*, CLT**)[36].

Para todos os efeitos legais, a **jurisprudência dominante** do Tribunal Superior do Trabalho será **consolidada** em súmula, orientação jurisprudencial ou precedente normativo (**art. 170, Reg. Int. TST**).

A jurisprudência dominante do Tribunal Superior do Trabalho será consolidada na Súmula, composta de enunciados cuja edição, revisão e cancelamento deverão observar os preceitos previstos no Regimento Interno do TST (**art. 172, Reg. Int. TST**).

A proposta de edição, revisão ou cancelamento de súmula poderá partir (**art. 172, Reg. Int. TST**):

▣ da Comissão de Jurisprudência e de Precedentes Normativos, mediante projeto, que deverá sugerir o texto a ser editado ou revisto, instruído com cópias dos precedentes e da legislação pertinente, ou proposta fundamentada de cancelamento, que será encaminhado ao Presidente do Tribunal para ser submetido à apreciação do Tribunal Pleno (**inciso I**);

▣ de qualquer órgão judicante do Tribunal, a ser encaminhada à Comissão de Jurisprudência e de Precedentes Normativos, que, fundamentadamente, a rejeitará ou elaborará projeto nos termos do inciso I (**inciso II**);

---

[35] Reprodução de partes da Exposição de Motivos do Código de Processo Civil de 2015.

[36] A análise sobre a constitucionalidade desse dispositivo, que foi inserido pela Lei n. 13.467/2017 (*Reforma Trabalhista*), está sendo discutida no STF, na ADC 6 (consulta em www.stf.jus.br, acesso em 3-2-2023).

■ da Procuradoria-Geral do Trabalho, do Conselho Federal da Ordem dos Advogados do Brasil, de confederação sindical de âmbito nacional ou de Central Sindical cujos requisitos de representatividade tenham sido reconhecidos por ato do Ministério do Trabalho a ser encaminhada à Presidência do Tribunal Superior do Trabalho, que poderá remetê-la à Comissão de Jurisprudência e de Precedentes Normativos, a fim de que, fundamentadamente, a rejeite ou elabore projeto (**inciso III**).

Qualquer dos Ministros poderá propor, em novos feitos, a revisão da jurisprudência compendiada na Súmula e será sobrestado o julgamento, se necessário. Se algum dos Ministros propuser revisão da jurisprudência compendiada na Súmula, em julgamento perante a Turma ou Seção Especializada, esta, se acolher a proposta, remeterá o feito à Comissão de Jurisprudência e de Precedentes Normativos para deliberação (**art. 173, §§ 1.º e 2.º, Reg. Int. TST**).

A proposta de edição, revisão ou cancelamento de Precedentes Normativos do Tribunal seguirá os mesmos trâmites e observará as mesmas exigências das súmulas, à exceção das normas específicas previstas no Regimento Interno (**art. 178, Reg. Int. TST**).

Nos termos previstos pelo Tribunal Superior do Trabalho na **Instrução Normativa n. 41/2018**, inobstante a revogação do § 3.º do art. 896 da Consolidação das Leis do Trabalho pela Lei n. 13.467/2017 (*Reforma Trabalhista*), o dever de os Tribunais Regionais uniformizarem sua jurisprudência faz incidir, subsidiariamente ao processo do trabalho, o art. 926 do Código de Processo Civil, por meio do qual os Tribunais deverão manter sua jurisprudência íntegra, estável e coerente (**art. 18, *caput***).

Os incidentes de uniformização de jurisprudência suscitados ou iniciados antes da vigência da **Lei n. 13.467/2017 (Reforma Trabalhista)**, no âmbito dos Tribunais Regionais do Trabalho ou por iniciativa de decisão do Tribunal Superior do Trabalho, deverão observar e serão concluídos sob a égide da legislação vigente ao tempo da interposição do recurso, segundo o disposto nos respectivos Regimentos Internos (**art. 18, § 1.º, IN n. 41/2018, TST**).

Aos recursos de revista e de agravo de instrumento no âmbito do Tribunal Superior do Trabalho, conclusos aos relatores e ainda não julgados até a edição da **Lei n. 13.467/2017 (Reforma Trabalhista)**, não se aplicam as disposições contidas nos §§ 3.º a 6.º do art. 896 da Consolidação das Leis do Trabalho, que foram revogados (**art. 18, § 2.º, IN n. 41/2018, TST**).

As teses jurídicas prevalecentes e os enunciados de Súmulas decorrentes do julgamento dos incidentes de uniformização de jurisprudência suscitados ou iniciados anteriormente à edição da **Lei n. 13.467/2017 (Reforma Trabalhista)**, no âmbito dos Tribunais Regionais do Trabalho, conservam sua natureza vinculante à luz dos arts. 926, §§ 1.º e 2.º, e 927, III e V, do Código de Processo Civil (**art. 18, § 3.º, IN n. 41/2018, TST**).

9.12.2. Julgamento de recursos repetitivos e incidente de resolução de demandas repetitivas

Da análise da legislação processual em vigor percebe-se que o legislador brasileiro visou proporcionar legislativamente melhores condições para operacionalizar formas de

9 ◼ Recursos no Processo do Trabalho 389

uniformização do entendimento dos Tribunais brasileiros acerca de teses jurídicas e, com isso, concretizar o princípio da isonomia.

Nesse sentido, foram criadas figuras que visam evitar a dispersão excessiva da jurisprudência, permitindo, com isso, que se verifiquem concretamente condições de se atenuar o assoberbamento de trabalho do Poder Judiciário, sem comprometer a qualidade da prestação jurisdicional.

Dentre esses instrumentos estão o regime de julgamento de recursos repetitivos e o incidente de resolução de demandas repetitivas (IRDR), que consiste na identificação de processos que contenham a mesma questão de direito, que estejam ainda no primeiro grau de jurisdição, para decisão conjunta.

O **Código de Processo Civil** regula o **julgamento de recursos** extraordinário e especial **repetitivos** nos **arts. 1.036 a 1.041**.

No **processo do trabalho** o julgamento de recursos repetitivos está regulado pelo **art. 896-C da Consolidação das Leis do Trabalho**, com regulamentação pela **Instrução Normativa n. 38 do Tribunal Superior do Trabalho**, sendo previsto pelos **arts. 280 a 297 do Regimento Interno do TST** o incidente de recursos repetitivos.

Assim, quando houver **multiplicidade de recursos de revista (ou de embargos para SDI-1)** fundados em **idêntica questão de direito**, a questão poderá ser afetada ao Tribunal Pleno, por decisão da maioria simples dos membros do órgão fracionário do Tribunal, mediante requerimento de um dos Ministros que o compõe, considerando a relevância da matéria ou a existência de entendimentos divergentes entre os Ministros da Subseção ou das Turmas do Tribunal **(art. 896-C, *caput*, CLT; art. 281, Reg. Int. TST)**.

O Presidente da Turma ou da Seção Especializada, por indicação dos relatores, afetará um ou mais recursos representativos da controvérsia para julgamento pela Seção Especializada em Dissídios Individuais ou pelo Tribunal Pleno, sob o rito dos recursos repetitivos, devendo, nesse caso, expedir comunicação aos demais Presidentes de Turma ou de Seção Especializada, que poderão afetar outros processos sobre a questão para julgamento conjunto, a fim de conferir ao órgão julgador visão global da questão **(art. 896-C, §§ 1.º e 2.º, CLT)**.

Após a afetação, o Presidente do Tribunal Superior do Trabalho oficiará os Presidentes dos Tribunais Regionais do Trabalho para que suspendam os recursos interpostos em casos idênticos aos afetados como recursos repetitivos, até o pronunciamento definitivo do Tribunal Superior do Trabalho a respeito **(art. 896-C, § 3.º, CLT)**.

O Presidente do Tribunal de origem admitirá um ou mais recursos representativos da controvérsia, os quais serão encaminhados ao TST, ficando suspensos os demais recursos de revista até o pronunciamento definitivo do Tribunal Superior do Trabalho. O relator no Tribunal Superior do Trabalho poderá determinar a suspensão dos recursos de revista ou de embargos que tenham como objeto controvérsia idêntica à do recurso afetado como repetitivo **(art. 896-C, §§ 4.º e 5.º, CLT)**.

O recurso repetitivo será distribuído a um dos Ministros membros da Seção Especializada ou do Tribunal Pleno e a um Ministro revisor, sendo que o relator poderá solicitar, aos Tribunais Regionais do Trabalho, informações a respeito da controvérsia, a serem prestadas no prazo de 15 dias, e poderá admitir manifestação de pessoa, órgão ou entidade com interesse na controvérsia, inclusive como assistente simples **(art. 896-C, §§ 6.º a 8.º, CLT)**.

Recebidas as informações, será dada vista ao MPT, pelo prazo de 15 dias **(art. 896-C, § 9.º, CLT)**.

Transcorrido o prazo para o MPT e remetida cópia do relatório aos demais Ministros, o processo será incluído em pauta na Seção Especializada ou no Tribunal Pleno, devendo ser julgado com preferência sobre os demais feitos **(art. 896-C, § 10, CLT)**.

Publicado o acórdão do Tribunal Superior do Trabalho, os recursos de revista sobrestados na origem **(art. 896-C, § 11, CLT)**:

☐ terão seguimento denegado na hipótese de o acórdão recorrido coincidir com a orientação a respeito da matéria no Tribunal Superior do Trabalho; ou

☐ serão novamente examinados pelo Tribunal de origem na hipótese de o acórdão recorrido divergir da orientação do Tribunal Superior do Trabalho a respeito da matéria.

Caso a questão afetada e julgada sob o rito dos recursos repetitivos também contenha questão constitucional, a decisão proferida pelo Tribunal Pleno não obstará o conhecimento de eventuais recursos extraordinários sobre a questão constitucional **(art. 896-C, § 13, CLT)**.

Aos recursos extraordinários interpostos perante o Tribunal Superior do Trabalho será aplicado o procedimento previsto no Código de Processo Civil, cabendo ao Presidente do TST selecionar um ou mais recursos representativos da controvérsia e encaminhá-los ao Supremo Tribunal Federal, sobrestando os demais até o pronunciamento definitivo da Corte **(art. 896-C, § 14, CLT)**. Nesse caso, o Presidente do Tribunal Superior do Trabalho também poderá oficiar os Tribunais Regionais do Trabalho e os Presidentes das Turmas e da Seção Especializada do Tribunal para que suspendam os processos idênticos aos selecionados como recursos representativos da controvérsia e encaminhados ao Supremo Tribunal Federal, até o seu pronunciamento definitivo **(art. 896-C, §§ 14 e 15, CLT)**.

Importante destacar que a decisão firmada em recurso repetitivo não será aplicada aos casos em que se demonstrar que a situação de fato ou de direito é distinta das presentes no processo julgado sob o rito dos recursos repetitivos **(art. 896-C, § 16, CLT)**.

Da decisão firmada em julgamento de recursos repetitivos quando se alterar a situação econômica, social ou jurídica, caberá revisão, caso em que será respeitada a segurança jurídica das relações firmadas sob a égide da decisão anterior, podendo o Tribunal Superior do Trabalho modular os efeitos da decisão que a tenha alterado **(art. 896-C, § 17, CLT)**.

Em relação às previsões do art. 896-C, o **Regimento Interno do TST** detalha o procedimento do Incidente de Recursos Repetitivos **(arts. 280 a 297, com redação dada pela Emenda Regimental n. 7, de 25 de novembro de 2024)**.

O **incidente de resolução de demandas repetitivas (IRDR)** é admissível quando identificada, em primeiro grau, controvérsia com potencial de gerar multiplicação expressiva de demandas e o correlato risco de coexistência de decisões conflitantes.

Assim, é cabível a instauração do IRDR de demandas repetitivas quando houver, simultaneamente **(art. 976, CPC)**:

☐ efetiva repetição de processos que contenham controvérsia sobre a mesma questão unicamente de direito;

☐ risco de ofensa à isonomia e à segurança jurídica.

Nos termos do **art. 8.º da IN n. 39/2016 do Tribunal Superior do Trabalho**, aplicam-se ao processo do trabalho as normas dos arts. 976 a 986 do Código de Processo Civil que regem o IRDR, devendo ser observadas as seguintes regras:

☐ **admitido o incidente**, o relator **suspenderá o julgamento dos processos pendentes**, individuais ou coletivos, que tramitam na Região, no tocante ao tema objeto de IRDR, sem prejuízo da instrução integral das causas e do julgamento dos eventuais pedidos distintos e cumulativos igualmente deduzidos em tais processos, inclusive, se for o caso, do julgamento antecipado parcial do mérito;

☐ **do julgamento** do mérito do incidente **caberá recurso de revista para o TST**, dotado de efeito meramente devolutivo;

☐ **apreciado o mérito** do recurso, a **tese jurídica adotada** pelo TST será **aplicada no território nacional a todos os processos**, individuais ou coletivos, que versem sobre idêntica questão de direito.

9.13. INCIDENTE DE ASSUNÇÃO DE COMPETÊNCIA

O **Incidente de Assunção de Competência (IAC)**, previsto pelo **art. 947 do CPC**, é admissível quando o julgamento de recurso, de remessa necessária ou de processo de competência originária envolver relevante questão de direito, com grande repercussão social, sem repetição em múltiplos processos.

Ao reafirmar a necessidade de se manter a jurisprudência dos tribunais estável, íntegra e coerente, o CPC realça o papel dos precedentes judiciais. E entre os institutos que prevê para tal finalidade está também o Incidente de Assunção de Competência (IAC), que também tem como propósito alcançar a isonomia, a segurança jurídica e a razoável duração do processo. E o processo do trabalho acompanha esse trilhar, em sua jurisprudência, por inequívoca compatibilidade com os princípios que o regem.

Nesse contexto, o IAC representa um incidente processual de suma importância no ordenamento jurídico brasileiro. Mediante o julgamento de um caso piloto, estabelece-se um precedente, com eficácia vinculante, capaz de fazer com que casos idênticos tenham soluções iguais, no âmbito dos limites de competência territorial dos tribunais. Objetiva-se alcançar um padrão uniformizado de entendimentos sobre determinados casos concretos, de modo que todos os outros procedimentos se vinculem ao principal.

As disposições contidas no **art. 947 do CPC**, que regem o Incidente de Assunção de Competência, devem também ser aplicadas ao processo do trabalho, consoante estabelecido no **art. 2.º, XXV, da Instrução Normativa n. 39 do TST**.

O procedimento do IAC no âmbito dos Tribunais Regionais do Trabalho está regulamentado nos respectivos Regimentos Internos. No TST, o procedimento do IAC é disciplinado pelo art. 298 do Regimento Interno.

9.14. QUESTÕES

10

EXECUÇÃO NO PROCESSO DO TRABALHO

10.1. CONCEITO E PRINCÍPIOS

Por meio do processo pretende-se a solução jurisdicional de um conflito de interesses, ou seja, a solução da lide. Os atos praticados no processo buscam formar o convencimento do juiz para que possa, declarando a certeza do direito, decidir a lide, mediante ato específico (sentença ou acórdão).

No entanto, de nada adiantaria a entrega da prestação jurisdicional se ela não fosse dotada de força suficiente para levar à **satisfação da prestação** a que tem direito o credor, conforme reconhecido na sentença.

Portanto, "o órgão judicial, diante da lide a solucionar, primeiro **conhece** os fatos e o direito a eles pertinentes; depois **decide**, isto é, manifesta a vontade de que prevaleça determinada solução para o conflito; e, finalmente, se a parte vencida não se submete espontaneamente à vontade manifestada, *age*, de maneira prática, para realizar, mediante força, o comando do julgado"[1]. A forma de tutela na execução "não é mais de simples cognição senão de 'realização prática do direito' através dos órgãos judiciais". Satisfazer é a "essência satisfativa" da execução[2].

Nesse sentido, "após suas diversas fases, atingindo o trânsito em julgado, deve-se cumprir o que determinado pela decisão. Forma-se a relação jurídica processual, passa-se pelas fases de instrução, julgamento e recursal para que, finalmente, atinja-se a *fase de satisfação* do direito buscado e reconhecido em juízo"[3].

O processo é composto, pois, de uma **atividade de conhecimento** e de uma **atividade de execução**.

Assim, de forma mais direta e específica, a execução pode ser definida como "o conjunto de atos processuais suficientes e necessários para dar cumprimento ao título executivo"[4].

---

[1] THEODORO JÚNIOR, Humberto. *Curso de direito processual civil,* cit., 49. ed., v. 3, p. 209.

[2] FUX, Luiz. *Curso de direito processual civil.* 4. ed. atual. Rio de Janeiro: Forense, 2008. v. II, p. 3.

[3] FUX, Luiz. *Processo civil contemporâneo.* Rio de Janeiro: Forense, 2019, p. 289.

[4] MANUS, Pedro Paulo Teixeira. *Execução de sentença no processo do trabalho.* São Paulo: Atlas, 2005. p. 15.

"A sanção atuada pelo processo executivo vem a ser a concretização da 'responsabilidade patrimonial'. Como o devedor não cumpriu o débito, seu patrimônio responderá de maneira forçada, substituindo assim a prestação não adimplida voluntariamente"[5].

A execução forçada é o processo mediante o qual o Estado, via órgão jurisdicional competente, baseando-se em título judicial ou extrajudicial previsto em lei e fazendo uso de medidas coativas, torna efetiva a entrega da prestação jurisdicional e realiza a sanção, visando alcançar, contra a vontade do executado, a satisfação do direito do credor.

Importante destacar que no **processo do trabalho** a **execução não é**, e nunca foi, um **processo autônomo**. Ainda que existam títulos executivos extrajudiciais que podem ser executados na Justiça do Trabalho **(art. 876, CLT)**, esta é a exceção, que não altera a regra de ser a execução trabalhista uma fase do processo que visa o cumprimento da sentença. Nesse contexto, Pedro Paulo Teixeira Manus afirma que "há de se considerar, outrossim, que, mesmo a alteração do mencionado art. 876 da CLT, que inseriu como títulos executivos trabalhistas o termo de ajuste de conduta firmado em inquérito civil público, perante o Ministério Público do Trabalho e o acordo celebrado perante a Comissão de Conciliação Prévia, que são títulos extrajudiciais, não significa que a execução trabalhista deverá mudar de *status*, passando a ser um processo autônomo"[6].

A execução (cumprimento da sentença) no processo do trabalho tem suas regras básicas previstas nos **arts. 876 a 892 da Consolidação das Leis do Trabalho**, com as alterações da **Lei n. 13.467/2017 (Reforma Trabalhista)**. No entanto, o próprio legislador, reconhecendo a omissão em relação aos contornos legais estabelecidos, prevê que "aos trâmites e incidentes do processo da execução são aplicáveis, naquilo em que não contravierem ao presente Título, os preceitos que regem o processo dos executivos fiscais para a cobrança judicial da dívida ativa da Fazenda Pública Federal" **(art. 889, CLT)**[7].

Com o passar do tempo, também a **Lei dos Executivos Fiscais** não demonstrou ser suficiente para dar efetividade à execução trabalhista que, em razão da natureza alimentar da maior parte dos créditos reconhecidos, precisa ser célere e levar à satisfação do credor, garantindo a entrega da tutela jurisdicional em duração razoável.

Assim, passou-se a **utilizar subsidiariamente o Código de Processo Civil**, inicialmente as previsões do antigo processo de execução e, posteriormente, as previstas para o cumprimento da sentença.

Deve-se, portanto, reconhecer a ausência de completude do subsistema processual trabalhista, em especial no que concerne ao cumprimento da sentença trabalhista, e adotar, no que couber, a sua heterointegração (diálogo das fontes) com o sistema processual civil[8].

"De tal arte, é factível afirmar, ressalvada a especial normatização da execução contra a Fazenda Pública, que diante da heterointegração dos subsistemas dos processos

---

[5] THEODORO JÚNIOR, Humberto. *Curso de direito processual civil,* cit., 49. ed., v. 3, p. 214.

[6] MANUS, Pedro Paulo Teixeira. *Execução de sentença no processo do trabalho,* cit., p. 18.

[7] A Lei n. 6.830/80 dispõe sobre a cobrança judicial da dívida ativa da Fazenda Pública.

[8] LEITE, Carlos Henrique Bezerra. *Curso de direito processual do trabalho,* cit., 15. ed., p. 1.332.

10 ◼ Execução no Processo do Trabalho 395

civil e trabalhista e com a vigência da Lei 11.232/2005 e, principalmente agora, com a entrada em vigor da Lei 13.105/2015, que institui n Novo Código de Processo Civil Brasileiro, passou a existir um 'processo trabalhista' de execução de título extrajudicial e uma 'fase' de cumprimento de sentença (título judicial)"[9].

De toda forma, embora agora, mais do que nunca, se deva reconhecer que a execução trabalhista da forma como idealizada (fase do processo) é, na verdade, uma fase de cumprimento da sentença, ela tem regras próprias que devem ser seguidas, sendo possível a utilização do Código de Processo Civil apenas quando haja **omissão** e **compatibilidade** com as regras e princípios do processo do trabalho. Nesse sentido, a **Instrução Normativa n. 39/2016 do Tribunal Superior do Trabalho** indica quais dispositivos do Código de Processo Civil se aplicam ao processo do trabalho em relação ao cumprimento da sentença/execução, sendo que, inclusive, alguns dos temas foram agora regulados pelo legislador trabalhista **(Reforma Trabalhista)**, devendo, então, ser observadas as regras específicas.

A efetividade da execução é uma das grandes preocupações da Justiça do Trabalho e, em razão disso, a **Comissão Nacional de Efetividade da Execução Trabalhista** (CNEET) do CSJT/TST, instituída pelo Conselho Superior da Justiça do Trabalho (CSJT) em 27-5-2019, tem adotado diversas medidas visando facilitar a identificação de eventuais responsáveis pelos créditos trabalhistas, bem como a busca de bens e patrimônio dos devedores, em especial com uso de ferramentas tecnológicas disponibilizadas em cooperação com outros órgãos do Poder Judiciário **(art. 67, CPC)**, como, por exemplo, a utilização do Sistema de Investigação de Movimentações Bancárias (SIMBA), do Cadastro de Clientes do Sistema Financeiro Nacional (CCS), do Sistema SISBAJUD[10] (que substituiu a partir de setembro de 2020 o BACENJUD), da Declaração de Operações Imobiliárias (DOI) e da Rede de Integração Nacional de Informações de Segurança Pública (Infoseg).

Considerando como objetivo precípuo garantir efetividade aos seus julgados, nos termos do **art. 5.º, LXXVIII, da Constituição Federal**, e a realização integral da tutela jurisdicional como meio de alcançar os anseios da sociedade, a Justiça do Trabalho instituiu, ainda, o **Procedimento de Reunião de Execuções** (PRE). Assim, sempre que se verificar a existência de um número excessivo de execuções em curso na Justiça do Trabalho em face do mesmo devedor, a reunião das execuções poderá ser feita em órgãos de centralização de execuções, criados conforme organização de cada Tribunal Regional do Trabalho.

No processo do trabalho são **(art. 876, CLT)**:

> ◼ **títulos executivos judiciais** – as decisões passadas em julgado ou das quais não tenha havido recurso com efeito suspensivo e os acordos homologados pela Justiça do Trabalho, quando não cumpridos;

---

[9] LEITE, Carlos Henrique Bezerra. *Curso de direito processual do trabalho,* cit., 15. ed., p. 1.333.

[10] Além dos mecanismos já existentes, o SibaJud abrange: consulta a seguro privado (planos de previdência e seguro); consulta às *fintechs*; bloqueio e ativos de criptomoedas custodiadas em corretoras; apuração instantânea (ao invés de requisição às instituições); a ordem poderá ser repetida automaticamente, até atingir o valor da execução.

- **títulos executivos extrajudiciais** – os termos de ajuste de conduta firmados perante o Ministério Público do Trabalho e os termos de conciliação firmados perante as Comissões de Conciliação Prévia.
- Por **aplicação supletiva** do art. **784, I, do Código de Processo Civil**, o cheque e a nota promissória emitidos em reconhecimento de dívida inequivocamente de natureza trabalhista também são títulos extrajudiciais para efeito de execução perante a Justiça do Trabalho (**art. 13, IN n. 39/2016, TST**).
- O acordo extrajudicial homologado pelo juiz do trabalho nos termos dos **arts. 855-B a 855-E da CLT** é título executivo judicial, conforme previsão do **art. 515, III, do CPC**[11].

A Justiça do Trabalho **executará, de ofício**, as **contribuições sociais** previstas na **alínea *a* do inciso I e no inciso II do *caput* do art. 195 da Constituição Federal**, e seus acréscimos legais, relativas ao objeto da condenação constante das sentenças que proferir e dos acordos que homologar (**art. 876, parágrafo único, CLT**).

A execução terá início quando o devedor não satisfizer voluntariamente a obrigação certa, líquida e exigível (**art. 786, CPC**).

Com a execução permite-se a **expropriação do patrimônio do devedor** para a satisfação do direito do credor. Com isso, confere-se ao juiz um imenso poder e, ao mesmo tempo, grandes responsabilidades. Assim, esse poder há de ser exercido sem arbitrariedade, sem truculência, com a observância dos princípios regentes do processo executivo e, principalmente, sem perder de vista o interesse da coletividade.

Se de um lado o procedimento executório deve ser eficaz, célere e econômico, em benefício do devedor, de outro lado, há normas que estabelecem limites ao exercício dos poderes do juiz, servindo para prevenir ilegalidades e excessos na execução. Dentre tais normas, que visam à proteção do devedor, podem ser citadas a observância rigorosa dos limites da coisa julgada, a prévia liquidação, mediante contraditório, a nomeação de bens à penhora, os embargos, entre outras.

Com o intuito de atingir tais objetivos, deve a execução pautar-se em alguns princípios, dentre os quais devem ser destacados o princípio da igualdade do tratamento das partes, o princípio da natureza real e o princípio da não prejudicialidade do devedor.

O **princípio da igualdade de tratamento das partes** tem por fundamento o **art. 5.º da Constituição Federal** e pauta-se pelo reconhecimento de que na execução, diante da superioridade do credor em relação ao devedor, há uma igualdade apenas relativa.

Tal superioridade do credor em face do devedor encontra fundamento no próprio ordenamento processual e tem por objetivo assegurar efetividade ao comando concreto da sentença. Afinal, uma sentença sem o poder constritivo da execução é absolutamente ineficaz.

Todavia, mesmo diante do reconhecimento dessa superioridade do credor, há limites ao poder do juiz na execução, inclusive para que o devedor não sofra desfalque patrimonial superior ao necessário.

---

[11] *Vide* TST-RR-1000016-93.2018.5.02.0431.

Segundo o **princípio da natureza real**, a execução é patrimonial, ou seja, o devedor responde pela dívida somente com os seus bens, não havendo prisão por dívida, exceto em se tratando de devedor de pensão alimentícia (**art. 789, CPC**). Em estrita consonância com esse princípio, em 3 de dezembro de 2008 o Plenário do Supremo Tribunal Federal, julgando os Recursos Extraordinários 349.703 e 466.343, decidiu que a prisão civil por dívida, prevista no art. 5.º, LXVII, da Constituição Federal, não se aplica ao depositário infiel. A jurisprudência do Supremo Tribunal Federal evoluiu, assim, para admitir a prisão civil apenas nos casos de inadimplemento voluntário e inescusável de obrigação alimentícia. Corroborando o entendimento adotado, ao julgar o *Habeas Corpus* 87.585, o Supremo Tribunal Federal revogou a Súmula 619, que tratava da prisão do depositário infiel, e editou a **Súmula Vinculante 25**, instituindo expressamente que é ilícita a prisão civil de depositário infiel, qualquer que seja a modalidade de depósito.

Como decorrência do entendimento adotado pelo Supremo Tribunal Federal em relação ao depositário infiel, tornaram-se sem efeito as disposições contidas nas Orientações Jurisprudenciais 89 e 143 da SDI-2 do Tribunal Superior do Trabalho.

Por fim, o **princípio da não prejudicialidade do devedor** estabelece que, quando o credor puder, por diversos meios, promover a execução, o juiz mandará que se faça pelo modo menos gravoso ao devedor (**art. 805, CPC**).

Portanto, havendo várias alternativas para o cumprimento da obrigação, deve-se impor ao executado o menor sacrifício possível. Trata-se de responsabilidade do juiz na condução do processo executivo, para que se cumpra a vontade concreta da lei sem danos desnecessários ao devedor. Indubitavelmente é uma norma de proteção ao executado, para que a obrigação contida na sentença seja cumprida com o menor sacrifício possível.

Importante ressaltar que a regra contida no **art. 805 do Código de Processo Civil** não se constitui em uma faculdade, mas em um comando dirigido ao juiz, que não tem qualquer liberdade para agir de forma diferente.

No entanto, não se pode deixar de levar em consideração o fato de que no processo do trabalho a maior parte dos credores são trabalhadores, que possuem uma condição de desigualdade econômica em relação ao empregador, principalmente quando, não raras as vezes, encontram-se desempregados no curso da ação.

"O processo civil foi modelado para regular relações civis entre pessoas presumivelmente iguais. Já o processo do trabalho deve amoldar-se à realidade social em que incide, e, nesse contexto, podemos inverter a regra do art. 805 do NCPC (art. 620 do CPC/73) para construir uma nova base própria e específica do processo laboral: a execução deve ser processada de maneira menos gravosa ao credor.

Com isso, em caso de conflito entre o princípio da não prejudicialidade e o princípio da utilidade ao credor, o juiz do trabalho deve dar preferência para este último, quando o credor for o empregado"[12].

O princípio da execução menos gravosa ao executado é mitigado parcialmente pelo art. 805, parágrafo único, do Código de Processo Civil, prevendo que, ao alegar ser a

---

[12] LEITE, Carlos Henrique Bezerra. *Curso de direito processual do trabalho, cit.*, 15. ed., p. 1.394.

398 Direito Processual do Trabalho Esquematizado   *Carla Teresa Martins Romar*

medida executiva mais gravosa, incumbe-lhe indicar outros meios mais eficazes e menos onerosos, sob pena de manutenção dos atos executivos já determinados.

O **art. 805, *caput* e parágrafo único, do Código de Processo Civil** é aplicável ao processo do trabalho **(art. 2.º, XIV, IN n. 39/2016, TST)**.

Em relação ao tema, destaque-se, ainda, que, com a ampliação da competência da Justiça do Trabalho para processar e julgar outras ações oriundas da relação de trabalho distintas da relação de emprego **(art. 114, I, CF)**, caberá ao juiz, no caso concreto, adotar a hermenêutica que seja mais condizente com a condição econômica e social do executado. "Afinal, na ação de execução das multas administrativas aplicadas pela SRT-Superintendência Regional do Trabalho (CF, art. 114, VII), por exemplo, o devedor será o empregador e o credor, a União e, neste caso, o empregador/devedor será o destinatário do art. 805 do NCPC"[13].

São, ainda, citados pela doutrina[14] alguns outros princípios da execução trabalhista, entre os quais:

☐ **princípio da limitação expropriatória**, que preceitua a limitação da quantidade e qualidade dos bens que serão objeto de constrição e expropriação;

☐ **princípio da utilidade para o credor**, que dispõe que a execução deve ser útil ao credor, evitando-se, assim, os atos que possam comprometer tal utilidade **(arts. 836 e 845, CPC e art. 40, § 3.º, Lei n. 6.830/80)**;

☐ **princípio da especificidade**, segundo o qual o credor tem o direito a receber, além de perdas e danos, o valor da coisa, quando esta não lhe for entregue, se deteriorou, não for encontrada ou não for reclamada do poder de terceiro adquirente;

☐ **princípio da responsabilidade pelas despesas processuais**, que correm por conta do executado e serão pagas ao final;

☐ **princípio do não aviltamento do devedor**, que assegura a impenhorabilidade de certos bens do devedor **(art. 833, CPC e Lei n. 8.009/90)**;

☐ **princípio da livre disponibilidade do processo pelo credor**, que permite ao exequente desistir de toda a execução ou de apenas alguma medida executiva a qualquer momento **(art. 775, CPC)**.

10.2. EXECUÇÃO PROVISÓRIA E EXECUÇÃO DEFINITIVA

A execução do título judicial (cumprimento de sentença) pode ser provisória ou definitiva. Tal distinção não é aplicável nas execuções de títulos extrajudiciais, que serão sempre definitivas.

No processo do trabalho, tratando-se de título executivo judicial, a *execução* será *definitiva* quando se fundar em sentença transitada em julgado. A *execução*, por sua vez, será *provisória*, quando a sentença for impugnada por recurso recebido apenas no efeito devolutivo.

---

[13] LEITE, Carlos Henrique Bezerra. *Curso de direito processual do trabalho, cit.,* 15. ed., p. 1.394.

[14] LEITE, Carlos Henrique Bezerra. Curso de direito processual do trabalho, *cit.,* 15. ed., p. 1.392-1.397.

10 ◼ Execução no Processo do Trabalho 399

A execução, seja ela provisória ou definitiva, não pode, como regra, ser iniciada de ofício pelo juiz, **dependendo de petição do interessado** requerendo o seu processamento. Nesse sentido, prevê o **art. 878 da Consolidação das Leis do Trabalho**: "A execução será promovida pelas partes, permitida a execução de ofício pelo juiz ou pelo Presidente do Tribunal apenas nos casos em que as partes não estiverem representadas por advogado".

No processo do trabalho, a execução provisória é permitida até a penhora (**art. 899, CLT**), ou seja, não podem ser praticados na execução provisória atos de alienação de bens e de liberação de valores ao credor. Na execução provisória apenas podem ser praticados atos de constrição, sendo vedados os atos de expropriação.

A penhora em dinheiro é permitida na execução provisória, sendo prioritária (**art. 835, I e § 1.º, CPC**), regra aplicável ao processo do trabalho (**art. 3.º, XVI, IN n. 39/2016 TST**).

> **SÚM. 417, TST:** "I – Não fere direito líquido e certo do impetrante o ato judicial que determina penhora em dinheiro do executado para garantir crédito exequendo, pois é prioritária e obedece à gradação prevista no art. 835 do CPC de 2015 (art. 655 do CPC de 1973). II – Havendo discordância do credor, em execução definitiva, não tem o executado direito líquido e certo a que os valores penhorados em dinheiro fiquem depositados no próprio banco, ainda que atenda aos requisitos do art. 840, I, do CPC de 2015 (art. 666, I, do CPC de 1973)".

A redação da Súmula 417 do Tribunal Superior do Trabalho foi alterada com vistas à adaptação do entendimento da jurisprudência à regra do Código de Processo Civil que permite a penhora em dinheiro nas execuções provisórias. Assim, dois momentos distintos foram fixados com essa alteração: a impossibilidade de penhora em numerário anteriormente à vigência do CPC e a validade da penhora em dinheiro nas execuções provisórias após a entrada em vigor do novel diploma processual civil, sem que isso constitua violação a direito líquido e certo.

"RECURSO ORDINÁRIO EM AGRAVO REGIMENTAL EM MANDADO DE SEGURANÇA. EXECUÇÃO PROVISÓRIA. ATO IMPUGNADO CONSISTENTE EM DECISÃO QUE REJEITA A INDICAÇÃO DE BEM MÓVEL À PENHORA E DETERMINA O PAGAMENTO DA DÍVIDA. ORDEM DE PREFERÊNCIA PREVISTA NO ART. 835 DO CPC. SÚMULA 417, I, DO TST. 1. Na forma da atual compreensão do item I da Súmula 417 do TST, modificado pela Resolução n. 212/2016 – *DEJT* 20-21 e 22-9-2016, "não fere direito líquido e certo do impetrante o ato judicial que determina penhora em dinheiro do executado para garantir crédito exequendo, pois é prioritária e obedece à gradação prevista no art. 835 do CPC de 2015 (art. 655 do CPC de 1973)". Ressalte-se que esta Eg. Corte, ao alterar o verbete, modulou os efeitos de sua redação, de modo a atingir unicamente as penhoras em dinheiro efetivadas em execução provisória a partir da vigência do CPC de 2015, ocorrida em 18.3.2016. 2. Na hipótese vertente, observa-se que no ato coator inquinado, proferido em 21-5-2020, foi indeferida a indicação à penhora de bem móvel com base no art. 835 do CPC e determinado o pagamento integral da dívida. Nessa esteira, revelado que o ato impugnado foi prolatado na vigência do atual diploma processual, inafastável a aplicação do item I do referido verbete sumular. Precedentes. Recurso ordinário

400 Direito Processual do Trabalho Esquematizado *Carla Teresa Martins Romar*

conhecido e desprovido" (ROT-21125-90.2020.5.04.0000, Subseção II Especializada em Dissídios Individuais, rel. Min. Morgana de Almeida Richa, *DEJT* 8-4-2022).

> "RECURSO ORDINÁRIO. MANDADO DE SEGURANÇA. EXECUÇÃO PROVISÓ-RIA. REJEIÇÃO DE BEM IMÓVEL OFERECIDO À PENHORA. GRADAÇÃO PRE-VISTA NO ART. 835 DO CPC/2015. SÚMULA 417, I, DO TST. AUSÊNCIA DE ILEGA-LIDADE. DENEGAÇÃO DA SEGURANÇA. 1. Trata-se de mandado de segurança impetrado em face de decisão que, em sede de execução provisória, rejeitou o bem imóvel nomeado à penhora pela executada, ora impetrante, em razão da inobservância da gradação prevista no art. 835 do CPC. 2. É certo que, sob a égide do Código de Processo Civil de 1973, prevalecia nesta Corte Superior o entendimento de que, "Em se tratando de execução provisória, fere direito líquido e certo do impetrante a determinação de penhora em dinheiro, quando nomeados outros bens à penhora, pois o executado tem direito a que a execução se processe da forma que lhe seja menos gravosa, nos termos do art. 620 do CPC" (Súmula 417, III, do TST). 3. Contudo, em razão da superveniência do Código de Processo Civil de 2015, em cuja vigência foi proferida a decisão impugnada, este Tribunal Superior cancelou o verbete acima e revisou sua jurisprudência, a fim de assentar que a gradação legal dos bens penhoráveis, positivada no art. 835 do referido diploma, deve ser observada igualmente na execução provisória e na definitiva. Inteligência da Súmula 417, I, do TST, já adequada ao novo ordenamento jurídico processual. 4. Tampouco existe interpretação diversa a ser conferida à impetrante em razão da sua condição de sociedade de economia mista, integrante da Administração Pública Indireta e sujeita ao regime próprio das empresas privadas. Precedente da SDI-2. 5. Assim, a rejeição do bem oferecido à penhora não importa em ofensa a direito líquido e certo, tutelável pela via mandamental. Recurso ordinário a que se nega provimento" (ROT-9053-31.2021.5.15.0000, Subseção II Especializada em Dissídios Individuais, rel. Min. Alberto Bastos Balazeiro, *DEJT* 28-10-2022).

Embora parte da doutrina entenda em sentido contrário, a jurisprudência vem se posicionando majoritariamente pela **inaplicabilidade** ao processo do trabalho do **art. 520 do Código de Processo Civil**, que prevê que o cumprimento provisório da sentença impugnada por recurso desprovido de efeito suspensivo será realizado da mesma forma que o cumprimento definitivo. Sobre o tema, a **IN n. 39/2015 do Tribunal Superior do Trabalho** dispõe que: "Considerando que está *sub judice* no Tribunal Superior do Trabalho a possibilidade de imposição de multa pecuniária ao executado e de liberação de depósito em favor do exequente, na pendência de recurso, o que obsta, de momento, qualquer manifestação da Corte sobre a incidência no Processo do Trabalho das normas dos arts. 520 a 522 e § 1.º do art. 523 do CPC de 2015". Esse mesmo entendimento já vinha sendo adotado em relação ao art. 475-O do Código de Processo Civil de 1973.

> "RECURSO DE REVISTA – EXECUÇÃO PROVISÓRIA – LIBERAÇÃO DE VALORES INCONTROVERSOS – IMPOSSIBILIDADE. A jurisprudência desta Corte é no sentido da inaplicabilidade dos arts. 520 e 521 do CPC/2015 (antigo 475-O do CPC de 1973) ao processo do trabalho, devido à existência de regramento disciplinador específico da execução provisória constante do art. 899 da CLT. Precedentes. Recurso de revista conhecido e provido."

(RRAg-0010089-04.2018.5.03.0112, 2.ª T., rel. Min. Luiz Philippe Vieira de Mello Filho, *DEJT* 30-8-2024)

"AGRAVO. AGRAVO DE INSTRUMENTO EM RECURSO DE REVISTA. EXECU-ÇÃO. RECURSO REGIDO PELO CPC/2015 E PELA IN N. 40/2016 DO TST. PREEN-CHIMENTO DA EXIGÊNCIA DO ART. 896, § 1.º-A, INCISO III, DA CLT. A reclamante, nas razões de recurso de revista, cuidou de demonstrar, analiticamente, a ofensa ao dispositivo legal por ela indicado, cumprindo a exigência do citado dispositivo. Agravo provido. AGRAVO DE INSTRUMENTO EM RECURSO DE REVISTA. EXECUÇÃO PROVISÓRIA. LEVANTAMENTO DE VALORES DEPOSITADOS EM JUÍZO. INA-PLICABILIDADE DO ART. 520 DO CPC/2015 (ART. 475-O DO CPC/73) AO PROCES-SO DO TRABALHO. A jurisprudência desta Corte tem firmado o entendimento no sentido de serem inaplicáveis ao Processo do Trabalho os arts. 520 e 521 do CPC/15 (art. 475-O do CPC/73), por existir previsão expressa na CLT (art. 899), o que impede a liberação dos depósitos recursais em favor do reclamante antes do trânsito em julgado da decisão, conforme decidido pelo Regional. Agravo de instrumento desprovido." (Ag--AIRR-1001471-10.2019.5.02.0706, 3.ª T., rel. Des. Convocado Marcelo Lamego Pertence, *DEJT* 14-6-2024)

10.3. EXECUÇÃO TRABALHISTA EM CASO DE FALÊNCIA, RECUPERAÇÃO JUDI-CIAL E LIQUIDAÇÃO EXTRAJUDICIAL

A execução trabalhista em caso de falência e recuperação judicial deve ser analisada considerando a **Lei n. 11.101/2005**, com as alterações da **Lei n. 14.112/2020**.

Os **créditos trabalhistas subsistem** mesmo em caso de falência, de recuperação judicial ou de dissolução da empresa, constituindo **créditos privilegiados** em caso de falência **(art. 449, CLT e Lei n. 11.101/2005)**, tendo preferência inclusive em relação aos créditos tributários, conforme estabelecido pelo **art. 186 do Código Tributário Nacional**.

Nesse sentido, o **art. 83, I, da Lei n. 11.101/2005** aponta em primeiro lugar, na ordem de classificação dos credores, os créditos trabalhistas, **limitados a 150 salários mínimos por empregado**, bem como os créditos decorrentes de acidente do trabalho.

O **art. 84 da Lei n. 11.101/2005** estabelece que os créditos trabalhistas e de acidentes do trabalho relativos a serviços prestados após a decretação da falência são considerados *créditos extraconcursais* e serão pagos, na ordem prevista, com precedência a todos os demais, sem qualquer limitação de valor.

É da **competência das Varas do Trabalho** proceder à **liquidação da sentença** condenatória ilíquida, nos termos do **art. 6.º, § 1.º, da Lei n. 11.101/2005**. No entanto, **após a liquidação** do crédito trabalhista, impõe-se a sua **habilitação perante o Administrador Judicial** da empresa falida, a teor do **art. 7.º da referida Lei**.

Todos os bens e créditos da empresa falida, inclusive aqueles objetos de constrição judicial e os produtos obtidos em leilão realizado no âmbito do Judiciário do Trabalho, sujeitam-se à **força atrativa do juízo falimentar**, com a consequente suspensão da execução trabalhista, em conformidade com o **art. 108, § 3.º, da Lei n. 11.101/2005**.

A Justiça do Trabalho também não detém competência para proceder à execução dos créditos decorrentes de suas sentenças em desfavor de **empresa em fase de**

recuperação judicial, cabendo tal prerrogativa ao juízo falimentar. A atuação da Justiça do Trabalho, à luz do **art. 114 do Texto Constitucional** e das disposições da Lei de Recuperação Judicial, Extrajudicial e de Falência **(Lei n. 11.101/2005)**, ao apreciar e julgar as reclamatórias trabalhistas movidas em desfavor da empresa em processo de recuperação judicial, vai até a quantificação do crédito obreiro, passando, por conseguinte, à sua **habilitação no quadro geral de credores**.

"AGRAVO DE PETIÇÃO. LIBERAÇÃO DE VALORES. DEPÓSITO RECURSAL. EMPRESA EM PROCESSO DE RECUPERAÇÃO JUDICIAL. IMPOSSIBILIDADE. COMPETÊNCIA DO JUÍZO UNIVERSAL. PROVIMENTO. Constata-se equívoco no exame do agravo de instrumento, razão pela qual necessário o provimento do agravo para melhor exame do apelo. Agravo a que se dá provimento. II – AGRAVO DE INSTRUMENTO AGRAVO DE PETIÇÃO. LIBERAÇÃO DE VALORES. DEPÓSITO RECURSAL. EMPRESA EM PROCESSO DE RECUPERAÇÃO JUDICIAL. IMPOSSIBILIDADE. COMPETÊNCIA DO JUÍZO UNIVERSAL. PROVIMENTO. Por violação dos arts. 5.º, II, da Constituição Federal, o provimento do agravo de instrumento para o exame do recurso de revista é medida que se impõe. Agravo de instrumento a que se dá provimento. III – RECURSO DE REVISTA AGRAVO DE PETIÇÃO. LIBERAÇÃO DE VALORES. DEPÓSITO RECURSAL. EMPRESA EM PROCESSO DE RECUPERAÇÃO JUDICIAL. IMPOSSIBILIDADE. COMPETÊNCIA DO JUÍZO UNIVERSAL. PROVIMENTO. Sobre o tema a jurisprudência desta Corte Superior firmou-se no sentido de que os atos de execução dos créditos promovidos contra empresas falidas ou em recuperação judicial, sob a égide do Decreto-Lei n. 7.661/45 ou da Lei n. 11.101/05, bem como os atos judiciais que envolvam o patrimônio dessas empresas, devem ser realizados pelo juízo universal. Isso porque, como se sabe, a existência de pedido deferido de processamento de recuperação judicial, de fato, torna incompetente a Justiça do Trabalho para executar o crédito trabalhista, o qual deverá ser inscrito no quadro geral de credores do Juízo falimentar. A competência desta Especializada restringe-se, portanto, às fases de conhecimento e liquidação do título executivo, conforme disposto no art. 6.º, *caput*, e § 2.º, da Lei n. 11.101/05. Dessa forma, tem-se não ser possível a liberação de valores de depósitos recursais ao exequente, uma vez que tais valores fazem parte, de fato, do universo de bens do executado, ainda que as constrições tenham sido realizadas anteriormente à decretação da recuperação judicial. Precedentes. Neste contexto, o Tribunal Regional, ao determinar o prosseguimento da execução com o levantamento dos depósitos recursais, ainda que efetuados em momento anterior à decretação da recuperação judicial da Executada, decidiu em contrariedade à jurisprudência desta Corte Superior, violando o disposto no art. 5.º, II, da Constituição Federal. Recurso de revista de que se conhece e a que se dá provimento" (RR-100615-52.2017.5.01.0065, 8.ª T., rel. Des. Convocado Jose Pedro de Camargo Rodrigues de Souza, *DEJT* 24-9-2024).

"AGRAVO DE INSTRUMENTO DOS EXECUTADOS. FALTA DE DIALETICIDADE. Não se conhece do agravo de instrumento que deixa de impugnar o óbice expressamente erigido na decisão que negou seguimento ao recurso de revista. (Súmula 422, I, do TST). Agravo de Instrumento não conhecido. AGRAVO DE INSTRUMENTO DO EXEQUENTE. CRÉDITOS EXTRACONCURSAIS. COMPETÊNCIA CONSTRITIVA DO JUÍZO UNIVERSAL. A jurisprudência deste Tribunal Superior é iterativa no sentido de que os créditos extraconcursais, embora não estejam sujeitos ao concurso de credores, devem ser liquidados na Justiça do Trabalho, cabendo ao juízo da recuperação judicial a prática dos atos constritivos. Agravo de instrumento não provido" (AIRR-AIRR-10800-71.2020.5.03.0101, 1.ª T., rel. Min. Amaury Rodrigues Pinto Junior, *DEJT* 26-4-2024).

"[...] II – RECURSO DE REVISTA. LEI 13.015/2014. EMPRESA EM RECUPERAÇÃO JUDICIAL. PENHORA DE CRÉDITOS POSTERIORES AO PEDIDO DE RECUPE-RAÇÃO. VALORES QUE DEVEM SER POSTOS À DISPOSIÇÃO DO JUÍZO UNIVERSAL. Na esteira da jurisprudência predominante no âmbito da SBDI-2 do TST, os bens de titularidade da empresa recuperanda eventualmente penhorados pelo juízo trabalhista devem ser postos à disposição do Juízo Universal, o que inclui valores constritos antes da decretação da recuperação judicial. Com efeito, a mesma conclusão deve ser adotada no caso de valores penhoras que tenham sido oriundos de créditos posteriores ao pedido de recuperação judicial. Nesse sentido, o Tribunal Superior do Trabalho possui jurisprudência consolidada, no sentido de que, embora os créditos extraconcursais não se submetam à recuperação judicial, a execução deve prosseguir perante o juízo universal. Precedentes. Recurso de revista conhecido e parcialmente provido" (RR-10030-10.2020. 5.03.0059, 2.ª T., rel. Min. Maria Helena Mallmann, *DEJT* 25-8-2023).

Assim, aprovado e homologado o Plano de Recuperação Judicial, é do **Juízo de Falências e Recuperações Judiciais** a **competência** para a prática de quaisquer **atos de execução** referentes a reclamações trabalhistas movidas contra a empresa recuperanda **(arts. 124 a 127 da Consolidação dos Provimentos da Corregedoria-Geral da Justiça do Trabalho, de 19-12-2019)**.

No caso de execução de crédito trabalhista em que tenha havido a decretação da falência do executado ou este se encontre em recuperação judicial, caberá aos Juízos das Varas do Trabalho orientar os respectivos credores para que providenciem a habilitação dos seus créditos perante o Administrador Judicial da Empresa Falida ou em Recuperação Judicial, expedindo para tanto Certidão de Habilitação de Crédito.

O mesmo não ocorre em relação às **empresas em liquidação extrajudicial**, casos em que a execução dos créditos trabalhistas deve prosseguir diretamente na Justiça do Trabalho.

OJ SDI-1 143, TST: "A execução trabalhista deve prosseguir diretamente na Justiça do Trabalho mesmo após a decretação da liquidação extrajudicial. Lei n. 6.830/80, arts. 5.º e 29, aplicados supletivamente (CLT, art. 889 e CF/1988, art. 114)".

É assegurado aos juízos das Varas do Trabalho, ainda que as ações trabalhistas se achem pendentes de julgamento, formular **pedidos de reserva de valor** diretamente aos juízos de falência, os quais serão atendidos na medida das forças da massa falida, em conformidade com o disposto no **art. 6.º, § 3.º, da Lei n. 11.101/2005**.

Importante destacar que, em caso de falência ou de recuperação judicial, é possível o **redirecionamento** da execução **contra os sócios ou integrantes do mesmo grupo econômico**. No entanto, com o advento da Lei n. 14.112/2020, que alterou a Lei n. 11.101/2005, parte da jurisprudência do TST passou a entender que, no caso de falência, a desconsideração da personalidade jurídica deve ser decretada no âmbito do juízo falimentar, não sendo a Justiça do Trabalho competente para tanto. Entende-se que no caso de recuperação judicial, no entanto, a competência para a desconsideração da personalidade jurídica, com o prosseguimento dos atos executórios em face dos sócios, a competência permanece com a Justiça do Trabalho.

"RECURSO DE REVISTA INTERPOSTO PELA EXECUTADA SOB A ÉGIDE DA LEI N. 13.467/2017 – EXECUÇÃO – COMPETÊNCIA DA JUSTIÇA DO TRABALHO – DESCONSIDERAÇÃO DA PERSONALIDADE JURÍDICA – REDIRECIONAMENTO DA EXECUÇÃO CONTRA OS SÓCIOS DA EMPRESA EM RECUPERAÇÃO JUDICIAL – TRANSCENDÊNCIA JURÍDICA RECONHECIDA 1. Nos termos da jurisprudência consolidada nesta Eg. Corte, a Justiça do Trabalho é competente para processar e julgar incidente de desconsideração da personalidade jurídica de empresa executada em recuperação judicial, tendo em vista que os bens dos sócios não se confundem com os da pessoa jurídica recuperanda. 2. O art. 82-A, parágrafo único, da Lei n. 11.101/2005 (incluído pela Lei n. 14.112/2020) refere-se especificamente à sociedade falida, não se aplicando à empresa em recuperação judicial. Recurso de Revista não conhecido" (RR-743-22.2017.5.08.0016, 4.ª T., rel. Min. Maria Cristina Irigoyen Peduzzi, *DEJT* 18-10-2024).

"AGRAVO. AGRAVO DE INSTRUMENTO. RECURSO DE REVISTA. EXECUÇÃO. LEI N. 13.467/2017. EXECUTADO. EXECUÇÃO. EMPRESA EM RECUPERAÇÃO JUDICIAL. INCIDENTE DE DESCONSIDERAÇÃO DA PERSONALIDADE JURÍDICA. REDIRECIONAMENTO PARA OS SÓCIOS. COMPETÊNCIA DA JUSTIÇA DO TRABALHO. 1 – A decisão monocrática reconheceu a transcendência, porém negou provimento ao agravo de instrumento. 2 – Os argumentos invocados pela parte não conseguem desconstituir os fundamentos da decisão monocrática. 3 – Esta Corte Superior vem decidindo que, na hipótese de decretação de falência ou de recuperação judicial de empresa executada, a Justiça do Trabalho tem competência para julgar pedido de desconsideração da personalidade jurídica, para fins de direcionar a execução contra os bens dos sócios da empresa executada, haja vista que os bens dos sócios não se confundem com os bens da devedora principal. Julgados. 4 – Nesse mesmo sentido o STJ considera a Justiça do Trabalho competente para julgar, a desconsideração da personalidade jurídica, quando a empresa estiver em recuperação judicial, como no caso. Eis o julgado: AGRAVO INTERNO NO CONFLITO DE COMPETÊNCIA. CONFLITO POSITIVO DE COMPETÊNCIA. SUSCITANTE EM RECUPERAÇÃO JUDICIAL. JUÍZO TRABALHISTA QUE DETERMINOU A DESCONSIDERAÇÃO DA PERSONALIDADE JURÍDICA DA EMPRESA SUSCITANTE. POSSIBILIDADE. INEXISTÊNCIA, A PRINCÍPIO, DE DECISÕES CONFLITANTES. PLAUSIBILIDADE DO DIREITO VINDICADO E PERIGO DA DEMORA NÃO EVIDENCIADOS. LIMINAR INDEFERIDA. AGRAVO INTERNO DESPROVIDO. 1. A jurisprudência do Superior Tribunal de Justiça é iterativa no sentido de que 'a Justiça do Trabalho tem competência para decidir acerca da desconsideração da personalidade jurídica da sociedade em recuperação judicial, bem como para, em consequência, incluir coobrigado no polo passivo da execução, pois tal mister não é atribuído com exclusividade a um determinado Juízo ou ramo da Justiça' (AgInt no CC 160.384/SP, rel. Min. Raul Araújo, 2.ª S., j. 23-10-2019, *DJe* 30-10-2019). 2. Por outro lado, inexiste conflito quando a execução contra a recuperanda é redirecionada a sócio que não está submetido ao processo de soerguimento, nos termos da Súmula 480/STJ. 3.

Não evidenciados a plausibilidade do direito vindicado e o perigo de dano, de rigor o indeferimento do pedido liminar, revelando-se escorreita a decisão ora agravada que assim procedeu. 4. Agravo interno desprovido. (AgInt no CC 178530/SP, rel. Min. Marco Aurélio Bellizze, 2.ª S., *DJe* 3-9-2021) 5 – Ressalte-se, ainda, que tal entendimento não se alterou com a inclusão do art. 82-A, e parágrafo único, à Lei n. 11.101/2005, por meio da Lei n. 14.112/2020, pois a referida lei se refere à sociedade falida. 6 – Decisão monocrática mantida com acréscimo de fundamentos. Agravo a que se nega provimento" (AIRR-0020600-61.2006.5.02.0063, 6.ª T., rel. Min. Katia Magalhaes Arruda, *DEJT* 16-10-2024).

O tema, no entanto, não é pacífico, havendo controvérsia no âmbito do TST sobre a possibilidade ou não da decretação da desconsideração da personalidade jurídica em relação aos sócios de empresa falida.

"AGRAVO. RECURSO DE REVISTA. EXECUÇÃO. MASSA FALIDA. DESCONSIDERAÇÃO DA PERSONALIDADE JURÍDICA. REDIRECIONAMENTO DA EXECUÇÃO CONTRA O SÓCIO. 1. O redirecionamento da execução contra os sócios ou integrantes do mesmo grupo econômico da empresa falida ou em recuperação judicial não afasta a competência da Justiça do Trabalho e o prosseguimento dos atos executórios, na medida em que eventual constrição não recairá sobre bens da empresa, mas sim dos sócios, razão pela qual não é atingida a competência do juízo falimentar. Precedentes. 2. Ademais, é necessário consignar que o novo art. 82-A da Lei n. 11.101/2005, incluído pela Lei n. 14.112/2020, em momento algum determina que a decretação da desconsideração da personalidade jurídica da sociedade falida deva ser feita exclusivamente pelo juízo falimentar, não dando suporte ao deslocamento pretendido pelos executados. 3. Referido dispositivo apenas arremata que, quando a desconsideração for determinada pelo juízo falimentar, o procedimento deve observar os pressupostos definidos no Código Civil, assim como a instauração do incidente previsto no Código de Processo Civil. 4. Nessa linha, o eg. Superior Tribunal de Justiça, em recente decisão de sua 2.ª Seção (*DJe* 11-9-2024), reconsiderando posição que até então prevalecia em sua jurisprudência sobre o tema, não conheceu do conflito de competência entre juízo falimentar e juízo do trabalho, por entender que 'o art. 82-A da Lei n. 11.101/2005 não confere ao Juízo falimentar competência exclusiva para desconsiderar a personalidade jurídica', não sendo uma regra de competência, mas sim uma disposição cujo alcance limita-se à desconsideração nos autos da falência para atingir patrimônio de terceiro e que não se confunde com o instituto da extensão da falência a outrem (Informativo n. 824 – CC 200775 /SP). Precedente da 6.ª T. do TST. Agravo não provido" (Ag-EDCiv-RR-11775-37.2015.5.01.0065, 2.ª T., rel. Min. Maria Helena Mallmann, *DEJT* 18-11-2024).

Não estando ainda pacificado o entendimento sobre essas questões, ressaltamos a importância de acompanhamento da jurisprudência do TST até que haja uma pacificação sobre o alcance do art. 82-A da Lei n. 11.101/2005, incluído pela Lei n. 14.112/2020.

Em obediência aos princípios da efetividade, celeridade e economia processual e com fundamento nos **arts. 765 da Consolidação das Leis do Trabalho, 130 do Código de Processo Civil e 28 da Lei n. 8.078/90**, em caso de falência ou de recuperação judicial da devedora principal, o Juízo pode **prosseguir a execução** em face da **devedora subsidiária**, sem que haja obrigatoriedade de constrição prévia dos bens da pessoa jurídica da primeira ou de seus sócios, quando há garantia representada por devedor subsidiário. Não há que se falar em esgotamento de todos os bens da devedora principal para só depois buscar bens da devedora subsidiária.

"AGRAVO DE INSTRUMENTO. RECURSO DE REVISTA SOB A ÉGIDE DA LEI N. 13.467/2017. EXECUÇÃO. COMPETÊNCIA DA JUSTIÇA DO TRABALHO. RECUPERAÇÃO JUDICIAL DA EMPRESA EXECUTADA. REDIRECIONAMENTO DA EXECUÇÃO. DEVEDOR SUBSIDIÁRIO. BENEFÍCIO DE ORDEM. TRANSCENDÊNCIA NÃO RECONHECIDA. Trata-se de controvérsia sobre a competência da justiça do Trabalho para determinar o redirecionamento da execução em face da devedora subsidiária (segunda reclamada), ante o pedido de recuperação judicial da devedora principal. No caso, o Regional entendeu que o prosseguimento da execução se deu em face da responsável subsidiária (CLARO S.A) na decisão exequenda e não está sujeita ao regime da Lei n. 11.101/2005, sendo certo que a recuperação judicial da executada principal não tem o condão de inviabilizar o redirecionamento em face do devedor subsidiário perante esta Justiça Especializada, não podendo se cogitar da incompetência material arguida. Entendeu, ainda, que a devedora principal encontra-se em recuperação judicial, estando plenamente configurado seu inadimplemento a justificar o redirecionamento da execução em face da responsável subsidiária. A pretensão recursal esbarra no entendimento da Súmula 266 do TST e no art. 896, § 2.º, da CLT. O exame prévio dos critérios de transcendência do recurso de revista revela a inexistência de qualquer deles a possibilitar o exame do apelo no TST. A par disso, irrelevante perquirir a respeito do acerto ou desacerto da decisão agravada, dada a inviabilidade de processamento, por motivo diverso, do apelo anteriormente obstaculizado. Vale destacar que eventual violação reflexa de dispositivo constitucional (arts. 5.º, II, XXXVI, LIV, e 114, IX, da CF), não se coaduna com os limites do art. 896, § 2.º, da CLT e da Súmula 266 do TST. Agravo de instrumento não provido. [...]" (AIRR-AIRR-1000768-71.2017.5.02.0602, 6.ª T., rel. Min. Augusto Cesar Leite de Carvalho, *DEJT* 6-12-2024).

"AGRAVO. AGRAVO DE INSTRUMENTO EM RECURSO DE REVISTA. ACÓRDÃO PUBLICADO NA VIGÊNCIA DA LEI N. 13.467/2017. EXECUÇÃO. EXECUÇÃO. RESPONSABILIDADE SUBSIDIÁRIA. BENEFÍCIO DE ORDEM. DESCONSIDERAÇÃO DA PERSONALIDADE JURÍDICA DA DEVEDORA PRINCIPAL. AUSÊNCIA DE TRANSCENDÊNCIA. A questão relativa ao redirecionamento da execução ao devedor subsidiário sem a prévia desconsideração da personalidade jurídica do devedor tem natureza infraconstitucional, o que inviabiliza, nos termos da Súmula 266 do TST, a reforma da decisão agravada, uma vez que a ofensa aos dispositivos constitucionais indicados se daria, quando muito, pela via reflexa, pois primeiro seria necessário averiguar eventual infringência à legislação infraconstitucional que rege a matéria. Precedente. Quanto ao mais, verifica-se que o posicionamento adotado pela Corte de origem revela plena sintonia com a iterativa, notória e atual jurisprudência deste Tribunal, consolidada no sentido de que o direcionamento da execução ao devedor subsidiário prescinde a prévia desconsideração da personalidade jurídica do devedor principal e de seus sócios, bastando o inadimplemento daquele. Precedentes de todas as Turmas deste Tribunal Superior. Incide a Súmula 333 do TST como óbice à extraordinária intervenção deste Tribunal Superior no feito. A existência de obstáculo processual apto a inviabilizar o exame da matéria de fundo veiculada, como no caso, acaba por evidenciar, em última análise, a própria

10 ◼ Execução no Processo do Trabalho

ausência de transcendência do recurso de revista, em qualquer das suas modalidades. Agravo não provido" (Ag-AIRR-1804-17.2017.5.06.0001, 5.ª T., rel. Min. Breno Medeiros, *DEJT* 29-11-2024).

10.4. LIQUIDAÇÃO DE SENTENÇA

Proceder-se-á à liquidação, a requerimento do credor ou do devedor, quando a sentença não determinar o valor devido **(art. 509, CPC)**. O legislador trabalhista prevê que, "sendo ilíquida a sentença exequenda, ordenar-se-á, previamente, a sua liquidação" **(art. 879, CLT)**.

No processo do trabalho a **liquidação de sentença** é um momento de aperfeiçoamento da sentença de conhecimento, é uma fase integrativa entre a fase de conhecimento e a fase de execução, formada por um conjunto de atos que objetiva aparelhar o título para a execução.

Portanto, é possível afirmar que "a natureza jurídica da liquidação de sentença, quanto à sua finalidade, é de subfase integrativa da fase de conhecimento"[15].

A liquidação de sentença poderá ser feita por cálculo, por arbitramento ou pelo procedimento comum (antiga liquidação por artigos) **(art. 879, CLT e art. 509, CPC)**. Embora a Consolidação das Leis do Trabalho indique as formas de liquidação, não prevê os meios e as regras sobre a utilização de cada uma dessas formas, o que determina a aplicação subsidiária do Código de Processo Civil.

A liquidação será feita **por arbitramento**, quando determinado pela sentença, convencionado pelas partes ou exigido pela natureza do objeto da liquidação **(art. 509, I, CPC)**. Será realizada **por artigos** (chamada pelo CPC de 2015 de "procedimento comum"), quando houver necessidade de alegar e provar fato novo **(art. 509, II, CPC)**.

Na liquidação **não se poderá modificar, ou inovar**, a sentença liquidanda, nem discutir matéria pertinente à causa principal **(art. 897, § 1.º, CLT)**. O **limite** para a execução e, portanto, para a liquidação é a **coisa julgada**. O que se executa é a coisa julgada; não se pode inovar. Não se discute em liquidação matéria superada pela decisão exequenda (o limite é a coisa julgada). Eventual discussão na liquidação de sentença restringe-se aos aspectos estabelecidos por lei.

"AGRAVO DE INSTRUMENTO EM RECURSO DE REVISTA. ACÓRDÃO DO TRIBUNAL REGIONAL PUBLICADO APÓS A VIGÊNCIA DA LEI N. 13.467/2017. FASE DE EXECUÇÃO. CÁLCULOS DE LIQUIDAÇÃO. COISA JULGADA. AUSÊNCIA DE TRANSCENDÊNCIA. O Tribunal Regional foi categórico em afirmar que a perita apurou os cálculos pela análise das fichas financeiras, tal como determinado no acórdão exequendo. Ora, se os cálculos foram elaborados com observância do comando exequendo, não há que se falar em violação da coisa julgada. Nesse contexto, decerto que não se vislumbra a violação do art. 5.º, XXXVI, da CF. Com efeito, a ofensa à coisa julgada supõe dissonância patente entre o título executivo e a decisão proferida na execução, o que não se verifica quando se faz necessária a interpretação do título executivo judicial para se concluir pela lesão à coisa julgada. Inteligência da Orientação Jurisprudencial n. 123 da

---

[15] MANUS, Pedro Paulo Teixeira. *Execução de sentença no processo do trabalho, cit.*, p. 25.

408 Direito Processual do Trabalho Esquematizado | *Carla Teresa Martins Romar*

SBDI-II. Por fim, observa-se que os demais dispositivos indicados (art. 5.º, II, LIV e LV, da CF) não abordam o tema aqui em debate (violação à coisa julgada), motivo pelo qual também se reputam incólumes. Ante o exposto, não demonstrada, no particular, a transcendência do recurso de revista por nenhuma das vias do art. 896-A da CLT. Agravo de instrumento conhecido e desprovido" (AIRR-160100-22.2009.5.03.0060, 7.ª T., rel. Min. Alexandre de Souza Agra Belmonte, *DEJT* 16-6-2023).

A liquidação deve abranger também o cálculo das **contribuições previdenciárias** devidas (**art. 879, § 1.º-A, CLT**).

10.4.1. Liquidação por cálculos

A **liquidação por cálculos** é utilizada quando a apuração do valor devido puder ser feita por uma simples operação aritmética. Trata-se de um procedimento de extrema simplicidade, que permite chegar ao valor devido a partir de cálculos elaborados com base nos critérios fixados na sentença.

As partes deverão ser previamente intimadas para a apresentação do cálculo de liquidação, inclusive da contribuição previdenciária incidente (**art. 879, § 1.º-B, CLT**).

Elaborada a conta e tornada líquida, o juízo deverá abrir às partes **prazo** comum de oito dias **para impugnação** fundamentada com a indicação dos itens e valores objeto da discordância, **sob pena de preclusão (art. 879, § 2.º, CLT)**.

Manifestando-se as partes sobre os cálculos, indicando expressamente os itens e valores objeto da discordância, ou tratando-se de cálculos de liquidação complexos, o juiz poderá nomear perito para a elaboração e fixará, depois da conclusão do trabalho, o valor dos respectivos honorários, com observância, entre outros, dos critérios de razoabilidade e proporcionalidade (**art. 879, § 6.º, CLT**).

Não havendo manifestação das partes sobre os cálculos, ou havendo apenas impugnação genérica, presume-se a concordância delas quanto ao objeto dos cálculos (verbas e valores apurados).

Em relação aos critérios de **atualização monetária** e **incidência de juros,** o Tribunal Superior do Trabalho fixou entendimentos no sentido de que a correção monetária não incide sobre o débito do trabalhador reclamante (**Súm. 187, TST**), os juros de mora incidem sobre a importância da condenação já corrigida monetariamente (**Súm. 200, TST**) e os juros de mora e a correção monetária incluem-se na liquidação, ainda que omisso o pedido inicial ou a condenação (**Súm. 211, TST**). Os débitos trabalhistas das entidades submetidas aos regimes de intervenção ou liquidação extrajudicial estão sujeitos a correção monetária desde o respectivo vencimento até seu efetivo pagamento, sem interrupção ou suspensão, não incidindo, entretanto, sobre tais débitos, juros de mora (**Súm. 304, TST**).

A atualização do crédito devido à Previdência Social deverá observar os critérios estabelecidos na legislação previdenciária (**art. 879, § 4.º, CLT**).

Elaborada a conta pela parte ou pelos órgãos auxiliares da Justiça do Trabalho, o juiz intimará a União para manifestação, no prazo de dez dias, sob pena de preclusão (**art. 879, § 3.º, CLT**). Essa intimação poderá ser dispensada pelo Ministro da Fazenda, mediante ato fundamentado, a partir de critério que tenha por base o valor total das verbas que integram o salário de contribuição **(art. 879, § 5.º, CPC)**.

Os descontos previdenciários e fiscais devem ser efetuados pelo juízo executório, ainda que a sentença exequenda tenha sido omissa sobre a questão, dado o caráter de ordem pública ostentado pela norma que os disciplina. A ofensa à coisa julgada somente poderá ser caracterizada na hipótese de o título exequendo, expressamente, afastar a dedução dos valores a título de imposto de renda e de contribuição previdenciária **(Súm. 401, TST)**.

> **OJ SDI-1 368, TST:** "É devida a incidência das contribuições para a Previdência Social sobre o valor total do acordo homologado em juízo, independentemente do reconhecimento de vínculo de emprego, desde que não haja discriminação das parcelas sujeitas à incidência da contribuição previdenciária, conforme parágrafo único do art. 43 da Lei n. 8.212, de 24.07.1991, e do art. 195, I, *a*, da CF/1988".

A **Lei n. 13.467/2017 (Reforma Trabalhista)** acrescentou o **§ 7.º ao art. 879 da Consolidação das Leis do Trabalho**, prevendo que a **atualização dos créditos** decorrentes de condenação judicial será feita pela **Taxa Referencial (TR)**, divulgada pelo Banco Central do Brasil, conforme a Lei n. 8.177/91.

A previsão do **§ 7.º do art. 879, da CLT** foi questionada pela Associação Nacional dos Magistrados da Justiça do Trabalho (Anamatra), que ajuizou as ADIs 5.867 e 6.021, sob o fundamento de que a norma questionada viola o direito de propriedade e a proteção do trabalho e do salário do trabalhador.

Esse dispositivo, no entanto, já não vinha sendo aplicado, tendo em vista o julgamento proferido pelo Tribunal Superior do Trabalho, que acolheu Arguição de Inconstitucionalidade do **art. 39 da Lei n. 8.177/91** (ArgInc 479-60.2011.5.04.0231). A partir desse julgamento o TST passou a entender que os créditos decorrentes de condenação na Justiça do Trabalho deveriam ser atualizados pelo IPCA-E[16].

A decisão do TST, porém, foi questionada no SFT através das ADCs 58 e 59, ajuizadas, respectivamente, pela Confederação Nacional do Sistema Financeiro (Consif) e

---

[16] "AGRAVO DE INSTRUMENTO EM RECURSO DE REVISTA INTERPOSTO SOB A ÉGIDE DA LEI N. 13.467/2017 – EXECUÇÃO – ATUALIZAÇÃO MONETÁRIA DOS DÉBITOS TRABALHISTAS – ÍNDICE APLICÁVEL. O Tribunal Pleno desta Corte, nos autos do incidente de inconstitucionalidade suscitado em Recurso de Revista (ArgInc-479-60.2011.5.04.0231 e ED-ArgInc-479-60.2011.5.04.0231), declarou ser inconstitucional a expressão 'equivalentes à TRD' contida no *caput* do art. 39 da Lei n. 8.177/91. Adotou-se interpretação conforme à Constituição da República para manter o direito à atualização monetária dos créditos trabalhistas e, diante da modulação dos efeitos da decisão, definiu-se a incidência da TR até 24-3-2015, e do IPCA-E a partir de 25-3-2015. O acórdão regional está de acordo com o referido entendimento. Considere-se que o art. 879, § 7.º, da CLT, com a redação conferida pela Lei n. 13.467/2017, não tem eficácia normativa, porque se reporta ao critério de atualização previsto na Lei n. 8.177/91, que foi declarado inconstitucional pelo Tribunal Pleno desta Corte, em observância à decisão do E. STF. Agravo de Instrumento a que se nega provimento" (TST, AIRR 115608720165090652, 8.ª T., rel. Maria Cristina Irigoyen Peduzzi, *DEJT* 30-11-2018).

pela Confederação Nacional da Tecnologia da Informação e Comunicação (Contic) e outras duas entidades de classe.

O Supremo Tribunal Federal, em sessão plenária realizada no dia 18 de dezembro de 2020, finalizou o julgamento das ações acima citadas, definindo posicionamento final acerca do índice de correção a ser utilizado nos créditos decorrentes das condenações trabalhistas[17].

O Relator, Ministro Gilmar Mendes, mesmo ressalvando seu posicionamento contrário, em respeito à colegialidade, concluiu que a TR é inadequada, pelo menos no contexto da CLT, como índice de atualização dos débitos trabalhistas. Assim sendo, proferiu seu voto declarando a inconstitucionalidade da expressão "Taxa Referencial", contida no **§ 7.º do art. 879 da CLT**.

O Ministro Relator também ressaltou em seu voto que a definição do TST de utilizar o IPCA-E como fator de atualização de créditos trabalhistas está equivocada. O IPCA-E é empregado como índice de atualização de crédito assumido em face da Fazenda Pública, o qual está submetido a regime jurídico próprio da Lei n. 9.494/97, com as alterações promovidas pela Lei n. 11.960/2009, e, portanto, é indevida a sua equiparação com os créditos de natureza trabalhista.

Assim, o STF decidiu, por maioria de votos, que **para a atualização dos créditos decorrentes de condenação judicial e para a correção dos depósitos recursais em**

---

[17] **Decisão:** O Tribunal, por maioria, julgou parcialmente procedente a ação, para conferir interpretação conforme à Constituição ao art. 879, § 7.º, e ao art. 899, § 4.º, da CLT, na redação dada pela Lei n. 13.467, de 2017, no sentido de considerar que à atualização dos créditos decorrentes de condenação judicial e à correção dos depósitos recursais em contas judiciais na Justiça do Trabalho deverão ser aplicados, até que sobrevenha solução legislativa, os mesmos índices de correção monetária e de juros que vigentes para as condenações cíveis em geral, quais sejam a incidência do IPCA-E na fase pré-judicial e, a partir da citação, a incidência da taxa SELIC (art. 406 do Código Civil), nos termos do voto do Relator, vencidos os Ministros Edson Fachin, Rosa Weber, Ricardo Lewandowski e Marco Aurélio. Por fim, por maioria, modulou os efeitos da decisão, ao entendimento de que (i) são reputados válidos e não ensejarão qualquer rediscussão (na ação em curso ou em nova demanda, incluindo ação rescisória) todos os pagamentos realizados utilizando a TR (IPCA-E ou qualquer outro índice), no tempo e modo oportunos (de forma extrajudicial ou judicial, inclusive depósitos judiciais) e os juros de mora de 1% ao mês, assim como devem ser mantidas e executadas as sentenças transitadas em julgado que expressamente adotaram, na sua fundamentação ou no dispositivo, a TR (ou o IPCA-E) e os juros de mora de 1% ao mês; (ii) os processos em curso que estejam sobrestados na fase de conhecimento (independentemente de estarem com ou sem sentença, inclusive na fase recursal) devem ter aplicação, de forma retroativa, da taxa Selic (juros e correção monetária), sob pena de alegação futura de inexigibilidade de título judicial fundado em interpretação contrária ao posicionamento do STF (art. 525, §§ 12 e 14, ou art. 535, §§ 5.º e 7.º, do CPC) e (iii) igualmente, ao acórdão formalizado pelo Supremo sobre a questão dever-se-á aplicar eficácia *erga omnes* e efeito vinculante, no sentido de atingir aqueles feitos já transitados em julgado desde que sem qualquer manifestação expressa quanto aos índices de correção monetária e taxa de juros (omissão expressa ou simples consideração de seguir os critérios legais), vencidos os Ministros Alexandre de Moraes e Marco Aurélio, que não modulavam os efeitos da decisão. Impedido o Ministro Luiz Fux (Presidente). Presidiu o julgamento a Ministra Rosa Weber (Vice-Presidente). Plenário, 18-12-2020 (Sessão realizada por videoconferência – Resolução 672/2020/STF).

contas judiciais na Justiça do Trabalho deverão ser aplicados, até que sobrevenha solução legislativa, os mesmos índices de correção monetária e de juros vigentes para as hipóteses de condenações cíveis em geral, quais sejam a incidência do **IPCA-E na fase pré-judicial e, a partir da citação, a incidência da taxa SELIC (art. 406 do Código Civil).**

Em 17-12-2021, com o trânsito em julgado da decisão proferida no *leading case* RE 1.269.353, o STF fixou a Tese 1191 de Repercussão Geral, nos seguintes termos:

"I – É inconstitucional a utilização da Taxa Referencial – TR como índice de atualização dos débitos trabalhistas, devendo ser aplicados, até que sobrevenha solução legislativa, os mesmos índices de correção monetária e de juros vigentes para as condenações cíveis em geral, quais sejam a incidência do IPCA-E na fase pré-judicial e, a partir do ajuizamento da ação, a incidência da taxa SELIC (art. 406 do Código Civil), à exceção das dívidas da Fazenda Pública, que possuem regramento específico. A incidência de juros moratórios com base na variação da taxa SELIC não pode ser cumulada com a aplicação de outros índices de atualização monetária, cumulação que representaria *bis in idem*. II – A fim de garantir segurança jurídica e isonomia na aplicação desta tese, devem ser observados os marcos para modulação dos efeitos da decisão fixados no julgamento conjunto da ADI 5.867, ADI 6.021, ADC 58 e ADC 59, como segue: (i) são reputados válidos e não ensejarão qualquer rediscussão, em ação em curso ou em nova demanda, incluindo ação rescisória, todos os pagamentos realizados utilizando a TR (IPCA-E ou qualquer outro índice), no tempo e modo oportunos (de forma extrajudicial ou judicial, inclusive depósitos judiciais) e os juros de mora de 1% ao mês, assim como devem ser mantidas e executadas as sentenças transitadas em julgado que expressamente adotaram, na sua fundamentação ou no dispositivo, a TR (ou o IPCA-E) e os juros de mora de 1% ao mês; (ii) os processos em curso que estejam sobrestados na fase de conhecimento, independentemente de estarem com ou sem sentença, inclusive na fase recursal, devem ter aplicação, de forma retroativa, da taxa Selic (juros e correção monetária), sob pena de alegação futura de inexigibilidade de título judicial fundado em interpretação contrária ao posicionamento do STF (art. 525, §§ 12 e 14, ou art. 535, §§ 5.º e 7.º, do CPC e (iii) os parâmetros fixados neste julgamento aplicam-se aos processos, ainda que transitados em julgado, em que a sentença não tenha consignado manifestação expressa quanto aos índices de correção monetária e taxa de juros (omissão expressa ou simples consideração de seguir os critérios legais)."

Dessa forma, restaram fixados os seguintes critérios para a atualização dos débitos trabalhistas:

Situação do processo	Efeitos
Novos processos.	IPCA-E na fase pré-judicial e, a partir da citação, a incidência da taxa SELIC.
Pagamentos que já foram realizados utilizando a TR, IPCA-E ou qualquer outro índice, no tempo e modo oportunos (de forma extrajudicial ou judicial, inclusive depósitos judiciais) e os juros de mora de 1% ao mês.	São reputados válidos e não ensejarão qualquer rediscussão (na ação em curso ou em nova demanda, incluindo ação rescisória).
Decisões transitadas em julgado que expressamente estipularam a TR (ou o IPCA-E) e os juros de mora de 1% ao mês na sua fundamentação ou dispositivo.	Devem ser mantidas e executadas na forma do título executivo judicial.

Decisões transitadas em julgado que não estipularam de forma expressa os índices de correção monetária e taxa de juros (omissão expressa ou simples determinação de que sejam seguidos os critérios legais).	IPCA-E na fase pré-judicial e, a partir da citação, a incidência da taxa SELIC.
Processos em curso que estejam sobrestados na fase de conhecimento (independentemente de estarem com ou sem sentença, inclusive na fase recursal).	IPCA-E na fase pré-judicial e, a partir da citação, a incidência da taxa SELIC.

"AGRAVO EM AGRAVO DE INSTRUMENTO EM RECURSO DE REVISTA DA PARTE RÉ. CPC/2015. LEI N. 13.467/2017. BASE DE CÁLCULO DA ACP. COISA JULGADA. TRANSCENDÊNCIA NÃO EXAMINADA. AUSÊNCIA DE COMPROVAÇÃO DO EFETIVO PREQUESTIONAMENTO. REQUISITO PREVISTO NO ART. 896, § 1.º-A, I, DA CLT NÃO OBSERVADO. Em sede de recurso de revista, a parte deve, obrigatoriamente, transcrever, ou destacar (sublinhar/negritar), o ponto específico da discussão, contendo as principais premissas fáticas e jurídicas contidas no acórdão regional acerca do tema por ela invocado, o que não ocorreu no apelo. Agravo conhecido e não provido. MODALIDADE DE LIQUIDAÇÃO. VERBA CTVF. FGTS. OFENSAÀ COISA JULGADA. INTERPRETAÇÃO DO SENTIDO E ALCANCE DO TÍTULO EXECUTIVO. AUSÊNCIA DE TRANSCENDÊNCIA DA CAUSA. PRECEDENTE ESPECÍFICO DA 7.ª TURMA. Conforme precedentes desta 7.ª Turma, não há transcendência nas matérias objeto do recurso. Agravo conhecido e não provido. AGRAVO EM RECURSO DE REVISTA DA PARTE AUTORA. CORREÇÃO MONETÁRIA DOS DÉBITOS TRABALHISTAS. APLICAÇÃO DA DECISÃO VINCULANTE PROFERIDA PELO SUPREMO TRIBUNAL FEDERAL NA ADC N. 58. RELATIVIZAÇÃO DA ESTRITA OBSERVÂNCIA DOS LIMITES DA CONTROVÉRSIA, PARA CUMPRIR A DETERMINAÇÃO ORIUNDA DA CORTE CONSTITUCIONAL. DISCIPLINA JUDICIÁRIA. CELERIDADE PROCESSUAL. TRANSCENDÊNCIA POLÍTICA CONSTATADA. O Supremo Tribunal Federal, por ocasião do julgamento da ADC n. 58, decidiu 'conferir interpretação conforme à Constituição ao art. 879, § 7.º, e ao art. 899, § 4.º, da CLT, na redação dada pela Lei 13.467 de 2017, no sentido de considerar que à atualização dos créditos decorrentes de condenação judicial e à correção dos depósitos recursais em contas judiciais na Justiça do Trabalho deverão ser aplicados, até que sobrevenha solução legislativa, os mesmos índices de correção monetária e de juros que vigentes para as condenações cíveis em geral, quais sejam a incidência do IPCA-E na fase pré-judicial e, a partir do ajuizamento da ação, a incidência da taxa SELIC (art. 406 do Código Civil)'. A inovação decorrente da decisão proferida pela Suprema Corte, à luz das discussões até então travadas na Justiça do Trabalho, causou – e causará – grandes incertezas nos processos em que a matéria já estava em debate. Isso porque inúmeras são as questões jurídicas que ficaram em aberto e não foram solucionadas pelo caso julgado no STF. Além disso, na quase totalidade dos processos em curso nos Tribunais Regionais e nesta Corte Superior, a discussão se limitava a definir entre aplicar a TR ou o IPCA-E, para a integralidade do débito e para todo o período de apuração, sem que tal celeuma alcançasse também a taxa de juros. Por sua vez, o próprio STF, em outro momento, decidiu que a fixação da tese jurídica em tais casos não produz de forma automática e geral a desconstituição de todas as decisões judiciais proferidas em data pretérita e muito menos dispensa a adoção dos procedimentos e ações próprios. Ainda que tenham sido proferidas com fundamento em norma declarada inconstitucional, é imprescindível que a parte interponha o 'recurso próprio (se cabível)' ou se valha da ação rescisória; conclusão em sentido diverso ocasionaria uma outra violação constitucional relacionada à necessidade de observância do devido processo legal. Essa é a essência do Tema n. 733 de Repercussão Geral. Aplicar o precedente do STF não significa atropelar o rito procedimental, desprezar os pressupostos recursais ou mesmo desconstituir a decisão que lhe tenha sido contrária, tanto que, se não houver prazo para a ação rescisória, nada mais haverá a ser feito, em virtude da 'irretroatividade do efeito vinculante'. Assim o disse o próprio Supremo. É certo, ainda, ter havido determinação expressa de que 'os processos em curso que estejam sobrestados na fase de conhecimento (independentemente de estarem com ou sem sentença, inclusive na fase recursal) devem ter aplicação, de forma retroativa, da taxa Selic (juros e correção monetária), sob pena de alegação futura de inexigibilidade de título judicial'. Assim, objetivou-se garantir que, alcançada a matéria de fundo, porque atendidos os pressupostos extrínsecos do apelo e outros requisitos de natureza formal, indispensáveis ao seu exame (como, por exemplo, as exigências do art. 896, § 1.º-A, da CLT, a indicação de violação ou divergência apta a ensejar o conhecimento do recurso de revista), a decisão vinculante será aplicada integralmente, sem ponderações além daquelas já estabelecidas na modulação de efeitos. Comando seguido por disciplina judiciária, em atenção ao disposto no § 3.º do art. 102 da Constituição da República. Destaque-se que o próprio Supremo Tribunal Federal, no julgamento de inúmeras Reclamações Constitucionais, externa interpretação autêntica da decisão proferida na aludida ADC para esclarecer que, na fase pré-judicial, incide o IPCA--E cumulado com juros moratórios previstos no art. 39, *caput*, da Lei n. 8.177/91. Precedentes. Agravo conhecido e não provido" (Ag-RRAg-978-52.2014.5.11.0002, 7.ª T., rel. Min. Claudio Mascarenhas Brandao, *DEJT* 15-12-2023).

10.4.2. Liquidação pelo procedimento comum (por artigos)

A **liquidação pelo procedimento comum** (antiga liquidação por artigos) tem cabimento sempre que, para determinar o valor da condenação, houver necessidade de alegar e provar **fato novo (art. 509, II, CPC)**.

A ideia de provar fato novo na liquidação à primeira vista pode parecer estranha, principalmente porque o legislador expressamente determina que na liquidação não se pode modificar nem inovar a sentença liquidanda **(art. 879, § 1.º, CLT)**.

A questão fica clara, porém, quando se verifica que a prova de fato novo em liquidação limita-se às hipóteses que a sentença, expressamente, relegou para a liquidação, ou seja, somente se a sentença determinar que algum fato novo deva ser provado na liquidação é que esta deverá ser feita por artigos. Evidente, portanto, que não é qualquer fato novo que pode ser provado em liquidação, sob pena de se afetar a coisa julgada.

O fato, portanto, só pode dizer respeito ao *quantum*, e a nada mais, já que na liquidação de sentença não é permitido rediscutir-se o que já foi decidido. Fato novo "não é sinônimo de fato superveniente à sentença. Dizer que na liquidação de sentença pelo procedimento comum haverá alegação e prova de fato novo significa dizer que neste procedimento se exercerá cognição sobre fato inédito, isto é, que jamais tenha sido submetido à apreciação ao longo do processo de conhecimento, ainda que prévio à sentença (e que diga respeito, exclusivamente, à determinação do *quantum debeatur*)"[18].

Assim, não havendo fato novo a ser provado na liquidação, desnecessário o procedimento comum para tanto.

O procedimento e o provimento jurisdicional devem ser necessários e adequados à obtenção do direito material pretendido. A liquidação pelo procedimento comum, com a intimação das partes e a abertura de prazo para manifestação e juntada de documentos e alegações, não apresenta qualquer necessidade e tampouco utilidade quando não haja fato novo a ser demonstrado para fins de apuração do *quantum debeatur*.

Podendo o montante devido ser apurado com base no título exequendo por simples cálculos e não havendo valores posteriores à sentença, não se justifica a liquidação pelo procedimento comum.

"AGRAVO DE INSTRUMENTO. RECURSO DE REVISTA INTERPOSTO NA VIGÊNCIA DA LEI N. 13.467/2017. EXECUÇÃO. COBRANÇA DE CONTRIBUIÇÕES SINDICAIS. LIQUIDAÇÃO POR ARTIGOS. SÚMULA 266 DO TST. Não merece reparos a decisão que negou seguimento ao recurso de revista, uma vez desatendido o pressuposto do art. 896, § 2.º, da CLT. Na hipótese, o Tribunal Regional, em atenção ao comando constante do título executivo, o qual determinou a liquidação das contribuições sindicais por artigos, conforme o art. 879 da CLT, concluiu que a executada logrou comprovar a ausência de receita bruta e de atividade empresarial, no período de 2006 a 2016, mantendo a extinção da execução e a condenação ao pagamento de multa por litigância de má-fé. Ante a natureza infraconstitucional da controvérsia, incide a Súmula 266 do TST, ausente a transcendência da matéria. Agravo de Instrumento a que se nega provimento" (AIRR-2199-54.2014.5.02.0056, 5.ª T., rel. Min. Alberto Bastos Balazeiro, *DEJT* 18-2-2022).

"AGRAVO INTERNO. AGRAVO DE INSTRUMENTO. RECURSO DE REVISTA. ACÓRDÃO REGIONAL. PUBLICAÇÃO NA VIGÊNCIA DA LEI N. 13.015/2014. NULIDADE. LIQUIDAÇÃO DE SENTENÇA. PRODUÇÃO DE PROVAS. CERCEAMENTO DE DEFESA. 1. A liquidação por artigos, denominada pelo CPC de 2015 como liquidação pelo procedimento comum, somente é cabível se houver determinação expressa no título executivo ou necessidade de se provar e alegar fato novo, conforme exegese que se extrai da norma contida no art. 475-E do CPC/73 e reprisada no art. 509, II, do CPC/2015. 2. No caso, não há fato novo a provar, tampouco determinação para que se proceda à liquidação por artigos no título executivo. Ao contrário, o Tribunal Regional ratificou o entendimento do juízo da execução, no sentido de que a 'base de cálculo das comissões deferidas já fora esclarecida por meio de perícia contábil realizada na fase de conhecimento'. 3. Nesse contexto, conclui-se que o Exequente teve amplo acesso à jurisdição; que não houve cerceamento de defesa, mas tão somente a regular aplicação das normas processuais infraconstitucionais ao caso; e, por fim, que não se discutiu em nenhum momento a produção de prova ilícita por qualquer das partes. 4. Incólumes, assim, os arts. 5.º, XXXV,

---

[18] CÂMARA, Alexandre Freitas. *O novo processo civil brasileiro*. 2. ed. São Paulo: Ed. Atlas, 2016. p. 354.

10 ◼ Execução no Processo do Trabalho 415

LV e LVI, da Constituição Federal. 5. Agravo interno interposto pelo Exequente de que se conhece e a que se nega provimento, no particular" (TST, Ag-AIRR 41-98.2015.5.03.0044, 7.ª T., rel. Des. convocado Ubirajara Carlos Mendes, *DEJT* 23-11-2018).

A jurisprudência reconhece, inclusive, a possibilidade de juntada de documentos na fase de liquidação, inclusive para evitar enriquecimento ilícito, adotando-se, para tanto, a liquidação pelo procedimento comum:

"AGRAVO. AGRAVO DE INSTRUMENTO EM RECURSO DE REVISTA. ACÓRDÃO PUBLICADO NA VIGÊNCIA DA LEI N. 13.467/2017. SENTENÇA LÍQUIDA. DIFE-RENÇAS DE FGTS. COMPROVAÇÃO EM FASE RECURSAL. ENRIQUECIMENTO ILÍCITO. TRANSCENDÊNCIA JURÍDICA RECONHECIDA. Agravo a que se dá provimento para examinar o agravo de instrumento em recurso de revista. Agravo provido. AGRAVO DE INSTRUMENTO EM RECURSO DE REVISTA. ACÓRDÃO PUBLICA-DO NA VIGÊNCIA DA LEI N. 13.467/2017. SENTENÇA LÍQUIDA. DIFERENÇAS DE FGTS. COMPROVAÇÃO EM FASE RECURSAL. ENRIQUECIMENTO ILÍCITO. TRANSCENDÊNCIA JURÍDICA RECONHECIDA. Em razão do reconhecimento da transcendência jurídica da matéria, viabilizando-se o debate em torno da interpretação do alcance dado ao art. 884 do Código Civil, dá-se provimento ao agravo de instrumento para determinar o prosseguimento do recurso de revista. Agravo de instrumento provido. RECURSO DE REVISTA. ACÓRDÃO PUBLICADO NA VIGÊNCIA DA LEI N. 13.467/2017. SENTENÇA LÍQUIDA. DIFERENÇAS DE FGTS. COMPROVAÇÃO EM FASE RECURSAL. ENRIQUECIMENTO ILÍCITO. TRANSCENDÊNCIA JURÍDICA RECONHECIDA. A jurisprudência desta Corte é firme no sentido de que, tratando-se de sentença líquida proferida em fase de conhecimento, a impugnação dos cálculos de liquidação deve coincidir com a interposição do recurso ordinário. Precedente desta Turma. Nesse contexto, considerando-se que, na hipótese, o momento para a apresentação de impugnação aos cálculos de liquidação coincide com o da interposição do recurso ordinário, deve ser reconhecida a possibilidade de juntada de documentos nesta fase, a fim de evitar o enriquecimento sem causa da parte reclamante, não se aplicando, portanto, no caso da sentença líquida, a Súmula 08 desta Corte. Assim, aplica-se, analogicamente, a jurisprudência desta Corte no sentido de ser possível a juntada de documentos na fase de liquidação, a fim de evitar o enriquecimento sem causa da parte reclamante. Recurso de revista conhecido e provido" (RR-0000295-59.2023.5.13.0029, 5.ª T., rel. Min. Breno Medeiros, *DEJT* 13-11-2024).

10.4.3. Liquidação por arbitramento

A **liquidação por arbitramento** é utilizada quando determinado na sentença, quando convencionado pelas partes ou quando o exigir a natureza do objeto da liquidação **(art. 509, I, CPC)**.

Na realidade, o arbitramento é a forma de liquidação utilizada quando não for possível liquidar a sentença por qualquer uma das formas anteriores, pois inexistem dados suficientes que permitam a liquidação por simples cálculos ou pelo procedimento comum, ou seja, a liquidação por arbitramento somente pode ser utilizada "quando não há

416 Direito Processual do Trabalho Esquematizado · *Carla Teresa Martins Romar*

elementos nos autos ou fora deles que permitam a fixação exata do valor devido por crité-rio objetivo, dando lugar assim ao arbítrio do juízo para fixar o crédito do exequente"[19].

Requerida a liquidação por arbitramento, o juiz intimará as partes para a apresentação de pareceres ou documentos elucidativos, no prazo que fixar, e, caso não possa decidir de plano, nomeará perito, observando-se, no que couber, o procedimento da prova pericial **(art. 510, CPC)**.

10.5. SENTENÇA DE LIQUIDAÇÃO

A **sentença de liquidação** no processo do trabalho, embora chamada de sentença, tem natureza de *decisão interlocutória*, pois não extingue o processo sem julgamento de mérito, nem examina o mérito da causa **(art. 203, § 1.º, CPC)** e não é recorrível de imediato. Trata-se apenas de um ato judicial que fixa o valor da condenação, completando o título executivo, permitindo o início da execução.

> **OJ SDI-1, 134, TST:** "A decisão proferida em embargos à execução ou em agravo de petição que apenas declara preclusa a oportunidade de impugnação da sentença de liquidação não é rescindível, em virtude de produzir tão somente coisa julgada formal".

A sentença de liquidação somente poderá ser impugnada nos embargos do devedor ou na impugnação do credor, se não houver preclusão **(arts. 884, § 3.º, e 879, § 2.º, CLT)**.

A sentença de liquidação, como decisão judicial que é, deve ser fundamentada **(art. 93, IX, CF)**, devendo o juiz indicar os motivos por que homologou os cálculos de uma das partes ou, eventualmente, o cálculo apresentado pelo perito judicial.

> **SÚM. 399, TST:** "I – É incabível ação rescisória para impugnar decisão homologatória de adjudicação ou arrematação. II – A decisão homologatória de cálculos apenas comporta rescisão quando enfrentar as questões envolvidas na elaboração da conta de liquidação, quer solvendo a controvérsia das partes quer explicitando, de ofício, os motivos pelos quais acolheu os cálculos oferecidos por uma das partes ou pelo setor de cálculos, e não contestados pela outra".

10.6. EXECUÇÃO DA SENTENÇA TRABALHISTA

Embora existam na Justiça do Trabalho condenações em obrigações de fazer, de não fazer e de entregar coisa, o mais comum no processo do trabalho são as sentenças condenatórias em obrigações de pagar quantia certa.

A execução das sentenças condenatórias segue o procedimento previsto na Consolidação das Leis do Trabalho, complementado pelos preceitos que regem o processo dos executivos fiscais para a cobrança judicial da dívida ativa da Fazenda Pública Federal **(art. 889, CLT)**, sendo utilizado também, **subsidiariamente, o Código de Processo**

---

[19] MANUS, Pedro Paulo Teixeira. *Execução de sentença no processo do trabalho, cit.*, p. 36.

10 ■ Execução no Processo do Trabalho 417

Civil, em especial as normas relativas ao cumprimento da sentença (**arts. 523 a 527, CPC**, para as obrigações de pagar quantia certa; **arts. 536 e 537, CPC**, para as obrigações de fazer e de não fazer; **art. 538, CPC**, para as obrigações de entregar coisa).

É competente para a execução das decisões o Juiz ou o Presidente do Tribunal que tiver conciliado ou julgado originariamente o dissídio (**art. 877, CLT**).

Em relação ao **procedimento** da execução de sentença, a **Consolidação das Leis do Trabalho** tem dispositivos específicos (**arts. 876 a 892**), razão pela qual não devem ser aplicadas as regras do Código de Processo Civil.

10.6.1. Execução de obrigação de pagar quantia certa

No caso de condenação em quantia certa, a execução será **promovida pelas partes**, permitida a execução de ofício pelo juiz ou pelo Presidente do Tribunal apenas nos casos em que as partes não estiverem representadas por advogado (**art. 878, CLT**).

A partir da vigência da **Lei n. 13.467/2017 (Reforma Trabalhista)**, a iniciativa do juiz na execução ficará limitada aos casos em que as partes não estiverem representadas por advogado (**art. 13, IN n. 41/2018, TST**).

A **legitimidade ativa** para a execução trabalhista é, como regra no processo do trabalho, do trabalhador que obteve o reconhecimento dos seus créditos em sentença ou em acordo, inadimplido pelo empregador. É possível, porém, que o empregador seja legitimado para a execução, em ações em que, por exemplo, obtém a condenação do trabalhador em indenização ou ressarcimento de prejuízos pelo mesmo causados.

A questão da **legitimidade passiva** na execução trabalhista é bastante complexa, tendo em vista que abrange as hipóteses de responsabilidade pelos créditos trabalhistas.

Em princípio, o **devedor**, e, portanto, o legitimado passivo, é o **empregador**, que foi condenado ao pagamento dos direitos trabalhistas reconhecidos em sentença em favor do trabalhador.

No entanto, também são legitimados passivos na execução os **responsáveis solidários** (por exemplo, empresa integrante do grupo econômico) e os **responsáveis subsidiários** (por exemplo, o tomador de serviços).

Ressalte-se que os **integrantes do grupo econômico** somente podem ser responsabilizados pelo crédito trabalhista se tiverem participado da relação processual como reclamado.

Esse entendimento decorre de decisão proferida pelo STF em 14 de setembro de 2021, sem efeito vinculante, que trouxe novamente ao centro dos debates a questão da possibilidade ou não de executar integrante do grupo econômico que não tenha participado da fase de conhecimento. Nos autos do processo ARE 1.160.361, o Ministro Gilmar Mendes cassou decisão do TST, que não admitiu Recurso Extraordinário interposto, determinando o retorno dos autos ao mesmo Tribunal para análise da constitucionalidade do art. 513, § 5.º, do Código de Processo Civil (utilizado de forma subsidiária na Justiça do Trabalho), que estabelece: "O cumprimento da sentença não poderá ser promovido em face do fiador, do coobrigado ou do corresponsável que não tiver participado da fase de conhecimento". Segundo o Ministro, ao desconsiderar esse dispositivo e o art. 15 do CPC (que determina sua aplicação subsidiária quando não houver normas de processo do trabalho), o TST incorreu em erro de procedimento e violou a Súmula Vinculante 10 do STF e a cláusula de reserva de plenário do art. 97 da CF, razão pela qual a decisão do TST foi cassada, com a determinação de que outra seja proferida, observando-se a Súmula Vinculante 10 e o art. 97 da CF[20].

Em relação à mesma questão, no julgamento do RE 1.387.795, em que se discute, à luz dos arts. 5.º, II, LIV e LV, 97 e 170 da Constituição Federal, acerca da possibilidade de inclusão, no polo passivo de execução trabalhista, de pessoa jurídica reconhecida como do grupo econômico, sem ter participado da fase de conhecimento, o STF reconheceu a repercussão geral, sendo que o Tema 1232 aguarda julgamento (rel. Min. Dias Toffoli)[21].

O **responsável subsidiário** somente responderá pelo crédito se constar do título executivo judicial **(Súm. 331, IV, TST)**.

> "AGRAVO DE INSTRUMENTO. RECURSO DE REVISTA. LEIS 13.015/2014 E 13.467/2017. IN 40 DO TST. TERCEIRIZAÇÃO. PESSOA JURÍDICA DE DIREITO PRIVADO. RESPONSABILIDADE SUBSIDIÁRIA. SÚMULA 331, IV, DO TST. Em conformidade com o entendimento adotado pelo Tribunal Regional, a Jurisprudência pacífica desta corte Superior é no sentido de que o inadimplemento das obrigações trabalhistas, por parte do empregador, implica responsabilidade subsidiária do tomador de serviços quanto àquelas obrigações, desde que este tenha participado da relação processual e conste também do título executivo judicial. Assim, é aplicável ao caso a orientação contida na Súmula 331, item IV, do TST. Incidem, pois, as diretrizes consubstanciadas no art. 896, § 7.º, da CLT e na Súmula 333 do TST. Agravo de instrumento a que se nega provimento" (AIRR-0000528-68.2023.5.14.0404, 2.ª T., rel. Min. Maria Helena Mallmann, *DEJT* 4-12-2024).

Os **sócios** também podem responder pela execução quando for **desconsiderada a personalidade jurídica** em incidente específico requerido pela parte ou pelo Ministério Público, quando lhe couber intervir no processo (**arts. 133 e 134, CPC**, aplicáveis ao processo do trabalho conforme previsão do **art. 855-A, CLT**).

A partir da vigência da **Lei n. 13.467/2017 (Reforma Trabalhista)**, a iniciativa do juiz no incidente de desconsideração da personalidade jurídica ficará limitada aos casos em que as partes não estiverem representadas por advogado (**art. 13, IN n. 41/2018, TST**).

Acolhido o incidente, a responsabilidade dos sócios é subsidiária, ou seja, primeiro responde o patrimônio da sociedade e depois o dos sócios. Entre os sócios, porém, a responsabilidade é solidária, ou seja, todos respondem em condição de igualdade, independentemente do percentual de suas cotas sociais.

Questão interessante que é discutida pela jurisprudência diz respeito a poder ser invocado, em caso de terceirização de serviços, o **benefício de ordem (art. 794, CPC)** em relação aos sócios da prestadora de serviços antes de se responsabilizar a tomadora.

---

[20] O processo retornou ao TST (RR 68600-43.2008.5.02.0089) e foi julgado em 8-2-2022, com o seguinte resultado: "por maioria, conhecer do recurso de revista por violação do art. 5.º, LIV e LV, da CF, e, no mérito, dar-lhe provimento, para afastar a responsabilidade da recorrente".

[21] Disponível em: www.stf.jus.br. Acesso em: 22 dez. 2024.

10 ◼ Execução no Processo do Trabalho

O entendimento prevalecente é no sentido de que não há previsão legal que determine inicialmente a desconsideração da personalidade jurídica do devedor principal para, somente depois, executar o responsável subsidiário.

> "AGRAVO INTERNO. AGRAVO DE INSTRUMENTO EM RECURSO DE REVISTA. ACÓRDÃO REGIONAL PUBLICADO NA VIGÊNCIA DA LEI N. 13.467/2017. EXECUÇÃO. RESPONSABILIDADE SUBSIDIÁRIA. BENEFÍCIO DE ORDEM. DESCONSIDERAÇÃO DA PERSONALIDADE JURÍDICA DA DEVEDORA PRINCIPAL. Esta Corte Superior tem se posicionado no sentido de que se a constrição do devedor principal se mostrar infrutífera, o redirecionamento da execução contra o devedor subsidiário não exige a prévia desconsideração da personalidade jurídica com a persecução dos bens dos sócios do devedor principal. Precedentes, inclusive da e. 2.ª Turma do TST. Constatado que o acórdão regional encontra-se em consonância com a jurisprudência desta Corte Superior, revela-se inviável a admissibilidade do recurso de revista nos termos do art. 896, § 7.º, da CLT e da Súmula/TST n. 333. Agravo interno a que se nega provimento" (Ag-AIRR-11401-85.2019.5.18.0007, 2.ª T., rel. Min. Liana Chaib, *DEJT* 19-12-2024).

> "I – RECURSO DE REVISTA DA UNIÃO. ACÓRDÃO REGIONAL PUBLICADO ANTES DA VIGÊNCIA DA LEI N. 13.015/2014. PROCESSO REDISTRIBUÍDO POR SUCESSÃO. [...] 2. RESPONSABILIDADE SUBSIDIÁRIA. BENEFÍCIO DE ORDEM. DECISÃO EM CONFORMIDADE COM ENTENDIMENTO PACIFICADO DESTA CORTE SUPERIOR. 2.1. Tendo em vista a finalidade precípua desta instância extraordinária na uniformização de teses jurídicas, a existência de entendimento sumulado ou representativo de iterativa e notória jurisprudência, em consonância com a decisão recorrida, configura impeditivo ao processamento do recurso de revista, por imperativo legal. 2.2. Na hipótese em apreço, o TRT destacou que 'a segunda reclamada somente arcará com valor da condenação se a primeira reclamada for inadimplente, já que sua responsabilidade é apenas subsidiária', além do que 'tal não significa, contudo, que os sócios da primeira reclamada (devedora principal) devam ser executados antes de se proceder à execução da União Federal, à ausência de norma legal que imponha tal obrigação'. 2.3. Assim, o acórdão regional, nos moldes em que proferido, encontra-se em conformidade com iterativa, notória e atual jurisprudência desta Corte Superior, no sentido de que o direcionamento da execução à devedora subsidiária prescinde do esgotamento dos meios executórios contra o devedor principal, bastando o inadimplemento deste. Recurso de revista não conhecido. [...]" (RR-434-24.2013.5.03.0034, 5.ª T., rel. Min. Morgana de Almeida Richa, *DEJT* 19-12-2024).

No que tange à possibilidade de responsabilização do sócio no processo do trabalho, importante destacar que a **Lei n. 13.467/2017 (Reforma Trabalhista)** definiu os parâmetros para **responsabilização do sócio retirante**, definindo que ele responde subsidiariamente pelas obrigações trabalhistas da sociedade relativas ao período em que figurou como sócio, somente em ações ajuizadas até dois anos depois de averbada a modificação do contrato, observada a seguinte ordem de preferência **(art. 10-A, CLT)**:

- ◼ a empresa devedora;
- ◼ os sócios atuais;
- ◼ os sócios retirantes.

Os sócios retirantes respondem solidariamente com os demais quando ficar comprovada fraude na alteração societária decorrente da modificação do contrato (**art. 10-A, parágrafo único, CLT**).

Ocorrendo a **sucessão de empregadores no curso da execução**, o sucessor passa a ser o responsável pela dívida, recebendo o processo na fase em que se encontra. Mas o tema não é tão simples assim, tendo em vista que muitas vezes há discussões sobre ter ou não havido sucessão (aquisição apenas da carteira de clientes, de uma linha de produtos, de maquinário etc.) e sobre a abrangência da sucessão (aquisição apenas de uma filial ou de uma única empresa pertencente ao grupo econômico), sendo necessária uma análise cuidadosa pelo juiz das provas existentes sobre a alegada sucessão e, se for necessário, das provas a serem produzidas na fase de execução (**art. 884, § 2.º, CLT**).

Especificamente em relação à aquisição de empresa pertencente ao grupo econômico, o Tribunal Superior do Trabalho adotou o seguinte posicionamento:

> **OJ SDI-1 411, TST:** "O sucessor não responde solidariamente por débitos trabalhistas de empresa não adquirida, integrante do mesmo grupo econômico da empresa sucedida, quando, à época, a empresa devedora direta era solvente ou idônea economicamente, ressalvada a hipótese de má-fé ou fraude na sucessão".

De acordo com a previsão do **art. 3.º, XIII, da Instrução Normativa n. 39/2016 do Tribunal Superior do Trabalho**, aplicam-se ao processo do trabalho os dispositivos do **Código de Processo Civil** que tratam da responsabilidade patrimonial (**arts. 789 a 796**).

10.6.1.1. Citação do devedor

Requerida a execução, será procedida a **citação do devedor**, a fim de que cumpra a decisão ou o acordo no prazo, pelo modo e sob as cominações estabelecidas ou, quando se tratar de pagamento em dinheiro, inclusive de contribuições sociais devidas à União, para que o faça em 48 horas ou garanta a execução, sob pena de penhora (**art. 880, CLT**). O mandado de citação deverá conter a decisão exequenda ou o termo de acordo não cumprido (**§ 1.º**).

A citação será feita por oficial de justiça ou por edital, caso o executado, procurado por duas vezes no espaço de 48 horas, não seja encontrado (**art. 880, §§ 2.º e 3.º, CLT**).

Da leitura dos dispositivos do **art. 880 da Consolidação das Leis do Trabalho** extrai-se que, para validade da citação, ela precisa ser feita na pessoa do executado, de representante legal ou de procurador com poder expresso para recebê-la. Somente por exceção admite-se a citação por edital.

"RECURSO DE REVISTA COM AGRAVO. RECURSOS EM FACE DE DECISÃO PUBLICADA APÓS A VIGÊNCIA DAS LEIS N. 13.015/2014, N. 13.105/2015 E ANTES DA LEI N. 13.467/2017. I – AGRAVO DE INSTRUMENTO. [...] INÍCIO DA EXECUÇÃO TRABALHISTA. NECESSIDADE DE CITAÇÃO. ART. 880 DA CLT. A razoabilidade da tese de violação do art. 880 da CLT torna recomendável o provimento do agravo de instrumento para determinar o processamento do recurso de revista. Agravo de instrumento conhecido e provido. II – RECURSO DE REVISTA. INÍCIO DA EXECUÇÃO

TRABALHISTA. NECESSIDADE DE CITAÇÃO. ART. 880 DA CLT. Cinge-se a controvérsia à possibilidade de o Julgador determinar o pagamento do crédito do exequente no prazo de cinco dias após o trânsito em julgado, seguindo-se a imediata penhora, independentemente de citação. A CLT tem regras específicas no tocante ao modo de execução da sentença, com a determinação para a expedição de mandado de citação do executado para pagamento ou garantia da execução. Observa-se, assim, que a execução trabalhista tem início com a expedição do mandado de citação ao executado para que efetue o pagamento do valor devido, não se podendo falar em imediata penhora após cinco dias do trânsito em julgado sem a devida citação do executado. Precedentes. Recurso de revista conhecido por violação do art. 880 da CLT e provido. [...] CONCLUSÃO: Agravo de instrumento conhecido e parcialmente provido, apenas quanto à necessidade de citação da ré no início da fase de execução; recurso de revista parcialmente conhecido e provido" (RRAg-459-72.2016.5.08.0105, 8.ª T., rel. Min. Alexandre de Souza Agra Belmonte, *DEJT* 6-5-2022).

Ocorre, porém, que, com fundamento na **duração razoável do processo** e na **efetividade da execução**, muitos juízes vêm se utilizando dos dispositivos do **Código de Processo Civil** que tratam do cumprimento da sentença, em especial o **art. 513, § 2.º**, que prevê a mera intimação do devedor para cumprir a sentença, através de uma das seguintes formas:

■ pelo *Diário Eletrônico da Justiça do Trabalho* (*DEJT*), na pessoa de seu advogado constituído nos autos;

■ por carta com aviso de recebimento, quando não tiver procurador constituído nos autos;

■ por meio eletrônico, através dos cadastros mantidos nos sistemas de processos, na forma prevista no **art. 246, § 1.º, do Código de Processo Civil**.

Nesses casos, portanto, não é realizada uma citação, mas mera intimação, e muito menos é realizada pessoalmente.

Embora haja na Consolidação das Leis do Trabalho previsão expressa sobre a forma por meio da qual deve ser dada ciência ao devedor, e a **Instrução Normativa n. 39/2016 do Tribunal Superior do Trabalho** não faça qualquer referência expressa à aplicabilidade do **art. 513, § 1.º, do Código de Processo Civil** ao processo do trabalho, o fato é que o Tribunal Superior do Trabalho vem adotando entendimento no sentido de que, nos casos em que o devedor tenha sido notificado da execução por meio de intimação destinada aos seus procuradores, se a ausência de citação não lhe causou prejuízos, tendo ele comparecido em juízo para garantir a execução e interpor embargos à execução, não há que se falar em prejuízo e, portanto, não há nulidade.

"AGRAVO DE INSTRUMENTO EM RECURSO DE REVISTA. EXECUÇÃO. 1. NULIDADE DA CITAÇÃO. NÃO CONFIGURAÇÃO. A sentença mantida pelo Tribunal Regional consignou que a hipótese de citação na pessoa do procurador da parte, por intermédio do *Diário Oficial*, encontra-se prevista no art. 513, § 2.º, I, do CPC. Acrescente-se que o direito de defesa, em preservação do equilíbrio das partes, cinge-se estritamente aos recursos e modos de sua interposição, na forma processual regente da espécie. Vê-se que a parte teve a oportunidade de produzir sua defesa por meio da interposição dos recursos previstos em lei, o que continua fazendo até o presente momento. O devido processo legal foi observado a partir da aplicação adequada das regras processuais que regem a execução. Em nenhum momento foi desvirtuado o andamento normal do processo. Repisa-se, no caso concreto, a executada não sofreu nenhum prejuízo em razão da ausência de citação pessoal, tendo em vista que teve a oportunidade de exercer seu direito de defesa ao apresentar os embargos à execução e, o devido processo legal está sendo efetivamente observado com a apresentação dos recursos subsequentes. Não há como declarar a nulidade arguida, em face do que determina o art. 794 da CLT. A mera objeção aos interesses da parte não dá azo à arguição de nulidade do julgado, motivo pelo qual não há ofensa direta e literal ao art. 5.º, LIV e LV, da Constituição, nos moldes previstos no art. 896, § 2.º, da CLT e da Súmula 266 desta Corte. Precedentes. 2. CORREÇÃO. A admissibilidade de recursos de natureza extraordinária requer o preenchimento de requisitos específicos, entre os quais, embora não especificado em lei, se encontra o prequestionamento. Dos acórdãos a materializarem as decisões proferidas, constata-se o manifesto equívoco da parte, porquanto não houve o pronunciamento em torno das matérias insertas nos arts. 5.º, *caput*, e 170, II, da Constituição e, por outro lado, não tratou a executada de opor os competentes embargos de declaração com o fito de prequestionamento. Dessa forma, impossível se torna a análise do recurso de revista por esse aspecto, ante a incidência do óbice da Súmula 297 desta Corte. Agravo de instrumento conhecido e não provido" (AIRR-10225-73.2017.5.03.0164, 8.ª T., rel. Min. Dora Maria da Costa, *DEJT* 8-5-2020).

"AGRAVO EM AGRAVO DE INSTRUMENTO EM RECURSO DE REVISTA DO EXECUTADO INTERPOSTO NA VIGÊNCIA DA LEI N. 13.467/2017. TRANSCENDÊNCIA ECONÔMICA RECONHECIDA. EXECUÇÃO. NULIDADE DA CITAÇÃO. ADVOGADO DO RÉU QUE TEVE ACESSO AOS AUTOS NA DATA EM QUE PROFERIDO DESPACHO DE INTIMAÇÃO DA PARTE AUTORA, PARA APRESENTAÇÃO DE CÁLCULOS DE LIQUIDAÇÃO. AUSÊNCIA DE PREJUÍZO À PARTE EXECUTADA. NULIDADE NÃO CONFIGURADA. 1 – A Corte de origem consignou que o advogado do reclamado teve acesso ao processo em 8-6-2020, na mesma data do despacho que considerou o trânsito em julgado da sentença, determinou a intimação da reclamante para apresentar cálculos de liquidação e dispensou a intimação da parte ré, em face da revelia aplicada. 2 – O acesso aos autos, pelo advogado da parte ré, na data em que determinada a intimação do exequente para apresentar os cálculos, afasta a alegação de prejuízo processual por ausência de notificação, uma vez que a ciência dos autos em 8-6-2020 oportunizou à parte executada o direito de apresentação de defesa. 3 – Portanto, ausente prejuízo processual, não há de se falar em nulidade, nos termos do art. 794 CLT e 282, § 1.º, do CPC. 4 – Incólume o art. 5.º, LIV e LV, da Constituição Federal. Agravo conhecido e não provido" (Ag-AIRR-1000017-53.2022.5.02.0006, 8.ª T., rel. Min. Delaide Alves Miranda Arantes, *DEJT* 20-8-2024).A citação/intimação do executado abre para ele **duas possibilidades**:

- *pagar* o valor devido, o que implica a imediata extinção da execução **(art. 881, CLT)**; ou
- depositar o valor da condenação ou nomear bens que garantam a execução, para que possa discuti-la **(art. 882, CLT)**.

10 ■ Execução no Processo do Trabalho   423

Optando o devedor pelo pagamento, deverá depositar o valor correspondente no órgão competente em **48 horas** (para o que é expedida guia de depósito no Banco do Brasil ou na CEF) – **(arts. 880 e 881, parágrafo único, CLT)**.

> "RECURSO DE REVISTA DA RECLAMADA. LEI N. 13.467/2017. EXECUÇÃO POR QUANTIA CERTA. CUMPRIMENTO DE SENTENÇA. NECESSIDADE DE EXPEDIÇÃO DO MANDADO DE CITAÇÃO NO PROCESSO DE EXECUÇÃO. PROCEDIMENTO PRÓPRIO PREVISTO NA NORMA CELETISTA. TRANSCENDÊNCIA POLÍTICA CONSTATADA. Ressalvado o meu posicionamento quanto ao tema, de acordo com a jurisprudência prevalecente desta Corte, é imprescindível a expedição de mandado de citação para o executado, no prazo de 48 horas, pagar a dívida ou garantir o Juízo, já que a CLT não é omissa e possui disciplina própria, consubstanciada nos seus arts. 880 e seguintes, que estabelecem o rito a ser seguido no processo de execução. Precedentes. Recurso de revista conhecido e provido" (RR-207-05.2017.5.08.0115, 7.ª T., rel. Min. Claudio Mascarenhas Brandao, *DEJT* 30-4-2020).

Como visto, a **Consolidação das Leis do Trabalho, no art. 880**, disciplina de forma específica a execução no processo do trabalho, determinando que se efetue o pagamento no prazo de 48 horas ou se garanta a execução, sob pena de penhora.

Com base nesse entendimento, o **Pleno do Tribunal Superior do Trabalho** decidiu, por maioria, que o **art. 523, § 1.º, do Código de Processo Civil** é **incompatível com o processo do trabalho**. O dispositivo (antigo art. 475-J do CPC de 1973) prevê multa de 10% sobre o valor do débito caso o pagamento não seja feito de forma voluntária no prazo de 15 dias. A decisão, por 14 votos a 11, se deu em julgamento de incidente de recurso repetitivo. Prevaleceu, no julgamento do recurso repetitivo, o voto do Ministro João Oreste Dalazen.

A **tese jurídica** fixada no julgamento, de observância obrigatória nos demais casos sobre a mesma matéria, foi a seguinte:

> "A multa coercitiva do art. 523, § 1.º do CPC (antigo art. 475-J do CPC de 1973) não é compatível com as normas vigentes da CLT por que se rege o processo do trabalho, ao qual não se aplica".

Caso pretenda **discutir a execução**, o devedor poderá **garantir a execução** mediante **(art. 882, CLT)**:

- ■ depósito da quantia correspondente, atualizada e acrescida das despesas processuais;
- ■ apresentação de seguro garantia judicial; ou
- ■ nomeação de bens à penhora, observada a ordem preferencial estabelecida no **art. 835 do Código de Processo Civil**.

A utilização do seguro garantia judicial e de carta de fiança bancária já vinha sendo aceita pela jurisprudência **(OJ SDI-2 59, TST)**, mas foi incorporada à previsão legal de garantia da execução pela **Lei n. 13.467/2017 (Reforma Trabalhista)**.

> **OJ SDI-2 59, TST:** "A carta de fiança bancária e o seguro garantia judicial, desde que em valor não inferior ao do débito em execução, acrescido de trinta por cento, equivalem a dinheiro para efeito da gradação dos bens penhoráveis, estabelecida no art. 835 do CPC de 2015 (art. 655 do CPC de 1973)".

Não adotando nenhuma dessas duas providências, o executado terá seus bens penhorados, tantos quantos bastem para a satisfação da importância da condenação, acrescida de custas e juros de mora que são calculados a partir da data do ajuizamento da ação **(art. 883, CPC)**.

De acordo com o **art. 17 da Instrução Normativa n. 39/2016 do Tribunal Superior do Trabalho**, sem prejuízo da inclusão do devedor no Banco Nacional de Devedores Trabalhistas – BNDT **(art. 642-A, CLT)**, aplicam-se à execução trabalhista as normas dos **arts. 495, 517 e 782, §§ 3.º, 4.º e 5.º, do Código de Processo Civil**, que tratam, respectivamente, da hipoteca judiciária, do protesto de decisão judicial e da inclusão do nome do executado em cadastros de inadimplentes.

Especificamente em relação ao protesto, porém, a **Lei n. 13.467/2017 (Reforma Trabalhista)** acrescentou à **Consolidação das Leis do Trabalho o art. 883-A**, que prevê que "a decisão judicial transitada em julgado somente poderá ser levada a protesto, gerar inscrição do nome do executado em órgãos de proteção ao crédito ou no Banco Nacional de Devedores Trabalhistas (BNDT), nos termos da lei, depois de transcorrido o prazo de quarenta e cinco dias a contar da citação do executado, se não houver garantia do juízo".

10.6.1.2. Penhora

A **penhora** é a apreensão de bens do executado que serão utilizados para a obtenção de montante suficiente para a satisfação do crédito contido no título executivo. É o ato "pelo qual o Estado põe em prática o processo de expropriação executiva. Tem ela a função de individualizar o bem, ou os bens, sobre os quais o ofício executivo deverá atuar para dar satisfação ao credor e submetê-los materialmente à transferência coativa"[22].

Não pagando o executado, nem garantindo a execução, serão penhorados os seus bens, **tantos quantos bastem ao pagamento da importância da condenação, acrescida de custas e juros de mora**, sendo estes, em qualquer caso, devidos a partir da data em que for ajuizada a reclamação inicial **(art. 883, CLT)**.

A penhora será efetuada onde se encontrem os bens, ainda que sob a posse, a detenção ou a guarda de terceiros **(art. 845, CPC)**.

Se o executado não tiver bens no foro do processo, não sendo possível a realização da penhora, a **execução será feita por carta**, penhorando-se, avaliando-se e alienando-se os bens no foro da situação **(art. 845, § 2.º, CPC)**.

Nos termos do **art. 882 da Consolidação das Leis do Trabalho**, a nomeação de bens pelo devedor deve seguir a ordem preferencial prevista no **art. 835 do Código de Processo Civil**, que é a seguinte:

---

[22] THEODORO JÚNIOR, Humberto. *Curso de direito processual civil, cit.,* 49. ed., v. 3, p. 439.

- dinheiro, em espécie ou em depósito ou aplicação em instituição financeira;
- títulos da dívida pública da União, dos Estados e do Distrito Federal com cotação em mercado;
- títulos e valores mobiliários com cotação em mercado;
- veículos de via terrestre;
- bens imóveis;
- bens móveis em geral;
- semoventes;
- navios e aeronaves;
- ações e quotas de sociedades simples e empresárias;
- percentual do faturamento de empresa devedora;
- pedras e metais preciosos;
- direitos aquisitivos derivados de promessa de compra e venda e de alienação fiduciária em garantia;
- outros direitos.

É **prioritária a penhora em dinheiro**, podendo o juiz, nas demais hipóteses, alterar a ordem prevista de acordo com as circunstâncias do caso concreto **(art. 835, § 1.º, CPC)**.

"AGRAVO. CORREIÇÃO PARCIAL. EFEITO SUSPENSIVO AO AGRAVO REGIMENTAL INTERPOSTO CONTRA A DECISÃO PROFERIDA NO MANDADO DE SEGURANÇA. LIMINAR DEFERIDA. SUBSTITUIÇÃO DE PENHORA DE IMÓVEL POR DINHEIRO. AUSÊNCIA DE SUPORTE JURÍDICO. NÃO PROVIMENTO. Trata-se de agravo contra decisão proferida em Correição Parcial, na qual se deferiu liminar para dar efeito suspensivo ao Agravo Regimental interposto nos autos do Mandado de Segurança n. 0001028-71.2022.5.05.0000I, com a imediata suspensão da ordem de penhora sobre os valores bloqueados das ora Requerentes, até que ocorresse o exame final da matéria pelo órgão jurisdicional competente. Na hipótese, a Autoridade Requerida reconheceu, no âmbito do juízo de cognição sumária, a existência do risco da demora e da plausibilidade do direito alegado pelo Terceiro Interessado para a concessão da liminar pleiteada no *writ*, por entender que a penhora de dinheiro (bem preterido pela decisão de primeiro grau) seria mais eficiente ao pagamento do crédito trabalhista do que a expropriação de imóvel (bem nomeado à penhora). E acrescentou que a penhora de dinheiro e demais ativos financeiros não se tratava de medida desproporcionalmente gravosa, vez que a Empresa, então Requerente, detinha patrimônio milionário, conforme o bem indicado à penhora, a denotar boa saúde financeira, e por se tratar de execução provisória, segue as mesmas regras da definitiva, sendo permitida até a penhora (art. 899 da CLT). Em que pesem os fundamentos apresentados pela Autoridade Requerida, não se pode perder de vista que situações extremas, as quais acarretam o bloqueio de grande quantia em dinheiro, ainda que em execução provisória, podem ocasionar sérios óbices ao normal funcionamento da empresa e inviabilizar a própria atividade empresarial, em grave lesão ao seu direito líquido e certo de ser executada da forma menos onerosa. Importante salientar que, se de um lado a norma processual estabelece como prioritária a penhora em dinheiro (art. 835, § 1.º, do CPC), de outro fixa que o juiz deve proceder à execução de forma menos gravosa para o executado (art. 805 do CPC), devendo ser assegurada à parte executada, por cautela, a oportunidade de demonstrar se o bloqueio dos valores na sua conta bancária inviabiliza ou causa embaraço ao normal funcionamento da sua atividade empresarial, em respeito à regra processual em epígrafe. Oportuno realçar que, conquanto a Autoridade Requerida tenha afirmado que o princípio da execução menos gravosa somente poderia ser aplicado, caso não trouxesse prejuízo ao exequente, na forma do art. 847 do CPC, não apresentou nos fundamentos da sua decisão qual seria o real prejuízo suportado pelos credores, caso mantido o bem imóvel oferecido à penhora; tampouco deixou claro o motivo pelo qual a conversão do mencionado bem seria menos eficiente para a consecução dos créditos trabalhistas objeto da condenação, sendo certo que a celeridade da execução não pode ser priorizada em prejuízo do executado, em face do que do que lhe assegura o art. 805 do CPC. Nesse contexto, forçoso concluir que a decisão corrigenda, a qual determinou, em exame perfunctório, o bloqueio dos ativos financeiros das Requerentes e tornou a execução mais gravosa configura situação extrema e excepcional, apta a justificar a intervenção da Corregedoria-Geral, objetivando impedir lesão de difícil reparação, na forma autorizada pelo art. 13, parágrafo único, do RICGJTT. Assim, não tendo o Agravante apresentado nenhum argumento capaz de desconstituir os fundamentos da decisão Agravada, há que ser mantido o mencionado *decisum*. Agravo a que se nega provimento" (CorPar-1000710-12.2022.5.00.0000, Órgão Especial, rel. Min. Guilherme Augusto Caputo Bastos, *DEJT* 20-12-2022).

Para fins de penhora, equiparam-se a dinheiro a fiança bancária e o seguro garantia judicial, desde que em valor não inferior ao débito, acrescido de 30% **(arts. 835, § 2.º, e 848, parágrafo único, CPC e art. 882, CLT)**.

Incumbe aos **oficiais de justiça e oficiais de justiça avaliadores** da Justiça do Trabalho a realização dos atos decorrentes da execução dos julgados **(art. 721, CLT)**.

A penhora será realizada mediante **auto ou termo**, que conterá **(art. 838, CPC)**:

- ☐ a indicação do dia, do mês, do ano e do lugar em que foi feita;
- ☐ os nomes do exequente e do executado;
- ☐ a descrição dos bens penhorados, com as suas características;
- ☐ a nomeação do depositário dos bens.

Considerar-se-á feita a penhora mediante a apreensão e o depósito dos bens, lavrando-se um só auto se as diligências forem concluídas no mesmo dia. Havendo mais de uma penhora, serão lavrados autos individuais **(art. 839, CPC)**.

Assim, a formalização do auto de penhora deve ocorrer de acordo com o Código de Processo Civil, com a nomeação específica do depositário que deve seguir a regra do **art. 840 do Código de Processo Civil**, ressaltando-se que os bens poderão ser depositados em poder do executado, nos casos de difícil remoção ou quando anuir o exequente **(§ 2.º)**.

Quando não encontrar bens penhoráveis, independentemente de determinação judicial expressa, o oficial de justiça descreverá na certidão os bens que guarnecem a residência ou o estabelecimento do executado, quando este for pessoa jurídica **(art. 836, § 1.º, CPC)**.

Havendo resistência à penhora, o legislador permite que o juiz autorize o arrombamento e, se for o caso, o emprego de força policial **(art. 846, CPC)**.

Recaindo a penhora em bens imóveis, será intimado também o cônjuge do executado, salvo se casados em regime de separação absoluta de bens **(art. 842, CPC)**. Tratando-se de penhora em bem indivisível, a meação do cônjuge alheio à execução recairá sobre o produto da alienação do bem **(art. 843, CPC)**.

Formalizada a penhora por qualquer dos meios legais, dela será imediatamente intimado o executado, sendo a intimação feita ao seu advogado ou à sociedade de advogados a que aquele pertença. A intimação pessoal do executado, de preferência por via postal, somente se dará se não houver constituído advogado nos autos **(art. 841, *caput*, §§ 1.º e 2.º, CPC**, aplicados ao processo do trabalho – **art. 3.º, XVIII, IN n. 39/2016, TST)**.

Relevante ressaltar que, observado o disposto no **art. 274, parágrafo único, do Código de Processo Civil**, considera-se realizada a intimação quando o executado houver mudado de endereço sem prévia comunicação ao juízo **(art. 841, § 4.º, CPC)**.

O executado pode, no prazo de dez dias contado da intimação da penhora, requerer a substituição do bem penhorado, desde que comprove que lhe será menos oneroso e que não trará prejuízo ao exequente **(art. 847, CPC)**.

Requerida a substituição do bem penhorado, o executado deve indicar onde se encontram os bens sujeitos à execução, exibir a prova de sua propriedade e a certidão negativa ou positiva de ônus, bem como abster-se de qualquer atitude que dificulte ou embarace a realização da penhora **(art. 847, § 2.º, CPC)**.

As partes poderão requerer a substituição da penhora se **(art. 848, CPC)**:

- ela não obedecer à ordem legal;
- ela não incidir sobre os bens designados em lei, contrato ou ato judicial para o pagamento;
- havendo bens no foro da execução, outros tiverem sido penhorados;
- havendo bens livres, ela tiver recaído sobre bens já penhorados ou objeto de gravame;
- ela incidir sobre bens de baixa liquidez;
- fracassar a tentativa de alienação judicial do bem;
- o executado não indicar o valor dos bens ou omitir qualquer das indicações previstas em lei.

A penhora pode ser substituída por fiança bancária ou por seguro garantia judicial, em valor não inferior ao do débito constante da inicial, acrescido de 30% **(art. 848, parágrafo único, CPC)**.

Nomeado o bem pelo devedor, sua recusa só pode ser acolhida diante de impugnação fundamentada do credor, com alegação de insuficiência ou inidoneidade do bem indicado para os fins pretendidos, não bastando a simples oposição.

Não se procede à segunda penhora, salvo se **(art. 851, CPC)**:

- a primeira for anulada;

428 Direito Processual do Trabalho Esquematizado · Carla Teresa Martins Romar

■ executados os bens, o produto da alienação não bastar para o pagamento do exequente;

■ o exequente desistir da primeira penhora, por serem litigiosos os bens ou por estarem submetidos a constrição judicial.

10.6.1.2.1. Bens penhoráveis e impenhoráveis

Alguns bens não podem ser apreendidos para garantir a satisfação do crédito contido no título executivo, pois são **impenhoráveis**.

Não estão sujeitos à execução os bens que a lei considera como impenhoráveis ou inalienáveis **(art. 832, CPC)**.

São considerados **impenhoráveis (art. 833, CPC)**:

■ os bens inalienáveis e os declarados, por ato voluntário, não sujeitos à execução;

■ os móveis, os pertences e as utilidades domésticas que guarnecem a residência do executado, salvo os de elevado valor ou os que ultrapassem as necessidades comuns correspondentes a um médio padrão de vida;

■ os vestuários, bem como os pertences de uso pessoal do executado, salvo se de elevado valor;

■ os vencimentos, os subsídios, os soldos, os salários, as remunerações, os proventos de aposentadoria, as pensões, os pecúlios e os montepios, bem como as quantias recebidas por liberalidade de terceiros e destinadas ao sustento do devedor e de sua família, os ganhos de trabalhador autônomo e os honorários de profissional liberal, desde que não excedente de 50 salários mínimos mensais **(art. 833, § 2.º, CPC)**;

Em relação à possibilidade de penhora de parcela de salário e da aposentadoria, o TST alterou o entendimento após o CPC/2015, adotando tese no seguinte sentido:

"RECURSO DE REVISTA. EXECUÇÃO. PENHORA DE SALÁRIOS E PROVENTOS DE APOSENTADORIA. VIGÊNCIA DO CPC 2015. ALTERAÇÃO DA OJ N. 153 DA SDI-2 DO TST. POSSIBILIDADE. NECESSIDADE DE OBSERVÂNCIA DA GARANTIA CONSTITUCIONAL DE SUBSISTÊNCIA. TRANSCENDÊNCIA POLÍTICA RECONHECIDA. A Corte Regional firmou entendimento no sentido de que os salários e proventos de aposentadoria são impenhoráveis e que os créditos trabalhistas não se equiparam ao conceito de 'prestação alimentícia' a que alude o parágrafo 2.º do art. 833 do CPC/2015. O § 2.º do art. 833 do CPC trouxe uma exceção importante a essa regra de proteção. Segundo o dispositivo, vencimentos, salários e proventos de aposentadoria podem ser penhorados para garantir o pagamento de prestações alimentícias, sem que importe a sua origem. Além disso, o dispositivo também estabelece que valores que excedam 50 salários mínimos perdem a característica de impenhorabilidade. No caso das obrigações alimentares, o Código estabelece um limite de 50% dos ganhos líquidos mensais do devedor, buscando uma compatibilização entre os interesses do credor e a proteção da subsistência do devedor. Assim, com o advento do CPC de 2015, a reforma trabalhista e a evolução da jurisprudência civil, esta Corte Superior revisou seu entendimento acerca da impenhorabilidade dos salários e benefícios previdenciários, especialmente no tocante aos créditos trabalhistas, reconhecendo a natureza alimentar desses créditos e inserindo-os na exceção prevista no CPC, permitindo a penhora parcial desses valores, consoante a nova redação da Orientação Jurisprudencial (OJ) 153 da Subseção II Especializada em Dissídios Individuais (SBDI-2). Contudo, é importante destacar que a Subseção II Especializada em Dissídios Individuais (SBDI-2) desta Corte Superior consolidou o entendimento de que, na ponderação entre o direito do reclamante de ver seu crédito satisfeito e a subsistência digna do executado, deve prevalecer a proteção ao executado nos casos em que a penhora implicaria sua sobrevivência com menos de um salário mínimo. Recurso de revista conhecido e provido" (RR-0001701-04.2015.5.12.0004, 8.ª T., rel. Min. Dora Maria da Costa, *DEJT* 16-12-2024).

"AGRAVO. RECURSO DE REVISTA. PROCESSO SOB A ÉGIDE DA LEI N. 13.015/2014 – EXECUÇÃO. PENHORA DE PROVENTOS DE APOSENTADORIA. Não merece provimento o agravo em que a parte não desconstitui os fundamentos da decisão monocrática, mediante a qual se conheceu do recurso de revista interposto pelo exequente e, no mérito, foi dado provimento ao recurso. No caso, nos termos da decisão agravada, no sentido de que, à luz da nova ordem processual, a impenhorabilidade dos salários não se aplica aos casos em que a constrição seja para fins de pagamento de prestação alimentícia 'independentemente de sua origem'. Consoante o entendimento do Tribunal Superior do Trabalho, as verbas de natureza salarial devidas ao empregado estão abarcadas nessa exceção. Na decisão agravada foi explicitado, de forma clara e completa, que o Tribunal Pleno dessa Corte superior decidiu alterar a redação da Orientação Jurisprudencial n. 153 da SBDI-2, a fim de esclarecer que o entendimento ali preconizado se aplica apenas às penhoras realizadas sobre salários, quando ainda em vigor o CPC de 1973, o que não é o caso dos autos. Conforme consignado na decisão agravada, impõe-se a observância do novo Código de Processo Civil. Ficou registrado na decisão monocrática atacada que a penhora sobre os salários do executado não é considerada ilegal, mormente considerando-se que foi observado o limite previsto no art. 529, § 3.º, do CPC/2015. Transcreveram-se precedentes nesse sentido na decisão agravada. Agravo desprovido" (Ag-RR-292200-49.2001.5.02.0059, 3.ª T., rel. Min. Jose Roberto Freire Pimenta, *DEJT* 13-12-2024).

Sobre penhora em valor existente em plano de previdência privada, o TST adota o seguinte entendimento:

> **OJ SDI-2 153, TST:** "Ofende direito líquido e certo decisão que determina o bloqueio de numerário existente em conta salário, para satisfação de crédito trabalhista, ainda que seja limitado a determinado percentual dos valores recebidos ou a valor revertido para fundo de aplicação ou poupança, visto que o art. 649, IV, do CPC de 1973 contém norma imperativa que não admite interpretação ampliativa, sendo a exceção prevista no art. 649, § 2.º, do CPC de 1973 espécie e não gênero de crédito de natureza alimentícia, não englobando o crédito trabalhista".

No entanto, considerando a inovação legislativa prevista no **art. 833, IV, § 2.º, do CPC/2015**, que passou a admitir a penhora de salários e proventos de aposentadoria para o pagamento de prestações alimentícias "independentemente de sua origem" – como o crédito trabalhista, o TST passou a entender que a impenhorabilidade de valores de planos de previdência privada é absoluta apenas em relação a bloqueios anteriores à entrada em vigor do CPC/2015.

"RECURSO DE REVISTA – RECURSO SOB A ÉGIDE DA LEI N. 13.015/2014 – VIGÊNCIA DA INSTRUÇÃO NORMATIVA N. 40 DO TST E DO CPC/2015 – FASE DE EXECUÇÃO – PENHORA – PLANO DE PREVIDÊNCIA PRIVADA (VGBL) – EQUIPARAÇÃO A PROVENTOS DE APOSENTADORIA – VIGÊNCIA DO CPC/2015 – LEGALIDADE – NÃO OBSERVADO O PERCENTUAL DE 50% DOS GANHOS LÍQUIDOS PREVISTO NO ART. 529, § 3.º, do CPC. 1. O Tribunal Pleno desta Corte alterou a redação da Orientação Jurisprudencial n. 153 da SBDI-2 do TST (Res. 220/2017, *DEJT* divulgado em 21, 22 e 25-9-2017), para estabelecer que a impenhorabilidade dos salários e proventos está restrita aos atos praticados sob a égide do CPC/1973. 2. Conforme a jurisprudência desta Corte, plano de previdência privada não é mera aplicação financeira, por consectário, equipara-se a proventos de aposentadoria. 3. No caso, a penhora efetuada sobre o Plano de Previdência Privada do sócio executado (VGBL) ocorreu sob a égide, vigência, do Código de Processo Civil de 2015, razão pela qual devem ser observadas as disposições contidas nos arts. 833, IV, e § 2.º, e 529, § 3.º, do CPC/2015. 4. Desse modo, nos termos do novo regramento processual vigente, incidente na espécie, a impenhorabilidade dos vencimentos não se aplica às hipóteses nas quais a constrição seja para fins de pagamento de prestação alimentícia 'independente de sua origem', como no caso das verbas de natureza salarial devidas ao trabalhador. 5. Contudo, no que diz respeito ao valor de bloqueio, extrai-se da decisão recorrida que não foi observado o percentual de 50% dos ganhos líquidos autorizados para penhora, previsto expressamente no art. 529, § 3.º, do CPC/2015. Precedentes. Recurso de revista conhecido e parcialmente provido" (RR-1000512-40.2017.5.02.0502, 2.ª T., rel. Des. Convocada Margareth Rodrigues Costa, *DEJT* 12-5-2023).

"RECURSO DE REVISTA. EXECUÇÃO. BLOQUEIO E PENHORA EM PLANO DE PREVIDÊNCIA PRIVADA. EQUIPARAÇÃO A PROVENTOS DE APOSENTADORIA. INCIDÊNCIA DO ART. 833, § 2.º, DO CPC/15. INAPLICABILIDADE DA ORIENTAÇÃO JURISPRUDENCIAL N. 153 DA SBDI-II DO TST. TRANSCENDÊNCIA POLÍTICA RECONHECIDA. Nos termos da jurisprudência desta Corte Superior, os valores que compõem a previdência privada equiparam-se aos proventos de aposentadoria Ainda, este Tribunal passou a admitir a penhora parcial sobre salários, vencimentos e proventos de aposentadoria do executado, desde que observado o limite previsto no § 3.º do art. 529 do CPC, tendo em vista que a impenhorabilidade dos vencimentos não se aplica aos casos em que a constrição seja para fins de pagamento de prestação alimentícia 'independentemente de sua origem' (art. 833, IV, e § 2.º, do CPC), como é o caso das verbas de natureza salarial devidas ao empregado. Precedentes. Recurso de revista de que se conhece e a que se dá provimento" (RR-RR-20000-41.2008.5.02.0040, 3.ª T., rel. Min. Alberto Bastos Balazeiro, *DEJT* 13-12-2024).

☐ os livros, as máquinas, as ferramentas, os utensílios, os instrumentos ou outros bens móveis necessários ou úteis ao exercício da profissão do executado;

☐ o seguro de vida;

☐ os materiais necessários para obras em andamento, salvo se estas forem penhoradas;

- a pequena propriedade rural, assim definida em lei, desde que trabalhada pela família, para pagamento de débitos decorrentes de sua atividade produtiva, conforme previsto no **art. 5.º, XXVI, da Constituição Federal**;
- os recursos públicos recebidos por instituições privadas para aplicação compulsória em educação, saúde ou assistência social;
- a quantia depositada em caderneta de poupança, até o limite de 40 salários mínimos;
- os recursos públicos do fundo partidário, recebidos por partido político, nos termos da lei;
- os créditos oriundos de alienação de unidades imobiliárias, sob regime de incorporação imobiliária, vinculados à execução da obra.

Sobre penhora em conta poupança, a impenhorabilidade vem sendo relativizada, considerando a natureza alimentar do crédito trabalhista.

> "DIREITO PROCESSUAL DO TRABALHO. AGRAVO. RECURSO DE REVISTA. EXECUÇÃO. PENHORA. CONTA POUPANÇA. VIGÊNCIA DO CPC/2015. POSSIBILIDADE. TRANSCENDÊNCIA NÃO RECONHECIDA. 1. A controvérsia cinge-se à possibilidade de penhora de valores depositados em conta poupança do executado para a satisfação de crédito de natureza trabalhista. 2. Na hipótese, o Tribunal Regional consignou que foram penhoradas da conta poupança do executado os valores de R$ 1.275,00, R$ 36,22 e R$ 81,39. Pontuou que 'a impenhorabilidade dos valores vertidos para conta poupança não prevalece quando se tratar de crédito de natureza alimentar, gênero do qual o crédito trabalhista é espécie'. 3. A jurisprudência desta Corte Superior é uníssona no sentido de que, em razão da evidente natureza alimentar do crédito trabalhista, é lícita a penhora de saldo de poupança e de salários, proventos de pensão e aposentadoria, conforme dispõe o art. 833, § 2.º, do CPC/15, desde que a penhora não exceda a 50% dos ganhos líquidos do executado, nos termos do disposto no art. 529, § 3.º, do CPC. Precedentes. Agravo a que se nega provimento" (Ag-RR-10519-42.2015.5.03.0182, 1.ª T., rel. Min. Amaury Rodrigues Pinto Junior, *DEJT* 29-11-2024).

Tratando-se de dívida trabalhista, **não se incluem na impenhorabilidade** os equipamentos, os implementos e as máquinas agrícolas pertencentes à pessoa física ou a empresa individual produtora rural **(art. 833, § 3.º, CPC)**. No entanto, de acordo com a **Tese de Repercussão Geral 961**, o STF definiu que é impenhorável a pequena propriedade rural familiar constituída de mais de um terreno, desde que contínuos e com área total inferior a quatro módulos fiscais do município de localização.

Esses dispositivos são aplicáveis ao processo do trabalho, conforme previsão do **art. 3.º, XV, da Instrução Normativa n. 39/2016 do Tribunal Superior do Trabalho**.

> **OJ SDI-1 226, TST:** "Diferentemente da cédula de crédito industrial garantida por alienação fiduciária, na cédula rural pignoratícia ou hipotecária o bem permanece sob o domínio do devedor (executado), não constituindo óbice à penhora na esfera trabalhista".

Em relação aos bens imóveis, importante destacar que cláusula de impenhorabilidade inserida por doador de imóvel não se aplica à execução trabalhista.

"AGRAVO. AGRAVO DE INSTRUMENTO EM RECURSO DE REVISTA. ACÓRDÃO PUBLICADO NA VIGÊNCIA DA LEI N. 13.015/2014. CLÁUSULA DE IMPENHORABILIDADE INSERIDA EM IMÓVEL DOADO AO EXECUTADO. TRANSCENDÊNCIA JURÍDICA RECONHECIDA NA DECISÃO AGRAVADA. MATÉRIA NOVA. APLICAÇÃO DE MULTA. O e. TRT julgou que a cláusula de impenhorabilidade inserida pelo doador do imóvel não tem aplicabilidade em execução de débitos trabalhistas, razão pela qual entendeu ser possível a penhora dos bens. Insta registrar, de início, que a admissibilidade do recurso está limitada à hipótese de violação direta e literal de dispositivo da Constituição Federal, nos termos do art. 896, § 2.º, da CLT. Assim, o recurso não se viabiliza pela afronta direta ao art. 5.º, XXXVI, da Constituição Federal, visto que a garantia do ato jurídico perfeito, mostra-se como norma geral do ordenamento jurídico pátrio e tal violação somente ocorreria de forma reflexa ou indireta, na medida em que seria necessária a verificação de ofensa à legislação infraconstitucional, nos termos da Súmula 636 do STF. Para o deslinde de controvérsia existente na fase de execução trabalhista, dispõe o art. 889 da CLT que, em caso de omissão da norma celetista, deve ser aplicável o disposto na Lei de Execuções Fiscais, Lei n. 6.830/80. Desta maneira, o caso em análise deve ser solucionado com fulcro na previsão contida no art. 30 da Lei n. 6.830/80, no sentido de que a totalidade dos bens e rendas do devedor respondem pelo pagamento dos créditos trabalhistas, seja qual for sua origem ou natureza, inclusive os gravados por cláusula de impenhorabilidade, restando excluídos, somente, os bens e as rendas que a lei declara serem absolutamente impenhoráveis. Assim sendo, a decisão Regional que entende que a cláusula restritiva do bem doado não pode servir de óbice ao direito de crédito trabalhista não violou o art. 5.º, XXII, da Constituição Federal. Nesse contexto, não tendo sido apresentados argumentos suficientes à reforma da r. decisão impugnada, deve ser desprovido o agravo. Considerando a improcedência do recurso, aplica-se à parte agravante a multa prevista no art. 1.021, § 4.º, do CPC. Agravo não provido, com aplicação de multa" (Ag-AIRR-188800-06.1996.5.02.0023, 5.ª T., rel. Min. Breno Medeiros, *DEJT* 20-3-2020).

O imóvel residencial próprio do casal, ou da entidade familiar, é considerado **bem de família**, e nessa qualidade é **impenhorável**, não respondendo por qualquer tipo de dívida civil, comercial, fiscal, previdenciária, trabalhista ou de outra natureza, contraída pelos cônjuges ou pelos pais ou filhos que sejam seus proprietários e nele residam. A impenhorabilidade compreende o imóvel sobre o qual se assentam a construção, as plantações, as benfeitorias de qualquer natureza e todos os equipamentos, inclusive os de uso profissional, ou móveis que guarnecem a casa, desde que quitados (**arts. 1.º e 3.º, Lei n. 8.009/90**).

Para os efeitos de impenhorabilidade, considera-se residência um **único imóvel** utilizado pelo casal ou pela entidade familiar para moradia permanente. Na hipótese de o casal, ou entidade familiar, ser possuidor de vários imóveis utilizados como residência, a impenhorabilidade recairá sobre o de menor valor, salvo se outro tiver sido registrado, para esse fim, no Registro de Imóveis e na forma do **art. 70 do Código Civil (art. 5.º, Lei n. 8.009/90)**.

Excluem-se da impenhorabilidade os veículos de transporte, obras de arte e adornos suntuosos (**art. 2.º, Lei n. 8.009/90**).

A ideia é proteger a família, visando defender o ambiente material em que vivem seus membros. Nessa linha, o Tribunal Superior do Trabalho tem firmado jurisprudência que pacifica o entendimento sobre situações não previstas expressamente na lei, mas que são constantes no dia a dia dos debates processuais. Trata-se de direito fundamental, tutelado por norma de natureza cogente, que é irrenunciável pela pessoa devedora.

"AGRAVO DO EXEQUENTE. RECURSO DE REVISTA DOS SÓCIOS EXECUTADOS. DECISÃO MONOCRÁTICA DE PROVIMENTO PARCIAL. EXECUÇÃO. BEM DE FAMÍLIA. CARACTERIZAÇÃO. IMPENHORABILIDADE. 1. Segundo o disposto no art. 1.º, da Lei n. 8.009/90, 'o imóvel residencial próprio do casal, ou da entidade familiar é impenhorável por qualquer tipo de dívida civil, comercial, fiscal, previdenciária ou de outra natureza, contraída pelos cônjuges ou pelos pais ou filhos que sejam seus proprietários e nele residam, salvo nas hipóteses previstas nesta lei'. A norma em questão visa, precipuamente, proteger o imóvel familiar e os bens que lá se encontram, resguardando a dignidade humana dos membros da família. 2. No caso dos autos, o acórdão regional revela que o Oficial de Justiça Avaliador certificou ter sido informado, pela mãe do sócio executado, que ele mora no imóvel objeto de constrição, mas passa grande parte do tempo no exterior, a trabalho. Além disso, o TRT registra a emissão de contas de consumo em nome do executado. Nada obstante, aquela Corte considera não incidir a proteção do bem de família, por não ter sido robustamente comprovada a residência do executado no imóvel. 3. Entretanto, a par da informação prestada ao Oficial de Justiça, a jurisprudência desta Corte tem considerado que a existência de contas de consumo emitidas em nome do executado é elemento apto a demonstrar a sua residência no imóvel. Outrossim, a circunstância de o executado passar parte do tempo no exterior a trabalho não tem o condão de afastar a proteção legal, mormente porque não há registro de que o imóvel estivesse ocupado por outras pessoas. 4. Desse modo, ao não reconhecer a condição de bem de família do imóvel em questão, o TRT incorreu em ofensa aos arts. 5.º, XXII, e 6.º da Constituição Federal. 5. Impõe-se, pois, confirmar a decisão monocrática, mediante a qual foi conhecido e parcialmente provido o recurso de revista do sócio executado. Agravo conhecido e não provido" (Ag-RR-60100-03.2001.5.02.0034, 1.ª T., rel. Min. Hugo Carlos Scheuermann, *DEJT* 13-12-2024).

A impenhorabilidade do bem de família é matéria de ordem pública, podendo ser arguida em qualquer grau de jurisdição, até a arrematação.

"RECURSO DE REVISTA DO SÓCIO EXECUTADO (SR. CLAUDIO JOSÉ DE ALMEIDA) INTERPOSTO SOB A ÉGIDE DA LEI N. 13.467/2017 – EXECUÇÃO – PRELIMINAR DE NULIDADE POR NEGATIVA DE PRESTAÇÃO JURISDICIONAL – BEM DE FAMÍLIA – IMPENHORABILIDADE – MATÉRIA DE ORDEM PÚBLICA – AUSÊNCIA DE PRECLUSÃO TEMPORAL – TRANSCENDÊNCIA POLÍTICA RECONHECIDA 1. Esta Eg. Corte Especializada consolidou jurisprudência no sentido de que a impenhorabilidade do bem de família, por ser questão de ordem pública, não preclui pelo decurso do tempo, podendo ser arguida em qualquer grau de jurisdição, inclusive na execução. 2. O Eg. Tribunal *a quo*, a despeito de instado por Embargos de Declaração, não se manifestou sobre a impenhorabilidade do bem de família, fundamentando que a matéria estava preclusa. Incorreu, portanto, em nulidade por negativa de prestação jurisdicional. Prejudicado o exame dos temas remanescentes. Recurso de Revista conhecido e provido" (RR-AIRR-11407-39.2015.5.03.0011, 4.ª T., rel. Min. Maria Cristina Irigoyen Peduzzi, *DEJT* 18-10-2024).

É válida a penhora em bens de pessoa jurídica de direito privado, realizada anteriormente à sucessão pela União ou por Estado-membro, não podendo a execução prosseguir mediante precatório. A decisão que a mantém não viola o **art. 100 da Constituição Federal (OJ SDI-1 343, TST)**[23].

10.6.1.2.2. Penhora em dinheiro (penhora on-line)

Conforme visto, o devedor pode evitar a penhora oferecendo bens para garantir a execução. A nomeação de bens pelo devedor deve, porém, obedecer à ordem prescrita pelo art. 835 do Código de Processo Civil, que estabelece como **preferência a penhora em dinheiro (art. 835, § 1.º, CPC)**.

A preferência indicada pela lei tem por finalidade **tornar mais célere e efetiva a execução**, evitando a realização de hasta pública e tornando menos desgastante o procedimento da execução.

"AGRAVO DE INSTRUMENTO EM RECURSO DE REVISTA REGIDO PELA LEI N. 13.467/2017. PROCESSO EM FASE DE CUMPRIMENTO DE SENTENÇA. EXECUÇÃO PELO MEIO MENOS GRAVOSO. SUBSTITUIÇÃO DA PENHORA. ORDEM DE PREFERÊNCIA. ÓBICE DA SÚMULA 266/TST. TRANSCENDÊNCIA NÃO CARACTERIZADA. 1. Hipótese em que o Tribunal Regional indeferiu o pedido para substituição da penhora on-line por bens livres e desembaraçados. Concluiu que o bloqueio das contas bancárias do devedor é o modo menos oneroso ao credor, dada a peculiaridade do crédito trabalhista. Entendeu que o bloqueio via SISBAJUD atende de forma mais eficaz e rápida o objetivo da execução, em atenção ao princípio da efetividade e duração razoável do processo. Consignou que "o dinheiro constitui preferência na nomeação para garantia do juízo (art. 835, I, do CPC), bem como e, nos termos do art. 805 do CPC, a execução deve ser realizada da forma menos gravosa ao devedor, todavia, no âmbito do processo trabalhista deve ser realizada do modo menos oneroso ao credor, pelas peculiaridades que detém o crédito trabalhista". A configuração da alegada ofensa ao art. 5.º, LIV da Constituição Federal, requer a análise da legislação infraconstitucional referente à execução e preferência de penhora, de modo que se trata de eventual violação reflexa da Carta Magna, o que não dá ensejo ao processamento do recurso de revista, nos termos do art. 896, § 2.º, da CLT e da Súmula 266/TST. Agravo de instrumento não provido" (AIRR--AIRR-1232-41.2016.5.08.0001, 5.ª T., rel. Min. Douglas Alencar Rodrigues, *DEJT* 16-12-2022).

Conforme esclarece Pedro Paulo Teixeira Manus, "estando o juízo garantido com dinheiro do executado, este deixa de ter interesse no prosseguimento da execução, o que não acontece quando o juízo está garantido por bem móvel ou imóvel, que como regra continua na posse do executado, não representando ônus que o estimule a pôr fim na execução"[24].

---

[23] Posicionamento em consonância com a Tese de Repercussão Geral 355 do STF.

[24] MANUS, Pedro Paulo Teixeira. *Execução de sentença no processo do trabalho, cit.*, p. 67.

Importante ressaltar que a preferência contida no **art. 835 do Código de Processo Civil** tem validade não apenas para a nomeação pelo devedor de bens, mas também para a realização de penhora quando o devedor não faça a indicação **(art. 883, CLT)**. Portanto, sendo o dinheiro o bem que a lei indica em condição de preferência, sobre ele a penhora pode ser efetivada.

> **SÚM. 417, TST:** "I – Não fere direito líquido e certo do impetrante o ato judicial que determina penhora em dinheiro do executado para garantir crédito exequendo, pois é prioritária e obedece à gradação prevista no art. 835 do CPC de 2015 (art. 655 do CPC de 1973). II – Havendo discordância do credor, em execução definitiva, não tem o executado direito líquido e certo a que os valores penhorados em dinheiro fiquem depositados no próprio banco, ainda que atenda aos requisitos do art. 840, I, do CPC de 2015 (art. 666, I, do CPC de 1973)".

Até alguns anos atrás, identificada uma conta-corrente do devedor, a penhora em dinheiro era realizada por meio de oficial de justiça que se dirigia ao banco depositário para cumprir o mandado de penhora.

No entanto, na prática, tal medida se mostrava ineficaz, pois, não raro, quando o oficial de justiça chegava ao banco, a conta não tinha provisão de fundo suficiente para a realização da penhora, muitas vezes porque o devedor retirava o dinheiro da conta antes da penhora.

Com o intuito de evitar situações como essa e para agilizar a penhora, o Tribunal Superior do Trabalho firmou com o Banco Central do Brasil um convênio de cooperação técnico-institucional para acesso ao sistema *Bacen/Jud*, "que possibilita aos juízes do trabalho de todo o Brasil, através de adesão expressa pelos respectivos tribunais regionais do trabalho, o acesso via Internet ao sistema de solicitações do Poder Judiciário ao Banco Central do Trabalho", criando a "possibilidade de a penhora em conta bancária ser viabilizada através da Internet, substituindo o antigo sistema de penhora diretamente na agência bancária, ou através de ofício requisitório ao Banco Central do Brasil, ambos os processos morosos e infrutíferos"[25].

Portanto, a chamada **penhora *on-line*** nada mais é do que penhora em dinheiro, sempre prevista pelo ordenamento jurídico, mas realizada por meios tecnológicos, cada vez mais avançados.

Tendo se mostrado eficaz no sentido de solucionar de forma mais rápida as execuções trabalhistas, permitindo maior efetividade do processo, a **penhora *on-line* foi regulamentada** pelo ordenamento jurídico, que prevê que, "para possibilitar a penhora de dinheiro em depósito ou em aplicação financeira, o juiz, a requerimento do exequente, sem dar ciência prévia do ato ao executado, determinará às instituições financeiras, por meio de sistema eletrônico gerido pela autoridade supervisora do sistema financeiro nacional, que torne indisponíveis ativos financeiros existentes em nome do executado, limitando-se a indisponibilidade ao valor indicado na execução" **(art. 854, CPC)**.

---

[25] MANUS, Pedro Paulo Teixeira. *Execução de sentença no processo do trabalho, cit.*, p. 73.

O legislador definiu de forma expressa que a penhora *on-line* deve **limitar-se ao valor da execução**, razão pela qual, no prazo de 24 horas a contar da resposta, de ofício, o juiz determinará o cancelamento de eventual indisponibilidade excessiva, o que deverá ser cumprido pela instituição financeira em igual prazo **(art. 854, § 1.º, CPC)**.

Tornados indisponíveis os ativos financeiros do **executado**, este **será intimado** na pessoa do seu advogado ou, não o tendo, pessoalmente **(art. 854, § 2.º, CPC)**. Ao ser intimado, o executado pode ficar inerte ou apresentar manifestação.

Optando por apresentar manifestação, incumbe ao executado, no prazo de cinco dias, comprovar que **(art. 854, § 3.º, CPC)**:

- as quantias tornadas indisponíveis são impenhoráveis;
- ainda remanesce indisponibilidade excessiva de ativos financeiros.

A **manifestação do executado** pode levar às seguintes situações:

- acolhimento das arguições apresentadas – caso em que o juiz deverá determinar o cancelamento de eventual indisponibilidade irregular ou excessiva, a ser cumprido pela instituição financeira em 24 horas **(art. 854, § 4.º, CPC)**;
- rejeição das arguições apresentadas – a indisponibilidade será convertida em penhora, sem necessidade de lavratura de termo, devendo o juiz da execução determinar à instituição financeira depositária que, no prazo de 24 horas, transfira o montante indisponível para conta vinculada ao juízo da execução **(art. 854, § 5.º, CPC)**.

A **não apresentação de manifestação** pelo executado acarretará as mesmas consequências previstas no **art. 854, § 5.º, do Código de Processo Civil**.

Realizado o pagamento da dívida por outro meio, o juiz determinará, imediatamente, por sistema eletrônico gerido pela autoridade supervisora do sistema financeiro nacional, a notificação da instituição financeira para que, em até 24 horas, cancele a indisponibilidade **(art. 854, § 6.º, CPC)**.

A instituição financeira será responsável pelos prejuízos causados ao executado em decorrência de indisponibilidade de ativos financeiros em valor superior ao indicado na execução ou pelo juiz, bem como na hipótese de não cancelamento da indisponibilidade no prazo de 24 horas, quando assim determinar o juiz **(art. 854, § 8.º, CPC)**.

As normas sobre penhora *on-line* previstas no **art. 854 e parágrafos do Código de Processo Civil** aplicam-se ao processo do trabalho **(art. 3.º, XIX, IN n. 39/2016, TST)**.

10.6.1.2.3. *Penhora de créditos*

A penhora sobre créditos do executado, aplicável ao processo do trabalho, será considerada como feita pela intimação **(art. 855, CPC)**:

- ao terceiro devedor para que não pague ao executado, seu credor;
- ao executado, credor do terceiro, para que não pratique ato de disposição do crédito.

O terceiro só se exonerará da obrigação depositando em juízo a importância da dívida **(art. 856, § 2.º, CPC)**.

Na hipótese de o terceiro negar o débito, em conluio com o executado, a quitação que este lhe der caracterizará fraude à execução (**art. 856, § 3.º, CPC**).

> "AGRAVO DE INSTRUMENTO EM RECURSO DE REVISTA. ACÓRDÃO DO REGIONAL PROFERIDO SOB A ÉGIDE DA LEI N. 13.467/2017. PROCESSO DE EXECUÇÃO. [...] INSTITUIÇÃO DE ENSINO. IMPENHORABILIDADE DOS CRÉDITOS DO FIES (FUNDO DE FINANCIAMENTO AO ESTUDANTE DO ENSINO SUPERIOR). A lide versa sobre a possibilidade de penhora dos créditos da executada que seriam repassados pelo FIES (Fundo de Financiamento ao Estudante do Ensino Superior). O FIES é um programa do Ministério da Educação, destinado a financiar a graduação na educação superior de estudantes matriculados em instituições privadas. Trata-se de um financiamento realizado entre o estudante o governo federal, onde, ao final do curso, o estudante deverá pagar pelo financiamento. No caso, para se verificar eventual violação do art. 5.º, II, da Constituição Federal, em face da penhora dos valores que seriam repassados à instituição de ensino, necessário seria a interpretação da legislação infraconstitucional que dispõe sobre a impenhorabilidade de bens (833 do CPC) e da Lei que regulamenta o Fies (Lei n. 10.2060/2001). Essa circunstância, porém, não é autorizada em sede de execução, na medida em que, nos termos do art. 896, § 2.º, da CLT c/c a Súmula 266 do TST, somente se viabiliza o recuso de revista pela demonstração inequívoca de violação literal e direta da Constituição Federal. Não há violação dos arts. 6.º e 205 da Constituição Federal, na medida em que não se está negando o direito à educação, previsto nos referidos dispositivos, mas apenas se está garantindo o crédito ao exequente, referente a valores pertencentes à executada, provenientes do pagamento dos estudantes (financiados pelo governo) para a instituição de ensino. Ademais, não se tratam de créditos destinados a educação, mas de pagamentos à executada por serviços prestados. Agravo de instrumento conhecido e desprovido" (AIRR-10242-71.2018.5.03.0036, 3.ª T., rel. Min. Alexandre de Souza Agra Belmonte, *DEJT* 4-12-2020).

Feita a penhora em crédito do executado, e não tendo ele oferecido embargos ou sendo estes rejeitados, o exequente ficará sub-rogado nos direitos do executado até a concorrência do seu crédito (**art. 857, CPC**).

Conforme precedente do **STF**, nos termos do julgamento da ADPF 485, as *"verbas estaduais não podem ser objeto de bloqueio, penhora e/ou sequestro para pagamento de valores devidos em ações trabalhistas, ainda que as empresas reclamadas detenham créditos a receber da administração pública estadual, em virtude do disposto no art.167, VI e X, da CF, e do princípio da separação de poderes (art. 2.º da CF)"*[26].

10.6.1.2.4. *Penhora de estabelecimento*

A penhora de estabelecimento é prevista nos **arts. 862 e 863 do Código de Processo Civil**, aplicáveis subsidiariamente ao processo do trabalho, e tem por objetivo manter a atividade empresarial em funcionamento, sendo os bens produzidos destinados ao pagamento do crédito constante do título.

---

[26] Nesse sentido: RR-11386-30.2015.5.01.0040, 7.ª T., rel. Min. Claudio Mascarenhas Brandão, *DEJT* 19-12-2022.

A penhora em estabelecimento constitui-se em uma modalidade de garantia do juízo que visa atender "à preocupação tanto de satisfazer ao crédito do exequente, quanto de evitar fechamento da empresa, o que pode vir a ocorrer caso haja penhora e alienação de equipamento essencial à atividade desenvolvida, ou mesmo do imóvel em que funciona a empresa"[27].

"AGRAVO DE INSTRUMENTO EM RECURSO DE REVISTA. EXECUÇÃO. RECURSO DE REVISTA INTERPOSTO NA VIGÊNCIA DA LEI N. 13.015/14 POSSIBILIDADE DE PENHORA DA SEDE DO ESTABELECIMENTO COMERCIAL. DISCUSSÃO CIRCUNSCRITA AO EXAME DA LEGISLAÇÃO INFRACONSTITUCIONAL (ART. 833, INCISO V, DO CPC/15) E DO CONTEXTO FÁTICO – PROBATÓRIO DOS AUTOS. INEXISTÊNCIA DE OFENSA DIRETA E LITERAL DA CONSTITUIÇÃO FEDERAL. Trata-se de insurgência da executada contra a decisão do Regional, pela qual foi mantida a penhorabilidade da sede do seu estabelecimento comercial. Com efeito, o Código de Processo Civil prevê tal possibilidade, ao dispor no seu art. 862 que: 'Quando a penhora recair em estabelecimento comercial, industrial ou agrícola, bem como em semoventes, plantações ou edifícios em construção, o juiz nomeará administrador-depositário, determinando-lhe que apresente em 10 (dez) dias o plano de administração'. A penhora da sede do estabelecimento comercial também é admitida excepcionalmente, nos termos da Súmula 451 do Superior Tribunal de Justiça: 'É legítima a penhora da sede de estabelecimento comercial'. Observa-se, portanto, que a penhora do imóvel no qual se localiza o estabelecimento da empresa é excepcionalmente permitida quando inexistentes outros bens passíveis de penhora, situação configurada na hipótese em análise, em que, segundo o Regional, restaram infrutíferas as medidas executórias adotadas. Nesse contexto, a despeito da insurgência da reclamada, a questão controvertida dos autos perpassa pela análise não só da legislação infraconstitucional, mas também do quadro fático-probatório dos autos, procedimento este vedado a esta instância recursal de natureza extraordinária, nos termos da Súmula 126 do TST. Prejudicado o exame da transcendência, ante a aplicação de óbice processual ao conhecimento do recurso de revista. Agravo de instrumento desprovido. CERCEAMENTO DO DIREITO DE DEFESA. RECURSO DE REVISTA QUE NÃO ATENDE AO REQUISITO DISPOSTO NO ART. 896, § 1.º-A, INCISO I, DA CLT . AUSÊNCIA DE INDICAÇÃO DO PREQUESTIONAMENTO. O recurso de revista foi interposto na vigência da Lei n. 13.015, de 2014, que alterou a redação do art. 896 da CLT, acrescendo a esse dispositivo, entre outros, o § 1.º-A, que determina novas exigências de cunho formal para a interposição do recurso de revista, estatuindo que, "sob pena de não conhecimento, é ônus da parte: I – indicar o trecho da decisão recorrida que consubstancia o prequestionamento da controvérsia objeto do recurso de revista;". Na hipótese, a parte não indicou, na petição do recurso de revista, o trecho da decisão recorrida em que se encontra prequestionada a matéria objeto de sua irresignação, como ordena o art. 896, § 1.º-A, inciso I, da CLT, de forma que a exigência processual contida no dispositivo em questão não foi satisfeita. Prejudicado o exame da transcendência, ante a aplicação de óbice processual ao conhecimento do recurso de revista. Agravo de instrumento desprovido" (AIRR-12003-25.2015.5.01.0481, 3.ª T., rel. Min. Jose Roberto Freire Pimenta, *DEJT* 19-12-2024).

---

[27] MANUS, Pedro Paulo Teixeira. *Execução de sentença no processo do trabalho, cit.*, p. 86.

Quando a penhora recair em estabelecimento comercial, industrial ou agrícola, bem como em semoventes, plantações ou edifícios em construção, o juiz nomeará administrador-depositário, determinando-lhe que apresente em dez dias o plano de administração, sendo lícito às partes ajustar a forma de administração e escolher o depositário, hipótese em que o juiz homologará por despacho a indicação **(art. 862, *caput* e § 2.º, CPC)**.

Em relação aos edifícios em construção sob regime de incorporação imobiliária, a penhora somente poderá recair sobre as unidades imobiliárias ainda não comercializadas pelo incorporador **(art. 862, § 3.º, CPC)**.

A penhora de empresa que funcione mediante concessão ou autorização far-se-á, conforme o valor do crédito, sobre a renda, sobre determinados bens ou sobre todo o patrimônio, e o juiz nomeará como depositário, de preferência, um de seus diretores **(art. 863, CPC)**.

Quando a penhora recair sobre a renda ou sobre determinados bens, o administrador-depositário apresentará a forma de administração e o esquema de pagamento, observando-se, quanto ao mais, o disposto em relação ao regime de penhora de frutos e rendimentos de coisa móvel e imóvel **(art. 863, § 1.º, CPC)**.

Recaindo a penhora sobre todo o patrimônio, prosseguirá a execução em seus ulteriores termos, ouvindo-se, antes da arrematação ou da adjudicação, o ente público que houver outorgado a concessão **(art. 863, § 2.º, CPC)**.

Em ambas as hipóteses indicadas, uma vez homologada pelo juiz a forma de administração, deve o depositário desenvolvê-la da maneira estabelecida, com o objetivo de satisfação integral do crédito. Caso o depositário não esteja seguindo o plano de administração, as partes poderão requerer ao juiz as providências necessárias para sua efetivação.

10.6.1.2.5. *Penhora de percentual de faturamento de empresa*

Se o executado não tiver outros bens penhoráveis ou se, tendo-os, estes forem de difícil alienação ou insuficientes para saldar o crédito executado, o juiz poderá ordenar a penhora de percentual de faturamento da empresa **(art. 866, CPC)**.

O juiz fixará percentual que propicie a **satisfação do crédito** exequendo em **tempo razoável**, mas que **não torne inviável** o exercício da **atividade** empresarial **(art. 866, § 1.º, CPC)**.

O juiz nomeará administrador-depositário, o qual submeterá à aprovação judicial a forma de sua atuação e prestará contas mensalmente, entregando em juízo as quantias recebidas, com os respectivos balancetes mensais, a fim de serem imputadas no pagamento da dívida **(art. 866, § 2.º, CPC)**.

Portanto, como ensina Humberto Theodoro Júnior, "a penhora sobre parte do faturamento da empresa devedora é permitida, desde que, cumulativamente, se cumpram os seguintes requisitos:

(a) inexistência de outros bens penhoráveis, ou, se existirem, sejam eles de difícil execução ou insuficientes a saldar o crédito exequendo;

(b) nomeação de administrador-depositário com função de estabelecer um esquema de pagamento;

(c) o percentual fixado sobre o faturamento não pode inviabilizar o exercício da atividade empresarial"[28].

> **OJ SDI-2 93, TST:** "Nos termos do art. 866 do CPC de 2015, é admissível a penhora sobre a renda mensal ou faturamento de empresa, limitada a percentual, que não comprometa o desenvolvimento regular de suas atividades, desde que não haja outros bens penhoráveis ou, havendo outros bens, eles sejam de difícil alienação ou insuficientes para satisfazer o crédito executado".

"AGRAVO. AGRAVO DE INSTRUMENTO EM RECURSO DE REVISTA. REGIDO PELA LEI 13.467/2017. RITO SUMARÍSSIMO. PROCESSO EM FASE DE CUMPRIMENTO DE SENTENÇA. PENHORA SOBRE FATURAMENTO DA EMPRESA. AUSÊNCIA DE DEMONSTRAÇÃO DE COMPROMETIMENTO DAS ATIVIDADES E DA NATUREZA SALARIAL. OJ 93 DA SBDI-2/TST. TRANSCENDÊNCIA NÃO RECONHECIDA NA DECISÃO AGRAVADA. Situação em que o Tribunal Regional, soberano na análise de fatos e provas, consignou que o Executado não demonstrou que a penhora sobre o faturamento da empresa ocasionou prejuízos no desenvolvimento da atividade por ela desenvolvida. Asseverou, ainda, que não restou comprovada a natureza salarial do faturamento da empresa. Dispõe a Orientação Jurisprudencial 93 da SBDI-2 do TST que 'É admissível a penhora sobre a renda mensal ou faturamento de empresa, limitada a determinado percentual, desde que não comprometa o desenvolvimento regular de suas atividades'. No caso, para se concluir que a penhora sobre o faturamento da empresa compromete o desenvolvimento regular da atividade empresarial do Executado, bem como pela natureza salarial do faturamento, seria necessário revolver fatos e provas, expediente vedado em sede extraordinária (Súmula 126 do TST). Dessa forma, a pretensão recursal não se insere nos estreitos limites traçados pelo § 2.º do art. 896 da CLT e pela Súmula 266 do TST. Não afastados, portanto, os fundamentos da decisão agravada, nenhum reparo enseja a decisão. Agravo não provido, com acréscimo de fundamentação" (Ag-AIRR-11629-43. 2017.5.03.0041, 5.ª T., rel. Min. Douglas Alencar Rodrigues, *DEJT* 19-12-2024).

"RECURSO ORDINÁRIO EM MANDADO DE SEGURANÇA. PENHORA DE FATURAMENTO. MITIGAÇÃO DA APLICAÇÃO DA OJ SBDI-2 N. 92 DO TST. PRECEDENTES. OJ SBDI-2 N. 93 DESTA CORTE. REDUÇÃO DO PERCENTUAL DA PENHORA. COMPROMETIMENTO DA ATIVIDADE EMPRESARIAL. 1. A jurisprudência desta Corte Superior é uníssona quanto ao cabimento do mandado de segurança para discutir penhora sobre faturamento, restando mitigada a incidência da OJ SBDI-2 n. 92 desta Corte e da Súmula 267 do STF. 2. A legalidade do bloqueio do faturamento da empresa para satisfação de débitos trabalhistas está amparada no art. 866, *caput* e § 1.º, do CPC de 2015, bem como na Súmula 417, I, desta Corte e na Orientação Jurisprudencial n. 93 da SBDI-2. Precedentes. 3. Conquanto seja permitido o bloqueio, há de se observar os princípios da razoabilidade e da proporcionalidade, de modo a não imprimir gravame tal que inviabilize a atividade empresarial, prejudicando a empresa, os empregados e os fornecedores e, ao fim e ao cabo, inviabilize a própria execução. Assim, o percentual a ser fixado deve levar em

---

[28] THEODORO JÚNIOR, Humberto. *Curso de direito processual civil,* cit., 49. ed., v. 3, p. 504.

consideração, principalmente, a manutenção da atividade produtiva, ponderada em razão da efetividade da execução, mediante os meios menos gravosos (art. 805 do CPC/2015). 4. No caso, a impetrante logrou demonstrar com os documentos acostados à petição inicial e com os trazidos juntamente com o Recurso Ordinário, a situação financeira delicada da empresa. É de se destacar a existência de parecer técnico contábil que acusa importante déficit, inúmeros protestos de títulos e documentação apresentada pelo administrador perito designado em processo cível que acusa prejuízos significativos desde 2019, com grave situação de insolvência. 5. Dessa forma, impõe-se limitar a ordem de bloqueio a 5% do faturamento líquido da empresa, até a garantia da execução nos autos principais. 6. Recurso Ordinário conhecido e parcialmente provido" (ROT-1005315-15.2020.5.02.0000, Subseção II Especializada em Dissídios Individuais, rel. Min. Luiz Jose Dezena da Silva, *DEJT* 22-11-2024).

10.6.1.2.6. *Penhora de quotas ou ações de sociedades empresariais*

A penhora das quotas ou das ações de sociedades pode ocorrer nos casos em que há a **desconsideração da personalidade jurídica**, sendo o sócio considerado devedor.

Assim, tendo ele quotas ou ações em outra sociedade simples ou empresária, elas podem ser penhoradas para a satisfação do crédito, caso em que o juiz assinará prazo razoável, não superior a três meses, para que a sociedade **(art. 861, CPC)**:

- apresente balanço especial, na forma da lei;
- ofereça as quotas ou as ações aos demais sócios, observado o direito de preferência legal ou contratual;
- não havendo interesse dos sócios na aquisição das ações, proceda à liquidação das quotas ou das ações, depositando em juízo o valor apurado em dinheiro.

10.6.1.3. *Embargos à execução, impugnação à sentença de liquidação e embargos à penhora*

Garantida a execução ou penhorados os bens, o executado tem o prazo de cinco dias úteis **(art. 775, CLT)** para apresentar **embargos à execução**, cabendo igual prazo para o exequente apresentar **impugnação à sentença de liquidação (art. 884, CLT)**.

Ressalte-se que o legislador usa impropriamente no § 3.º do art. 884 da Consolidação das Leis do Trabalho a expressão *embargos à penhora*, quando na verdade trata-se de embargos à execução.

Além dos embargos à execução, o devedor pode utilizar-se de outro meio de defesa, os **embargos à penhora**, com finalidade específica de discutir problemas relativos à penhora levada a efeito, além de impugnação à avaliação dos bens.

No entanto, tendo em vista o informalismo do processo do trabalho, admite-se que os embargos à execução e os embargos à penhora sejam opostos através de uma única peça processual.

O prazo para apresentação dos embargos e da impugnação é contado a partir da **garantia do juízo**, não importando, para efeito da contagem dele, a data da juntada do mandado de penhora.

No entanto, caso a penhora não seja efetivada no estabelecimento do executado (como penhora de imóvel, por exemplo), torna-se necessário que a Vara do Trabalho notifique o executado da efetivação da penhora, a fim de que o prazo dos embargos tenha início. O mesmo se dá em relação ao exequente, que deve ser notificado da penhora, para que inicie o prazo para ele apresentar impugnação à sentença de liquidação[29].

A exigência da garantia ou penhora **não se aplica** às entidades filantrópicas e/ou àqueles que compõem ou compuseram a diretoria dessas instituições **(art. 884, § 6.º, CLT)**.

Os embargos à execução são o **principal meio de defesa do devedor na execução**, por meio do qual ele pode apresentar alegações de cumprimento da decisão ou do acordo, quitação ou prescrição da dívida **(art. 884, § 1.º, CLT)**, bem como impugnar a sentença de liquidação **(art. 884, § 3.º, CLT)**.

Sempre houve intensa controvérsia sobre as matérias alegáveis nos embargos à execução no processo do trabalho. De um lado, aqueles que entendem que eles têm limite restrito, nos exatos termos do **art. 884 da Consolidação das Leis do Trabalho**, ou seja, somente as matérias indicadas expressamente no referido dispositivo legal podem ser discutidas nos embargos à execução. De outro lado, aqueles que afirmam não ser taxativa a indicação do **art. 884 da Consolidação das Leis do Trabalho** e admitem, por considerarem que os embargos à execução são um instrumento de defesa, uma interposição com conteúdo mais amplo, entendendo pela aplicação subsidiária do Código de Processo Civil. A doutrina e a jurisprudência, em razão do reconhecimento de que as execuções trabalhistas são cada vez mais complexas, vêm adotando esse segundo posicionamento, o que ganha força agora com a previsão de aplicação supletiva das regras postas pelo **Código de Processo Civil de 2015**, razão pela qual o objeto de embargos não pode ficar restrito apenas aos temas referidos no **§ 1.º do art. 884 da Consolidação das Leis do Trabalho**.

Assim, plenamente aplicável o **art. 917 do Código de Processo Civil**, permitindo-se, nos embargos à execução, que se questione também:

- ☐ inexequibilidade do título ou inexigibilidade da obrigação;
- ☐ penhora incorreta ou avaliação errônea;
- ☐ excesso de execução ou cumulação indevida de execuções;
- ☐ retenção por benfeitorias necessária ou úteis, nos casos de execução para entrega de coisa certa;
- ☐ incompetência absoluta ou relativa do juízo da execução;
- ☐ qualquer matéria que lhe seja lícito deduzir como defesa em processo de conhecimento.

O juiz **rejeitará liminarmente** os embargos **(art. 918, CPC**, aplicável ao processo do trabalho – **IN n. 39/2016, TST)**:

- ☐ quando intempestivos;
- ☐ nos casos de indeferimento da petição inicial e de improcedência liminar do pedido;
- ☐ manifestamente protelatórios.

---

[29] MANUS, Pedro Paulo Teixeira. *Execução de sentença no processo do trabalho*, cit., p. 122.

10 ◼ Execução no Processo do Trabalho 443

Ressalte-se que se considera **conduta atentatória à dignidade da justiça** oferecimento de embargos manifestamente protelatórios (**art. 918, parágrafo único, CPC**).

Se na defesa tiverem sido arroladas testemunhas, poderá o juiz ou o Presidente do Tribunal, caso julgue necessários seus depoimentos, marcar audiência para a produção das provas, a qual deverá ser realizada dentro de cinco dias (**art. 884, § 2.º, CLT**).

Recebidos os embargos, o juiz determinará a intimação da parte contrária para que ela apresente, se quiser, sua manifestação com a impugnação que entender cabível.

O exequente pode discutir questões referentes à **sentença de liquidação** por meio da **impugnação** prevista no **art. 884 da Consolidação das Leis do Trabalho**. A parte contrária deverá ser intimada para, querendo, apresentar manifestação sobre a impugnação.

Não tendo sido arroladas testemunhas na defesa, o juiz, conclusos os autos, proferirá sua decisão, dentro de cinco dias, julgando subsistente ou insubsistente a penhora (**art. 885, CLT**).

Se tiverem sido arroladas testemunhas, finda a sua inquirição em audiência, os autos serão conclusos ao juiz dentro de 48 horas, que proferirá sua decisão (**art. 886, *caput*, CLT**).

Os embargos e a impugnação à sentença de liquidação apresentados terão idêntica tramitação e serão julgados na mesma sentença (**art. 884, § 4.º, CLT**). A decisão deve ser fundamentada, nos termos do **art. 93, IX, da Constituição Federal**, sob pena de nulidade.

Da decisão serão as partes intimadas (**art. 886, § 1.º, CLT**), podendo interpor agravo de petição ao Tribunal Regional do Trabalho, nos termos do **art. 897, *a*, da Consolidação das Leis do Trabalho**.

Caso a execução se dê por meio de carta (precatória ou rogatória), os embargos do executado serão oferecidos no juízo deprecado, que os remeterá ao juízo deprecante, para instrução e julgamento. Quando os embargos tiverem por objeto vícios ou irregularidades de atos no próprio juízo deprecado, caber-lhe-á unicamente o julgamento dessa matéria (**art. 20, Lei n. 6.830/80**).

No prazo para embargos, reconhecendo o crédito do exequente e comprovando o depósito de 30% do valor em execução, acrescido de custas e de honorários de advogado, o executado poderá requerer que lhe seja permitido pagar o restante em até seis parcelas mensais, acrescidas de correção monetária e de juros de 1% ao mês (**art. 916, CPC**).

O parcelamento, se deferido, abrange os honorários de sucumbência.

"AGRAVO INTERNO EM AGRAVO DE INSTRUMENTO EM RECURSO DE REVISTA INTERPOSTO PELO EXEQUENTE. [...] PROCESSO EM FASE DE EXECUÇÃO – PEDIDO DE CONDENAÇÃO DA EXECUTADA EM HONORÁRIOS SUCUMBENCIAIS COM BASE NO ART. 916 DO CÓDIGO DE PROCESSO CIVIL. 1. É incontroverso nos autos que o título executivo judicial não contém condenação ao pagamento de honorários sucumbenciais. Nas razões de revista, o exequente insiste na tese de que o art. 916 do CPC trata de hipótese de cabimento de honorários sucumbenciais na fase de execução. 2. O Tribunal Regional, por outro lado, asseverou que o art. 916 do CPC, ao prever a possibilidade de pagamento parcelado dos valores em execução, determinou, de forma expressa, que o parcelamento deve englobar os honorários sucumbenciais, caso esse crédito conste do título executivo judicial, não havendo autorização, no referido dispositivo legal, para se condenar a executada ao pagamento de honorários sucumbenciais apenas por ter solicitado o parcelamento da execução na forma do art. 916 do CPC. 3. Constata-se, desse modo, que a invocação de ofensa ao art. 5.º, II, da Constituição Federal não viabiliza o conhecimento do recurso de revista, nos termos da Súmula 266 do TST e do art. 896, § 2.º, da CLT, tendo em vista que a ofensa se daria, quanto muito, pela via reflexa, na medida em que primeiro seria necessário apreciar eventual infringência à norma infraconstitucional que rege a matéria jurídica controvertida nos autos, no caso o art. 916 do CPC. Agravo interno desprovido" (Ag-AIRR-586-56.2016.5.10.0007, 2.ª T., rel. Des. Convocada Margareth Rodrigues Costa, *DEJT* 1-3-2024).

A opção pelo parcelamento importa **renúncia ao direito de opor embargos (art. 916, § 6.º, CPC)**.

O **exequente será intimado** para manifestar-se sobre o preenchimento dos pressupostos previstos para o parcelamento, e o juiz decidirá o requerimento em cinco dias **(art. 916, § 1.º, CPC)**.

Enquanto não apreciado o requerimento, o executado terá de depositar as parcelas vincendas, facultado ao exequente o seu levantamento **(art. 916, § 2.º, CPC)**.

A **proposta** poderá ser **(art. 916, §§ 3.º e 4.º, CPC)**:

◼ deferida – caso em que o exequente levantará a quantia depositada, e serão suspensos os atos executivos;

◼ indeferida – hipótese em que os atos executivos terão seguimento, mantido o depósito, que será convertido em penhora.

Deferida a proposta, o não pagamento de qualquer das prestações acarretará, cumulativamente **(art. 916, § 5.º, CPC)**:

◼ o vencimento das prestações subsequentes e o prosseguimento do processo, com o imediato reinício dos atos executivos;

◼ a imposição ao executado de multa de 10% sobre o valor das prestações não pagas.

As regras de **parcelamento do crédito exequendo** são aplicáveis ao processo do trabalho **(art. 3.º, XXI, IN n. 39/2016, TST)**.

10.6.1.4. *Execução por prestações sucessivas*

O procedimento da **execução por prestações sucessivas** é o mesmo da execução de obrigação de pagar quantia certa visto anteriormente **(art. 890, CLT)**, tendo por peculiaridade, porém, o fato de que:

◼ nas prestações sucessivas por tempo determinado, a execução pelo não pagamento de uma prestação compreenderá as que lhe sucederem **(art. 891, CLT)**;

◼ nas prestações sucessivas por tempo indeterminado, a execução compreenderá inicialmente as prestações devidas até a data do ingresso da execução **(art. 892, CLT)**, bem como as vincendas.

"AGRAVO. AGRAVO DE INSTRUMENTO. RECURSO DE REVISTA. LEI N. 13.467/2017. EXECUÇÃO. HORAS EXTRAS. PARCELAS VINCENDAS. AUSÊNCIA DE DETERMINAÇÃO NO TÍTULO EXECUTIVO. POSSIBILIDADE DE INCLUSÃO NA FASE DE EXECUÇÃO. TRANSCENDÊNCIA POLÍTICA CARACTERIZADA. No caso em tela, o debate acerca da ofensa à coisa julgada, em razão da extinção da execução com o indeferimento da juntada de documentos que demonstrariam a existência de parcelas vincendas ainda não quitadas, detém transcendência política, nos termos do art. 896-A, § 1.º, II, da CLT. A decisão monocrática proferida nestes autos merece ser superada, a fim de reconhecer a transcendência política e prosseguir no exame do agravo de instrumento da reclamante. Agravo interno provido. II – AGRAVO DE INSTRUMENTO EM RECURSO DE REVISTA. INTERPOSIÇÃO NA VIGÊNCIA DA LEI N. 13.467/2017. AUSÊNCIA DE DETERMINAÇÃO NO TÍTULO EXECUTIVO. POSSIBILIDADE DE INCLUSÃO NA FASE DE EXECUÇÃO. TRANSCENDÊNCIA POLÍTICA CARACTE-RIZADA. Ante a possível violação do art. 5.º, XXXVI, da Constituição da República, deve ser reconhecida a transcendência política da questão, a ensejar o provimento ao agravo de instrumento para determinar o julgamento do recurso de revista. Agravo de instrumento provido. III – RECURSO DE REVISTA INTERPOSTO NA VIGÊNCIA DA LEI N. 13.467/2017. EXECUÇÃO. AUSÊNCIA DE DETERMINAÇÃO NO TÍTULO EXECUTIVO. POSSIBILIDADE DE INCLUSÃO NA FASE DE EXECUÇÃO. TRANS-CENDÊNCIA POLÍTICA CARACTERIZADA. A Subseção Especializada em Dissídios Individuais desta Corte entende que é possível a condenação ao pagamento de verbas trabalhistas contemplar parcelas futuras, com apoio no art. 290 do Código de Processo Civil. O fato de os cálculos homologados contemplarem a inclusão dos títulos apresentados pela reclamada não impede a apuração e execução superveniente de parcelas vincendas do adicional de insalubridade, em face do disposto no art. 471, I, do CPC, segundo o qual, sobrevindo modificação na situação fática, poderá a parte condenada pedir a revisão da sentença. Do contrário, o trabalhador, além de já haver sofrido lesão aos seus direitos trabalhistas em razão do descumprimento perpetrado pelo empregador, ainda estaria obrigado a ajuizar sucessivas demandas para buscar o cumprimento de obrigação trabalhista fundada numa mesma situação fática, embora relativa a período diverso. Essa circunstância configuraria afronta aos princípios da razoabilidade e da economia processual. Recurso de Revista conhecido e provido" (RR-258-94.2012.5. 05.0011, 6.ª T., rel. Min. Antonio Fabricio de Matos Goncalves, *DEJT* 13-12-2024).

"[...] III – RECURSO DE REVISTA INTERPOSTO PELO EXEQUENTE. EXECUÇÃO. DIFERENÇAS DE HORAS EXTRAS E DEMAIS VERBAS DE TRATO SUCESSIVO. PARCELAS VINCENDAS. AUSÊNCIA DE DETERMINAÇÃO NO TÍTULO EXECU-TIVO. POSSIBILIDADE DE INCLUSÃO NA FASE DE EXECUÇÃO. A jurisprudência desta Corte Superior é firme no sentido de que, em se tratando de condenação ao pagamento de parcelas de trato sucessivo, a inclusão das parcelas vincendas na execução, enquanto perdurar a situação de fato que gerou a condenação, não resulta em afronta à coisa julgada, ainda que essa determinação não conste do título executivo. Precedentes. Recurso de revista conhecido e provido. [...]" (RRAg-74-69.2013.5.15.0062, 1.ª T., rel. Min. Amaury Rodrigues Pinto Junior, *DEJT* 1-10-2024).

10.6.2. Execução de obrigação de fazer e de não fazer

Por ausência de previsão específica na Consolidação das Leis do Trabalho, aplicam-se ao processo do trabalho as disposições dos **arts. 536 e 537 do Código de Processo Civil**, que tratam do cumprimento de sentença que reconheça a exigibilidade de obrigação de fazer ou de não fazer **(art. 3.º, XII, IN n. 39/2016, TST)**.

No cumprimento de sentença que contenha a exigibilidade dessas modalidades de obrigação, o juiz poderá, de ofício ou a requerimento, para a **efetivação da tutela específica** ou a **obtenção da tutela pelo resultado prático equivalente**, determinar as medidas necessárias à satisfação do exequente **(art. 536, CPC)**.

Para efetivação da tutela, o juiz poderá determinar, entre outras medidas, a imposição de multa, a busca e apreensão, a remoção de pessoas e coisas, o desfazimento de obras e o impedimento de atividade nociva, podendo, caso necessário, requisitar o auxílio de força policial, ou ser utilizado, se for preciso, o arrombamento **(art. 536, §§ 1.º e 2.º, CPC)**.

O executado incidirá nas penas de **litigância de má-fé** quando injustificadamente descumprir a ordem judicial, sem prejuízo de sua responsabilização por **crime de desobediência (art. 536, § 3.º, CPC)**.

A multa independe de requerimento da parte e poderá ser aplicada na fase de conhecimento, em tutela provisória ou na sentença, ou na fase de execução, desde que seja suficiente e compatível com a obrigação e que se determine prazo razoável para cumprimento do preceito **(art. 537, CPC)**.

O juiz poderá, de ofício ou a requerimento, modificar o valor ou a periodicidade da multa vincenda ou excluí-la, caso verifique que **(art. 537, § 1.º, CPC)**:

- se tornou insuficiente ou excessiva;
- o obrigado demonstrou cumprimento parcial superveniente da obrigação ou justa causa para o descumprimento.

O valor da multa será devido ao exequente e a decisão que fixa a multa é passível de cumprimento provisório, devendo ser depositada em juízo, permitido o levantamento do valor após o trânsito em julgado da sentença favorável à parte **(art. 537, §§ 2.º e 3.º, CPC)**.

A multa será devida desde o dia em que se configurar o descumprimento da decisão e incidirá enquanto não for cumprida a decisão que a tiver cominado **(art. 537, § 4.º, CPC)**.

São obrigações de fazer típicas no processo do trabalho a anotação na CTPS do reclamante, a reintegração de empregado estável, o reenquadramento funcional, entre outras. Como obrigações de não fazer podem ser citadas a proibição de transferência ilegal ou abusiva de empregado para localidade diversa da que resultar do contrato de trabalho e a proibição de alterações contratuais em geral, desde que prejudiciais ao empregado.

10 ■ Execução no Processo do Trabalho

10.6.3. Execução para entrega de coisa

Por ausência de previsão específica na Consolidação das Leis do Trabalho, aplicam-se ao processo do trabalho as disposições do **art. 538 do Código de Processo Civil**, que tratam do cumprimento de sentença que reconheça a exigibilidade de obrigação de entregar coisa (**art. 3.º, XII, IN n. 39/2016, TST**).

Não cumprida a obrigação de entregar coisa no prazo estabelecido na sentença, será expedido mandado de busca e apreensão ou de imissão na posse em favor do credor, conforme se tratar de coisa móvel ou imóvel (**art. 538, *caput*, CPC**).

Aplicam-se ao procedimento para entrega de coisa, no que couber, as disposições sobre o cumprimento de obrigação de fazer ou de não fazer (**art. 538, § 3.º, CPC**).

São obrigações para entrega de coisa típicas no processo do trabalho a entrega de guias para levantamento do FGTS e para recebimento do seguro-desemprego.

> **SÚM. 389, TST:** "[...] II – O não fornecimento pelo empregador da guia necessária para o recebimento do seguro-desemprego dá origem ao direito à indenização".

10.6.4. Execução contra a Fazenda Pública

Tendo em vista que a Administração Pública pode contratar pessoal pelo regime da Consolidação das Leis do Trabalho (**art. 37, I e II, CF**), resta evidente que os seus órgãos, nesse caso, estarão sujeitos aos princípios e normas de Direito do Trabalho, sendo os conflitos derivados dessas relações de emprego solucionados pela Justiça do Trabalho (**art. 114, CF**).

Assim, eventuais condenações do Poder Público na Justiça do Trabalho podem levar à execução forçada do julgado. No entanto, em razão de serem os bens públicos impenhoráveis, a execução se processa de forma peculiar, seguindo regras próprias.

No cumprimento de sentença que impuser à Fazenda Pública o dever de pagar quantia certa, o exequente apresentará demonstrativo discriminado e atualizado do crédito contendo (**art. 534, CPC**):

■ o nome completo e o número de inscrição no Cadastro de Pessoas Físicas ou no Cadastro Nacional da Pessoa Jurídica do exequente;

■ o índice de correção monetária adotado;

■ os juros aplicados e as respectivas taxas;

■ o termo inicial e o termo final dos juros e da correção monetária utilizados;

■ a periodicidade da capitalização dos juros, se for o caso;

■ a especificação dos eventuais descontos obrigatórios realizados.

Havendo pluralidade de exequentes, cada um deverá apresentar o seu próprio demonstrativo, podendo o juiz, se for o caso, limitar o número de litisconsortes nos termos dos §§ 1.º e 2 .º do art. 113 do Código de Processo Civil (**art. 534, § 1.º, CPC**).

A Fazenda Pública será intimada na pessoa de seu representante judicial, por carga, remessa ou meio eletrônico, para, querendo, no prazo de 30 dias (**Tese de Repercussão**

Geral 137 do Supremo Tribunal Federal) e nos próprios autos, **impugnar a execução**, podendo arguir **(art. 535, CPC):**

- falta ou nulidade da citação se, na fase de conhecimento, o processo correu à revelia;
- ilegitimidade de parte;
- inexequibilidade do título ou inexigibilidade da obrigação;
- excesso de execução ou cumulação indevida de execuções;
- incompetência absoluta ou relativa do juízo da execução;
- qualquer causa modificativa ou extintiva da obrigação, como pagamento, novação, compensação, transação ou prescrição, desde que supervenientes ao trânsito em julgado da sentença.

A alegação de **impedimento ou suspeição** deve observar as regras previstas nos **arts. 146 e 148 do Código de Processo Civil (art. 535, § 1.º, CPC).**

Quando se alegar que o exequente, em excesso de execução, pleiteia quantia superior à resultante do título, deverá a executada declarar de imediato o valor que entende correto, sob pena de não conhecimento da arguição **(art. 535, § 2.º, CPC).**

Não impugnada a execução ou rejeitadas as arguições da executada **(art. 535, § 3.º, CPC):**

- expedir-se-á, por intermédio do presidente do tribunal competente, precatório em favor do exequente, observando-se o disposto na Constituição Federal;
- por ordem do juiz, dirigida à autoridade na pessoa de quem o ente público foi citado para o processo, o pagamento de obrigação de pequeno valor será realizado no prazo de dois meses contado da entrega da requisição, mediante depósito na agência de banco oficial mais próxima da residência do exequente.

Tratando-se de impugnação parcial, a parte não questionada pela executada será, desde logo, objeto de cumprimento **(art. 535, § 4.º, CPC).**

Para fins de arguição de inexequibilidade do título ou inexigibilidade da obrigação, considera-se também inexigível a obrigação reconhecida em título executivo judicial fundado em lei ou ato normativo considerado inconstitucional pelo Supremo Tribunal Federal, ou fundado em aplicação ou interpretação da lei ou do ato normativo tido pelo Supremo Tribunal Federal como incompatível com a Constituição Federal, em controle de constitucionalidade concentrado ou difuso. Nessa hipótese, os efeitos da decisão do Supremo Tribunal Federal poderão ser modulados no tempo, de modo a favorecer a segurança jurídica, desde que proferida antes do trânsito em julgado da decisão exequenda **(art. 535, §§ 5.º, 6.º e 7.º, CPC).**

Se a decisão do Supremo Tribunal Federal suprarreferida for proferida após o trânsito em julgado da decisão exequenda, caberá ação rescisória, cujo prazo será contado do trânsito em julgado daquela decisão **(art. 535, § 8.º, CPC).**

Havendo ou não a oposição de embargos pela Fazenda, o pagamento do crédito deverá ser feito através de **precatório**, nos termos do **art. 100 da Constituição Federal**, constituindo este a forma própria de execução do patrimônio público, consistente na

10 ◼ Execução no Processo do Trabalho   449

inclusão do valor homologado judicialmente como devido no orçamento público, para que em exercício futuro seja pago ao credor.

Como os créditos trabalhistas têm natureza alimentícia, não estão sujeitos à ordem de apresentação dos precatórios que deve ser seguida em relação aos demais créditos **(art. 100, § 1.º, CF)**.

Os débitos de natureza alimentícia cujos titulares, originários ou por sucessão hereditária, tenham 60 anos de idade, ou sejam portadores de doença grave, ou pessoas com deficiência, assim definidos na forma da lei, serão pagos com preferência sobre todos os demais débitos, até o valor equivalente ao triplo fixado em lei para os fins do disposto no § 3.º deste artigo, admitido o fracionamento para essa finalidade, sendo que o restante será pago na ordem cronológica de apresentação do precatório **(art. 100, § 2.º, CF)**.

> **OJ TP-OE 3, TST:** "O sequestro de verbas públicas para satisfação de precatórios traba-lhistas só é admitido na hipótese de preterição do direito de precedência do credor, a ela não se equiparando as situações de não inclusão da despesa no orçamento ou de não pagamento do precatório até o final do exercício, quando incluído no orçamento".

Não se aplica a expedição de precatórios aos pagamentos de obrigações definidas em lei como de pequeno valor que a Fazenda Federal, Estadual ou Municipal deva fazer em virtude de sentença judicial transitada em julgado **(art. 100, § 3.º, CF)**. Tratando-se de reclamatória plúrima, a aferição do que vem a ser obrigação de pequeno valor, para efeito de dispensa de formação de precatório, deve ser realizada considerando-se os créditos de cada reclamante **(OJ TP-OE 9, TST)**.

Para fins da definição do montante considerado como de pequeno valor, poderão ser fixados pela União, pelos Estados ou Municípios valores distintos, segundo as diferentes capacidades econômicas, sendo o mínimo igual ao valor do maior benefício do regime geral de previdência social **(art. 100, § 3.º, CF)**.

"[...] RECURSO DE REVISTA INTERPOSTO NA VIGÊNCIA DA LEI N. 13.467/2017. EXECUÇÃO. REQUISIÇÃO DE PEQUENO VALOR. LEI MUNICIPAL. NÃO OBSER-VÂNCIA DO PRAZO FIXADO PELO ART. 97, § 12.º, DO ADCT. DECISÃO PROFE-RIDA PELO STF NAS AÇÕES DIRETAS DE INCONSTITUCIONALIDADE 4.357 e 4.425. TRANSCENDÊNCIA JURÍDICA RECONHECIDA. REQUISITOS DO ART. 896, § 1.º-A, DA CLT ATENDIDOS. Preponderava nesta Corte Superior o entendimento de ser inaplicável lei municipal publicada após o prazo de 180 dias previsto no art. 97, § 12.º, do ADCT, remanescendo, nesse caso, o valor de trinta salários-mínimos como limite para requisição de pequeno valor. Todavia, o Supremo Tribunal Federal, ao julgar as ADIs 4.357 e 4.425, declarou a inconstitucionalidade de dispositivos correlatos à sistemática de pagamento de precatórios introduzidos na Constituição Federal e no Ato das Disposições Constitucionais Transitórias (ADCT) pela Emenda Constitucional n. 62/2009. As aludidas ADIs foram julgadas parcialmente procedentes, restando assentado, na parte dispositiva, a inconstitucionalidade de '[...] todo o art. 97 do Ato das Disposições Constitucionais Transitórias (especificamente o *caput* e os §§ 1.º, 2.º, 4.º, 6.º, 8.º, 9.º, 14 e 15, sendo os demais por arrastamento ou reverberação normativa)'. Ressalte-se, ainda, que a inconstitucionalidade do § 12.º do art. 97 do ADCT foi declarada com efeitos *ex tunc*, na medida em que não houve modulação de efeitos, de modo que se torna inaplicável o prazo de 180 dias para edição de lei municipal que estabelece o valor das obrigações de pequeno valor. Precedentes do STF. Dessa forma, ante a declaração de inconstitucionalidade integral do art. 97 do ADCT pelo STF, deve-se aplicar a Lei Municipal 1.448/2016, que fixou o limite para quitação de débitos de pequeno valor, independente da observância do prazo de 180 dias da publicação da Emenda Constitucional 62/2009. O acórdão recorrido, portanto, está em dissonância com entendimento vinculante fixado pela Suprema Corte no julgamento das ADIs 4.357 e 4.425. Recurso de revista conhecido e provido" (RR-1087-53.2011.5.15.0069, 6.ª T., rel. Min. Augusto Cesar Leite de Carvalho, *DEJT* 2-12-2022).

Importante ressaltar que as empresas públicas e as sociedades de economia mista que explorem atividade econômica de produção ou comercialização de bens ou de prestação de serviços estão sujeitas ao regime jurídico próprio das empresas privadas, razão pela qual suas dívidas trabalhistas não estão sujeitas a precatório **(art. 173, § 1.º, II, CF)**.

OJ TP-OE 7, TST: "I – Nas condenações impostas à Fazenda Pública, incidem juros de mora segundo os seguintes critérios: a) 1% (um por cento) ao mês, até agosto de 2001, nos termos do § 1.º do art. 39 da Lei n. 8.177, de 01.03.1991; b) 0,5% (meio por cento) ao mês, de setembro de 2001 a junho de 2009, conforme determina o art. 1.º-F da Lei n. 9.494, de 10.09.1997, introduzido pela Medida Provisória n. 2.180-35, de 24.08.2001; II – A partir de 30 de junho de 2009, atualizam-se os débitos trabalhistas da Fazenda Pública, mediante a incidência dos índices oficiais de remuneração básica e juros aplicados à caderneta de poupança, por força do art. 5.º da Lei n. 11.960, de 29.06.2009. III – A adequação do montante da condenação deve observar essa limitação legal, ainda que em sede de precatório".

Para fins de verificação do enquadramento do débito como de pequeno, valor devem ser considerados apenas os valores devidos ao reclamante, não sendo considerados créditos devidos a terceiros (honorários e contribuições previdenciárias).

"AGRAVO. AGRAVO DE INSTRUMENTO EM RECURSO DE REVISTA. LEIS N. 13.015/2014 E 13.467/2017. EXECUÇÃO. REQUISIÇÃO DE PEQUENO VALOR. CONTRIBUIÇÃO PREVIDENCIÁRIA. ABATIMENTO DOS VALORES DESTINADOS A TERCEIROS. A jurisprudência desta Corte consolidou-se no sentido de que, para verificação do enquadramento do débito como de pequeno valor, serão considerados apenas os valores efetivamente devidos ao reclamante, não sendo considerados os créditos devidos a terceiros, como honorários advocatícios e contribuições previdenciárias. Agravo de que se conhece e a que se nega provimento" (AIRR-0010822-71.2019.5.15.0153, 3.ª T., rel. Min. Alberto Bastos Balazeiro, *DEJT* 19-12-2024).

No entanto, os honorários advocatícios incluídos na condenação ou destacados do montante principal devido ao credor consubstanciam verba de natureza alimentar cuja satisfação ocorrerá com a expedição de precatório ou requisição de pequeno valor, observada ordem especial restrita aos créditos dessa natureza **(Tese de Repercussão Geral 18 do Supremo Tribunal Federal)**.

10 ▪ Execução no Processo do Trabalho

10.7. EXECUÇÃO DE TÍTULO EXTRAJUDICIAL

A execução dos títulos executivos extrajudiciais se dá por meio de um processo autônomo de executado, no qual o executado é citado para cumprir a obrigação.

No processo do trabalho, são títulos executivos extrajudiciais os termos de ajuste de conduta firmados perante o Ministério Público do Trabalho e os termos de conciliação firmados perante as Comissões de Conciliação Prévia **(art. 876, CLT)**.

Por **aplicação supletiva** do **art. 784, I, do Código de Processo Civil**, o cheque e a nota promissória emitidos em reconhecimento de dívida inequivocamente de natureza trabalhista também são títulos extrajudiciais para efeito de execução perante a Justiça do Trabalho **(art. 13, IN n. 39/2016, TST)**.

É **competente** para a execução de título extrajudicial o juiz que teria competência para o processo de conhecimento relativo à matéria **(art. 877-A, CLT)**.

No processo do trabalho a execução de título executivo extrajudicial será iniciada por **petição inicial**, que deverá ser **instruída** com **(art. 798, I, CPC)**:

▪ o título executivo extrajudicial;

▪ o demonstrativo do débito atualizado até a data de propositura da ação, quando se tratar de execução por quantia certa;

▪ a prova de que se verificou a condição ou ocorreu o termo, se for o caso;

▪ a prova, se for o caso, de que adimpliu a contraprestação que lhe corresponde o que lhe assegura o cumprimento, se o executado não for obrigado a satisfazer a sua prestação senão mediante a contraprestação do exequente.

> "RECURSO DE REVISTA. EXECUÇÃO. TERMO DE CONCILIAÇÃO FIRMADO PERANTE COMISSÃO DE CONCILIAÇÃO PRÉVIA. TÍTULO EXECUTIVO EXTRAJUDICIAL. RECONHECIMENTO DE GRUPO ECONÔMICO. POSSIBILIDADE. O cancelamento da Súmula 205 desta colenda Corte Superior demonstrou o reconhecimento, pela jurisprudência, da possibilidade de inclusão de todas as empresas no polo passivo, já na fase executiva, no caso de formação de grupo econômico. Entende-se que não há impedimento à correção do polo passivo na execução, seja naquela fundada em título executivo judicial, seja naquela baseada em título executivo extrajudicial, caso dos autos. Contudo, deve-se assegurar o contraditório e a ampla defesa às empresas indicadas como sujeito passivo na demanda executiva, tendo em vista a persecução patrimonial que se sucederá. Dessa forma, a discussão em torno da existência de grupo econômico e da consequente responsabilização solidária, diante de título executivo já definido, será realizada pelo juízo singular, com ampla dilação probatória. Ante o exposto, a decisão regional que obstou a solução de tal controvérsia, por entender que 'o demandante optou por uma modalidade de execução incompatível com dilação probatória, em sede da qual poderia discutir a existência de grupo empresarial' (pág. 669), acaba por ferir o princípio da inafastabilidade da jurisdição. Recurso de revista conhecido por violação do art. 5.º, XXXV, da Constituição Federal e provido. CONCLUSÃO: Agravo de instrumento conhecido e provido e Recurso de revista conhecido e provido" (TST, RR 1013-71.2016.5.10.0001, 3.ª T., rel. Min. Alexandre de Souza Agra Belmonte, *DEJT* 26-10-2018).

"AGRAVO INTERNO. AGRAVO DE INSTRUMENTO EM RECURSO DE REVISTA. ACÓRDÃO REGIONAL PUBLICADO NA VIGÊNCIA DA LEI N. 13.467/2017. EXECUÇÃO. PRESCRIÇÃO. OBRIGAÇÃO DE FAZER PREVISTA EM TÍTULO EXECUTIVO EXTRAJUDICIAL (TAC). TRANSCENDÊNCIA JURÍDICA RECONHECIDA. Discute-se, no caso, o prazo prescricional aplicável à pretensão de cobrança de multa por descumprimento de obrigações de fazer estipuladas em Termo de Ajustamento de Conduta (TAC). De acordo com o art. 5.º, § 6.º, da Lei n. 7.347/85, o Ministério Público do Trabalho pode firmar com os interessados compromisso de ajustamento de sua conduta às exigências legais, mediante cominações, que terá eficácia de título executivo extrajudicial, competindo à Justiça do Trabalho executar as obrigações de fazer, não-fazer, pagar ou dar coisa certa estipuladas previamente, nos termos do art. 876 CLT, visando à adequada tutela dos direitos fundamentais trabalhistas. Segundo o art. 783 do CPC, a execução pode ser instaurada caso o devedor não satisfaça a obrigação certa, líquida e exigível, consubstanciada em título executivo. E dentre os títulos executivos extrajudiciais, a que a própria lei atribui força executiva (art. 784, IV e XII, do CPC/15 e 876, *caput*, da CLT), encontra-se o Termo de Ajustamento de Conduta (TAC) firmado com o Ministério Público do Trabalho. Precedentes. E, mais, na esteira da jurisprudência do Superior Tribunal de Justiça, o prazo prescricional para execução direta do Termo de Ajustamento de Conduta que visa ao cumprimento de obrigação de fazer pela Fazenda Pública e que não trate de pretensões imprescritíveis, como, por exemplo, a reparação de dano ambiental , é o quinquenal previsto no art. 1.º do Decreto 20.910/1932, segundo o qual "As dívidas passivas da União, dos Estados e dos Municípios, bem assim todo e qualquer direito ou ação contra a Fazenda federal, estadual ou municipal, seja qual for a sua natureza, prescrevem em cinco anos contados da data do ato ou fato do qual se originarem". No presente caso, por se tratar de ação para a cobrança de multa pelo descumprimento de obrigações de fazer impostas em Termo de Ajustamento de Conduta em que houve a estipulação de data para o cumprimento das obrigações e, à mingua de outro marco para fixação do início da contagem do prazo prescricional, uma vez que não consta do acórdão regional a data do efetivo início da inexecução do ajuste, seu termo inicial deve ser a expiração do referido prazo. Nesse cenário, consoante registrado no acórdão regional, o TAC estabeleceu, expressamente, data limite para cumprimento das obrigações de fazer, a saber, 28-2-2003, e a presente ação de cobrança da multa por descumprimento do compromisso foi ajuizada em 5-11-2018. Constatado, portanto, que a execução do título extrajudicial foi deflagrada após o transcurso de cinco anos do prazo assinalado no TAC para o cumprimento das obrigações de fazer nele estipuladas, deve ser reconhecida a prescrição da pretensão. O exame da afirmação recursal, no sentido de que o descumprimento do TAC teria ocorrido apenas nos anos de 2016 e 2017, esbarra no teor da Súmula 126 do TST, pois demanda o revolvimento de fatos e provas, haja vista que referida informação não consta do acórdão recorrido. Agravo interno a que se nega provimento" (Ag-AIRR-727-11.2018.5.14.0002, 7.ª T., Redator Ministro Cláudio Mascarenhas Brandão, *DEJT* 2-9-2022).

Com a citação, o executado poderá adotar uma das seguintes posturas (**art. 882, CLT**):

- ■ efetuar o pagamento da quantia executada;
- ■ garantir o juízo para possibilitar a oposição de embargos à execução (depositando o valor executado, apresentando seguro-garantia judicial ou oferecendo bens à penhora).

10 ■ Execução no Processo do Trabalho 453

Não pagando o executado, nem garantindo a execução, serão penhorados bens, tantos quantos bastem ao pagamento da importância executada, acrescida de custas e juros de mora **(art. 883, CLT)**.

Garantida a execução ou penhorados os bens, o executado terá o prazo de cinco dias para apresentar embargos **(art. 884, CLT)**.

10.8. EXECUÇÃO DAS CONTRIBUIÇÕES PREVIDENCIÁRIAS

O **art. 114, VIII, da Constituição Federal** prevê que a Justiça do Trabalho é competente para "a execução, de ofício, das contribuições sociais previstas no **art. 195, I, *a*, e II**, e seus acréscimos legais, decorrentes das sentenças que proferir".

A competência da Justiça do Trabalho estende-se também para a execução das **contribuições previdenciárias** incidentes sobre os acordos que homologar **(art. 876, parágrafo único, CLT)**.

> **SÚM. 368, TST:** "I – A Justiça do Trabalho é competente para determinar o recolhimento das contribuições fiscais. A competência da Justiça do Trabalho, quanto à execução das contribuições previdenciárias, limita-se às sentenças condenatórias em pecúnia que proferir e aos valores, objeto de acordo homologado, que integrem o salário de contribuição. II – É do empregador a responsabilidade pelo recolhimento das contribuições previdenciárias e fiscais, resultantes de crédito do empregado oriundo de condenação judicial. A culpa do empregador pelo inadimplemento das verbas remuneratórias, contudo, não exime a responsabilidade do empregado pelos pagamentos do imposto de renda devido e da contribuição previdenciária que recaia sobre sua quota parte. III – Os descontos previdenciários relativos à contribuição do empregado, no caso de ações trabalhistas, devem ser calculados mês a mês, de conformidade com o art. 276, § 4.º, do Decreto n. 3.048/99 que regulamentou a Lei n. 8.212/91, aplicando-se as alíquotas previstas no art. 198, observado o limite máximo do salário de contribuição. IV – Considera-se fato gerador das contribuições previdenciárias decorrentes de créditos trabalhistas reconhecidos ou homologados em juízo, para os serviços prestados até 4-3-2009, inclusive, o efetivo pagamento das verbas, configurando-se a mora a partir do dia dois do mês seguinte ao da liquidação (art. 276, *caput*, do Decreto n. 3.048/99). Eficácia não retroativa da alteração legislativa promovida pela Medida Provisória n. 449/2008, posteriormente convertida na Lei n. 11.941/2009, que deu nova redação ao art. 43 da Lei n. 8.212/91. V – Para o labor realizado a partir de 05.03.2009, considera-se fato gerador das contribuições previdenciárias decorrentes de créditos trabalhistas reconhecidos ou homologados em juízo a data da efetiva prestação dos serviços. Sobre as contribuições previdenciárias não recolhidas a partir da prestação dos serviços incidem juros de mora e, uma vez apurados os créditos previdenciários, aplica-se multa a partir do exaurimento do prazo de citação para pagamento, se descumprida a obrigação, observado o limite legal de 20% (art. 61, § 2.º, da Lei n. 9.430/96). VI – O imposto de renda decorrente de crédito do empregado recebido acumuladamente deve ser calculado sobre o montante dos rendimentos pagos, mediante a utilização de tabela progressiva resultante da multiplicação da quantidade de meses a que se refiram os rendimentos pelos valores constantes da tabela progressiva mensal

correspondente ao mês do recebimento ou crédito, nos termos do art. 12-A da Lei n. 7.713, de 22.12.1988, com a redação conferida pela Lei n. 13.149/2015, observado o procedimento previsto nas Instruções Normativas da Receita Federal do Brasil".

OJ SDI-1 368, TST: "É devida a incidência das contribuições para a Previdência Social sobre o valor total do acordo homologado em juízo, independentemente do reconhecimento de vínculo de emprego, desde que não haja discriminação das parcelas sujeitas à incidência da contribuição previdenciária, conforme parágrafo único do art. 43 da Lei n. 8.212, de 24.07.1991, e do art. 195, I, *a*, da CF/1988".

É devida a contribuição previdenciária sobre o valor do acordo celebrado e homologado após o trânsito em julgado de decisão judicial, respeitada a proporcionalidade de valores entre as parcelas de natureza salarial e indenizatória deferidas na decisão condenatória e as parcelas objeto do acordo **(OJ SDI-1 376, TST)**[30].

Nos acordos homologados em juízo em que não haja o reconhecimento de vínculo empregatício, é devido o recolhimento da contribuição previdenciária, mediante a alíquota de 20% a cargo do tomador de serviços e de 11% por parte do prestador de serviços, na qualidade de contribuinte individual, sobre o valor total do acordo, respeitado o teto de contribuição. Inteligência do § 4.º do art. 30 e do inciso III do art. 22, todos da Lei n. 8.212, de 24 de julho de 1991 **(OJ SDI-1 398, TST)**.

Os descontos previdenciários e fiscais devem ser efetuados pelo juízo executório, ainda que a sentença exequenda tenha sido omissa sobre a questão, dado o caráter de ordem pública ostentado pela norma que os disciplina. A ofensa à coisa julgada somente poderá ser caracterizada na hipótese de o título exequendo, expressamente, afastar a dedução dos valores a título de imposto de renda e de contribuição previdenciária **(Súm. 401, TST)**.

O art. 879 da Consolidação das Leis do Trabalho prevê a forma de liquidação do crédito previdenciário: a liquidação abrangerá, também, o cálculo das contribuições previdenciárias devidas **(§ 1.º-A)**, sendo que as partes deverão ser previamente intimadas para a apresentação do cálculo de liquidação, inclusive da contribuição previdenciária incidente **(§ 1.º-B)**.

Elaborada a conta pela parte ou pelos órgãos auxiliares da Justiça do Trabalho, o juiz procederá à intimação da União para manifestação, no prazo de dez dias, sob pena de preclusão **(art. 879, § 3.º, CLT)**. O Ministro de Estado da Fazenda poderá, mediante ato fundamentado, dispensar a manifestação da União quando o valor total das verbas que integram o salário de contribuição, na forma do **art. 28 da Lei n. 8.212, de 24 de julho de 1991**, ocasionar perda de escala decorrente da atuação do órgão jurídico **(§ 5.º)**.

A atualização do crédito devido à Previdência Social observará os critérios estabelecidos na legislação previdenciária **(art. 879, § 4.º, CLT)**.

---

[30] *Vide* art. 832, §§ 3.º, 3.º-A e 3.º-B da CLT.

10 ◼ Execução no Processo do Trabalho   455

> **SÚM. 454, TST:** "Compete à Justiça do Trabalho a execução, de ofício, da contribuição referente ao Seguro de Acidente de Trabalho (SAT), que tem natureza de contribuição para a seguridade social (arts. 114, VIII, e 195, I, *a*, da CF), pois se destina ao financiamento de benefícios relativos à incapacidade do empregado decorrente de infortúnio no trabalho (arts. 11 e 22 da Lei n. 8.212/1991)".

> **OJ-SDI2-57, TST:** **MANDADO DE SEGURANÇA. INSS. TEMPO DE SERVIÇO. AVERBAÇÃO E/OU RECONHECIMENTO.** Conceder-se-á mandado de segurança para impugnar ato que determina ao INSS o reconhecimento e/ou averbação de tempo de serviço.

10.9. EXCEÇÃO DE PRÉ-EXECUTIVIDADE

Por meio da **exceção de pré-executividade**, que é um **meio de defesa do executado**, originariamente consagrado na jurisprudência e na doutrina, pode o executado alegar, sem garantia do juízo e mediante simples petição, determinado vício, fundado em matérias de ordem pública. Trata-se de incidente processual que exige a presença de prova pré-constituída, não admitindo dilação probatória. Sendo necessária a dilação probatória, o executado deverá opor embargos à execução, e não apresentar exceção de pré-executividade.

Consagrada pelo **art. 803, parágrafo único, do Código de Processo Civil**, que autoriza que a nulidade da execução seja pronunciada pelo juiz, de ofício ou a requerimento da parte, independentemente de embargos à execução, a exceção de pré-executividade parece contrastar com uma das principais regras da execução trabalhista, que estabelece que somente após a garantia do juízo o devedor pode discutir a execução, opondo embargos **(art. 884, CLT)**.

No entanto, a exceção de pré-executividade tem sido **admitida no processo do trabalho** em caso de vício ou nulidade capazes de impedir o prosseguimento da execução, como, por exemplo, em razão de incompetência absoluta do juízo, de falta de citação etc. Trata-se, portanto, de hipóteses em que não seria justo exigir do devedor a garantia do juízo para só em seguida demonstrar a existência do vício ou da nulidade que tornam manifestamente infundada a execução.

A exceção de pré-executividade pode ser oposta pelo devedor por meio de **simples petição** dirigida ao juiz da execução, que poderá acolhê-la ou rejeitá-la.

O **acolhimento da exceção de pré-executividade** tem natureza de decisão definitiva, podendo o exequente interpor **agravo de petição (art. 897, *a*, CLT)**. A decisão judicial que **rejeita a exceção**, porém, tem natureza de decisão interlocutória, sendo **irrecorrível de imediato (art. 893, § 1.º, CLT)**.

"AGRAVO INTERNO. AGRAVO DE INSTRUMENTO. RECURSO DE REVISTA. ACÓRDÃO REGIONAL PUBLICADO NA VIGÊNCIA DA LEI N. 13.467/2017. EXCEÇÃO DE PRÉ-EXECUTIVIDADE. REJEIÇÃO. DECISÃO INTERLOCUTÓRIA. IRRECORRIBILIDADE IMEDIATA. ÓBICE DE NATUREZA PROCESSUAL. TRANSCENDÊNCIA NÃO EXAMINADA. I. Não merece reparos a decisão unipessoal, em que se negou provimento ao agravo de instrumento, uma vez que a decisão regional, em que se se rejeitou a exceção de pré-excutividade, possui natureza interlocutória, atraindo a incidência do óbice processual da Súmula 214 do TST, o que inviabiliza a intelecção da matéria, tal como posta, deduzida ou apresentada, obstando assim a emissão de juízo positivo de transcendência. Transcendência não examinada. II. Agravo interno de que se conhece e a que se nega provimento" (AIRR-0010198-59.2022.5.03.0053, 7.ª T., rel. Min. Evandro Pereira Valadao Lopes, *DEJT* 18-12-2024).

"RECURSO ORDINÁRIO EM MANDADO DE SEGURANÇA. EXCEÇÃO DE PRÉ--EXECUTIVIDADE. REJEIÇÃO. NULIDADE DE CITAÇÃO NA FASE DE CUMPRIMENTO DE SENTENÇA. PRESCRIÇÃO INTERCORRENTE. INSURGÊNCIA OPONÍVEL MEDIANTE INSTRUMENTO PROCESSUAL ESPECÍFICO. AGRAVO DE PETIÇÃO. NÃO CABIMENTO DA AÇÃO MANDAMENTAL. INCIDÊNCIA DA DIRETRIZ DA OJ 92 DA SBDI-2 DO TST. 1. Mandado de segurança aviado contra decisão proferida no julgamento exceção de pré-executividade, na qual a Executada arguiu nulidade de citação na fase de cumprimento de sentença e postulou o reconhecimento da ocorrência de prescrição intercorrente. 2. Na forma do art. 5.º, II, da Lei n. 12.016/2009, o mandado de segurança não representa a via processual adequada para a impugnação de decisões judiciais passíveis de retificação por meio de recurso, ainda que com efeito diferido (OJ 92 da SBDI-2 do TST). 3. A controvérsia que envolve a arguição de nulidade de citação na fase de cumprimento de sentença, bem como o reconhecimento da prescrição intercorrente (sobretudo quando já decididas as questões em exceção de pré-executividade com exercício do contraditório antes da garantia do juízo) desafia a interposição de agravo de petição, na forma do art. 897, 'a', da CLT, disso resultando a inadequação do mandado de segurança (art. 5.º, II, da Lei n. 12.016/2019 c/c a OJ 92 da SBDI-2 do TST). 4. Portanto, havendo no ordenamento jurídico instrumento processual idôneo para corrigir a suposta ilegalidade cometida pela autoridade apontada como coatora, fica afastada a pertinência do mandado de segurança. Recurso ordinário conhecido e não provido" (ROT-611-12.2024.5.10.0000, Subseção II Especializada em Dissídios Individuais, rel. Min. Douglas Alencar Rodrigues, *DEJT* 13-12-2024).

Com a **rejeição** da exceção de pré-executividade, a **execução prosseguirá**, podendo o executado voltar a tratar nos embargos do tema objeto da exceção. Da decisão dos embargos caberá agravo de petição **(art. 897, *a*, CLT)**.

10.10. EMBARGOS DE TERCEIRO

Os embargos à execução somente podem ser opostos pelo efetivo devedor. Aquele que não for parte na execução e sofrer seus efeitos pode se valer dos **embargos de terceiro**. Assim, quem, **não sendo parte no processo**, sofrer constrição ou ameaça de constrição sobre bens que possua ou sobre os quais tenha direito incompatível com o ato constritivo, poderá **requerer seu desfazimento ou sua inibição** por meio dessa medida **(art. 674, CPC)**. O terceiro pode ser o proprietário do bem, ou seu possuidor (§ 1.º).

Considera-se terceiro, para ajuizamento dos embargos **(art. 674, § 2.º, CPC)**:

■ o cônjuge ou companheiro, quando defende a posse de bens próprios ou de sua meação;

■ o adquirente de bens cuja constrição decorreu de decisão que declara a ineficácia da alienação realizada em fraude à execução;

10 ◼ Execução no Processo do Trabalho

◼ quem sofre constrição judicial de seus bens por força de desconsideração da personalidade jurídica, de cujo incidente não fez parte;

◼ o credor com garantia real para obstar expropriação judicial do objeto de direito real de garantia, caso não tenha sido intimado, nos termos legais, dos atos expropriatórios respectivos.

Não detém legitimidade ativa para os embargos de terceiros aquele que figura como parte no processo principal, em que foi devidamente citado. Eventual discussão sobre sua ilegitimidade passiva e a nulidade da citação em relação ao processo principal deve ser manejada por meio dos embargos à execução e não dos embargos de terceiro, os quais se destinam exclusivamente àquele que, não sendo parte no processo, é atingido pela constrição judicial.

No entanto, reconhece-se a legitimidade para os embargos de terceiro daquele que passa a figurar no polo passivo apenas na fase de execução, sem que lhe tenha sido assegurado prévio contraditório.

"I – AGRAVO EM AGRAVO DE INSTRUMENTO EM RECURSO DE REVISTA. REGÊNCIA PELA LEI N. 13.467/2017 – EMBARGOS DE TERCEIROS. LEGITIMIDADE. INCLUSÃO DA EMPRESA NO POLO PASSIVO DA EXECUÇÃO PELA FORMAÇÃO DE GRUPO ECONÔMICO. TRANSCENDÊNCIA JURÍDICA RECONHECIDA. Constatada possível afronta aos incisos LIV e LV do art. 5.º da Constituição da República, dá-se provimento ao agravo para prover o agravo de instrumento a fim de mandar processar o recurso de revista. Agravo a que se dá provimento. II – RECURSO DE REVISTA INTERPOSTO SOB A ÉGIDE DA LEI N. 13.467/17 – EMBARGOS DE TERCEIROS. LEGITIMIDADE. INCLUSÃO DA EMPRESA NO POLO PASSIVO DA EXECUÇÃO PELA FORMAÇÃO DE GRUPO ECONÔMICO. TRANSCENDÊNCIA JURÍDICA RECONHECIDA. Esta Oitava Turma vem reconhecendo a legitimidade para o ajuizamento de embargos de terceiros da parte que foi incluída no polo passivo da execução pela formação de grupo econômico, com a determinação de constrição de seus bens, por entender que se trata de situação equivalente à prevista no inciso III do § 2.º do art. 674 do CPC, já que a parte impugna sua inclusão no polo passivo, argumentando justamente que se trata de pessoa terceira estranha à relação jurídica processual. Julgados. Recurso de revista de que se conhece e a que se dá provimento" (RR-Ag-AIRR-1001102-46.2019.5.02.0017, 8.ª T., rel. Min. Sergio Pinto Martins, *DEJT* 19-11-2024).

Em relação ao sócio que passou a responder pela execução sem que tenha sido instaurado o incidente de desconsideração da personalidade jurídica previsto em lei, tem-se admitido sua legitimidade para interposição de embargos de terceiro, sob o fundamento de que a quem não participou de nenhuma fase do processo nem integrou o título executivo judicial devem ser assegurados todos os meios de defesa previstos no ordenamento jurídico.

"A) AGRAVO EM AGRAVO DE INSTRUMENTO EM RECURSO DE REVISTA INTERPOSTO PELO TERCEIRO EMBARGANTE. ACÓRDÃO REGIONAL PUBLICADO NA VIGÊNCIA DA LEI N. 13.467/2017. [...] 2. EMBARGOS DE TERCEIRO. LEGITIMIDADE. SUPOSTO SÓCIO. INCLUSÃO NO POLO PASSIVO NA FASE DE EXECUÇÃO SEM A INSTAURAÇÃO DO INCIDENTE DE DESCONSIDERAÇÃO

DA PERSONALIDADE JURÍDICA. TRANSCENDÊNCIA POLÍTICA RECONHECI-DA. CONHECIMENTO E PROVIMENTO. I. Agravo a que se dá provimento para reexaminar o agravo de instrumento. II. Agravo de que se conhece e a que se dá provimento. [...] B) AGRAVO DE INSTRUMENTO EM RECURSO DE REVISTA INTERPOSTO PELO TERCEIRO EMBARGANTE. ACÓRDÃO REGIONAL PUBLICADO NA VIGÊNCIA DA LEI N. 13.467/2017. 1. EMBARGOS DE TERCEIRO. LEGITIMIDADE. SUPOSTO SÓCIO. INCLUSÃO NO POLO PASSIVO NA FASE DE EXECUÇÃO SEM A INSTAURAÇÃO DO INCIDENTE DE DESCONSIDERAÇÃO DA PERSONALIDADE JURÍDICA. TRANSCENDÊNCIA POLÍTICA RECONHECIDA. CONHECIMENTO E PROVIMENTO. I. Diante da potencial ofensa ao art. 5.º, LIV, da CF, dá-se provimento ao agravo de instrumento para processar o recurso de revista. II. Agravo de instrumento de que se conhece e a que se dá provimento. [...] C) RECURSO DE REVISTA INTERPOSTO PELO TERCEIRO EMBARGANTE. ACÓRDÃO REGIONAL PUBLICADO NA VIGÊNCIA DA LEI N. 13.467/2017. 1. EMBARGOS DE TERCEIRO. LEGITIMIDADE. SUPOSTO SÓCIO. INCLUSÃO NO POLO PASSIVO NA FASE DE EXECUÇÃO SEM A INSTAURAÇÃO DE INCIDENTE DE DESCONSIDERAÇÃO DA PERSONALIDADE JURÍDICA. TRANSCENDÊNCIA POLÍTICA RECONHECIDA. CONHECIMENTO E PROVIMENTO. I. Hipótese em que a Corte Regional entendeu pela ilegitimidade da parte para opor os Embargos de Terceiro. II. O art. 674, § 2.º, III, do CPC/2015 autoriza o ajuizamento dos embargos por 'quem sofre constrição judicial de seus bens por força de desconsideração da personalidade jurídica, de cujo incidente não fez parte'. III. Além disso, considerando os princípios do devido processo legal, da instrumentalidade das formas, da fungibilidade e da primazia de julgamento de mérito, a discussão acerca da qualidade da parte é tema que se confunde com o mérito, uma vez que a parte alega nos embargos de terceiro que se retirou da sociedade há mais de 16 (dezesseis) anos. IV. No presente caso, incide o disposto no art. 674, § 2.º, III, do CPC/2015, tendo em vista que o recorrente passou a figurar no polo passivo apenas na fase de execução, sendo que a desconsideração da personalidade jurídica não ocorreu no bojo de instauração de incidente, o qual não era exigível pela legislação em vigor à época (CPC/73). É salutar mencionar o despacho prolatado em 28-10-2014 (pág. 228 do PDF – correspondente ao despacho de id Num. a727060), o qual revela que não houve incidente de desconsideração da personalidade jurídica da devedora principal. V. Logo, à luz do art. 674, § 2.º, III, do CPC/2015, os embargos de terceiro são considerados via adequada para a defesa da parte incluída no polo passivo na fase de execução sem instauração de incidente de desconsideração da personalidade jurídica, sob pena de ofensa direta ao princípio devido processo legal insculpido no art. 5.º, LIV, da Constituição Federal. VI. Recurso de revista de que se conhece e a que se dá provimento. [...]" (RRAg-1000094-67.2020.5.02.0027, 4.ª T., rel. Min. Alexandre Luiz Ramos, *DEJT* 27-9-2024).

"AGRAVO. A parte agravante logra êxito em desconstituir os fundamentos da decisão agravada. Assim, o agravo merece ser provido para melhor análise da matéria no recurso de revista. Agravo conhecido e provido. RECURSO DE REVISTA. EXECUÇÃO. LEGITIMIDADE ATIVA. EMBARGOS DE TERCEIRO. SÓCIO INCLUÍDO NO POLO PASSIVO APÓS DESCONSIDERAÇÃO DA PERSONALIDADE JURÍDICA. 1. Não se desconhece a jurisprudência de Turmas deste Tribunal Superior no sentido de que a controvérsia dos autos gira em torno de matéria infraconstitucional, o que inviabilizaria o conhecimento do recurso de revista, nos termos da Súmula 266 do TST. 2. O inciso III do parágrafo segundo do art. 674 do CPC define terceiro como aquele que 'sofre constrição judicial de seus bens por força de desconsideração da personalidade jurídica, cujo incidente não fez parte'. 3. Assim, em uma análise mais profunda sobre o tema, constata-se que o não reconhecimento da legitimidade ativa da parte recorrente, e, consequentemente, o impedimento de que ela possa se insurgir, por meio de embargos de terceiro, contra a sua inclusão na lide em razão de instauração de incidente de desconsideração da personalidade jurídica, é afrontar diretamente o princípio do devido processo legal, previsto no art. 5.º, LIV, da Constituição Federal. Recurso de revista conhecido e provido" (Ag-RR-1000214-23.2018.5.02.0014, 1.ª T., rel. Min. Amaury Rodrigues Pinto Junior, *DEJT* 23-10-2024).

Os embargos de terceiro podem ser opostos a qualquer tempo no processo de conhecimento enquanto não transitada em julgado a sentença e, no cumprimento de sentença ou no processo de execução, até cinco dias depois da adjudicação, da alienação ou da arrematação, mas sempre antes da assinatura da respectiva carta **(art. 675, CPC)**.

Os embargos serão distribuídos por dependência ao juízo que ordenou a constrição e autuados em apartado **(art. 676, CPC)**.

SÚM. 419, TST: "Na execução por carta precatória, os embargos de terceiro serão oferecidos no juízo deprecado, salvo se indicado pelo juízo deprecante o bem constrito ou se já devolvida a carta (art. 676, parágrafo único, do CPC de 2015)".

Na petição inicial, o embargante fará a **prova sumária de sua posse ou de seu domínio** e da qualidade de terceiro, oferecendo documentos e rol de testemunhas, sendo facultada a prova da posse em audiência **(art. 677, *caput* e § 1.º, CPC)**.

Será legitimado passivo nos embargos de terceiro **(art. 677, § 4.º, CPC)**:

■ o sujeito a quem o ato de constrição aproveita;

■ o adversário no processo principal do sujeito a quem o ato de constrição aproveita, quando for sua a indicação do bem para a constrição judicial.

O embargado será citado pessoalmente se não tiver procurador constituído nos autos da ação principal **(art. 677, § 3.º, CPC)**.

A decisão que reconhecer suficientemente provado o domínio ou a posse determinará a suspensão das medidas constritivas sobre os bens litigiosos objeto dos embargos, bem como a manutenção ou a reintegração provisória da posse, se o embargante a houver requerido **(art. 678, *caput*, CPC)**. A caução de que fala o parágrafo único deste dispositivo legal não se aplica ao processo do trabalho.

Após a análise das razões apresentadas pelas partes e das provas produzidas, **o juiz poderá**:

■ **acolher o pedido inicial** – caso em que o ato de constrição judicial indevida será cancelado, com o reconhecimento do domínio, da manutenção da posse ou da reintegração definitiva do bem ou do direito do embargante **(art. 681, CPC)**;

■ **julgar improcedentes os embargos** – caso em que fica mantida a constrição sobre os bens do embargante.

OJ SDI-2 54, TST: "Ajuizados embargos de terceiro (art. 674 do CPC de 2015 – art. 1.046 do CPC de 1973) para pleitear a desconstituição da penhora, é incabível mandado de segurança com a mesma finalidade".

10.11. RECURSO NA FASE EXECUTÓRIA

Das decisões do juiz nas execuções cabe **agravo de petição**, no prazo de oito dias úteis **(arts. 897, *a*, e 775, CLT)**.

O agravo de petição é cabível da decisão dos embargos à execução, dos embargos à penhora, da impugnação à sentença de liquidação e dos embargos de terceiro, razão pela qual é possível afirmar que têm legitimidade para interpor referido recurso o exequente, o executado, o terceiro e o INSS em relação à execução das contribuições previdenciárias perante a Justiça do Trabalho.

Para que seja processado o agravo de petição, o **agravante deve** especificar e fundamentar quais os pontos atacados **(matérias)**, assim como os **valores impugnados**. Isso porque permite o legislador que as questões não objeto do agravo de petição sejam executadas definitivamente **(art. 897, § 3.º, CLT)**.

A parte contrária será intimada a oferecer resposta **(contraminuta)** ao agravo de petição, também no prazo de oito dias úteis.

O agravo de petição não está sujeito a preparo e será julgado por uma das Turmas do Tribunal Regional do Trabalho a que estiver subordinado o prolator da decisão **(art. 897, § 3.º, CLT)**.

Da decisão do agravo de petição não caberá **recurso de revista**, salvo na hipótese de ofensa direta e literal de norma da Constituição Federal **(art. 896, § 2.º, CLT)**.

Nesse sentido, o Tribunal Superior do Trabalho consolidou o entendimento:

SÚM. 266, TST: "A admissibilidade do recurso de revista interposto de acórdão proferido em agravo de petição, na liquidação de sentença ou em processo incidente na execução, inclusive os embargos de terceiro, depende de demonstração inequívoca de violência direta à Constituição Federal".

"AGRAVO DE INSTRUMENTO. RECURSO DE REVISTA. EXECUÇÃO. AUSÊNCIA DE INDICAÇÃO DE VIOLAÇÃO A DISPOSITIVOS DA CONSTITUIÇÃO FEDERAL. ART. 896, § 2.º, DA CLT E SÚMULA 266 DO TST. RECURSO DE REVISTA DESFUNDAMENTADO. Na forma estabelecida pelo § 2.º do art. 896 da CLT e pela Súmula 266 do TST, o cabimento do recurso de revista em execução de sentença está restrito às hipóteses de ofensa direta e literal de norma da Constituição da República. Nesse contexto, a própria agravante concorre para o não provimento do seu apelo, uma vez que, em suas razões de revista, não denunciou violação de preceito da Constituição Federal. Agravo de instrumento a que se nega provimento" (AIRR-10779-17.2015.5.01.0040, 2.ª T., rel. Min. Maria Helena Mallmann, *DEJT* 19-12-2024).

10.12. ATOS DE ENCERRAMENTO DA EXECUÇÃO

Embora o **art. 887, § 2.º, da Consolidação das Leis do Trabalho** preveja que, "julgada subsistente a penhora, o juiz ou presidente mandará proceder logo à avaliação dos bens penhorados", o fato é que na prática do processo do trabalho, visando uma maior celeridade, a **avaliação dos bens** é realizada quando da penhora, pelo oficial de justiça, que é oficial avaliador, já constando do auto de penhora o valor da avaliação feita.

O oficial de justiça avaliador detém fé pública, razão pela qual a avaliação procedida reveste-se de **presunção *juris tantum*** de veracidade.

Assim, é possível a **reavaliação dos bens penhorados**, mas esta somente é permitida quando **(art. 873, CPC)**:

- ☑ qualquer das partes arguir, fundamentadamente, a ocorrência de erro na avaliação ou dolo do avaliador;
- ☑ se verificar, posteriormente à avaliação, que houve majoração ou diminuição no valor do bem;
- ☑ o juiz tiver fundada dúvida sobre o valor atribuído ao bem na primeira avaliação.

"AGRAVO INTERNO. AGRAVO DE INSTRUMENTO. RECURSO DE REVISTA. ACÓRDÃO REGIONAL PUBLICADO NA VIGÊNCIA DA LEI N. 13.467/2017. EXECUÇÃO. REAVALIAÇÃO DO BEM PENHORADO. INDEFERIMENTO. TRANSCENDÊNCIA ECONÔMICA. RECONHECIMENTO. I. Cabe a esta Corte Superior examinar, previamente, se a causa oferece transcendência, sob o prisma de quatro vetores taxativos (econômico, político, social e jurídico), que se desdobram em um rol de indicadores meramente exemplificativo, referidos nos incisos I a IV do art. 896-A da CLT. O vocábulo 'causa', a que se refere o art. 896-A, *caput*, da CLT, não tem o significado estrito de lide, mas de qualquer questão federal ou constitucional passível de apreciação em recurso de revista. O termo 'causa', portanto, na acepção em referência, diz respeito a uma questão jurídica, que é a síntese normativo-material ou o arcabouço legal de que se vale, em um certo caso concreto, como instrumento de resolução satisfatória do problema jurídico. É síntese, porque resultado de um processo silogístico. É normativo, por se valer do sistema jurídico para a captura e criação da norma. II. Observa-se que o tema 'execução – reavaliação do bem penhorado – indeferimento' oferece transcendência econômica, pois o recurso de revista foi interposto pelo empregador e o valor total dos temas devolvidos no recurso de revista ultrapassa 100 (cem) salários mínimos (empresa de âmbito municipal). III. Nos termos do art. 896, § 2.º, da CLT e da Súmula 266 desta Corte, a admissibilidade do recurso de revista interposto na fase de execução está limitada à demonstração de violação direta e literal de dispositivo da Constituição da República. IV. No caso vertente, a controvérsia devolvida a esta Corte Superior consiste em verificar se o Tribunal Regional, ao indeferir do pedido de reavaliação do bem imóvel penhorado nos autos, formulado sob a alegação de preço vil, teria violado o art. 5.º, LIV e LV, da Constituição da República. V. Da análise do acórdão recorrido, verifica-se que o Tribunal Regional dirimiu a controvérsia com fundamento na legislação infraconstitucional relativa à matéria (arts. 876, § 4.º, I, 891, parágrafo único, e 873, I e II, do CPC de 2015), razão pela qual eventual ofensa ao art. 5.º, LIV e LV, da Constituição da República não se configuraria de forma direta e literal, como exige o art. 896, § 2.º, da CLT e a Súmula 266 desta Corte. VI. Agravo interno de que se conhece e a que se nega provimento" (Ag-AIRR-1107-21.2011.5.04.0402, 7.ª T., rel. Min. Evandro Pereira Valadão Lopes, *DEJT* 8-4-2022).

Após a avaliação, o juiz poderá, a requerimento do interessado e ouvida a parte contrária, mandar (**art. 874, CPC**):

■ **reduzir a penhora** aos bens suficientes ou transferi-la para outros, se o valor dos bens penhorados for consideravelmente superior ao crédito;

■ **ampliar a penhora** ou transferi-la para outros bens mais valiosos, se o valor dos bens penhorados for inferior ao crédito.

A execução por quantia certa realiza-se pela **expropriação de bens do executado** (**art. 824, CPC**). Portanto, realizadas a penhora e a avaliação, o juiz dará início aos atos de expropriação do bem (**art. 875, CPC**).

Nesse sentido, prevê o legislador trabalhista que, concluída a avaliação, dentro de dez dias contados da data da nomeação do avaliador, seguir-se-á a arrematação que será anunciada por edital afixado na sede do Juízo ou Tribunal e publicado no jornal local, se houver, com antecedência de 20 dias (**art. 888, CLT**).

O **leilão judicial**, nomenclatura utilizada pelo **Código de Processo Civil de 2015** (**art. 881**), em substituição à denominação "hasta pública", é a venda dos bens penhorados pelo juízo da execução.

Com a venda dos bens penhorados objetiva-se a conversão destes em pecúnia para que se possa pagar o crédito do exequente.

A **expropriação** consiste em (**art. 825, CPC**):

■ adjudicação;

■ alienação;

■ apropriação de frutos e rendimentos de empresa ou de estabelecimentos e de outros bens.

Antes de adjudicados ou alienados os bens, o executado pode, a todo tempo, **remir a execução**, pagando ou consignando a importância atualizada da dívida, acrescida de juros, custas e honorários advocatícios (**art. 826, CPC**).

A **remição** é, portanto, o ato do executado que se manifesta tempestivamente pretendendo manter a propriedade dos bens penhorados, pagando todos os valores devidos e colocando fim à execução. Assim, ocorrendo a remição, os bens ficam com o devedor executado.

A remição somente será deferida ao executado se este oferecer preço igual ao valor da condenação, atualizada, mais juros, custas e, se for o caso, honorários advocatícios.

A remição **prefere à adjudicação e à arrematação**.

"AGRAVO DE INSTRUMENTO. RECURSO DE REVISTA - DESCABIMENTO. EXE-CUÇÃO FISCAL DE DÍVIDA ATIVA. 1. REMIÇÃO DA EXECUÇÃO. PRAZO. VA-LOR ATUALIZADO DA CONDENAÇÃO. INOCORRÊNCIA. 1.1. O art. 826 do CPC dispõe que "antes de adjudicados ou alienados os bens, o executado pode, a todo tempo, remir a execução, pagando ou consignando a importância atualizada da dívida, acrescida de juros, custas e honorários advocatícios". Por sua vez, o art. 13 da Lei n. 5.584/70 estabelece que "em qualquer hipótese, a remição só será deferível ao executado se este oferecer preço igual ao valor da condenação". Para a remição da execução, portanto, somente

10 ■ Execução no Processo do Trabalho

se exige do devedor o pagamento do valor integral e atualizado da dívida no respectivo processo, observado o prazo estabelecido em Lei. 1.2. Na hipótese, evidenciado que o valor da condenação depositado não se encontrava atualizado, não há como se reputar válida a remição da execução. 2. DESISTÊNCIA DA ARREMATAÇÃO. INVALIDADE. O Tribunal Regional registrou que o arrematante, ao efetuar o pedido de desistência da arrematação, não logrou demonstrar o preenchimento de um dos requisitos previstos no art. 903, § 5.º, do CPC. Revelou, ainda, que o arrematante apresentou posteriormente pedido de reconsideração da desistência. O recurso de revista se concentra na avaliação do direito posto em discussão. Assim, em tal via, já não são revolvidos fatos e provas, campo em que remanesce soberana a instância regional. Diante de tal peculiaridade, o deslinde do apelo considerará, apenas, a realidade que o acórdão atacado revelar. Esta é a inteligência da Súmula 126 desta Corte. 3. NULIDADE DA HASTA PÚBLICA. INEXISTÊNCIA. Diante da redação dos incisos I e III do § 1.º-A do art. 896 da CLT, conferida pela Lei n. 13.015/2014, não se conhece do recurso de revista quando a parte não indicar e impugnar todos os fundamentos jurídicos da decisão recorrida. No caso, o trecho destacado do acórdão não revela a determinação precisa da tese regional combatida no apelo. 4. TRANSFERÊNCIA DE VALORES CONSTRITOS PARA OUTROS PROCESSOS DA MESMA EXECUTADA. AUSÊNCIA DE TRANSCRIÇÃO. NÃO CUMPRIMENTO DOS REQUISITOS PREVISTOS NO ART. 896, § 1.º-A, DA CLT. Diante da redação do inciso I do § 1.º-A do art. 896 da CLT, conferida pela Lei n. 13.015/2014, não se conhece do recurso de revista quando a parte não indicar o trecho da decisão recorrida que consubstancia o prequestionamento da controvérsia objeto do apelo. Agravo de instrumento conhecido e desprovido" (AIRR-19800-40.2007.5.13.0015, 3.ª T., rel. Min. Alberto Luiz Bresciani de Fontan Pereira, *DEJT* 30-4-2021).

É lícito ao **exequente**, oferecendo preço não inferior ao da avaliação, requerer lhes sejam adjudicados os bens penhorados **(art. 876, CPC)**. Na **adjudicação**, portanto, os bens ficam com o credor exequente.

Requerida a adjudicação, o executado será intimado do pedido **(art. 876, § 1.º, CPC)**.

Se o valor do **crédito** for **(art. 876, § 4.º, CPC)**:

■ **inferior ao dos bens** – o requerente da adjudicação depositará de imediato a diferença, que ficará à disposição do executado;

■ **superior ao dos bens** – a execução prosseguirá pelo saldo remanescente.

Os credores concorrentes que tenham penhorado o mesmo bem, o cônjuge, o companheiro, os ascendentes ou os descendentes do executado **também podem adjudicar** os bens penhorados **(art. 876, § 5.º, CPC)**. Havendo mais de um pretendente, será procedida a licitação entre eles, tendo **preferência**, em caso de igualdade de oferta, o cônjuge, o companheiro, o descendente ou o ascendente, nessa ordem **(art. 876, § 6.º, CPC)**.

Havendo adjudicação, transcorrido o prazo de cinco dias, contado da última intimação, e decididas eventuais questões, é lavrado o **auto de adjudicação**, expedindo-se **(art. 877, *caput* e § 1.º, CPC)**:

■ a **carta de adjudicação** e o **mandado de imissão na posse**, quando se tratar de bem imóvel;

■ a **ordem de entrega** ao adjudicatário, quando se tratar de bem móvel.

Na *arrematação* **(alienação)**, os bens são vendidos a terceiros (pessoas que não pertencem à relação jurídica processual). A "arrematação é o ato processual que implica a transferência coercitiva dos bens penhorados do devedor para um terceiro, isto é, outra pessoa física ou jurídica, denominada de arrematante. Trata-se, em linhas gerais, de uma venda do patrimônio do devedor realizado pelo Estado, por intermédio de praça ou leilão, àquele que maior lanço (preço) oferecer"[31].

Não requerida a adjudicação, será expedido o edital de hasta pública, que deverá conter **(art. 886, CPC)**:

■ a descrição do bem penhorado, com suas características, e, tratando-se de imóvel, sua situação e suas divisas, com remissão à matrícula e aos registros;

■ o valor pelo qual o bem foi avaliado, o preço mínimo pelo qual poderá ser alienado, as condições de pagamento e, se for o caso, a comissão do leiloeiro designado;

■ o lugar onde estiverem os móveis, os veículos e os semoventes e, tratando-se de créditos ou direitos, a identificação dos autos do processo em que foram penhorados;

■ o sítio, na rede mundial de computadores, e o período em que se realizará o leilão, salvo se este se der de modo presencial, hipótese em que serão indicados o local, o dia e a hora de sua realização;

■ a indicação de local, dia e hora de segundo leilão presencial, para a hipótese de não haver interessado no primeiro;

■ menção da existência de ônus, recurso ou processo pendente sobre os bens a serem leiloados.

O **juiz da execução estabelecerá (art. 885, CPC)**:

■ o preço mínimo;
■ as condições de pagamento;
■ as garantias que poderão ser prestadas pelo arrematante.

A arrematação será feita em dia, hora e lugar anunciados e os bens serão vendidos pelo **maior lance**, tendo o exequente preferência para a adjudicação **(art. 888, CLT)**.

Não será aceito lance que ofereça **preço vil (art. 891, CPC)**, assim considerado o inferior ao mínimo estipulado pelo juiz e constante do edital, e, não tendo sido fixado preço mínimo, considera-se vil o preço inferior a 50% do valor da avaliação **(art. 891, parágrafo único, CPC)**.

O preço, desde que aceito, deve ser pago, em regra, de imediato. A lei, porém, diz que podem ser pagos 20% em dinheiro para garantia (no dia da praça). Em 24 horas pagam-se os 80% restantes. Caso o arrematante, ou seu fiador, não efetue o pagamento do preço da arrematação nas 24 horas, perderá, em benefício da execução, o sinal dado, voltando à praça os bens executados **(art. 888, §§ 2.º e 4.º, CLT)**.

---

[31] LEITE, Carlos Henrique Bezerra. *Curso de direito processual do trabalho, cit.*, 16. ed., p. 1.526.

É **facultado ao exequente** oferecer lanço e **arrematar** o bem penhorado. Nesse caso, se ele for o único credor, não estará obrigado a exibir o preço, mas, se o valor dos bens exceder ao seu crédito, depositará, dentro de três dias, a diferença, sob pena de tornar-se sem efeito a arrematação e, nesse caso, realizar-se-á novo leilão, à custa do exequente **(art. 892, § 1.º, CPC)**.

A formalidade da arrematação é o **auto de arrematação**, que será lavrado de imediato **(art. 901, CPC)**.

Assinado o auto pelo juiz, pelo arrematante e pelo leiloeiro, a **arrematação será considerada perfeita, acabada e irretratável**, ainda que venham a ser julgados procedentes os embargos do executado ou a ação autônoma por meio da qual se pleiteia a invalidação da arrematação, assegurada a possibilidade de reparação pelos prejuízos sofridos **(art. 903, *caput*, CPC)**.

O **§ 3.º do art. 888 da Consolidação das Leis do Trabalho** prevê que, não havendo licitante e não requerendo o exequente a adjudicação, poderão os bens ser vendidos por leiloeiro nomeado pelo Juízo. No entanto, na hipótese de a **praça e o leilão serem negativos** e o Juiz não determinar a providência do referido dispositivo legal, a **execução é reiniciada**, com nova indicação de bens à penhora e com a prática de todos os atos necessários para se buscar a satisfação do crédito constante do título executivo.

Se houver arrematação e adjudicação, **prefere-se a adjudicação (art. 888, § 1.º, CLT)**.

Frustradas as tentativas de alienação do bem, será reaberta oportunidade para requerimento de adjudicação, caso em que também se poderá pleitear a realização de nova avaliação **(art. 878, CPC)**.

Em resumo, tem-se que, como o **objetivo na execução** é a satisfação do crédito do exequente, em relação à arrematação e à adjudicação podemos imaginar as seguintes situações:

- se houver igualdade entre o valor da adjudicação ou da arrematação e o valor da execução (o que é muito difícil), extingue-se o processo;
- havendo excesso de valor (o que é muito difícil de ocorrer), repõe-se a diferença (credor repõe a diferença para o devedor);
- se houver insuficiência (o que normalmente ocorre), há reabertura do ciclo executório.

A arrematação poderá, no entanto, ser **(art. 903, § 1.º, CPC)**:

- **invalidada** – quando realizada por preço vil ou com outro vício;
- **considerada ineficaz** – se não for feita a intimação do credor pignoratício, hipotecário ou anticrético **(art. 804, CPC)**;
- **resolvida** – se não for pago o preço ou se não for prestada a caução.

Após a expedição da carta de arrematação ou da ordem de entrega, a invalidação da arrematação poderá ser pleiteada por ação autônoma, em cujo processo o arrematante figurará como litisconsorte necessário **(art. 903, § 4.º, CPC)**. A ação anulatória de arrematação, porém, sujeita-se a prazo decadencial – 4 anos, contados a partir da data de expedição da carta de arrematação.

"RECURSO ORDINÁRIO EM AÇÃO RESCISÓRIA. ART. 966, V, VIII, DO CPC, DECISÃO RESCINDENDA DE ACOLHIMENTO DE PRETENSÃO DEDUZIDA EM AÇÃO ANULATÓRIA DE ARREMATAÇÃO. 1 – A decisão rescindenda foi proferida em ação que foi ajuizada pelo réu em 23-4-2010, com fundamento no art. 486 do CPC de 1973, e pretensão de anulação de penhora, de arrematação, de carta de arrematação e atos judiciais que recaíram sobre ações societárias de Moinhos de Trigo Indígena – S.A. – MOTRISA, de sua propriedade, tendo tomado conhecimento da penhora antes de 11-10-2000 e da arrematação ocorrida em 30-4-2008. Na decisão rescindenda, concluiu-se que o art. 178, § 9.º, V, 'b', do Código Civil de 1916 trata do prazo de prescrição para anular contratos, o que não é o caso dos autos, pois na ação anulatória não se pretende anular contrato, e mesmo que se considerasse negócio jurídico em sentido amplo, tal prazo seria aplicável apenas às partes contratantes, atingindo a terceiros, como é o caso dos autos, em que o autor se diz terceiro prejudicado, além de o prazo invocado na sentença ser prescricional por definição legal, que teria interrompido a cada medida processual de insurgência contra a expropriação levada a efeito e que, por qualquer ângulo que se analise a questão não se identificava aplicável hipótese de decadência. 2 – Nesse contexto, não se divisa violação manifesta do art. 795 da CLT, porque a exigência constante deste dispositivo legal, de que as partes devam arguir as nulidades 'à primeira vez em que tiverem de falar em audiência e nos autos', sob pena de preclusão, é para assegurar a apreciação judicial da nulidade arguída nos próprios autos em que supostamente ocorrida, mas tanto o Código Civil quanto o Código de Processual Civil prevêem ações judiciais para deduzir pretensão de desfazimento de atos processuais. Igualmente, não há evidência da violação manifesta do art. 178, § 9.º, V, 'b', do Código Civil de 1916. A jurisprudência da Corte na data em que foi proferida a decisão rescindenda já aplicava o prazo previsto no Código Civil para o ajuizamento de ação anulatória de arrematação e decidia que a natureza do prazo é de decadência. Nesse contexto, incide oprazo-decadencial de quatro anos – previsto no art. 178, § 9.º, V, 'b', do Código Civil de 1916, com correspondência no art. 178, II, do Código Civil de 2002 –, contado a partir da data de expedição da carta dearrematação para o ajuizamento de ação anulatória de arrematação, prazo que foi respeitado nos autos em que foi proferida a decisão rescindenda. Recurso ordinário conhecido e não provido" (RO-20180-11.2017.5.04.0000, Subseção II Especializada em Dissídios Individuais, rel. Min. Sergio Pinto Martins, *DEJT* 4-10-2024).

"RECURSO ORDINÁRIO EM AÇÃO RESCISÓRIA SOB A ÉGIDE DO CPC/2015. AÇÃO ANULATÓRIA DE ARREMATAÇÃO. AUSÊNCIA DE INTIMAÇÃO DOS EXECUTADOS ACERCA DA HASTA PÚBLICA. NULIDADE RELATIVA. PRECLUSÃO TEMPORAL. PRONÚNCIA DA DECADÊNCIA. ÓBICE DA SÚMULA 83, I, DO TST. 1. A questão jurídica posta circunscreve-se a definir se a falta de prévia intimação dos executados acerca da alienação judicial de seu bem configura ato nulo (hipótese de nulidade absoluta) ou anulável (nulidade relativa). A pretensão rescisória vem amparada no art. 966, V, do CPC/2015, em razão de afronta manifesta dos arts. 166, V, 169 e 179 do Código Civil e do art. 687, § 5.º, do CPC/1973 (vigente por ocasião do ato impugnado). 2. O fundamento intrínseco da ação rescisória, consubstanciado na violação manifesta de norma jurídica (art. 966, V, do CPC), afasta o juízo valorativo que revele interpretação controvertida nos tribunais, ainda que posteriormente pacificada. 3. É dizer, a caracterização quanto à existência de

10 ◼ Execução no Processo do Trabalho   467

mais de uma compreensão possível, à época em que proferida a decisão rescindenda, revela que a norma jurídica admitia múltiplas interpretações, de modo que a adoção de qualquer delas não materializa a hipótese de rescindibilidade disciplinada no inciso V do art. 966 do CPC. 4. No caso concreto, a pretensão dos autores esbarra efetivamente no óbice da Súmula 83, I, do TST, ante a existência de precedentes em que reconhecida a preclusão temporal da oportunidade de invocar nulidade da arrematação por ausência de intimação dos executados, atraindo a conclusão de que se tratava de vício processual que poderia se convalidar pelo decurso do tempo (e cuja anulação, portanto, estaria submetida a prazo decadencial). 5. Podem-se verificar, ainda, diversos julgados, mais recentes, em que adotada a tese geral de que a ausência de intimação acerca de atos processuais diversos configura hipótese de nulidade relativa, sujeita à preclusão. 6. Disso decorre a conclusão de que o Órgão Julgador, ao pronunciar a decadência do direito de invocar a nulidade processual por falta de intimação acerca da hasta pública designada, não incorreu em violação manifesta e inequívoca dos dispositivos legais invocados pela parte, no tocante à natureza do vício (relativo ou absoluto). 7. No mais, as questões relativas ao prazo decadencial de quatro anos, ao marco inicial de contagem a partir da expedição da carta de arrematação e à alienação por preço vil, além de inovatórias, porquanto não trazidas como causa de pedir na petição inicial, também não se encontram disciplinadas pelos dispositivos legais invocados, de modo que o pleito desmerece análise, por desfundamentado. Recurso ordinário conhecido e desprovido "(ROT-RO-1000720-41.2018.5.02.0000, Subseção II Especializada em Dissídios Individuais, rel. Min. Morgana de Almeida Richa, *DEJT* 13-12-2024).

Com o novo regramento da adjudicação e da arrematação estabelecido pelo **Código de Processo Civil de 2015**, não há mais que se falar em embargos à adjudicação e embargos à arrematação, sendo eventuais questionamentos feitos por **simples petição**, que serão decididos de plano pelo juiz.

> **OJ SDI-2 66, TST:** "I – Sob a égide do CPC de 1973 é incabível o mandado de segurança contra sentença homologatória de adjudicação, uma vez que existe meio próprio para impugnar o ato judicial, consistente nos embargos à adjudicação (CPC de 1973, art. 746). II – Na vigência do CPC de 2015 também não cabe mandado de segurança, pois o ato judicial pode ser impugnado por simples petição, na forma do art. 877, *caput*, do CPC de 2015".

10.13. SUSPENSÃO E EXTINÇÃO DA EXECUÇÃO

No processo do trabalho, a **execução pode ser suspensa** nas hipóteses previstas em lei.

A **Lei n. 6.830/80** prevê a suspensão da execução enquanto não forem localizados bens do devedor ou quando sobre os bens encontrados não possa recair penhora **(art. 40)**.

Nos termos do **Código de Processo Civil**, suspende-se a execução **(art. 921)**:

- ◼ nas hipóteses de suspensão do processo previstas nos **arts. 313 e 315 do CPC**;
- ◼ no todo ou em parte, quando recebidos com efeito suspensivo os embargos;
- ◼ quando o devedor não possuir bens penhoráveis;

- se a alienação dos bens penhorados não se realizar por falta de licitantes e o exequente, em 15 dias, não requerer a adjudicação nem indicar outros bens penhoráveis;
- quando concedido o parcelamento previsto no **art. 916 do CPC**.

Também pode ser suspensa a execução na hipótese em que o credor conceda ao devedor prazo para que cumpra voluntariamente a obrigação. Findo o prazo sem cumprimento da obrigação, o processo retomará o seu curso **(art. 922, CPC)**.

Pode ocorrer, ainda, a suspensão da execução em caso de ajuizamento de **ação rescisória** na qual, nos termos do **art. 969 do Código de Processo Civil**, é concedida pelo relator **tutela provisória** para suspender o trâmite da ação principal, quando se verificar que o esgotamento da execução pode inviabilizar a eficácia da eventual decisão rescisória.

> **OJ SDI-2 53, TST:** "A liquidação extrajudicial de sociedade cooperativa não suspende a execução dos créditos trabalhistas existentes contra ela".

Suspensa a execução, nenhum ato processual é praticado, somente podendo o juiz ordenar providências cautelares urgentes **(art. 923, CPC)**.

Quando o devedor não tiver bens penhoráveis, a execução será suspensa pelo prazo de um ano, sendo que, decorrido o prazo sem que seja localizado o executado ou que sejam encontrados bens penhoráveis, o juiz ordenará o arquivamento dos autos **(art. 921, §§ 1.º e 2.º, CPC)**.

Extingue-se a execução quando **(art. 924, CPC)**:

- a petição inicial for indeferida (hipótese somente aplicável na execução dos títulos extrajudiciais admitidos no processo do trabalho);
- a obrigação for satisfeita – esta é a situação desejável em qualquer processo, e decorre do cumprimento da obrigação prevista no título executivo (pagamento do valor devido, entrega do bem ou atendimento das obrigações de fazer ou de não fazer fixadas), sendo que o cumprimento, como visto anteriormente, pode se dar de forma espontânea pelo executado ou como decorrência dos atos de constrição forçada do patrimônio do devedor;
- o executado obtiver, por qualquer outro meio, a extinção total da dívida;
- o exequente renunciar ao crédito;
- ocorrer a prescrição intercorrente.

Ocorre a **prescrição intercorrente** no processo do trabalho no prazo de **dois anos**, sendo que a **fluência do prazo** se inicia quando o exequente deixa de cumprir determinação judicial no curso da execução **(art. 11-A, *caput* e § 1.º, CLT)**.

A declaração da prescrição intercorrente pode ser **requerida** ou **declarada de ofício** em qualquer grau de jurisdição **(art. 11-A, § 2.º, CLT)**.

Dispondo sobre a aplicação das normas processuais da Consolidação das Leis do Trabalho alteradas pela **Lei n. 13.467/2017 (*Reforma Trabalhista*)**, a **Instrução**

Normativa n. 41/2018 do Tribunal Superior do Trabalho prevê que o fluxo da prescrição intercorrente conta-se a partir do descumprimento da determinação judicial a que alude o § 1.º do art. 11-A da Consolidação das Leis do Trabalho, desde que feita após 11 de novembro de 2017 (data da entrada em vigor da nova previsão).

> "RECURSO DE REVISTA. INTERPOSIÇÃO SOB A ÉGIDE DA LEI N. 13.467/2017. PRESCRIÇÃO INTERCORRENTE. EXECUÇÃO INICIADA EM DATA ANTERIOR À INCLUSÃO DO ART. 11-A NA CLT PELA LEI N. 13.467/17 – APLICAÇÃO DO DISPOSTO NO ART. 2.º DA IN 41/2018 DO TST. INAPLICABILIDADE NA JUSTIÇA DO TRABALHO. SÚMULA 114 DO TST. A jurisprudência atual desta Corte Superior se consolidou no sentido de ser 'inaplicável na Justiça do Trabalho a prescrição intercorrente' (Sumula/TST n. 114). Consigne-se que, embora a Lei n. 13.467/2017 tenha acrescentado à CLT o art. 11-A, o TST editou a instrução Normativa n. 41/2018, segundo a qual, a nova lei destina-se a reger as situações futuras, vedada sua retroatividade, não se aplicando aos atos processuais realizados antes de sua vigência (art. 1.º) e que 'o fluxo da prescrição intercorrente conta-se a partir do descumprimento da determinação judicial a que alude o § 1.º do art. 11-A do CLT, desde que feita após 11 de novembro de 2017 (Lei n. 13.467/2017)' (art. 2.º). Neste contexto, *in casu*, não se aplica a prescrição intercorrente, uma vez que o pleito diz respeito a execução iniciada antes das alterações introduzidas na CLT pela Lei n. 13.467/2017. Precedentes. Recurso de revista conhecido e provido" (RR-0061800-30.2005.5.18.0001, 2.ª T., rel. Min. Liana Chaib, *DEJT* 18-12-2024).

A extinção da execução somente produzirá efeito quando **declarada por sentença** (art. 925, CPC).

> **OJ SDI-2 107, TST:** "Embora não haja atividade cognitiva, a decisão que declara extinta a execução, nos termos do art. 924, incisos I a IV c/c art. 925 do CPC de 2015 (art. 794 c/c art. 795 do CPC de 1973), extingue a relação processual e a obrigacional, sendo passível de corte rescisório".

10.14. ATO ATENTATÓRIO À DIGNIDADE DA JUSTIÇA E FRAUDE À EXECUÇÃO

De acordo com o art. **5.º do Código de Processo Civil**, aquele que de qualquer forma participar do processo deve **comportar-se de acordo com a boa-fé**. Trata-se de norma fundamental do processo, aplicável em todos os aspectos da relação jurídica processual.

Exatamente em razão dessa previsão que o legislador enumera os deveres das partes, de seus procuradores e de todos aqueles que de qualquer forma participem do processo **(art. 77, CPC)**, indicando as condutas que caracterizam litigância de má-fé ou atentatórias à dignidade da justiça e suas consequências **(arts. 80 e 81, CPC e arts. 793-A a 793-B, CLT)**.

Especificamente em relação à execução, o legislador prevê que se considera **atentatória à dignidade da justiça** a **conduta** comissiva ou omissiva **do executado** que **(art. 774, CPC)**:

■ frauda a execução;

- se opõe maliciosamente à execução, empregando ardis e meios artificiosos;
- dificulta ou embaraça a realização da penhora;
- resiste injustificadamente às ordens judiciais;
- intimado, não indica ao juiz quais são e onde estão os bens sujeitos à penhora e os respectivos valores, nem exibe prova de sua propriedade e, se for o caso, certidão negativa de ônus.

Praticada qualquer uma dessas condutas, o juiz fixará **multa** em montante não superior a 20% do valor atualizado do débito em execução, a qual será revertida em proveito do exequente, exigível nos próprios autos do processo, sem prejuízo de outras sanções de natureza processual ou material **(art. 774, parágrafo único, CPC)**.

Assim, a prática de medidas protelatórias, a flagrante rediscussão de matéria já definitivamente resolvida na execução, a nítida pretensão de valer-se do processo para procrastinar o feito e impedir a concretização do título executivo que lhe foi desfavorável são condutas que caracterizam **ato atentatório à dignidade da justiça** do executado, devendo ser imputada multa a ele.

Considera-se **fraude à execução** a alienação de bem **(art. 792, CPC)**:

- quando sobre ele pender ação fundada em direito real ou com pretensão reipersecutória, desde que a pendência do processo tenha sido averbada no respectivo registro público, se houver;
- quando tiver sido averbada, em seu registro, a pendência do processo de execução;
- quando tiver sido averbado, em seu registro, hipoteca judiciária ou outro ato de constrição judicial originário do processo em que foi arguida a fraude;
- quando, ao tempo da alienação ou da oneração, tramitava contra o devedor ação capaz de reduzi-lo à insolvência;
- nos demais casos expressos em lei.

As três primeiras hipóteses previstas em lei se referem expressamente à necessidade de averbação para a caracterização da fraude, sendo que **se presume em fraude à execução** a alienação ou a oneração de bens efetuada após a averbação **(art. 828, § 4.º, CPC)**.

No caso de aquisição de bem não sujeito a registro, o terceiro adquirente tem o ônus de provar que adotou as **cautelas necessárias para a aquisição**, mediante a exibição das certidões pertinentes, obtidas no domicílio do vendedor e no local onde se encontra o bem **(art. 792, § 2.º, CPC)**, ou seja, tendo o adquirente agido de boa-fé, não há que se falar em fraude à execução.

Não tendo havido o registro da penhora sobre o bem alienado a terceiro, a fraude à execução somente poderá ficar caracterizada se houver prova de que o terceiro tinha conhecimento da ação ou da constrição (esta ciência caracterizará a má-fé do adquirente). O terceiro adquirente tem o ônus de provar que adotou as cautelas necessárias para a aquisição, mediante a exibição das certidões pertinentes.

10 ◼ Execução no Processo do Trabalho   471

Assim, tem-se que o **reconhecimento da fraude** à execução **depende** do registro da penhora do bem alienado ou da prova de má-fé do terceiro adquirente (**Súm. 375, STJ**).

"RECURSO DE REVISTA DOS AUTORES DOS EMBARGOS DE TERCEIRO INTERPOSTO NA VIGÊNCIA DA LEI 13.467/2017. [...] FRAUDE À EXECUÇÃO. INEXISTÊNCIA DE REGISTRO DE PENHORA QUANDO DA ALIENAÇÃO DO BEM OU DE COMPROVAÇÃO DE MÁ-FÉ DO TERCEIRO ADQUIRENTE. Esta Corte adotou o entendimento da Súmula 375 do STJ, no sentido de que somente se reconhece a fraude à execução quando existe registro da penhora, na oportunidade da alienação do bem, ou quando comprovada a má-fé do terceiro adquirente. No caso dos autos, contudo, o TRT entendeu estar caracterizada a fraude à execução porque, quando do registro da compra e venda na matrícula do imóvel, os autores dos embargos de terceiro tinham ciência de demandas judiciais que poderiam reduzir à insolvência o devedor principal (alienante do bem imóvel penhorado). Ocorre que, conforme se constata do próprio acórdão regional, quando da celebração do contrato de compra e venda e da sua quitação, os autores dos embargos de terceiro extraíram certidão do TST que informava, à época, a inexistência de débitos trabalhistas pelo alienante do bem imóvel. O quadro fático-probatório delimitado pelo próprio TRT, portanto, não revela, pois, na oportunidade da alienação do bem, a existência de penhora ou de comprovada má-fé dos terceiros adquirentes, como a ciência de demandas judiciais capazes de reduzir o devedor principal à insolvência, por exemplo. Não configurada, assim, a fraude à execução. Precedentes. Recurso de revista conhecido e provido" (RR-10314-20.2021.5.03.0144, 2.ª T., rel. Min. Maria Helena Mallmann, *DEJT* 22-11-2024).

Nos casos de **desconsideração da personalidade jurídica**, a fraude à execução verifica-se a partir da citação da parte cuja personalidade se pretende desconsiderar (**art. 792, § 3.º, CPC**).

"I – AGRAVO. AGRAVO DE INSTRUMENTO. RECURSO DE REVISTA. LEI N. 13.467/2017. EXECUÇÃO. PENHORA DE BEM DE SÓCIO. ALIENAÇÃO ANTES DA DESCONSIDERAÇÃO DA PERSONALIDADE JURÍDICA DA EMPRESA. TRANSCENDÊNCIA POLÍTICA. Cinge-se a controvérsia em saber se a transferência de imóvel pertencente a sócio, após o ajuizamento de reclamação trabalhista, mas antes da desconsideração da personalidade jurídica da empresa, por si só, configura fraude à execução, a teor do art. 792, IV, do CPC. Constatado equívoco perpetrado na decisão monocrática, dá-se provimento ao agravo para reconhecer a transcendência política da causa e determinar o processamento do agravo de instrumento. Agravo interno provido. II – AGRAVO DE INSTRUMENTO. RECURSO DE REVISTA. LEI N. 13.467/2017. EXECUÇÃO. PENHORA DE BEM DE SÓCIO. ALIENAÇÃO ANTES DA DESCONSIDERAÇÃO DA PERSONALIDADE JURÍDICA DA EMPRESA. TRANSCENDÊNCIA POLÍTICA. Vislumbrado potencial violação do art. 5.º, XXII, da Constituição da República, dá-se provimento ao agravo de instrumento para determinar o julgamento do recurso de revista. Agravo de instrumento conhecido e provido. III – RECURSO DE REVISTA. LEI N. 13.467/2017. EXECUÇÃO. PENHORA DE BEM DE SÓCIO. ALIENAÇÃO ANTES DA DESCONSIDERAÇÃO DA PERSONALIDADE JURÍDICA DA EMPRESA.

TRANSCENDÊNCIA POLÍTICA. O Regional concluiu pela ineficácia da transação, por entender configurada a fraude à execução em virtude da alienação do imóvel pelo sócio executado ter ocorrido após o ajuizamento da reclamação trabalhista, ainda que a inclusão do sócio executado, no polo passivo, só veio posteriormente. Todavia, a jurisprudência nesta Corte é no sentido de que a transferência de imóvel pertencente a sócio, após o ajuizamento de reclamação trabalhista contra empresa da qual participa, mas antes de ter sido feita e aceita a desconsideração da personalidade jurídica da sociedade, não configura hipótese de fraude à execução, a teor do art. 792, IV, do CPC, que pressupõe a existência de demanda capaz de reduzir o devedor à insolvência ao tempo da alienação. Ademais, a Súmula 375 do STJ dispõe que a caracterização da fraude à execução depende do registro da penhora do bem alienado ou da prova de má-fé do terceiro adquirente, situações fáticas que não foram registradas no acórdão. Logo, a decisão regional constitui atentado ao direito de propriedade, o que autoriza o conhecimento e acolhimento recurso. Precedentes. Recurso de revista conhecido e provido" (RR-2119-44.2013.5. 02.0018, 6.ª T., rel. Min. Antonio Fabricio de Matos Goncalves, *DEJT* 6-12-2024).

"AGRAVO EM AGRAVO DE INSTRUMENTO DO EXEQUENTE. RECURSO DE REVISTA SOB A ÉGIDE DA LEI 13.467/2017. TRANSCENDÊNCIA NÃO RECONHECIDA. FASE DE EXECUÇÃO. ALIENAÇÃO DE IMÓVEL PERTENCENTE AO SÓCIO ANTERIORMENTE AO REDIRECIONAMENTO DA EXECUÇÃO. ADQUIRENTE DE BOA-FÉ. FRAUDE À EXECUÇÃO. NÃO CARACTERIZAÇÃO. O quadro fático traçado pelo Regional indica que a alienação do bem ocorreu em momento anterior à desconsideração da personalidade jurídica da empresa devedora, de modo que o sócio proprietário não integrava o polo passivo da execução, inexistindo margem ao reconhecimento de fraude à execução, mormente ante a inexistência de registro de penhora do imóvel, devendo ser reputado válido e eficaz o negócio jurídico celebrado entre as partes. O Regional noticiou, ainda, que não foi provada a má-fé do adquirente. Tal como proferida, a decisão regional está em plena harmonia com a jurisprudência desta Corte Superior no sentido de que não há fraude à execução quando a alienação do imóvel de sócio ocorre anteriormente à concentração da execução no seu patrimônio. Precedentes. O exame prévio dos critérios de transcendência do recurso de revista revela a inexistência de qualquer deles a possibilitar o exame do apelo no TST. Mantida a ordem de obstaculização, ainda que por fundamento diverso. Agravo não provido, sem incidência de multa, ante os esclarecimentos prestados" (Ag-AIRR-11789-80.2015.5.03.0092, 6.ª T., rel. Min. Augusto Cesar Leite de Carvalho, *DEJT* 5-4-2024).

Antes de declarar a fraude à execução, o juiz deverá **intimar o terceiro adquirente**, que, se quiser, poderá opor embargos de terceiro, no prazo de 15 dias **(art. 792, § 4.º, CPC)**.

A alienação em fraude à execução é **ineficaz em relação ao exequente (art. 792, § 1.º, CPC)**.

Como ensina Amauri Mascaro Nascimento, "a fraude à execução afeta o poder de disponibilidade patrimonial do proprietário porque o seu patrimônio é a garantia de futura e eventual execução da dívida que não pagou e que está sendo objeto de um processo judicial"[32]. Essa é a finalidade do instituto: garantia do resultado útil da execução, evitando que o patrimônio do devedor seja passado a terceiros e, com isso, seja inviabilizada a entrega da prestação jurisdicional.

O objetivo, portanto, é assegurar a **efetividade** processual, a **dignidade da justiça** e o **efetivo recebimento do crédito** consagrado no título executivo.

"A fraude à execução, por ser um instituto de ordem pública, destinada a resguardar a dignidade do processo e efetivação da jurisdição, pode ser reconhecida de ofício pelo juiz, inclusive em sede de embargos de terceiro. Não há necessidade de ação própria, pois o juiz reconhecerá a fraude incidentalmente, nos próprios autos da execução. Também a fraude independe de estar o terceiro adquirente do bem de boa ou má-fé. Não se confunde a fraude à execução, que é instituto de direito processual (art. 792 do CPC) com o tipo penal de fraude à execução, prevista no art. 179 do Código Penal que assim dispõe: 'Fraudar a execução, alienando, desviando, destruindo ou danificando bens, ou simulando dívidas.' Não obstante, a fraude de execução praticada no processo, conforme a gravidade da conduta do executado, poderá configurar o delito penal de fraude à execução. O ato praticado em fraude à execução não é nulo, nem anulável, tampouco inexiste, é ineficaz em face do processo, ou seja, é como se não tivesse sido praticado, embora entre terceiros ela seja eficaz"[33].

10.15. CUSTAS NA EXECUÇÃO

Na execução trabalhista são **devidas custas**, sempre de responsabilidade do executado e pagas ao final, nos valores estabelecidos em lei **(art. 789-A, CLT)**. As custas são devidas em relação:

- ☐ aos autos de arrematação, de adjudicação e de remição **(I)**;
- ☐ aos atos dos oficiais de justiça, por diligência certificada **(II)**;
- ☐ ao agravo de instrumento **(III)**;
- ☐ ao agravo de petição **(IV)**;
- ☐ aos embargos à execução, embargos de terceiro e embargos à arrematação[34] **(V)**;
- ☐ ao recurso de revista **(VI)**;
- ☐ à impugnação à sentença de liquidação **(VII)**;
- ☐ à despesa de armazenagem em depósito judicial **(VIII)**;
- ☐ aos cálculos de liquidação realizados pelo contador do juízo **(IX)**.

São **isentos do pagamento das custas**, além dos beneficiários da justiça gratuita **(art. 790-A, CLT)**:

---

[32] NASCIMENTO, Amauri Mascaro. *Curso de direito processual do trabalho*, cit., 22. ed., p. 680.

[33] SCHIAVI, Mauro. *Manual de direito processual do trabalho*, cit., p. 1252.

[34] Como visto no item 10.12, os embargos à arrematação não têm mais aplicação, tendo em vista que, com o novo regramento da arrematação estabelecido pelo CPC de 2015, eventuais questionamentos são feitos por simples petição, que serão decididos de plano pelo juiz.

☐ a União, os Estados, o Distrito Federal, os Municípios e respectivas autarquias e fundações públicas federais, estaduais ou municipais que não explorem atividade econômica;

☐ o Ministério Público do Trabalho.

10.16. QUESTÕES

11

PROCEDIMENTOS ESPECIAIS NO PROCESSO DO TRABALHO

11.1. INQUÉRITO PARA APURAÇÃO DE FALTA GRAVE

Embora chamado de "inquérito"[1], o procedimento ora em estudo tem, na verdade, natureza de **ação constitutiva negativa**, cuja propositura é essencial para apuração e reconhecimento de falta grave praticada por empregado detentor de estabilidade no emprego.

De acordo com o **art. 494 da Consolidação das Leis do Trabalho**, o empregado estável acusado de falta grave poderá ser suspenso de suas funções, mas a sua dispensa só se tornará efetiva após o inquérito em que se verifique a procedência da acusação, sendo que a suspensão perdurará até decisão final do processo.

Tendo em vista que, após a Constituição Federal de 1988, o ordenamento jurídico pátrio não mais prevê a estabilidade decenal que era definida pelo art. 493 da Consolidação das Leis do Trabalho, a estabilidade no emprego hoje é restrita a hipóteses específicas e por períodos predefinidos (estabilidades provisórias, por exemplo, gestante, acidentado no trabalho, dirigente sindical, entre outros), o que pode levar à conclusão de que não faria mais sentido falar-se em inquérito para apuração de falta grave.

No entanto, o Tribunal Superior do Trabalho definiu que, em relação ao **dirigente sindical,** permanece a obrigatoriedade de ajuizamento do inquérito, sendo que ele somente poderá ser dispensado por falta grave mediante a apuração judicial, nos termos dos **arts. 494 e 543, § 3.º, da Consolidação das Leis do Trabalho (Súm. 379, TST)**.

Isso porque a estabilidade provisória do dirigente sindical, prevista no **art. 8.º, VIII, da Constituição Federal**, tem o escopo de garantir o mandato do empregado eleito para cargo de direção perante o sindicato profissional, a fim de que ele possa melhor desempenhar suas funções, livre de pressões ou represálias por parte do empregador.

> **OJ-SDI2-137:** Constitui direito líquido e certo do empregador a suspensão do empregado, ainda que detentor de estabilidade sindical, até a decisão final do inquérito em que se apure a falta grave a ele imputada, na forma do art. 494, *caput* e parágrafo único, da CLT.

---

[1] Denominação que tem relação com a origem administrativa da Justiça do Trabalho, criada em 1939 como órgão vinculado ao Poder Executivo.

"AGRAVO REGIMENTAL EM EMBARGOS REGIDOS PELA LEI N. 13.015/2014. SERVIDOR PÚBLICO CELETISTA. ESTABILIDADE DO ART. 19 DO ADCT. DISPENSA POR JUSTA CAUSA. INQUÉRITO JUDICIAL PARA APURAÇÃO DE FALTA GRAVE. INTERESSE DE AGIR. A jurisprudência desta Corte vem sedimentando o entendimento de que é desnecessária a instauração do inquérito judicial previsto no art. 853 da CLT para apuração de falta grave, nos casos de empregado público detentor da estabilidade prevista no art. 19 do ADCT, não havendo, pois, interesse de agir – na vertente necessidade – no ajuizamento desta demanda. Agravo desprovido" (AgR-E-RR-20026-41.2014.5.04.0018, Subseção I Especializada em Dissídios Individuais, rel. Min. Jose Roberto Freire Pimenta, *DEJT* 4-12-2020).

O **procedimento** do inquérito para apuração de falta grave está definido pelos **arts. 853 a 855 da Consolidação das Leis do Trabalho,** e também pelos **arts. 494 e 495 da Consolidação das Leis do Trabalho**.

Para a instauração do inquérito, o empregador deve apresentar **reclamação por escrito** junto à Vara do Trabalho, dentro de **30 dias**, contados da data da suspensão do empregado **(art. 853, CLT)**.

Trata-se de **prazo decadencial**, que não comporta suspensão ou interrupção, na forma do entendimento do **Supremo Tribunal Federal**, contido na **Súmula 403**: "É de decadência o prazo de trinta dias para instauração do inquérito judicial, a contar da suspensão, por falta grave, do empregado estável".

> **SÚM. 62, TST:** "O prazo de decadência do direito do empregador de ajuizar inquérito em face do empregado que incorre em abandono de emprego é contado a partir do momento em que o empregado pretendeu seu retorno ao serviço".

O inquérito para apuração e falta grave obedecerá às normas previstas para o procedimento ordinário **(art. 854, CLT)**, com a única peculiaridade no que tange ao **número de testemunhas** que poderão ser ouvidas: seis para cada parte **(art. 821, CLT)**.

Não sendo reconhecida pela Justiça do Trabalho a prática da justa causa imputada ao empregado, **será determinada a reintegração** do dirigente sindical, com o pagamento dos salários e direitos do período da suspensão **(art. 495, CLT)**. Nesse caso, reconhece-se, portanto, que o período de afastamento corresponde à **interrupção do contrato de trabalho**, sendo ele integralmente computado para todos os efeitos.

Reconhecida a justa causa, o juiz considerará o **contrato de trabalho rescindido** desde a data da suspensão do empregado.

11.2. AÇÃO RESCISÓRIA

A **ação rescisória** é uma ação especial de **competência originária dos tribunais**, que se destina a atacar a coisa julgada. Seu cabimento é restrito, sendo admitida nas hipóteses expressamente previstas em lei **(art. 966, CPC)**.

A ação rescisória é **cabível na Justiça do Trabalho (art. 836, CLT)**, ficando seu ajuizamento, porém, sujeito aos dispositivos da lei processual civil que regulam esse tipo especial de ação **(arts. 966 a 975, CPC)**. Dessa forma, os requisitos de admissibilidade da ação rescisória exigidos pelo Código de Processo Civil também o são no

11 ◾ Procedimentos Especiais no Processo do Trabalho   477

âmbito do processo do trabalho, excetuando apenas o depósito prévio previsto nos **arts. 968, II, e 974** daquele diploma legal, tendo em vista a previsão específica sobre o depósito prévio constante do **art. 836 da Consolidação das Leis do Trabalho** e da **Instrução Normativa n. 31/2007 do Tribunal Superior do Trabalho.**

O **processamento da ação rescisória** dá-se na conformidade do que dispõem o Código de Processo Civil e o Regimento Interno do Tribunal competente.

Na ação rescisória, o que se ataca é a decisão, ato oficial do Estado, acobertado pelo manto da coisa julgada **(Súm. 398, TST)**. Assim, o trânsito em julgado da decisão de mérito é condição essencial à propositura da ação rescisória **(art. 966, CPC)**.

> **SÚM. 299, TST:** "I – É **indispensável** ao processamento da ação rescisória a prova do trânsito em julgado da decisão rescindenda. II – Verificando o relator que a parte interessada não juntou à inicial o documento comprobatório, abrirá **prazo de 15 (quinze) dias** para que o faça (art. 321 do CPC de 2015), sob pena de indeferimento. III – A comprovação do trânsito em julgado da decisão rescindenda é **pressuposto processual indispensável** ao tempo do ajuizamento da ação rescisória. Eventual trânsito em julgado posterior ao ajuizamento da ação rescisória não reabilita a ação proposta, na medida em que o ordenamento jurídico não contempla a ação rescisória preventiva. IV – O pretenso vício de intimação, posterior à decisão que se pretende rescindir, se efetivamente ocorrido, não permite a formação da coisa julgada material. Assim, a ação rescisória deve ser julgada extinta, sem julgamento do mérito, por **carência de ação**, por **inexistir decisão transitada em julgado** a ser rescindida".

Havendo recurso parcial no processo principal, o trânsito em julgado dá-se em momentos e em tribunais diferentes **(Súm. 100, II, TST)**.

O acolhimento da ação rescisória calcada em ofensa à coisa julgada supõe dissonância patente entre as decisões exequenda e rescindenda, o que não se verifica quando se faz necessária a interpretação do título executivo judicial para se concluir pela lesão à coisa julgada **(OJ SDI-2 123, TST)**.

É possível, por meio da mesma ação rescisória, formular pedido, em ordem sucessiva, de rescisão da sentença e do acórdão. Sendo inviável um dos pedidos, o julgador deverá apreciar os demais, sob pena de negativa de prestação jurisdicional **(OJ SDI-2 78, TST)**.

Somente as **decisões de mérito** podem ser rescindidas, não se admitindo ação rescisória em relação às sentenças que extinguem o processo sem julgamento do mérito nos termos do **art. 485 do Código de Processo Civil**. Da mesma forma, as decisões interlocutórias, por não apreciarem o mérito da causa, não podem ser atacadas por meio de ação rescisória.

O acordo homologado perante a Justiça do Trabalho vale como decisão irrecorrível, salvo para a Previdência Social quanto às contribuições que lhe forem devidas **(art. 831, parágrafo único, CLT)**, somente podendo ser atacado por meio de ação rescisória **(Súm. 259, TST)**, desde que configurada uma das hipóteses do **art. 966 do Código de Processo Civil**.

É incabível ação rescisória para impugnar decisão homologatória de adjudicação ou arrematação **(Súm. 399, I, TST)**.

A decisão homologatória de cálculos apenas comporta rescisão quando enfrentar as questões envolvidas na elaboração da conta de liquidação, quer solvendo a controvérsia das partes, quer explicitando, de ofício, os motivos pelos quais acolheu os cálculos oferecidos por uma das partes ou pelo setor de cálculos, e não contestados pela outra (**Súm. 399, II, TST**).

A decisão proferida em embargos à execução ou em agravo de petição que apenas declara preclusa a oportunidade de impugnação da sentença de liquidação não é rescindível, em virtude de produzir tão somente coisa julgada formal (**OJ SDI-2 134, TST**).

> **SÚM. 401, TST:** "Os descontos previdenciários e fiscais devem ser efetuados pelo juízo executório, ainda que a sentença exequenda tenha sido omissa sobre a questão, dado o caráter de ordem pública ostentado pela norma que os disciplina. A ofensa à coisa julgada somente poderá ser caracterizada na hipótese de o título exequendo, expressamente, afastar a dedução dos valores a título de imposto de renda e de contribuição previdenciária".

Assim, a decisão de mérito, transitada em julgado, **pode ser rescindida** quando (**art. 966, CPC**):

- ☐ se verificar que foi proferida por força de prevaricação, concussão ou corrupção do juiz (**I**);
- ☐ for proferida por juiz impedido ou por juízo absolutamente incompetente (**II**);

> **OJ SDI-2 124, TST:** "Na hipótese em que a ação rescisória tem como causa de rescindibilidade o inciso II do art. 966 do CPC de 2015 (inciso II do art. 485 do CPC de 1973), a arguição de incompetência absoluta prescinde de prequestionamento".

- ☐ resultar de dolo ou coação da parte vencedora em detrimento da parte vencida, ou, ainda, de simulação ou colusão entre as partes, a fim de fraudar a lei (**III**);

> **OJ SDI-2 94, TST:** "A decisão ou acordo judicial subjacente à reclamação trabalhista, cuja tramitação deixa nítida a simulação do litígio para fraudar a lei e prejudicar terceiros, enseja ação rescisória, com lastro em colusão. No juízo rescisório, o processo simulado deve ser extinto".

> **OJ SDI-2 154, TST:** "A sentença homologatória de acordo prévio ao ajuizamento de reclamação trabalhista, no qual foi conferida quitação geral do extinto contrato, sujeita-se ao corte rescisório tão somente se verificada a existência de fraude ou vício de consentimento".

> **SÚM. 403, TST:** "I – Não caracteriza dolo processual, previsto no art. 485, III, do CPC, o simples fato de a parte vencedora haver silenciado a respeito de fatos contrários a ela, porque o procedimento, por si só, não constitui ardil do qual resulte cerceamento de defesa e, em consequência, desvie o juiz de uma sentença não condizente com a verdade. II – Se a decisão rescindenda é homologatória de acordo, não há parte

11 ◾ Procedimentos Especiais no Processo do Trabalho 479

vencedora ou vencida, razão pela qual não é possível a sua desconstituição calcada no inciso III do art. 485 do CPC (dolo da parte vencedora em detrimento da vencida), pois constitui fundamento de rescindibilidade que supõe solução jurisdicional para a lide".

OJ SDI-2 158, TST: "A declaração de nulidade de decisão homologatória de acordo, em razão da colusão entre as partes (art. 485, III, do CPC), é sanção suficiente em relação ao procedimento adotado, não havendo que ser aplicada a multa por litigância de má-fé".

☐ ofender a coisa julgada **(IV)**;

OJ SDI-2 101, TST: "Para viabilizar a desconstituição do julgado pela causa de rescindibilidade do inciso IV do art. 966 do CPC de 2015 (inciso IV do art. 485 do CPC de 1973), é necessário que a decisão rescindenda tenha enfrentado as questões ventiladas na ação rescisória, sob pena de inviabilizar o cotejo com o título executivo judicial tido por desrespeitado, de modo a se poder concluir pela ofensa à coisa julgada".

OJ SDI-1 157, TST: "A ofensa à coisa julgada de que trata o inciso IV do art. 966 do CPC de 2015 (inciso IV do art. 485 do CPC de 1973) refere-se apenas a relações processuais distintas. A invocação de desrespeito à coisa julgada formada no processo de conhecimento, na correspondente fase de execução, somente é possível com base na violação do art. 5.º, XXXVI, da Constituição da República".

SÚM. 397, TST: "Não procede ação rescisória calcada em ofensa à coisa julgada perpetrada por decisão proferida em ação de cumprimento, em face de a sentença normativa, na qual se louvava, ter sido modificada em grau de recurso, porque em dissídio coletivo somente se consubstancia coisa julgada formal. Assim, os meios processuais aptos a atacarem a execução da cláusula reformada são a exceção de pré-executividade e o mandado de segurança, no caso de descumprimento do art. 514 do CPC de 2015 (art. 572 do CPC de 1973)".

OJ SDI-2 101, TST: "Para viabilizar a desconstituição do julgado pela causa de rescindibilidade do inciso IV do art. 966 do CPC de 2015 (inciso IV do art. 485 do CPC de 1973), é necessário que a decisão rescindenda tenha enfrentado as questões ventiladas na ação rescisória, sob pena de inviabilizar o cotejo com o título executivo judicial tido por desrespeitado, de modo a se poder concluir pela ofensa à coisa julgada".

☐ violar manifestamente norma jurídica **(V)**;

Caso a rescisória se funda em alegação de violação de lei, é necessário que o dispositivo tido como violado tenha sido prequestionado.

SÚM. 298, TST: "I – A conclusão acerca da ocorrência de violação literal a disposição de lei pressupõe pronunciamento explícito, na sentença rescindenda, sobre a matéria veiculada. II – O pronunciamento explícito exigido em ação rescisória diz respeito à matéria e ao enfoque específico da tese debatida na ação, e não, necessariamente, ao dispositivo legal tido por violado. Basta que o conteúdo da norma reputada violada

---

² Art. 966, III, do CPC/2015.

480 Direito Processual do Trabalho Esquematizado — Carla Teresa Martins Romar

haja sido abordado na decisão rescindenda para que se considere preenchido o pressuposto. III – Para efeito de ação rescisória, considera-se pronunciada explicitamente a matéria tratada na sentença quando, examinando remessa de ofício, o Tribunal simplesmente a confirma. IV – A sentença meramente homologatória, que silencia sobre os motivos de convencimento do juiz, não se mostra rescindível, por ausência de pronunciamento explícito. V – Não é absoluta a exigência de pronunciamento explícito na ação rescisória, ainda que esta tenha por fundamento violação de dispositivo de lei. Assim, prescindível o pronunciamento explícito quando o vício nasce no próprio julgamento, como se dá com a sentença 'extra, citra e ultra petita'".

A ação rescisória calcada em violação de lei não admite reexame de fatos e provas do processo que originou a decisão rescindenda **(Súm. 410, TST)**.

> **OJ SDI-2 112, TST:** "Para que a violação da lei dê causa à rescisão de decisão de mérito alicerçada em duplo fundamento, é necessário que o Autor da ação rescisória invoque causas de rescindibilidade que, em tese, possam infirmar a motivação dúplice da decisão rescindenda".

Não procede pedido formulado na ação rescisória por violação literal de lei se a decisão rescindenda estiver baseada em texto legal infraconstitucional de interpretação controvertida nos Tribunais. O marco divisor quanto a ser, ou não, controvertida, nos Tribunais, a interpretação dos dispositivos legais citados na ação rescisória é a data da inclusão, na Orientação Jurisprudencial do Tribunal Superior do Trabalho, da matéria discutida **(Súm. 83, TST)**.

> **SÚM. 343, STF:** "Não cabe ação rescisória por ofensa a literal disposição de lei, quando a decisão rescindenda se tiver baseado em texto legal de interpretação controvertida nos tribunais".

> **OJ SDI-2 41, TST:** "Revelando-se a sentença *citra petita*, o vício processual vulnera os arts. 141 e 492 do CPC de 2015 (arts. 128 e 460 do CPC de 1973), tornando-a passível de desconstituição, ainda que não interpostos embargos de declaração".

■ for fundada em prova cuja falsidade tenha sido apurada em processo criminal ou venha a ser demonstrada na própria ação rescisória **(VI)**;

■ obtiver o autor, posteriormente ao trânsito em julgado, prova nova cuja existência ignorava ou de que não pôde fazer uso, capaz, por si só, de lhe assegurar pronunciamento favorável **(VII)**;

> **SÚM. 402, TST:** "I – Sob a vigência do CPC de 2015 (art. 966, inciso VII), para efeito de ação rescisória, **considera-se prova nova** a cronologicamente velha, já existente ao tempo do trânsito em julgado da decisão rescindenda, mas ignorada pelo interessado ou de impossível utilização, à época, no processo. II – **Não é prova nova** apta a viabilizar a desconstituição de julgado: a) sentença normativa proferida ou transitada em julgado posteriormente à sentença rescindenda; b) sentença normativa preexistente à

11 ▪ Procedimentos Especiais no Processo do Trabalho 481

> sentença rescindenda, mas não exibida no processo principal, em virtude de negligência da parte, quando podia e deveria louvar-se de documento já existente e não ignorado quando emitida a decisão rescindenda".

Cabe ação rescisória, com fundamento em violação manifesta de norma jurídica, contra decisão baseada em enunciado de súmula ou acórdão proferido em julgamento de casos repetitivos que não tenha considerado a existência de distinção entre a questão discutida no processo e o padrão decisório que lhe deu fundamento **(art. 966, § 5.º, CPC)**.

Quando a ação rescisória se fundar nessa hipótese, caberá ao autor, sob pena de inépcia, demonstrar, fundamentadamente, tratar-se de situação particularizada por hipótese fática distinta ou de questão jurídica não examinada, a impor outra solução jurídica **(art. 966, § 6.º, CPC)**.

■ for fundada em erro de fato verificável do exame dos autos **(VIII)**.

Há **erro de fato** quando a decisão rescindenda admitir fato inexistente ou quando considerar inexistente fato efetivamente ocorrido, sendo indispensável, em ambos os casos, que o fato não represente ponto controvertido sobre o qual o juiz deveria ter se pronunciado **(art. 966, § 1.º, CPC)**.

> **OJ SDI-2 136, TST:** "A **caracterização do erro de fato** como causa de rescindibilidade de decisão judicial transitada em julgado supõe a **afirmação categórica e indiscutida de um fato**, na decisão rescindenda, que não corresponde à realidade dos autos. O fato afirmado pelo julgador, que pode ensejar ação rescisória calcada no inciso VIII do art. 966 do CPC de 2015 (inciso IX do art. 485 do CPC de 1973), é apenas aquele que se coloca como premissa fática indiscutida de um silogismo argumentativo, não aquele que se apresenta ao final desse mesmo silogismo, como conclusão decorrente das premissas que especificaram as provas oferecidas, para se concluir pela existência do fato. Esta última hipótese é afastada pelo § 1.º do art. 966 do CPC de 2015 (§ 2.º do art. 485 do CPC de 1973), ao exigir que não tenha havido controvérsia sobre o fato e pronunciamento judicial esmiuçando as provas".

> **OJ SDI-2 103, TST:** "É cabível a rescisória para corrigir contradição entre a parte dispositiva do acórdão rescindendo e a sua fundamentação, por erro de fato na retratação do que foi decidido".

Nessas hipóteses previstas pela lei será rescindível a decisão transitada em julgado que, embora não seja de mérito, impeça **(art. 966, § 2.º, CPC)**:

■ nova propositura da demanda;

■ admissibilidade do recurso correspondente.

A ação rescisória pode ter por objeto apenas um capítulo da decisão **(art. 966, § 3.º, CPC)**.

SÚM. 100, TST: "[...] II – Havendo recurso parcial no processo principal, o trânsito em julgado dá-se em momentos e em tribunais diferentes, contando-se o prazo decadencial para a ação rescisória do trânsito em julgado de cada decisão, salvo se o recurso tratar de preliminar ou prejudicial que possa tornar insubsistente a decisão recorrida, hipótese em que flui a decadência a partir do trânsito em julgado da decisão que julgar o recurso parcial".

É admissível o ajuizamento de uma única ação rescisória contendo mais de um pedido, em ordem sucessiva, de rescisão da sentença e do acórdão. Sendo inviável a tutela jurisdicional de um deles, o julgador está obrigado a apreciar os demais, sob pena de negativa de prestação jurisdicional **(OJ SDI-2 78, TST)**.

Os atos de disposição de direitos, praticados pelas partes ou por outros participantes do processo e homologados pelo juízo, bem como os atos homologatórios praticados no curso da execução, estão sujeitos à anulação, nos termos da lei **(art. 966, § 4.º, CPC)**.

OJ SDI-2 132, TST: "Acordo celebrado – homologado judicialmente – em que o empregado dá plena e ampla quitação, sem qualquer ressalva, alcança não só o objeto da inicial, como também todas as demais parcelas referentes ao extinto contrato de trabalho, violando a coisa julgada, a propositura de nova reclamação trabalhista".

SÚM. 514, STF: "Admite-se ação rescisória contra sentença transitada em julgado, ainda que contra ela não se tenham esgotado todos os recursos".

Tem **legitimidade** para a **propositura da ação** rescisória **(art. 967, CPC)**:

- quem foi parte no processo ou o seu sucessor a título universal ou singular;
- o terceiro juridicamente interessado;
- o Ministério Público:
    - se não foi ouvido no processo em que era obrigatória sua intervenção;
    - quando a decisão rescindenda é o efeito de simulação ou de colusão das partes, a fim de fraudar a lei;
    - em outros casos em que se imponha sua atuação.

SÚM. 407, TST: "A legitimidade *ad causam* do Ministério Público para propor ação rescisória, ainda que não tenha sido parte no processo que deu origem à decisão rescindenda, não está limitada às alíneas *a*, *b* e *c* do inciso III do art. 967 do CPC de 2015 (art. 487, III, *a* e *b*, do CPC de 1973), uma vez que traduzem hipóteses meramente exemplificativas".

- aquele que não foi ouvido no processo em que era obrigatória sua intervenção.

No polo passivo da ação rescisória forma-se um **litisconsórcio necessário**, enquanto que no polo ativo o **litisconsórcio** é **facultativo**.

11 ◼ Procedimentos Especiais no Processo do Trabalho

483

> **SÚM. 406, TST:** "I – O **litisconsórcio**, na ação rescisória, é **necessário** em relação ao **polo passivo** da demanda, porque supõe uma comunidade de direitos ou de obrigações que não admite solução díspar para os litisconsortes, em face da indivisibilidade do objeto. Já em relação ao **polo ativo**, o **litisconsórcio** é **facultativo**, uma vez que a aglutinação de autores se faz por conveniência e não pela necessidade decorrente da natureza do litígio, pois não se pode condicionar o exercício do direito individual de um dos litigantes no processo originário à anuência dos demais para retomar a lide. II – O **Sindicato, substituto processual** e autor da reclamação trabalhista, em cujos autos fora proferida a decisão rescindenda, possui **legitimidade** para figurar como réu **na ação rescisória**, sendo descabida a exigência de citação de todos os empregados substituídos, porquanto **inexistente litisconsórcio passivo necessário**".

No âmbito da **Justiça do Trabalho**, a **competência originária** para julgar a ação rescisória de sentença ou de acórdão regional que apreciou o mérito é do Tribunal Regional do Trabalho. No entanto, tratando-se de ação rescisória de acórdão do Tribunal Superior do Trabalho que julga o mérito, a competência é do próprio TST, por meio da Seção de Dissídios Individuais ou da Seção de Dissídios Coletivos, conforme o caso **(arts. 2.º, I, *c*, e 3.º, I, *a*, Lei n. 7.701/88)**.

Decisão de mérito	Competência originária
Sentença	TRT
Acórdão TRT	TRT
Sentença normativa proferida pelo TST	TST (SDC)
Acórdão de Turma ou da SDI do TST	TST (SDI)

> **SÚM. 192, TST:** "I – Se não houver o conhecimento de recurso de revista ou de embargos, a competência para julgar ação que vise a rescindir a decisão de mérito é do Tribunal Regional do Trabalho, ressalvado o disposto no item II. II – Acórdão rescindendo do Tribunal Superior do Trabalho que não conhece de recurso de embargos ou de revista, analisando arguição de violação de dispositivo de lei material ou decidindo em consonância com súmula de direito material ou com iterativa, notória e atual jurisprudência de direito material da Seção de Dissídios Individuais (Súmula 333), examina o mérito da causa, cabendo ação rescisória da competência do Tribunal Superior do Trabalho. III – [...] IV – [...] V – A decisão proferida pela SBDI, em agravo regimental, calcada na Súmula 333, substitui acórdão de Turma do TST, porque emite juízo de mérito, comportando, em tese, o corte rescisório".

A **petição inicial** da ação rescisória deve observar os requisitos do **art. 319 do Código de Processo Civil**, podendo ser indeferida na forma do **art. 330 do Código de Processo Civil**, sendo indispensável ao processamento da ação, como visto anteriormente, a prova do trânsito em julgado da decisão rescindenda. Verificando o relator que a parte interessada não juntou à inicial o documento comprobatório, abrirá prazo de 15 dias para que o faça, sob pena de indeferimento **(Súm. 299, II, TST)**.

484 Direito Processual do Trabalho Esquematizado   *Carla Teresa Martins Romar*

Não padece de inépcia a petição inicial de ação rescisória apenas porque omite a subsunção do fundamento de rescindibilidade no **art. 966 do Código de Processo Civil** ou o capitula erroneamente em um de seus incisos. Contanto que não se afaste dos fatos e fundamentos invocados como causa de pedir, ao Tribunal é lícito emprestar-lhes a adequada qualificação jurídica (*iura novit curia*). No entanto, fundando-se a ação rescisória no **art. 966, V, do Código de Processo Civil**, é indispensável expressa indicação, na petição inicial da ação rescisória, da norma jurídica manifestamente violada, por se tratar de causa de pedir da rescisória, não se aplicando, no caso, o princípio *iura novit curia* (**Súm. 408, TST**).

> **OJ SDI-2 69, TST:** "Recurso ordinário interposto contra despacho monocrático indeferitório da petição inicial de ação rescisória ou de mandado de segurança pode, pelo princípio de fungibilidade recursal, ser recebido como agravo regimental. Hipótese de não conhecimento do recurso pelo TST e devolução dos autos ao TRT, para que aprecie o apelo como agravo regimental".

São **peças essenciais para o julgamento** da ação rescisória a decisão rescindenda e/ou a certidão do seu trânsito em julgado, devidamente autenticadas, à exceção de cópias reprográficas apresentadas por pessoa jurídica de direito público (**art. 24, Lei n. 10.522/2002**), ou declaradas autênticas pelo advogado (**art. 830, CLT**). Em fase recursal, verificada a ausência de qualquer delas, cumpre ao relator do recurso ordinário conceder o **prazo** de cinco dias ao recorrente para que seja **complementada a documentação** exigível (**OJ SDI-2 84, TST**).

Não se aplica a alçada em ação rescisória (**Súm. 365, TST**).

O *jus postulandi* das partes, estabelecido no **art. 791 da Consolidação das Leis do Trabalho**, limita-se às Varas do Trabalho e aos Tribunais Regionais do Trabalho, não alcançando a ação rescisória de competência do Tribunal Superior do Trabalho (**Súm. 425, TST**).

A **procuração** outorgada com poderes específicos para ajuizamento de reclamação trabalhista não autoriza a propositura de ação rescisória. Constatado, todavia, o defeito de representação processual na fase recursal, cumpre ao relator ou ao tribunal conceder prazo de cinco dias para a regularização (**OJ SDI-2 151, TST**).

Na petição inicial é possível **cumular** ao **pedido** de rescisão, se for o caso, o de novo julgamento do processo (**art. 968, I, CPC**).

A propositura da ação rescisória na Justiça do Trabalho sujeita-se ao **depósito prévio de 20%** do **valor da causa**, **salvo** prova de miserabilidade jurídica do autor (**art. 836, CLT**).

De acordo com a **Instrução Normativa n. 31/2007** (que regulamenta a forma de realização do depósito prévio em ação rescisória):

■ o valor da causa da ação rescisória que visa desconstituir decisão da **fase de conhecimento** corresponderá (**art. 2.º**):

   ■ no caso de **improcedência**, ao valor dado à causa do processo originário ou aquele que for fixado pelo juiz;

11 ▪ Procedimentos Especiais no Processo do Trabalho   485

■ no caso de **procedência, total ou parcial**, ao respectivo valor arbitrado à condenação.

■ o valor da causa da ação rescisória que visa desconstituir decisão da **fase de execução** corresponderá ao valor apurado em liquidação de sentença **(art. 3.º)**;

■ o valor da causa da ação rescisória, quer objetive desconstituir decisão da fase de conhecimento ou decisão da fase de execução, será **reajustado** pela variação cumulada do INPC do IBGE até a data do seu ajuizamento **(art. 4.º)**;

■ o valor depositado será **revertido em favor do réu**, a título de multa, caso o pedido deduzido na ação rescisória seja julgado, por unanimidade de votos, **improcedente ou inadmissível (art. 5.º)**;

■ o depósito prévio **não será exigido (art. 6.º)**:

■ da massa falida;

■ quando o autor perceber salário igual ou inferior ao dobro do mínimo legal, ou declarar, sob as penas da lei, que não está em condições de pagar as custas do processo sem prejuízo do sustento próprio ou de sua família.

A ação rescisória deve ser proposta no **prazo de dois anos**, contados do trânsito em julgado da última decisão proferida no processo **(art. 975, CPC)**, seja de mérito ou não **(Súm. 100, I, TST)**. Trata-se de **prazo decadencial**.

SÚM. 100, TST: "I – O prazo de decadência, na ação rescisória, conta-se do dia imediatamente subsequente ao trânsito em julgado da última decisão proferida na causa, seja de mérito ou não. II – Havendo recurso parcial no processo principal, o trânsito em julgado dá-se em momentos e em tribunais diferentes, contando-se o prazo decadencial para a ação rescisória do trânsito em julgado de cada decisão, salvo se o recurso tratar de preliminar ou prejudicial que possa tornar insubsistente a decisão recorrida, hipótese em que flui a decadência a partir do trânsito em julgado da decisão que julgar o recurso parcial. III – Salvo se houver dúvida razoável, a interposição de recurso intempestivo ou a interposição de recurso incabível não protrai o termo inicial do prazo decadencial. IV – O juízo rescindente não está adstrito à certidão de trânsito em julgado juntada com a ação rescisória, podendo formar sua convicção através de outros elementos dos autos quanto à antecipação ou postergação do *dies a quo* do prazo decadencial. V – O acordo homologado judicialmente tem força de decisão irrecorrível, na forma do art. 831 da CLT. Assim sendo, o termo conciliatório transita em julgado na data da sua homologação judicial. VI – Na hipótese de colusão das partes, o prazo decadencial da ação rescisória somente começa a fluir para o Ministério Público, que não interveio no processo principal, a partir do momento em que tem ciência da fraude. VII – Não ofende o princípio do duplo grau de jurisdição a decisão do TST que, após afastar a decadência em sede de recurso ordinário, aprecia desde logo a lide, se a causa versar questão exclusivamente de direito e estiver em condições de imediato julgamento. VIII – A exceção de incompetência, ainda que oposta no prazo recursal, sem ter sido aviado o recurso próprio, não tem o condão de afastar a consumação da coisa julgada e, assim, postergar o termo inicial do prazo decadencial para a ação rescisória. IX – Prorroga-se até o primeiro dia útil, imediatamente subsequente, o prazo decadencial para ajuizamento de ação rescisória quando expira em férias forenses, feriados, finais de semana ou em dia em que não houver expediente forense. Aplicação do art. 775 da CLT. X – Conta-se o prazo decadencial da ação rescisória, após o decurso do prazo legal previsto para a interposição do recurso extraordinário, apenas quando esgotadas todas as vias recursais ordinárias".

OJ SDI-2 80, TST: "O não conhecimento do recurso por deserção não antecipa o *dies a quo* do prazo decadencial para o ajuizamento da ação rescisória, atraindo, na contagem do prazo, a aplicação da Súmula 100 do TST".

O ajuizamento da ação rescisória anterior não tem o condão de suspender ou interromper o prazo decadencial[3].

A propositura da ação rescisória não impede o cumprimento da decisão rescindenda, ressalvada a concessão de tutela provisória **(art. 969, CPC)**. O relator ordenará a citação do réu, designando-lhe prazo nunca inferior a 15 nem superior a 30 dias para, querendo, **apresentar resposta**, ao fim do qual, com ou sem contestação, observar-se-á, no que couber, o procedimento comum **(art. 970, CPC)**.

A **contestação** apresentada em ação rescisória obedece à regra relativa à contagem de prazo constante do **art. 774 da Consolidação das Leis do Trabalho**, sendo inaplicável o **art. 231 do Código de Processo Civil (OJ SDI-2 146, TST)**.

SÚM. 398, TST: "Na ação rescisória, o que se ataca é a decisão, ato oficial do Estado, acobertado pelo manto da coisa julgada. Assim, e considerando que a coisa julgada envolve questão de ordem pública, a **revelia não produz confissão** na ação rescisória".

Se os **fatos alegados** pelas partes **dependerem de prova**, o relator poderá **delegar a competência** ao órgão que proferiu a decisão rescindenda, fixando prazo de um a três meses para a devolução dos autos **(art. 972, CPC)**.

Concluída a instrução, será aberta vista ao autor e ao réu para razões finais, sucessivamente, pelo prazo de dez dias. Em seguida, os autos serão conclusos ao relator, procedendo-se ao julgamento pelo órgão competente **(art. 973, CPC)**.

Julgando **procedente o pedido**, o Tribunal **(art. 974, CPC)**:

- rescindirá a decisão;
- proferirá, se for o caso, novo julgamento;
- determinará a restituição do depósito realizado quando do ajuizamento da ação rescisória.

Considerando, por unanimidade, **inadmissível ou improcedente o pedido**, o Tribunal **(art. 974, parágrafo único, CPC)**:

---

[3] *Vide* TST, RO 10052-57.2013.5.08.0000, SDI-2, rel. Min. Douglas Alencar Rodrigues, *DEJT* 06.09.2018.

11 ◼ Procedimentos Especiais no Processo do Trabalho   487

◼ determinará a reversão, em favor do réu, da importância do depósito, sem prejuízo da condenação do vencido a pagar ao vencedor as despesas que antecipou **(art. 82, § 2.º, CPC)**.

A **Súmula 219, II, do Tribunal Superior do Trabalho** prevê ser cabível a condenação em honorários advocatícios em ação rescisória. Com o advento da **Lei n. 13.467/2017 (Reforma Trabalhista)**, a condenação em honorários advocatícios na ação rescisória passou a decorrer de expressa previsão legal **(art. 791-A, CLT)**.

Da **decisão de Tribunal Regional do Trabalho**, em ação rescisória, é cabível **recurso ordinário** para o Tribunal Superior do Trabalho **(Súm. 158, TST)**.

A interposição de recurso de revista de decisão definitiva de Tribunal Regional do Trabalho em ação rescisória, com fundamento em violação legal e divergência jurisprudencial e remissão expressa ao **art. 896 da Consolidação das Leis do Trabalho**, configura **erro grosseiro**, insuscetível de autorizar o seu recebimento como recurso ordinário, em face do disposto no **art. 895, *b*, da Consolidação das Leis do Trabalho (OJ SDI-2 152, TST)**.

Havendo recurso ordinário em sede de rescisória, o **depósito recursal** só é exigível quando for julgado procedente o pedido e imposta condenação em pecúnia, devendo este ser efetuado no prazo recursal, no limite e nos termos da legislação vigente, sob pena de deserção **(Súm. 99, TST)**.

Em ação rescisória, a decisão proferida pelo Tribunal Regional do Trabalho está sujeita ao **duplo grau de jurisdição obrigatório** quando desfavorável ao ente público **(Súm. 303, III, TST)**, exceto nas hipóteses previstas nos itens I e II da referida Súmula.

É cabível o pedido de tutela provisória formulado na petição inicial de ação rescisória ou na fase recursal, visando a **suspender a execução da decisão rescindenda (Súm. 405, TST)**. Isso se justifica pelo propósito de assegurar a utilidade do provimento pedido na ação rescisória, pelo que decorre, no fundo, da garantia do **art. 5.º, XXXV, da Constituição Federal**.

A decisão proferida em ação rescisória, transitada em julgado, também é passível de ser rescindida, desde que verificada uma das hipóteses previstas no **art. 966 do Código de Processo Civil**. Assim, é **cabível rescisória de rescisória**.

> **SÚM. 400, TST:** "Em se tratando de rescisória de rescisória, o vício apontado deve nascer na decisão rescindenda, não se admitindo a rediscussão do acerto do julgamento da rescisória anterior. Assim, não procede rescisória calcada no inciso V do art. 966 do CPC de 2015 (art. 485, V, do CPC de 1973) para discussão, por má aplicação da mesma norma jurídica, tida por violada na rescisória anterior, bem como para arguição de questões inerentes à ação rescisória primitiva".

11.2.1. Juízo rescindente e juízo rescisório

Como visto no item *supra*, na petição inicial da ação rescisória é possível **cumular** ao **pedido** de rescisão, se for o caso, o de novo julgamento do processo, de rejulgamento **(art. 968, I, CPC)**.

Denomina-se **juízo rescindente** (*iudicium rescindens*) "o enfrentamento do pleito de desconstituição do julgamento primitivo" (pedido de rescisão), e **juízo rescisório** (*iudicium rescissorium*) "o novo julgamento da causa, para substituir aquele que for invalidado"[4].

O juízo rescindente está sempre presente em todas as ações rescisórias, tendo em vista que é efetivamente o que caracteriza e fundamenta esse tipo de ação.

O *iudicium rescissorium*, por sua vez, somente ocorrerá nas ações rescisórias em que haja pedido expresso de novo julgamento do processo, e depende sempre do acolhimento do *iudicium rescindens*. "O *iudicium rescindens* é preliminar ao *iudicium rescissorium*"[5].

"PRETENSÃO DESCONSTITUTIVA VOLTADA CONTRA ACÓRDÃO REGIONAL. ACÓRDÃOS DE TURMA E DA SBDI-1 DO TST NOS QUAIS NÃO APRECIADO O MÉRITO DA CAUSA. POSSIBILIDADE JURÍDICA DO PEDIDO. ÓBICE CONCERNENTE À AUSÊNCIA DE CONDIÇÃO DA AÇÃO AFASTADO. ERRO DE FATO. CONFIGURAÇÃO 1. Pretensão rescisória calcada em erro de fato. Tese inicial de que no acórdão rescindendo, proferido pelo TRT, há contradição entre o que consta do dispositivo (desprovimento do recurso ordinário adesivo do Autor/reclamante) e a fundamentação (provimento parcial do recurso, com condenação da ex-empregadora ao pagamento de horas extras). 2. A Corte Regional extinguiu o processo sem resolução do mérito, por impossibilidade jurídica do pedido, com fundamento nas diretrizes dos itens II e II da Súmula 192 do TST. Compreendeu o TRT que o mérito da causa havia sido solucionado nos acórdãos emanados de órgãos do TST. 3. Sucede, todavia, que o exame promovido no TST ficou circunscrito à apreciação de matéria processual. A 3.ª Turma do TST, embora conhecendo do recurso de revista, decidiu que não caberia o afastamento da contradição apontada pelo reclamante; a SBDI-1 do TST, a seu turno, entendeu que sequer havia divergência jurisprudencial apta a permitir o conhecimento dos embargos, não conhecendo deste recurso. Desse modo, estando absolutamente claro que no TST foram examinadas apenas questões processuais, tem-se que a última decisão de mérito proferida na causa primitiva é a do TRT. Portanto, não há falar em substituição do acórdão regional pelos julgamentos proferidos pelo TST, tampouco, consequentemente, em impossibilidade jurídica do pedido, tal como decidido pela Corte *a quo* no julgamento da ação rescisória. 4. Estando o feito em condições de imediato julgamento, passa-se à análise do mérito, em face dos princípios da celeridade e da razoável duração do processo (art. 5.º, LXXVIII, da CF). Com efeito, constatada a ausência do empecilho observado pelo TRT, cumpre prosseguir no exame da controvérsia, tendo em conta não apenas a natureza essencialmente jurídica da questão debatida na presente ação (erro de fato), mas também o próprio postulado constitucional da razoável duração do processo (CF, art. 5.º, LXXVIII), cujo significado, no plano infraconstitucional, foi concretizado com a positivação da denominada teoria da 'causa madura' (art. 1.013, § 4.º, do CPC/15). 5. A jurisprudência do TST, cristalizada na OJ 103 da SBDI-2, pacificou-se no sentido de ser cabível ação rescisória para corrigir contradição entre a parte dispositiva do acórdão rescindendo e sua

---

[4]   THEODORO JÚNIOR, Humberto. *Curso de direito processual civil,* cit., 49. ed., v. 3, p. 881.

[5]   DIDIER JR., Fredie; CUNHA, Leonardo Carneiro da. *Curso de direito processual civil,* cit., p. 520.

11 ◼ Procedimentos Especiais no Processo do Trabalho

fundamentação, por erro de fato (art. 485, IX, do CPC de 1973) na retratação do que foi decidido. Na hipótese, no acórdão rescindendo, especificamente no julgamento do recurso ordinário adesivo do Autor (reclamante), ao expor a motivação, o TRT afastou a aplicação da regra do art. 62, I, da CLT, fixou a jornada de trabalho do reclamante e condenou a reclamada ao pagamento de horas extras e reflexos. No entanto, no dispositivo do julgado, a Corte Regional não fez constar a referida condenação, assinalando, contraditoriamente, que o recurso do reclamante havia sido desprovido. 6. Constatado o erro de fato, dá-se provimento ao recurso ordinário para, em *iudicium rescindens*, desconstituir parcialmente o acórdão proferido pelo TRT, na parte em que consignado o desprovimento do recurso adesivo do reclamante, e para, em *iudicium rescissorium*, incluir no dispositivo do julgamento a condenação referida na fundamentação. Recurso ordinário conhecido e provido" (TST, RO 11042-86.2013.5.03.0000, SDI-2, rel. Min. Douglas Alencar Rodrigues, *DEJT* 11-10-2018).

Assim, "desconstituída a decisão, com o acolhimento do *pedido de rescisão*, passa, se for o caso, o tribunal ao exame do juízo 'rescissorium', procedendo a um novo julgamento da causa, para julgar *procedente* ou *improcedente* o pedido formulado na causa originária e renovado na petição inicial da ação rescisória. Percebe-se, então, que a vitória no juízo rescindente não é, em regra, garantia de vitória no juízo rescisório – e é por isso que o primeiro é preliminar do segundo"[6].

11.3. MANDADO DE SEGURANÇA

O **mandado de segurança** é o remédio previsto pela Constituição Federal "para proteger **direito líquido e certo**, não amparado por *habeas corpus* ou *habeas data*, quando o responsável pela **ilegalidade ou abuso de poder** for **autoridade pública** ou agente de pessoa jurídica no exercício de atribuição do Poder Público" **(art. 5.º, LXIX, CF)**.

Tem natureza jurídica de ação que pode ser mandamental (o juiz determina à autoridade coatora o cumprimento imediato da ordem) ou declaratória (declara a existência ou não de determinada relação jurídica), e **pode ser impetrado** por qualquer pessoa, seja física ou jurídica, que sofrer violação ou houver justo receio de sofrê-la por parte de autoridade, seja de que categoria for e sejam quais forem as funções que exerça **(art. 1.º, Lei n. 12.016/2009)**.

Quando o direito ameaçado ou violado couber a várias pessoas, qualquer delas poderá requerer o mandado de segurança **(art. 1.º, § 3.º, Lei n. 12.016/2009)**.

A existência de **direito líquido e certo**, assim considerado como "o que decorre de um fato que pode ser provado de plano, mediante prova exclusivamente documental, no momento da impetração do *mandamus*", é **condição específica da ação** assecuratória[7].

---

[6] DIDIER JR., Fredie; CUNHA, Leonardo Carneiro da. *Curso de direito processual civil*, cit., p. 520.

[7] LEITE, Carlos Henrique Bezerra. *Curso de direito processual do trabalho*, cit., 16. ed., p. 1.672.

SÚM. 474, STF: "Não há direito líquido e certo, amparado pelo mandado de segurança, quando se escuda em lei cujos efeitos foram anulados por outra, declarada constitucional pelo Supremo Tribunal Federal".

SÚM. 625, STF: "Controvérsia sobre matéria de direito não impede concessão de mandado de segurança".

Para viabilizar a impetração do mandado de segurança, o ato atacado deve ter sido praticado com **ilegalidade ou abuso de poder**. Trata-se de **outra condição específica da ação**.

Por fim, "a última **condição especial da ação** de segurança é que o **ato atacado** tenha sido **praticado por autoridade pública**"[8], assim considerado também o agente de pessoa jurídica no exercício de atribuição do Poder Público.

Além das condições especiais da ação, a admissibilidade do mandado de segurança exige **legitimidade** e **interesse** processual **(art. 485, VI, CPC)**.

SÚM. 266, STF: "Não cabe mandado de segurança contra lei em tese".

A Justiça do Trabalho tem competência para processar e julgar mandado de segurança quando o ato questionado envolver matéria sujeita à sua jurisdição **(art. 114, IV, CF)**, aplicando-se quanto ao seu procedimento a **Lei n. 12.016/2009**.

Tratando-se de ato ilegal ou abusivo praticado por **autoridade judiciária**, o mandado de segurança é ação de **competência originária dos tribunais**, ou seja, dos Tribunais Regionais do Trabalho ou do Tribunal Superior do Trabalho (contra atos do Presidente ou de qualquer Ministro do Tribunal – julgado pelo Órgão Especial – **arts. 76, I, b, e 224, Regimento Interno TST**).

OJ TP-OE 4, TST: "Ao Tribunal Superior do Trabalho não compete apreciar, originariamente, mandado de segurança impetrado em face de decisão de TRT".

SÚM. 433, STF: "É competente o Tribunal Regional do Trabalho para julgar mandado de segurança contra ato de seu presidente em execução de sentença trabalhista".

Tratando-se, porém, de ato ilegal ou abusivo praticado por **autoridade administrativa** (órgãos de fiscalização das relações de trabalho), o mandado de segurança será impetrado perante a **Vara do Trabalho**.

Não se concederá mandado de segurança quando se tratar de **(art. 5.º, Lei n. 12.016/2009)**:

- ato do qual caiba recurso administrativo com efeito suspensivo, independentemente de caução;
- decisão judicial da qual caiba recurso com efeito suspensivo;
- decisão judicial transitada em julgado.

---

[8] LEITE, Carlos Henrique Bezerra. *Curso de direito processual do trabalho*, cit., 16. ed., p. 1.677.

[9] Art. 5.º da Lei n. 12.016/2009.

11 ◘ Procedimentos Especiais no Processo do Trabalho 491

OJ TP-OE 10, TST: "É cabível mandado de segurança contra atos praticados pela Presidência dos Tribunais Regionais em precatório em razão de sua natureza administrativa, não se aplicando o disposto no inciso II do art. 5.º da Lei n. 1.533, de 31.12.1951"[9].

Também **não cabe mandado de segurança** contra decisão transitada em julgado **(Súm. 268, STF e Súm. 33, TST)**, nem contra decisão judicial passível de reforma mediante recurso próprio, ainda que com efeito diferido **(OJ SDI-2 92, TST)**.

OJ SDI-2 99, TST: "Esgotadas as vias recursais existentes, não cabe mandado de segurança".

SÚM. STF. 267: "Não cabe mandado de segurança contra ato judicial passível de recurso ou correição".

"AGRAVO EM RECURSO ORDINÁRIO EM MANDADO DE SEGURANÇA. ATO COATOR CONSISTENTE EM DECISÃO QUE JULGOU IMPROCEDENTE A EXCEÇÃO DE PRÉ-EXECUTIVIDADE. INCIDÊNCIA DA ORIENTAÇÃO JURISPRUDENCIAL 92 DA SBDI-2 DO TST. 1. Cuida-se de agravo interposto contra decisão monocrática pela qual foi negado provimento ao recurso ordinário da impetrante, mantendo-se a denegação da segurança. 2. Conforme consignado na decisão agravada, a Lei n. 12.016/2009, ao regular a ação mandamental, estabeleceu a proibição de sua impetração contra decisões judiciais que sejam passíveis de recurso com efeito suspensivo, conforme previsto no art. 5.º, II. Além disso, a Orientação Jurisprudencial 92 da SBDI-2 do TST reforça que o mandado de segurança é inadequado contra decisões judiciais que podem ser modificadas por meio de recurso próprio, mesmo que este tenha efeito diferido. Portanto, a vedação imposta destaca a necessidade de verificar a existência de recurso adequado para contestar o ato inquinado, fundamental para a avaliação da admissibilidade da ação mandamental. 3. No caso, a questão debatida no mandado de segurança, consubstanciada na decisão por meio da qual foi julgada improcedente a exceção de pré-executividade, que teve como objeto a arguição de nulidade da citação, comporta, após garantido o juízo, o manejo de embargos à execução (art. 884 da CLT) e, posteriormente, agravo de petição. A situação dos autos atrai, portanto, a compreensão assentada na Orientação Jurisprudencial 92 da SBDI-2/TST, razão pela qual há de ser mantida a decisão agravada. Precedentes. Agravo conhecido e desprovido" (Ag-ROT-2374-55.2023.5.11.0000, Subseção II Especializada em Dissídios Individuais, rel. Min. Morgana de Almeida Richa, *DEJT* 29-11-2024).

O mandado de segurança não se presta à obtenção de uma sentença genérica, aplicável a eventos futuros, cuja ocorrência é incerta **(OJ SDI-2 144, TST)**.

SÚM. 304, STF: "Decisão denegatória de mandado de segurança, não fazendo coisa julgada contra o impetrante, não impede o uso da ação própria".

O **prazo para impetração** do mandado de segurança é de **120 dias** contados da ciência do ato ilegal praticado pela autoridade coatora. Trata-se de **prazo de deca-**

dência, pois importa na perda do direito de impetrar o mandado. Uma vez iniciado, o prazo não se interrompe nem se suspende.

> **SÚM. 430, STF:** "Pedido de reconsideração na via administrativa não interrompe o prazo para o mandado de segurança".

Na contagem do prazo decadencial para ajuizamento de mandado de segurança, o efetivo ato coator é o primeiro em que se firmou a tese hostilizada e não aquele que a ratificou **(OJ SDI-2 127, TST)**.

A **petição inicial** do mandado de segurança deve preencher os requisitos estabelecidos pela lei processual e ser apresentada em duas vias, acompanhada dos documentos que instruem o pedido (prova documental pré-constituída). Nela deve ser indicada a **autoridade coatora**, a pessoa jurídica que esta integra, à qual se acha vinculada ou da qual exerce atribuições **(art. 6.º, Lei n. 12.016/2009)**, considerando-se como tal aquela que tenha praticado o ato impugnado ou da qual emane a ordem para a sua prática **(§ 3.º)**.

> **SÚM. 415, TST:** "Exigindo o mandado de segurança prova documental pré-constituída, inaplicável o art. 321 do CPC de 2015 (art. 284 do CPC de 1973) quando verificada, na petição inicial do *mandamus*, a ausência de documento indispensável ou de sua autenticação".

"RECURSO ORDINÁRIO EM MANDADO DE SEGURANÇA. IRREGULARIDADE DO MANDAMUS. AUSÊNCIA DE DOCUMENTOS INDISPENSÁVEIS À APRECIAÇÃO DO PEDIDO. SÚMULA 415 DO TST. EXTINÇÃO DO PROCESSO, DE OFÍCIO, SEM RESOLUÇÃO DO MÉRITO. 1. Nos termos da Súmula 415 do TST, 'Exigindo o mandado de segurança prova documental pré-constituída, inaplicável o art. 321 do CPC de 2015 (art. 284 do CPC de 1973) quando verificada, na petição inicial do 'mandamus', a ausência de documento indispensável ou de sua autenticação'. 2. Na linha da jurisprudência assente nesta Corte, a parte Impetrante deve demonstrar o direito líquido e certo mediante prova previamente constituída, não se aplicando o disposto no art. 321 do CPC. 3. Na hipótese dos autos, a Impetrante impugna decisão em que a Autoridade dita coatora determinou a penhora e o bloqueio de 30% do faturamento da empresa, até o limite do valor da execução. Em sede de mandado de segurança, a Reclamada/Impetrante deixou de acostar aos autos quaisquer provas de sua condição financeira supostamente debilitada diante de múltiplas execuções trabalhistas. Não juntou, ainda, cópia integral da ação matriz, necessária ao entendimento do *writ* e do direito pleiteado. 4. Data venia, era imprescindível que a Impetrante apresentasse, nos autos da ação mandamental, a prova pré-constituída do direito por ela invocado. Ora, sem a cópia dos balancetes patrimoniais da executada e dos documentos comprobatórios das múltiplas execuções trabalhistas que correm contra a Reclamada, documentos estes que demonstrariam que os percentuais bloqueados inviabilizam a atividade regular da empresa, não se faz possível a compreensão da controvérsia, revelando-se inviável concluir pelo acerto ou desacerto da decisão impugnada no mandado de segurança, conforme a diretriz da Súmula 415 do TST. 5. Nessas circunstâncias, o processo deve ser extinto, de ofício, sem resolução do mérito, na

11 ◼ Procedimentos Especiais no Processo do Trabalho 493

forma dos arts. 485, I, do CPC e 6.º, § 5.º, e 10 da Lei n. 12.016/2009. Recurso ordinário conhecido e, de ofício, extinto o processo sem resolução do mérito" (ROT-0011623-82.2024.5.15.0000, Subseção II Especializada em Dissídios Individuais, rel. Min. Douglas Alencar Rodrigues, *DEJT* 25-11-2024).

O *jus postulandi* das partes, estabelecido no **art. 791 da Consolidação das Leis do Trabalho**, limita-se às Varas do Trabalho e aos Tribunais Regionais do Trabalho, não alcançando o mandado de segurança (**Súm. 425, TST**).

A **procuração** outorgada com poderes específicos para ajuizamento de reclamação trabalhista não autoriza a propositura de mandado de segurança. Constatado, todavia, o defeito de representação processual na fase recursal, cumpre ao relator ou ao tribunal conceder prazo de cinco dias para a regularização, nos termos da **Súmula 383, II, do Tribunal Superior do Trabalho (OJ SDI-2 151, TST)**.

Em **caso de urgência**, é permitido, observados os requisitos legais, impetrar mandado de segurança por telegrama, radiograma, fax ou outro meio eletrônico de autenticidade comprovada, sendo que o juiz, também em caso de urgência, poderá utilizar-se dos mesmos meios eletrônicos, desde que se assegure a autenticidade do documento e a imediata ciência pela autoridade (**art. 4.º, *caput* e § 1.º, Lei n. 12.016/2009**). Utilizados os meios eletrônicos permitidos na forma da lei, o texto original da petição deverá ser apresentado nos cinco dias úteis seguintes (**art. 4.º, § 2.º, Lei n. 12.016/2009**).

Ao despachar a inicial do mandado de segurança, o juiz ordenará que se (**art. 7.º, Lei n. 12.016/2009**):

◼ notifique o coator do conteúdo da petição inicial, enviando-lhe a segunda via apresentada com as cópias dos documentos, a fim de que, no prazo de dez dias, preste as informações;

◼ dê ciência do feito ao órgão de representação judicial da pessoa jurídica interessada, enviando-lhe cópia da inicial sem documento, para que, querendo, ingresse no feito[10];

◼ suspenda o ato que deu motivo ao pedido, quando houver fundamento relevante e do ato impugnado puder resultar a ineficácia da medida, caso seja finalmente deferida, sendo facultado exigir do impetrante caução, fiança ou depósito, com o objetivo de assegurar o ressarcimento à pessoa jurídica.

Em relação à **ciência** que deve ser dada **à pessoa jurídica interessada**, destaque-se que nem sempre ela "será parte na relação processual porque a legislação processual específica do mandado de segurança lhe faculta o ingresso na lide em nome próprio, que seria peremptório caso fosse citada. A mera ciência não se equivale à citação. Até o seu ingresso apenas a autoridade coatora defende o ato e, por consequência, o direito da própria entidade.

A entidade interessada poderá apresentar defesa, sem prejuízo das informações prestadas pela autoridade coatora. A diferença é que as informações consistem na

---

[10] A Súmula 631 do STF não está em consonância com a Lei n. 12.016/2009, pois se refere a situação prevista pela legislação anterior de regência do mandado de segurança (Lei n. 1.533/51).

apresentação da motivação do ato praticado pelo próprio agente, que as subscreve. A defesa da pessoa jurídica é técnica e deverá abranger todos os aspectos, não só da motivação do ato, mas também processuais, sendo subscrita por representante judicial dotado de capacidade postulatória. Ou seja, deverá ser mais ampla, o que não impede a autoridade coatora de apresentar as informações nos moldes de uma defesa técnica.

Em síntese: a pessoa jurídica será sempre parte na demanda e, se quiser, será parte no processo. A autoridade coatora será sempre parte no processo, jamais na demanda.

Há, portanto, um caso de legitimação concorrente entre a autoridade coatora e a pessoa jurídica, porquanto embora a autoridade sempre figure na relação processual (legitimada extraordinária), a pessoa jurídica (legitimada ordinária) também poderá ir a juízo para integrar a relação processual, caso queira"[11].

É lícito ao impetrante desistir da ação de mandado de segurança, independentemente de aquiescência da autoridade apontada como coatora, ou, ainda, quando for o caso, dos litisconsortes passivos necessários, a qualquer momento antes do término do julgamento, mesmo após eventual sentença concessiva do *writ* constitucional (**Tese de Repercussão Geral 530 do Supremo Tribunal Federal**).

Os processos de mandado de segurança e os respectivos recursos terão **prioridade** sobre todos os atos judiciais, salvo *habeas corpus*. O prazo para conclusão dos autos não poderá exceder de cinco dias e, na instância superior, deverão ser levados a julgamento na primeira sessão que se seguir à data em que forem conclusos ao relator (**art. 20, Lei n. 12.016/2009**).

Como visto anteriormente, para a impetração de mandado de segurança é necessário ter legitimidade e interesse, além de estarem preenchidas as condições especiais da ação (direito líquido e certo; ilegalidade ou abuso de poder; ato de autoridade). Assim, a **inicial** será desde logo **indeferida**, por decisão motivada, quando (**art. 10, Lei n. 12.016/2009**):

- ☐ não for o caso de mandado de segurança;
- ☐ lhe faltar algum dos requisitos legais;
- ☐ decorrido o prazo legal para a impetração.

Recurso ordinário interposto contra despacho monocrático indeferitório da petição inicial de mandado de segurança pode, pelo princípio de fungibilidade recursal, ser recebido como agravo regimental. Hipótese de não conhecimento do recurso pelo Tribunal Superior do Trabalho e devolução dos autos ao Tribunal Regional do Trabalho, para que aprecie o apelo como agravo regimental (**OJ SDI-2 69, TST**).

Extingue-se o mandado de segurança **sem resolução do mérito** nas hipóteses previstas no **art. 485 do Código de Processo Civil**, caso em que poderá ser renovado dentro do prazo decadencial (**art. 6.º, §§ 5.º e 6.º, Lei n. 12.016/2009**).

Não se aplica a alçada em mandado de segurança (**Súm. 365, TST**).

---

[11] RODRIGUES, Ricardo Schneider. *A autoridade coatora e a pessoa jurídica como partes no polo passivo do mandado de segurança após a Lei n. 12.016/09*. Disponível em: <https://seer.agu.gov.br/index.php/AGU/article/download/255/258>. Acesso em: 20 dez. 2018.

11 ◘ Procedimentos Especiais no Processo do Trabalho — 495

Da decisão proferida em mandado de segurança impetrado perante a Vara do Trabalho cabe recurso ordinário para o **Tribunal Regional do Trabalho (art. 895, *a*, CLT)**. Da decisão proferida em mandado de segurança impetrado perante o Tribunal Regional do Trabalho cabe recurso ordinário para o Tribunal Superior do Trabalho **(art. 895, *b*, CLT)**. Em ambos os casos o recurso deve ser interposto no prazo de oito dias, correspondendo igual prazo para o recorrido e interessados apresentarem contrarrazões **(Súm. 201, TST)**.

> **SÚM. 303, TST:** "[...] IV – Em mandado de segurança, somente cabe reexame necessário se, na relação processual, figurar pessoa jurídica de direito público como parte prejudicada pela concessão da ordem. Tal situação não ocorre na hipótese de figurar no feito como impetrante e terceiro interessado pessoa de direito privado, ressalvada a hipótese de matéria administrativa".

É responsabilidade da parte, para interpor recurso ordinário em mandado de segurança, a comprovação do **recolhimento das custas** processuais no prazo recursal, sob pena de deserção **(OJ SDI-1 148, TST)**.

> **OJ SDI-2 152, TST:** "A interposição de recurso de revista de decisão definitiva de Tribunal Regional do Trabalho em ação rescisória ou em mandado de segurança, com fundamento em violação legal e divergência jurisprudencial e remissão expressa ao art. 896 da CLT, configura erro grosseiro, insuscetível de autorizar o seu recebimento como recurso ordinário, em face do disposto no art. 895, *b*, da CLT".

No âmbito da Justiça do Trabalho, o Tribunal Superior do Trabalho pacificou as seguintes hipóteses em relação ao cabimento de mandado de segurança:

◘ Tutela provisória concedida antes ou na sentença

> **SÚM. 414, TST:** "I – A tutela provisória **concedida na sentença** não comporta impugnação pela via do mandado de segurança, por ser impugnável mediante recurso ordinário. É admissível a obtenção de efeito suspensivo ao recurso ordinário mediante requerimento dirigido ao tribunal, ao relator ou ao presidente ou ao vice-presidente do tribunal recorrido, por aplicação subsidiária ao processo do trabalho do art. 1.029, § 5.º, do CPC de 2015. II – No caso de a tutela provisória haver sido **concedida ou indeferida antes da sentença**, cabe mandado de segurança, em face da inexistência de recurso próprio. III – A superveniência da sentença, nos autos originários, faz perder o objeto do mandado de segurança que impugnava a concessão ou o indeferimento da tutela provisória".

◘ Na fase de execução

> **SÚM. 416, TST:** "Devendo o agravo de petição delimitar justificadamente a matéria e os valores objeto de discordância, não fere direito líquido e certo o prosseguimento da execução quanto aos tópicos e valores não especificados no agravo".

SÚM. 417, TST: "I – Não fere direito líquido e certo do impetrante o ato judicial que determina penhora em dinheiro do executado para garantir crédito exequendo, pois é prioritária e obedece à gradação prevista no art. 835 do CPC de 2015 (art. 655 do CPC de 1973). II – Havendo discordância do credor, em execução definitiva, não tem o executado direito líquido e certo a que os valores penhorados em dinheiro fiquem depositados no próprio banco, ainda que atenda aos requisitos do art. 840, I, do CPC de 2015 (art. 666, I, do CPC de 1973)".

OJ SDI-2 54, TST: "Ajuizados embargos de terceiro (art. 674 do CPC de 2015 – art. 1.046 do CPC de 1973) para pleitear a desconstituição da penhora, é incabível mandado de segurança com a mesma finalidade".

OJ SDI-2 56, TST: "Não há direito líquido e certo à execução definitiva na pendência de recurso extraordinário, ou de agravo de instrumento visando a destrancá-lo".

OJ SDI-2 66, TST: "I – Sob a égide do CPC de 1973 é incabível o mandado de segurança contra sentença homologatória de adjudicação, uma vez que existe meio próprio para impugnar o ato judicial, consistente nos embargos à adjudicação (CPC de 1973, art. 746). II – Na vigência do CPC de 2015 também não cabe mandado de segurança, pois o ato judicial pode ser impugnado por simples petição, na forma do art. 877, *caput*, do CPC de 2015".

☑ Determinação de reintegração de empregado

OJ SDI-2 64, TST: "Não fere direito líquido e certo a concessão de tutela antecipada para reintegração de empregado protegido por estabilidade provisória decorrente de lei ou norma coletiva".

OJ SDI-2 65, TST: "Ressalvada a hipótese do art. 494 da CLT, não fere direito líquido e certo a determinação liminar de reintegração no emprego de dirigente sindical, em face da previsão do inciso X do art. 659 da CLT".

OJ SDI-2 142, TST: "Inexiste direito líquido e certo a ser oposto contra ato de Juiz que, antecipando a tutela jurisdicional, determina a reintegração do empregado até a decisão final do processo, quando demonstrada a razoabilidade do direito subjetivo material, como nos casos de anistiado pela Lei n. 8.878/94, aposentado, integrante de comissão de fábrica, dirigente sindical, portador de doença profissional, portador de vírus HIV ou detentor de estabilidade provisória prevista em norma coletiva".

☑ Outras hipóteses

SÚM. 418, TST: "A **homologação de acordo** constitui faculdade do juiz, inexistindo direito líquido e certo tutelável pela via do mandado de segurança".

OJ SDI-2 57, TST: "Conceder-se-á mandado de segurança para impugnar ato que determina ao INSS o **reconhecimento e/ou averbação de tempo de serviço**".

OJ SDI-2 67, TST: "Não fere direito líquido e certo a concessão de liminar obstativa de **transferência de empregado**, em face da previsão do inciso IX do art. 659 da CLT".

OJ SDI-2 88, TST: "Incabível a impetração de mandado de segurança contra ato judicial que, de ofício, **arbitrou novo valor à causa**, acarretando a majoração das custas

11 ◪ Procedimentos Especiais no Processo do Trabalho 497

processuais, uma vez que cabia à parte, após recolher as custas, calculadas com base no valor dado à causa na inicial, interpor recurso ordinário e, posteriormente, agravo de instrumento no caso de o recurso ser considerado deserto".

OJ SDI-2 137, TST: "Constitui direito líquido e certo do empregador a **suspensão do empregado**, ainda que detentor de estabilidade sindical, até a decisão final do inquérito em que se apure a falta grave a ele imputada, na forma do art. 494, *caput* e parágrafo único, da CLT".

OJ SDI-2 140, TST: "Não cabe mandado de segurança para impugnar despacho que **acolheu ou indeferiu liminar** em outro mandado de segurança".

A Constituição Federal admite também o **mandado de segurança coletivo (art. 5.º, LXX, CF)**, que pode ser impetrado ou por **partido político** com representação no Congresso Nacional, na defesa de seus interesses legítimos relativos a seus integrantes ou à finalidade partidária, ou por **organização sindical, entidade de classe** ou **associação** legalmente constituída e em funcionamento há pelo menos um ano, em defesa de direitos líquidos e certos da totalidade, da de parte, dos seus membros ou associados, na forma dos seus estatutos e desde que pertinentes às suas finalidades, dispensada, para tanto, autorização especial **(art. 21, Lei n. 12.016/2009)**.

SÚM. 629, STF: "A impetração de mandado de segurança coletivo por entidade de classe em favor dos associados independe da autorização destes".

SÚM. 630, STF: "A entidade de classe tem legitimação para o mandado de segurança ainda quando a pretensão veiculada interesse apenas a uma parte da respectiva categoria".

Os **direitos protegidos** pelo mandado de segurança coletivo podem ser **(art. 21, parágrafo único, Lei n. 12.016/2009)**:

- ◪ coletivos – assim entendidos os transindividuais, de natureza indivisível, de que seja titular grupo ou categoria de pessoas ligadas entre si ou com a parte contrária por uma relação jurídica básica;
- ◪ individuais homogêneos – assim entendidos os decorrentes de origem comum da atividade ou situação específica da totalidade ou de parte dos associados ou membros do impetrante.

No mandado de segurança coletivo, a sentença fará **coisa julgada** limitadamente aos membros do grupo ou categoria substituídos pelo impetrante **(art. 22, Lei n. 12.016/2009)**.

O mandado de segurança coletivo **não induz litispendência** para as ações individuais, mas os efeitos da coisa julgada não beneficiarão o impetrante a título individual se não requerer a desistência de seu mandado de segurança no prazo de 30 dias a contar da ciência comprovada da impetração da segurança coletiva **(art. 22, § 1.º, Lei n. 12.016/2009)**.

498 Direito Processual do Trabalho Esquematizado   *Carla Teresa Martins Romar*

No mandado de segurança coletivo só poderá ser **concedida a liminar** após a audiência do representante judicial da pessoa jurídica de direito público, que deverá se pronunciar no prazo de 72 horas **(art. 22, § 2.º, Lei n. 12.016/2009).**

11.4. AÇÃO DE CONSIGNAÇÃO EM PAGAMENTO

A **ação de consignação em pagamento** é proposta pelo devedor, ou por terceiro, em face do credor, com o objetivo de extinguir obrigação de dar coisa ou quantia certa. Nesse sentido, prevê o **art. 539 do Código de Processo Civil** que "poderá o devedor ou terceiro interessado requerer, com efeito de pagamento, a consignação da quantia ou da coisa devida".

Nesse contexto, o **Código Civil** considera como forma de pagamento que extingue a obrigação o depósito judicial da coisa devida, nos casos e formas legais **(art. 334).**

A consignação tem lugar se **(art. 335, CC):**

- ☐ o credor não puder, ou, sem justa causa, recusar receber o pagamento, ou dar quitação na forma devida;
- ☐ o credor não for, nem mandar, receber a coisa no lugar, tempo e condição devidos;
- ☐ o credor for incapaz de receber, for desconhecido, declarado ausente, ou residir em lugar incerto ou de acesso perigoso ou difícil;
- ☐ ocorrer dúvida sobre quem deva legitimamente receber o objeto do pagamento;
- ☐ pender litígio sobre o objeto do pagamento.

A ação de consignação em pagamento não é prevista pela Consolidação das Leis do Trabalho, mas, diante da **inexistência de incompatibilidade** com o **processo do trabalho**, pode a Justiça do Trabalho conhecer e julgar esse tipo de ação, aplicando-se subsidiariamente o Código de Processo Civil.

A consignação em pagamento no **âmbito da Justiça do Trabalho** pode ser utilizada, por exemplo, para consignar verbas rescisórias que o empregado recusa a receber, evitando a mora do empregador e a incidência do **art. 477, § 8.º, da Consolidação das Leis do Trabalho,** para consignar as verbas rescisórias em caso de morte do empregado quando haja dúvida sobre quem tem legitimidade para receber o objeto do pagamento, para a entrega de ferramentas ou mostruário que estavam em poder do empregado, quando o empregador se recusa a recebê-las[12].

---

[12] O TST, no entanto, tem entendimento que, em caso de falecimento do empregado, não é devida a multa do § 8.º do art. 477 da CLT.

"RECURSO DE REVISTA DA RECLAMADA. LEI N. 13.467/2017. EXTINÇÃO DO CONTRATO DE TRABALHO POR ÓBITO DO EMPREGADO. MULTA DO ART. 477, § 8.º, DA CLT. INAPLICABILIDADE. TRANSCENDÊNCIA POLÍTICA RECONHECIDA. A jurisprudência desta Corte consolidou-se no sentido de que, em caso de extinção do contrato de trabalho em razão do falecimento de empregado, não se aplica a multa do art. 477, § 8.º, da CLT, porquanto o § 6.º desse mesmo dispositivo não abrange a referida hipótese, de modo que a interpretação da referida norma deve ser restritiva. De outro lado, o art. 1.º da Lei n. 6.858/1980 estabelece que os valores devidos pelos empregadores aos empregados, não recebidos em vida pelos respectivos titulares,

11 ◼ Procedimentos Especiais no Processo do Trabalho 499

Embora seja cabível a consignação em pagamento no caso de o empregado recusar--se a receber as verbas rescisória, não é cabível, porém, para a entrega de documentos e a homologação da rescisão do contrato de trabalho.

> "RECURSO DE REVISTA INTERPOSTO SOB A ÉGIDE DA LEI N. 13.015/14 – AÇÃO DE CONSIGNAÇÃO EM PAGAMENTO. HOMOLOGAÇÃO DO TRCT E ENTREGA DE DOCUMENTOS. INADEQUAÇÃO. A ação de consignação em pagamento é cabível na hipótese de recusa do empregado em receber as verbas rescisórias, não sendo a via adequada para a entrega de documentos e para a homologação do termo de rescisão do contrato de trabalho. Julgados. Recurso de revista não conhecido" (TST, RR 385-82.2015.5.05.0122, 8.ª T., rel. Min. Márcio Eurico Vitral Amaro, *DEJT* 23-2-2018).

> "CONSIGNAÇÃO EM PAGAMENTO. AUSÊNCIA DE INTERESSE PROCESSUAL. A jurisprudência dessa Corte é no sentido de inexistir interesse processual na hipótese em que a parte pretende, pela via da ação consignatória, a entrega de documentos e a homologação da rescisão contratual, como ocorre na situação dos presentes autos. A decisão regional está em harmonia com o entendimento dessa Corte. Incide, portanto, os óbices da Súmula 333 do TST e do art. 896, § 7.º, da CLT. Precedentes. Agravo de instrumento a que se nega provimento" (TST, AIRR 7700-33.2011.5.17.0005, 2.ª T., rel. Min. Maria Helena Mallmann, *DEJT* 13-4-2018).

Têm legitimidade ativa para propor ação de consignação em pagamento tanto o devedor quanto o terceiro interessado no pagamento da dívida (**art. 539, CPC**). No âmbito trabalhista, o devedor pode ser tanto o empregador como o empregado. A legitimidade passiva, consequentemente, será também tanto do empregado como do empregador, desde que estejam na posição de credor.

Se ocorrer **dúvida sobre quem deva legitimamente receber** o pagamento, o autor requererá o depósito e a citação dos possíveis titulares do crédito para provarem o seu direito (**art. 547, CPC**), sendo que (**art. 548, CPC**):

◼ comparecendo apenas um – o juiz decidirá de plano;
◼ comparecendo mais de um – o juiz declarará efetuado o depósito e extinta a obrigação, continuando o processo a correr unicamente entre os presuntivos credores.

Tratando-se de obrigação em dinheiro, o legislador prevê um **procedimento prévio, extrajudicial**, que pode ser utilizado visando uma solução mais simplificada e rápida, sendo que, somente em caso de resultado infrutífero, será ajuizada a ação judicial.

Assim, o **devedor poderá** depositar o valor em estabelecimento bancário, oficial, onde houver, situado no lugar do pagamento, cientificando-se o credor por carta com

---

serão pagos, em cotas iguais, aos dependentes habilitados perante a Previdência Social, contudo, tal norma também não impõe prazo para o pagamento dos valores mencionados. Precedentes. Recurso de revista conhecido e provido" (RR-1000544-27.2021.5.02.0010, 7.ª T., rel. Min. Claudio Mascarenhas Brandao, *DEJT* 15-9-2023).

aviso de recebimento, assinado o prazo de dez dias para manifestação de recusa **(art. 539, § 1.º, CPC)**. Nesse caso, as consequências podem ser as seguintes **(§§ 2.º e 3.º)**:

- ▣ decorrido o prazo, contado do retorno do aviso de recebimento, sem a manifestação de recusa – o devedor será considerado liberado da obrigação, ficando à disposição do credor a quantia depositada;
- ▣ ocorrendo a recusa, manifestada por escrito ao estabelecimento bancário – poderá ser proposta dentro de um mês a ação de consignação, instruindo-se a inicial com a prova do depósito e da recusa.

Não sendo proposta a ação de consignação no **prazo de um mês**, o depósito ficará sem efeito, podendo o depositante levantá-lo **(art. 539, § 3.º, CPC)**.

Embora o Código de Processo Civil preveja que a consignação deverá ser requerida no lugar do pagamento, no processo do trabalho, de acordo com as regras de **competência territorial** estabelecidas pelo **art. 651 da Consolidação das Leis do Trabalho**, a ação de consignação em pagamento deve ser proposta, em princípio, perante a Vara do Trabalho do lugar da prestação do serviço, ainda que o empregado tenha sido contratado em outro lugar ou no estrangeiro. Na data do depósito cessam para o devedor os juros e os riscos, salvo se a demanda for julgada improcedente **(art. 540, CPC)**.

Tratando-se de **prestações sucessivas**, consignada uma delas, pode o devedor continuar a depositar, no mesmo processo e sem mais formalidades, as que se forem vencendo, desde que o faça em até cinco dias, contados da data do respectivo vencimento **(art. 541, CPC)**.

Na petição inicial, o autor da ação de consignação requererá **(art. 542, CPC)**:

- ▣ o depósito da quantia ou da coisa devida, a ser efetivado no prazo de cinco dias contados do deferimento, salvo se o depósito já tiver sido feio em estabelecimento bancário e o credor tiver recusado o recebimento; não efetivado o depósito no prazo, o processo será extinto sem resolução do mérito;
- ▣ a citação do réu para levantar o depósito ou oferecer contestação.

Se o **objeto da prestação** for **coisa indeterminada** e a escolha couber ao credor, ele será citado para exercer o direito dentro de cinco dias, se outro prazo não constar de lei ou do contrato, ou para aceitar que o devedor a faça, devendo o juiz, ao despachar a petição inicial, fixar lugar, dia e hora em que se fará a entrega, sob pena de depósito **(art. 543, CPC)**.

Na **contestação**, que no processo do trabalho será oferecida em audiência, o réu poderá alegar que **(art. 544, CPC)**:

- ▣ não houve recusa ou mora em receber a quantia ou coisa devida;
- ▣ foi justa a recusa;
- ▣ o depósito não se efetuou no prazo ou no lugar do pagamento;
- ▣ o depósito não é integral, caso em que a alegação somente será admissível se o réu indicar o montante que entende devido.

11 ▪ Procedimentos Especiais no Processo do Trabalho

Alegada a **insuficiência do depósito**, é lícito ao autor completá-lo no prazo de dez dias, salvo se corresponder a prestação, cujo inadimplemento acarrete a rescisão do contrato. Poderá o réu levantar, desde logo, a quantia ou a coisa depositada, com a consequente liberação parcial do autor, prosseguindo o processo quanto à parcela controvertida (**art. 545, *caput* e § 1.º, CPC**).

A **sentença que reconhece a insuficiência do depósito** determinará, sempre que possível, o montante devido e valerá como título executivo, facultado ao credor promover-lhe o cumprimento nos mesmos autos, após liquidação, se necessária (**art. 545, § 2.º, CPC**).

Julgado **procedente o pedido**, ou se o credor receber e der quitação, o juiz declarará extinta a obrigação e condenará o réu ao pagamento de custas e honorários advocatícios (**art. 546, CPC**), estes, na forma prevista no **art. 791-A da Consolidação das Leis do Trabalho**.

Da sentença proferida em ação de consignação em pagamento cabe **recurso ordinário**, no prazo de oito dias úteis (**art. 895, I, CLT**).

11.5. AÇÃO DE EXIGIR CONTAS

A **ação de exigir contas** prevista pelo Código de Processo Civil de 2015 é possível de ser utilizada no âmbito do processo do trabalho, como veremos a seguir.

O Código de Processo Civil de 1973, entre os procedimentos especiais, previa a ação de prestação de contas, que era uma espécie de ação cominatória, que visava liberar da obrigação aquele que tinha o dever de prestar as contas (dar contas) ou assegurar o direito daquele que podia exigi-las (exigir contas).

O **Código de Processo Civil de 2015** manteve apenas a ação de exigir contas, ação de rito especial regulada pelo **arts. 550 a 553**, sendo que **somente o credor de contas pode utilizar-se dela** para exigir sua prestação.

Como ensina Humberto Theodoro Júnior, "o procedimento especial da ação de exigir contas foi concebido em direito processual com a destinação específica de compor os litígios em que a pretensão, no fundo, se volte para o esclarecimento de certas situações resultantes, no geral, da administração de bens alheios"[13].

A **iniciativa do procedimento** especial compete apenas a quem tem o direito de exigir contas: "aquele que afirmar ser titular do direito de exigir contas requererá a citação do réu para que as preste ou ofereça contestação no prazo de 15 (quinze) dias" (**art. 550, CPC**).

Na **petição inicial**, o autor especificará, detalhadamente, as razões pelas quais exige as contas, instruindo-a com documentos comprobatórios dessa necessidade, se existirem. Prestadas as contas, o autor terá 15 dias para se manifestar, prosseguindo-se o processo (**art. 550, §§ 1.º e 2.º, CPC**).

A **impugnação das contas** apresentadas pelo réu deverá ser fundamentada e específica, com referência expressa ao lançamento questionado. Não sendo contestado o

---

[13] THEODORO JÚNIOR, Humberto. *Curso de direito processual civil.* 50. ed. rev., atual. e ampl. Rio de Janeiro: Forense, 2016. v. II, p. 73.

502 Direito Processual do Trabalho Esquematizado   *Carla Teresa Martins Romar*

pedido, o juiz proferirá julgamento antecipado, na forma prevista no art. 355 do Código de Processo Civil **(art. 550, §§ 3.º e 4.º)**.

A **decisão** que julgar procedente o pedido condenará o réu a prestar as contas no prazo de 15 dias, sob pena de não lhe ser lícito impugnar as que o autor apresentar **(art. 550, § 5.º, CPC)**.

Uma das seguintes situações pode ocorrer **(art. 550, § 6.º, CPC)**:

■ o réu apresenta as contas no prazo previsto, tendo o autor 15 dias para se manifestar, prosseguindo-se o processo;

■ o réu não apresenta as contas, caso em que elas serão apresentadas pelo autor no prazo de 15 dias, podendo o juiz determinar a realização de exame pericial, se necessário.

As contas do réu serão apresentadas na forma adequada, especificando-se as receitas, a aplicação das despesas e os investimentos, se houver. Havendo impugnação específica e fundamentada pelo autor, o juiz estabelecerá prazo razoável para que o réu apresente os documentos justificativos dos lançamentos individualmente impugnados **(art. 551, *caput* e § 1.º, CPC)**.

Da mesma forma, as contas do autor serão apresentadas na forma adequada, já instruídas com os documentos justificativos, especificando-se as receitas, a aplicação das despesas e os investimentos, se houver, bem como o respectivo saldo **(art. 551, § 2.º, CPC)**.

A sentença apurará o saldo e constituirá título executivo judicial **(art. 552, CPC)**.

O cabimento dessa ação no âmbito do processo do trabalho está restrito, por óbvio, segundo a causa de pedir e o pedido, levando-se em conta a competência material e em razão da pessoa, a teor do **art. 114 da CF**.

> "EMBARGOS EM EMBARGOS DE DECLARAÇÃO EM RECURSO DE REVISTA. AÇÃO ENTRE SINDICATO E EMPREGADO. COMPETÊNCIA MATERIAL DA JUSTIÇA DO TRABALHO. Se o empregado ajuíza ação de prestação de contas por pretender obter do sindicato esclarecimentos sobre retenções havidas em crédito decorrente de execução em reclamação trabalhista, com eventuais restituições, sobressai a competência material da Justiça do Trabalho para apreciar a lide, nos termos do art. 114, III, da Constituição Federal, que se refere às ações sobre representação sindical entre sindicatos, entre sindicatos e trabalhadores, e entre sindicatos e empregadores. A relação jurídica estabelecida entre sindicato e trabalhador insere-se na expressão contida na Constituição Federal, qual seja, a representação sindical e seus limites. Embargos conhecidos e a que se nega provimento" (TST, E-ED-RR 128300-64.2008.5.03.0042, SDI-1, rel. Min. Márcio Eurico Vitral Amaro, *DEJT* 16-3-2018).

> "RECURSO ORDINÁRIO EM MANDADO DE SEGURANÇA AJUIZADO SOB A ÉGIDE DO CPC DE 2015. DECISÃO JUDICIAL DE BUSCA E APREENSÃO DE DOCUMENTOS E EXPEDIÇÃO DE OFÍCIO À RECEITA FEDERAL PROFERIDA NO CURSO DE AÇÃO DE PRESTAÇÃO DE CONTAS. ATO IMPUTADO COMO COATOR INTEGRALMENTE CUMPRIDO. FALTA DE INTERESSE PROCESSUAL. PERDA SUPERVENIENTE DO OBJETO. ART. 485, VI, DO NOVO CPC. 1. Trata-se de mandado de segurança, com pedido de liminar, impetrado contra ato judicial que no curso da instrução da ação de prestação de contas movida por membro da

11 ▣ Procedimentos Especiais no Processo do Trabalho 503

diretoria em face de seu sindicato, determinou a busca e a apreensão dos balanços de todas as empresas rés referentes aos últimos cinco anos, bem como a expedição de ofício à Receita Federal para que fossem enviadas ao Juízo as declarações de imposto de renda de todos os demandados dos últimos cinco anos, inclusive eventuais retificadoras. 2. A Corte de origem indeferiu a liminar e, julgando definitivamente o *writ*, concluiu pela perda superveniente do objeto em razão do cumprimento integral do ato apontado como coator. 3. Efetivamente, considerando-se que o presente *mandamus* tinha por objeto, exatamente, evitar a transferência de tais documentos para os autos principais, no qual já se encontram, afigura-se irretocável o acórdão recorrido. 4. Decisão de extinção do processo, sem resolução do mérito, que se confirma (arts. 485, VI, do CPC e 6.º, § 5.º, da Lei n. 12.016/2009). Recurso ordinário conhecido e desprovido" (TST, RO 390-96.2016.5.14.0000, SDI-2, rel. Min. Alexandre de Souza Agra Belmonte, *DEJT* 9-2-2018).

11.6. AÇÃO MONITÓRIA

A **ação monitória** foi prevista pela Lei n. 9.079/95 com o objetivo de permitir fácil acesso ao Judiciário para a satisfação de créditos não materializados em documentos aos quais a lei atribui a eficácia de título executivo.

O procedimento da ação monitória está regulado nos **arts. 700 a 702 do Código de Processo Civil**.

A ação monitória compete a quem pretender, com base em prova escrita sem eficácia de título executivo **(art. 700, CPC)**:

- ▣ o pagamento de quantia em dinheiro;
- ▣ a entrega de coisa fungível ou infungível ou de bem móvel ou imóvel;
- ▣ o adimplemento de obrigação de fazer ou de não fazer.

O **cabimento** da ação monitória **no processo do trabalho** foi bastante discutido pela doutrina, sendo que a divergência residia na adoção de diferentes posições acerca da natureza jurídica desse tipo de ação.

Aqueles que sustentavam ser a ação monitória uma ação executiva afirmavam ser ela incompatível com o disposto no **art. 876 da Consolidação das Leis do Trabalho**, que somente admite a execução no processo do trabalho de títulos executivos judiciais e dos títulos executivos extrajudiciais que expressamente menciona (termos de ajuste de conduta firmados perante o Ministério Público do Trabalho e os termos de conciliação firmados perante as Comissões de Conciliação Prévia).

Outros doutrinadores adotaram a posição de que a ação monitória é uma ação de natureza cognitiva condenatória, o que leva à conclusão de ser ela compatível com o processo do trabalho, devendo ser feitas, porém, as adaptações necessárias ao procedimento trabalhista. Carlos Henrique Bezerra Leite afirma que "não há qualquer obstáculo legal quanto à sua admissibilidade no âmbito da Justiça do Trabalho". Referido autor afirma ainda que, embora haja alguns obstáculos procedimentais, eles "podem ser

504 Direito Processual do Trabalho Esquematizado *Carla Teresa Martins Romar*

ultrapassados se o enfoque a ser dado pelo operador do direito for inspirado no princípio constitucional de acesso ao Poder Judiciário"[14].

A discussão doutrinária, no entanto, perdeu sentido à medida que os Tribunais trabalhistas foram admitindo as ações monitórias propostas, processando e julgando-as. Registre-se, porém, que não se trata de uma ação de larga utilização no processo do trabalho, sendo poucos os exemplos concretos.

"AÇÃO MONITÓRIA. IMPOSSIBILIDADE JURÍDICA DO PEDIDO. INEXISTÊNCIA DO CRÉDITO TRIBUTÁRIO. PROVA ESCRITA. CERTIDÃO EMITIDA PELO MINISTÉRIO DO TRABALHO. Antes da alteração da competência para fiscalizar a arrecadar a contribuição sindical, que passou a ser atribuída à CNA, exigia-se, no art. 606 da CLT, que a ação executiva viesse acompanhada da certidão expedida pela autoridade competente do Ministério do Trabalho, já que esse documento valia como título executivo extrajudicial. Posteriormente, a certidão da dívida ativa perdeu sua natureza de título da dívida fiscal, já que o Ministério da Agricultura deixou de emiti-la. Dessa maneira, a CNA, na condição de credora de contribuições sindicais rurais inadimplidas, pode ajuizar ação monitória, mediante prova documental sem eficácia executiva, visando acelerar o processo cognitivo e promover a ação executiva prevista dispositivo legal mencionado, que, como visto, não foi violado. Na hipótese, o Regional entendeu que as guias de lançamento da contribuição sindical rural de cada exercício e o documento de notificação do devedor, com expedição de aviso de recebimento, se constituem documentos hábeis para amparar a cobrança, por meio de ação monitória, da contribuição devida. O recorrente, contudo, não se insurge, especificamente, contra o fundamento adotado no acórdão recorrido. Ilesos os arts. 606 da CLT e 1.102 do CPC. Agravo de instrumento desprovido" (TST, AIRR 133440-31.2005.5.23.0009, 2.ª T., rel. Min. José Roberto Freire Pimenta, *DEJT* 9-11-2012).

No processo do trabalho, a competência para o processamento e julgamento da ação monitória é da Vara do Trabalho.

Para o ajuizamento da ação monitória é necessário apresentar prova escrita sem eficácia de título executivo **(art. 700, § 1.º, CPC)**, sendo assim considerado qualquer documento idôneo e apto a provar o fato constitutivo do autor. A prova escrita pode consistir em prova oral documentada, produzida antecipadamente nos termos do **art. 381 do Código de Processo Civil**.

Na petição inicial, incumbe ao autor explicitar, conforme o caso **(art. 700, § 2.º, CPC)**:

- ▪ a importância devida, instruindo-a com memória de cálculo;
- ▪ o valor atual da coisa reclamada;
- ▪ o conteúdo patrimonial em discussão ou o proveito econômico perseguido.

Havendo dúvida quanto à idoneidade de prova documental apresentada pelo autor, o juiz o intimará para, querendo, emendar a petição inicial, adaptando-a ao procedimento comum **(art. 700, § 5.º, CPC)**.

---

[14] LEITE, Carlos Henrique Bezerra. *Curso de direito processual do trabalho,* cit., 16. ed., p. 1.823.

11 ▣ Procedimentos Especiais no Processo do Trabalho

Sendo evidente o direito do autor, o juiz deferirá a expedição de mandado de citação para que o réu, em 15 dias, pague soma em dinheiro ou entregue coisa fungível ou bem móvel (**art. 701, CPC**); se o réu cumprir no prazo a obrigação contida no mandado, a questão está solucionada dentro dos princípios da celeridade e da economia processual, extinguindo-se o processo de forma eficaz e com a entrega da prestação jurisdicional.

Independentemente de prévia segurança do juízo, o réu poderá opor, nos próprios autos, no prazo de cinco dias (compatibilizando o procedimento monitório com a regra específica do **art. 841 da CLT**), embargos à ação monitória (**art. 702, CPC**).

Rejeitados os embargos monitórios, constituir-se-á o título executivo judicial, intimando-se o devedor a dar prosseguimento à execução, adotando-se o procedimento da execução trabalhista. Acolhidos os embargos monitórios, a ação será julgada improcedente.

Da decisão dos embargos monitórios cabe **recurso ordinário** para o Tribunal Regional do Trabalho, no prazo de oito dias úteis (**art. 895, I, CLT**).

11.7. AÇÃO CIVIL PÚBLICA

A **Lei n. 7.347/85** disciplina a **ação civil pública**, considerada como ação de responsabilidade por danos morais e patrimoniais causados ao meio ambiente, ao consumidor, à ordem urbanística, a bens e direitos de valor artístico, histórico, turístico e paisagístico, **a qualquer outro interesse difuso ou coletivo**, por infração da ordem econômica e da economia popular, e à ordem urbanística (**art. 1.º**).

Tendo em vista que a ação civil pública tem cabimento para a defesa de **todo e qualquer interesse difuso ou coletivo**, resta inegável o seu cabimento no âmbito do processo do trabalho.

A propositura de ação civil pública é uma das funções institucionais do Ministério Público (**art. 129, III, CF**), sendo que na Justiça do Trabalho tal função é exercida pelo Ministério Público do Trabalho (**art. 128, I, *b*, CF**).

Aliás, o **art. 83, III, da Lei Complementar n. 75/93** (LOMP) dispõe expressamente que compete ao Ministério Público do Trabalho "promover a ação civil pública no âmbito da Justiça do Trabalho, para a defesa de interesses coletivos, quando desrespeitados os direitos sociais constitucionalmente garantidos". Por disposição constitucional expressa, a ação civil pública também pode ser ajuizada para a defesa dos interesses difusos e dos interesses sociais, individuais indisponíveis e homogêneos (**art. 129, III e IX, CF e art. 127, CF**).

"AGRAVO. AGRAVO DE INSTRUMENTO EM RECURSO DE REVISTA REGIDO PELA LEI N. 13.015/2014. [...] 3. LEGITIMIDADE DO MINISTÉRIO PÚBLICO. TUTELA DE DIREITOS DIFUSOS, COLETIVOS E INDIVIDUAIS HOMOGÊNEOS DE TRABALHADORES. O Tribunal Regional registrou que, na hipótese dos autos, não se busca proteger um determinado trabalhador, mas todos aqueles que laboram para a empresa Ré, tutelando a coletividade de empregados e, por via de consequência, a própria sociedade. No caso, os interesses defendidos pelo Ministério Público do Trabalha ultrapassam a esfera individual, uma vez os direitos decorrem de origem comum e afetam vários indivíduos e se incluem na categoria dos direitos individuais homogêneos. É pacífica a jurisprudência desta Corte em reconhecer a legitimidade ativa do Ministério Público do Trabalho nas ações coletivas para a tutela dos direitos difusos, coletivos e individuais homogêneos de trabalhadores. É o que se extrai, inclusive, da interpretação sistemática dos arts. 127, *caput*, e 129, III, da CF/88 e 83, III, da Lei Complementar 75/93. Decisão agravada mantida. [...]" (Ag-AIRR-1366-90.2010.5.05.0121, 5.ª T., rel. Min. Douglas Alencar Rodrigues, *DEJT* 25-11-2022).

"RECURSO DE REVISTA INTERPOSTO SOB A ÉGIDE DA LEI N. 13.015/2014 E DO CPC/1973 – AUTOR – MINISTÉRIO PÚBLICO DO TRABALHO - AÇÃO CIVIL PÚBLICA - LEGITIMIDADE. 1. A Lei Complementar n. 75/1993, em seu art. 83 c/c art. 6.º, VII, "d", é inequívoca quanto à legitimidade do Ministério Público do Trabalho para a propositura de ação civil pública, na esteira do que dispõem os arts. 127, *caput*, e 129, III e IV, da Constituição Federal. 2. Os interesses defendidos por meio desse instrumento jurídico são aqueles de natureza coletiva lato sensu ou transindividual, disciplinados no art. 81 do Código de Defesa do Consumidor (Lei n. 8.078/1990), não havendo dúvida de que dentre os interesses coletivos estão resguardados os de natureza individual homogênea, assim compreendidos os que têm origem comum (art. 81, III, do CDC). 3. Conforme se constata na própria fundamentação do acórdão recorrido, "a atuação do Ministério Público do Trabalho encontra-se precipuamente fundamentada no 'Relatório de Auditoria Fiscal do Trabalho' da Superintendência Regional do Trabalho e Emprego no Paraná, resultante do 'Projeto de Fiscalização dos Maiores Infratores', que assim enquadrou a Farmácia e Drogaria Nissei Ltda.", cujos dados "refletem a realidade de que a Nissei vem reiteradamente violando a ordem jurídica trabalhista, no âmbito de suas lojas espalhadas no Estado do Paraná, o que, potencialmente, representa a maculação de direitos de milhares de trabalhadores da ré (em 2011, o grupo Nissei contava com 3.761 trabalhadores distribuídos em 194 estabelecimentos pelo Estado)". 4. Nesse sentido, o Tribunal Regional entendeu que "as supostas condutas ilícitas do réu teriam gerado os mesmos efeitos sobre os empregados lesados, representados pela coletividade de trabalhadores da Nissei. Há a prevalência de questões comuns a todos os interessados, que autoriza o ajuizamento da demanda coletiva. Ademais, a ação civil pública permite que se obtenha solução equânime, evitando decisões divergentes". 5. Efetivamente, a origem comum dos interesses defendidos nesta ação (condutas ilícitas da ré, com potencial de "maculação de direitos de milhares de trabalhadores") autoriza a atuação do Ministério Público e não desnatura o direito transindividual defendido, uma vez que, conforme ressaltado, a homogeneidade do direito se relaciona com a sua origem e com a titularidade em potencial da pretensão. 6. Desse modo, não subsiste a conclusão adotada no acórdão recorrido de que o Ministério Público teria legitimidade para alguns, mas não teria para outros direitos postulados na inicial, por demandarem a aferição das peculiaridades de cada empregado, ou por serem genéricos, ou, ainda, por serem referentes a obrigações perante órgãos de fiscalização. 7. Isso porque todos visam, em última instância, à proteção do interesse dos trabalhadores da ré, em razão de sua conduta efetiva ou potencial de descumprimento de obrigações trabalhistas. A possibilidade de individualização de eventuais créditos não descaracteriza a homogeneidade do direito, cuja origem é comum, e a configuração ou não do fato lesivo ou potencialmente lesivo é questão que se insere no exame do mérito da ação. Precedentes desta Corte. Recurso de revista conhecido e provido a fim de determinar o retorno dos autos ao TRT de origem, ficando sobrestada a apreciação das matérias remanescentes do recurso de revista do autor e o exame do recurso adesivo da ré" (RR-1077-90.2013.5.09.0041,

2.ª T., Relatora Desembargadora Convocada Margareth Rodrigues Costa, *DEJT* 19-12-2022).

Além do Ministério Público, têm **legitimidade ativa** para propositura de ação civil pública **(art. 5.º, Lei n. 7.347/85 e art. 82, CDC)**:

- ▣ a Defensoria Pública;
- ▣ a União, os Estados, o Distrito Federal e os Municípios;
- ▣ a autarquia, empresa pública, fundação ou sociedade de economia mista;
- ▣ as associações legalmente constituídas há pelo menos um ano e que incluam entre seus fins institucionais a defesa dos interesses metaindividuais.

Por não estar expressamente prevista, a legitimidade ativa dos sindicatos gerou discussão na doutrina e na jurisprudência. O Tribunal Superior do Trabalho, no entanto, reconhecendo ser o sindicato espécie do gênero associação civil, firmou posicionamento no sentido de também ser ele legitimado ativo para promover ação civil pública no âmbito da Justiça do Trabalho.

"AGRAVO. AGRAVO DE INSTRUMENTO. RECURSO DE REVISTA. AÇÃO CIVIL PÚBLICA. LEGITIMIDADE ATIVA SINDICATO DA CATEGORIA. DIREITOS INDIVIDUAIS HOMOGÊNEOS. ORIGEM COMUM. INADEQUAÇÃO DA VIA ELEITA. Extrai-se dos autos que sindicato-autor ajuizou ação civil pública requerendo a tutela coletiva de direitos individuais homogêneos dos empregados e ex-empregados da empresa demandada, que tenham trabalhado cumprindo a escala noturna de 12 X 36 horas até dezembro de 2013 e não aderiram à transação firmada no Termo de Ajustamento de Conduta perante o MPT/PRT da 7.ª Região, consistente no pagamento das horas extras advindas da redução da hora noturna, bem como pagamento de adicional noturno, assim como os respectivos reflexos. A decisão agravada está em consonância com a jurisprudência desta Corte, que já se firmou no sentido de que o art. 8.º, III, da Constituição Federal autoriza os sindicatos a atuarem como substitutos processuais se os pedidos se fundarem em direitos individuais homogêneos, o que inclui o pleito de pagamento de horas extras advindas da redução da hora noturna, bem como pagamento de adicional noturno, assim como os respectivos reflexos. Destaque-se que a Subseção I Especializada em Dissídios Individuais do TST já pacificou entendimento quanto ao cabimento da ação civil pública para a defesa de interesses individuais homogêneos pelos sindicatos, bem como que "o mero fato de o direito postulado na presente ação importar, se acaso procedente, valores díspares para os indivíduos integrantes da categoria não é suficiente, por si só, para alterar sua natureza jurídica, pois a homogeneidade do direito prevista pela jurisprudência diz respeito apenas à titularidade em potencial da pretensão, e não à sua expressão monetária". Agravo não provido. [...]" (Ag-AIRR-855-23.2014.5.07.0016, 2.ª T., rel. Min. Maria Helena Mallmann, *DEJT* 25-6-2021).

Quanto à **legitimidade passiva**, pode figurar no polo passivo da ação civil pública qualquer pessoa, física ou jurídica, de direito público ou privado.

No processo do trabalho, a **competência para o processamento** e julgamento da ação civil pública é da Vara do Trabalho.

Para a fixação da **competência territorial** para a propositura de ação civil pública na Justiça do Trabalho, deve-se levar em conta a extensão do dano causado ou a ser reparado, pautando-se pela incidência analógica do **art. 93 do Código de Defesa do Consumidor**. Assim, se a extensão do dano a ser reparado limitar-se ao âmbito regional, a competência é de uma das Varas do Trabalho da Capital do Estado; se for de âmbito suprarregional ou nacional, o foro é o do Distrito Federal.

> **OJ SDI-2 130, TST:** "I – A competência para a Ação Civil Pública fixa-se pela extensão do dano. II – Em caso de dano de abrangência regional, que atinja cidades sujeitas à jurisdição de mais de uma Vara do Trabalho, a competência será de qualquer das varas das localidades atingidas, ainda que vinculadas a Tribunais Regionais do Trabalho distintos. III – Em caso de dano de abrangência suprarregional ou nacional, há competência concorrente para a Ação Civil Pública das Varas do Trabalho das sedes dos Tribunais Regionais do Trabalho. IV – Estará prevento o juízo a que a primeira ação houver sido distribuída".

O STF, quando do julgamento do **Tema 1075 de Repercussão Geral**, fixou tese no sentido de reafirmar a aplicação do art. 93 do Código de Defesa do Consumidor para definição da competência nas ações civis públicas:

> "I – É inconstitucional a redação do art. 16 da Lei 7.347/1985, alterada pela Lei 9.494/1997, sendo repristinada sua redação original. **II – Em se tratando de ação civil pública de efeitos nacionais ou regionais, a competência deve observar o art. 93, II, da Lei 8.078/1990** (Código de Defesa do Consumidor). III – Ajuizadas múltiplas ações civis públicas de âmbito nacional ou regional e fixada a competência nos termos do item II, firma-se a prevenção do juízo que primeiro conheceu de uma delas, para o julgamento de todas as demandas conexas".

O STF reconheceu, dessa forma, a **constitucionalidade do art. 16 da Lei n. 7.347/1985, segundo o qual a sentença na ação civil pública fará coisa julgada *erga omnes*, nos limites da competência territorial do órgão prolator**.

Portanto, em se tratando de ação civil pública com abrangência nacional ou regional, sua propositura deve ocorrer no foro, ou na circunscrição judiciária, de capital de Estado ou no Distrito Federal. Em se tratando de alcance geograficamente superior a um Estado, a opção por capital de Estado evidentemente deve contemplar uma que esteja situada na região atingida.

Resumindo, o **Tema 1075 de Repercussão Geral** definiu que:

■ a competência territorial é definida de acordo com a extensão do dano que se pretende ver reparado através da ação civil pública.

■ a redação do art. 93, do CDC é clara ao determinar que, para questões de âmbito local, o foro competente é o do lugar onde ocorreu o dano (inciso I).

■ e, para questões de âmbito nacional ou regional, o foro competente é da cidade capital do estado ou do Distrito Federal.

11 ◼ Procedimentos Especiais no Processo do Trabalho   509

Considerando a Tese de Repercussão Geral fixada, a OJ SDI-2 130, TST deve ser interpretada e aplicada de acordo com o quanto decidido pelo STF.

O procedimento da ação civil pública é o previsto na **Lei n. 7.347/85**, merecendo destaque o **art. 16**, que estabelece que "a sentença civil fará **coisa julgada *erga omnes***, nos limites da competência territorial do órgão prolator, exceto se o pedido for julgado improcedente por insuficiência de provas, hipótese em que qualquer legitimado poderá intentar outra ação com idêntico fundamento, valendo-se de nova prova".

Parte da doutrina sustenta que, em relação aos efeitos da coisa julgada na ação civil pública, deve ser aplicado o **art. 103 do Código de Defesa do Consumidor**, que é mais amplo e que não foi revogado pela Lei n. 9.494/97[15].

Assim, a sentença proferida em ação pública fará **coisa julgada**:

- ◼ *erga omnes*, exceto se o pedido for julgado improcedente por insuficiência de provas, hipótese em que qualquer legitimado poderá intentar outra ação, com idêntico fundamento, valendo-se de nova prova, na hipótese do inciso I do parágrafo único do **art. 81 do CDC**;
- ◼ *ultra partes*, mas limitadamente ao grupo, categoria ou classe, salvo improcedência por insuficiência de provas, nos termos do inciso anterior, quando se tratar da hipótese prevista no **inciso II do parágrafo único do art. 81 do CDC**;
- ◼ *erga omnes*, apenas no caso de procedência do pedido, para beneficiar todas as vítimas e seus sucessores, na hipótese do **inciso III do parágrafo único do art. 81 do CDC**.

Os efeitos da coisa julgada nas ações civis públicas em defesa de interesses difusos ou coletivos não prejudicarão interesses e direitos individuais dos integrantes da coletividade, do grupo, categoria ou classe (**art. 103, § 1.º, CDC**).

Nas ações civis públicas em defesa dos interesses individuais homogêneos, em caso de improcedência do pedido, os interessados que não tiverem intervindo no processo como litisconsortes poderão propor ação de indenização a título individual (**art. 103, § 2.º, CDC**).

As ações coletivas em que se discutem direitos difusos ou coletivos não induzem litispendência para as ações individuais, mas os efeitos da coisa julgada *erga omnes* ou *ultra partes* previstos no art. 103, II e III, do Código de Defesa do Consumidor não beneficiarão os autores das ações individuais, se não for requerida sua suspensão no prazo de 30 dias, a contar da ciência nos autos do ajuizamento da ação coletiva (**art. 104, CDC**).

"RECURSO DE REVISTA. ACÓRDÃO PUBLICADO NA VIGÊNCIA DAS LEIS Ns. 13.015/2014 E 13.467/2017. AÇÃO COLETIVA X AÇÃO INDIVIDUAL. COISA JULGADA. LITISPENDÊNCIA. INEXISTÊNCIA. 1. Para que haja coisa julgada, faz-se necessária a coexistência da tríplice identidade, qual seja: mesmas partes, mesma causa de pedir e mesmo pedido. O Código de Defesa do Consumidor, por sua vez, exclui expressamente a caracterização da litispendência entre a ação coletiva e eventual ação individual

---

[15] LEITE, Carlos Henrique Bezerra. *Curso de direito processual do trabalho, cit.*, 16. ed., p. 1.802.

ajuizada pelos substituídos. É o que revela a simples leitura do seu art. 104, aplicável subsidiariamente ao Processo do Trabalho. 2. No presente caso, a análise do elemento subjetivo da demanda (as partes que integram a causa) envolve esta ação individual e uma ação coletiva anterior que fora ajuizada pelo Sindicato da Categoria Profissional na condição de substituto processual, logo, o elemento subjetivo "mesmas partes" não é o mesmo para ambas as ações. 3. Destarte, sobreleva notar que na tutela coletiva ocorre o fenômeno da legitimação extraordinária, em que o sindicato de classe reivindica direitos subjetivos individuais e coletivos dos integrantes da categoria que representa, ou seja, defende, em nome próprio, direito alheio. Por seu turno, na ação individual, a parte, por si própria, vem deduzir uma pretensão à tutela jurisdicional. 4. Registre-se, por oportuno, que a SBDI-1 adotava entendimento de que a ação coletiva, em que o sindicato autor, na qualidade de substituto processual, atuava em juízo na defesa dos interesses individuais e coletivos dos substituídos, acarretava litispendência e fazia coisa julgada em relação à ação trabalhista individual com os mesmos pedidos e causa de pedir. 5. Todavia, por ocasião do julgamento dos Embargos em Recurso de Revista n. 18800-55.2008.5.22.0003, da relatoria do Ministro Augusto César Leite de Carvalho, em decorrência de interpretação do art. 104 da Lei n. 8.078/90 (Código de Defesa do Consumidor), segundo o qual a ação coletiva não induz litispendência para a ação individual, à falta da necessária identidade subjetiva, a SBDI-1 alterou seu posicionamento acerca da matéria, passando a adotar o entendimento de que, na ação coletiva, o sindicato exerce a legitimidade extraordinária para atuar como substituto processual na defesa em Juízo dos direitos e interesses coletivos ou individuais da categoria que representa, defendendo direito de outrem, em nome próprio, enquanto na ação individual a parte busca o seu próprio direito individualmente. Assim, ausente a necessária identidade subjetiva, não se pode ter como configurada a tríplice identidade que caracteriza a litispendência. 6. Portanto, a ação ajuizada pelo Sindicato da categoria, na qualidade de substituto processual, não acarreta litispendência nem faz coisa julgada em relação à reclamação trabalhista idêntica proposta pelo empregado individualmente. 7. Nesse contexto, tendo o e. TRT concluído que restou configurada a coisa julgada, porquanto os reclamados da ação coletiva foram os mesmos da presente ação individual, bem como a causa de pedir e dois dos pedidos, violou o comando do art. 104 do CDC. Recurso de revista conhecido, por violação do art. 104 do CDC, e provido" (RR-12189-21.2016.5.15.0094, 3.ª T., rel. Min. Alexandre de Souza Agra Belmonte, *DEJT* 5-11-2021).

"AGRAVO. AGRAVO DE INSTRUMENTO EM RECURSO DE REVISTA AÇÃO COLETIVA. AÇÃO INDIVIDUAL. LITISPENDÊNCIA E COISA JULGADA. INEXISTÊNCIA. TRANSCENDÊNCIA NÃO RECONHECIDA. Esta Corte, na esteira da diretriz do art. 104 do CDC, firmou entendimento no sentido de que a ação coletiva não induz litispendência em relação à ação individual, e nem faz coisa julgada, tendo em vista a ausência da tríplice identidade, uma vez que não se tratam das mesmas partes (elemento subjetivo), posto que naquela figura o sindicato, legitimado extraordinário, ao passo que nessa figura o empregado. Agravo a que se nega provimento" (Ag-AIRR-1001123-63.2018.5.02.0435, 3.ª T., rel. Min. Alberto Bastos Balazeiro, *DEJT* 6-12-2024).

Por meio da ação civil pública, o que se pretende é a cessação da conduta ilícita, razão pela qual é possível, a título de tutela preventiva, a concessão pelo juiz de efeito inibitório voltado para o futuro.

11 ■ Procedimentos Especiais no Processo do Trabalho

"AGRAVO EM AGRAVO DE INSTRUMENTO. RECURSO DE REVISTA SOB A ÉGIDE DA LEI 13.467/2017. [...] AÇÃO CIVIL PÚBLICA. CESSAÇÃO DA CONDUTA ILÍCITA. TUTELA PREVENTIVA. EFEITO INIBITÓRIO VOLTADO PARA O FUTURO. DECISÃO REGIONAL EM HARMONIA COM A JURISPRUDÊNCIA CONSOLIDADA DO TST. A jurisprudência desta Corte orienta-se no sentido da possibilidade de o Ministério Público do Trabalho, em sede de ação civil pública, pleitear a efetivação da tutela inibitória, não configurada a ausência de interesse de agir, mesmo quando constatada, no curso do processo, a cessação do dano, caso dos autos. É que a tutela preventiva projeta-se para o futuro, tendo em vista que busca impedir não apenas a prática, mas a continuação ou a repetição do ato ilícito. Precedentes. A decisão regional está em plena sintonia com a jurisprudência consolidada desta Corte Superior. Reconhecida a consonância da decisão recorrida com a jurisprudência uniforme desta Corte, afasta-se a violação dos dispositivos legais e constitucionais apontados e ficam superados os arestos colacionados. Não ficou demonstrado o desacerto da decisão monocrática que negou provimento ao agravo de instrumento. Agravo não provido. [...]" (Ag-AIRR-263-48.2019.5.09.0662, 6.ª T., rel. Min. Augusto Cesar Leite de Carvalho, *DEJT* 8-11-2024).

11.8. AÇÃO CIVIL COLETIVA

As **ações civis coletivas** foram introduzidas em nosso no ordenamento jurídico com o advento do Código de Defesa do Consumidor **(arts. 91 a 100, Lei n. 8.078/90)**, sendo posteriormente prevista também na **Lei Complementar n. 75/93 (art. 6.º, XII)**.

Diversas são as finalidades e vantagens desse tipo de ação, dentre as quais destaca-se a aglutinação de diversas demandas individuais em uma única ação, versando sobre direitos de origem comum (direitos individuais homogêneos), o que leva a uma maior celeridade e evita decisões judiciais conflitantes, isso sem falar na ampliação do acesso à justiça e na economia processual verificada.

O cabimento da ação civil coletiva no âmbito do processo do trabalho gera certa discussão doutrinária.

Ives Gandra Martins Filho, embora afirmando ser possível a propositura de ação civil coletiva na Justiça do Trabalho, afirma que ela é restrita à proteção dos interesses individuais homogêneos, ficando a defesa dos interesses difusos e coletivos para a ação civil pública[16].

Carlos Henrique Bezerra Leite, ao contrário, afirma que, "no que concerne à ACC, não existe na CF, nem em norma jurídica trabalhista específica, autorização para o seu cabimento na Justiça do Trabalho". Por essa razão, afirma que, "em homenagem ao princípio da instrumentalidade, que, com maior ênfase, informa o direito processual do trabalho, afigura-se-nos que é lícito ao juiz receber a ACC, convertendo-a em ACP, desde que, é claro, isso não implique violação aos princípios constitucionais do devido processo legal, da ampla defesa e do contraditório. Afinal, o *nomen iuris* atribuído à

---

[16] MARTINS FILHO, Ives Gandra. Ação civil pública e ação coletiva. *Revista LTr*, n. 59, p. 1.449-1.451.

ação coletiva não deverá servir de fundamento para a denegação do direito material nela vindicado, tendo em vista o disposto no art. 83 do CDC"[17].

De toda sorte, a jurisprudência entende plenamente **possível** o ajuizamento de **ação civil coletiva no processo do trabalho** para a defesa dos **interesses individuais homogêneos**, analisando-a, inclusive, sob o enfoque da **legitimidade do sindicato** para a propositura e reconhecendo que a ação ajuizada pelo sindicato **não induz litispendência** para as ações individuais que eventualmente venham a ser ajuizadas, ainda que idênticos os pedidos e a causa de pedir.

"RECURSO DE REVISTA DO RECLAMANTE. PROCESSO SOB A ÉGIDE DA LEI N. 13.015/2014 E ANTERIOR À LEI N. 13.467/2017. AÇÃO COLETIVA E AÇÃO INDIVIDUAL. LITISPENDÊNCIA E/OU COISA JULGADA. NÃO CONFIGURAÇÃO. É entendimento desta Corte que, a partir da diretriz do art. 104, do Código de Defesa do Consumidor (Lei n. 8.078/90), as ações coletivas não induzem litispendência nem coisa julgada para as ações individuais, tampouco obsta o direito subjetivo ao ajuizamento e ao regular prosseguimento de ação individual proposta pelo titular do direito material, ainda que idênticos o pedido e a causa de pedir, em face da ausência de identidade das Partes. Julgados desta Corte envolvendo os mesmos Reclamados. Recurso de revista conhecido e provido. Prejudicado o exame das demais matérias constantes do recurso de revista interposto pelo Reclamante" (ARR-699-70.2017.5.21.0006, 3.ª T., rel. Min. Mauricio Godinho Delgado, *DEJT* 6-12-2019).

No entanto, a litispendência pode ser reconhecida em relação a outra(s) idêntica(s) ação(ões) coletiva(s) propostas pelo sindicato, caso tenha havido apresentação de rol de substituídos.

"I – AGRAVO DE INSTRUMENTO EM RECURSO DE REVISTA. SINDICATO. SUBSTITUIÇÃO PROCESSUAL. CONTROVÉRSIA SOBRE A LITISPENDÊNCIA DECLARADA NA ORIGEM. Ante a possível afronta ao art. 5.º, XXXV, da CF/1988, deve ser provido o agravo de instrumento. Agravo de instrumento conhecido e provido. II – RECURSO DE REVISTA. SINDICATO. SUBSTITUIÇÃO PROCESSUAL. LITISPENDÊNCIA PARCIALMENTE AFASTADA. AÇÕES COLETIVAS. ROL DE SUBSTITUÍDOS NA PRIMEIRA DEMANDA. LIMITAÇÃO. No caso, o Tribunal Regional manteve a sentença que acolheu a preliminar de litispendência, tendo com fundamento na existência de idênticas ações coletivas propostas pelo sindicato da categoria. Este Tribunal Superior tem entendimento de que a prerrogativa atribuída ao ente sindical, no que se refere à substituição processual, é de que não há necessidade de apresentação da relação dos substituídos, uma vez que não tem previsão legal específica nesse sentido. Por outro lado, esta Corte tem concluído que quando houver delimitação do rol dos substituídos, os efeitos da decisão devem se limitar aos seus integrantes, em observância aos limites subjetivos da lide. Dessa forma, ante a apresentação do rol de substituídos na primeira demanda, conclui-se que houve delimitação específica do alcance da ação coletiva, a qual não compreende toda a categoria. Logo, não se constata a tríplice identidade entre as demandas a ensejar a extinção da segunda ação, mas apenas limitar a litispendência em

---

[17] LEITE, Carlos Henrique Bezerra. *Curso de direito processual do trabalho, cit.*, 16. ed., p. 1.806-1.807.

relação àqueles constantes do rol de substituídos. Precedentes específicos. Recurso de revista conhecido e parcialmente provido." (RR-0021717-86.2015.5.04.0008, 2.ª T., rel. Min. Maria Helena Mallmann, *DEJT* 3-2-2023).

São **legitimados ativos**, concorrentemente, para a propositura de ação civil coletiva **(art. 82, CDC)**:

- ☐ o Ministério Público;
- ☐ a União, os Estados, os Municípios e o Distrito Federal;
- ☐ as entidades e órgãos da Administração Pública, direta ou indireta, ainda que sem personalidade jurídica, especificamente destinados à defesa dos interesses e direitos protegidos por este código;
- ☐ as associações legalmente constituídas há pelo menos um ano e que incluam entre seus fins institucionais a defesa dos interesses e direitos protegidos por este código, dispensada a autorização assemblear.

No processo do trabalho as **entidades sindicais** são as mais vocacionadas à defesa em juízo dos interesses individuais homogêneos dos integrantes da categoria **(art. 8.º, III, CF)**.

Para a fixação da **competência territorial** para a propositura de ação civil coletiva na Justiça do Trabalho, deve-se levar em conta a extensão do dano causado ou a ser reparado, pautando-se pela incidência analógica do **art. 93 do Código de Defesa do Consumidor**. Assim, se a extensão do dano a ser reparado limitar-se ao âmbito regional, a competência é de uma das Varas do Trabalho da Capital do Estado; se for de âmbito suprarregional ou nacional, o foro é o do Distrito Federal.

Na ação civil coletiva a condenação é de caráter genérico, sendo que a **liquidação** pode ser promovida em conjunto pelo legitimado ativo **(art. 98, CDC)**, ou individualmente pelos titulares do direito lesado.

11.9. AÇÃO ANULATÓRIA

O art. 486 do Código de Processo Civil de 1973, que versava sobre a ação anulatória, preconizava que apenas os atos judiciais que não dependiam de sentença, ou em que esta fosse meramente homologatória, podiam ser objeto da referida ação, assim como os atos jurídicos em geral, nos termos da lei civil.

O atual **§ 4.º do art. 966 do Código de Processo Civil**, correspondente ao citado dispositivo do CPC anterior, dispõe: "Os atos de disposição de direitos, praticados pelas partes ou por outros participantes do processo e homologados pelo juízo, bem como os atos homologatórios praticados no curso da execução, estão sujeitos à anulação, nos termos da lei".

Referido dispositivo legal cuida apenas dos casos em que se postule a invalidação dos atos processuais de disposição de direitos praticados pelas partes ou por outros sujeitos do processo, que não o juízo, e não da impugnação ou invalidação de atos decisórios, que somente o podem ser por meio de ação rescisória, de *querela nullitatis* ou de recurso. Não se trata de meio de impugnação de decisão judicial[18].

Embora a Consolidação das Leis do Trabalho seja omissa a respeito, no nosso sentir, o referido dispositivo legal é perfeitamente **aplicável ao processo do trabalho**, por haver lacuna na legislação processual trabalhista e por ser compatível com os princípios que regem o Direito Processual do Trabalho nos termos do **art. 769 da Consolidação das Leis do Trabalho**.

Nesse sentido, o acórdão a seguir, de lavra do Ministro José Roberto Freire Pimenta, que analisa de maneira bastante profunda o cabimento da ação anulatória no processo do trabalho, dando correta interpretação ao **§ 4.º do art. 966 do Código de Processo Civil**:

"AÇÃO ANULATÓRIA. PEDIDO DE ANULAÇÃO DE ATO JUDICIAL CONSUBSTANCIADO EM ACÓRDÃO DESTE ÓRGÃO ESPECIAL, NO QUAL FORA IMPUTADA MULTA PELA INTERPOSIÇÃO DE RECURSO MANIFESTAMENTE INFUNDADO. INTERPRETAÇÃO DO ARTIGO 966, § 4.º, DO CPC/2015. 1. Trata-se de petição intitulada de ação anulatória, em que o requerente pretende a anulação do ato judicial consubstanciado no acórdão prolatado por este Órgão Especial, já transitado em julgado, por meio do qual fora condenado ao pagamento da multa prevista no art. 557, § 2.º, do CPC/1973, pela interposição de recurso manifestamente infundado. 2. No que diz respeito ao cabimento da ação manejada pelo requerente, sabe-se que o anterior art. 486 do CPC/1973, que versava sobre a ação anulatória, preconizava que apenas os atos judiciais que não dependiam de sentença, ou em que esta fosse meramente homologatória, podiam ser objeto da referida ação, assim como os atos jurídicos em geral, nos termos da lei civil. 3. Esta ação anulatória vem fundamentada no atual art. 966, § 4.º, do CPC/2015, correspondente ao citado dispositivo do CPC anterior, segundo o qual 'os atos de disposição de direitos, praticados pelas partes ou por outros participantes do processo e homologados pelo juízo, bem como os atos homologatórios praticados no curso da execução, estão sujeitos à anulação, nos termos da lei'. 4. É imprescindível, no entanto, diante das compreensíveis dúvidas a respeito do real significado de sua redação, atribuir a esse novel preceito uma interpretação sistêmica que não conflite com o ordenamento jurídico brasileiro, a fim de se extrair o seu real sentido e alcance, que consistem justamente em cuidar apenas dos casos em que se postule a invalidação dos atos processuais de disposição de direitos praticados pelas partes ou por outros sujeitos do processo, que não o Juízo, e não, como tenciona o requerente, da impugnação ou invalidação de atos decisórios, que somente o podem ser por meio de ação rescisória, de *querela nullitatis* ou de recurso. 5. Aprofundando a análise desse dispositivo, os juristas e advogados Fredie Didier Jr. e Leonardo Carneiro da Cunha, valendo-se dos ensinamentos de Araken de Assis, o secundaram escrevendo, de forma expressa, não ser possível, para invalidar decisão judicial, a utilização da ação anulatória prevista no art. 966, § 4.º, do CPC/2015, pois esta visa 'atingir o ato processual da parte', visto que 'não se trata de meio de impugnação de decisão judicial' (in *Curso de Direito Processual Civil*. Meios de Impugnação às Decisões Judiciais e Processo nos Tribunais. 13.ª ed. Salvador: Editora Jus Podivm, 2016, v. 3, p. 440).

---

[18] DIDIER JR., Fredie; CUNHA, Leonardo Carneiro da. *Curso de direito processual civil, cit.,* p. 440.

11 ◼ Procedimentos Especiais no Processo do Trabalho   515

6. Especificamente com relação à interpretação a ser conferida à primeira parte do § 4.º do art. 966 do CPC/2015, segundo a qual 'os atos de disposição de direitos, praticados pelas partes ou por outros participantes do processo e homologados pelo juízo', reitera-se que essa norma se refere tão somente à invalidação dos atos jurídicos processuais realizados pelas partes ou por outros sujeitos do processo e homologados pelo juiz, os quais, no entanto, devem ter como pressuposto a inexistência de coisa julgada. 7. Por sua vez, malgrado a segunda parte do § 4.º do art. 966 do CPC/2015 aluda a 'atos homologatórios praticados no curso da execução', Luiz Guilherme Marinoni, Sérgio Arenhart e Daniel Mitidiero (in *Curso de Processo Civil*. São Paulo: RT, 2015, v. 2, p. 599) lecionam que o dispositivo inteiro do § 4.º do art. 966 do CPC/2015 aplica-se apenas aos atos processuais não jurisdicionais, pois é o ato homologado, enquanto não transitada em julgado a decisão homologatória, ou o ato a ser homologado, que estão sujeitos à anulação com base no referido dispositivo. 8. Conclui-se, de todo o exposto, portanto, que o dispositivo em comento não alterou substancialmente o cenário normativo até então existente, pelo que, mesmo depois da promulgação do novo Código de Processo Civil, subsiste o entendimento de não ser cabível a ação anulatória com o objetivo de impugnar decisão judicial transitada em julgado, exatamente o caso dos autos, pois o que se ataca nesse tipo de ação anulatória não é o ato judicial em si, mas o ato jurídico praticado pelas partes ou por outros sujeitos participantes do processo. 9. Dessa forma, afigura-se flagrante a impossibilidade jurídica do pedido, que no sistema do CPC de 1973, integrava a categoria de condição da ação, intermediária entre as questões de mérito e as questões de admissibilidade, mas que, com o novel CPC de 2015, diante da extinção da mencionada categoria jurídico-processual, passa a compor o juízo de mérito das questões submetidas à cognição judicial e cujo reconhecimento acarreta a rejeição sumária do pedido, nos termos do seu art. 487, inciso I. Há precedente neste mesmo sentido deste Órgão Especial, já sob os auspícios do novo diploma processual comum. 10. Pedido formulado na ação anulatória julgado sumariamente improcedente, por manifestamente incabível, nos termos do art. 487, inciso I, do CPC/2015" (TST, Pet 21753-32.2016.5.00.0000, Órgão Especial, rel. Min. José Roberto Freire Pimenta, *DEJT* 10-2-2017).

A **competência funcional** para julgar a ação anulatória é da Vara do Trabalho.

> **OJ SDI-2 129, TST:** "Em se tratando de ação anulatória, a competência originária se dá no mesmo juízo em que praticado o ato supostamente eivado de vício".

No **processo do trabalho**, a ação anulatória tem sido utilizada para desconstituir atos jurídicos firmados no âmbito da relação de trabalho. São **exemplos** a ação anulatória de autos de infração lavrados pelos órgãos de fiscalização das relações de trabalho e a ação anulatória de acordos ou convenções coletivas, ou de alguma de suas cláusulas.

"AGRAVO INTERNO. RECURSO DE REVISTA. ACÓRDÃO REGIONAL PUBLICADO NA VIGÊNCIA DA LEI N. 13.467/2017. AÇÃO ANULATÓRIA. AUTO DE INFRAÇÃO LAVRADO FORA DO LOCAL DE INSPEÇÃO. NULIDADE. TRANSCENDÊNCIA POLÍTICA JÁ RECONHECIDA NA DECISÃO UNIPESSOAL. I. Não merece reparos a decisão unipessoal, em que provido o recurso de revista para restabelecer a sentença em que se reconheceu a nulidade do auto de infração, uma vez que em conformidade com o entendimento jurisprudencial desta Corte Superior, no sentido de que será nulo o auto de infração lavrado fora do local da inspeção e/ou após o prazo de 24 (vinte e quatro) horas fixado por força de lei, ressalvada a hipótese em que apresentado motivo justificado declarado no próprio auto. II. Agravo interno de que se conhece e a que se nega provimento" (Ag-RR-11390-73.2017.5.18.0121, 7.ª T., rel. Min. Evandro Pereira Valadão Lopes, *DEJT* 8-11-2024).

A ação anulatória de auto de infração será interposta pelo autuado – pessoa física ou jurídica, empregadora (**legitimidade ativa**), devendo figurar no **polo passivo** a União Federal, responsável pela fiscalização das relações de trabalho e a quem é conferida a prerrogativa da autuação (**art. 626, CLT**).

Em relação às **normas coletivas**, a ação anulatória também é remédio jurídico posto à disposição do Ministério Público do Trabalho (como regra) quando este verificar que a cláusula inserta em convenção coletiva ou em acordo coletivo de trabalho violar (**art. 83, IV, LC n. 75/93**):

- as liberdades individuais ou coletivas;
- os direitos individuais indisponíveis dos trabalhadores.

Portanto, as cláusulas que podem ser objeto de anulação são as que violem liberdade individual, liberdade coletiva ou direitos individuais indisponíveis dos trabalhadores.

Trata-se de **ação constitutiva negativa ou desconstitutiva**, na medida em que seu escopo é fazer com que a cláusula inquinada de ilegal seja expungida do contrato individual, do ACT ou da CCT, deixando de produzir efeitos em relação às partes contratantes ou a terceiros por ela atingidos.

Aos **sindicatos** representantes das categorias econômicas e profissionais que não subscreveram a norma coletiva e às empresas signatárias desses instrumentos, mas que se sintam prejudicados em sua esfera jurídica em decorrência do quanto previsto na convenção ou no acordo coletivo firmados, é reconhecida, **excepcionalmente**, a **legitimidade** para o ajuizamento de ação anulatória.

No **polo passivo** da relação jurídica processual figurarão as partes que firmaram o ACT ou a CCT, pois a extinção da relação jurídica material atinge, por óbvio, os seus sujeitos.

Há, nesse caso, formação de um litisconsórcio necessário (**art. 114, CPC**), já que, em razão da natureza da relação jurídica material deduzida, o juiz deverá decidir de modo uniforme para todas as partes.

A **competência funcional** para julgar a ação que tenha por objeto a anulação de cláusula constante de ACT ou CCT é originária do Tribunal Regional do Trabalho, se a abrangência da norma autônoma se circunscrever à base territorial da Corte Regional, ou do Tribunal Superior do Trabalho, se ultrapassar a referida base territorial.

No entanto, com o advento da **Lei n. 13.467/2017 (*Reforma Trabalhista*)**, as ações anulatórias de cláusulas de convenção ou acordo coletivo de trabalho tiveram uma alteração importante em seu procedimento, já que nelas passou a ser obrigatória a participação, como litisconsortes necessários, dos sindicatos subscritores de convenção coletiva ou acordo coletivo de trabalho cuja validade das cláusulas está sendo questionada através da ação (**art. 611-A, § 5.º, CLT**).

11 ◼ Procedimentos Especiais no Processo do Trabalho 517

Dois outros pontos merecem destaque: o primeiro é a previsão de que a inexistência de expressa indicação de contrapartidas recíprocas em convenção ou acordo coletivo de trabalho não ensejará sua nulidade por não caracterizar um vício do negócio jurídico (**art. 611-A, § 2.º, CLT**), sendo, porém, que, se houver previsão de contrapartida prevista na norma coletiva, na hipótese de procedência da ação anulatória, a cláusula que a prevê deverá ser igualmente anulada, sem repetição do indébito (**art. 611-A, § 4.º, CLT**); o segundo é que a Reforma inseriu no ordenamento jurídico o **princípio da intervenção mínima na autonomia da vontade coletiva**, segundo o qual, no exame de convenção ou acordo coletivo de trabalho, a Justiça do Trabalho analisará exclusivamente a conformidade dos elementos essenciais do negócio jurídico, respeitado o disposto no art. 104 do Código Civil (**art. 8.º, § 3.º, CLT**).

11.10. AÇÃO DE NULIDADE DE SENTENÇA (*QUERELA NULLITATIS*)

Dois são, basicamente, os meios de impugnação possíveis de uma decisão judicial: o recurso e a ação rescisória.

"Esses meios servem para impugnar tanto *errores in procedendo* quanto *errores in iudicando*. É possível, assim, por esses meios, discutir a validade e a justiça da sentença. Ou seja, o recurso é o meio de impugnação da decisão judicial dentro do processo em que a decisão foi proferida (até o trânsito em julgado); a ação rescisória é o meio de desconstituição da coisa julgada, que pode ser manejada, em regra, dentro do prazo de dois anos"[19].

No entanto, há duas outras hipóteses previstas no ordenamento jurídico que permitem seja a decisão judicial existente invalidada, mesmo após o prazo da ação rescisória, quais sejam, quando proferida decisão em desfavor do réu em processo que correu à sua revelia:

◼ porque ele não foi citado;
◼ porque a citação se deu de maneira defeituosa.

"AGRAVO. AGRAVO DE INSTRUMENTO. RECURSO DE REVISTA. EXECUÇÃO. ADICIONAL POR TEMPO DE SERVIÇO (SEXTA-PARTE). COISA JULGADA. INEXISTÊNCIA DE ANTERIOR DECLARAÇÃO DE INCONSTITUCIONALIDADE PELO STF DO ATO NORMATIVO QUE FUNDAMENTOU A DECISÃO EXEQUENDA. ADI 2418/DF. EXIGIBILIDADE DO TÍTULO EXECUTIVO. À luz do CPC de 2015, os atos do Poder Judiciário que induzem a indiscutibilidade da relação jurídica travada entre as partes somente comportam rescisão (ou sustação e seus efeitos) mediante três instrumentos processuais: 1) **"querela nullitatis"** (veiculada como ação autônoma ou mesmo na fase de cumprimento de sentença – arts. 525, § 1.º, I, e 535, I, do CPC de 2015; 2) **ação rescisória** – nas hipóteses dos arts. 966, I ao VIII, 525, §1 5, e 535, § 8.º, do CPC de 2015; 3) e alegação de **inexigibilidade do título executivo judicial** fundado em lei ou ato normativo considerado inconstitucional pelo Supremo Tribunal Federal, ou fundado em aplicação ou interpretação da lei ou do ato normativo tido pelo Supremo Tribunal

---

[19] DIDIER JR., Fredie; CUNHA, Leonardo Carneiro da. *Curso de direito processual civil, cit.*, p. 575.

Federal como incompatível com a Constituição Federal, em controle de constitucionalidade concentrado ou difuso, desde que a decisão da Suprema Corte seja anterior à formação da coisa julgada questionada – arts. 525, § 12, e 535, § 5.º, do CPC de 2015. No caso dos autos, consoante registrado pelo Tribunal Regional, "**a sentença de conhecimento**, que reconheceu o direito à parcela que compõe o título executivo em epígrafe, **transitou em julgado em 2012**". O TRT observou, ainda que "Em 11-6-2018, a reclamada apresentou impugnação (ID. fc7db0a – Pág. 62), recebida como embargos à execução pelo juízo de origem alegando a **declaração de inconstitucionalidade do art. 97 da Lei Orgânica do Município perante o Tribunal de Justiça de São Paulo na ADI 2083718-70.2014.8.26.0000, proferida em 28-1-2015**, requerendo a declaração de inexequibilidade do título, nos termos do art. 884, §5.º, da CLT, tendo o pleito sido acolhido". (Grifos nossos). Assim, o título executivo não se encontra fundado em lei anteriormente considerada inconstitucional pelo Supremo Tribunal Federal, tampouco o caso se enquadra em qualquer hipótese legal de inexigibilidade, de modo que a decisão do Tribunal Regional, ao confirmar a exigibilidade do comando exequendo, dá cumprimento aos termos da coisa julgada. Não merece reparos a decisão. Agravo não provido" (Ag-AIRR-196700-23.2008.5.02.0313, 2.ª T., rel. Min. Maria Helena Mallmann, *DEJT* 23-9-2022).

Os **arts. 525, § 1.º, I, e 535, I, do Código de Processo Civil** contêm previsões nesse sentido.

Trata-se de situações em que a decisão judicial está contaminada, sendo verificado um **vício**, chamado pela doutrina, de **transrescisório**, que pode ser arguido por meio de **ação de nulidade**, chamada de *querela nullitatis*. Os atos maculados com os vícios em questão são considerados **inexistentes** e como tal jamais se convalidam, nem mesmo com o decurso do tempo.

Plenamente **cabível no processo do trabalho**, a *querela nullitatis* é o meio idôneo para arguição de nulidade da citação, podendo ser proposta a qualquer tempo, ainda que ultrapassado o prazo da ação rescisória.

"RECURSO ORDINÁRIO EM AÇÃO RESCISÓRIA. APELO DO AUTOR. LEI N. 5.869/1973. QUESTÃO PRELIMINAR. NULIDADE DE CITAÇÃO. REVELIA. *QUERELA NULLITATIS*. CABIMENTO DA AÇÃO RESCISÓRIA. Caso em que a *querela nullitatis* não foi a via eleita pela parte autora com objetivo de obter a desconstituição da decisão rescindenda, mas sim a ação rescisória. Prevalece na SBDI-2/TST a compreensão de que a parte revel nulamente citada possui ao seu dispor outros instrumentos processuais além da ação rescisória para desconstituição da sentença alegadamente viciada. Porém, atendidas as regras imperativas do processo jurisdicional, cabe somente às partes, especialmente ao autor, a escolha do procedimento por meio do qual pretende ver processada a sua pretensão. Não há que se falar, pois, em carência de ação pelo simples fato de ter sido ajuizada ação rescisória em lugar da *querela nullitatis*. Contudo, ao optar pela via da ação rescisória, a parte autora deve atender ao prazo decadencial bienal previsto nos arts. 495 do CPC de 1973 e 975 do CPC de 2015, sob pena de improcedência do seu pleito. Precedente específico. Ação rescisória que se declara cabível na espécie. [...]" (AIRO-RO-704-33.2015.5.12.0000, Subseção II Especializada em Dissídios Individuais, rel. Min. Maria Helena Mallmann, *DEJT* 11-9-2020).

A **competência** para o julgamento da *querela nullitatis* será do juízo que proferiu a decisão nula, ou seja, a **Vara do Trabalho**, ou o **Tribunal**, em caso de decisão em ação de sua competência originária.

11.11. QUESTÕES

12

TUTELA PROVISÓRIA NO PROCESSO DO TRABALHO

12.1. TUTELA PROVISÓRIA

O objetivo da jurisdição em um Estado Democrático de Direito é "prestar a *tutela* ao direito material envolvido"[1], da qual nenhuma lesão ou ameaça de lesão pode deixar de ser apreciada pelo Poder Judiciário **(art. 5.º, XXXV, CF)**.

A **tutela** deve ser prestada de forma **exauriente e definitiva**, o que, no entanto, nem sempre é feito de maneira célere e efetiva. O **tempo** que leva para que a decisão final seja proferida pode resultar em uma **decisão injusta e não efetiva** àquele que terá, ao final, o seu direito reconhecido.

"Há situações concretas em que a duração do processo e a espera da composição do conflito geram prejuízos ou risco de prejuízos para uma das partes, os quais podem assumir proporções sérias, comprometendo a efetividade da tutela a cargo da Justiça. O ônus do tempo, às vezes, recai precisamente sobre aquele que se apresenta, perante o juízo, como quem se acha na condição de vantagem que afinal virá a merecer a tutela jurisdicional. Estabelece-se, em quadras como estas, uma situação injusta, em que a demora do processo reverte-se em vantagem para o litigante que, no enfoque atual, não é merecedor da tutela jurisdicional. Criam-se, então, *técnicas de sumarização*, para que o custo da duração do processo seja melhor distribuído, e não mais continue a recair sobre quem aparenta, no momento, ser o merecedor da tutela da Justiça"[2].

Tutela provisória é, assim, o mecanismo processual que visa um **equilíbrio na questão tempo *x* efetividade**, e por meio dele o juiz **antecipa a uma das partes um provimento de mérito ou acautelatório** antes da prolação da decisão final, seja em virtude da urgência ou da plausibilidade do direito.

O **Código de Processo Civil de 2015** trata do tema relativo à tutela provisória no Livro V da Parte Geral, mais especificamente nos **arts. 294 a 311**.

A tutela provisória pode fundamentar-se em **(art. 294, CPC)**:

- ▣ urgência;
- ▣ evidência.

Fala-se, então, em **tutelas de urgência** e **tutelas de evidência**. Diante de *urgência* ou da *evidência*, é possível ao juiz adiantar os efeitos da decisão ou, "ao menos, *proteger*

---

[1] THEODORO JÚNIOR, Humberto. *Curso de direito processual civil,* cit., v. 1, p. 609.

[2] THEODORO JÚNIOR, Humberto. *Curso de direito processual civil, cit.,* v. 1, p. 609-610.

a situação, impedindo o perecimento do direito que se busca proteger, mesmo antes que o juiz tenha plena convicção a respeito do direito do autor"[3].

As tutelas de urgência podem ser cautelares ou antecipadas, podendo ser concedidas em caráter antecedente ou incidental **(art. 294, parágrafo único, CPC)**.

Assim, temos:

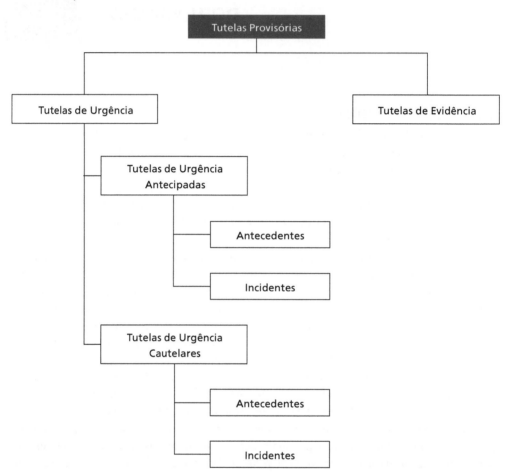

A tutela provisória conserva sua eficácia na pendência do processo, mas pode, **a qualquer tempo**, ser **revogada** ou **modificada**, salvo decisão judicial em contrário, ela conservará a eficácia durante o período de suspensão do processo **(art. 296, CPC)**.

O juiz poderá determinar as medidas que considerar adequadas para efetivação da tutela provisória, que observará, no que couber, as normas referentes ao cumprimento provisório da sentença **(art. 297, CPC)**.

---

[3] RIBEIRO, Leonardo Ferres da Silva. Tutela provisória. In: WAMBIER, Luiz Rodrigues; WAMBIER, Teresa Arruda Alvim (Coord.). *Temas essenciais do novo CPC*. São Paulo: Revista dos Tribunais, 2016. p. 177-218.

12 ◻ Tutela Provisória no Processo do Trabalho 523

Na decisão que conceder, negar, modificar ou revogar a tutela provisória, o juiz **motivará seu convencimento** de modo claro e preciso **(art. 298, CPC)**.

A tutela provisória será **requerida (art. 299, CPC)**:

◻ ao juízo da causa;
◻ ao juízo competente para conhecer do pedido principal, quando antecedente.

Ressalvada disposição especial, na **ação de competência originária de tribunal** e nos **recursos** a tutela provisória será requerida ao órgão jurisdicional competente para apreciar o mérito **(art. 299, parágrafo único, CPC)**.

"RECURSO ORDINÁRIO EM TUTELA DE URGÊNCIA – DECISÃO DE PRIMEIRA INSTÂNCIA EM EXECUÇÃO – TUTELA PROVISÓRIA REQUERIDA DIRETAMENTE NO TRIBUNAL REGIONAL – COMPETÊNCIA – CABIMENTO. 1. **Nos termos do art. 299 do CPC/2015, a tutela provisória (de urgência e de evidência) deverá ser requerida diretamente ao juízo da causa.** 2. O CPC/2015 adotou o sincretismo processual para as tutelas provisórias, eliminando as antigas ações cautelares típicas e retirando a autonomia do processo cautelar. 3. **O Tribunal Regional não tem competência funcional para a apreciação da tutela de urgência apresentada diretamente naquela Corte (fora dos autos principais) contra decisão interlocutória da Vara do Trabalho na fase de execução.** 4. Além disso, evidente a inadequação da via eleita, não tendo sido utilizado o meio processual adequado e cabível para a impugnação do *decisum* interlocutório em execução, a teor do art. 1.º da Lei n. 12.016/2009, das Súmulas 414, 416 e 417 do TST e da Orientação Jurisprudencial 92 da SBDI-2 do TST. 5. Acertada a extinção do presente feito sem resolução de mérito, na forma do art. 485, IV e VI, do CPC/2015. Recurso ordinário desprovido" (TST, RO 2359-87.2016.5.09.0000, 7.ª T., rel. Min. Luiz Philippe Vieira de Mello Filho, *DEJT* 1.º-6-2018).

Os dispositivos do **Código de Processo Civil** sobre tutela provisória **(arts. 294 a 311) aplicam-se ao processo do trabalho (art. 3.º, VI, IN n. 39/2016)**. Aliás, tendo em vista a natureza da maior parte das lides trabalhistas, em que se discutem verbas de natureza alimentar e, ainda, questões, por exemplo, relativas à dignidade do trabalhador e à manutenção do emprego, constata-se que a necessidade de uma providência jurisdicional mais célere se torna crucial.

Destaque-se que, no **âmbito trabalhista,** há disposição legal expressa de **vedação da concessão de tutela** de urgência ou de evidência que impliquem em **saque ou movimentação da conta vinculada do trabalhador no FGTS (art. 29-B, Lei n. 8.036/90)**.

Tal dispositivo legal foi **declarado constitucional** pelo Supremo Tribunal Federal (ADIs 2.382, 2.425 e 2.479, rel. Min. Ricardo Lewandowski, Red. para o acórdão Min. Edson Fachin, j. 14-3-2018):

"AÇÃO DIRETA DE INCONSTITUCIONALIDADE. MEDIDA PROVISÓRIA. REQUISITOS DA RELEVÂNCIA E URGÊNCIA. DIREITO À REPRESENTAÇÃO SINDICAL. CONTAS VINCULADAS AO FGTS. IMPROCEDÊNCIA DO PEDIDO DE DECLARAÇÃO DE INCONSTITUCIONALIDADE. 1. A averiguação da presença dos requisitos da relevância e urgência para edição de medidas provisórias, não obstante possível como atividade jurisdicional desta Corte, não encontra, no presente caso, a excepcionalidade necessária para seu exercício. 2. Se ao tempo da edição da medida provisória, as suas disposições normativas obedeceram aos parâmetros constitucionais estabelecidos, não há inconstitucionalidade formal a ser declarada. 3. A exigência de comparecimento pessoal, vinculação dos depósitos referentes à correção dos saldos das contas respectivas e proibição de concessão de medidas judiciais para saque ou movimentação das contas referentes ao FGTS constituem restrições constitucionais que não atingem o núcleo essencial do direito à representação sindical e da Advocacia como função essencial à Justiça. 4. A garantia fundamental da inafastabilidade de jurisdição não é afrontada pela vedação de medidas judiciais autorizadoras da movimentação das contas vinculadas do FGTS. 5. Pedido da ação direta de inconstitucionalidade julgado improcedente" (STF, ADI 2.425, Tribunal Pleno, rel. Min. Ricardo Lewandowski, rel. p/ acórdão Min. Edson Fachin, j. 14-3-2018, *DJe*-216, divulg. 9-10-2018, public. 10-10-2018).

12.1.1. Tutela de urgência

A **tutela provisória de urgência** é o instrumento processual por meio do qual a parte pode pleitear a antecipação do pedido de mérito, com fundamento na urgência.

A tutela de urgência se subdivide em duas espécies, que podem ser requeridas de **forma antecedente** ou **incidente**:

- ☐ tutela provisória de **urgência antecipada**;
- ☐ tutela provisória de **urgência cautelar**.

Embora a distinção entre as tutelas provisórias seja mais nominal do que efetivamente prática, já que, sejam elas antecipadas ou cautelares, **o que importa é que possuem urgência**, pode-se identificar que a **finalidade** da tutela de urgência:

- ☐ **antecipada** – é antecipar à parte autora o próprio direito material (*satisfazer*);
- ☐ **cautelar** – é conferir à parte a possibilidade de obter, mediante provimento de urgência, ferramentas necessárias para assegurar o direto material (*assegurar*).

A tutela de urgência **será concedida quando** houver elementos que evidenciem **(art. 300, CPC)**:

- ☐ a probabilidade do direito;
- ☐ o perigo de dano ou o risco ao resultado útil do processo.

Como ensina Humberto Theodoro Júnior, "os requisitos, portanto, para alcançar-se uma providência de urgência de natureza cautelar ou satisfativa são, basicamente, dois: (a) Um dano potencial, um risco que corre o processo de não ser útil ao interesse demonstrado pela parte, em razão do *periculum in mora*, risco esse que deve ser objetivamente apurável; (b) A probabilidade do direito substancial invocado por quem pretenda segurança, ou seja, o *fumus boni iuris*"[4].

Havendo elementos probatórios a sustentar a pretensão, verifica-se a probabilidade do direito, o *fumus boni iuris*. "O juízo necessário não é o de certeza, mas o de

---

[4] THEODORO JÚNIOR, Humberto. *Curso de direito processual civil, cit.*, v. 1, p. 623.

12 ◼ Tutela Provisória no Processo do Trabalho

verossimilhança, efetuado sumária e provisoriamente à luz dos elementos produzidos pela parte. [...] Não se pode, bem se vê, tutelar qualquer interesse, mas tão somente aqueles que, pela aparência, se mostram plausíveis de tutela no processo. Assim, se da própria narração do requerente da tutela de urgência, ou da flagrante deficiência do título jurídico em que se apoia sua pretensão de mérito, conclui-se que não há possibilidade de êxito para ele na composição definitiva da lide, caso não é de lhe outorgar a proteção de urgência"[5].

O *periculum in mora* é caracterizado pelo fundado receio da parte de que a demora processual possa acarretar prejuízos à obtenção da tutela definitiva, havendo risco de perecimento, deterioração ou até mesmo destruição do direito.

O perigo de dano refere-se ao interesse processual em obter uma justa composição do litígio, seja em favor de uma ou de outra parte, o que não poderá ser alcançado caso se concretize o dano temido. Ele nasce de dados concretos, seguros, objeto de prova suficiente para autorizar o juízo de grande probabilidade em torno do risco de prejuízo grave. Pretende-se combater os riscos de injustiça ou de dano derivados da espera pela finalização do curso normal do processo. Há que se demonstrar, portanto, o "perigo na demora da prestação da tutela jurisdicional. Esse dano corresponde, assim, a uma alteração na situação de fato existente ao tempo do estabelecimento da controvérsia – ou seja, do surgimento da lide – que é ocorrência anterior ao processo. Não impedir sua consumação comprometerá a efetividade da tutela jurisdicional a que faz jus o litigante"[6].

"EMBARGOS DE DECLARAÇÃO. RECURSO ORDINÁRIO EM MANDADO DE SEGURANÇA. ACÓRDÃO EMBARGADO QUE AFASTOU A REINTEGRAÇÃO DA EMBARGANTE AO EMPREGO E MANTEVE A SUSPENSÃO DO CONTRATO. VÍCIOS INEXISTENTES. Os embargos de declaração são meios de impugnação cabíveis contra qualquer decisão judicial, que visam 'esclarecer obscuridade ou eliminar contradição', 'suprir omissão', 'corrigir erro material' e ainda sanar 'manifesto equívoco no exame dos pressupostos extrínsecos do recurso' (CPC, art. 1.022 c/c CLT, art. 897-A). No caso, o acórdão embargado tratou de todas as matérias ventiladas nos embargos, porém, em desfavor às teses levantadas pela impetrante, ora embargante. Do exame da prova pré-constituída para fins de verificação dos pressupostos do art. 300 do CPC, embora averiguada a inaptidão da obreira no momento da despedida, não se vislumbrou a configuração da probabilidade do direito à reintegração ao emprego, em face da não demonstração do nexo de causalidade entre as doenças e o trabalho, mesmo em cognição sumária. Também não se pode afirmar que a inaptidão da trabalhadora no ato da dispensa não foi levada em consideração no julgado, uma vez que, em razão desse fato, o acórdão embargado conferiu parcial provimento ao recurso ordinário para manter a suspensão do contrato até o fim da incapacidade, em consonância com a Súmula 371 deste Tribunal Superior. Assim, não evidenciados quaisquer dos vícios especificados nos arts. 1.022 do CPC e 897-A da CLT, não se viabiliza o acolhimento dos embargos de declaração. Embargos de declaração

---

[5] THEODORO JÚNIOR, Humberto. *Curso de direito processual civil, cit.,* v. 1, p. 624-625.

[6] THEODORO JÚNIOR, Humberto. *Curso de direito processual civil,* cit., v. 1, p. 624-625.

rejeitados" (EDCiv-ROT-103286-73.2022.5.01.0000, Subseção II Especializada em Dissídios Individuais, rel. Min. Liana Chaib, *DEJT* 14-6-2024).

Para a concessão da tutela de urgência, o juiz pode, conforme o caso, exigir caução real ou fidejussória idônea para ressarcir os danos que a outra parte possa vir a sofrer, **podendo a caução ser dispensada** se a parte economicamente **hipossuficiente** não puder oferecê-la **(art. 300, § 1.º, CPC)**.

A tutela de urgência pode ser concedida liminarmente ou após justificativa prévia **(art. 300, § 2.º, CPC)**.

Independentemente da **reparação por dano processual**, a parte **responde pelo prejuízo** que a efetivação da tutela de urgência causar à parte adversa, se **(art. 302, CPC)**:

- ☑ a sentença lhe for desfavorável;
- ☑ obtida liminarmente a tutela em caráter antecedente, não fornecer os meios necessários para a citação do requerido no prazo de cinco dias;
- ☑ ocorrer a cessação da eficácia da medida em qualquer hipótese legal;
- ☑ o juiz acolher a alegação de decadência ou prescrição da pretensão do autor.

Sempre que possível, a indenização será liquidada nos autos em que a medida tiver sido concedida **(art. 302, parágrafo único, CPC)**.

12.1.1.1. Tutelas de urgência antecipadas

Sendo o risco contemporâneo à propositura da ação, a parte pode requerer a tutela de urgência na própria petição inicial, de forma simplificada **(tutela antecipada requerida em caráter antecedente)**. Assim, a petição inicial pode limitar-se ao requerimento da tutela antecipada e à indicação do pedido de tutela final, com a exposição da lide, do direito que se busca realizar e do perigo de dano ou do risco ao resultado útil do processo **(art. 303, CPC)**. Deve haver, portanto, relação direta da tutela provisória requerida de forma antecedente e o pedido principal a ser deduzido.

"**TUTELA PROVISÓRIA ANTECEDENTE** – DISSÍDIO COLETIVO DE NATUREZA ECONÔMICA – INADEQUAÇÃO DA VIA ELEITA – ARGUIÇÃO DE OFÍCIO 1. **A tutela provisória deve possuir relação direta com o pedido principal a ser deduzido.** Entretanto, a federação Requerente não pretende tutelar o provimento final, mas obter o reconhecimento de sua legitimidade e a condenação da DATAPREV à obrigação de negociar sua pauta de reivindicações, provimentos incompatíveis com o Dissídio Coletivo de Natureza Econômica, que tem como premissas justamente a legitimidade do ente sindical e o insucesso das negociações. Ausência de interesse de agir. Inadequação da via eleita. Precedente da C. SDC em situação semelhante. 2. Além disso, esta Corte Superior aplica o critério da amplitude territorial do interesse coletivo envolvido para reconhecer a legitimidade de federação ou confederação nacional, garantindo tratamento isonômico aos trabalhadores de empresa estatal que opera em todo o país com quadro único de carreiras. Processo extinto sem resolução do mérito" (TST, TutCautAnt 13201-44.2017.5.00.0000, SDC, rel. Min. Maria Cristina Irigoyen Peduzzi, *DEJT* 19-12-2017).

12 ◼ Tutela Provisória no Processo do Trabalho   527

Na **petição inicial** o autor **deverá indicar** que se trata de tutela cautelar antecedente e que será observado o procedimento previsto em lei **(art. 303, § 5.º, CPC)**, bem como o valor da causa, que deve levar em consideração o pedido de tutela final **(art. 303, § 4.º, CPC)**.

Em razão das peculiaridades do processo do trabalho, as previsões do **§ 1.º do art. 303 do Código de Processo Civil** devem ser a ele adaptadas. Assim, **concedida a tutela** antecipada antecedente:

◼ o autor deverá aditar a petição inicial, com a complementação de sua argumentação, a juntada de novos documentos e a confirmação do pedido de tutela final, em 15 dias ou em outro prazo maior que o juiz fixar;

◼ o réu será citado e intimado para a audiência de conciliação;

◼ não havendo autocomposição, será designada nova audiência, na qual o réu apresentará sua defesa e será realizada a instrução do processo.

Caso não seja aditada a petição inicial com a complementação da argumentação, a juntada de novos documentos e a confirmação do pedido de tutela final, o processo será **extinto sem resolução do mérito**. O aditamento dar-se-á nos mesmos autos, sem incidência de novas custas processuais **(art. 303, §§ 2.º e 3.º, CPC)**.

Caso entenda que não há elementos para a concessão de tutela antecipada, o órgão jurisdicional determinará a **emenda da petição inicial** em até cinco dias, sob pena de ser indeferida e de o processo ser extinto sem resolução do mérito **(art. 303, § 6.º, CPC)**.

O **art. 304, *caput*, do Código de Processo Civil** prevê que a tutela antecipada se torna estável se da decisão que a conceder não for interposto o respectivo recurso. Ocorre que a decisão que concede a tutela antecipada em caráter antecedente prevista no **art. 303 do Código de Processo Civil** é interlocutória, irrecorrível de imediato, portanto, no processo do trabalho **(art. 793, § 1.º, CLT)**, sendo atacável, portanto, pela via do mandado de segurança. Assim, a **estabilização da tutela antecipada** se dá no processo do trabalho se não for impetrado mandado de segurança.

> **SÚM. 414, TST:** "[...] II – No caso de a tutela provisória haver sido concedida ou indeferida antes da sentença, cabe mandado de segurança, em face da inexistência de recurso próprio".

> **OJ SDI-2 64, TST:** "Não fere direito líquido e certo a concessão de tutela antecipada para reintegração de empregado protegido por estabilidade provisória decorrente de lei ou norma coletiva".

A tutela antecipada conservará seus efeitos enquanto não revista, reformada ou invalidada por decisão de mérito proferida na ação **(art. 304, § 3.º, CPC)**.

A decisão que concede a tutela não fará coisa julgada, mas a estabilidade dos respectivos efeitos só será afastada por decisão que a revir, reformar ou invalidar, proferida em ação ajuizada por uma das partes **(art. 304, § 6.º, CPC)**.

A tutela de urgência poderá ser requerida incidentalmente no processo, em qualquer momento, desde que presentes os seus requisitos – a probabilidade do direito e o perigo de dano ou o risco ao resultado útil do processo (**tutela de urgência antecipada incidente**).

A tutela de urgência de natureza antecipada, seja ela antecedente ou incidental, **não será concedida** quando houver **perigo de irreversibilidade** dos efeitos da decisão (**art. 300, § 3.º, CPC**).

12.1.1.2. Tutelas de urgência cautelares

O **Código de Processo Civil de 2015** aboliu as cautelares típicas ou nominadas. "Com a sua vigência, não haverá mais a previsão das cautelares típicas, deixando tudo sob o manto de um *poder geral de tutela de urgência*, permitindo ao juiz agir com a finalidade de *conservar* (função cautelar) ou satisfazer (técnica da tutela antecipada), mediante a presença de *fumus boni iuris* e *periculum in mora*"[7].

A **tutela de urgência cautelar** é o mecanismo previsto pelo legislador, de **caráter instrumental**, para permitir à parte a obtenção de um provimento acautelatório que preserve o direito material almejado. Não recaindo sobre o mérito em si, mas sobre os instrumentos que permitem assegurar a efetividade do mérito e do próprio processo, utiliza-se de uma **técnica conservativa**.

A tutela cautelar também poderá ser conferida em **caráter antecedente ou incidente**.

A petição inicial da ação que visa à prestação de **tutela cautelar em caráter antecedente** indicará a lide e seu fundamento, a exposição sumária do direito que se objetiva assegurar e o perigo de dano ou o risco ao resultado útil do processo (**art. 305, CPC**).

Portanto, para a concessão da tutela de urgência cautelar também devem estar presentes elementos que evidenciem:

- ▣ a probabilidade do direito;
- ▣ o perigo de dano ou o risco ao resultado útil do processo.

Entendendo o juiz que o pedido tem natureza antecipada, deverá observar o disposto no **art. 303 do Código de Processo Civil**.

O réu será citado para, no prazo de cinco dias, contestar o pedido e indicar as provas que pretende produzir (**art. 306, CPC**). Citado o réu, duas situações podem ser verificadas (**art. 307, CPC**):

- ▣ o pedido não é contestado – os fatos alegados pelo autor presumir-se-ão aceitos pelo réu como ocorridos, caso em que o juiz decidirá dentro de cinco dias;
- ▣ o pedido é contestado no prazo legal – deverá ser observado o procedimento comum.

Efetivada a tutela cautelar, o pedido principal terá de ser formulado pelo autor no prazo de 30 dias, caso em que será apresentado nos mesmos autos em que deduzido o

---

[7] RIBEIRO, Leonardo Ferres da Silva. *Tutela provisória*, cit., p. 177-218.

12 ◻ Tutela Provisória no Processo do Trabalho

529

pedido de tutela cautelar, não dependendo do adiantamento de novas custas processuais **(art. 308, CPC)**.

O pedido principal pode ser formulado conjuntamente com o pedido de tutela cautelar **(art. 308, § 1.º, CPC)**.

A causa de pedir poderá ser aditada no momento de formulação do pedido principal **(art. 308, § 2.º, CPC)**.

Em razão das peculiaridades do processo do trabalho, as previsões dos **§§ 3.º e 4.º do art. 308 do Código de Processo Civil** devem ser a ele adaptadas. Assim:

◻ apresentado o pedido principal, as partes serão intimadas para a audiência de conciliação por seus advogados ou pessoalmente, sem necessidade de nova citação do réu;

◻ não havendo autocomposição, será designada nova audiência, na qual o réu apresentará sua defesa e será realizada a instrução do processo.

Cessa a eficácia da tutela concedida em caráter antecedente se **(art. 309, CPC)**:

◻ o autor não deduzir o pedido principal no prazo legal;

◻ não for efetivada dentro de 30 dias;

◻ o juiz julgar improcedente o pedido principal formulado pelo autor ou extinguir o processo sem resolução de mérito.

Se por qualquer motivo cessar a eficácia da tutela cautelar, é **vedado à parte renovar o pedido**, salvo sob novo fundamento **(art. 309, CPC)**.

O **indeferimento da tutela cautelar** não obsta a que a parte formule o pedido principal, nem influi no julgamento deste, salvo se o motivo do indeferimento for o reconhecimento de decadência ou de prescrição **(art. 310, CPC)**.

A tutela de urgência de natureza cautelar pode ser **efetivada** mediante **(art. 301, CPC)**:

◻ arresto;

◻ sequestro;

◻ arrolamento de bens;

◻ registro de protesto contra alienação de bem;

◻ qualquer outra medida idônea para asseguração do direito.

"RECURSO ORDINÁRIO EM MANDADO DE SEGURANÇA. ATO JUDICIAL QUE DETERMINOU O BLOQUEIO DE BENS DO IMPETRANTE. ILEGALIDADE E ABUSO DE PODER NÃO CONFIGURADAS. PRESENÇA DOS PRESSUPOSTOS DO ART. 300 DO CPC. 1. Trata-se de mandado de segurança, com pedido liminar impetrado contra o deferimento de **tutela de urgência e determinação, no mesmo ato, de arresto cautelar de bens do sócio do reclamado**. A determinação de constrição judicial sobre bens do impetrante ampara-se, essencialmente, no fato de que ele é proprietário do Instituto Nacional de Ensino, Pós-Graduação e Extensão – INEPE, reclamado na reclamação trabalhista e que esse instituto funciona em 10 salas comerciais, de propriedade do impetrante. O INEPE pode tornar-se economicamente inidôneo, com risco de ineficácia da execução, diante da inexistência de patrimônio em seu nome. 2. No caso em análise, a liminar foi indeferida e a decisão confirmada no acórdão recorrido, permanecendo a ordem de bloqueio. 3. Não se verifica a citada ilegalidade na constrição de bens do impetrante, em razão da confusão patrimonial entre ele e o Instituto Nacional de Ensino, Pós-Graduação e Extensão – INEPE, não havendo prova pré-constituída em sentido contrário, que demonstre a isenção do impetrante, conforme diretriz contida na Súmula 415 do TST e no art. 6.º da Lei n. 12.016/2009. 4. Logo, **o deferimento da tutela cautelar ampara-se nos pressupostos do art. 300 do CPC, tendo em vista a real possibilidade de ineficácia da execução**. Inexiste, pois, direito líquido e certo a ser oposto contra ato jurisdicional que, em última análise, objetiva preservar a higidez do processo que culminará com a entrega do bem da vida ao exequente. Recurso ordinário conhecido desprovido" (TST, RO 20468-56.2017.5.04.0000, SDI-2, rel. Min. Alexandre de Souza Agra Belmonte, *DEJT* 19-10-2018).

"RECURSO ORDINÁRIO EM MANDADO DE SEGURANÇA. ATO JUDICIAL QUE DETERMINOU O BLOQUEIO DE BENS DA IMPETRANTE. ILEGALIDADE E ABUSO DE PODER NÃO CONFIGURADOS. PRESENÇA DOS PRESSUPOSTOS DO ART. 300 DO CPC. 1. Trata-se de mandado de segurança, com pedido liminar impetrado contra ato da Juíza do Trabalho Substituta da 4.ª Vara do Trabalho de Jundiaí, que deferiu a tutela de urgência (art. 301 do CPC) e determinou, no mesmo ato, o **arresto cautelar de bens da empresa reclamada**. 2. A determinação de constrição judicial sobre bens da ora impetrante ampara-se, essencialmente, no fato de que **a empresa encontra-se no polo passivo da reclamação trabalhista e figura no polo passivo de vários processos de execução e pode tornar-se economicamente inidônea, com risco de ineficácia da execução, diante da possibilidade de dilapidação do seu patrimônio**. 3. Nesse cenário, não se verifica a alegada ilegalidade no arresto de bens da empresa, não havendo prova pré-constituída em sentido contrário, que demonstre a saúde financeira da impetrante, conforme diretriz contida na Súmula 415 do TST e no art. 6.º da Lei n. 12.016/2009. 4. Logo, **o deferimento da tutela cautelar ampara-se nos pressupostos do art. 300 do CPC, tendo em vista a real possibilidade de ineficácia da execução**, inexistindo, pois, direito líquido e certo a ser oposto contra ato jurisdicional que, em última análise, objetiva preservar a higidez do processo que culminará com a entrega do bem da vida ao ex-empregado. Recurso ordinário conhecido desprovido" (TST, RO 7807-39.2017.5.15.0000, SDI-2, rel. Min. Alexandre de Souza Agra Belmonte, *DEJT* 11-10-2018).

12.1.2. Tutela da evidência

A **tutela da evidência** pode ser requerida **independentemente da demonstração de perigo de dano ou de risco ao resultado útil do processo**, podendo ser concedida quando **(art. 311, CPC)**:

- ■ ficar caracterizado o abuso do direito de defesa ou o manifesto propósito protelatório da parte;
- ■ as alegações de fato puderem ser comprovadas apenas documentalmente e houver tese firmada em julgamento de casos repetitivos ou em súmula vinculante;
- ■ se tratar de pedido reipersecutório fundado em prova documental adequada do contrato de depósito, caso em que será decretada a ordem de entrega do objeto custodiado, sob cominação de multa;

12 ■ Tutela Provisória no Processo do Trabalho   531

■ a petição inicial for instruída com prova documental suficiente dos fatos constitutivos do direito do autor, a que o réu não oponha prova capaz de gerar dúvida razoável.

Quando as alegações de fato puderem ser comprovadas apenas documentalmente e houver tese firmada em julgamento de casos repetitivos ou em súmula vinculante e quando se tratar de pedido reipersecutório fundado em prova documental adequada do contrato de depósito, o juiz poderá decidir liminarmente (**art. 311, parágrafo único, CPC**).

Com a previsão da tutela da evidência, constata-se que o Código de Processo Civil privilegia a **boa-fé processual** e os casos em que a **plausibilidade do direito é patente**.

O **fundamento da tutela da evidência** pode ser encontrado no **art. 4.º do Código de Processo Civil**, que dispõe: "As partes têm direito de obter em prazo razoável a solução integral da lide, incluída a atividade satisfativa".

Sobre o tema, ensina Humberto Theodoro Júnior: "A essas tutelas de urgência, agregou-se, mais modernamente, a tutela da evidência, que tem como objetivo não propriamente afastar o risco de um dano econômico ou jurídico, mas, sim, o de combater a injustiça suportada pela parte que, mesmo tendo a evidência de seu direito material, se vê sujeita a privar-se da respectiva usufruição, diante da resistência abusiva do adversário. Se o processo democrático deve ser justo, haverá de contar com remédios adequados a uma gestão mais equitativa dos efeitos da duração da marcha procedimental"[8].

> "RECURSO DE REVISTA. TUTELA DE URGÊNCIA. EXAME DO PEDIDO FORMULADO PELO AUTOR EM PETIÇÃO APARTADA (FLS. 118-123). REINTEGRAÇÃO. Art. 300 DO CPC. Verifica-se, às fls. 118-121, que o autor formula pedido de tutela provisória de urgência consistente na reintegração ao emprego. Constata-se que o direito do autor restou plenamente demonstrado, tendo em vista o quadro fático registrado pelo TRT que confirma não ter havido abandono de emprego. O perigo na demora, *in casu*, resta consubstanciado na ausência de pagamento de salários e os efeitos nefastos causados ao autor e à sua família, razão pela qual deve este juízo tutelar o direito do autor, especialmente porque foi deferida a nulidade da dispensa por justa causa, bem como o pedido de reintegração. Acrescente-se que não há perigo na irreversibilidade da medida, pois o TRT enfatizou que não houve o ânimo de abandonar o emprego, e que a demora decorreu de um atraso injustificado da própria administração dos Correios. Embora denominada de tutela de urgência, a presente medida mais se aproxima da tutela de evidência. Nesse contexto, a tutela de urgência deve ser deferida para determinar à empresa a imediata reintegração do autor e o consequente pagamento de salários, sob pena de pagamento de multa diária" (TST, RR 1910-78.2012.5.11.0012, 2.ª T., rel. Min. Maria Helena Mallmann, *DEJT* 8-6-2018).

> "AGRAVO DE INSTRUMENTO. PEDIDO DE TUTELA DE EVIDÊNCIA EM CONTRARRAZÕES. Evidencia-se também a atitude da executada atentatória à dignidade da justiça, pois a procrastinação da execução por utilização abusiva de recursos, ressentidos

---

[8] THEODORO JÚNIOR, Humberto. *Curso de direito processual civil*, cit., v. 1, p. 611.

532 Direito Processual do Trabalho Esquematizado — Carla Teresa Martins Romar

do interesse processual, demonstra o desrespeito à decisão judicial que indeferiu o pedido de parcelamento judicial do crédito trabalhista. E pior, agrava a situação do exequente que se vê ainda mais prejudicado com o prolongamento desnecessário da execução, em ofensa ao princípio da celeridade processual. Tutela de evidência deferida, bem como multa por litigância de má-fé, no importe de 9% do valor corrigido da causa" (TST, AIRR 21307-93.2014.5.04.0030, 6.ª T., rel. Min. Augusto César Leite de Carvalho, *DEJT* 8-6-2018).

12.2. CONCESSÃO DE TUTELA *INAUDITA ALTERA PARTE*

Apesar da valorização do **princípio do contraditório (art. 9.º, CPC)**, especialmente em sua vertente participativa, o Código de Processo Civil contém previsão de hipóteses em que é possível a concessão de provimentos sem a prévia manifestação da parte contrária.

O próprio **art. 9.º do Código de Processo Civil**, em seu **parágrafo único**, prevê hipóteses em que o **contraditório prévio** pode ser **excepcionado**, entre elas, na tutela de urgência e na tutela da evidência.

Inclui-se entre os poderes atribuídos ao juiz em relação às tutelas de urgência a faculdade de conceder a medida de segurança previamente, ou seja, **antes da citação da parte adversa,** ou seja, a tutela pode ser **concedida** *inaudita altera parte* **(art. 300, § 2.º, CPC)**.

"As medidas cautelares conservativas representam, quase sempre, restrições de direito e imposição de deveres extraordinários ao requerido. As cautelares satisfativas, por sua vez, garantem, de forma imediata, as vantagens de direito material para as quais se busca a tutela definitiva. Reclamam, por isso, demonstração, ainda que sumária, dos requisitos legais previstos para a providência restritiva excepcional que tendem a concretizar, requisitos esses que devem ser apurados em contraditório segundo o princípio geral que norteia todo o espírito do Código.

Muitas vezes, porém, a audiência da parte contrária levaria a frustrar a finalidade da própria tutela preventiva, pois daria ensejo ao litigante de má-fé justamente a acelerar a realização do ato temido em detrimento dos interesses em risco. Atento à finalidade preventiva das medidas sumárias de urgência, o Código permite ao juiz concedê-las, sem ouvir o réu, liminarmente ou após justificação prévia **(art. 300, § 2.º)**.

A concessão de liminar, todavia, não depende apenas de estar o requerente na iminência de suportar ato do requerido que venha a provocar a consumação do dano temido. O perigo tanto pode derivar de conduta do demandado, como de fato natural"[9].

Considerando que o contraditório, para ser eficaz, deverá ser prévio, é preciso ter claro que a concessão de tutela *inaudita altera parte* caracteriza um **contraditório postergado**, que somente deverá ocorrer em **caráter excepcional**, fundado na certeza do direito do requerente, observando os interesses perseguidos, bem como os riscos oriundos da antecipação ou da postergação. Assim, analisando a excepcionalidade da medida, Humberto Theodoro Júnior afirma que "o que justifica a liminar é simplesmente a possibilidade de o dano consumar-se antes da citação, qualquer que seja o motivo. Impõe-se o provimento imediato, porque, se se tiver de aguardar a citação, o perigo se

---

[9] THEODORO JÚNIOR, Humberto. *Curso de direito processual civil,* cit., v. 1, p. 629-630.

converterá em dano, tornando tardia a medida cuja finalidade é, essencialmente, preveni-lo. Essas medidas excepcionais podem ser autorizadas, tanto de forma incidente como antecedente, e não dispensam a demonstração sumária dos pressupostos necessários para a tutela preventiva"[10].

Por fim, é necessário destacar que concessão da tutela sem que seja ouvida a parte adversa, com a consequente postergação do contraditório, só pode ocorrer por meio de decisão fundamentada, nos termos do **art. 489, § 1.º, do Código de Processo Civil**, que dispõe sobre a **fundamentação analítica das decisões judiciais**, ou seja, as decisões adotadas *inaudita altera parte* têm que possibilitar à parte contrária uma plena compreensão, têm que permitir que ela possa compreender as razões que levaram o julgador a adotar a medida excepcional.

12.3. QUESTÕES

---

[10] THEODORO JÚNIOR, Humberto. *Curso de direito processual civil,* cit., v. 1, p. 629-630.

13

DISSÍDIO COLETIVO

13.1. CONCEITO DE DISSÍDIO COLETIVO E PODER NORMATIVO DA JUSTIÇA DO TRABALHO

A **solução dos conflitos coletivos de trabalho** pode se dar de forma autocompositiva (negociação coletiva) ou de forma heterocompositiva (arbitragem e jurisdição) – **(art. 114, §§ 1.º, 2.º e 3.º, CF)**.

A **forma jurisdicional** de solução dos conflitos coletivos de trabalho se dá por meio do ajuizamento de ação própria perante a Justiça do Trabalho, denominada de **dissídio coletivo**.

Assim, dissídio coletivo é um **processo judicial** de **solução dos conflitos coletivos econômicos** e **jurídicos** que no Brasil historicamente ganhou máxima expressão como importante mecanismo de criação de normas e condições de trabalho por meio dos Tribunais Trabalhistas que proferem sentenças denominadas normativas quando as partes que não se compuseram na negociação coletiva acionam a jurisdição.

Segundo Bezerra Leite, dissídio coletivo é a ação coletiva "conferida a determinados entes coletivos, geralmente os sindicatos, para a defesa de interesses cujos titulares materiais não são pessoas individualmente consideradas, mas sim grupos ou categorias econômicas, profissionais ou diferenciadas, visando à criação ou interpretação de normas que irão incidir no âmbito dessas mesmas categorias"[1].

Os dissídios coletivos podem ser:

- ▣ **De natureza econômica** – meio pelo qual são analisadas as condições de trabalho pretendidas pelos trabalhadores em substituição às que estão vigentes, levando, consequentemente, à instituição de normas e condições de trabalho.

> **OJ SDC 5, TST:** "Em face de pessoa jurídica de direito público que mantenha empregados, cabe dissídio coletivo exclusivamente para apreciação de cláusulas de natureza social. Inteligência da Convenção n. 151 da Organização Internacional do Trabalho, ratificada pelo Decreto Legislativo n. 206/2010".

- ▣ **De natureza jurídica** – meio próprio para a interpretação de cláusulas de sentenças normativas, de acordos coletivos e de convenções coletivas de trabalho, por meio do qual, portanto, a Justiça do Trabalho revela o sentido da norma.

---

[1] LEITE, Carlos Henrique Bezerra. *Curso de direito processual do trabalho, cit.,* 15. ed., p. 1.593.

Pedro Paulo Teixeira Manus, destacando a viabilidade e a conveniência da prática de dissídios coletivos jurídicos, afirma que "o dissídio coletivo de natureza preponderantemente jurídica objetiva a interpretação pelo tribunal do trabalho de norma legal ou de norma contratual, cuja correta compreensão tem sido objeto de discordância entre empregados e empregadores. E, em se tratando de ação coletiva, a sentença proferida pelo tribunal alcançará a todos os integrantes da categoria econômica e profissional abrangida pelos sindicatos nele envolvidos. Eis aí o *motivo ao mesmo tempo da grande importância e oportunidade do ajuizamento desse tipo de ação, porque agiliza o processo, diminuindo o número de feitos e da existência entre nós dessa prática*"[2].

OJ SDC 7, TST: "Não se presta o dissídio coletivo de natureza jurídica à interpretação de normas de caráter genérico, a teor do disposto no art. 313, II, do RITST".

OJ SDC 9, TST: "O dissídio coletivo não é meio próprio para o Sindicato vir a obter o reconhecimento de que a categoria que representa é diferenciada, pois esta matéria – enquadramento sindical – envolve a interpretação de norma genérica, notadamente do art. 577 da CLT".

■ **De greve** – por meio do qual a Justiça do Trabalho decide sobre a procedência, total ou parcial, ou improcedência das reivindicações dos trabalhadores que estão em greve **(art. 8.º, Lei n. 7.783/89)**.

Ainda, sobre dissídio coletivo, ressaltem-se os seguintes entendimentos do Tribunal Superior do Trabalho:

SÚM. 190, TST: "Ao julgar ou homologar ação coletiva ou acordo nela havido, o Tribunal Superior do Trabalho exerce o poder normativo constitucional, não podendo criar ou homologar condições de trabalho que o Supremo Tribunal Federal julgue iterativamente inconstitucionais".

OJ SDC 3, TST: "São incompatíveis com a natureza e finalidade do dissídio coletivo as pretensões de provimento judicial de arresto, apreensão ou depósito".

Em razão da intervenção do Poder Público nas organizações sindicais e do **modelo corporativista** das relações coletivas de trabalho que foi instituído no Brasil, a solução dos conflitos coletivos econômicos comumente era buscada por intermédio do Poder Judiciário, tendo as Constituições anteriores a 1988 atribuído à Justiça do Trabalho o chamado **poder normativo para fixar normas e condições de trabalho**[3].

O **poder normativo** referia-se a uma **competência anômala** conferida à **Justiça do Trabalho** para que, ao solucionar o conflito de interesse, criasse normas que regulariam as relações entre as partes em conflito (categoria econômica e categoria profis-

---

[2] MANUS, Pedro Paulo Teixeira. *Negociação coletiva e contrato individual de trabalho*. São Paulo: Atlas, 2001. p. 63.

[3] ROMAR, Carla Teresa Martins. *Direito do trabalho esquematizado*. 7. ed. São Paulo: Saraiva, 2021. p. 914.

13 ◼ Dissídio Coletivo

sional). Tratava-se, portanto, de um poder de solucionar os conflitos coletivos não apenas aplicando o direito preexistente, mas, efetivamente, criando, dentro de determinados parâmetros, normas jurídicas.

A **Constituição Federal de 1988 privilegiou a negociação coletiva** como forma de solução dos conflitos coletivos de trabalho, prevendo, porém, no **art. 114, §§ 1.º e 2.º,** a possibilidade de adoção de formas heterocompositivas (arbitragem e solução judicial) caso a negociação coletiva restasse frustrada. Ou seja, originalmente, a solução jurisdicional dos conflitos coletivos de trabalho e o consequente poder normativo foram mantidos intactos pela Constituição de 1988, mas agora, segundo determinação do Constituinte, devendo ser utilizado de forma supletiva às outras formas de solução de conflitos coletivos previstas, em especial a negociação coletiva.

> "Art. 114. [...]
>
> § 1.º Frustrada a negociação coletiva, as partes poderão eleger árbitros.
>
> § 2.º Recusando-se qualquer das partes à negociação ou à arbitragem, é facultado aos respectivos sindicatos ajuizar dissídio coletivo, podendo a Justiça do Trabalho estabelecer normas e condições, respeitadas as disposições convencionais e legais mínimas de proteção ao trabalho".

A reforma do Poder Judiciário instituída pela **Emenda Constitucional n. 45/2004,** embora tenha mantido a jurisdição como forma de solução dos conflitos coletivos de trabalho, impôs um significativo enfraquecimento do poder normativo da Justiça do Trabalho, estabelecendo:

> "Art. 114. [...]
>
> § 1.º Frustrada a negociação coletiva, as partes poderão eleger árbitros.
>
> § 2.º Recusando-se qualquer das partes à negociação coletiva ou à arbitragem, é facultado às mesmas, de comum acordo, ajuizar dissídio coletivo de natureza econômica, podendo a Justiça do Trabalho decidir o conflito, respeitadas as disposições mínimas legais de proteção ao trabalho, bem como as convencionadas anteriormente".

Como se verifica da nova redação do **§ 2.º do art. 114 da Constituição,** a solução jurisdicional somente pode ser buscada quando ambas as partes estejam em consenso a esse respeito, ou seja, passou-se a exigir o **comum acordo** das partes **para o ajuizamento do dissídio coletivo.**

O comum acordo passou a ser entendido como **pressuposto processual do dissídio coletivo,** sendo extinto o processo sem resolução do mérito em caso de sua não verificação.

> "A) RECURSOS ORDINÁRIOS DOS SUSCITADOS SINDICATO NACIONAL DA INDÚSTRIA DE ALIMENTAÇÃO ANIMAL – SINDIRAÇÕES E OUTROS. ANÁLISE CONJUNTA. DISSÍDIO COLETIVO DE NATUREZA ECONÔMICA. COMUM ACORDO. NOVA REDAÇÃO DO § 2.º DO Art. 114 DA CONSTITUIÇÃO ATUAL APÓS A PROMULGAÇÃO DA EMENDA CONSTITUCIONAL N. 45/2004. NÃO CONFIGURAÇÃO DAS HIPÓTESES EXCETIVAS CONSTRUÍDAS NA JURISPRUDÊNCIA DESTA SDC ACERCA DA CONCORDÂNCIA TÁCITA. A Seção Especia-

lizada em Dissídios Coletivos deste Tribunal Superior do Trabalho firmou jurisprudência no sentido de que a nova redação do § 2.º do art. 114 da Constituição Federal estabeleceu o pressuposto processual intransponível do mútuo consenso das partes para o ajuizamento do dissídio coletivo de natureza econômica. A EC n. 45/2004, incorporando críticas a esse processo especial coletivo, por traduzir excessiva intervenção estatal em matéria própria à criação de normas coletivas em favor de categorias profissionais, o que seria inadequado ao efetivo Estado Democrático de Direito instituído pela Constituição (de modo a preservar com os sindicatos, pela via da negociação coletiva, a geração de novos institutos e regras trabalhistas, e não com o Judiciário), fixou o pressuposto processual restritivo do § 2.º do art. 114, em sua nova redação. Nesse novo quadro jurídico, apenas havendo "mútuo acordo" ou em casos de greve, é que o dissídio de natureza econômica pode ser tramitado na Justiça do Trabalho. Nada obstante, esta Seção Especializada firmou o entendimento de que a concordância do sindicato ou do membro da categoria econômica para a instauração da instância não precisa ocorrer, necessariamente, de maneira expressa, podendo, em algumas hipóteses com particularidades fáticas e jurídicas que a distinguem dos casos que formaram a jurisprudência dominante sobre o assunto, materializar-se de forma tácita. A hipótese mais frequente de considerar-se a anuência tácita, na jurisprudência, consiste na constatação da ausência de insurgência expressa do ente patronal quanto à propositura do dissídio coletivo, no momento oportuno (defesa no processo coletivo instaurado). Nessa circunstância, por se tratar de direito disponível das partes, considera-se configurada a concordância implícita para a atuação da Jurisdição Trabalhista na pacificação do conflito coletivo econômico. Além desse caso, esta Corte também tem vislumbrado a conformação da concordância tácita em hipóteses nas quais se revela a prática de ato incompatível com o pedido de extinção do processo por ausência de comum acordo. Comumente, atos dessa natureza são identificados no curso processual, quando se verifica manifestação do segmento patronal que o desvincula da anterior arguição da ausência de comum acordo como óbice à instauração da instância. Por exemplo: o consentimento com parcela significativa das cláusulas reivindicadas pelo sindicato obreiro, resultando na homologação de acordo parcial pelo Tribunal e, consequentemente, na concordância subjacente para a atuação do poder normativo em relação às cláusulas residuais e remanescentes; ou o próprio assentimento expresso com a instauração do dissídio coletivo, durante o andamento do processo e após a arguição da preliminar em contestação (na audiência de conciliação, por exemplo). Recentemente, a SDC reconheceu situação excepcional de conduta patronal na fase pré-processual (fase privada de negociações) capaz de configurar a aquiescência tácita para a submissão do dissídio de natureza econômica à Justiça do Trabalho: o segmento patronal, depois de meses de negociação sem êxito, não se opôs expressamente à submissão da questão ao Poder Judiciário, mesmo manifestamente ciente da pretensão do sindicato profissional de buscar a pacificação do conflito coletivo mediante a atuação do Poder Judiciário (ROT-11048-49.2020.5.03.0000, Redator Ministro Alexandre de Souza Agra Belmonte, *DEJT* 3-3-2022). Assim, naquela situação, também se revelou a permissão implícita do segmento patronal. Acentue-se que a ordem jurídica incentiva firmemente que os sujeitos coletivos do trabalho busquem primordialmente a solução autônoma de seus conflitos (art. 7.º, XXVI, da CF, c/c os arts. 616, *caput*, e 764, *caput*, da CLT), por meio da negociação coletiva, que é o mais relevante método de pacificação de conflitos na contemporaneidade, por se tratar de instrumento extremamente eficaz de democratização de poder nas relações por ele englobadas. Nesse sentido, se o segmento patronal participa do processo negocial sem demonstrar o mínimo de comprometimento na busca dessa solução autônoma, a simples objeção injustificada à instauração da instância não pode gerar o efeito extintivo obrigatório do dissídio coletivo, sem exame do mérito, em seu benefício, sob pena de se convolar o instituto do comum acordo em instrumento de submissão da demanda à vontade unilateral de uma das Partes – condição puramente potestativa, cuja vedação é explícita em nosso ordenamento jurídico (art. 122, *in fine*, do CCB). Em síntese, a partir do exame dos diversos julgados desta Corte que identificaram hipóteses fáticas distintas e não tratadas na jurisprudência acerca da exigência do pressuposto processual, conclui-se que a arguição da ausência do comum acordo para o ajuizamento do dissídio coletivo apenas produz os efeitos processuais a favor do segmento patronal se a sua conduta – na fase processual ou na pré-processual – estiver em consonância com o princípio da lealdade e transparência dos sujeitos coletivos (princípio da boa-fé objetiva na negociação coletiva), o qual tem como escopos a vedação do comportamento contraditório e o dever de cooperação para a busca da solução pacífica e consensual dos conflitos. Na hipótese dos autos, os Sindicatos Recorrentes arguiram a preliminar de ausência de comum acordo em suas contestações (art. 114, § 2.º, da CF), como óbice ao andamento do feito, e renovaram, nos seus recursos ordinários, a referida preliminar. Tal circunstância, em princípio, impede a incidência do poder normativo para regular as relações de trabalho e resulta na extinção do processo, sem resolução de mérito - conforme a jurisprudência desta Corte. Registre-se não ter sido demonstrada, neste caso concreto, de forma inequívoca, qualquer conduta dos Suscitados capaz de configurar a concordância tácita com o ajuizamento do dissídio coletivo ou ato incompatível com a objeção expressa veiculada na contestação. Recursos ordinários conhecidos e providos. B) RECURSOS ORDINÁRIOS DOS RECORRENTES REMANESCENTES: SINDICATO DAS INDÚSTRIAS DA ALIMENTAÇÃO NO ESTADO RIO GRANDE DO SUL E OUTROS; E SINDICATO DAS EMPRESAS DE TRANSPORTES DE CARGA E LOGÍSTICA NO ESTADO DO RIO GRANDE DO SUL – SETCERGS. ANÁLISE CONJUNTA. 1. DISSÍDIO COLETIVO DE NATUREZA ECONÔMICA. COMUM ACORDO. NOVA REDAÇÃO DO § 2.º DO ART. 114 DA CONSTITUIÇÃO ATUAL APÓS A PROMULGAÇÃO DA EMENDA CONSTITUCIONAL N. 45/2004. PRECLUSÃO. CONSENTIMENTO TÁCITO. A jurisprudência desta SDC firmou o entendimento de que a concordância do sindicato ou do membro da categoria econômica com a instauração da instância pode ser materializada de forma tácita, quando, por exemplo, a parte deixa de arguir a preliminar de julgamento do mérito. Além disso, esta SDC também tem considerado que a prática de ato incompatível com o pedido de extinção do processo sem resolução do mérito pode surgir como fator consistente a suplantar a exigência do comum acordo. Na hipótese, os Sindicatos Suscitados não arguiram a ausência de comum acordo para ajuizamento do dissídio coletivo. Assim, diante da não insurgência expressa quanto à propositura deste dissídio, no momento oportuno, e por se tratar de direito disponível das partes, houve concordância tácita para a atuação estatal. A arguição está preclusa. Recurso ordinário desprovido, no aspecto. [...]" (ROT-21576-86.2018.5.04.0000, Seção Especializada em Dissídios Coletivos, rel. Min. Mauricio Godinho Delgado, *DEJT* 2-2-2023).

A constitucionalidade da exigência de comum acordo entre as partes para ajuizamento de dissídio coletivo de natureza econômica, conforme o art. 114, § 2.º da Constituição Federal, na redação dada pela Emenda Constitucional n. 45/2004, foi reconhecida pelo **STF – Tema de Repercussão Geral 841**.

Além disso, a nova redação do referido dispositivo constitucional não mais permite que as decisões dos tribunais criem normas ou condições de trabalho, devendo elas apenas decidir os conflitos ajuizados, respeitando, além das disposições mínimas legais de proteção do trabalho, as convencionadas anteriormente.

O **limite para o exercício do poder normativo** da Justiça do Trabalho foi, portanto, **ampliado:** além da observância e manutenção das condições legais e convencionais mínimas de proteção ao trabalho (que já estava prevista na redação original do § 2.º do **art. 114 da CF**), passou a ser exigida a observância às disposições convencionadas anteriormente, as chamadas **cláusulas preexistentes**.

Como função do Estado que atua em substituição aos titulares dos interesses em conflito, para imparcialmente solucioná-lo, a jurisdição é exercida, no campo dos conflitos coletivos, pela Justiça do Trabalho, a partir do **ajuizamento de dissídio coletivo**.

13.2. CARACTERÍSTICAS DO DISSÍDIO COLETIVO

Embora também se desenvolva perante a Justiça do Trabalho, o dissídio coletivo possui **características próprias** e, exatamente por isso, difere em vários aspectos do dissídio individual, dentre os quais podem ser citados: as partes, a legitimidade, a competência, o procedimento, os fins e os efeitos da sentença.

O dissídio coletivo não se desenvolve entre partes individualmente consideradas, que agem em seu próprio interesse para a solução do conflito. Ao contrário, são **partes no dissídio coletivo os grupos econômicos e profissionais**, "abstratamente considerados, representados por organizações, para a solução de conflitos de natureza coletiva"[4].

Quanto à **competência**, o dissídio coletivo é **ação de competência originária dos tribunais**, na forma explicitada no item 13.3 a seguir, enquanto os dissídios individuais são ajuizados perante as Varas do Trabalho, somente sendo apreciados pelos tribunais em sede de recurso.

Em relação ao **procedimento**, é possível afirmar que no dissídio coletivo, apesar de sua importância, ele é mais **simplificado** do que no dissídio individual, pois a instrução probatória é mais restrita (não há, por exemplo, inquirição de partes, oitiva de testemunhas, embora seja possível, se necessário, a produção de prova documental e de prova pericial). O procedimento do dissídio coletivo está previsto nos **arts. 856 a 875 da Consolidação das Leis do Trabalho**, admitindo-se a aplicação subsidiária do Código de Processo Civil, quando haja omissão e desde que o dispositivo do CPC a ser aplicado não seja incompatível com os princípios e regras de procedimento próprios do dissídio coletivo (**art. 769, CLT**).

A **finalidade do dissídio coletivo** é uma de suas características mais marcantes e em relação à qual é possível perceber nitidamente a diferença entre esse tipo de ação e o dissídio individual.

"Os fins dos processos coletivos são a **constituição de sentenças normativas** e a **extensão ou revisão** de regulamentos coletivos existentes. Nos processos individuais,

---

[4] NASCIMENTO, Amauri Mascaro. *Curso de direito processual do trabalho, cit.,* 20. ed., p. 632.

13 ◘ Dissídio Coletivo   541

objetiva-se, unicamente, decidir uma controvérsia entre duas ou mais pessoas, segundo uma regulamentação coletiva já existente e que servirá de norma com base na qual o órgão jurisdicional atuará"[5].

Por fim, no dissídio coletivo os **efeitos da sentença normativa** são **amplos**, alcançando inclusive aqueles que não foram parte do processo. No dissídio individual, ao contrário, somente as partes da relação jurídica processual estão sujeitas aos efeitos da sentença.

13.3. COMPETÊNCIA

A **competência** para processar e julgar os dissídios coletivos é dos **Tribunais** do Trabalho **(competência originária)**, não tendo as Varas do Trabalho competência para tal fim.

A **competência funcional** dos Tribunais do Trabalho nos dissídios coletivos é fixada segundo o âmbito territorial do respectivo conflito que se pretende seja resolvido por meio desse tipo de ação. Trata-se, portanto, de verdadeira cumulação de competência funcional com competência territorial[6].

Assim, estando o **conflito limitado à base territorial** correspondente à jurisdição de **um único Tribunal Regional do Trabalho**, a competência para julgar o dissídio coletivo será **deste TRT (art. 678, I, CLT e art. 6.º, Lei n. 7.701/88)**.

No entanto, caso o conflito abranja a área de **jurisdição de mais de um Tribunal Regional do Trabalho**, a competência para julgamento do dissídio será do **Tribunal Superior do Trabalho (art. 2.º, I, *a*, Lei n. 7.701/88)**. A única **exceção a essa regra** diz respeito aos conflitos coletivos ocorridos em área territorial abrangida, em parte, pela jurisdição do TRT da 2.ª Região (São Paulo) e do TRT da 15.ª Região (Campinas), caso em que o processamento e o julgamento do dissídio coletivo serão da competência do **TRT da 2.ª Região (Lei n. 9.254/96)**.

13.4. CONDIÇÕES DA AÇÃO

Como visto no Capítulo 7, item 7.3, o **Código de Processo Civil de 2015** não mais utiliza a denominação "condições da ação", mas prevê expressamente que "para postular em juízo é necessário ter interesse e legitimidade" **(art. 17)**.

Não se trata mais, portanto, de condições de ação, passando a ser estudados no capítulo sobre os pressupostos processuais.

Assim, no dissídio coletivo devem estar presentes a legitimidade *ad causam* e o interesse processual, sob pena de extinção do processo sem julgamento do mérito **(art. 485, VI, CPC)**.

◘ Legitimidade

Em relação ao **dissídio coletivo de natureza econômica, a legitimação ativa** (instauração de instância) é dos **sindicatos representantes da categoria profissional**.

---

[5] NASCIMENTO, Amauri Mascaro. *Curso de direito processual do trabalho, cit.,* 20. ed., p. 633.

[6] LEITE, Carlos Henrique Bezerra. *Curso de direito processual do trabalho, cit.,* 15. ed., p. 1.596.

OJ SDC 8, TST: "A ata da assembleia de trabalhadores que legitima a atuação da entidade sindical respectiva em favor de seus interesses deve registrar, obrigatoriamente, a pauta reivindicatória, produto da vontade expressa da categoria".

OJ SDC 19, TST: "A legitimidade da entidade sindical para a instauração da instância contra determinada empresa está condicionada à prévia autorização dos trabalhadores da suscitada diretamente envolvidos no conflito".

O **empregador** e, por consequência, o sindicato representante da categoria econômica **carecem de interesse de agir** para suscitar o dissídio coletivo de natureza econômica, por não necessitar de autorização da Justiça do Trabalho, nem de negociação coletiva, para conceder, de modo espontâneo, aos seus empregados quaisquer vantagens, cabendo unicamente ao sindicato da categoria profissional a legitimidade ativa para instaurar a instância com o propósito de obter melhores condições de trabalho em favor dos interesses coletivos e individuais dos trabalhadores.

"DISSÍDIO COLETIVO DE NATUREZA ECONÔMICA. INSTAURAÇÃO DA INSTÂNCIA PELO SINDICATO REPRESENTANTE DA CATEGORIA ECONÔMICA. ILEGITIMIDADE. A jurisprudência predominante nesta Seção Especializada é de que o sindicato patronal não tem legitimidade para ajuizar dissídio coletivo de natureza econômica, porquanto os empregadores não necessitam de autorização do Poder Judiciário para concederem espontaneamente vantagens aos seus empregados. Cabe ao sindicato profissional a defesa dos interesses coletivos dos trabalhadores, sendo o dissídio coletivo de natureza econômica, caso não haja acordo entre as partes, o meio jurídico amparado pela lei e pela Constituição Federal, para obter as condições de trabalho pretendidas pela categoria profissional. No caso, verifica-se que a real intenção dos suscitantes é alcançar, por via oblíqua, o reconhecimento da representatividade da categoria econômica e não promover melhores condições de trabalho para os trabalhadores. Recurso ordinário a que se nega provimento" (TST, RO 2019800-52.2010.5.02.0000, SDC, rel. Min. Kátia Magalhães Arruda, *DEJT* 14-9-2012).

Não se verifica também a **legitimidade ativa** do **Ministério Público do Trabalho** para postular a fixação das condições de trabalho reivindicadas pela categoria profissional.

Quanto à **legitimidade passiva**, os suscitados podem ser tanto a entidade sindical patronal quanto o próprio empregador.

Nesse contexto, o **art. 857 da Consolidação das Leis do Trabalho** prevê que "a representação para instaurar a instância em dissídio coletivo constitui prerrogativa das associações sindicais". Mas a única interpretação possível desse dispositivo é a de que a exigência se restringe ao segmento do trabalhador, já que a empresa, por atuar como ente coletivo, pode ou não estar representada pela associação sindical[7].

Têm **legitimidade** para suscitar **dissídio coletivo de natureza jurídica** as mesmas partes que figuraram no dissídio coletivo de natureza econômica.

---

[7] *Vide* TST, RO 20012-77.2015.5.04.0000, SDC, rel. Min. Maria de Assis Calsing, *DEJT* 19-10-2016.

13 ■ Dissídio Coletivo 543

A **legitimidade** para ajuizamento do **dissídio de greve** é, **nas atividades não essenciais**, do empregador individualmente ou do sindicato representante da categoria econômica. **Nas atividades essenciais**, é concorrente a legitimidade do Ministério Público do Trabalho e do empregador para o ajuizamento de ação declaratória de abusividade de greve **(art. 114, § 3.º, CF)**.

No tocante à legitimidade no dissídio coletivo, é importante destacar, ainda, os seguintes posicionamentos da jurisprudência pacificada do Tribunal Superior do Trabalho:

> **OJ SDC 15, TST:** "A comprovação da legitimidade da entidade sindical se faz por seu registro no órgão competente do Ministério do Trabalho, mesmo após a promulgação da Constituição Federal de 1988".

> **OJ SDC 22, TST:** "É necessária a correspondência entre as atividades exercidas pelos setores profissional e econômico, a fim de legitimar os envolvidos no conflito a ser solucionado pela via do dissídio coletivo".

> **OJ SDC 23, TST:** "A representação sindical abrange toda a categoria, não comportando separação fundada na maior ou menor dimensão de cada ramo ou empresa".

■ Interesse

Quanto ao **interesse processual**, a Constituição Federal condiciona o ajuizamento do dissídio coletivo **(art. 114, §§ 1.º e 2.º, CF)**:

- ☑ ao exaurimento das possibilidades de negociação coletiva; ou
- ☑ à impossibilidade de se utilizar da arbitragem para a solução do conflito coletivo; e, ainda,
- ☑ desde que haja **comum acordo** entre as partes. Em relação ao comum acordo, *vide* item 13.1 *supra*.

13.5. PRAZO PARA INSTAURAÇÃO DO DISSÍDIO COLETIVO

Havendo convenção coletiva, acordo coletivo ou sentença normativa em vigor, o dissídio coletivo deverá ser **instaurado** dentro dos **60 dias anteriores ao respectivo termo final**, para que o novo instrumento possa ter vigência no dia imediato a esse termo **(art. 616, § 3.º, CLT)**.

O início e o término do instrumento coletivo coincidem com a chamada **data-base**, que é o período do ano em que empregadores e empregados, representados pelos respectivos sindicatos, reúnem-se para repactuar o reajuste de salários e os termos que vão reger as relações de trabalho dos integrantes da categoria.

Podendo também ser fruto de acordo entre as partes, as datas-base variam, em termos de época do ano, conforme a categoria profissional.

As negociações coletivas nem sempre são concluídas antes da data-base e os trabalhadores são obrigados a ingressar com dissídio coletivo, para não correr risco de perda da data-base, ou seja, de ficar sem o reajuste a partir da data-base. Exatamente por isso é comum que trabalhadores e empregadores, agindo de **boa-fé**, firmem documento concordando com a manutenção da data-base mesmo que a negociação seja infrutífera e o dissídio seja suscitado após a data-base, portanto fora do prazo previsto no **art. 616, § 3.º, da Consolidação das Leis do Trabalho**.

Na **impossibilidade real de encerramento da negociação** coletiva em curso **antes do termo final** a que se refere o **art. 616, § 3.º, da Consolidação das Leis do Trabalho**, a entidade interessada poderá **formular protesto judicial** em petição escrita, dirigida ao Presidente do Tribunal, a fim de **preservar a data-base da categoria**. Deferida a medida, a representação coletiva será ajuizada no prazo máximo de 30 dias úteis, contados da intimação, sob pena de perda da eficácia do protesto (**art. 240, §§ 1.º e 2.º, Regimento Interno TST**).

Quando o dissídio coletivo não for suscitado dentro de 60 dias que antecedem a data-base, ou quando não houver norma coletiva anterior, e não havendo essa pactuação entre as partes ou, ainda, não tendo sido formulado protesto judicial, uma vez proferida a sentença normativa, a **data-base corresponderá à data da publicação da decisão normativa (art. 867, parágrafo único, *a*, CLT)**.

"AGRAVO REGIMENTAL – PEDIDO DE EFEITO SUSPENSIVO AO RECURSO ORDINÁRIO – DISSÍDIO COLETIVO DE NATUREZA ECONÔMICA – SUPOSTA AFRONTA AOS ARTS. 616, § 3.º, E 867, PARÁGRAFO ÚNICO, *a*, DA CLT – CONFIGURAÇÃO DA URGÊNCIA DA MEDIDA E DA VEROSSIMILHANÇA DO DIREITO – DESPROVIMENTO. *In casu*, não merece reparos o despacho agravado, pois: a) a sentença normativa afirmou textualmente que '... o suscitado concordou com a manutenção da data-base prevista na norma coletiva anterior, conforme item 4 do ofício 53/2016 (ID 1d43612), e que as negociações tiveram início antes de expirada a data-base, como demonstra, ilustrativamente, a ata de reunião de negociação de ID de2c206, datada de 7-7-2016. Logo, não pode ser invocado o prazo previsto no art. 616, § 3.º, da CLT para alterar a data-base da categoria ante o decurso do tempo pelas negociações, como pretendido na defesa', fato esse rechaçado veementemente pelo Requerente, o qual somente poderá ser dirimido em juízo de cognição exauriente, por ocasião do julgamento do seu recurso ordinário pela SDC do TST, razão pela qual subsiste fundada dúvida, no aspecto, de modo a respaldar o pleito autoral. A rigor, a simples assertiva constante da decisão guerreada, de que 'foi registrado o impasse na negociação, conforme ata de ID 16025b9', é suficiente para demonstrar a fragilidade do fundamento sentencial alusivo à inaplicabilidade do art. 616, § 3.º, da CLT ao dissídio coletivo em questão; b) consta também na exordial que o Sindicato obreiro não ajuizou protesto judicial a fim de garantir a data-base da categoria, nos termos do art. 219, §§ 1.º e 2.º, do anterior RITST, o que posterga os efeitos da sentença para a data de sua publicação, conforme segue a jurisprudência da SDC desta Corte; c) a suposta perda do objeto deste efeito suspensivo somente poderá ser dirimida em juízo de cognição exauriente, por ocasião do julgamento, pela SDC desta Corte, do recurso ordinário interposto contra a sentença normativa em apreço, por envolver o exame da questão afeta à amplitude do pagamento dos reajustes referente à data-base de 01.09.2016 e, ainda, se as desistências das ações de cumprimento pelo Sindicato obreiro ocorreram efetivamente por tal motivo. Agravo regimental desprovido" (TST, AgR-ES 14451-15.2017.5.00.0000, SDC, rel. Min. Ives Gandra Martins Filho, *DEJT* 27-2-2018).

13 ◼ Dissídio Coletivo

> "DISSÍDIO COLETIVO DE GREVE. SENTENÇA NORMATIVA. IRRETROAÇÃO. EFEITOS A PARTIR DA PUBLICAÇÃO. A lei estabelece que, instaurada a instância coletiva após o prazo do art. 616, § 3.º, da CLT ('havendo convenção, acordo ou sentença normativa em vigor, o dissídio coletivo deverá ser instaurado dentro dos 60 (sessenta) dias anteriores ao respectivo termo final, para que o novo instrumento possa ter vigência no dia imediato a esse termo.') a sentença normativa vigorará a partir da data de sua publicação, conforme o art. 867, parágrafo único, *a*, da CLT. No caso, não há registro de ter sido apresentado protesto judicial, ou de que as partes negociaram a manutenção da data-base da categoria para o mês de maio. Nessa situação, nos termos da lei, a sentença normativa vigorará a partir da data da sua publicação. Recurso ordinário a que se dá provimento" (TST, RO 220-38.2016.5.10.0000, SDC, rel. Min. Kátia Magalhães Arruda, *DEJT* 20-6-2017).

Assim, instaurada a instância coletiva, após prazo do **art. 616, § 3.º, da Consolidação das Leis do Trabalho** a sentença normativa vigorará a partir da data de sua publicação, conforme o **art. 867, parágrafo único, *a*, da Consolidação das Leis do Trabalho**.

Tal previsão fundamenta-se no fato de que o **art. 114, §§ 1.º e 2.º, da Constituição Federal** privilegia a solução negociada dos conflitos coletivos, razão pela qual o **prazo de 60 dias** é o **limite máximo** admitido em lei, com vistas a possibilitar o desenvolvimento adequado da fase negocial antes do término da vigência da norma coletiva em vigor, em que pode ser ajuizada a ação coletiva.

> "RECURSO ORDINÁRIO. DISSÍDIO COLETIVO. NÃO OBSERVÂNCIA DO PRAZO PREVISTO NO ART. 616, § 3.º, DA CLT. EXTINÇÃO DA EMPRESA NA BASE TERRITORIAL DO CONFLITO. IRRETROATIVIDADE DA SENTENÇA NORMATIVA. À míngua de celebração de acordo no curso do processo e, sobretudo, diante da impossibilidade de se conferir efeito retroativo à sentença normativa, verifica-se que a instauração de instância tornou-se absolutamente inócua, já que levada a efeito após o prazo do art. 616, § 3.º, da CLT e quando já extinta a atividade empresarial. Declaração de extinção do feito sem resolução de mérito, que se mantém sob esse viés. Recurso Ordinário conhecido e não provido" (TST, RO 20012-77.2015.5.04.0000, SDC, rel. Min. Maria de Assis Calsing, *DEJT* 19-10-2016).

13.6. SENTENÇA NORMATIVA

A **sentença normativa** é a decisão proferida nos dissídios coletivos de trabalho. Trata-se de sentença que possui **natureza constitutiva**. Não tem natureza de sentença condenatória, o que impede a sua execução.

Por isso, em caso de não cumprimento espontâneo do quanto estabelecido na sentença normativa, poderá ser ajuizada **ação de cumprimento**, nos termos do **art. 872 da Consolidação das Leis do Trabalho**.

A sentença normativa é proferida em **forma clausulada**, podendo conter:

◼ **cláusulas econômicas** – que têm conteúdo econômico e serão aplicáveis às relações individuais de trabalho, como, por exemplo, reajuste salarial, piso salarial etc.;

546 Direito Processual do Trabalho Esquematizado Carla Teresa Martins Romar

■ **cláusulas sociais** – que estabelecem garantias sem cunho econômico, tais como estabilidade no emprego, abono de faltas etc.;

■ **cláusulas sindicais** – que dizem respeito às relações entre os sindicatos ou entre estes e as empresas que figuram no dissídio coletivo, como, por exemplo, as que estabelecem garantias aos dirigentes sindicais.

O Tribunal fixará a data em que a decisão deve entrar em vigor, bem como o **prazo de sua vigência**, que **não poderá ser superior a quatro anos (art. 868, parágrafo único, CLT)**.

Assim, a sentença normativa **faz coisa julgada apenas formal**, não se verificando, em razão de sua vigência temporária, coisa julgada material.

> **SÚM. 397, TST:** "Não procede ação rescisória calcada em ofensa à coisa julgada perpetrada por decisão proferida em ação de cumprimento, em face de a sentença normativa, na qual se louvava, ter sido modificada em grau de recurso, porque *em dissídio coletivo somente se consubstancia coisa julgada formal*. Assim, os meios processuais aptos a atacarem a execução da cláusula reformada são a exceção de pré-executividade e o mandado de segurança, no caso de descumprimento do art. 514 do CPC de 2015 (art. 572 do CPC de 1973)".

A sentença normativa tem **efeito *erga omnes***, ou seja, seus efeitos são estendidos a todos os integrantes das categorias representadas pelos sindicatos que participaram do dissídio coletivo, associados ou não aos respectivos sindicatos ou, no caso da instauração em face de uma empresa, os efeitos da sentença normativa alcançarão apenas os trabalhadores respectivos.

O **prazo de prescrição** com relação à ação de cumprimento de decisão normativa flui apenas da data de seu trânsito em julgado **(Súm. 350, TST)**.

O **julgamento** ou a **homologação de acordo** celebrado no dissídio coletivo representam o exercício do poder normativo pela Justiça do Trabalho.

> **SÚM. 190, TST:** "Ao julgar ou homologar ação coletiva ou acordo nela havido, o Tribunal Superior do Trabalho exerce o poder normativo constitucional, não podendo criar ou homologar condições de trabalho que o Supremo Tribunal Federal julgue iterativamente inconstitucionais".

13.7. EXTENSÃO DAS DECISÕES E REVISÃO

Em caso de dissídio coletivo que tenha por motivo novas condições de trabalho e no qual figure como parte apenas uma fração de empregados de uma empresa, **poderá o Tribunal** competente, na própria decisão, **estender** tais **condições de trabalho**, se julgar justo e conveniente, aos demais empregados da empresa que forem da mesma profissão dos dissidentes **(art. 868, CLT)**.

Trata-se do mecanismo da **extensão das decisões coletivas à totalidade da categoria**, quando for parte apenas uma parcela da categoria; mesmo havendo acordo entre

13 ◨ Dissídio Coletivo   547

os envolvidos, o Tribunal pode homologá-lo e o estender aos demais, caracterizando uma forma eficiente de evitar injustiças no tratamento de situações iguais.

> **OJ SDC 2, TST:** "É inviável aplicar condições constantes de acordo homologado nos autos de dissídio coletivo, extensivamente, às partes que não o subscreveram, exceto se observado o procedimento previsto no art. 868 e seguintes, da CLT".

A decisão sobre novas condições de trabalho **poderá também ser estendida** a todos os empregados da mesma categoria profissional compreendida na jurisdição do Tribunal **(art. 769, CLT)**:

- ◨ por solicitação de um ou mais empregadores, ou de qualquer sindicato destes;
- ◨ por solicitação de um ou mais sindicatos de empregados;
- ◨ *ex officio*, pelo Tribunal que houver proferido a decisão;
- ◨ por solicitação da Procuradoria da Justiça do Trabalho.

Para que a decisão **possa ser estendida**, porém, é necessário que 3/4 dos empregadores e 3/4 dos empregados, ou os respectivos sindicatos, concordem com a extensão da decisão **(art. 870, CLT)**.

O Tribunal competente marcará prazo, não inferior a 30 nem superior a 60 dias, a fim de que se **manifestem os interessados (§ 1.º)**. Ouvidos os interessados e a Procuradoria da Justiça do Trabalho, será o processo submetido ao **julgamento** do Tribunal **(§ 2.º)**.

Por fim, destaque-se que, sempre que estendida a decisão, deve ser marcada a **data** em que a extensão deve **entrar em vigor (art. 871, CLT)**.

Decorrido mais de um ano de sua vigência, caberá **revisão das decisões que fixarem condições de trabalho**, quando se tiverem **modificado as circunstâncias** que as ditaram, de modo que tais condições se hajam tornado injustas ou inaplicáveis **(art. 873, CLT)**. Trata-se do chamado **dissídio de revisão**.

Se é certo que as partes estão obrigadas ao cumprimento da norma coletiva, que se destina a regular a vida da categoria, também é certo que, se essa mesma norma se tornar injusta para qualquer das partes, pois calcada em situação fática seriamente modificada, pode-se postular sua revisão. É a aplicação da cláusula *rebus sic stantibus* às relações coletivas de trabalho: modificadas as condições que ditaram a norma, ela deve ser modificada para atender à nova realidade vivida pelas partes.

A revisão poderá ser **promovida por iniciativa** do Tribunal prolator, da Procuradoria da Justiça do Trabalho, das associações sindicais ou de empregador ou empregadores interessados no cumprimento da decisão. Quando, porém, for promovida por iniciativa do Tribunal prolator ou da Procuradoria, as associações sindicais e o empregador ou empregadores interessados serão ouvidos no prazo de 30 dias. Promovida por uma das partes interessadas, serão as outras ouvidas também por igual prazo **(art. 874, CLT)**.

A revisão será **julgada pelo Tribunal** que tiver proferido a decisão, depois de ouvida a Procuradoria da Justiça do Trabalho **(art. 875, CLT)**.

13.8. AÇÃO DE CUMPRIMENTO

Como visto anteriormente, a sentença normativa possui **natureza constitutiva**, e não condenatória. Exatamente por isso, não é passível de execução.

Assim, pode-se afirmar que "o conteúdo da 'sentença' normativa (ou da decisão que homologa acordo nos autos do dissídio coletivo), não é executado, e sim cumprido, tal como acontece com a eficácia das normas jurídicas de caráter geral e abstrato"[8].

De acordo com o **art. 872 da Consolidação das Leis do Trabalho**, "**celebrado o acordo**, ou **transitada em julgado a decisão**, seguir-se-á o seu **cumprimento**". Quando os empregadores deixarem de satisfazer o pagamento de salários, na conformidade da decisão proferida, poderão os empregados ou seus sindicatos, independentes de outorga de poderes de seus associados, juntando certidão de tal decisão, apresentar reclamação ao Juízo competente, sendo vedado, porém, questionar sobre a matéria de fato e de direito já apreciada na decisão" **(parágrafo único)**.

Compete à Justiça do Trabalho conciliar e julgar os dissídios que tenham origem no cumprimento de convenções coletivas de trabalho ou acordos coletivos de trabalho, mesmo quando ocorram entre sindicatos ou entre sindicato de trabalhadores e empregador **(art. 1.º, Lei n. 8.984/95)**, o que foi confirmado pela **Emenda Constitucional n. 45/2014**, que ampliou a competência material da Justiça do Trabalho.

A **competência funcional** é do primeiro grau de jurisdição **(Varas do Trabalho)**, uma vez que não se trata de ação coletiva.

> **SÚM. 286, TST:** "A legitimidade do sindicato para propor ação de cumprimento estende-se também à observância de acordo ou de convenção coletivos".

Portanto, a sentença normativa proferida nos dissídios de natureza econômica pode ser **objeto de cumprimento por meio de**[9]:

- **ação coletiva de cumprimento**, proposta pelo sindicato de categoria profissional em nome próprio, na defesa dos interesses individuais homogêneos dos trabalhadores integrantes da respectiva categoria profissional (substituição processual);
- **ação individual**, simples ou plúrima (litisconsórcio ativo), proposta diretamente pelos trabalhadores interessados.

No entanto, é importante destacar que o Tribunal Superior do Trabalho tem entendimento pacificado no sentido de que **falta interesse de agir** para a **ação individual**, singular ou plúrima, quando o direito já foi reconhecido por meio de decisão normativa, cabendo, no caso, **ação de cumprimento (OJ SDI-1 188, TST)**.

É **dispensável o trânsito em julgado da sentença normativa** para a propositura da ação de cumprimento **(Súm. 246, TST)**.

Em relação à **coisa julgada** decorrente da ação de cumprimento, o Tribunal Superior do Trabalho a considera **atípica**, sob os seguintes fundamentos:

---

[8] LEITE, Carlos Henrique Bezerra. *Curso de direito processual do trabalho*, cit., 16. ed., p. 1.650.

[9] LEITE, Carlos Henrique Bezerra. *Curso de direito processual do trabalho*, cit., 16. ed., p. 1.651.

> **OJ SDI-1 277, TST:** A coisa julgada produzida na ação de cumprimento é atípica, pois dependente de condição resolutiva, ou seja, da não modificação da decisão normativa por eventual recurso. Assim, modificada a sentença normativa pelo TST, com a consequente extinção do processo, sem julgamento do mérito, deve-se extinguir a execução em andamento, uma vez que a norma sobre a qual se apoiava o título exequendo deixou de existir no mundo jurídico".

13.9. RECURSOS NO DISSÍDIO COLETIVO

Em relação aos **recursos cabíveis das sentenças normativas**, eles variam conforme o órgão julgador, devendo ser interpostos no **prazo de oito dias**:

- dissídio coletivo de **competência originária de TRT – recurso ordinário**, que será julgado pela Seção de Dissídios Coletivos (SDC) do TST **(art. 895, II, CLT e art. 2.º, II, *a*, Lei n. 7.701/88)**;
- dissídio coletivo de **competência originária do TST – embargos**, desde que a decisão de julgamento não tenha sido unânime, que serão julgados pela Seção de Dissídios Coletivos (SDC) do TST. Os embargos não são cabíveis se a decisão atacada estiver em consonância com procedente jurisprudencial do Tribunal Superior do Trabalho ou da Súmula de sua jurisprudência predominante **(art. 894, I, *a*, CLT e art. 2.º, II, *c*, Lei n. 7.701/88)**.

O **art. 14 da Lei n. 10.192/2001** dispõe que "o **recurso** interposto de decisão normativa da Justiça do Trabalho terá **efeito suspensivo**, na medida e extensão conferidas em despacho do Presidente do Tribunal Superior do Trabalho"[10].

O **efeito suspensivo** deferido pelo Presidente do Tribunal Superior do Trabalho terá **eficácia** pelo prazo improrrogável de **120 dias** contados da publicação, salvo se o recurso ordinário for julgado antes do término do prazo **(art. 9.º, Lei n. 7.701/88)**.

> **SÚM. 279, TST:** "A cassação de efeito suspensivo concedido a recurso interposto de sentença normativa retroage à data do despacho que o deferiu".

A **Instrução Normativa n. 24/2003 do Tribunal Superior do Trabalho** dispõe sobre a faculdade de o Ministro Presidente do Tribunal Superior do Trabalho designar **audiência prévia de conciliação**, no caso de pedido de efeito suspensivo a recurso ordinário interposto à decisão normativa da Justiça do Trabalho.

13.10. QUESTÕES

---

[10] Como exemplo, *vide* despacho proferido nos autos do TST, ES-19252-08.2016.5.00.0000.

REFERÊNCIAS

ABBOUD, Georges. *Processo constitucional brasileiro.* São Paulo: Revista dos Tribunais, 2016.

ABBOUD, Georges. *Ativismo judicial – os perigos de se transformar o STF em inimigo ficcional.* São Paulo: Revista dos Tribunais, 2022.

ALMEIDA, Amador Paes de. *Curso prático de processo do trabalho.* 12. ed. São Paulo: Saraiva, 1999.

ALMEIDA, Ísis de. *Manual de direito processual do trabalho.* 10. ed. São Paulo: LTr, 2002. v. 1.

BARROSO, Luís Roberto. *Neoconstitucionalismo e constitucionalização do direito.* Disponível em: <http://www.migalhas.com.br/arquivo_artigo/art04102005.htm>. Acesso em: 5 nov. 2017.

BUENO, Cassio Scarpinella. *Novo Código de Processo Civil anotado.* 3. ed. São Paulo: Saraiva, 2017.

BUENO, Cassio Scarpinella; MEDEIROS NETO, Elias Marques de; OLIVEIRA NETO, Olavo de; OLIVEIRA, Patrícia Elias Cozzolino de; LUCON, Paulo Henrique dos Santos. *Tutela provisória no novo CPC.* São Paulo: Saraiva, 2016.

CÂMARA, Alexandre Freitas. *O novo processo civil brasileiro.* 2. ed. São Paulo: Ed. Atlas, 2016.

CAMBI, Eduardo. Teoria das cargas probatórias dinâmicas (distribuição dinâmica do ônus da prova) – exegese do art. 373, §§ 1.º e 2.º do NCPC. In: JOBIM, Marco Félix; FERREIRA, William Santos (Coord.). *Direito probatório.* 2. ed. rev. e atual. Salvador: JusPodivm, 2016.

CINTRA, Antonio Carlos de Araújo; GRINOVER, Ada Pellegrini; DINAMARCO, Cândido Rangel. *Teoria geral do processo.* 25. ed. São Paulo: Malheiros, 2009.

DELGADO, Maurício Godinho; DELGADO, Gabriela Neves. *A reforma trabalhista no Brasil*: com os comentários à Lei n. 13.467/2017. São Paulo: LTr, 2017.

DIAS, Carlos Eduardo de Oliveira; FELICIANO, Guilherme Guimarães; TOLEDO FILHO, Manoel Carlos. In: SILVA, José Antônio Ribeiro de Oliveira (Coord.). *Comentários ao Novo CPC e sua aplicação ao processo do trabalho*: parte geral: arts 1.º a 317: atualizado conforme a Lei n. 13.256/2016. São Paulo: LTr, 2016. v. 1.

DIDIER JR., Fredie. *Curso de direito processual civil.* 18. ed. rev., ampl. e atual. Salvador: JusPodivm, 2016. v. 1.

DIDIER JR., Fredie. *Curso de direito processual civil.* 18. ed. Salvador: JusPodivm, 2016. v. 4.

DIDIER JR., Fredie. *Curso de direito processual civil.* Salvador: JusPodivm, 2016. v. 5.

DIDIER JR., Fredie; BRAGA, Paula Sarno; OLIVEIRA, Rafael Alexandria de. *Curso de direito processual civil.* 11. ed. Salvador: JusPodivm, 2016. v. 2.

DIDIER JR., Fredie; CUNHA, Leonardo Carneiro da. *Curso de direito processual civil.* 13. ed. Salvador: JusPodivm, 2016. v. 3.

FUX, Luiz. *Curso de direito processual civil.* 4. ed. Rio de Janeiro: Forense, 2008. v. 2.

FUX, Luiz. *Processo civil contemporâneo.* Rio de Janeiro: Forense, 2019.

FUX, Luiz (Coord.); NEVES, Daniel Amorim Assumpção (Org.). *Novo CPC comparado.* 3. ed. São Paulo: Método, 2016.

GIGLIO, Wagner D. *Direito processual do trabalho.* 13. ed. São Paulo: Saraiva, 2003.

LEITE, Carlos Henrique Bezerra. *Curso de direito processual do trabalho.* 12. ed. São Paulo: LTr, 2014.

LEITE, Carlos Henrique Bezerra. *Curso de direito processual do trabalho.* 15. ed. São Paulo: Saraiva, 2017.

LEITE, Carlos Henrique Bezerra. *Curso de direito processual do trabalho.* 16. ed. São Paulo: Saraiva, 2018.

MALLET, Estevão. *O processo do trabalho e as recentes modificações do Código de Processo Civil.* Novas reformas do Código de Processo Civil. São Paulo: AASP, 2006.

MANCUSO, Rodolfo de Camargo. *Acesso à justiça.* Condicionantes legítimas e ilegítimas. São Paulo: Revista dos Tribunais, 2011.

MANUS, Pedro Paulo Teixeira. *Negociação coletiva e contrato individual de trabalho.* São Paulo: Atlas, 2001.

MANUS, Pedro Paulo Teixeira. *Execução de sentença no processo do trabalho.* São Paulo: Ed. Atlas, 2005.

MANUS, Pedro Paulo Teixeira; ROMAR, Carla Teresa Martins. *CLT e legislação complementar.* 7. ed. São Paulo: Ed. Atlas, 2009.

MARINONI, Luiz Guilherme; ARENHART, Sérgio Cruz. *Curso de processo civil.* Processo de conhecimento. 11. ed. rev. e atual. São Paulo: Revista dos Tribunais, 2013. v. 2.

MARTINS FILHO, Ives Gandra. Ação civil pública e ação coletiva. *Revista LTr*, n. 59, p. 1.449-1.451.

MARTINS, Sergio Pinto. *Direito processual do trabalho.* 21. ed. São Paulo: Ed. Atlas, 2004.

MARTINS, Sergio Pinto. *Direito processual do trabalho.* 30. ed. São Paulo: Ed. Atlas, 2010.

MIESSA, Élisson. *Manual dos recursos trabalhistas* – teoria e prática. 5. ed. rev., atual. e ampl. Salvador: JusPodivm, 2021.

NASCIMENTO, Amauri Mascaro. *Curso de direito processual do trabalho.* 20. ed. São Paulo: Saraiva, 2001.

NASCIMENTO, Amauri Mascaro. *Curso de direito processual do trabalho.* 22. ed. São Paulo: Saraiva, 2007.

NASCIMENTO, Amauri Mascaro. *Iniciação ao direito do trabalho.* 31. ed. São Paulo: LTr, 2005.

NERY JUNIOR, Nelson. *Princípios do processo civil na Constituição Federal.* 9. ed. rev., atual. e ampl. São Paulo: Revista dos Tribunais, 2009.

NERY JUNIOR, Nelson; NERY, Rosa Maria de Andrade. *Código de Processo Civil comentado.* 20. ed. rev., ampl. e atual. São Paulo: Revista dos Tribunais, 2021.

NERY JUNIOR, Nelson; NERY, Rosa Maria de Andrade. *Código de Processo Civil comentado.* 22. ed. rev., ampl. e atual. São Paulo: Revista dos Tribunais, 2024.

NEVES, Daniel Amorim Assumpção. *Manual de direito processual civil.* 8. ed. Salvador: JusPodivm, 2016.

OLIVEIRA, Francisco Antonio de. *Tratado de direito processual do trabalho.* São Paulo: LTr, 2008. v. I.

Referências

OLIVEIRA, José Antonio Ribeiro de (Coord.). *Comentários ao Novo CPC e sua aplicação ao processo do trabalho*: parte geral: arts 1.º a 317: atualizado conforme a Lei n. 13.256/2016. São Paulo: LTr, 2016. v. 1.

RIBEIRO, Leonardo Ferres da Silva. Tutela provisória. In: WAMBIER, Luiz Rodrigues; WAMBIER, Teresa Arruda Alvim (Coord.). *Temas essenciais do novo CPC*. São Paulo: Revista dos Tribunais, 2016.

RODRIGUES, Ricardo Schneider. *A autoridade coatora e a pessoa jurídica como partes no polo passivo do mandado de segurança após a Lei n. 12.016/09*. Disponível em: <https://seer.agu.gov.br/index.php/AGU/article/download/255/258>.

RODRIGUES PINTO, José Augusto. *Processo trabalhista de conhecimento*. 4. ed. São Paulo: LTr, 1998.

ROMAR, Carla Teresa Martins. *Direito do trabalho esquematizado*. 7. ed. São Paulo: Saraiva, 2021.

ROMAR, Carla Teresa Martins. Distribuição dinâmica do ônus da prova no direito processual do trabalho. In: JOBIM, Marco Félix; FERREIRA, William Santos (Coord.). *Direito probatório*. 3. ed. Salvador: JusPodivm, 2018.

ROMAR, Carla Teresa Martins. Gratuidade e sucumbência sob a perspectiva do acesso à Justiça. In: MONTAL, Zélia Maria Cardoso; CARVALHO, Luciana Paula Vaz de (Org.). *Reforma trabalhista em perspectiva*: desafios e possibilidades. 2. ed. São Paulo: LTr, 2018.

SAAD, Eduardo Gabriel; SAAD, José Eduardo Duarte; CASTELLO BRANCO, Ana Maria Saad. *Curso de direito processual do trabalho*. 6. ed. São Paulo: LTr, 2008.

SCHIAVI, Mauro. *A reforma trabalhista e o processo do trabalho*. São Paulo: LTr, 2017.

SCHIAVI, Mauro. *Execução no processo do trabalho*. 13. ed. rev., atual. e ampl. Salvador: JusPodivm, 2021.

SCHIAVI, Mauro. *Manual de direito processual do trabalho*. 17. ed. rev., atual. e ampl. Salvador: JusPodivm, 2021.

SILVA, Homero Batista Mateus da. *Curso de direito do trabalho aplicado*: processo do trabalho. 2. ed. São Paulo: Revista dos Tribunais, 2021. v. 4.

SILVA, Homero Batista Mateus da. *Curso de direito do trabalho aplicado*: da Justiça do Trabalho. São Paulo: Revista dos Tribunais, 2017. v. 8.

SILVA, Homero Batista Mateus da. *Comentários à Reforma Trabalhista*. São Paulo: Revista dos Tribunais, 2017.

SILVA, Virgílio Afonso da. Princípios e regras: mitos e equívocos acerca de uma distinção. In: BONAVIDES, Paulo (Org.). *Revista Latino-Americana de Estudos Constitucionais*, Belo Horizonte: Del Rey, jan.-jun. 2003.

SÜSSEKIND, Arnaldo et al. *Instituições de direito do trabalho*. 21. ed. São Paulo: LTr, 2003.

THEODORO JÚNIOR, Humberto. *Curso de direito processual civil*. 34. ed. Rio de Janeiro: Forense, 2003. v. 3.

THEODORO JÚNIOR, Humberto. *Curso de direito processual civil*. 50. ed. rev., atual. e ampl. Rio de Janeiro: Forense, 2016. v. II.

THEODORO JÚNIOR, Humberto. *Curso de direito processual civil*. 49. ed. Rio de Janeiro: Forense, 2016. v. 3.

THEODORO JÚNIOR, Humberto. *Curso de direito processual civil.* 57. ed. Rio de Janeiro: Forense, 2017. v. 1.

TOSTES MALTA, Christovão Piragibe. *Prática do processo trabalhista.* 32. ed. São Paulo: LTr, 2004.